生 국문학

국문학, 안녕하십니까?

김성수 지음

지식인

Profile

김성수

- 공주사범대학 국어교육과를 졸업하였다.
- 대만 문화대학 중문연구소에서 「사부와 가사 비교연구」로 석사학위를 받았다.
- 교편을 잡으면서 성신여대 한문학과에서 「韓國賦의 硏究」로 박사학위를 받았다.
- 〈한국사부의 理解〉, 〈辭賦文學의 연구〉로 처음으로 한국의 사부문학을 체계적으로 연구 정리하였다.
- 한국한문고전학회 회장을 역임하였다.
- 중국 北華大學 · 應天大學에서 2년 동안 한국문학을 가르쳤다.
- 현재 모교에서 고전문학과 국어교육을 가르치고 있다.

生국문학

2014년 2월 27일 초 판 발행
2014년 7월 10일 수정판 발행
2016년 3월 10일 개정판 발행

지은이 | 김성수
펴낸이 | 김종욱
펴낸곳 | 지식인
등 록 | 제301-2013-134호
주 소 | 서울시 도봉구 도봉로 476, 415호(삼성쉐르빌퍼스티)
전 화 | 02)2266-8606(대)
팩 스 | 02)2266-8607
E-mail | jisikin2013@naver.com
홈페이지 | www.jisikinbook.co.kr

ISBN 978-89-98591-17-5 (93810)

값 20,000원

生 국문학

머리말

문학을 '글에 대한 학문'으로 생각하면 지식체계로 충분할지 모르나 '글을 쓰고 읽는 활동'으로 생각하면 끊임없이 변화하는 사고활동으로 규정해야 한다. 국문학, 고전문학이 창작활동이 없는 옛 것이라 해서 고정된 지식으로 충분하다고 생각하는 것은 국문학을 구시대의 유물이나 골동품으로 생각하는 것과 다름이 없다. 그러나 현대문학이 국문학의 연속이라면 현대문학과 마찬가지로 국문학도 역시 살아 움직이는 사고활동이라고 해야 옳다. 그래서 생각하고, 思考하는 국문학이어야 하고, 그것은 살아 숨 쉬는 유기체여야 한다.

살아있는 국문학 수행을 위해서 우리는 국문학 작품과 그동안 축적된 연구를 다시 읽고, 생각해야 한다. 기존의 선입관과 고정관념에 갇혀서야 아무리 다시 읽고, 생각해보아도 창의는 살아나지 않을 것이다. 더구나 기존의 학설들이 완벽하다는 보장을 할 수 없다면 새로 생각하고, 고쳐 읽어보는 자세는 당연한 일이다. 그랬을 때에 우리는 그동안 보지 못했던 새로운 사실과 진실을 더 찾아낼 수 있다. 그래야 고전문학이 현대문학과 연속성이 성립되어 살아 움직일 수 있다. 生國文學이란 기존의 권위와 관습과 고정관념에서 벗어나 새로운 발상으로 다시 생각하여 새롭고, 생생하고, 오늘날에 살아 숨 쉬는, 창의적인 국문학을 추구한다는 의미를 담고 있다.

이러한 작업은 생각보다 훨씬 어려울 수 있고, 때로는 위험할 수도 있다. 나름대로 오랜 연구과정을 통해서 축적되어진 과거의 성과를 함부로 비판하고 부정한다는 것은 자칫 무모한 짓일 수 있다. 그래서 여기의 필자의 주장들 가운데에는 보편성이나 타당성이 부족하거나 오류가 있을 수 있음을 안다. 그래서 生국문학이란 덜 익은, 어색한, 서투른, 투박한, 무모한 국문학이란 의미도 같이 가지고 있다. 다만 그렇더라도 이러한 어설픈 생각들이 한층 뛰어난 후학들에 의해서 더욱 발전적인 새로운 국문학으로 발전할 수 있는 계기가 될 수 있다면 그나마 의미가 충분하다고 생각한다.

이 책은 제목에 걸맞을 정도로 체계와 내용을 제대로 갖춘 국문학 저술이 되지 못한다. 그래서 본격적인 국문학개론이나 문학사라고도 할 수 없다. 그저 이미 학계의 定說로 자리하고 있는 기존의 국문학 성과들에 대하여 부분적으로 두서없이 異議를 제기하고, 是正을 요구한 것에 지나지 않는다. 이의제기와 시정을 요구하는 것이므로 논의의 대상은 국문학 전반이 아니라 문제가 되는 것만 부분적으로 선별하였다. 그러다보니 글 전체가 국문학적인 균형을 잃고, 편협한 트집잡기나 시비걸기로 비추어질까 염려된다. 그러나 정상적으로 진행되고 있다고 판단되는 부분에 대해서는 구태여 필자가 언급할 바 아니다. 부득이한 문제만을 골라 제기했다는 점에서 이 책의 분량에 비해 논의한 내용은 적지 않다고 생각한다.

생각해보면 기존의 이른바 정설이라고 하는 것 중에는 타성과 관습에 젖어 개선이 시급한 경우도 적지 않았다. 그럼에도 불구하고 여전히 구태를 벗어나지 못하는 국문학계의 모습을 보고 안타까운 마음을 누를 수 없었다. 답답하고 조급한 마음에 의욕이 앞서 이의와 시정론을 제기했지만 그에 대한 마땅한 대안을 제시하지 못한 한계가 적지 않다. 是正이라 했지만 이것이 정당했을 때 비로소 허용되는 말이지 그렇지 못하다면 異論, 雜說에 불과할 수 있다. 여기에 제시된 필자의 견해들이 쉽사리 정론, 정설로 인정받기도 어렵겠지만 그렇게 되기를 바라지도 않는다. 설령 필자의 주장이 정론, 정설에 가깝다 해도 그로 인하여 학문의 가능성과 학도들의 창의성을 해치기를 원하지 않기 때문이다. 그저 이를 계기로 하여 학문의 가능성과 학도들의 창의성을 유발할 수 있다면 그것으로 만족한다. 더 욕심을 낸다면 이를 통하여 엄정한 평가를 거쳐 異論, 雜說에 그치지 않기를 희망할 뿐이다.

국어교사를 양성하는 사범대학에 몸담고 있는 처지로서 지금과 같은 국문학교육 현상을 묵과할 수 없었다. 물론 필자의 의견에도 많은 고정관념과 오류가 있겠지만 그동안의 국어교실에서 내려온 오랜 관행들을 시정하지 않으면 당장 창의적인 국어교육이 이루어질 수 없고, 멀게는 국문학계의 미래를 기약할 수 없을 것이라는 염려가 용기를 내게 했다. 강의를 하면서 기존의 전공서적이나 교재에 나와 있는 내용들을 별 생각 없이 당연한 사실로 받아들이는 학생들을 보고 매우 안타까웠다. 심지어는 인터넷에 퍼져있는 잘못된 내용들을 아무런 부끄럼 없이 발표하는 것을 보고는 스스로의 처지가 부끄러웠다. 그야말로 '국문학, 정말 안녕하지 못하구나'라는 생각을 누를 길 없었다.

그러나 개중에는 기존의 학설들에 대해서 이의를 제기하고, 비판하는 의견까지 내는 학생들을 만났을 때는 교육자로서 커다란 보람을 느꼈다. 한 학기 강의가 끝나고 무기명의 강의평가 의견에 '고등학교 고전문학 시간에 쌓였던 의문들이 모두 풀려서 행복했다'라는 짤막한 글을 읽고 많은 보람과 용기를 얻었다. 그것이 무기명이었기 때문에 아부가 아닌 솔직한 생각이라고 믿은 것이 지나치게 순진했을지도 모르지만 할 수만 있다면 이러한 행복을 더 많은 학생들에게 나누어 주고 싶었다. 그리고 이제는 그 학생과 같은 의문투성이로 만드는 고전문학 교실이 되게 해서는 안 될 것이라는 다짐을 했다. 지금도 선입관에 휩싸여 기계적인 지식전달과 암기학습으로 몰아가는 국어교사와 이에 매몰되어 비판력과 사고력, 창의성을 잃어가는 신세대의 모습을 확인하면서 가슴이 저려왔다. 이제는 정말 국문학을 연구하고 가르치는 자세가 달라져야 한다고 생각한다. 그동안의 관행과 고정관념에서 벗어나기 위해서 처음부터 차분히 다시 생각해야 한다. 그리고 그것은 당장 학교 교실에서부터 시작되어야 한다. 그리하여 다음의 신세대들은 새로운 생각과 창의력으로 국문학을 수행할 수 있도록 바탕을 마련해 주어야 한다. 그것이 국문학을 停滯에서 벗어나 국문학의 正體性을 확립할 수 있도록 하는 生國文學의 길이라고 믿는다.

김성수

>> 차 례

다시 생각하는 국문학

다시 생각하는 국문학

국문학이 근대문학연구 체계로 접어든 지 백 년을 헤아리게 되었다. 물론 그 이전에도 국문학의 연구는 있어왔지만 오늘날의 연구체계와는 많은 차이가 있어 더불어 논의하기가 어렵다. 초창기에는 얼마간의 준비단계가 필요하였지만 근대교육이 확립되면서 빠른 발전과 성과를 거두게 되었다. 국문학의 많은 부분이 한문으로 이루어졌는데 당시의 풍부한 한문 문식력으로 인하여 단시일 내에 괄목할만한 성과를 거둘 수 있었던 점은 아주 다행스러운 일이었다. 특히 텍스트의 원전 해독, 해석 방면에서 국문학 연구의 원천적 기반을 마련했다. 그때에 이루었던 국문학 성과로 인하여 우리는 국문학의 기초를 닦을 수 있었다. 지금도 국문학 연구가 이에 크게 의존하고 있는 것을 보면 그 업적이 얼마나 컸던 것인지 짐작할 수 있다. 그러나 戰後의 새로운 서구의 문학이론에는 아직 이르지 못하였고, 점차 커져가는 한글문학의 역량을 능동적으로 다루기에는 한계가 있었다.

이러한 초창기 국문학의 한계를 극복하려는 노력이 가시적으로 성과를 거두기 시작한 것은 대체로 1970년대 이후까지 기다려야 했다. 좀더 구체적으로 말하면 趙東一이 주창한 4분법 장르론과 〈國文學通史〉라는 괄목할만한 성과를 그 기점으로 삼을 수 있다. 특히 그의 문학장르론은 서구의 이론을 도입한 본격적인 장르이론으로 국문학계에 획기적인 사건이었다. 물론 그동안 이에 대한 적지 않은 논란과 갈등은 있었지만 지금까지도 가장 영향력 있는 업적으로 평가되고 있다.

그러나 4분법의 장르론은 서구의 이론에 바탕한 것이므로 – 물론 이 이론을 수용하는 과정에서 토착화하려는 노력은 인정하더라도 설득력이 부족하여 아무래도 서구의 틀에서 벗어나지 못한다. - 그와 같을 리 없는 국문학의 체계에 그대로 적용하기에 무리가 있고, 특히 형태중심의 갈래의식에 익숙해있던 우리에게 갑작스런 서구개념의 내용, 기능중심의 장르론 체계에 의한 국문학의 분류법은 혼란을 면치 못하게 되었다. 학문적인 차원이나 전문적인 수준에서는 서구의 내용중심의 장르론을 인정하더라도 보편성, 일반성, 소통성 등이 필요한 일선 교육의 현장에서는 기존의 형식중심의 장르론이 훨씬 용인성이 있다는 사실을 중요하게 생각해야 한다.

어차피 완벽한 장르론이라는 것이 있을 수 없고, 문학 연구를 수행하기 위한 편의적이고 방편적인 사고방식 체계가 장르라고 한다면 구태여 '장르학'이라는 학문적인 강박관념을 가질 필요는 없다고 생각한다. 근래에 문학장르를 두고서 독립학문으로 자부하면서 절대화를 주장한다든지, 그것을 지나치게 과소평가하여 극단적인 장르무용론을 주장하는 것은 정상적이고 일반적인 국문학 연구를 위하여 바람직하지 않다. 전자는 현실을 무시한 독선에 가깝고, 후자는 무책임한 패배주의의 혐의가 있다. 우리의 전통이고, 우리에게 익숙한 국문학을 생소하고 난해한 서구의 체계로 재단하는 장르체계를 학생들에게 가르쳐야 한다는 것은 문학 자신을 가르치는 것보다 더 어려운 일이어서 本末이 뒤바뀐 꼴이다. 국문학 발전에 이바지한 4분법 장르의 공로를 부정하자는 것이 아니라 그것을 더 이상 맹신하여 답습해서는 안 된다는 말이다.

문학은 유기체로서 끊임없이 변화한다는 것이 일반적인 견해이다. 〈국문학통사〉가 지금까지의 국문학사에 관한 저술 중에서도 가장 뛰어난 것임에 틀림없다고 인정하더라도 출간된 지 사십 년이 가까운데도 별다른 수정 없이 아직도 권위 있는 正典으로 통한다는 것은 국문학계가 정상적인 발전을 하고 있다고 말하기 어려운 일이다. 그것이 비록 근래에 누구도 따르기 어려운 학문적 역량이었음을 인정하더라도, 그 오랜 시간 동안 국문학사의 정전으로 통할만큼 독보적이라면 우리 국문학계는 停滯되었다는 지적을 면하기 어렵다. 한 때는 正論으로 인정되던 것도 시간이 지나고 보면 그것이 오류가 되고, 고정관념으로 전락하는 것이 정상적이고 바람직한 학문의 발전, 진행과정이다. 더구나 실제로 그 안에는 이제는 검토, 시정되어야 할 문제가 적지 않음에도 불구하고 아직까지도 개선의 기미가 보이지 않는다면 지금의 국문학계는 확실히 문제가 있다. 그리고 시정되지 않는 오류와 고정관념은 학생의 창의성을 길러주지는 못할망정, 오히려 그것을 해치는 주범이라는 점에서 묵과할 수 없는 일이고,

궁극적으로 국문학의 장래를 위해서 안타까운 일이 아닐 수 없다.

초창기의 국문학이 성과를 거둘 수 있었던 원동력 중의 하나는 풍부한 漢文文識力이었다. 한문적 소양이 국문학을 수행하는 데 원동력으로 작용했다는 말은 국문학에서 차지하는 한문의 중요성을 입증하는 것이다. 그런데 지금 국문학계에서 가장 곤란을 겪는 문제 중의 하나가 한문 문식력의 고갈이다. 한문, 한문학을 모르고서 국문학을 수행한다는 것은 기초체력 없이 경기에 나가는 것과 같이 무모한 일이다. 한문에 대한 콤플렉스 때문에 애써 한문학을 무시하는 것은 국문학의 대부분을 포기하고, 국문학의 연속성을 단절시키는 문화파괴적인 행위와 다름없다. 한문학을 제외하고 국문학을 보는 것은 뿌리를 잘라내고 나무를 보는 것과 다름이 없다. 이러한 비유를 과장된 것이라고 몰아세운다든지, 한문학이 한글문학의 발전을 저해한다고 생각하는 풍조가 없어지지 않는 한 국문학계는 좀처럼 停滯를 벗어나지 못할 것이다.

오늘날의 국문학 정체현상의 원인을 크게 두 가지로 생각해 볼 수 있다. 하나는 앞에서 말한 한문 문식력의 고갈이요, 또 하나는 지나치게 서구문학 이론에 의존한다는 점이다. 한문 문식력의 고갈은 한문텍스트를 해독할 수 없어 초창기의 국문학 수준을 능가할 수 없게 하고, 설령 기존의 학설에 오류가 있더라도 그것을 바로 잡을 수 있는 능력을 잃게 만들었다. 결국 기존 학설의 범위 안에서 벗어날 수 없으니 개선은커녕 기껏해야 기존의 성과 주변을 맴돌면서 거기에 궁색한 주석이나 더하는 정도여서 국문학이 정체상태에서 벗어날 수 없는 것이다. 한문 문식력은 국문학 수행의 기반이요, 기초체력이다. 국문학의 대상인 문헌기록을 살필 문식력이 부족하니 오류가 있어도 시정할 방도를 찾을 수 없고, 새로운 사실이나 근거가 있어도 알아 볼 안목이 없는 것이다.

한편 새 세대의 국문학도들은 한문 문식력 대신에 서구의 문학이론에 대한 능력을 갖추어 나가고 있다. 그들이 도입한 서구문학 이론은 자칫 정체에 빠질 국문학에 새로운 활력을 불어넣었다는 점에서 높이 평가해야 할 일이었다. 그러나 그들이 이룩한 업적과 가능성은 충분히 평가할 수 있다 하더라도 스스로 성취감에 젖어 기존의 국문학 성과를 과소평가한다든지, 자신들의 성과에 도취되는 것은 바람직하지 않다. 국문학 작품의 텍스트 해독능력도 갖추지 못하고서 우리와는 이질적인 서구문학 이론을 동원하여 나름대로 새로운 주장을 하는 것은 그렇다 치더라도, 기존의 先學들의 업적을 함부로 평가하는 일은 헛똑똑이 아이들이 어른에게 함부로 버릇없이 구는 것 같아서 보기에 딱하다. 그들의 주장을 들어보면 그 현학적인 태도에 비해서 실제로 국문학에 보탬이 되는 일은 생각보다 많지 않다. 국문학에 대한 원천지식도 갖추지 못한 상태에서 어쭙잖은 서구문학 이론의 번역서적이나 읽고서는 마치 국문학의 구원자인 것처럼 행세하는 허풍이 적지 않다. 그보다 더 딱한 일은 국문학의 본질을 제대로 알지 못한 상태에서 서구의 이론을 마구잡이로 국문학에 적용시키는 무모함이다. 이러한 시행착오는 오히려 국문학의 질서를 혼란스럽게 하는 것이어서 경계해야 할 일이다. 그 결과로 국문학의 장르체계를 이해하기 어려운 난해한 것으로 만들었고, 한문적 소양도 없이 한문관련 작품까지 농단하여 오도한 부분이 적지 않다. 그리고서는 국문학계의 주도권을 쥐고 자신들의 과오를 지적하는 주장들을 애써 무시해왔다. 지금의 이러한 학계의 풍토, 관행은 또 하나의 국문학 연구 정체의 원인이다.

한문 문식력의 고갈로 빚어진 국문학 정체가 어쩔 수 없는 자연재해라면 신세대들의 자기 과신에 의한 정체는 의도적인 人災라 할 만하다. 자연재해건 인재건 국문학계가 극복해야 할 난제임은 틀림없다. 그러나 한문 문식력 고갈이라는 자연재해를 현실적으로 극복하기가 더 어려운 일이라면 우리의 노력으로 人災를 극복하기에 더 노력해야 할 것 같다. 신세대들이 새로운 기풍으로 기존의 국문학 연구 수준을 높인 공로는 충분히 인정하더라도 서구의 이론에 지나치게 의존한 결과로 빚어진 오류와 과오도 또한 인정하는 데 인색하지 말아야 할 것이다. 자신들이 이룩한 결과에 자부심을 갖는 것을 구태여 탓하고 싶지 않지만 사십 년 가까이 별 다른 진전 없이 그 업적을 누리려고만 한다면 국문학의 미래를 위해서 불행한 일이다. 전통을 존중하는 속성이 강한 국문학이라고 해서 현실에 안주한다거나, 학문의 정체를 부끄럽게 생각하지 않는 것은 그야말로 부끄러운 일이다. 끊임없이 변하는 것이 국문학사라는 엄연한 사실을 잊어서는 안 된다.

앞에서 말했듯이 지금의 국문학 연구에 재검토해야 할 여지가 많다. 너나 할 것 없이 국문학계에 종사했던 모든 학자들은 그 책임에서 자유로울 수 없다. 초창기의 국문학이 '우물 안 개구리'였다면 신세대의 국문학은 '우물 밖 개구리'가 아닌가 한다. 우물 안 개구리는 세상 넓은 줄 모르고, 우물 밖 개구리는 새로운 세계에 눈이 멀어 제가 살아야 할 곳을 모른다. 이제 우리는 하늘을 가리는 장애물을 제거해주어야 하고, 방향을 잃고 헤매고 있는 개구리에게 제 집을 찾아주어야 한다. 그러기 위해서는 국문학의 正體性을 확립하고, 개방적이고 유연한 자세로 국문학의 停滯性을 극복해야 한다.

그러기 위해서 우선 텍스트에 충실하되 고정관념에 빠져서는 안 된다. 그동안 우리는 국문학 과제에 대하여 규정하고, 단정하는 일을 무척 좋아해 왔다. 애써 '-최초의 작품'을 선정해 놓고는 마치 커다란 업적인 양 내세웠는데 알고 보면 '최초'란 언제든지 수정될 수 있는 것이며, 이것이 수정된다면 그와 관련되는 국문학개론은 물론 국문학사 전체가 바뀌어야 하는 문제이므로 함부로 처리할 일이 아니다. 장르에 대한 개념과 정의를 내리는 작업은 당연한 국문학 과제이나 만약 거기에 오류가 있다면 정상적인 연구를 저해하는 고정관념이 될 수 있다는 책임의식도 가져야 한다. 그러므로 합당하게 내려진 규정, 정의도 학문의 발전과 진전에 의해서 언제인가는 바뀔 수 있다는 가능성을 열어두어야 한다. 확정적이라고 믿었던 문학적 事實도, 역사적 史實도 새로운 근거에 의해서 얼마든지 수정될 수 있다. 신뢰했던 작품에 대한 기록이나 역사의 기록도 사실이 아닐 수 있다. 심지어는 믿었던 작품의 텍스트도 후세의 위작일 가능성도 생각해야 한다. 가까운 중국에는 다반사인 僞作 논란이 우리에게는 해당되지 말라는 법이 없다. 과거의 권위 있는 史書와 기록에도 오류의 가능성이 있다면 근래에 이루어진 개인적인 견해나 주장은 일일이 말할 필요도 없다. 특히 오랫동안 정설이라고 인정되어 오던 학설일수록 그 폐해는 크다. 문학의 개념, 국문학의 정의, 장르의 체제나 규정, 국문학사의 개념이나 시대구분 등에 대하여 우리가 가지고 있는 움직일 수 없는 정설이라는 믿음이 곧 고치기 어려운 고정관념일 수 있기 때문이다.

학문세계에서 영원불변의 진리는 있을 수 없다. 특히 인문학에서는 정설, 정답이 본질적으로 마련되어 있지 않다는 사실을 잊어서는 안 된다. 각고의 노력으로 이루어 낸 학문적 성과는 높이 평가받아야 마땅하지만 그것을 과신하여 불변의 진리로 착각하고, 더구나 그것을 강요하는 것은 학자적 양심하고는 거리가 멀다. 기본적으로 하나의 주장, 견해는 어디까지나 가능성, 개연성에 머물러야 하는 것이 학자적 양식이다. 학문이란, 특히 인문학이란 그 가능성과 개연성을 최대한 열어놓는 작업과정이라는 인식이 필요하다. 특히 교육적인 입장에서 생각한다면 이러한 고정관념들은 학생들의 열린 세계관과 창의성을 가로막는 중대한 과오요, 장애이다. 정설, 정답이 없는 인문학인 국문학에서 고정관념, 선입관에 불과한 지식들을 강요하기보다는 원리를 탐구하려는 창의성을 심어주는 배려가 더 중요하다. 선입관이나 고정관념은 정설, 정답을 강요하여 가능성과 융통성을 허용하지 않을 뿐만 아니라 원리탐구 정신을 마비시킨다. 그리고 원리탐구 정신의 결여는 현대교육의 핵심인 창의성을 고갈시킨다. 지금 대학에서 이루어지는 국문학 교육풍토가 혹시 단순한 기능을 가르치는 徒弟教育의 체제가 아닌지 심각하게 되돌아볼 필요가 있다. 학자라는 긍지와 권위의식을 가지고 자신의 생각만 옳다고 주장하는 것은 고정관념과 선입관을 강요하는 것이고, 결국 창의성을 심각하게 해치는 도제교육과 다를 바 없다. 초등, 중등교육에서는 이미 정착된 학습자중심의 교육방식이 정작 최고교육기관인 대학에서는 외면당하고 있다면 문제가 적지 않다. 후세의 창의성을 길러주지 못하는 교육이 된다면 국문학의 停滯는 개선될 수 없다.

국문학의 정체를 벗어나기 위해서는 국문학계가 좀더 개방적인 연구풍토여야 한다. 학문에서 권위라는 것은 마땅히 존중되어야 할 것이지만 이것이 또한 학문의 발전을 저해하는 요소이기도 하다는 점에 유의해야 한다. 우리 국문학계는 언제부터인가 특정 세력과 학맥이 형성되어 매우 완강한 체제와 권위를 발휘해 오고 있다. 그것을 학문적으로 옳지 않다고 비판하기보다는 그 권위의식이 국문학의 정상적인 발전을 막고 있다는 점을 인식하는 것이 중요하다. 학문을 수행하는 목적이 권위를 세우기 위한 것이 아니라 학문자체의 진리탐구에 있다는 지극히 기본적인 윤리의식을 가져야 한다. 학문은 금광에서 덩어리 금이 한꺼번에 쏟아지는 게 아니라 비렼에서 砂金을 찾아내는 노력이 쌓인 결과이다. 나는 금덩어리이고, 너는 바위덩어리, 흙더미라는 오만을 버리고 작은 목소리에도 사금을 모으는 자세로 진지하게 귀를 기울여야 한다.

이제 그 실천으로 국문학의 장르, 국문학사, 국한문학론에 대해서 다시 생각해 본다. 이를 통해서 국문학, 고전문학 전체를 조망해 볼 수 있을 것이다.

1. 국문학 장르에 대하여

국문학을 다시 생각하기 위해서 먼저 착수해야 할 문제는 그것의 기반이 되는 장르체계에 대해서이다. 국문학의 시작은 개론일텐데 그것의 기반이 되는 장르체계에서부터 많은 문제점이 쌓여있으니 여기서부터 논의를 시작해야 할 것 같다. 그러나 문학장르의 실체가 존재하느냐에 대한 물음이 절실한 시점에서 새삼스럽게 이 문제를 들고나오는 것은 적절하지 못한 일인지도 모른다. 이른바 '장르파괴' '통합장르'의 목소리가 높아지고, 심지어 문학장르는 분류가 불가능하다는 주장이 힘을 얻고 있는 실정이라면 그 실체를 다잡는 일을 포기해야 할지도 모른다.

사정이 이러함에도 불구하고 문학은 존재하는 실체임에 틀림없고, 문학연구에 있어 장르론은 당연히 필요한 방법론이라는 관점에서 논의를 시작한다. 문학장르 자체의 정체성에 의문이 가는 것도 사실이지만 그것을 확보하지 않고서는 제대로 된 문학연구나 문학교육이 불가능하기 때문이다. 이러한 사정은 국문학은 물론 세계문학, 비교문학에서 더욱 절실한 문제이다. 근래 이에 대한 논의가 상대적으로 줄어든 이유가 그에 관한 논의의 필요성이 줄어든 것이라기보다는 문제를 감당할 수 없다는 실망감이 더 크게 작용한 것이라면 문학연구를 위해서 바람직하지 않은 현상이다. 근대 학문적인 관점에서 문학장르에 대하여 본격적으로 논의하기 시작한 것은 1980년대 전후이다. 서구의 이론과 이를 수용한 조동일의 이론이 그 중심을 이루어 활발히 논의되다가 2000년 이후부터는 장르체계에 대한 관심이 현저히 줄어들었다. 그러나 장르체계에 대해서 합의가 이루어지지 않은 상황에서 이러한 휴면상태는 바람직한 현상이 아니다. 장르 실체의 확보를 장담할 수 없다는 주장이 파다함에도 이에 대하여 냉철하게 다시 생각해 보아야 할 이유이다.

그동안 문학장르 체계에 대한 관점과 해석이 분분하였지만 아직 그럴만한 합의에 도달한 것은 아니다. 문학연구는 엄연히 수행되어야 하는 것이고, 문학교육의 현장에서는 문학장르 체계를 어떻게 가르칠 것인가 하는 문제는 아주 중요한 것이라서 이에 대한 고민을 마냥 미루어 둘 수만은 없다. 문학연구와 문학교육의 시작이 장르의식에서 출발한다면 지금의 장르에 관한 고민은 바로 문학교육에 관한 문제의 중심에 놓여있다고 할 수 있다. 모든 장르가 다 그렇듯이 문학장르 또한 사회문화에 따라 끊임없는 변신을 하는 유기체로서 일정한 체계를 세워 정리해낸다는 것은 쉬운 일이 아니다. 그러나 이는 문학연구나 문학교육의 기반이요, 시발점이 되므로 일정한 기준이나 척도가 마련되지 않으면 안 된다. 어린 학생일수록 본질과 원리 교육에 충실해야 함은 당연한 일이므로 문학장르나 그 체계에 대하여 명확하고 분명한 개념과 인식을 심어주는 것이 중요한 일이다. 물론 지금도 학계에서 문학장르에 대하여 진지하게 연구를 진행하고 있고, 나름대로 성과를 거두고 있다는 사실을 알고 있지만 그럼에도 불구하고 아직 문학장르 체계가 정립되지 못했다든지, 그 체계가 일관성을 확보하지 못하고 있는 모습은 문학교육을 위해서 범상히 넘길 문제가 아니다.

실제로 학교 현장에서 문학교육의 장르체계에 대한 오류와 혼란이 그치지 않고 있다. 앞에서 말한 것처럼 어차피 문학장르의 실체가 문제가 되는 상황에서 오류와 혼란은 피할 수 없는 운명인지도 모른다. 그러나 규범이 강조되는 학교교육의 현장에서 이러한 오류와 혼란을 다잡아주지 않으면 올바른 문학교육이 이루어질 수 없으므로 이는 매우 중요한 사안이다.

이러한 목적에서 출발하였기 때문에 학문적이고 記述的인 문학장르론과는 다른 것이어서 여기서는 보편성이 강조되는 '학교 문학교육 장르체계'에 한정함을 원칙으로 한다. 그러므로 記述的이고 관념적인 장르론보다는 자유롭게 소통적, 실용적, 객관적, 용인적인 관점에서 - 이를 '규범적 문학장르 체계'라고 하고 싶다 - 논의하고자 한다.

그동안 우리는 서구의 문학장르 이론만을 편향적으로 존중했던 것 같다. 그러나 우리의 문학은 우리의 문학이론과 장르의식으로 수행되었음이 분명하므로 여기에 서구 문학장르 이론만을 적용해 온 그동안의 잘못이 적을 수 없다는 생각으로 우리의 전통적인 장르이론에 주의를 기울이고자 한다. 우리의 문학이 독자성을 가지고 있는 것이 사실이라면 거기에 맹목적으로 서구의 이론을 적용시키는 것은 처음부터 잘못이다. 그 잘못은 특히 고전문학에서 더 두드러지게 나타난다. 이를 통하여 문학장르의 원리를 확인하고, 기존의 장르체계에 대한 반성과 아울러 바람직한 국문학장르 체계를 모색하여 보는 것이 국문학을 올바르게 가르치는 지름길이라고 생각한다.

1) 문학장르 체계의 원리

문제에 접근하기 위해서 먼저 문학장르 체계의 원리와 추이를 거칠게나마 살펴볼 필요가 있다. 문학장르는 문학연구의 기반이요, 출발점이 되는 사유체계이다. 이것이 마련되지 않고서는 체계적이고 정상적인 문학연구가 이루어질 수 없다. 그래서 문학이 하나의 학문으로 자리 잡은 이후부터 장르의식은 형성되어왔다. 그러나 이것을 장르란 명칭으로 체계화한 것은 그리 오래 되지 않는다. 장르(Genre)란 본래 18세기부터 식물학에서 식물의 분류체계의 명칭으로 사용된 말이었다. 본래 자연과학에서 대상을 분석하기 위한 분류체계였던 것이 다른 분야에까지 확산된 것이며, 문학장르는 이 원리를 원용한 것이다. 우리는 '갈래'라는 말로 옮겨 쓰기도 하지만 본래의 어의에 충실하기 위해 여기서는 장르란 원래의 명칭을 사용하기로 한다. 문학장르를 '글의 갈래'라고 하는 수도 있으나 '문학'과 '글'이 동의어가 아니라면 역시 문학장르라는 이름이 적절한 명칭일 것이다.

장르의식이 자연과학에서 나왔듯이 이는 대상 사물에 대한 과학적인 분석정신에 바탕하고 있고, 분석은 분류의식에서 출발한다. 문학적인 관점에서 말한다면 글을 짓는 작업은 인문정신의 발휘요, 그것을 학문적으로 정리하고 평가하는 작업은 과학정신의 몫이다. 문학의 어의를 '글에 대한 학문'이라고 한다면 이는 글의 창작보다는 그것에 대한 비평에 가까운 것이고, 장르의 개념은 비평정신에 바탕을 두고 있다고 할 것이다. 그러므로 장르는 문학연구에 있어 그 기반이요 출발점이요, 완성인 필수불가결한 패러다임이라고 할 수 있다.

이렇게 중요한 의미를 갖고 있는 문학장르가 오늘날 일정한 체계 없이 혼선을 겪고 있다든지, 지나치게 이론에 치우쳐 소통성이 없다든지, 심지어는 극단적인 장르 무용론이 힘을 얻고 있는 현상은 곧 문학연구의 커다란 장애가 아닐 수 없다. 물론 이러한 현상이 벌어지고 있는 이유는 문학장르가 본래 완전할 수 없다는 본질적인 약점에서 야기된 것이겠지만 이것이 문학연구의 기반이 된다는 점에서 이 약점은 최대한 극복되어야 한다. 문학장르의 본질적인 문제점은 그것이 원래 자연과학적인 사유방식이었던 것을 그와는 전혀 다른 인문학적인 사유방식에 적용한 데에서부터 시작된다. 철저한 자연과학 정신이었던 분석, 분류사고방식은 그것과는 전혀 다른 통합융합주의인 인문정신에는 본래 어울리지 않는 것이었다. 그러다 보니 문학장르 이론은 한계에 부딪혀 혼란을 빚고, 무리한 이론을 내세우다 보니 소통성이 부족하게 되고, 그 한계를 지나치게 의식하다 보니 허무주의에 빠져 극단적으로 장르 무용론이 제기되기까지 이르렀다. 그러나 아무리 사정이 이렇다 하더라도 이것이 극복되지 않으면 우리는 정상적으로 문학을 창작할 수도, 비평할 수도, 계승할 수도 없으니 다소

문제가 있더라도 문학장르는 꼭 필요하다는 인식이 정당화 되어야 한다

문학장르란 당연히 이러한 개념이 문학에 작용한 결과이다. 그리고 모든 학문은 일정한 체계를 갖추는 것으로부터 시작하는 것이어서 문학연구는 문학장르 체계를 갖추는 것에서부터라고 할 수 있고, 그 체계는 우선 분류에 의해서 시작되기 마련이다. 그러므로 문학장르 체계는 문학연구와 교육의 기반이요, 출발점이 되는 것이다. 만약에 이것에 대한 관심이 부족하거나 연구가 미비되었다면 그만큼 문학연구는 학문적으로 기반을 잃은 것이어서 불안정할 수밖에 없다. 최근 문학장르는 단순히 분류에 그치는 것이 아니라 美學이요, 詩學의 차원이어야 한다는 주장이 힘을 얻고 있다. 그러나 이는 문학현상을 도외시 한 채, 문학장르만을 편향적으로 전제하였고, 장르를 결과론적으로만 다루었다는 점에서 필자의 관점과는 다르다. 문학의 보편화, 소통을 위해서는 아무래도 장르를 분류학의 관점에서 출발해야 한다는 생각이다. 그렇지 않으면 문학 전체가 공리공담에 그칠 우려가 있다. 애써 마련한 문학장르 체계가 실질적인 문학의 발전에 구체적인 도움이 되지 못한다면 아무리 완벽하고 심오한 진리라 하여도 별 의미가 없을 것이다. 문학장르 체계에 대한 過信이나 부정적, 비관적 전망에도 불구하고 이에 대한 관심과 연구가 절실한 이유이다.

문학장르가 인류문화와 共存共生한다면 그것은 인간과 같이 유기체라야 맞고, 그것은 당연히 인간과 같이 生長消滅하는 공동운명체적인 존재이다. 동시에 문학장르는 시대, 역사, 관습의 요구에 의한 결과물이다. 그래서 문학장르 체계는 시대에 따라 거기에 걸맞은 나름대로의 일정한 체계를 갖기 마련이다. 문학장르 체계가 유기체요, 생장, 소멸하는 시대의 산물이라면 의욕적으로 말해지는 '항구적인 문학장르 체계'는 따로 있을 수 없다.

그동안 꾸준히 보편적, 절대적 장르체계를 추구해왔음에도 불구하고 실제로 문학장르 체계는 문화환경에 따라서 각기 다른 양상과 형태를 형성해왔다. 시대, 지역의 文化差에 의하여 장르의 체계나 내용은 얼마든지 다른 모습을 보여왔다. 그러므로 세계의 문학 장르를 통틀어서 일률적으로 규정한다든지, 일정한 체계로 꿰뚫으려는 생각은 처음부터 무모하다. 문학의 장르는 끊임없이 생장, 소멸하기 때문에 심지어는 같은 민족문학도 같은 문학장르 체계로 통시적으로 관철하기 어렵다. 이른바 類개념이라는 거시적 관점으로 각국의 문학 장르를 아우르려는 시도를 포기하지 않고 있지

만 실제로 동서양의 문학장르를 아울러 동일한 체계로 적용시키기 어렵고, 또한 시대를 초월하여 고대, 현대의 문학장르를 같은 장르체계에 적용시키기 어렵다. 설령 그럴 수 있다고 하더라도 그것은 일시적일 뿐, 영구적일 수 없다. 그럴 수 있다고 믿고 절대적, 항구적, 거시적, 상위적 장르체계를 표방하는 오늘날의 발상은 대개 서구의 이론에 기반을 두고 있다. 만약 이것이 동양의 문학장르에 대한 사정을 충분히 고려하지 않은 것이 사실이라면, 그리고 국문학 장르가 서구의 문학관에 기반한 것이 아니라면 기존의 국문학장르 이론은 전면적인 재검토를 해야 할 것이다. 문학장르는 객관적인 객체를 대상으로 하는 자연과학의 장르의식과는 다르다. 문학장르는 인간의 주관적이고 심미적인 정서를 대상으로 하는 유기체적 인문적 사고체계이기 때문에 그 절대성을 확보한다는 것은 매우 어려운 문제이다. 이 점이 충분히 고려되지 않으면 우리의 문학장르 체계는 위험해질 수 있다.

2) 문학장르 체계의 전통과 추이

문학에 대한 분류의식은 문자가 예술적인 차원에 진입하면서 시작된다. 중국에서는 일찍이 '文'을 꾸민다는 의미인 '紋'으로 해석하였고, 이에 반하여 수식이 없는 질박한 글을 筆이라고 하여 구분지었다. 또한 글에 押韻이 있는 것을 韻文이라 하고, 없는 것을 散文이라고 하여 구분하기도 했다. '文'과 '韻文'이 동의어가 아니고, '筆'과 '散文'이 동의어는 아니지만 대개는 이 용어들이 짝을 이루면서 대립적인 의미로 통용되기도 했었다. 예술의 文, 기록의 筆은 기능적인 면에서, 韻文 · 散文은 형태적인 면에 기준을 두고 구분한 것인데 전자보다는 후자의 분류방식이 우세하게 통용되었다. 그리고 운문은 詩歌, 또는 詩賦라 하였고, 산문은 文이라 하여 구분하기도 하였다. 이는 초창기 중국의 초보적인 장르 의식이었는데 장르 유형상 2분법이라 할만하다. 그리고 운문, 산문으로 나눈 것은 글의 형태를 기준으로 한 것이므로 형태주의 장르론이라고 할 수 있다.

중국에서 사용되던 본래의 '文學'과 근대에 Literature를 번역한 '文學'이 의미적 유사로 자연스럽게 통용되고 있는데, 양쪽 사정을 거슬러 올라가보아도 역시 본래 의미는 예술의 개념이었다는 점에서 동서양의 관점이 유사하다고 할 수 있다. 문학장르를 미학적 체계로 간주하는 관점도 그 예술적 심미성에 기반을 두었기 때문이다. 비슷한 시기 서양의 경우 아리스토텔레스의 〈政治學〉 〈修辭學〉은 논리적, 실용적 성격이 강하여 〈詩學〉과는 확연히 구분된다. 그가 설계한 문학장르 체계인 '서정 - 서사 - 극'이 〈詩學〉의 범주 안에 있다는 사실은 〈정치학〉은 물론 〈수사학〉도 원래 문학으로 인식되지 않았음을 말하는 것이다. 그가 설정한 문학장르 체계의 내용이 모두 敍情詩, 敍事詩, 劇詩였다는 것은 당대의 문학인식이 원래 운문인 詩에 한정되었던 사실을 말하는 것이기도 하다. 오랫동안 서구의 문학장르 체계를 Hegel에 이르기까지 지배했던 이 3대체계가 오로지 운문으로만 이루어졌다는 사실에 주목해야 한다. 산문을 배제하고 詩만을 문학으로 인정했다는 사실은 애초에 문학장르체계 구분의 기준이 그 외형적인 형식에 있었음을 의미한다. 이는 문학장르 체계를 논의하는 데 있어 매우 유의해야 할 사안이다. 흔히 아리스토텔레스의 3대체계를 내용상의 분류로 생각하기 마련인데 사실은 그에 앞서 '운문'과 '산문'이라는 형식상의 분류의식이 먼저 작동하였음을 생각해야 한다. 서양에서 산문이 애초에 문학장르 체계에 포함되지 않았던 이유는 형식적으로 운율을 갖추지 못했기 때문이다. 그러고 보면 아리스토텔레스의 '서정 - 서사 - 극'은 3대체계라기보다는 산문을 제외하고 운문의 형식만을 문학으로 인정한 2분법에 의한 분류가 먼저였던 셈이다. 그렇다면 이는 동양의 2분법과 본질적으로 다르지 않다. 아리스토텔레스의 〈정치학〉에 가까운 중국의 儒家經典이나, 〈수사학〉에 해당하는 縱橫術類들도 초창기에는 문학으로 간주되지 않았다. 애초에 중국에서 이른바 운문인 '詩賦'만을 문학장르로 간주한 것도 서양과 상통하는 점이다. 결국 동서양 모두 처음에는 詩나 韻文만을 문학장르체계로 인정했었다는 사실을 알 수 있고, 그것은 형태주의에 의한 분류의식이 작용한 것으로 보아야 한다. 그러나 중국에서 4세기 〈文心雕龍〉 이후에는 文과 筆을 모두 문학으로 인정해서 서양에 앞서 산문을 문학으로 포함시킨 점은 문학장르 의식의 선진성을 말하는 것으로 동서비교문학에서 유의해야 할 사안이다.

그런데 중국어의 특성상 韻文과 散文으로 모든 예술문을 포함할 수 없는 사정이 있었다. 중국에는 押韻이 없으면서도 일정한 字句형식을 갖춘 '騈驪文' 혹은 '四六文'[1]

1) 압운이 없다는 점에서는 산문이라고 할 수 있지만 일정한 字句를 규칙적으로 구사한다는 점에서는 산문이라고 할 수 없어 따로 독립시켜왔다. 이는 漢語 특유의 성격에서 비롯된 현상으로 서구나 우리와는 사정이 같지 않다.

이라는 특유의 장르가 따로 있었기 때문에 2대장르 체계만으로는 부족하여 이를 포함한 3대장르 체계가 일찍이 필요했다. 얼핏 아리스토텔레스의 3대장르 체계가 이에 대응된다고 생각하기 쉽지만 엄밀히 말하면 그렇게 단순 비교할 수 없다. 아리스토텔레스의 3대체계인 '서정, 서사, 극'은 결국 詩일 뿐이고, 이를 중국의 체계로 말하면 有韻인 韻文이나 詩에 그칠 뿐이다. 아리스토텔레스의 3대장르 체계가 詩에 한정되어 있다는 사실은 당대 서구에서는 詩 외에 산문은 아직 예술적인 인식에 이르지 않았음을 말하는 것이다. 이에 비하여 중국에서는 4세기를 전후해서 운문 외의 산문을 대폭 문학장르 체계로 수용하게 된다. 이는 산문을 예술로 간주했음을 보여주는 것이다. 당대의 문학장르체계를 대표하는 〈文心雕龍〉에서는 전혀 예술적이지 않은 儒家의 經典까지도 예술문학의 근원으로 잡고 있고, 논설문에 해당하는 議論類도 문학장르체계에 포함시켰다.

동서양의 문학에 대한 인식의 차이를 살피면 다음과 같이 정리할 수 있을 것이다. 첫째, 서양의 문학관이 삶의 여유요, 餘技였다면 우리의 문학관은 삶 자체로써 훨씬 절실한 문제였다. 둘째, 서양의 詩人이 특별한 기능을 가진 예능인이었다면 우리의 文人은 그것으로 보편적인 사회적 지위를 얻는 생활인이었다. 셋째, 서양의 문장가나 철학자는 소수의 전문인이었으나 동양에서는 그것이 출세의 관건이 되는 보편적인 행위였다는 사실이다. 그만큼 중국에서 문학의 역량과 실효성은 현저한 것이었고, 심지어 문학은 국가를 다스리는 근본 - 經國之大業 - 으로까지 인식되기도 했다. 문학이 갖는 사회적 기능이 서양보다 월등했던 중국에서 문학장르 체계는 매우 다양하고 확산적으로 발전하였다. 이는 동양의 文識性이 서양보다 먼저 왕성했었음을 시사하는 것이기도 하다. 이로 보건대 동서양의 문학장르 체계는 다를 수밖에 없었으니 이들을 한데 묶어 단순비교하거나 통용시킬 수 없는 것이다.

아리스토텔레스가 詩를 문학으로 인식한 것은 그 형태에 체계의 기준을 둔 것이지만 詩를 다시 셋으로 나눈 기준은 그 내용과 진술방식에 있었다. 대상을 주관적으로 자아화하고 자신의 목소리로 표현하는 방식을 서정으로, 대상을 객관화하고 고정된 진술자를 내세우는 방식을 서사로, 대상을 대립시키면서 각자의 진술자를 내세우는 방식을 극으로 구분하였던 것이다. 이에 비하여 중국의 장르체계의 기준은 글의 외형적 형식에 충실한 편이었다. 그래서 중국에서는 서구의 문학장르론에 해당하는 명칭을 전통적으로 文體論이라고 하였으니 '體'는 곧 외형적 형식을 일컬음이다. 韻이 있고 없고를 따지는 것은 형식적인 사항이지 내용적인 것과는 별개의 문제이다. 다시 말하면 서양의 장르체계의 관점이 내용이라는 '안'에 있었다면, 중국의 관점은 형식이라는 '바깥'에 있었던 셈이다. 그리고 서구에서는 인간의 내면에 대한 성찰에 더 진지했다면, 중국은 형식적인 문식력을 중시했다고 할만하다. 이러한 양자간의 본질적 차이를 막연히 서양문학 우월론으로 단정지어 온 관행은 옳지 못하다.

중국의 경우 文藝를 중시하는 문화였기 때문에 서구에 비해 상대적으로 문학이 성행했고, 그 장르체계 기준이 비교적 단순한 형식에 있었기 때문에 훨씬 다양한 양상을 보이고 있다. 그래서 심지어는 한때 백여 개의 장르체계도 있었는데 이러한 체계는 앞의 3대장르 체계와는 본질적으로 관점이 다르므로 단순비교할 수 없다. 이에 비하여 서구의 경우는 문학문화가 상대적으로 미약했고, 그 장르체계에 대한 기준도 보다 엄격하고 신중했기 때문에 오랫동안 3대장르 체계가 유지되었다. 후에 文識文化가 발전되면서 로망이나 소설같은 새로운 서사 장르가 생기기도 했지만 Hegel에서 확인할 수 있었던 것처럼 여전히 아리스토텔레스의 3대장르 체계를 유지해 낼 수 있었다.

그러나 서정도, 서사도, 극에도 마땅히 포함시키기 어려운 새로운 문학장르가 성장하고, 문학에 포함시키기를 거부당했던 산문들이 새로이 도전해와서는 기존의 3대장르 체계로는 이들을 더 이상 감당할 수 없는 지경에 이르게 되었다. 그만큼 문학의 역량과 영역이 커지고 넓어졌던 것이다. 이에 기존의 3대체계로는 산문을 포함한 새로운 문학을 감당하지 못하여 장르체계의 재편이 요구되었으니 이는 시대문화의 필연적인 요청이었다. 이에 H. Seidler를 중심으로 기존의 3대체계에 이른바 '敎述'을 더하여 4대문학장르 체계가 형성되기에 이르렀다. 교술에는 새로 형성된 장르인 수필을 필두로 하여 서정, 서사적인 성격을 겸비했다든지 장르적 성격이 불분명한 여타의 것들이 대거 포함되었는데 이렇게 함으로 해서 기존의 3대문학장르 체계의 약점을 어느 정도 보완할 수 있었다.

이것이 이른바 중앙장르, 유개념장르, 거시적 장르, 공통장르 등으로 불리며 세계적인 범위로 인정받는다는 4대장르 체계이다. 그래서 '서정 - 서사 - 극 - 교술'이라는 4대체계를 세계문학의 상위범주로 삼고 각 지역에서 마련된 체계를 하위범주로 설명하려는 주장이 힘을 얻었다. 그러나 엄밀히 말하면 그것은 서구에서, 서구의 문학문화에 의해 형성된 체계이므로 모든 지역문학장르 체계를 거느리기에는 분명한 한계가 있다. 당장 장르체계를 서구와는 달리 외형적 요소에 초점을 맞추었던 우리의 장르체계와 곧바로 연결시킬 수 없는 일이다. 우리의 경우 우리의 언어가 압운이나 리듬적인 면에서 서구와는 다르고, 중국과는 또 다른 언어적 특성이 있으므로 이들을 우리 문학장르 체계에 쉽게 적용시킬 수 없는 것도 같은 이치이다. 저들은 저들의 문학문화에 맞는 체계, 우리는 우리에 맞는 우리의 체계를 가지고 있었음을 잊어서는 안 된다. N. Frye, P. Hernadi 등이 또 다른 4분법을 들고 나왔지만 형태적인 면에서 더욱 멀어져 보편성과 규범성 면에서 이들을 받아들이기 어렵다. 형태중심의 사고를 갖고 있던 우리의 문학에 이러한 체계를 적용하는 데 한계가 크기 때문에 여기에서는 논외로 한다. 그보다는 Scholes 등이 설정한 '수필, 소설, 시, 희곡'의 체계가 우리에게는 훨씬 더 유용하다.

어렵게 마련된 4분법의 문제점은 이론 일변도의 지나친 학문적, 고답적 태도에 있었다. 형태주의의 간편한 방식에 비하여 내용주의의 분류방식은 다분히 이론적, 철학적, 전문적인 지식을 요구하는 것이었다. 글을 쓰는 작가들이 모두 그렇게 높은 장르의식을 가지고 글을 쓴 것도 아니었고, 더구나 독자들은 그러한 안목을 다 갖추고 문학을 수용하는 게 아니다. 더구나 해독하기 어려운 외국문학이나, 우리의 고문헌이나 漢文學은 그것들을 완전히 해독하고 내용을 파악하기 전에는 아예 장르조차 파악할 수 없게 된다. 이러한 형편이라면 비교문학은 고사하고 우리의 기초적인 고전문학도 수행하기 어렵게 될 것이다. 문학장르가 이렇게 어려운 것이라면 문학작품과 비평가와 독자는 겉돌게 되어 효과적으로 수용, 소통될 수 없게 되는데 이 책임은 상당 부분 장르체계를 그렇게 어렵게 만든 비평가들이 져야 한다.

이러한 문제를 해소하기 위해서 고안된 것이 '시, 소설, 수필, 희곡, 평론'의 5대장르 체계이다. 5분법의 원리는 형태주의와 내용주의의 절충으로서 기존의 장르체계의 문제점을 해결하자는 것이다. '詩'는 韻律이라는 형태주의에 서정 · 서사라는 내용주의 방식을 수용한 양식이다. '小說'은 원래 서구에서는 없던 새로운 장르인데 散文이라는 형태주의에 敍事라는 내용주의 방식을 수용한 것이다. '戱曲'은 4분법의 '劇'을 계승한 것이다. '隨筆'은 散文의 형태주의와 敎術이라는 내용주의를 계승한 양식이다.

'評論'은 일반적인 문학장르에 대하여 평가하는 기능을 하는 上位的 위치에 있는 글을 모은 것이다. 이 체계가 비록 충분한 검증을 거치지는 못한 형편이지만 기존의 장르체계의 문제점을 어느 정도 해소할 수 있었다는 점에서 아직까지는 가장 무난한 장르체계가 아닌가 한다.

3) 문학장르 체계에 대한 갈등

근래 문학장르론 추이를 보건대 대체로 두 가지 관점으로 진행되는 것 같다. 하나는 장르절대론이라고 할 만한 것으로 문학장르 체계에 자신감을 갖고 전폭적인 신뢰를 보내는 관점이다. 이들은 모든 문학작품을 고정된 체계로 묶어낼 수 있고, 그것은 항구적인 실효성을 갖고 있다고 믿고 있는 듯하다. 그래서 '장르학'이라고 할 만한 의욕과 목표의식을 가지고 매우 치밀한 분석적 사고를 총동원해서 세계의 모든 문학작품을 一貫할 수 있는 장르체계를 구축해내려고 노력하고 있다. 다른 하나는 이와는 반대로 문학장르 자체의 실체를 인정하려 들지 않는 관점이 있다. 이에는 인류사회 문화의 산물인 문학장르를 일정한 체계로 묶어내려고 하는 의도 자체에 짙은 회의를 갖고 있는 듯하다. 다양할 수밖에 없는 인간문화 행위에 대하여 특정한 기준을 들이대어 재단하려는 행위에 대하여 적잖은 불안감을 가지고 있다. 이들은 근본적으로 문학을 서로 경계지을 수 없다고 보고 어떠한 문학장르 체계도 그 정당성을 인정하려 들지 않으려 한다. 이 두 관점은 문학장르에 대하여 매우 진지하게 통찰한 결과일 것이므로 충분히 존중되어야 한다. 문학장르 체계를 논의하기에 앞서 서로 극단적인 입장에 있는 이 관점들을 배려하지 않는다면 모든 논의는 헛수고일지 모른다.

그러나 현실적으로, 혹은 논리적으로도 양 극단에 서 있는 관점이라는 점에서 이 둘을 온전하게 받아들일 수는 없을 것 같다. 이러한 모순을 해결할 방법은 양자택일을 하든가, 전부부정을 하든가, 아니면 절충을 시도할 수밖에 없을 것이다. 장르에 대한 확신론은 매우 진지하고 치열한 학문적 업적임에 틀림없지만 인간사가 절대적일 수 없는 일이고, 이것을 현재의 학문적 범위 안에 언제까지 묶어 둘 수 없다는 점에서 그것은 이상에 그칠 수밖에 없을 것이다. 이상은 인간이 포기할 수 없는 숭고한 것이지만 문학이 엄연한 문화현상임을 인정하지 않을 수 없다는 점에서 한계가 있다. 이런 면에서 장르회의론이 좀더 설득력이 있어 보이지만 현실을 인정한다고 해서 혼란한 현실을 그대로 방치한다면 문화적 무책임에 가깝다. 결국 장르론이 치열한 학문으로 일관하는 것도 바람직하지 않고, 무책임한 허무주의에 빠지는 것도 안 될 일이다. 문학장르 체계의 한계가 분명하다고 하지만 그런 가운데에서도 굳이 최소한의 규범적 장르 체계를 추구하지 않을 수 없는 사정이 여기에 있다.

장르론자들의 입장도 대개 두 가지 경향을 보이고 있으니 하나는 형태주의 관점이고, 하나는 내용주의 관점이다. 전자는 글의 외부적 형식 양태에 관점을 둔 것으로, 운문 산문을 중심으로 구분하려하는 것이고, 후자는 글의 내용이나 제기방식에 착안한 것으로 글의 진술방식에 관심이 많다. 전자는 직관적, 감각적이어서 일찍이 문학의 장르체계에 손쉽게 적용되어왔고, 후자는 비교적 사유적이고 가치 탐구적이어서 근래에 학문적으로 중시되고 있다. 그러다 보니 양자는 서로 대립적이고 공존할 수 없는 체계로 인식되기도 하고, 심지어는 서양의 발상임에 힘입어 전자보다 후자가 더 발전적이고 우월한 것으로 주장되는 경향도 있는 듯하다. 그래서 서정, 서사, 극, 교술 등으로 나누어 놓고서는 운문, 산문 등으로 나누는 방식을 원시적이라고 생각하는 경우도 있는 것 같다. 그러나 서구의 서정시 - 서사시 - 극시의 체계는 내용에 의한 3분법이 맞지만 그러기 전에 먼저 운문과 산문의 2분법의 틀이 먼저 작동되었다는 사실을 알아야 한다. 다시 말하면 아리스토텔레스가 산문을 문학에서 제외하고 운문만을 문학장르체계로 다루었다는 사실은 그의 장르기준이 먼저 운문의 여부에 있었음을 말하는 것이고, 동시에 이것은 그의 분류가 원래 형식주의자로서 '운문, 산문'의 2분법의 형식장르 체계에서 출발하였음을 의미한다. 그렇다면 서정, 서사, 극의 3대 체계는 본래 형식주의에 의해 운문을 따로 떼어놓고, 그것을 다시 하위갈래로서 내용주의 체계로 나눈 것이라고 할 수 있다. 이러한 사실은 곧 그가 내용주의자이기 전에 먼저 형식주의자였음을 시사하는 것이고, 양자는 서로 대립되거나 우열의 관계에 있는 것이 아님을 의미한다. 이를 장르체계 형성의 원리로 볼 수 있다면 양자는 극복해야 할 대상이 아니라 공존, 보완해야 할 관계라고 해야 옳다. 다만 형식주의가 내용주의에 우선하거나 상위개념 정도로 파악하는 것이 타당할 듯싶다. 이렇게 된다면 오늘날 갈등과 정체를 빚고 있는 장르론을 극복할 방도가 모색될 수 있을 것이다.

결국 형식주의와 내용주의 관계는 층위의 종속관계로 설정하는 것이 좋을 성싶다.

먼저 형태에 의한 운문 산문을 大宗으로 하고, 이를 바탕으로 하여 내용, 기능, 서술방식 등에 따라 하위체계를 세우는 방안이 좋을 듯하다.

4) 국문학 장르체계에 대한 검토

우리의 문학장르 체계는 문자의 후발성만큼이나 늦게 마련되었다. 國字 이전에는 당연히 漢文學장르 체계와 다르지 않으며, 한글창제 이후에도 좀처럼 독자적인 장르체계를 갖지 못했다. 장르라는 것이 본질적으로 문화의 盛行을 기다려야 하는 속성이 있으므로 한글문학 문화가 미진했던 사정을 생각해보면 이는 당연한 일이다. 그래서 국문학장르 체계는 20세기 중반을 넘어야 비로소 학문적으로 거론되기 시작한다. 물론 그 이전에도 막연히 극히 초보적인 운문, 산문 정도로 나누는 경우는 있었지만 아직 학문적인 차원에 이르지는 못했다.

그러다가 본격적으로 학문적인 체계로 인정되기는 趙潤濟 鄭炳煜 등을 거쳐 趙東一의 서정, 교술, 서사, 희곡의 4대장르 체계에서부터일 것이다. 그 체계로 보아 '劇'을 '戱曲'으로 대체한 것을 제외하고는 그것이 서구의 4대체계를 바탕으로 한 것임을 짐작할 수 있다. 우리의 체계가 미처 학문적으로 마련되지 못한 상황에서 일거에 세계적인 체계를 국문학에 수용했다는 점에서 역사적인 평가를 할만한 일이었다. 국문학을 체계적인 이론체계를 갖추어 이른바 '類개념의 중앙장르체계'로 재편할 수 있었다는 것은 국문학 연구에 있어 획기적인 사건이 아닐 수 없었다. 문학장르 체계의 마련은 곧 문학연구의 바탕을 마련했다는 의미를 갖기 때문이다. 실제로 이 체계는 대단한 반향과 권위를 발휘하여 본격적인 국문학 장르체계를 일거에 확립, 완성한 것으로 평가되기도 했다. 이것이 겨우 1970～1980년대의 사건이었으니 우리의 문학장르체계의 역사는 매우 짧다고 할 수밖에 없다. 그러나 이마저도 쏟아지는 비판을 면하지 못하여 처음과 같은 권위를 누리지 못하고 있는 실정이다.

지금에 와서는 이 체계보다는 어느새 5대장르 체계가 중심을 차지하여 이전과 같은 권위가 없는듯하다. 이는 어떠한 문학장르 체계도 시대의 산물로서 영속성을 갖지 못한다는 증거이다. 그렇다고 4대체계가 용도폐기된 것도 아니어서 여전히 그 지위를 차지하고 있다. 그 입론과정이 매우 精緻한 것이어서 쉽게 소홀히 하기에는 안타까운 면이 있기도 하다. 그러나 이유야 어찌되었든 현실적으로 이미 그 時宜性이 지난 장르체계가 언제까지 자리를 차지하고 있어서는 곤란하다. 그럼에도 불구하고 이에 대한 논의가 드문 것은 서구 이론에 바탕을 둔 그 장르체계가 아주 정밀, 정연하여 쉽게 다루기 어렵고, 현실적으로 그것이 이미 5대체계에 밀려나 있다보니 학계에서 이에 대한 논의를 잠정적으로 중단하는 것에 암묵적으로 합의를 본 듯하다. 그러나 여기에는 그냥 얼버무리기에는 해결해야 할 일이 너무 많다.

사정이 이러함에도 불구하고 이 4대체계는 중등학교 국어와 문학시간에서, 특히 고전문학에서는 여전히 맹위를 떨치고 있다. 아무리 그것이 권위를 가지고 있다 하더라도 학문적으로는 이미 한 시대가 지난 처지에서 학교에서는 아직도 正典으로 통하고 있는 현실은 분명히 문제가 있다. 한때 국문학 장르체계의 기린아로 주목받았던 4대체계는 실제로 간과하기 어려운 많은 문제점을 가지고 있다.

우선 운문, 산문이라는 형식적 체계에 익숙해있던 우리 문학장르 체계에 갑작스러운 서구의 서정, 서사라는 내용적 체계방식의 적용은 아주 생소한 충격이었다. 교술장르 도입에 대한 명분은 어느 정도 합의에 이르렀다고 하더라도, 우리가 가지고 있었던 형식적 장르의식에 갑작스러운 내용장르 개념의 방식은 애초부터 받아들이기 쉬운 것이 아니었다. 이 장르체계의 기준으로 삼은 自我와 世界我와의 관계설정이 지나치게 이념적이고, 고답적이어서 보편적 적용성의 관점에서 볼 때 그 부담이 크다. 이를 우리의 형이상학적인 성리학의 원리로 설명했지만 당대의 작가가 그렇게 어려운 철학적 원리에 의하여 글을 썼을 리도 없고, 문학이 이미 보편화 되고 대중화 된 지금에 와서 과거의 형이상학적인 방식의 적용은 노력에 비해서 그 설득력이 크지 않다. 문학 자체가 철학이 아니라 '철학의 형상화'라면 우리 언어의 형식에 익숙해있던 국문학에 지극히 사변적이고 관념적인 철학적 원리에 의한 해석은 지나치게 현학적이다. 이에 대한 설명이 충분히 마련되었다 하더라도 일반 독자들이 자연스럽게 수용할 수 있었느냐는 또 다른 문제였다. 또 한편에서는 문학장르를 분류에 그치는 것이 아니라 美學, 詩學이어야 한다는 주장이 타당성이 충분하다 해도 전문성이 부족하고 규범성이 강조되는 우리의 중등국어교실에서는 아무래도 현실적이지 못하다. 이러한 주장들은 알고 보면 서구의 이론에 의한 발상인데 서구와는 다른 문학적 배경을 갖고 있는 국문학인 경우에는 그 적용성과 타당성이 매우 약하다. 이는 서구의 문화와 우리의 문화가 같을 수 없으며, 4대체계는 서구에 맞게 형성된 것이라는 문화적 특성을 충분히 고려해야 했다. 그렇다면 이 체계를 국문학에 적용시키는 데 있어 더 많은 검토과정이 필요했을 것이고, 만약 그러한 과정이 여의치 못했다면 새로운 방법을 모색했어야 마땅하다. 지금 5대장르 체계가 이에 대한 반성이요, 그 대안이라면 당연히 4대장르 체계에 대하여 적절한 반성과 가시적인 정리가 이루어져야 할 것이다.

그러나 획기적 업적이라고 평가되었던 국문학의 4대장르 체계를 필자가 일시에 재단한다는 것은 무모할 수 있다. 다만 현재 중등학교 국어 교실에서, 특히 고전문학 교실에서 빚어지고 있는 국문학 장르체계에 관한 혼란과 불합리를 더 이상 방관할 수 없다는 입장과 관점에서 부득이 몇 가지 지적을 하고자 한다. 현행 중등학교 과정에서 다루고 있는 고전문학장르체계는 4분법에 의하여 정리한 국문학 하위갈래체계가 주류를 이루고 있는 실정인데 이들을 보면 학생들에게 그것을 설명하기 어려운 장면이 허다하다.

우선 서정장르에 '고대가요'를 편입시켰는데 고대가요는 모두 抒情인가라는 물음에 답할 수 있어야 한다. 얼핏 생각해보아도 고대서사민요나 교술민요에 대응하여 '고대서정가요'라고 적시해야 옳다. 그 밖에도 여기에 편입되어 있는 '향가' '고려속요' '시조' '잡가' '신체시' '현대시' 등 어느 하나도 서정으로 독단할 수 없다. 모든 장르에서 '서정민요'처럼 최소한 앞에 '서정 -'을 명기해야 옳다. 그렇다면 이 모든 갈래에는 '서사'도 같이 존재함을 배려해야 옳고, 심지어는 그렇게 공들여 세운 '교술'에도 서정, 서사가 분산되어 있어야 할 경우가 있다. '명사적' '관형사적'이란 용어까지 제안한 처지로서 실제에서는 그렇게 철저하지 못한 것 같아 유감이다. 이러한 문제점들을 해결해야만이 서구의 서정장르체계를 온전히 소화할 수 있다.

'서사'는 관행적으로 '서정'과 대립개념으로 인식되기 쉽다. 그래서 앞의 '서정'에서 운문만을 묶어두었으니 여기에서는 산문만을 다루었어야 장르체계가 선명해진다. 그런데 운문인 서사무가, 서사민요, 판소리가 소설을 비롯한 산문과 같이 섞여있는 것은 아무래도 부자연스럽다. 물론 '서사는 산문, 서정은 운문'이라는 생각도 편견이겠지만 기왕에 서정이 운문 일색으로 되어있고, 현대문학 장르체계에서는 서사가 산문 일색으로 진전되어간다는 점을 생각하면 운문, 산문이 한 집에서 동거하는 이러한 체계는 상식적으로 받아들이기 쉽지 않다. 그리고 서사에 '판소리'를 포함시켰는데 이것을 서사에 포함한 이유와 그것이 '희곡'이 아닌 이유를 설명하기가 쉽지 않다. 이것이 '창극'과 어떻게 장르적으로 이질적인가에 대한 상식적인 견해가 필요하다. 물론 이에 대한 정밀한 설명이 있지만 중등학생에게 그렇게 어려운 원리를 이해시켜야 한다는 것은 대부분 전문적인 장르체계 전문가가 아닌 교사로서는 매우 부담스러운 일이 아닐 수 없다. '전설'과 '민담'이 소설이나 교술과 그렇게 쉽게 구분되는 것인가에 대한 고민도 해야 한다. 그리고 판소리가 오로지 서사인가에 대해서도 의문의 여지가 남아있다. '서사민요'에는 길쌈노래를 유일하게 들었는데 하나의 장르로 독립시키기에는 좀 궁색하다는 생각이다.

戱曲은 3대장르의 劇을 계승한 것으로 보인다. 그러나 중국에서 비롯한 戱曲이라는 명칭은 이름과 같이 음악성이 매우 강했고, 대사 하나하나가 詩歌였다. 그러나 우리의 고전희곡은 모두 산문으로 되어 있다. 어차피 우리의 고전희곡과 다른 것이었다면 희곡을 현대적인 관점에서 착안하는 것이 좋았을 것이라는 생각이다. 여기에 포함된 '신파극'이나 '현대극'은 명백한 산문이라서 음악성이 농후한 전통을 갖고 있는 戱曲이라는 명칭이 썩 어울리지 않는다는 점에서 아쉬움이 있다.

가장 문제가 심각한 것은 '敎述'에 있다. 의욕적으로 내세운 교술론이 이론적으로 설득력을 갖추었다고 하더라도 막상 국문학 각론에 들어가면 도처에서 문제가 발생한다. 거기에 내세운 교술의 기준의 요체는 '지식적 전문성'인 듯하다. 그러나 이러한 추상적인 개념은 항상 상대적일 뿐이어서 객관성이 보장되어야 하는 장르구분의 기준점으로서는 매우 불확실하다는 데에 한계가 있다. 우리의 장르 개념이 우선 '형식'에서 출발하는 것이 맞다면 장르구분에 있어 일관되게 '내용'에 집착하고 있는 것은 안타까운 일이다. 사실 기존의 장르체계에서 가장 문제가 되는 근본 원인이 바로 여기에 있다. 그래서 '교술민요' '경기체가' '악장' '가사' '창가'같은 명백한 운문시가들이 '가전체' '몽유록' '수필' '서간' '일기' '기행' '비평'과 같은 분명한 산문과 같이 묶여 있는 것에 현실적 보편적 장르감각과는 상당한 거리감을 느끼지 않을 수 없는 것이다. 전통적으로 운문, 산문의 장르체계에 익숙해왔고, 지금 5대장르 체계에 의하여 현대문학을 소화하고 있는 학생들에게 이러한 장르체계를 납득시키기 어렵다. 그보다는 그렇게 어려운 체계를 납득시켜야 할 이유를 찾지 못하겠다. 이 체계가 공간과 시대를 아우를 수 있는 광역성과 영속성을 갖는다면 현대문학 장르체계에도 적용할 수 있어야 하겠지만 현실적으로 그러한 사례도 찾기 어렵고, 그럴 필요성도 느끼지 못한다. 실제로 지금의 5대체계에 敎述이 빠져있다는 사실은 이러한 사정을 말하는 것이고, 더 이상 그 존재가치를 가지고 있지 않다는 사실을 입증하는 것이다. 만약 이러한 사실이 인정된다면 敎述에 편입되었던 모든 갈래는 전면 재편되어야 옳다.

여기에 포함되어있는 '교술민요'는 서사의 '서사민요'와 실제로 장르를 달리할 만큼 명확한 구분이 가능한지 필자 자신도 궁금하다. 물론 이에 대한 입론의 개연성은 인정하더라도 장르체계가 본질적으로 이상적인 학문이라기보다는 실제적이고 보편적인 도구라는 점을 생각하면 이렇게 어려운 장르체계는 현실적으로 장르구분의 기능과 소통성이 부족할 수밖에 없다. 일부의 '경기체가'에 교술성이 개재되어 있다고 하더라도 그것을 빌미로 하여 서정시가성이 농후한 모든 경기체가를 여기에 편입시킨 것은 아무래도 받아들이기 어렵다. '창가'는 서사성과 시가성이 농후하다는 점에서도 교술에 묶어두기가 곤란하다. '가전체'에 끼어들어간 비서사적 요소와 그것의 지식적 전문성을 내세워 교술로 삼은 것은 꼬리를 보고 몸통 전체를 함부로 규정한 것 같아서 불안스럽다. 그렇게 말할 수 있는 것도 기껏 고려 말에 나온 몇 편 정도에 한정된다. 그 이전이나 조선시대의 假傳體에 대해서 좀더 세심한 배려가 필요하다. '夢遊錄'을 서사에서 떼어낸 것은 그 당위성을 세우기가 더 어렵다. '몽유록'이 이른바 夢字類소설이나 유사한 서사물과 그렇게 다른 것인가에 대한 타당성을 인정하기 어렵다. 더구나 '몽유록'의 장르설정 근거는 알고 보면 고작 그 제목에 있을 뿐이다. 만약 제목에 '夢遊錄'이라는 명기가 없어도 과연 몽유록으로 인식하여 교술장르로 삼을 수 있겠는가라고 묻고 싶다. 당시의 작가가 작품의 제목을 소설과 다른 장르 의식을 가지고 '夢遊錄'이라는 제목을 썼을 리 만무하다. 내용이나 형식에 관계없이 오로지 제목에 의해서 장르체계가 달라진다면 본의야 어쨌든 정당한 장르체계로 인정할 수 없다. '비평'과 같이 강력한 논리력을 발휘하는 장르를 여기에 넣는 것도 어색하다. 다만 '歌辭'는 그 특유의 문학적 성격으로 해서 지금도 논란이 많지만 다소 무리를 해서라도 이것을 시가문학으로 다루는 것이 더 알기 쉽다는 생각이다. 결국 교술에 편입되었던 모든 갈래는 5대 장르 체계로 재편이 가능하다고 보는데 그것이 훨씬 소통성이 있다는 판단이다. 그렇다면 사실상 '교술'은 고전문학에서도 더 이상 필요한 체계가 아닌 셈이다.

이러한 모순들은 이념적, 관념적 이론에 집착하여 문학장르체계의 현실적 용인성을 소홀히 하였기 때문에 발생한 문제들이다. 문학장르체계가 그렇게 어려운 형이상학적인 哲理로 되어있다면 대부분의 문학구성원들은 장르체계에 동참할 수 없게 될 것이고, 이것이 학문장르론이 해결해야 할 과제이다. 또 하나의 문제는 글이 가지고 있는 내용과 기능에 집착하여 그것이 가지고 있는 외형적 형식성을 간과했다는 점이다. 이러한 현상은 장르분류의 기준을 글의 내용으로 삼았기 때문인데 장르라는 명칭 자체가 Style, Form이라는 외부적 형식을 의미하고, 실제로 우리는 문학을 형식미로 인식한 전통이 더 강했었다는 사실을 염두에 두었어야 했다. 그렇기 때문에 유사한 형식미를 갖고 있는 장르들을 내용이나 기능에 의해서 재분산 배치하는 것을 받아들이기 어려운 것이다. 그리고 글의 제기방식, 내용, 기능, 지식수준, 목적, 의도 등은 항상 상대적이고 중첩되어서 규범적 장르구분의 기준으로는 적절치 못하다는 생각이다. 결국 4대체계의 자랑은 '교술'이었는데 이것이 설 자리를 잃는다면 이 체계는 존립의 운명에 서 있는 셈이다.

이러한 사정을 제쳐두고 우리의 문학을 4대체계로 묶어놓고 이를 강요하거나, 수용하지 못하는 이유를 따진다면 그야말로 주객이 뒤바뀐 형국이 아닐 수 없다. 그렇다면 4대체계는 우선 보통교육의 수준에 있는 중등학교에서는 입지가 없다 할 것이고, 이러한 체계로 되어있는 고전문학의 교과서나 학습내용은 마땅히 시정되어야 한다. 어차피 모든 장르체계가 시한부라면 새로운 체계에 자리를 물려주는 것은 또한 자연스러운 일이기도 하다. 비록 적지 않은 약점을 가지고 있음에도 불구하고 지금의 처지에서 5대장르 체계가 새로운 주역이 되는 일은 거역할 수 없는 추세라는 생각이다. 중국식의 2대장르 체계는 지나치게 감각적이라거나, 지금의 5대체계는 일관된 원리가 부족하다는 이유로 저평가 되는 현실에서 이러한 단정은 조심스러운 면이 있다. 그러나 이를 극복할 확실한 대안이 마련되어 있는 것도 아닌 실정에서 마냥 탁상공론만 할 수는 없는 일이다. 어차피 장르체계가 절대적인 존재가 아니라면 완벽한 체계 역시 단념해야 할지 모른다. 그 대신 용인성과 소통성 있는 대안을 실생활에 적용하는 방안이 보통문학교육을 위해서 더 바람직할 수 있다. 5대체계를 긍정적으로 해석한다면 기존의 이론과 관점을 현실적으로 절충한 결과라고 볼 수 있을 것이라는 생각이다.

5대장르 체계가 지금 보편적으로 통용되는 체계이긴 하지만 그 당위성이 검증된 바 없고, 현재진행형인 문화의 본질상 어떠한 질서나 장르체계도 완성이란 있을 수 없으니 이 체계도 일정한 한계가 있음은 물론이다. 인간과 인간문화가 완전할 수 없듯이 불변의 완벽한 문학장르체계는 애초부터 기대할 수 있는 것이 아니다. 실제로 5대장르 체계를 꼼꼼이 생각해보면 그리 만족할 수 있는 일이 아니다.

우선 '詩'는 그 운율과 압운, 그리고 일정한 排行이라는 형태적 특성에 착안하여 규정한 것이다. 원래 노래로 출발한 것이었기 때문에 문학성보다는 음악적 형질이 본질이다. 그래서 원래 거기에는 표지되어있지 않은 리듬과 압운이 개재되어 있다는 특성은 이 장르의 연구가 단순히 문학에 그쳐서는 안 될 이유이다. 많은 의미를 집약적으로 담아내야 하기 때문에 외형적으로 압축된 형태를 유지하고 있다. 그 기원이 원시종합예술에서부터 비롯되기 때문에 동서양을 불문하고 모든 문학장르보다 가장 먼저 형성되었고, 가장 성행되었던 갈래이다. 서양의 〈詩學〉이나 중국의 詩賦에 상응하는 장르체계로써 모든 문학장르 체계 중에서 동서고금을 일관성 있게 꿰뚫을 수 있는 가장 완벽한 문학장르체계의 꽃이요, 핵심이라고 할 수 있다. 아리스토텔레스의 3대장르 체계가 모두 여기에서 벗어나지 않았으니 실질적으로 이들을 모두 거느리고 있는 셈이고, 지금도 유효한 것을 보더라도 이 장르의 광범위하고 견고한 문학성을 실감할 수 있다.

'소설'은 형식적인 면에서 시와 정면으로 상반되는 대립적 개념을 가지고 있다. 리듬과 압운, 압축의 형식적 요소가 완전히 제거된 것이다. 그러나 내용적인 면에서는 詩와 등가적 대립관계가 성립되지 않는다. 시의 장르체계에는 내용적 요소가 개재되지 않지만 소설은 '허구, 개연성'이라는 비형식적 요소가 장르체계의 핵심이요, 본질이라는 점에서 시와 그 기준이 대칭관계가 아니다. 그렇다고 해서 소설이 일정한 형식을 무시하는 것은 아니다. 다만 소설이 가지고 있는 일정한 형식은 태생적인 것이 아니라 후천적이고 점진적으로 형성되었다는 점에서 그것이 소설의 장르를 결정하는 본질적 요소는 아니었다. 어쨌든 소설은 형식과 내용이 같이 고려된 장르라고 할 수 있는데 이는 4대장르 체계에 비해서 그 장르 기준이 단순하지 않다는 말이다. 그리고 소설의 형성이 詩보다는 현저하게 늦었다는 점에서 장르체계의 발전과정상 詩와 대등하게 다룰 수 없는 부분이 있다. 지금에 와서는 소설이 서사의 중심적 위치에 있으나 아리스토텔레스의 3대장르 체계에서는 아예 존재하지도 않았던 후발 장르이다. 후에 서사에 포함되어 뒤늦게 3대장르 체계에 진입할 수 있었으니 소설은 굴러온 돌일 뿐, 서사의 본령은 아니다. 문학장르 체계의 흐름으로 보았을 때 소설은 신생 장르에 속한다. 詩가 서정, 서사, 극에서 모두 핵심적 역할을 했으나 소설은 나중에 겨우 서사에 끼일 수 있었다는 점에서도 3대장르의 '서사'와 동등하지 않다. 이러한 사정은 동서양의 형편이 또한 같지 않다. 서양에 비해서 동양에서는 소설의 문학장르 체계 진출이 훨씬 빨랐다. 唐의 傳奇를 소설로 간주할 수 있다면 서양보다 천 년 가까이 이르게 형성된 것이다. 그리고 서양에서의 소설에 대한 개념과 중국의 傳奇의 개념과도 분명한 차이가 있다. 현대의 소설문학에 대한 개념이나 이론은 서구의 소설을 기반으로 하여 마련된 것이어서 우리의 소설에 대한 배려가 없는 형편이다. 그러다 보니 우리의 소설은 서구의 소설에 비해서 열등한 수준에 있는 것처럼 인식되는 경우가 많다. 심지어는 우리의 소설을 서구의 소설형성시기까지 인정하지 않는 경우도 있다. 물론 우리가 서양보다 소설의 형성이 이른 시기여서 초기의 작품은 상대적으로 덜 진화된 면도 있는 것이 사실이지만 그 형성시기를 생각해보면 그렇게 함부로 말할 일이 아니다. 어떤 면에서 보면 서구의 소설과 우리의 傳奇와는 구분되어야 할 부분도 있다. Novel과 傳奇는 여러 가지 면에서 일치하지 않는다. Novel이 근대에 일정한 양식을 갖추면서 형성되었던 것에 비해서 傳奇는 훨씬 장구한 세월 동안 다양한 모습으로 변모해왔다. 실제로 서구의 소설 기준을 傳奇에 적용하면 어긋나는 면이 많다. 그래서 5대장르 체계의 소설 – 서구의 개념 – 은 중국이나 국문학의 소설류를 포괄하기 어려운 사정이 있는데 이는 소설의 장르적 범주의 한계가 있음을 말한다. 이러한 차이를 생각한다면 '소설'을 서양의 3대장르 체계의 '서사'와 동일시한다든지, 동서양의 소설문학을 단순히 호환하여 비교할 수 없는 일이다. 동시에 고전문학에서의 '소설'과 현대문학에서의 '소설'을 동일한 관점과 기준으로 논의해서는 안 되는 일이다.

'희곡'은 연극이나 영화의 대본으로서 3대장르 체계의 劇과 가장 가깝다고 할 수 있다. 진술과 관점이 등장인물 개개의 시점으로 표현된다는 점에서 그렇다. 그러나 형식적인 면에서 이전에는 劇이 詩였던 반면에 현대의 戱曲은 산문이라는 점에서 양자 사이에는 장르적으로 상당한 거리가 있다. 과거에 극에 속해 있던 운문은 모두 지금의 詩로 옮겨갔고, 실질적으로 지금의 희곡에는 산문만 남아있게 되었다. 그러므로 3대장르 체계의 劇과 5대장르 체계의 戱曲은 구분되어 논의될 필요가 있다. 장르체계가 유사하다 하여 현대문학 장르체계의 희곡과 고전문학장르 체계의 극을 구분없이 연결시킨다면 정상적인 논의가 어렵게 된다. 이러한 사실은 戱曲이 劇과 쉽게 호환될 수 없음을 말하는 것인데 특히 국문학 연구에서 매우 유의해야 할 사안이다. 조금 더 생각해보면 지금의 시점에서 戱曲이라는 명칭 자체가 적절치 않은 면이 있다. 曲이란 음악적 운문이란 내력을 가지고 있던 것인데 지금에 와서 희곡에는 이러한 형질이 없어졌기 때문이다. 그리고 '희곡'의 갈래적 기준은 내용이 아니라 형식적인 요소가 크고, '소설'의 갈래기준의 원리와 같지 않다는 점에서 장르설정의 기준 마련에 어려움이 있다.

수필의 문학적 성격과 명칭, 장르에 대하여 논란이 많고, 4분법에 의하여 처음으로 장르체계에 편입된 신생 장르이기는 하지만 '교술'이라는 이름으로 일거에 3대장르 체계를 무너뜨리고 4대장르체계를 성립시킬 수 있었다. '수필'의 진술방식은 서정의 형식을 하면서 자아와 세계에 대한 관점은 서사적 태도를 공유하는 문학이다. 다시 말하면 한 작품에서 주관적, 객관적 관점을 공유하면서 동시에 서정, 서사적 태도를 겸비한 진술방식을 하고 있다는 것이다. 共有와 兼備라는 점에서는 탄력과 포용성이 매우 좋은 장점을 가지고 있지만, 장르체계의 기준으로 보면 문학적 성격의 애매성으로 인하여 독자적인 영역을 확보하기가 곤란하다는 문제점이 있었다. 3대장르 시대에 이미 존재했었지만 그 특유의 장르적 모호성과 그 장르적 영향력이 크지 않음으로 하여 서정, 서사, 극 어디에도 들어갈 수 없었다. 소설이 서사적 내레이터와 허구적, 상상적, 예술성을 갖고 敍事에 안착할 수 있었지만 수필은 소설과 같은 산문이면서도 그럴 수 없었다. 수필은 시나 소설처럼 일정한 형식과 내용을 가지고 있지 못하였기 때문에 독립된 지위를 확보하기 어려웠던 것이다. 그러나 후에 본격적인 수필류와 이와 유사한 글들이 점차 예술성을 띄면서 양산되기에 이르러서는 문학장르체계가 더 이상 이들을 외면할 수 없게 되었다. 이들을 수용하기 위해서는 새로운 장르적 공간이 필요했으니 그것이 이른바 敎述이었다. 혹은 교술을 '교훈적인 글'이라고 단언하기도 하지만 수천 년만에 새로 설정한 장르의 기준이 고작 '교훈적인 내용' 성격 하나로 결정되리만큼 그렇게 허술할 리가 없는 일이다. 만약 '교훈적'이라는 내용이 장르의 기준이 될 수 있다면 3대장르 중에서 교훈적 내용이 아닌 것이 얼마나 되겠는가? 교술이 처음에는 교훈적이라는 의미인 Didactic에서 기원했다고 하지만 이것은 敎述의 부분적인 특성일 뿐, 이것이 장르체계의 기준이 될 수는 없는 일이다. 만약 글의 특정 내용에 따라 장르를 성립시킨다면 수백 개의 문학장르 체계로도 모자랄 것이라는 점에서 이러한 장르규정은 용납될 수 없다. 혹은 교술을 '외부개입에 의한 세계아와 자아와의 대립'이라고 어렵게 설명하기도 했지만 장르체계의 기준이 그렇게 어렵다면 장르체계가 갖추어야 할 소통성과 보편성이 떨어지게 된다. 문학장르체계의 본질은 '관념적인 철학'이라기보다는 '현실적인 보편화 작업'에 가까워야 한다. 그것을 향유하는 계층은 소수의 엘리트가 아니라 다수의 언중이라고 해야 문학장르를 진정한 사회문화의 산물이라고 할 수 있기 때문이다. 그럼에도 불구하고 그 체계에 고도의 사변적인 哲學的 原理를 적용하려 한다면 사회적 문화산물인 장르체계의 본질에 맞지도 않을뿐더러, 당연히 그 소통성과 효용성은 떨어질 수밖에 없다. '自我와 世界'와의 관계로 문학장르체계를 설명하는 방식은 매우 용의주도한 체계를 갖추어 이론상으로 높이 평가할만하나 또한 그러한 이유로 인해서 그 적용성은 낮다. 그보다는 교술이 갖고 있는 '특유의 애매성, 모호성, 이중성으로 인하여 기존의 장르체계로 수용할 수 없어, 이를 처리하기 위해서 부득이 교술이라는 별개의 장르를 마련하게 된 것'이라고 설명하는 것이 훨씬 알기 쉽고 타당하다. 말하자면 그것은 일종의 장르체계의 잉여처리 장치였던 것이다. 이렇게 복잡한 장르적 과정을 거쳐온 '교술'을 5대장르 체계에서 '수필'로 명료하게 대체할 수 있었다는 것은 4대장르 체계가 가지고 있었던 모호했던 분류체계를 분명히 할 수 있었다는 의미를 부여할 수 있다. 수필은 본래 4분법에서 교술의 하위개념이었는데 이를 5분법에서 독자적인 장르체계로 승격시킨 것은 모호했던 '교술'의 범위와 기능을 정리하고, 그것을 대신하여 '수필'의 지위를 확보했음을 의미한다. 지금에 와서 '수필'이 충분히 '교술'을 대신하고 있다면 '교술'은 이미 그 임무를 다했음을 말하는 것이고, '교술'의 생명이 다했다고 말할 수 있다면 4대체계가 더 이상 유효하지 않음을 의미한다. 동시에 이는 장르가 시대에 따라 운명을 같이 한다는 역사적 사실을 입증하는 것이기도 하다. 수필이 4대장르 체계를 성립시킨 장본인이었는데 수필로 인해서 4대체계가 무너졌다는 것은 문학사의 아이러니이기도 하다. 아무튼 '수필'은 과거의 3대, 4대장르 체계가 가지고 있었던 한계와 문제점을 해결한 득의의 체계로서 5대장르 체계의 일역을 당당하게 떠맡고 있다.

5대장르 체계로서 '평론'의 일차적 의미는 문학비평론이다. 서구에서 文識力의 확산은 운문 위주의 3대장르 체계의 한계에서 산문을 아우를 수 있는 4대체계를 요구하게 되었다. 그리고 문학에 대한 학문적 역량의 성장은 필연적으로 문학장르에 대한 상위의 장르체계가 필요하게 되었으니 그것이 바로 '평론'이다. 4대체계가 문학의 장르체계를 확립한 것이라고 한다면 5대장르체계는 평론이라는 상위 문학장르를 독립된 문학장르 체계로 인정했다는 의미가 있다. 문학장르에 비교적 엄격했던 서구에서는 소설이나 수필을 쉽사리 장르체계로 용납하지 않았던 전통이 있었다. 그들이 떳떳한 장르체계로 들어올 수 있었던 것은 19세기를 거슬러 오르기 어려웠다. 4대체계는 장르의식을 확립시킨 것을 의미하며, 동시에 문학을 산문에까지 확대시켰음을 선언한 것이다. 評論을 새로 마련한 5대체계는 문학을 단순한 餘技나 예술에 머무르지 않고, 학문적 차원으로 진전시켰다는 의미를 갖는다. 장르의식이 확립된 후 문학은 학문적 성격을 강하게 띄기 시작했다. 문학이 학문적 차원에서 다루어지기 시작하면서 문학 자신에 대한 평가적 진술양식이 별도로 필요하게 되었다. 4대체계로 안정적 지위를 확보한 문학은 자신을 평가할 상위의 수단을 통해서 확산적 발전을 꾀할 수 있었다. 上位的 수단이란 하위개념인 문학에 대한 학문적 비평 - Critic - 을 말한다. 문학연구에 획기적인 공헌을 한 비교문학 방법론은 그것의 결정적 계기가 된다. 이것을 일컬어 文學批評論이라고 할 수 있다. 사실 적극적인 문학장르체계 의식의 시작은 문학비평정신에서 비롯된다. 올바른 문학비평을 위한 방법론이 바로 문학장르 체계였던 것이다. 그런 의미에서 비평은 매우 인위적이고 의도된 장르이다. 문학을 비평하자는 것이니 본래 문학은 아니었지만 그것은 문학의 발전과 직결되는 상위의 기능을 수행하였고, 그 자신이 하나의 문학적인 위치를 확보하게 되어 최근에 이르러 비로소 '평론'이라는 이름으로 문학의 장르로 독립하게 된 것이다. 글의 형식이나 내용이 아니라 그 자신의 기능에 의해서 새로운 문학장르 체계로 분화되었다는 사실은 '평론'이 다른 장르와는 원리면에서 매우 이질적인 문학적 자질을 가지고 있음을 말한다. 다시 말하면 3, 4분법과는 전혀 다른 유전적 인자로 장르체계에 입양되었다고 할만하다. 이것이 '평론'을 다소 낯설게 하는 요인이 아닌가 한다.

우리의 경우에는 '평론'에 해당하는 장르를 일찍이 議論文, 論辯文이라는 이름으로 문학체계로 인정하였다. 서구의 경우 評論을 문학비평으로 제한하였던 반면에 여기에서는 文化批評의 원리로 확산시켜 보았기 때문이다. 서구에 비해서 文識力을 중시했던 우리는 평론의 본질과 역할을 훨씬 적극적이고 개방적으로 규정한 것이다. 議論文이라면 문학론을 비롯하여 論述, 論辨, 時論, 奏策 등 사물에 대한 일체의 논리적 진술을 다양하게 포괄한다, 여기에는 지금의 수필에 해당하는 글도 일부 포함하고 있는데 이는 서구의 Critic essay나 essay정도에 해당하는 것으로 생각하면 좋을 것이다. 書牘體나 論, 說, 記, 跋 등도 이 범주에 해당할 수 있으나 議論보다는 정서적인 성향이 짙은 것은 지금의 수필에 해당한다. 이런 의미에서 서구의 평론과 의미의 범위가 같지 않음은 물론 장르적 본질해석과 그 기능과 역할도 다를 수 있다는 사실을 생각해야 한다. 그리고 지금 우리가 인식하는 평론의 개념은 서구에 가깝다는 점에서 우리 전통의 체계와는 어느 정도 거리가 있을 것이다. 이러한 거리는 우리의 문학장르 체계를 논의할 때 유의해야 할 사안이다. 특히 우리의 고전문학과 현대문학장르 체계를 아우르는 데 있어 그렇다. 나아가 '평론'의 앞날을 전망하건대 문학위주에서 문화 전반적인 개념으로 확산되고 있다는 점에서 '평론'에 대하여 보다 개방적인 인식의 전환이 필요하다.

이상 현행 5대장르 체계에 대한 거친 설명으로만 하여도 이것이 아직 일정한 관점이나 원리로 일관성 있게 구성되어있지 못하다는 사실을 알 수 있다. 그리고 3대체계, 4대체계와 달리 상대적으로 장르체계의 기준에 있어서 일관성을 확보하기 쉽지 않은 면도 있다. 이러한 사실은 현행 5대체계가 이론적으로 그리 탄탄하지 못하며, 이전 체계를 명시적으로 계승한 것도 아니어서 역사성과 정체성의 문제가 있을 수 있다. 게다가 평론을 제5의 장르로 독립시킨 데 대한 합의와 검증이 아직 충분치 못한 듯하다. 어떤 면에서는 지금 당장의 상황에 쫓겨 급조된 면이 엿보이기도 한다 – 물론 장르란 본래 시대적 요구에 의한 결과물이지만 – 그리고 지금 진행되고 있는 문학장르들을 온전히 감당할 수 있는지도 의문이다. 이른바 장르문학이라든지 청소년문학 등을 어떻게 수납할 수 있을지 아직 합의되지 않은 듯하다. 일부에서 '소설'의 한계를 실감하면서 '서사'라는 장르를 심심찮게 거론하고 있는데 이는 기존의 5대장르 체계하고는 쉽게 관련지을 수 없는 발상이어서 또 다른 문제를 던지고 있다. 따라서 이것이 어느 정도의 신뢰와 지속성을 가질 것이냐에 대해서 확신하기 어렵다. 어떠한 장르체계도 항구적이고 절대적일 수 없다는 점을 생각하면 더욱 그렇다. 그러나 거꾸로 생각하면 그렇기 때문에 이 장르체계는 현재적 존재가치를 가지고 있을 수 있는 명분을 획득할 수 있다.

5) 국문학 장르체계에 대한 전망

문학장르체계는 본질적으로 절대적이거나 항구적인 것이 아니다. 그것은 당대의 현재적 文化産物이므로 그 시대적 상황에 따라 모습을 달리하는 가변적 유기체이다. 시대마다 그에 합당한 장르체계가 생성되기 때문에 이전의 문학과 지금의 문학의 장르체계가 반드시 같을 필요도 없다. 문학장르 체계는 시간과 공간을 초월하는 보편적인 존재가 아니다. 시간과 공간의 개별적인 문화에 의해 생성되는 산물이므로 時空에 따라 각기 다른 장르를 형성한다. 나라마다 지역마다 장르체계는 같을 수 없으니 東西古今에 걸쳐 민족과 세계를 일관할 수 있는 유개념, 혹은 중앙장르체계는 이상에 그치지 않을까 한다.

그럼에도 불구하고 우리는 이러한 이상 추구를 포기할 수 없다. 그동안 줄기차게 시도되어왔던 문학장르 체계들은 문학을 학문적으로 연구하기 위한 끊임없는 도전이었다. 그것은 불완전한 인간의 존재적 한계를 알면서도 끊임없이 그것의 존재적 가치를 찾기 위한 노력을 기울여 왔던 인류역사 記述의 한 부분이었던 셈이다. 앞으로도 문학장르체계에 대한 탐색은 인류역사와 같이 진행될 것이다. 다만 이에 대한 본질과 한계를 분명히 인식하여 최대한 그 언어문화의 실정에 맞는 체계를 추구해야 한다는 점에서 기존의 문학장르체계에 대한 신중한 재고가 필요하다. 불멸의 절대적인 문학장르체계는 있을 수 없다는 좀더 유연한 관점에서 문학을 바라보아야 한다. 그런 의미에서 기존체계의 권위나 고정관념에서 벗어나 어떠한 체계도 얼마든지 수정되고 개선될 수 있어야 옳다. 더구나 지금의 국문학 장르체계와 같이 많은 문제점을 가지고 있는 경우는 사정이 더욱 절실하다.

이와 관련하여 현재의 관점에서 바람직한 문학장르 체계를 세우기 위한 요건을 새삼스럽게 제시해본다.

첫째, 과거는 물론 현재진행 중인 장르들을 광범위하게 묶어낼 수 있어야 한다. 그러기 위해서는 장르의 체계를 최대한 확보하는 데 주저하지 않아야 할 것이다. 장르

체계라는 것은 본질적으로 문학 현상에 대한 후속작업이기 때문에 항상 결여되어있다는 전제가 있어야 한다. 그래서 장르체계란 부족한 부분을 최소화할 수 있을 뿐이지 완벽할 수 없다. 결점을 최소화하기 위해서는 최대한으로 현존하는 장르형태를 확보하고, 그것을 최대한으로 소통성 있게 체계화해야 한다. 지금도 끊임없이 장르체계에 포함되지 않은 신생 장르가 진행되고 있다는 사실을 직시하고, 그것을 하루 속히 체계화하는 데 노력해야 한다.

둘째, 분류정신에 입각한 분석정신이 있어야 한다. 아무리 광범위한 섭렵이 있더라도 일정한 원칙에 의한 분류가 수행되지 않는다면 체계가 설 수 없다. 이유야 어쨌든 분류체계 없는 학문은 있을 수 없다. 장르체계는 예리한 분석력이 우선되는 과학적 정신에서 출발한다. 만약 분류정신과 분석력만으로 문학장르체계가 충족될 수 있다면 그야말로 과학에 그쳤을 것이다. 그러나 문학장르체계는 섬세한 분석에 그치는 것이 아니라 그것을 재편, 재구성하는 통합정신이 필요하다. 이것은 문학장르체계가 단순한 과학에 그치지 않는 미학적 정서와 인문적 사유와 상위적 인식이 융합적으로 작용함을 의미한다. 100가지가 넘는 장르체계가 철저한 분석정신에 의한 것이었다면 4대장르 체계나 5대장르 체계는 통합의 재구성 정신의 결과라 할만하다.

셋째, 문학장르 체계는 상식적 용인성이 있어야 한다. 현대에 와서 문학은 무엇보다 소통성을 강조하는 추세에 있다. 문학장르가 언어사회문화의 산물이라는 전제가 맞다면 언중 사이에 가치를 공유할 수 있는 소통성이 우선되어야 한다는 것은 지극히 당연한 일이다. 문학이 소수의 특권적 전유물이었던 부분도 있었지만 그보다는 언중의 의사소통수단이라는 면이 강조되어야 옳다. 그렇다면 그 장르체계도 당연히 상식적 용인성이 우선되어야 한다. 지식이 풍부한 전문학자가 마련한 문학장르체계가 일반 문학소비자에게 용인되기 어렵다면 아무리 훌륭한 학문적 요건을 갖추었더라도 소통할 수 있는 장르체계가 될 수 없다. 더구나 보통 수준의 문학교육 현장에서는 상식적 용인성의 필요성이 더욱 강조될 수밖에 없다.

넷째, 문학장르체계는 적절한 時宜性이 있어야 한다. 여러 차례 강조한 바 있지만 문학장르는 항구적 존재가 아니라 가변적 유기체이다. 지금 활동하고 있는 모든 문학장르를 다룰 수 있어야 한다는 원칙은 그 체계는 언제든지 수정되어야 한다는 사실을 의미한다. 2대체계, 3대체계가 4대장르 체계로 진화했다면 4대체계 또한 5대체계로 바뀌고, 수정되어야 하는 것은 역사의 필연이다. 문학장르 체계가 한 시대의 약속으로 소임을 다할 수 있다고 한다면 국문학, 고전문학에서도 더 이상 기존의 4대문학장르 체계에 연연할 필요가 없다. 따라서 5대문학 체계로 전환하는 데 주저할 이유가 없고, 그마저도 필요하다면 다시 수정되어야 옳다.

5대장르 체계가 아직 충분히 검증되지 않았다 하여 학계에서는 쉽게 인정하려들지 않는 것 같다. 그러나 실제로는 시인, 소설가, 희곡작가, 수필가, 평론가라는 명칭이 자연스럽게 통용되고 있듯이 사회에서는 이미 이 장르체계를 수용하여 관습화되었다고 해도 좋다. 학문적 기반이 보장되지 않는다고 하여 이미 실용화되어 있는 체계를 보통교육의 현장에서마저 이를 외면할 필요는 없다고 생각한다. 그동안의 여러가지 복잡한 장르이론을 비교적 합리적인 방식으로 절충한 방안이 5대체계라고 긍정평가할 수 있다면 이야말로 고답적인 이론에 치우쳐 혼란 상태를 벗어나지 못하던 국문학장르 체계를 정리할 수 있는 대안이 될 수도 있을 것이다. 다만 지금 이 역할을 5대장르 체계가 수행해나가고 있더라도 이 또한 진화의 과정에 놓여있는 것으로서 언제나 개선이 필요하다는 전제가 있어야 한다.

당장 현행 5대장르 체계에 얼마간의 수정이 필요할 것 같다. 우선 현행 '소설'로써 이에 해당하는 장르들을 효과적으로 수용하기 어렵다고 판단되어 이것을 '敍事'로 대체하는 방안이 제기되고 있다. '소설'이 실질적으로 서구개념의 장르로 인식되고 있는 실정에서 이에 해당하는 국문학의 장르들을 포괄하기 어렵기 때문이다. 실제로 우리의 고전문학에서 '소설'이라는 장르를 논의하는 데에는 많은 어려움이 있다. 그 이유는 지금의 '소설'이라는 의미는 근대에 와서 서구의 Novel을 번역한 것인데 우리의 전통적인 소설은 그보다 시대적으로 훨씬 앞섰던 것이고, 실질적으로 Novel보다는 '敍事'에 가까워 같이 쓸 수 있는 말이 아니기 때문이다. 동의어가 아닌 것을 동의어로 통용시키다 보니 여러 가지 억지스러운 문제가 생기는 것이다. 지금의 소설을 서사로 바꾸어 부르는 것은 무리한 개선이 아니라 자연스러운 복귀일 수 있다는 발상이 필요하다. '敍事'로써 과거는 물론 현재와 미래의 장르들을 효과적으로 거느릴 수 있다면 수정을 두려워할 필요가 없다. 어차피 '소설'이 '詩'의 대립개념이 아니라면 굳이 그것을 고집할 필요는 없을 것 같다.

우선 장르체계를 상위장르와 하위장르로 이분화 하는 방안이 있다. 상위장르는 글의 외형만 보아도 구분이 가능한 형태주의로 구분하여, 운문과 산문으로 대별하는 것이 가장 편리한 방법일 것이다. 운문의 하위장르로는 다소간의 문제가 있긴 하지만 詩만을 두는 것이 무난하리라 본다. 나머지 하위장르에 해당하는 것을 모두 산문으로 묶고자 한다. 그 중에는 다소간의 운문을 갖춘 것도 있을 수 있지만 詩로까지는 볼 수는 없을 것이다. 산문의 하위장르로 기존의 '소설'은 특히 우리의 고소설에서 문제가 많으므로 아예 '敍事'로 이름을 바꾸는 것이 좋다고 생각한다. 이렇게 하면 그동안 소설에 들어가지도 못하고, 마땅히 해결할 방도가 없는 일련의 글들을 여기에 묶을 수 있는 이점이 있다. 기존의 '戱曲'은 원래 운문 중심으로 이루어졌기 때문에 지금의 희곡의 중심인 연극대본과는 차이가 많다. 그리고 과거의 戱曲은 실질적으로 詩歌였기 때문에 운문의 詩와 충돌되는 문제도 있다. 그리고 우리에게는 현전하는 운문의 희곡을 구태여 따로 구분하지 않아도 무방하다. 이러한 여러 가지 사정을 생각건대 이것을 아예 '劇本'으로 바꾸는 것이 좋지 않을까 한다. 나머지 수필과 평론은 기존의 5분법을 유지해도 무방할 것이다.

韻文인 詩의 하위장르인 蔓橫淸은 言弄이라고 하기도 하는데 흔히 말하는 사설시조류에 속하는 것이다. 기존에는 시조의 하위장르로 다루었지만 그 장르적 특성이 전혀 다른 것이므로 마땅히 별개의 장르로 나누어야 시조의 여러 가지 문제를 해결할 수 있다. 여기에 속해있는 산문시라는 말은 최근에 와서 이루어진 것이다. 형태적으로 운문이 아니라는 점에서 시로 분류하기에 문제가 있지만 순전한 산문이라 하기도 어렵고, 詩的인 內在律을 가지고 있다고 보고 부득이 여기에 포함시켰다.

民譚, 神話, 傳說 등은 소설적 성격을 가지고 있지만 소설적 요소와 修辭를 갖추지 못했다고 해서 장르 설정이 쉽지 않았다. 그러나 敍事性은 분명하므로 여기에 포함시키면 기존의 문제를 해결할 수 있을 것이다. 傳은 사실의 기록이라는 점에서, 假傳은 戱筆에 불과하다 해서, 夢遊錄은 소설적 수사가 미흡하다 해서 소설에 들지 못했던 경우가 있었다. 그러나 敍事로는 하나로 묶을 수 있어 정리가 가능할 것이다. 宮中隨筆이라고 불리웠던 것들은 사실성이 강하고 의도성이 적어 수필로 보았으나 작자의 의도가 사실성을 능가한다는 점, 작자의 주제의식이나 인물의 성격묘사, 사건의 구성 등이 핍진하여 소설적 성분을 가지고 있다. 이들을 '서사'로 분류한다면 이러한 문제가 해결될 수 있을 것이다. 판소리는 원래 연극성과 음악성이 강한 것이 사실이지만 그보다는 서사성이 틀림없으므로 여기에 묶는 것이 논란을 줄일 수 있을 것이다. 行狀과 傳記는 사실의 기록이 본질이어서 소설일 수 없었지만 서사임에는 틀림없다. 이들을 수필로 묶는 것보다는 낫다는 생각이다. 근래에 이른바 장르문학, 환타지문학 등이 성행하는데 그 소설성이 의심받았으나 이를 '서사'로 묶는다면 아무런 문제가 없을 것이다.

隨筆류는 사실과 의견이 공존하는 자신의 목소리라는 점에서 소설이나 서사와는 분명히 구분된다. 일부에서는 의견이 너무 강하다거나 사건진행 위주라 해서 문제가 될 수 있지만 개인적 화자라는 점에서 '서사'와는 구별되어야 할 것이다. 이렇게 한다고 해서 국문학의 장르문제가 완전히 해결될 수 있다고 생각하지 않는다. 다만 가능한 방법 하나를 제시한 것에 불과하다.

이러한 원리에 의해서 국문학장르 체계를 다음과 같이 거칠게 試案으로 정리할 수 있지 않을까 한다.

【운문】

• 시 : 상대한역가, 민요, 향가, 경기체가, 속요, 시조, 만횡청, 가사, 악장, 잡가, 타령, 신체시, 창가, 현대시, 산문시 등

【산문】

• 서사(소설) : 민담, 신화, 전설, 야담, 傳, 가전, 몽유록, 소설, 궁중소설류, 판소리, 행장, 전기문, 장르소설, 환타지, 일체의 서사산문류 등
• 극본 : 가면극류대본, 인형극류대본, 탈춤류대본, 창극, 신파극, 현대극, 시나리오, 방송(극) 대본 등
• 수필 : 시화, 記 行 序 拔 論類, 잡론, 서간, 일기, 기행, 기사문, 르뽀, 수필 등
• 평론 : 시화평론, 議論文, 논문, 논술, 평론 등

2. 國文學史 緖說

먼저 국문학의 방법과 원리에 대해서 생각해 본다. 국문학을 연구하는 방법적 체

계를 國文學槪論과 國文學史로 나눌 수 있는데 국문학은 이 양대 축으로 이루어져 있다. 전자는 국문학에 대한 대체적인 윤곽이나 개념적 수준의 체계이고, 후자는 국문학의 흐름과 발전과정을 살펴 거기에 들어있는 의의 · 가치 · 연속성 등을 추출해 내는 것이 주요 임무이다.

국문학개론에서는 국문학 작품을 구체적, 개별적으로 연구하는 것을 본질로 한다. 대상 작품이 가지고 있는 일반적, 개념적 문제를 해결하는 것이 연구의 궁극적 목적이다. 그리고 이를 위하여 대상 작품을 일정한 기준으로 분류하여 체계를 세우는 것이 장르론이다. 그러니까 장르론은 국문학연구의 기초요, 개론의 핵심이라고 할 수 있다. 이에 대하여 국문학사는 작품 자체가 연구의 목적이 아니라 작품에 관련되는 주변사항에 관하여 총체적이고 통합적인 의미와 가치를 찾아내는 연구이다. 여기에서 작품은 현상, 방법, 수단일 뿐이지 국문학의 목적, 본질이 아니라는 관점이다. 작품을 통하여 작품과 관련되는 모든 사회상을 파악하고자 하는 것이다.

국문학을 연구하는 두 체제인 국문학개론과 국문학사라는 틀을 이용하여 국문학의 원리를 다음과 같이 정리할 수 있을 것이다.

국문학개론은 共時的인 개념이다. 일정한 시점을 잡아 그때에 이루어진 문학 현상을 그때의 기준으로 다루는 것이다. 연구의 대상이 되는 문학작품을 개별적인 범주로 하여 체계적으로 분류하여 분석한다. 주로 작품에 대한 개념, 본질, 원리, 형식, 구조, 작자, 시대양상 등을 규명한다. 이에 대하여 국문학사는 개론으로 이루어진 성과를 通時的으로 관찰하여 그 흐름을 파악하여 가치를 매기는 작업이다. 개론에서 밝혀진 개별적인 사실을 바탕으로 전체적인 연속성을 추출한다. 향가, 고시조, 현대시를 개별적인 장르체계로 연구하는 것은 개론이고, 이들을 묶어 장르간의 필연적인 인연관계로 의미를 부여하는 것은 문학사이다. 개론이 평면적이고, 횡적인 개념이라면 문학사는 입체적이고 종적인 관점이다.

국문학개론은 문학을 최대한 상세하게 분석하고 나열하여 장르 체계를 세우는 작업이다. 현상과 작품에 대한 날카롭고 섬세한 분석력이 필요하다. 이에 대하여 국문학사는 개론이 이루어 놓은 분석 성과에 일정한 의미를 부여하면서 시대별로 묶으면서 통합해 나가는 작업이다. 전체를 통합하는 통찰력이 필요하다.

국문학개론은 국문학의 기초작업에 속한다. 개론은 문학 작품의 구조와 형식, 내용 등의 제반 사항을 철저히 분석하는 섬세한 기초 작업이다. 이에 대하여 국문학사는 이것을 통합하면서 응용, 재구성하여 문학의 연속성을 확보하는 과정이다. 문학사는 개론이 이루어 놓은 기초 위에 역사적, 사회적, 문화적 의미를 부여하며 문학을 사회적 의미체로 완성시키는 작업이다.

국문학개론은 국문학 작품에 대하여 탐색, 규정, 記述, 陳述, 확충하는 과정이다. 국문학사는 이에 대한 요약, 평가를 하고, 미래를 전망하는 활동이다. 공자가 학문의 도리를 '널리 배워서 그것을 요약하는 것(博學而約之)'이라 했는데 이는 학문의 본질은 널리 아는 데에 있지 않고, 의미를 발견하고, 통합하고, 그 요체를 실행하는 데 있다는 뜻으로 보면 좋다. 즉 博學은 개론이요, 約之는 문학사의 원리에 해당할 것이다.

국문학개론은 국문학에 대한 지식을 쌓아가는 認知활동이다. 작품에 대한 충분한 이해와 풍부한 지식이 핵심이다. 국문학사는 이 작품에 대한 기반 인지를 조절, 통제, 응용, 운용, 평가하는 상위인지 활동이다. 지식을 활용하는 능력이 핵심이다. 인지가 객관적, 기초적 활동이라면 상위인지는 주관적, 창의적 활동이라 할 수 있다. 작품에 대한 지식이 인지라면 작품에 대한 비평은 상위인지 활동에 해당한다.

국문학개론은 사실적 실체이고, 국문학사는 실체에 대한 추상적, 관념적 해석이다. 홍길동이 허구적 인물인가 아니면 실재의 인물인가 하는 문제는 사실 여부를 따지는 국문학개론의 관심사이다. 그러나 국문학사의 관점으로 보면 홍길동의 실재 여부는 큰 문제가 되지 않는다. 그 대신 작자가 홍길동을 통하여 무엇을 나타내려고 했느냐가 중요하다. 그리고 그 작가의 주제의식은 개인의 생각이 아니라 당시 민중의 소망과 사회문화의 표출이라고 해석한다. 가장 중요한 일은 홍길동전이 갖는 역사적, 사회적 의미이다.

국문학개론은 靜的이고, 일정한 구속력을 갖는 지표와 틀이고, 국문학사는 動的인 활성체이다. 그렇기 때문에 국문학사는 항상 생산적, 창의적 활동을 추구한다. 黃鳥歌의 내용을 세밀하게 분석하고 歌詞를 해석하는 것은 靜的인 문학연구 태도이다. 이에 대하여 가사에 숨어있는 상징적 의미를 찾아내어 원작에 나타나 있지 않은 새로운 의미를 유추해 내는 것은 動的인 문학연구 방법이다. 황조가의 내용을 애정민요로 규정하는 것은 정적인 연구에 가깝고, 농경민족과 유목민족의 충돌로 해석하는 것은 사실 여부와 관계없이 상대적으로 動的인 자세이다.

이상 간략하게 국문학의 원리를 국문학개론과 국문학사의 대조를 통해서 새로 생각해 보았다. 이 둘은 국문학을 연구하는 두 축으로서 여러 가지 면에서 대립적인 입장에 있다. 그러나 그보다는 개론이 문학사에 포함되는 부분집합의 의미가 더 큰 것으로 보인다. 다시 말하면 국문학개론은 국문학사의 기반이 된다는 말이다. 그렇다고 해서 개론이 항상 문학사에 대해서 하위개념에 그치는 것만은 아니다. 개론의 장르론과 문학사의 시대구분론은 독립적이라기보다는 상호보완적인 관계에 있다고 하는 것이 더 적절한 설명이다. 실제로 장르의 개념 없이 문학의 시대구분을 실행할 수 없다. 장르라는 共時的 개념이 설정되어 있지 않으면 문학사의 通時的 개념도 작동될 수 없기 때문이다. 같은 원리로 문학사적인 해석 없이 장르의 성격과 본질의 연구를 수행할 수 없다. 그리고 실제에 있어서는 국문학에는 이 둘이 혼재되어 있어 나누어 설명하기 어려운 경우가 많다.

春香傳에 관한 모든 것을 규명해내고자 하는 것이 국문학개론의 정신이다. 소설이라는 장르 의식에서부터 시작하여 書誌, 작자, 구성, 인물성격, 배경, 주제, 수사, 언어 등 작품에 관련된 모든 문제들을 밝혀내고자 한다. 현재의 시점을 바탕으로 해서 아주 치밀하고 과학적인 관점으로 작품에 밀착하여 사소한 것이라도 놓치지 않으려고 한다. 그러나 국문학사는 춘향전에 대한 개론의 철저하고 미시적인 사실에 만족하지 않는다. 거시적으로 보았을 때에 춘향전은 문학사 진행 과정의 작은 일부분에 지나지 않는다. 문학사에서는 춘향전을 통해서 소설 전체의 흐름을 파악하고자 한다. 또 소설의 흐름을 통하여 서사, 산문의 진행과정을, 나아가서는 국문학의 모는 진행 과정을 파악하고, 이것을 바탕으로 하여 국문학의 미래를 예상하고, 사회 전반의 새로운 방향을 제시하고자 한다. 춘향전이라는 하나의 창구를 통하여 문학과 사회의 문제를 통찰하고 해결하려 하므로 춘향전에 관련되는 모든 작품을 상호텍스트라고 규정하고 통합적으로 관찰한다. 개론이 미시적 관점으로 나무를 본다면 문학사는 거시적으로, 맥락적으로 숲을 보고자 한다. 그러므로 춘향전에 대한 개론적 연구 없이 문학사는 성립될 수 없고, 문학사의 틀이 없이 춘향전에 대한 개론적 연구 의의도 없다.

〈삼국유사〉의 調信이라는 작품은 문학사의 시대구분에 따라 金萬重의 九雲夢으로 계승되고, 李光洙의 '꿈'으로 연속되는 소설장르라고 판단하기에 이르렀다면 개론의 장르의식과 문학사의 시대구분 의식이 동시에 융합적으로 작용한 결과이다. 調信이 구운몽이나 꿈과 같은 소설장르로 인식되어야 연계연구가 가능하고, 시대구분에 따른 개별성이 인정되기 때문이다. 마찬가지 원리로 가전체소설에 대한 장르적 설정은 개론에 그치는 것이 아니라 한국소설사의 흐름과 맥락의 연장선상에 올려놓을 수 있게 하기 때문에 더한 가치를 발휘할 수 있다. 이러한 사례들은 개론과 문학사가 하나로 연결되어 있다는 사실을 말하는 것이다. 그렇다면 개론이 문학사에 비해서 그 중요성이 덜하다고 하기보다는 문학사를 존재하게 하는 원동력으로 작용하고, 나아가 서로 상호보완하는 混融交流의 관계에 있다고 하는 것이 좋을 것 같다. 그래서 국문학은 개론과 문학사로 구성되어 있는 것은 틀림없지만 실제로 그렇게 명료하게 나눌 수 있는 것은 아니다.

이러한 사실을 바탕으로 국문학사의 본질과 원리를 다시 생각해 본다.

1) 國文學과 歷史

國文學史란 간단히 말해서 '국문학의 歷史'이다. 그러나 그 실질적인 의미를 생각해 보면 말처럼 그리 간단한 일이 아니다. '국문학'은 연구의 대상이 되는 객관적 실체인 사실이지만 역사는 역사적 史實이라는 점에서 이질적인 요소가 많다. 역사적 史實이란 실제로 있었던 事實을 단순하게 늘어놓은 것이 아니라 그것에 대한 記述者의 해석이다. 史家의 해석에는 당연히 기술자의 가치관이 작용하기 마련인데 이것을 史觀이라고 한다. 그리고 사관은 기술자에 따라 다르기 때문에 고정불변이 아니라 항상 유동적이다. 국문학의 대상은 실체적 고정물인데 반하여 그것에 대한 해석인 역사는 관념적 유기체라고 말할 수 있다. 그러고 보면 국문학과 역사는 서로가 이질적인 자질을 가지고 있으면서도 '국문학사'에서는 의미적 동거를 하고 있는 셈이어서 그 대처가 쉬운 일이 아니다. 國文學史란 국문학에 대한 지식에 그치는 것도 아니고, 국문학에 대한 역사의 나열로 만족하는 것도 아니다. 국문학의 역사적 사실을 해석하고, 거기에 역사적 의미와 가치를 부여하고, 시대적으로 연계시키는 일체의 사고활동 과정이라고 해도 그 설명이 충분치 않다. 그래서 국문학사라는 이름은 단순한 명사가 아니라 진행형의 동사적 의미로 보아야 하고, 그래서 국문학사는 지금도 멈추지 않고 진행 중에 있는 유기체라고 해야 한다.

국문학사의 語義를 다시 생각해보면 '국문학과 역사'라는 단순한 병렬일 수는 없고, '국문학적인 역사'이거나 '역사적인 국문학'일 것이다. 그런데 막상 그 의미구조를 국문학에 중점을 둘 것인지, 역사에 중점을 둘 것인지 결정하기가 쉽지 않다. 단순하게 '국문학사는 문학인가, 역사학인가?'라는 물음에는 문학이라고 쉽게 대답하겠지만 '문학을 통해서 역사를 보는가, 역사를 통해서 문학을 보는가?'라는 구체적 물음에는 상당히 복잡해진다. 국문학사가 국문학을 연구 대상으로 하는 것이 틀림없으니 후자가 맞을 것 같지만 그렇게 되면 국문학에 앞서 역사학을 먼저 선행한 후 국문학사를 논의해야 하니 선후가 뒤바뀐 꼴이 된다. 반대로 전자가 맞다면 문학은 수단일 뿐, 그것의 궁극적 목적은 역사학이 되어버리는 결과를 가져온다. 이렇게 생각하면 국문학사란 문학인가, 역사학인가?라는 앞의 질문이 그렇게 쉬운 문제가 아닌 것이었다. 그래서 그동안 국문학사 연구에서 이 문제는 오랜 논란거리였다. 이러한 모호성, 이중성 때문에 극단적으로 국문학사는 記述할 수 있는가라는 회의론이 제기되기도 했다. 그만큼 국문학사는 종잡기 어려운 연구 분야이다. 그러나 이론상으로는 그렇더라도 명목상으로는 국문학사가 문학이라는 것은 분명하니 더 이상 이상한 질문에 현혹될 필요는 없을 것이다. 다만 이러한 논리적인 딜레마는 그만큼 국문학사에서 차지하는 역사학의 비중이 크다는 사실을 입증하는 것만은 틀림없다. 그러므로 국문학을 수행하기 위해서는 역사학에 대한 깊은 조예가 필요하다고 인식하는 것이 중요하다. 요컨대 국문학사라는 분야는 역사를 포함한 상당히 광범위하고, 복잡한 융합학문이라는 것이다.

2) 國文學史의 연구범위

국문학사를 수행하기 위해서는 이렇게 광범위한 역사학의 기반이 마련되어 있어야 하고, 그것이 항상 국문학과 병행되어야 한다는 것은 상당한 부담이 아닐 수 없다. 더구나 우리 문학에서 차지하는 한문학의 비중이 크고, 漢文學의 근원은 중국문학이라는 점에서 국문학 연구를 하는 데 있어 한문학과 한국역사는 물론 중국문학과 중국역사학의 부담이 또한 크다. 한국역사에 대한 부담은 당연하다 치더라도, 한문학 하나만으로도 커다란 부담인데 거기에 중국문학, 중국역사까지 알아야 한다는 것은 엄청난 학문적 재앙에 가깝다. 그러니 새삼스럽게 우리의 과거 역사가 부끄럽고, 선조들이 원망스러워질 판이다.

그러나 그렇다고 해서 이러한 현실을 애써 부정하거나, 이러한 주장을 사대주의자로 매도한다면 이는 감상적 국수주의이거나 지나친 자학적 태도일 것이다. 분명한 사실은 세계 어떤 문학사도 독자적인 것은 없다는 것이다. 어떤 민족, 국가도 그 문학의 진행 과정에서 인접문화권과 교류, 영향관계가 없을 수 없다. 우리에게 많은 부담을 주는 중국도 印度역사와 문학에 대한 부담을 가지고 있고, 유럽의 문학사도 라틴, 그리스에 바탕을 두지 않으면 안 된다. 정도의 차이가 있을지언정 인접문화에 대한, 특히 상위문화권에 대한 부담은 누구도 피할 수 없는 보편적인 현상이다. 그러므로 국문학이 중국문학이나 역사에 의존도가 높은 것에 대해서 필요 이상으로 거부감을 갖거나 자존심을 상하기보다는 문화적 보편성에 동참하는 현상으로 자연스럽게 받아들일 필요가 있다. 자존심을 살리는 것도 중요하지만 그보다 더 중요한 것은 효과적으로 학문적 진실을 밝히는 일일 것이다. 다만 한글의 늦은 출발로 인하여 상대적으로 우리의 부담을 가중시킨 것은 어쩔 수 없는 역사적 부담이어서 안타까울 뿐이다. 그러나 정도의 차이가 있을 뿐, 이러한 사정이 전세계적으로 비교문학이라는 문학연구 방법론이 각광을 받고 있는 이유이다. 특히 국문학은 한문학의 비중이 크고, 오랫동안 중국문화와 교접이 빈번하였으므로 비교문학의 필요성이 강조된다. 비교문학이라 해서 덮어놓고 중국문학의 영향론을 내세우는 것도 문제이지만 주체성 확립에 매몰되어 필요 이상으로 민감하게 중국문학 영향론을 배격해서는 정상적인 국문학을 수행할 수 없다.

전통적으로 동양의 인문학은 분석보다는 통합을 지향해 왔다. 그래서 우리의 국문학에는 문학, 역사, 철학이 늘 통섭적으로 병존해 있었다. 문학을 진리를 전파하는 수단으로 삼아 철저한 목적문학을 추구했었기 때문에 그 주제의식은 철학의 道이기 마련이었고, 그 내용은 역사의 교훈적 史實이 중심을 이루었다. 우리에게 문학이란 것은 이러한 道와 史實을 담고, 싣는 그릇이요, 도구에 불과하다는 생각이 주류를 이루었다. 따라서 문학을 한다는 것은 곧 역사와 철학을 동반하는 의미였고, 실제로 이들이 융합되지 않고서는 문학이 이루어지지도 않고, 수용될 수도 없었다. 漢文學, 중국문학이 이러한 속성을 가지고 있으므로 대부분의 국문학도 그 범주 안에 있다. 우리에 있어 문학이 이러한 이념에서 자유로워진 것은 근대학문이 확립된 뒤의 사정이므로 그 이전의 문학에 대한 연구는 당연히 文,史,哲이 같이 동원되어야 한다. 이것이 국문학사의 연구범위를 더욱 어렵게 하는 요인이다.

국문학사는 국문학이라는 과거의 실체를 대상으로 한다. 그러나 국문학사가 과거의 사실에 머무른다면 별 소용이 없는 잡다한 지식에 불과할 것이다. 그것을 현재에 견주어 현재를 해석하는 기준의 역할을 했을 때에 비로소 가치가 있는 것이다. 나아가서 그 가치관으로 미래를 예시하고, 계획하고, 유추할 수 있는 바탕으로 활용할 수 있어야 한다. 향가를 완전하게 해독했다고 해서 임무를 완수한 게 아니라 그것이 어떠한 과정을 거쳐서 오늘날에 계승되었고, 현재의 문학에 그것이 어떠한 작용과 역할을 하고, 또 앞으로는 어떻게 작용할 것이라고 예측하는 자료와 근거가 되어야 바람직한 국문학사 수행이라고 할 수 있다. 그러므로 국문학사는 과거지향이 아니라 미래지향적이어야 하고, 가치지향적이어야 한다. 국문학사는 과거의 국문학을 현재에 연결시키고, 현재의 국문학과 미래의 국문학에 계승시키는 역사적인 행위이다. 그러기 위해서는 국문학 외에도 광범위한 인접학문이 융복합적으로 병행되어야 한다.

3) 國文學史와 장르

국문학사는 문학의 시대에 따른 종적인 흐름이지만 그 흐름을 이루는 내용의 의미개념은 각기 다른 장르의 명칭으로 이루어져 있다. 이를테면 문학사가 上代, 中世, 近世 등의 흐름으로 구분된다면 각 시대를 구성하는 문학의 내용은 각기 다른 특징에 따라 운문이나 산문, 시나 소설 등의 장르 명칭으로 개념화 된다는 것이다. 국문학사는 당연히 종적인 시대구분을 그 뼈대로 하지만 횡적인 내용의 장르개념 없이 성립할 수 없다. 그러니까 국문학은 종적인 국문학사의 틀과 횡적인 국문학개론의 내용으로 이루어진 구조체인 셈이다. 그러나 문학사의 시대구분과 장르의 구분은 다른 개념이기 때문에 둘 사이에 직접적인 인과관계로 되어있는 것은 아니다. 다만 문학사의 시대와 장르는 각기 다른 틀로써 서로 곁고 트는 관계로 얽혀있는 것이다. 장르는 결국 시대문화의 산물이고, 시대문화는 장르라는 내용으로 채워지기 때문이다. 이를테면 조선의 악장문학은 한글창제와 조선창업의 시대적 산물이고, 한글창제와 조선창업의 시대적 상황은 악장문학으로 나타난다. 또한 漢文字문화가 성숙되기 전의 산물인 향찰로 표기된 향가라는 장르가 한문문화가 성숙됨에 따라서 향찰표기 장르로서의 생명을 다하게 되는 것은 장르가 시대상황의 영향을 받은 결과이다. 그렇다면 국문학사를 연구하는 데 있어서 문학 장르는 아주 중요한 역할을 하는 것이고, 장르를 어떻게 설정하고 규정하느냐에 따라 그 역할의 폭이 좌우될 수 있을 것이다. 심한 경우에는 장르에 따라서 문학사의 시대구분도 가능하여 향가시대, 여요시대, 시조·가사시대, 소설시대 등으로 구분하는 사례가 그것이다.

그런데 문학장르를 상위장르와 하위장르로 구분할 때에 상위장르는 시대를 초월하는 지속성을 갖기 때문에 국문학사를 논의하는 여기에서는 논외로 한다. 이를테면 시, 소설, 수필, 희곡, 평론 등이나 서정, 서사, 극 등은 상위장르여서 어느 시대를 불문하고 독자적으로 존재하기 때문에 시대에 민감하게 반응하지 않는다. 문제는 이들의 하위장르, 예를 들면 詩의 하위장르인 향가, 여요, 경기체가, 시조 등은 문학의 시대구분과 밀접한 관련을 맺고 있는데 여기에서는 이것이 주된 관심사이다.

좀더 구체적으로 말하면 경기체가의 형성은 서민들과 차별화하려는 사대부의 우월의식이 강했던 시대적 상황과, 당대에 성행하던 宋詞라는 중국시가 장르와 깊은 관련이 있다. 당대에 麗謠가 성행하고 있었지만 그 품격이 낮다거나, 서민들과 같을 수 없다는 특권의식이 그것과는 차별화할 수 있는 새로운 장르를 필요로 했다. 때마침 품격을 갖추었다고 생각되는 宋詞가 들어와 이러한 시대적 요구에 부응할 수 있었기 때문에 경기체가라는 새로운 장르가 나오게 되었다고 생각하는 것이다. 그러나 그것의 본질은 노래였고, 경기체가와 같은 한문투로 노래하기에는 아무래도 부자연스러웠기 때문에 우리말로 노래할 수 있는 時調가 나와서는 더 이상의 시대적 필요성이 없게 되어 사리지게 되었다고 본다. 경기체가의 소멸과 시조의 성행이 시대를 같이하게 되는 이유가 여기에 있을 것이다.

시조는 경기체가로서는 불편했던 음악, 가창의 기능을 우리말로 대체할 수 있었고, 양반의 우월의식과 그 세계관을 여유있는 가락으로 표현할 수 있었으며, 때 맞춰 나온 한글에 녹아들어 완전한 詩歌장르를 이룰 수 있었다. 이 모든 사정들은 하위 장르의 일생이 그 시대정황과 밀접한 관련을 맺고 있다는 것을 입증하는 사례이다. 그에 반해서 사설시조, 혹은 언농, 만횡청은 양반들의 고답적인 세계관에 대항하여 현실비판적이고, 저항적인 내용과 가락으로 또 다른 장르를 형성하게 되는데 이것도 시대적인 사정을 반영한 것이다.

歌辭도 전기에는 사대부들이 자신들의 처지에 어울리는 한문 辭賦에 영향을 받아 유장한 가락으로 노래하였지만, 시대가 일변한 후기에 이르면 현실적인 당면문제를 해결하려는 기행, 계몽, 개화, 포교가사 등으로 면모를 달리하게 되는데 이 또한 시대적인 사정을 반영한 것이다. 급변하는 근대화 추세는 후기가사로도 부족하여 唱歌라는 새로운 장르를 형성하여 개화, 문명화를 주창하게 된다.

소설의 입장에서 생각해 보면 문학의 초창기에는 글이 사실을 충실히 기록하는 것을 본령으로 하였고, 그것을 통하여 교훈이나 계몽의 수단으로 삼았기 때문에 史傳이나 傳記로 충분했던 시기가 있었다. 그러나 사람의 일생이 교훈이나 교조적인 내용으로 되어있는 것도 아니고, 온갖 희로애락이 복잡하게 얽히다 보니 이러한 다양한 사건들을 담을 소설이 필요한 시대가 오게 된다. 특히 현실의 질곡과 좌절 속에서 그 고통을 극복할 수 있는 수단으로 비현실적인 傳奇, 神怪소설이 필요한 시대가 있게 되었고, 삶의 형상화라는 소설의 부담에서 벗어나고자 假傳이라는 장난기 섞인 戱筆을 즐기던 시대가 필요하기도 했다. 조선의 양대전란을 겪고나서 가질 수밖에 없었던 극도의 패배의식은 그 보상심리로 전쟁영웅소설이 성행하게 되었으며, 여기에는 서민들의 신분상승의 의지도 강렬하게 나타나게 된다. 기존의 봉건왕조에 대한 실망감과 분노는 夢遊錄이라는 장르를 낳게 되는데 거기에는 왕조에 대한 반성과 성찰을 촉구하는 시대적인 요구가 들어있다. 조선후기 소설에는 남자를 능가, 압도하는 여걸, 여장군이 자주 나오는데 이는 여성독자층이 증가하고, 그동안의 남존여비 사상에 저항하는 여권의 시대의식이 작품에 드러난 경우이다. 그리고 여기에는 여걸이 주인공으로 등장하는 중국소설의 영향도 같이 작용한 것으로 보인다. 청나라를 직접 여행하고 적은 燕行錄이라는 것이 성행한 것도 중국의 문물을 적극적으로 받아들이자는 시대적인 요청에 의한 현상이다. 이전에 있었던 朝天錄이 明나라를 중심으로 기록되었던 것과는 시대적인 상황이 달라졌던 것이다. 조천록이 수동적이요, 사대주의적인 발상이었다면 연행록은 실질적이고 능동적인 수용자세였다는 점에서 시대의 변화를 감지할 수 있다. 이러한 모든 사정으로 어떤 장르의 문학도 시대의 정황과 관련이 없을 수 없으니 장르와 문학사는 필연적인 관계에 있다고 해야 한다.

이처럼 장르는 문학사와 필연적인 관련이 있으므로, 그 명칭에 있어서도 필연적인 역사의식과 당위성을 갖추어야 하는 일이 아주 중요하다.

그런데 매사를 이렇게 문학사와 장르를 관련지어 설명할 수 있다면 좋겠지만 실제로는 그렇지 못한 경우가 적지 않아서 문제이다. 앞에서와 같이 시대와 장르를 인연의 상관관계로 파악할 수 있다면 향가의 경우에는 사정이 그리 만만치 않다. 우선 향가라는 장르 명칭이 시대성을 가지고 있지 않는 데에 문제가 있다. 향가가 그저 正樂, 唐樂에 대한 상대적인 범칭이라서 시대적인 특징을 찾아내기가 어렵다. 향가가 활동하던 시기는 천 년이 가깝지만 현전 작품은 25편에 불과하다. 그것도 普賢十願歌를 한 편으로 잡으면 15편인 셈이니 긴 시대의 사정과 관련시키기에는 작품이 너무 부족한 것이다. 15편을 가지고 불교적인 내용이 많다하여 불교사상 전성시대를 반영한 것이라고 단정한다면 소경이 코끼리 다리만지기와 다를 바 없고, 지나치게 범박한 지적이라서 장르적 특성이 거의 드러나지 않는다. 사실 향가의 장르적 특성은 무엇보다도 '향찰문자로 표기한 것'으로 인식되어 있다. 실제로 현전 향가로 알려진 모든 작품은 향찰문자로만 표기되어있다. 그러니 아무리 당대에 지어진 詩歌라도 향찰문자로 표기되어있지 않으면 향가가 될 수 없다는 매우 불합리한 원칙에 우리 학계가 합의한 지 오래이다. 그러나 향가의 가장 두드러진 특징인 향찰문자는 표기수단에 불과한 것이어서 이것만으로는 시대에 관련된 향가의 장르적 특성을 대변할 수 없다. 설령 문자의 미비로 향찰문자를 표현수단으로 삼을 수밖에 없었다는 시대적인 상황이라 하더라도 그것이 향가라는 장르의 본질에 직접적인 관련사항이 되는 것은 아니다. 다시 말하면 향찰문자 표기와 향가의 장르적 본질과는 전혀 별개의 문제라는 것이다. 결국 다른 장르와 같이 향가와 문학사 시대의 관련성을 입증하려면 향가라는 이름을 새로 바꿀 수는 없더라도 최소한 향가의 장르적 성격이라도 좀더 확실하게 규명되고, 그에 대한 개념규정이 개선되어야 한다. 그러기 위해서는 우선 향찰표기여야 한다는 이상한 선입관부터 없애야 한다. 그럴 수 있다면 향가의 본질에 충실하여 더 많은 향가문학을 확보할 수 있을 것이고, 그런 후에야 비로소 다듬어진 개념 규정으로 국문학사에 자연스럽게 연결시킬 수 있을 것이다. 지금의 형편으로 보아서는 향가를 후대의 시가문학과 연결시키기가 그리 쉬운 일이 아니다. 이러한 작업이 어려운 일임에 틀림없지만 이것이 국문학에서 수행해야 할 과제인 것만은 틀림없다.

이러한 장르 명칭에 대한 고민은 麗謠, 또는 俗謠에도 있다. 여기에 해당하는 십여 편을 가지고 장르규정을 하기는 쉽지 않다. 이 중에 고려시대의 작품이 확실하지 않은 것도 끼어있어 이들을 묶어 麗謠라고 하기에는 무리가 있다. 그래서 俗謠라고 하는 것이 무난할 것 같으나 여기에는 시대적인 상황과 관련시키기 어려우니 문제이다. 혹은 '속된 노래, 서민의 노래'라고 생각해서 당대의 사정과 연결시키려 하기도 하지만 그렇게 장담할 수 있는 작품도 많지 않다. 또는 고려의 국난이나 성개방풍조의 반영이라고 하기도 하지만 그렇게 말할 수 있는 것도 일부에 불과할 뿐이다. 소수의 작품으로 다양한 시대와 내용을 담고 있는 속요의 이러한 사정들은 향가의 경우와 흡사하다. 결국 이 경우도 향가와 마찬가지로 장르의 성격이 제대로 규명되지 않았고, 그 명칭도 장르의 특성을 대변할 수 없으며, 대상 작품 수도 절대부족하다는 문제점을 해결해야 한다는 난제를 안고 있는 것이다. 이러한 사정들은 문학의 장르가 시대를 민감하게 반영한다는 평범한 진리에 부합되지 않는 것으로, 국문학사가 풀어야 할 과제이다. 그렇다면 장르 명칭은 국문학사에서 매우 중요한 의미를 담고 있어야 하고, 그렇지 못한 장르 명칭에 대해서는 신중한 검토가 필요하다. 비록 그 이름을 바꿀 수는 없더라도 그 명칭에 대한 규정이나 해석만큼은 반드시 개선되어야 한다.

이러한 관점에서 착안하여 장르에 관한 문제를 해결할 수 있다면 문학사의 記述에서 다음과 같은 매우 중요한 성과를 기대할 수 있을 것이다. 첫째, 장르의 명칭이나 개념규정을 통하여 그 자신의 당위성과 필연성을 확보할 수 있다. 장르가 그 시대의 상황과 불가분의 관계를 가지고 있음을 입증하는 것은 그 장르의 당위성을 보장하고, 문학사에서는 각 장르의 문학사적 연속성을 확보할 수 있게 해 줄 수 있다. 둘째, 문학시대와 장르를 유기적으로 연결시키는 것은 장르의 발생과 진행과정을 파악하는 데 큰 도움이 된다. 셋째, 이를 바탕으로 문학사로써 장르를 검증할 수 있고, 장르로써 문학사를 서로 검증할 수 있으니 同明相照의 효과가 아닐 수 없다.

가사를 예로 들어 이러한 가설을 입증할 수 있다. 가사는 壬亂·丙亂을 기준으로 하여 전기가사와 후기가사로 분명하게 구분되는데 이것은 전적으로 시대 상황에 의한 것이다. 전기가사는 양반계층의 우월의식을 바탕으로 한 여유, 閒情, 物外의 세계가 長歌의 悠長한 가락으로 나타나 있는데 이는 조선전기의 안정된 봉건시대를 반영한 것이다. 그러다가 양대전란을 지나면 양반들의 권위가 추락하고, 우월의식 대신에

책임의식과 각성이 더 중요하게 가사에 나타나게 된다. 새로운 시대에 닥친 절실하게 격변하는 현실은 더 이상 전기가사의 여유와 한정, 물외의 세계에 머무는 것을 허용하지 않았으며, 여유있는 가창을 즐길 여유도 없게 되었다. 봉건사회 체제가 흔들리고 사대부의 권위가 실추되고, 새로운 사상과 문명이 들어옴에 따라 歌辭도 이제는 과거의 관행에 더 이상 머무를 수 없었다. 그래서 새로운 세계의 현장을 확인하는 기행가사, 새로운 문물을 수용하자는 개화가사, 새로운 정신혁명을 부르짖는 포교가사 등의 모습으로 나타나게 되었다. 그런 가운데에서도 구체제에 대한 집착으로 내방가사가 성행했다든지, 향락의 세계에 빠진 잡가사 등은 시대의 절실한 요구에 역행한 경우인데 이것도 결국은 시대에 대응하는 굴절된 표현방식이었다고 할 수 있다. 내용만 그런 것이 아니라 형태적으로도 후기가사에는 전기가사와 같은 여유가 없어지고, 4·4조를 단조롭게 반복하는 것으로 일관하고, 하고 싶은 말이 많아 길이가 대폭 늘어나게 된다. 그러니 자연히 노래가 아니라 음악 없이 읊조리는 문학으로 변모하게 된다. 결국 작품의 내용, 형식면에서 전기와 후기는 판연히 구분되며, 전기가사의 모습은 다시 보기 어렵게 되었고 이것을 후기가사라고 구분한다. 이들은 歌辭라는 이름 외에는 모든 면에서 전혀 이질적이어서 전기가사와 후기가사는 같은 장르로 묶기조차 쉽지 않다. 그래서 가사는 장르구분에 있어 국문학의 풀기 어려운 난제였고, 전기가사는 시가로, 후기가사는 수필로 보고자 하는 주장도 있었다. 그러나 후기에 이르러서는 전기가사의 모습은 찾아볼 수 없을 정도로 후기가사가 전기가사를 온전히 대체한 것이 틀림없어 이들은 한 장르임에 확실하다고 해야 할 것이다. 만약 전기가사와 후기가사가 다른 장르였다면 후기에도 전기가사는 별도로 남아있어야 한다. 그러므로 후기가사의 변형은 시대의 반영일 뿐, 전기가사를 계승한 것이라고 해야 마땅하다. 이러한 장르의 변화도 모두 시대적인 상황에 의해서 이루어진 것이니 문학사와 장르는 필연적인 관계에 있음을 입증하는 일이다.

이와 여러 가지로 비슷한 경우가 시조와 사설시조이다. 그래서 전기가사와 후기가사와 같이 시조와 사설시조도 자연스럽게 같은 장르로 분류한 것이 통례였으며, 같은 장르로서 각기 다른 시대상황을 반영한 것으로 평가하였다. 그래서 평시조가 발전하여 후기에 이르러 사설시조가 형성되었다고까지 말하기도 하였다. 그러나 이러한 사고방식에는 몇 가지 문제점이 있다. 우선 평시조와 사설시조의 명칭은 시대에 의한 구분개념이 아니라 형태에 의한 구분개념이라는 점에서 가사의 전기, 후기와 같은 개념의 차이와 같지 않다. 시대에 의한 변모는 歌辭처럼 한 장르에서 늘 있을 수 있는 일이지만 시조와 사설시조와 같이 현저한 형태의 이질성은 한 장르의 개념으로 묶어 말할 수 없게 한다. 다시 말하면 평시조를 전기시조, 사설시조를 후기시조라고 하지도 않거니와 그렇게 부를 수도 없는 것은 가사와는 다른 사정이 있기 때문이다. 물론 평시조와 사설시조가 각기 다른 시대를 반영하고 있는 것은 사실이지만 가사의 경우처럼 사설시조가 조선후기 사회의 모습을 충실히 반영했다고 보기도 어렵다. 흔히 사설시조가 시대를 풍자 비판하고, 시대적 요구와 근대의식을 잘 드러냈다고 말하지만 실상을 알고보면 향락, 음담, 自嘲, 도피, 해학 등의 요소가 내용적 주류를 이루고 있어 조선후기의 시대적 요청에 부응했다는 영예를 누리기 어려운 실정이다. 사설시조에 나타난 그런 정도의 시대상은 조선후기가 아니더라도 세상이 혼란한 때, 이를테면 고려말기라도 얼마든지 있을 수 있는 상황이다. 게다가 평시조가 양반들의 세계가 분명한 반면에 사설시조는 완전한 서민 · 평민들의 세계로서 문학 향유층에서 전혀 다르다. 그리고 전기가사는 후기가사로 변신하여 그것이 한 몸이었음을 입증한 반면에, 평시조는 후기에 이르러서도 여전히 양반시조로서 서민의 사설시조를 능가하면서 성황을 이루었다는 사실에 주목해야 한다. 같은 시대에 각기 다른 개체로서 공존했다는 것은 처음부터 같은 장르가 아니었다는 사실을 입증하는 것이다. 그래서 평시조와 사설시조가 다른 장르라는 주장이 지속적으로 있어 왔지만 오히려 異說로 치부되어 왔다. 여기에서 이들이 다른 장르라는 주장을 새삼스럽게 할 여유가 없지만 – 이에 대해서는 '時調' 항목에서 다루고 있다. – 이러한 사정만 생각하더라도 이들은 본래 다른 갈래라고 해야 옳다. 이로 보아서도 시대와 장르의 관계를 파악하는 것은 문학사와 장르를 연구하는 데 있어 서로 도움을 줄 수 있는 매우 유익하고 가치 있는 방법론이다. 또한 문학이 시대를 반영하는 것은 당연한 일이지만 동시에 시대를 가장 잘 반영한 것이 가장 가치 있는 문학이라는 사실도 분명히 다짐하고 싶다.

이와 관련해서 장르의 명칭이 매우 중요하다는 생각을 다시 한번 하게 된다. '鄉歌 – 향찰로 적힌 노래' '속요 – 속된 노래, 속악에 편입된 노래' 등과 같은 이름은 언제든지 있을 수 있는 평범한 이름이라서 특정한 시대성을 대변할만한 요소가 들어있지 않다. 경기체가는 노래 가사의 일부에서 이름을 따온 것이니 역시 시대성이 별로 없다. 時調도 알고보면 '시대의 유행가'인 셈이니 어느 시대이건 있을 수 있는 노래에 불과한 것으로 이름과는 달리 생각보다 시대성이 없는 이름이다. 장르 명칭이 반드시 시대성을 띠고 있어야 한다는 법은 없겠지만 시대와 무관하다면 문학사에서 시대적인 대표성을 차지하기 어려울 것이고, 자신의 성격을 쉽게 드러낼 수도 없기 때문에 그 이름은 중요하다. 그렇다고 이미 굳어진 장르 명칭을 새로 정하기는 어렵겠지만 최소한 장르 규정이라도 정확한 그 본질 · 속성에 의해서 바로 잡는 것이 국문학을 올바로 수행하는 길이다. 이러한 아쉬움은 특히 鄕歌와 時調에서 더 크게 느껴진다. 그 이름이 그 문학의 본질과는 너무 동떨어져 있어 애초부터 그에 대한 개별연구나 문학사가 정당하게 수행되기 어렵게 되어있다. 문학사와 장르는 서로 다른 틀이면서도 국문학을 이루는 양대 축이니 떼어서는 생각할 수 없는 관계이다. 문학사는 장르를 낳고, 장르는 문학사를 형성할 수 있도록 하는 것이 국문학 수행의 기본적 원리이다.

문학사는 장르의 산물이므로, 올바른 장르체계와 명칭이 붙여지지 않고서는 올바른 문학사가 성립될 수 없다. 장르명칭이 생각보다 중요한 이유이다.

4) 國文學 思想

문학사상은 문학작품의 주제의식적 원동력이다. 사상쪽에서 생각하면 문학작품은 사상을 담고 표현하기 위한 수단에 불과하고, 그러한 관점은 서양보다 우리 쪽이 더 뚜렷하였다. 그렇다면 작품을 연구하기 위해서는 사상 철학에 먼저 착수해야 하고, 국문학사를 연구하기 위해서는 당연히 우리의 사상 철학이 바탕이 되어야 한다. 그렇지 않고 서구의 문학사상이 국문학을 연구하는 기준이 된다면 안 될 일이다. 양자의 사상적 기반이 서로 다르기 때문이다. 서구의 사상은 기독교 대 反기독교, 神中心思想과 人本主義가 비교적 명확하게 대립되어 왔다. 대체적으로 르네상스를 기준삼아 중세와 근세로 나누고, 근세 이후로는 기독교 중심에서 反기독교, 神 중심에서 인본주의로 전환하는 추세를 보여왔다. 문학사상으로는 고전주의를 분기점으로 하여 이후로는 낭만주의, 사실주의, 모더니즘 등으로 매우 역동적으로 진행되어 간다. 이에 대하여 우리의 경우는 유가사상과 非유가사상, 天과 人의 대립으로 파악할 수 있다. 그러나 우리의 경우에는 서구와 같은 이원적인 대립각이 심각하지 않았기 때문에 서구의 르네상스에 해당하는 역사적인 전환점이 없었다. 서구에서 기독교 중심이었다면 우리는 유가 중심의 사상이었고, 서구에서 神은 과연 절대적인가 아닌가하는 문제로 고민할 때 우리는 天과 人間 중에 누가 중심이 되어야 하는가의 문제가 더 관심사였다. 서구에서는 양자 대립이 수직적, 시대적으로 진행된 반면에 우리는 평면적, 공시적으로 공존해온 경향이 강하다. 다시 말하면 서구에서는 기독교에서 反기독교로, 신본주의에서 인본주의로 전환하는 흐름의 역사라면 우리는 儒家와 非儒家, 天과 人이 특별한 전환점과 흐름이 없이 공존해 온 역사라고 할 수 있다. 그래서 서구처럼 유신론과 무신론이 대립한 것과는 달리 유가가 주류를 이룬 가운데에서도 도가, 불교와 서로 대립하는 것이 아니라 더불어 공존할 수 있었다. 우리의 天은 서구의 절대적인 神과는 달리 '人乃天'으로 나타내듯이 人과 天은 종속적이라기보다는 상생, 공존의 성격이 강하다. 특히 우리 문학사상의 주축이었던 유가사상에서는 天이란 인간이 자의적으로 설정한 상징적이고 이상적인 기준이요, 관념적인 척도일 뿐이어서 본질적으로 인본주의에 바탕하고 있다. 도가사상이 人을 天의 일부로 보았다든지, 불교의 내세 중심사고도 본질적으로 一切唯心造라는 관점으로 보면 본질적으로 인본주의를 벗어난 것은 아니다. 그래서 우리의 문학사상은 서양과 같은 유신, 무신론의 갈등이라기보다는 사람이 곧 하늘이라는 공존의 원리로 기준 삼는 것이 더 타당하다. 그리고 유가사상, 도가사상, 불교사상을 문학사상의 흐름을 구분 짓는 개별개념이 아니라 문학시대를 공유, 공존했던 통합개념으로 볼 필요가 있다. 서구의 사상이 수직적인 진행이요, 변증법적인 경쟁 발전의 흐름이었고, 르네상스 이후 그 진행에 가속도가 붙었다면 우리의 사상은 평면적인 통합, 공존의 개념을 유지해왔기 때문에 특별한 문화이동적 계기가 없었고, 따라서 변화와 진행의 흐름도 완만하였다. 국문학사상은 이러한 동서양의 차이를 분별하는 관점으로 착수해야 정상적으로 記述될 수 있다. 우리의 문학을 서구가 아닌 우리의 사상으로 보아야 할 이유가 여기에 있다.

우리 문학사상의 주축인 도가사상은 기본적으로 자연회귀주의이고, 불교사상은 현실도피의 성격이 강하였으므로 본질적으로 사회현상에 대해서 적극적이거나 진취적이지 못했다. 그래도 유가사상이 현실에 바탕하고 있어 기대할 만하였으나 거기에는 이른바 擬古主義, 載道文學이라는 특유의 사고방식이 자리하고 있었다. 그것은 매사에 옛것이 지금보다 낫다는 철저한 과거지향적인 사고방식과 목적의식에 치우쳐 수구적이고 이념적 성향이 강하였다. 그러다 보니 현실에 입각한 진취적이고 개혁적인 변화를 억제하였던 까닭에 적어도 의고주의와 재도문학관에 대해서는 국문학사에서 긍정적으로 평가하기 어려운 면이 많다. 의고주의가 문학적 사정이라면 정치사상적으로는 복고주의, 봉건주의가 여기에 해당한다. 지금보다는 옛날의 정치와 사회를 이상으로 삼다보니 이것이 문학작품에 의고주의로 반영되게 되었던 것이다. 이러한 유가사상이 극단적으로 관념화된 것이 성리학에서 비롯된 이른바 道學文學思想이다. 이것은 특히 문학에 대해서 非우호적이어서 문학은 오로지 유가의 道를 전파하는 수단으로서만 인정할 뿐이었다. 그 수단도 사실적이고 직설적으로 기술할 뿐이지, 함부로 기교를 부리거나 감상에 빠지거나 군자의 품위를 잃는 것을 경계하였다. 장르 중에서도 시문학처럼 비유적이거나 애상적인 것은 道의 정신에서 어긋난다는 편견을 가지고 있었다. 문학작품의 주제의식에서도 유가주의와 봉건주의 체제를 찬양하는 것이어야 한다는 제약이 있었다. 이것이 우리의 문학을 철저한 목적문학으로 치닫게 만들어 정상적인 문학발전을 저해한 면이 많다. 그러한 부작용은 도학문학론이 주류를 이루었던 조선후기에 가장 극심하게 나타났고, 이러한 성향들이 극단적으로 나타나는 것이 이른바 科擧문학이었다. 과거라는 관문을 통과해야 한다는 강박관념은 철저하게 제도권의 요구에 순응할 수밖에 없게 하였다. 이런 까닭으로 우리의 문학은 漢文學을 중심으로 쇠퇴의 길로 접어들게 되는데 이는 성리학의 道學文學觀이 주로 작용한 결과였다.

유가사상 중에서 국문학에 미친 영향이 큰 것 중의 하나는 忠思想이다. 원래 忠은 '中心'이 합해진 글자로 '변하지 않는 恒心'이 본래 의미였으나 나중에 '主君에 대한 절대복종'의 뜻으로 변질되어 우리의 문학작품에 나타난다. 이 변질된 忠사상은 봉건주의를 옹호하는 절대덕목으로 작용하여 국문학 전체에 커다란 영향을 미치게 되었으니 정치사회적 체제유지에는 이바지하였으나 한편으로는 발전적이고 개혁적인 사회건설 의지와 문학작품을 억제한 결과를 낳았다. 소설문학에서 특히 이러한 폐단이 많아서 그 양에 비하여 질이 따르지 못하게 되었다. 忠이 治國平天下의 대외적인 덕목이라면 孝悌는 修身齊家의 대내적인 덕목이다. 그런데 유가의 실천방식은 나를 중심으로 해서 단계적으로 남에게 덕을 베풀어가는 推己及人의 원리이다. 내부모 내형제부터 먼저 공경하고 나서 남의 부형에까지 확산시켜가는 방식이어서 그 확산의 과정에 공백이 있다면 나와 남과의 차이가 있을 수밖에 없는 것이고, 그 차이는 배타적으로 나타나기도 하였다. 그래서 유가는 墨家와 같은 박애주의와는 대립하였고, 철저한 신분계급주의를 표방하였으며, 붕당 · 파당적인 행태를 문학작품에서도 자주 보여왔다. 조선의 당파싸움도 이와 관련이 있을 것이다. 男尊女卑사상도 유가의 본령은 아니었으나 유가적 산물인 가부장제나 남아선호사상과 연결되어 봉건주의 사회체제를 지켜내는 역할을 했다. 노예제도와 적서차별도 국문학 작품에서 자주 등장하는 사회문제인데 이것도 유가의 班常차별, 계급주의의 소산이다. 그런데 유독 우리 문학작품에서 이러한 사건이 잦은 것은 유가 본래의 이념에서 벗어난 것이며, 왜곡된 도학정신이라고 해야 할 것이다. 여기에는 당대의 봉건체제 유지를 위해서 유가사상을 의도적으로 왜곡시킨 면이 있다. 국문학 작품에서 적극적인 개혁의 의지를 찾기 어려운 것에는 이러한 사정들이 숨어 있다.

그렇다고 해서 이러한 부정적 모습들이 모든 유가사상의 문학작품에 다 해당하는 것은 아니다. 유가사상 특유의 군자로서의 사명의식은 매우 투철한 것이라서 수범적이고 이상적인 유가도덕 통치론이 문학작품에 잘 반영되어 있는 경우가 적지 않다. 그 구체적인 덕목으로 내세운 仁義禮智 정신은 서구에서는 따르지 못할 적극적인 엘리트의식과 실천의지로 표현되어 있다. 유학은 기본적으로 지도계층이 갖추어야 할 군자학이요, 군주의 통치학이다. 그것은 오늘날의 정치학과는 다른 지극히 도덕적이고 윤리적인 수범적 실천윤리로서의 정치철학이다. 그것을 통치이념으로 삼았기 때문에 우리 사회는 부국강병은 누리지 못했어도 적어도 윤리적이요, 도덕적일 수 있었다. 그러나 이러한 윤리적, 도덕적 강박관념이 제도권문학이나 재도문학으로 굴절되어 나타났고, 이러한 결과 사회적으로는 역사정체를 면치 못하게 하는 요인으로 작용하였으며, 문학에서는 관념적 · 이상적 · 교훈적으로 치우치게 하여 문학 본래의 예술성에 심각한 훼손을 입힌 것도 사실이다. 고소설에서 문제의식이나 개혁의 의지를 발견하기 어렵고, 시대를 반영하지 못하여 감명을 얻지 못하는 이유가 여기에 있다. 그래서 대체적으로 유가문학사상에 의한 문학작품은 이념적으로는 일관성을 유지했다고 할 수 있으나 상투적이고 도식적인 내용이어서 예술적으로는 높이 평가하기 어려운 면이 있다. 이러한 면모는 국문학사에서 간과해서는 안 될 주요한 유가사상적 전통이다.

유가사상이 국문학사상의 주류였지만 도가사상도 그 주요한 기반이었다. 그런데 유가는 현실참여적이고, 도가는 현실도피적이라는 점에서 양자는 매우 상반되고 대척적인 입장에 있는 사상이었다. 이렇게 추구하는 이상이 전혀 다른 사상이 한 문학작품에 같이 등장할 수 있었던 이유는 현실사회에서 현실참여적이고, 동시에 현실도피적인 상황이 공존했었기 때문이다. 사회가 정상적인 상황에 있다면 유가적 가치관이 당위성을 얻을 수 있었지만 그렇지 못하면 현실도피적인 도가사상이 아니고서는 어지러운 현실을 극복할 수 있는 방도가 없었다. 역사는 항상 正과 反이 교차하는 것이기 때문에 이 두 가지 사유 방식은 서로 상반됨에도 불구하고 항상 유용한 현실 대처 방안이 될 수 있었다. 사대부들이 즐겨 표방하던 이른바 用行舍藏이란 나를 필요로 하면 나아가 유가적 덕목을 실천하고, 세상이 어지러우면 숨어서 도가적 명분으로 합리화하면 되는 것이었다. 그렇더라도 문학담당층은 으레 유가사대부였는데 그들의 작품에서 그와 대척적인 입장에 있는 도가사상의 문학작품이 적지 않다는 점은 선뜻 이해가 되지 않는 일이다. 유가사대부가 도가적인 작품을 썼다는 것은 자신들이 신봉하는 유가이념에 위배되는 異端邪說을 좇았다는 것을 의미할 수 있기 때문이다. 그럼에도 불구하고 유수한 유가문인들이 전원한정이나 隱遁放逸과 같은 도가적인 작품을 쓰는 데 주저하지 않았고, 그것은 오히려 사대부의 미덕으로 인식되기도 했다. 이는 당대에 이러한 작품이 얼마든지 허용, 묵인되었음을 의미한다. 그리고 실제로는 편향적으로 도가적 사상에 경도된 작가는 매우 적고, 대부분은 유가사상에 충실했던 작가가 도가사상이 짙은 작품도 썼다. 이러한 사실은 작자들이 유가사상과 도가사상을 공유했었고, 이러한 이질적인 사상들이 대립되지 않고 공존했었음을 의미한다. 그리고 작자의 필요와 시대의 요청에 따라서 적합한 사상들이 작품에 반영되었음을 말한다. 그러나 유가의 도학사상이 전횡하던 시대에서는 도가사상은 상당한 제약이 따랐고, 일정한 한계를 벗어날 수 없었다.

유가와 도가가 본질적으로 상극적인 입장에 있으면서도 이와 같이 공존할 수 있었던 이유는 도가사상의 다면성 때문이다. 국문학 작품에 나타난 도가사상의 성향을 대체로 멋과 여유를 표현한 풍류낭만, 속세를 떠나 자연에 숨어 자유를 만끽하는 삶을 과시한 隱遁放逸, 현실을 완전히 단절하고 人世를 초월하여 신선의 세계를 추구하는 求仙超世로 나누어 생각할 수 있다. 풍류낭만이야 인지상정에 속하기 때문에 구태여 도가사상이라고 할 수 없을 정도로 유가사대부도 즐길 수 있는 경지라서 얼마든지 공유가 가능하다. 은둔방일은 기본적으로 세상과 絶緣하는 자세이기 때문에 도가적 사상에 훨씬 가깝다. 이러한 경우 유가사상과 도가사상이 겹쳐 구분하기 어려운 경우가 있는데, 유가와 도가의 차이를 판단하는 가장 좋은 기준은 작가의 태도가 세상과의 인연을 유지하는가의 여부에 달려있다. 풍류낭만이 사대부로서 일시적인 일탈이라면 아직 유가적인 경지이지만 세상과 확실히 절연한 은둔방일이라면 도가적 사상이라고 보아야 할 것이다. 다시 말하면 아무리 자연에 묻혀 사는 즐거움을 누리더라도 끝에 가서 이 모든 것이 임금의 은혜라는 고백을 잊지 않는다면 그것은 아직도 유가에서 벗어나지 못한 것이다. 잠시의 일탈이나 은둔에 그치는 것이 아니라 궁극적으로 인간을 초탈해서 신선술을 연마하려는 구선초세에 이르면 道家를 뛰어넘는 道敎의 수준에까지 이르게 된다. 도가가 사상, 철학의 범주라면 도교는 종교의 신비주의에 이르게 되는데 원칙적으로 무신론에 가까웠던 유가들이 여기까지 양해할 수는 없었기 때문에 실제로 도교의 문학적인 성과물은 많지 않았다. 그래서 도교의 신비주의적인 문학적 욕구는 토착사상인 무속사상과 결탁하게 되는데 이러한 작품들은 대개는 문인들에게 백안시당하여 그 문학적인 성과는 문자화되지 못하고 구비문학에 의지하는 경우가 많다. 무속사상이 토착사상이고 민중에 널리 퍼져있음에도 불구하고 실제로는 국문학 작품에서 차지하는 비중이 미약한 이유가 여기에 있다. 그래서 토착사상을 살피는 데에는 도교사상 문학작품들이 매우 유용하다.

유가사상과 도가사상이 공존했다는 것은 유가가 도가의 풍류낭만과 일부의 은둔방일을 용인했다는 의미이지, 극단적인 은둔방일과 求仙超世까지 포용한 것은 아니다. 그러니까 유가사상과 도가사상의 공존은 유가사상이 주축이 되어 용인 범위 내에서 도가사상을 포용한 것으로 해석해야 할 것이다. 유가사대부들이 뜻을 얻었을 때에는 유가사상으로 義氣를 드러내고, 뜻을 잃었을 때에는 도가사상으로 失意를 달래고 스스로 합리화할 필요가 있었기 때문에 이들은 작품에서 공존할 수 있었던 것이다. 그러므로 국문학에서 나타난 전원한정, 자연귀의사상이라고 해서 도가적, 혹은 反유가적이라고 하기보다는 대부분의 경우 일시적인 '사상적 유희, 일탈'이라고 하는 것이 옳을 것이다. 이처럼 유가사상과 도가사상의 필요에 의한 공존은 유가사대부들이 이를 통하여 지배계층으로서의 우월의식을 드러낼 수 있었기 때문에 가능했다.

그런데 문학사상적으로는 유가가 주도했지만 문학적인 성과로는 오히려 도가가 우월한 면이 있다. 문학의 예술적 속성에는 현실주의인 유가사상보다 초현실주의적인 성향인 도가사상이 더 적합했기 때문이다. 문학은 현실을 바탕으로 하지만 현실을 초월하지 않으면 그 이상을 작품으로 형상화할 수 없는데 도가사상의 매력은 현실을 초월할 수 있는데 있었던 것이다. 국문학 작품에서 도가사상의 작품이 유가에 비해서 대체로 문학적 성취가 높은 것은 이러한 사정 때문이라고 할 것이다. 국문학에서 도가사상을 중시해야 할 이유가 여기에 있다.

유가사상과 도가사상이 지배계층의 우월의식을 드러내는 문학적 수단으로 이용되었다면 불교사상은 현실과 신분을 초월할 수 있었다는 점에서 문학적 역량이 더 클 소지가 있었다. 신분을 초월했다는 말은 문학 향유층의 폭과 작품의 양이 그만큼 넓고 풍부했다는 것을 의미한다. 그리고 궁극적으로 현실을 초월하여 내세를 추구한다는 점에서 문학적인 상상력을 보다 풍부하게 확보할 수 있었다. 다만 조선에 들어서 불교가 노골적으로 정치적인 탄압을 받고, 유가사상이 문단을 지배한 뒤로부터는 양적으로 이에 손색이 있었을 뿐이었다. 불교사상의 대중성은 문학역량을 높이는 저력으로 작용했는데 포교수단으로 사용되었던 詩歌와 소설문학에서 두각을 나타냈다. 특히 佛教緣起說話가 국문학의 소설문학 형성에 이바지한 공이 매우 크다는 점에서 국문소설사에서 중요하게 다루어져야 한다. 불교사상도 내세중심의 초현실적인 사상이므로 문학적인 성향이 강하여 풍부한 국문학 작품을 거느리고 있다. 우리가 불교 본래의 求法佛教를 護國佛教로, 民衆佛教로 수용함에 따라 신비주의적인 요소가 강해지고, 토착화의 수단으로 전래의 무속사상과 어우러지게 된다. 도가와 융화된 무속사상은 작자층에 소외되어 구비에 의존하게 된 것과는 달리, 여기에서는 불교의 작자층의 지지를 받아 많은 작품을 남겼다는 사실은 도가사상이나 무속사상과는 또 다른 사정이었다.

이상 간단히 살펴 본 儒 佛 道 문학사상은 4세기에 비로소 전래된 외래사상이지만 문자에 의존해야 하는 문학의 속성으로 인하여 실제의 국문학사는 유 불 도 사상을 떠나서 존재하기 어렵다. 우리의 문자사용의 역사가 이들의 역사를 거슬러 오르기가 어렵기 때문이다. 무속사상이 우리의 토착사상이면서도 실제로는 특별한 국문학작품을 보유하지 못한 까닭도 여기에 있다. 그래서 앞에서 말한 대로 구비에 의존하거나 다른 외래사상에 얹혀서 명맥을 유지해야 했다. 무속사상이 국문학사에서 크게 주목받지 못하는 이유이다. 그러한 가운데에서 구지가나 설공찬전은 뚜렷한 무속사상에 의한 문자기록의 국문학 유산으로 인정되어야 한다.

앞에서 말한 전통적 문학사상에는 미치지 못하지만 실학사상도 한 때를 이루었던 국문학사로서 논의할 필요가 있다. 실학사상의 개념을 간단히 말하기 어렵지만 여기에서는 상식적으로 통용되는 '조선후기에 일어났던 反封建的, 反道學的 개혁정신이 담긴 실증, 실용적 사상'이라는 의미로 논의를 하고자 한다. 이렇게 의미규정을 했을 때에 실학사상의 선두주자로서는 許筠과 그의 작품을 들 수 있다. 그는 시대적으로 다른 실학자보다 많이 앞서있었기 때문에 실학자로서 거론되는 일조차 흔치 않지만 실학적 성향 - 특히 개혁성 - 에 있어서는 누구보다 투철하다. 홍길동전에 나타난 사회개혁의식은 접어두더라도 豪民論, 遺才論, 學論, 政論, 官論, 兵論, 小人論, 厚祿論 등에서 제시된 주제의식들은 당대로서는 가히 혁명적인 사회비판이요, 개혁론이었다. 詩辯, 文說을 비롯한 운문, 산문에 걸친 창작론과 〈惺叟詩話〉를 비롯한 평론들은 파격적인 문학개혁론이었다. 봉건주의 사회의 모순과 부조리에 대해서 허균처럼 대담하게 적극적으로 비판하고 나선 이가 없었다는 점에서 그는 실학문학의 개척자로 인정해야 할 것이다. 朴趾源도 많은 실학사상을 담은 작품을 남겼는데 그는 주로 허생전, 양반전, 호질과 같은 소설을 통해서 유가사상의 병폐와 모순에 대하여 비판하였다. 시대의 모순에 대해서 비판에 그치지 않고 그에 대한 대안까지 제시하였고, 문장의 개혁을 주장하였으며, 北學을 주창하여 개방과 실질적인 경제문제까지 문학에 반영한 점도 높이 평가해야 한다. 이와 달리 실학의 대가라는 명성에 비해서 丁若鏞은 그 개혁의 강도에 있어 상대적으로 손색이 많다. 그가 추구한 것은 새로운 개혁사상이라기보다는 봉건주의 수호에 가까운 것이었던 점을 더 생각해야 할 것이다. 그보다는 실학자로 거론되는 일은 드물지만 金萬重이나 張維가 오히려 문학적인 면에서 실학의 면모를 갖추고 있었던 점에 유의할 필요가 있다. 그들은 국문학, 국자문학에 대한 가치와 의미를 강조했고, 실제로 한글소설 작품을 남기기도 하였다. 다만 실제로 실학사상의 면목을 작품에 구현하지 못했다는 아쉬움이 있다. 그 밖의 몇 사람의 실학문인과 그 작품으로는 당시의 사회와 문단을 개혁하기에는 기존의 세력들이 너무 완강하였다. 그래서 실제로 실학사상이 사회를 변화시킬 수는 없었고, 다만 얼마간의 문학작품을 통해서만 그 면모를 볼 수 있다는 것이 이 시대 우리 실학사상의 한계이다. 만약 실학사상이 사회나 문학작품에 제대로 반영되었더라면 우리의 역사와 문학은 새로운 전기를 맞을 수 있었을 것이다.

5) 國文學史와 比較文學

앞에서 언급하였다시피 비교문학은 국문학연구에서 매우 중요한 의미를 가지고 있다. 개론에서부터 문학사의 연구에 이르기까지 그 방법은 매우 유용하다. 비교문학 이론을 보수적 관점과 진보적 관점으로 나누어 보았을 때, 여기서는 대개 진보적 입장에 기반하여 필요한 대로 그 관점을 정리하고자 한다. 比較學이론은 인간의 모든 문화는 독자적일 수 없다는 전제에서 출발한 개념으로, 만사는 상대적이므로 서로를 비교함으로 해서 객관적이고 진정한 가치를 판단할 수 있다는 원리이다. 물론 국문학 없는 비교문학은 성립할 수 없으므로 국문학이 중심에 있는 것은 틀림없지만 비교문학의 입장에서 보면 自國문학의 독자성만을 고립적으로 강조하는 국문학은 외부세계와 단절된 무인도에 홀로 남겨진 낙오자만도 못하다. 낙오자는 자기의 근본과 처지를 알고 항상 외부의 구조를 고대하고 있지만, 독자성만을 내세우는 국문학은 자신의 처지마저 모른 채, 외부와의 교류를 애써 거부하기 때문이다. 이러한 태도는 거울이라는 기본적인 문명의 利器도 사용할 줄 모르는 것이고, 이웃의 존재마저 인정하지 않는 고립주의이다. 이래서야 학문의 객관성과 공정성은 기대하기 어렵다. 더구나 지구촌의 시대, 융합 통섭의 시대에, 비교학이 모든 학문의 공통과제로 등장한 지금, 비교문학의 원리와 방법을 생각하지 않는다면 국문학, 국문학사는 존립할 수조차 없게 될지도 모른다.

비교문학의 궁극적 목적은 다양한 문학을 널리 알자는 것이 아니라 다른 것과의 비교를 통해서 자신의 문학을 바로 알자는 것이다. 그러니까 비교의 대상을 설정하여 그것과 비교함으로 해서 자신을 바로 판단하는 기준점으로 삼자는 것이다. 그러한 방법은 혼자만의 기준으로 자신을 판단했을 때보다 훨씬 객관적이고, 자신만을 바라보았을 때 볼 수 없었던 새로운 모습을 발견할 수 있는 관점을 찾아낼 수 있다는 장점이 있다. 이러한 장점을 살릴 수 있다면 그 연구 대상은 국적 · 장르 · 시대 · 지역을 불문하고, 상호유사나 관련성 등의 조건을 따질 필요가 없다는 것이 필자의 입장이다. 그 대상을 개방시켰을 때에 국문학개론의 개별적 사항에서부터 국문학사에 이르는 광범위한 사항에 이르기까지 적용대상을 넓힐 수 있을 것이다. 그 연구범위는 모든 국적의 문학이나 표기문자, 장르, 시대, 지역과 상관없이 광범위하게 이루어질 수 있다.

구체적인 사례를 들어보면 국제적인 범위로서의 비교문학으로 중국소설, 한국한문소설, 한글소설, 신소설, 근현대소설을 제한 없이 비교함으로 해서 영향관계를 비롯한 한국소설에 관한 모든 것을 연구할 수 있을 것이다. 국내비교문학으로서는 향가, 여요, 경기체가, 시조, 가사, 그리고 漢詩 등을 서로 관련시켜 인연관계를 밝혀낼 수 있다. 동일 장르 비교문학으로서는 평시조, 엇시조, 사설시조, 만횡청 등을 서로 비교 연구할 수 있다. 나아가 국문학사 전반에 걸치는 문제에서는 이 모두를 통합적으로 제한 없이 비교 연구할 수도 있을 것이다. 이러한 비교 연구 범위에 대하여 보수적인 비교문학론의 관점에서는 쉽게 동의하지 않을 수도 있겠지만 그보다는 오히려 좀더 적극적이고 개방적으로 국문학의 비교문학 방식으로 발전시키는 것이 국문학사를 좀더 바람직한 방향으로 수행하는 길이라고 생각한다.

문학의 본질이나 역할이 의사의 표현이요, 소통이요, 사회의 반영이요, 심미적 언어활동이라면 문학은 어느 조직집단이건 필연적으로 보유해야 할 문화행위이다. 그러나 문학이 단순한 언어행위가 아니라 문자행위라고 한다면 사정이 달라진다. 언어행위라면 문학이 보편필연적 문화이겠지만 문자행위라면 문자가 전제되어야 하기 때문에 문자에 의해서 문학의 여부가 결정된다. 여기에 대해서 논란이 많지만 상식적으로 생각하여 문맹인을 문학자라고 부를 수 없다면 문자 없는 원시인 사회에서 문학 장르를 논의한다는 것은 생각하기 어렵기 때문에 적어도 비교문학에서만큼은 원칙적으로 문학은 文字行爲라고 해야 옳다는 생각이다. 물론 구비문학간의 비교문학도 있을 수 있겠지만 이는 특별한 경우라고 해야 할 것이다. 다시 말하면 문학이란 '문자행위에 의한 문화'라고 규정해야 정상적인 비교문학을 수행할 수 있을 것이다. 이러한 전제라면 정상적인 국문학사는 漢文의 전래부터 시작되는 셈이고, 순수한 국문학사는 한글의 창제부터 출발한 것이 된다. 범위를 좁혀 문학장르를 생각해보면 문화라는 보편적 속성으로 인하여 時空을 초월한 공통양식의 체계가 있을 수도 있지만 그것을 그 사회문화의 특수한 소산이라고 한다면 각 문화권에 따라서 장르체계나 내용이 다를 수도 있다. 그렇다면 서로 다른 문화권 사이에는 공유할 수 있는 부분이 있고 특수성이 있을 수도 있다. 사정이 이렇다면 우리 독자적인 문학연구만으로는 국문학 연구를 감당할 수 없을 듯하다. 더구나 국문학은 중국에 비해서 후발의 문자문화이고, 그 문자를 빌려 쓰다 보니 문학의 표기수단이 중국의 것이고, 국문학 장르마저도 발생부터 중국문학의 영향이 없을 수 없다. 심하게 말하면 우리가 표기수단으로 받아들인 漢文學은 처음부터 문자뿐만 아니라 중국문학의 장르까지 송두리째 포함된 완제품 수입이었다. 이러한 사정은 유사 이래 19세기까지 지속되어온 역사적 사실이고, 이것이 국문학이 중국문학에서 자유로울 수 없는 절실한 이유이다. 이러한 사정은 한글창제 이후에도 크게 개선되지 않았다. 그러다 보니 대부분의 국문학 장르들이 그 근원에서부터 발전과정까지 다소간에 걸쳐 중국문학과 관련이 없을 수 없게 되었다. 중국문학이 수입되어 일정한 시간이 지난 뒤에는 한국한문학으로 불리기도 하지만 발생적으로 독자성을 확보하기에는 역부족이다. 그래서 우리에게는 국문학 연구에서 비교문학이란 방법론이 보다 절실한 것이고, 특히 고전문학에서는 중국문학과 한문학을 염두에 두지 않을 수 없는 것이다. 국문학을 연구한답시고 걸핏하면 매사에 중국문학, 한문학을 끌어들인다면 사대주의자로 매도되기 십상이지만 학문적 진실이 그렇다면 피할 수 없는 운명이 아닌가 한다. 특히 비교문학적인 차원에서 생각하면 더욱 그렇다. 감상적 이념보다는 이성적 진실이 학문에 적합하다는 믿음이 필요하다.

그동안 우리는 장르연구에서 발생적인 측면을 지나치게 중시한 경향이 있다. 그래서 歌辭의 기원이 한문학인 辭賦에 있다고 말하면 가사 전체가 위험해지고, 그 기원이 여요에 있다면 그 존엄성이 선다고 생각하는 것 같다. 그래서 가사의 근원을 고유장르에서 해결하려는 노력을 아끼지 않은 것까지는 좋았으나 가사의 전개과정이나 일반적 문학속성에까지 한문학, 중국문학과 비교연구를 거부하는 것은 지나치게 폐쇄적인 태도이다. 가사를 독자적 문학으로 지켜내는 것도 중요하지만 가사를 바로 연구하는 것은 더 중요하기 때문이다. 그리고 가사의 기원, 발생적 측면도 중요하지만 국문학사에서 그보다 더 중요한 것은 가사의 발전과 계승적인 측면에 대한 관심이다. 설령 가사의 기원이 찬불가나 麗謠가 아니더라도, 그 발전과 계승이 우리 것이라는 사실을 입증하는 것이 또한 중요한 국문학사적인 과제이다. 그리고 우리의 장르가 발생적으로 고유한 것이라 해도 발전과정에 있어서는 그렇지 않을 수도 있다는 개연성을 인정해야 국문학을 바람직하게 수행할 수 있다는 것이다. 그런데도 우리는 그동안 발생부터 발전과정까지 일괄적으로 묶어 독자성만을 지키려고 노력해온 것은 비교문학의 원리와는 거리가 먼 것이었다. 문학의 발생, 기원이 주어진 조건에 의한 자연적 소산이라면 그 발전과 계승은 인간의 생산적 활동에 의한 인위적 결과물이라 할 수 있다. 우리의 문학문화의 존엄성은 자연적인 것보다는 인위적인 발전과 계승에서 찾아야 더 가치가 있다. 일반적으로 비교문학의 초점이 영향관계의 여부에 있고, 서로의 유사성의 유무에 있는 것은 맞다. 다만 좀더 생각해야 될 것은 영향관계보다는 문학의 발전과 계승과정을 규명하는 일이 더 소중한 비교문학의 의의라는 것이다. 가사의 독자성만을 내세우기보다는 사부와의 비교연구를 통해서 가사의 발생을 밝힐 수 있고, 그 문학적 성격, 발전, 계승, 문학사적 의의, 수사적 특성 등 다방면에서 풍성한 성과를 거둘 수 있다는 것이 더 소중한 일이다.

다음으로 국내비교문학에 대해서 생각해 보면, 둘 사이에 일정한 연결관계 없이 의도되지 않은, 혹은 우연의 일치도 국문학을 연구하는 데 도움이 된다면 충분히 비교문학으로 성립될 수 있다. 유사관계에 있어서도 유사의 정도가 크고 작은 것이 비교문학의 좋고 나쁜 조건이 되는 것은 아니다. 둘 사이의 유사성이 너무 크면 오히려 비교의 의의가 줄어들 수 있고, 유사성이 적으면 그만큼 관련성이 멀다는 뜻일 수 있다. 유사성이 클수록 장르의 변별성은 줄어들고, 적을수록 장르의 관련성은 약해진다. 만약에 두 장르 사이의 유사성을 들어 발생적인 영향론을 도출하려면 유사성과 상이성이 공존하는 것이 더 바람직하다. 이러한 원리로 보면 시조의 기원을 그와 아주 유사하다는 이유로 서둘러 만전춘별사의 일절로 잡는 것보다는 그것과는 유사성이 덜한 향가나 후반기의 경기체가로 잡는 것이 비교문학의 원리에 더 적합하다. 이와 같은 사정은 유사성이 유리하게 작용했던 가사와 사부와의 국제비교문학연구와는 이질적인 것이라서 모순인 것 같기도 하다. 그러나 국내문학은 외국문학보다 장르간의 접근성이 용이했기 때문에 상대적으로 장르의 형태변형이 자유로웠을 것이라는 점에서 사정이 같지 않다. 다시 말하면 가사와 사부의 장르형태 연결보다 경기체가와 시조의 장르 연결에서 형태변형이 더 클 수 있다. 그러니 향가나 경기체가와 시조의 장르적 연결에서 그 형태의 차이에서 오는 문제는 생각보다 크지 않다. 비단 시조만이 그런 것이 아니라 모든 국문학의 비교연구에서 이러한 사정을 생각한다면 국문학사는 좀더 합리적이고, 충실하고, 자연스럽게 기술될 수 있을 것이다. 국문학사에서 비교문학의 역할이 더 강조되고 확대되어야 할 이유이다.

그동안 축적된 우리 비교문학의 성과에도 불구하고 좀더 관심을 가져야 할 분야를 몇 가지 생각해 보고자 한다. 우선 上代漢譯歌와 향가와의 연속성을 탐색해 보아야 한다. 특히 龜旨歌와 海歌詞와 處容, 風謠 등은 매우 주목할 비교문학적 가치가 있다. 만약에 이들의 상호관련성을 간과한다면 상대한역가는 이후의 국문학사와 혈연관계 없이 세 편만 딸랑 남아 국문학사의 외톨이가 되고, 또한 향가는 출처와 내력을 모르는 다리 밑에서 주워 온 사생아가 될 것이다. 향가가 어느 날 갑자기 이방인의 마나캐던 薯童으로부터 시작되었다고 믿기보다는 그에 앞서는 龜旨歌와의 태생적 관련 가능성을 생각해 보아야 한다. 麗謠가 갑자기 鄭瓜亭으로부터 시작되었다고 단정하기보다는 구체적으로 향가와 어떤 관련이 있는지에 대해서 깊이 생각해 보아야 한다. 향가도 어떠한 과정을 거쳐 쇠퇴, 소멸되었는지에 대해서 별다른 관심이 없는 실정이다. 麗謠 역시 그 전승과정과 종말이 진지하게 논의되어져야 한다. 滿殿春의 일절이 평시조에 영향을 주었다는 것이 고작이고, 麗謠가 시조 전체와 어떠한 인연관계에 있다는 것인지에 대한 구체적인 설명이 더 필요하다. 麗謠와 동시대에 지어졌던 景幾體歌가 서로 무슨 연속적 관련이 있는지에 대해서도 별 관심이 없는 듯하다. 만약 여요는 우리문학이고, 경기체가는 한문투성이니 아무런 관련이 없을 것이라고 지레짐작하고 손을 놓고 있다면 학문적 무감각에 가깝다. 小樂府가 漢詩로 되어있다고 해서 뒷전으로 미루어놓고, 당대의 여요와의 관계에 대해서 관심이 없다면 소중한 국문학 유산을 방치하는 행위이다. 시조의 발생을 고작 평시조로만 생각하는 안목으로는 시조문학의 근원을 제대로 밝혀낼 수 없다. 평시조 외에도 연시조, 사설시조와 함께 그 앞에 있었던 여요, 경기체가, 한시 등 다양한 장르에 걸쳐 통합적인 관점으로 그 근원을 모색해야 한다. 장르는 시대의 총체적인 문화 합의결과이므로, 하나의 장르가 하나의 장르에서만 비롯되었을 것이라고 믿는다면 지나치게 단순하고 순진한 문학사관이다. 이러한 사정은 비단 시조에 그치는 문제가 아니라 모든 장르에 해당하는 말이다. 그동안 시조에 대해서 가장 많은 연구가 있었지만, 다시 생각해 보아야 할 문제 또한 가장 많은 장르이기도 하다. 심지어는 현대시조와의 연속성도 제대로 밝혀내지 못하고 있다. 현대시조마저도 서구 현대시의 와류에 휩싸여 그 고유성을 상실해가고 있어 존폐의 기로에 서있다. 장르의 조건이 형태에 있다고 한다면 '시조문학의 현대화'라는 명분으로 시조 고유의 형식을 잃어가는 현대시조는 이미 시조로서의 장르 지위를 포기하고 스스로 현대시에 입양한 것과 다르지 않다. 장르란 본래 유한한 것이라서 생성과 소멸을 겪어야 하는 운명을 비관할 일만은 아닌지 모르지만, 그 존폐의 과정만은 문학사적으로 분명하게 설명이 되어야 한다. 시조의 현대화가 곧 시조의 종말을 재촉하는 주범이 될 수 있다는 역사의식이 국문학사의 올바른 정신이다. 시조가 사설시조를 지금처럼 무작정 끌어안고서는 시조문학사가 제대로 이어질 수 없다. 장르 규정에 가장 많은 문제가 있는 것이 歌辭이지만 아직도 그 정체를 명확히 밝혀내지 못하고 정체상태에 빠져있다. 국문학과 가장 깊은 관련을 맺어온 漢文學을 의식적으로, 또는 무지하여 국문학 연구에서 배제하려는 태도는 편협한 방어본능에 가까운 듯하다. 마치 그러한 태도가 주체성을 살려내는 보루인 것처럼 생각해서는 국문학사 자신마저 제대로 인지할 수 없다. 그 결과로 국문학 연구의 시행착오가 줄지 않고 있다. 歌辭는 辭賦라는 한문학을 비교하지 않으면 그 장르는 물론 歌辭문학사를 제대로 서술할 수 없다. 이러한 문제가 어디 歌辭에 그치겠는가?

調信을 구운몽의 배경설화 정도로 인식해서는 소설문학사를 제대로 기술할 수 없다. 언해문학이나 설화문학을 비교하지 않고서는 한글소설은 정체불명의 산물이거나, 중국소설과 한문소설의 亞流에서 벗어나지 못하게 할 것이다. 한문소설과 한글소설의 관계를 찬찬히 살펴 비교하지 않고서는 불을 꺼놓고 남의 다리와 내 다리를 분간하지 못하는 꼴을 면할 수 없다. 그리고서는 서구에서 들어 온 늘씬한 다리에 푹 빠져 조강지처의 다리를 못생겼다고 구박하고 있는 모습이 우리의 고소설 연구의 실정이 아닌가 한다. 이래서 벌어지는 소설문학사의 오류가 어디 한두 가지겠는가? 많은 漢文평론문학 유산을 가지고 있으면서도 그것의 존재가치를 모르고, 그마저 소화하지 못한 채 모든 문학평론 이론을 오로지 서구의 이론에 의지하고 있는 것이 국문학 평론계의 현주소이다. 이제는 비교문학의 중요성을 모르는 이가 별로 없겠지만 그것을 외국문학과의 비교로만 알고 있다든지, 영향관계를 밝혀내는 것으로 임무를 다했다고 생각하기도 한다. 물론 그것이 비교문학의 중요한 부분이기는 하다. 그러나 그보다 더 중요한 일은 궁극적으로 그것이 국문학 연구를 위한 가치 있는 수단으로 귀결되어져야 한다는 것이다. 효과적인 국문학 연구를 위해서는 비교대상이 외국문학이건 국내문학이건, 영향관계가 있건 없건, 유사관계가 있건 없건 그런 것은 중요하지 않다. 일부에서는 비교문학에 대해서 주체성을 훼손시키거나 문학사의 연속성을 해치는 행위로 오해하는 일도 있지만, 이러한 폐쇄적인 자세는 국문학의 고립과 停滯를 자초하는 해악이 더 크다. 비교문학은 국문학 연구에서 가장 유용하고 필요한 연구방법론이라는 사실을 알고, 이에 더 많은 관심과 노력을 기울여야 한다.

그러나 비교문학에 대한 지나친 과신과 목적의식에 젖어서는 안 된다. 비교문학은 그 자체가 목적이 아니라 효과적인 국문학을 수행하는 데 있다는 사실을 잊어서는 안 된다. 지나친 목적의식에 의해서 형성된 고정관념은 국문학 자체를 위험하게 할 수 있다. 비교문학의 정신은 가장 객관적이고 합리적으로 국문학을 수행하자는 것인데 비교문학의 심오한 이론에 함몰된다든지, 자신이 견지하고 있는 문학간의 영향론이나 독자성을 입증하는데 골몰한다면 비교문학 본래의 정신에 어긋나는 일이다. 그래서 모든 국문학을 영향관계로 단정한다든지, 독자적인 문학으로 고집하는 것은 매우 위험한 비교문학일 수 있다.

6) 國文學史와 口碑文學

국문학사의 연구대상을 생각해 볼 때 한글문학이야 당연한 일이고, 문제가 되는 것이 漢文學과 口碑文學이다. 한문학에 대해서는 따로 논의할 것이므로 여기에서는 구비문학에 한정해서 언급하고자 한다. 구비문학이 문자로 기록되지 않았다는 약점이 있음에도 불구하고 이것을 문학으로 규정하고 국문학사에 편입시키는 데에는 대체적으로 합의가 이루어져 있다. 문학의 조건을 '文字'가 아닌 '言語'로 형상화된 것으로 확대해석한다면 구비문학을 문학으로 간주하는 것도 무리는 아니다. '문자'라는 조건을 구태여 '언어'로 수정한 이유가 구비문학을 염두에 두었기 때문이라고 해야 할 것이다. 하기야 역사학에서는 선사시대가 상당한 비중을 차지하고 있고, 선사시대의 국문학사에는 작품의 실체가 없지만 구비문학이라는 이름으로 어엿하게 한 시대의 몫을 차지하고 있다. 그리고 설화문학이나 희곡, 판소리 문학사도 전적으로 구비문학에 의존하고 있어 구비문학의 존재가치는 충분하다고 할 것이다. 그러나 국문학의 연속성을 확보하는 작업에서 장르를 규정하고 연결시키는 데 있어서는 구비문학을 처리하기가 만만치 않다. 예를 들면 선사시대의 단군신화가 언제 발생하여 얼마 동안, 얼마나 구비전승되다가 문자로 정착되었는지 알 수 없는 일이며, 여요나 시조는 當代에 문자로 정착하지 못하고 수백 년 동안 구비 전승되다가 훨씬 후대에 문자로 정착되었다는 사실은 그 장르의 원형을 정확히 파악할 수 없게 하고, 문학사의 시대구분도 분명히 할 수 없게 한다. 전승되는 과정에서 當代 원작의 모습이 얼마나 보존되었는지는 알 수 없는 일이지만 본래의 모습에서 상당 부분 변형되었을 가능성이 매우 크다. 그렇다면 구비문학은 그 정확한 시대나 원형, 정착과정을 정하기 어렵다는 말인데 이는 국문학사 연구에서 쉽게 해결하기 어려운 과제이다.

이러한 사정은 국문학사의 시대구분이나 연속성을 확보하는 데 어려움을 겪게 한다. 當代의 모습을 정확히 알지 못하는 가운데에서 그 장르의 이행과정을 설명하기 어렵기 때문이다. 예를 들면 禹倬이 지었다는 歎老歌는 최소한 오백 년을 구비로 전해오다가 18세기에 와서 비로소 문자로 정착된 셈인데 구비 전승 과정에서 이미 원형에서 멀어진 현재의 모습을 가지고 발생기 시조의 典型으로 삼는다면 각주구검(刻舟求劍)과 같이 시간개념을 망각한 우스운 일일 수 있다. 여요의 경우도 마찬가지여서 수백 년을 떠돌아다니다가 17세기에 비로소 〈樂章歌詞〉에 정착한 모습을 當代의 원형으로 삼기 어렵다. 지금 우리가 목도하는 탄로가는 변형일 가능성이 많은데 이것을 기준삼아 만전춘별사가 이것과 형태가 닮았다고 해서 시조의 근원을 麗謠로 단정하는 것은 원형을 젖혀둔 채 그림자만을 짜맞추는 것과 같은 셈이다. 그 밖에도 탈춤이나 판소리도 언제부터인지도 모르게 구비에 의존해서 전승되던 것인데 이것을 마치 19세기의 문학사인 것처럼 기술하는 것은 시대착오의 잘못이다. 지금 우리가 목도하는 것이 19세기인 것일 뿐이지 문학사로서는 훨씬 이전부터 탐색해야 옳다. 그것을 찾지 못하면 애써 마련한 구비문학이 문학사에서 본래의 가치를 잃어버리는 결과를 가져올지도 모른다.

이러한 과오는 구비문학을 기록문학과 동일시한 데서 비롯한다. 구비문학이 분명히 문학이고, 더구나 문학사로서는 아주 중요한 가치를 가지고 있는 것이 사실이지만 '문자'로 기록되었다는 것과 '언어'로 전해져 왔다는 사실은 생각보다 그 차이가 커서 쉽게 동일시할 수 없다. 문학사의 한 마디를 이루는 시대구분 안에는 문학현상에 동질성을 이루는 연속성과, 전 단계와 다음 단계와는 구분되는 분절성이 공존하기 마련이다. 그런데 구비문학에는 기록되어 있는 當代의 실증이 없으므로 이러한 요건을 충족시키기 어렵다는 점에서도 문학사를 이루는 데에서 그 한계가 있다. 다시 말하면 구비문학은 문학사에서는 존재하되, 장르나 연속성을 설정하는데 있어서는 제한이 따른다는 것이다. 앞에서 말한 설화문학이나 여요, 시조, 판소리 등의 연구에서는 이러한 사정이 고려되어야 한다. 이러한 사정들은 올바른 문학사를 기록하는 데에 있어 유의해야 할 사안이다. 이러한 현상들은 구비문학이 본래 문학의 요건 - 문자로 형상화된 예술 - 을 충분히 갖추지 못한 데에 그 원인이 있을 것이다. 만약에 문학이 '언어'로 이루어진 것이라고 규정한 것이 맞다면 글은 못 써도 말만 잘 하면 문학자가 될 수 있다는 말인데 웅변가, 재담가, 협상가들을 쉽게 문학가, 작가라고는 할 수 없다는 점에서 이러한 규정은 문제가 있다. 여기서 구태여 구비문학을 문학사의 연속성에서 제외시키자는 뜻이 아니라 기록문학에 비해서 상대적으로 일정한 제한을 두고서 문학사를 논의하자는 말이다. 구비문학은 본래 정상적인 문학의 범주에 있던 것이 아니라 근래에 새로 양해된 문학이었다는 사실을 기억할 필요가 있다.

7) 國文學의 文識性

다시 생각해보면 우리의 문학에 대한 관념이나 인식이 서구와는 다른 면이 있었던 것 같다. 서구에서는 문학이라는 것이 특별하고 전문적인 기능이나 예술, 美學적 차원이라는 인식이 강했던 반면에 중국이나 우리의 경우에는 문학이 보편적, 일반적인 삶의 수단이요, 과정이었다. 우리에게 문학은 단순한 기능이나 예술로 그치는 것이 아니라 科擧에 합격하여 지배계층이 되고, 능동적인 삶을 누릴 수 있는 수단이요, 방편이었다. 우리 사회에서 文人은 사회문화의 중심의 위치에서 지도적 역할을 하며 역사를 주도하였는데 그 과정에서 권위의 상징적인 수단으로 사용된 것이 문학이었던 것이다. 이러한 문학은 엘리트를 양성하고 선발하는 특별한 기능을 갖는 문학이라 해서 科擧文學이라고도 하였는데 이러한 사정은 서구에서는 볼 수 없었던 우리만의 특수한 사정이었다. 우리 문인들이 보고 썼던 문학은 서양과 같은 예술이나 미학적인 여유에 그치는 것이 아니라, 그보다는 군자로서의 인격도야는 물론 일생의 부귀영

달이 모두 거기에서 비롯되었다. 문학에는 이른바 '책 속에 모든 부귀영화가 있다'(書中自有千種祿)라는 실리적 의식이 뿌리깊은 전통을 이루고 있었다. 그러니 우리에게 문학은 餘技나 예술이 아니라 절박한 생업이요, 삶이었다. 오늘날 우리의 과도한 교육열도 이러한 문학문화의 전통과 관련되어 있다고 생각한다.

문학이 이러한 역할을 맡다보니 우리에게 문학이란 이른바 문학, 역사, 철학을 포괄하는 광범위한 종합학문적인 의미체였다. 우리에게 문학이란 철학을 통해서 군자의 덕성을 닦고, 역사를 통해서 세상을 다스릴 수 있는 식견과 경륜을 쌓고, 문학을 통해서 의사소통을 능동적으로 할 수 있도록 하고, 사회의 지도계층임을 과시할 수 있는 절대적인 수단이었다. 이것이 국문학이 문학으로 그치지 않고, 국문학사의 시대구분이 문학사로 충분치 않은 이유이다. 이러한 우리의 문학전통은 우리의 文識性, 문학수준이 서구보다 우월했었음을 말하는 것이기도 해서 우리의 문학사를 기술하는데 있어 유의해야 할 일이다. 이렇게 우월했던 우리의 문학사적 전통을 모르고서 매사에 서구의 문학사에 콤플렉스를 갖는 것은 부끄러운 일이다.

우리가 문식성에서 서구에 앞섰다는 사실을 우리의 문학, 문학사를 기술하는 데 잊어서는 안 될 일이다. 그런데 우리는 실제로 서구의 문학이론에 경도되어 우리가 본래 가지고 있었던 우월성을 망각하고, 걸핏하면 서구의 이론을 들어 우리의 문학, 문학사를 함부로 평가해왔다. 지금 우리가 과신하는 서구의 문학이론은 자기들의 문학문화에 맞추어 근래에 이르러 체제를 갖춘 후발의 이론들이다. 우리는 우리대로 우리의 실정에 맞는 선진의 문식성에 맞는 문학이론들을 서구보다 훨씬 앞서서 가지고 있었다. 이러한 분명한 사실을 생각하지 못하고 최근의 서구이론을 옛날의 우리 문학, 문학사에 함부로 적용한다면 그 평가의 척도나 용도가 명백히 잘못된 일이다. 그 결과로 우리의 고전문학은 늘 서구에 비해서 원시적이고, 부족한 것일 수밖에 없게 되었으니 이는 당대 작가의 잘못이 아니라 지금의 잘못된 비평의 과오이다. 현대문학이야 서구의 영향이 명백한 것이므로 절대적인 후진성을 면할 수 없다 해도 어쩔 수 없는 일이겠지만 서구보다 문식성이 앞섰던 고전문학에서는 그럴 수 없는 일이다. 이러한 사실을 제대로 인식하지 못했기 때문에 우리의 문학, 문학사는 정상적으로 기술될 수 없게 되었으니 이는 우리의 선진적인 文識性을 생각지 못하기 때문이다. 전통적으로 우월했던 우리의 문식성을 바로 인식하는 것이 정상적인 국문학 연구를 위해서 중요한 일이다.

8) 國文學의 목적성

국문학이 갖는 기능과 역할이 광범위했던 우리의 사정을 생각하면 문학사가 단순히 국문학의 역사로 그치는 것이 아닌 것은 분명하다. 그렇다면 새삼스럽게 국문학의 본질은 무엇이며, 그것이 맡을 역할과 기능은 무엇이어야 하는가 하는 문학 외의 문제를 생각해 보아야 한다. 특히 국문학 교육적인 입장에서 보면 더욱 절실한 문제이다. 그래서 국문학사는 국문학 자신에 충실해야 하고, 국문학 자신의 의미를 '순수한 작품의 세계'로 한정하여 어떠한 의도나 이념의 간섭을 배제해야 한다는 주장으로는 충분치 않다. 우리가 추구했던 국문학의 본질 자체가 文,史,哲의 통섭체였으니 그 기능과 역할이 그렇게 단순할 리 없는 일이다. 유가 경전을 통하여 정치철학을 익힌 다음에, 史書를 통하여 통치술을 연마한 다음에야 비로소 문장을 통하여 지배계층이 될 수 있다는 것이 우리의 전통적인 문학관이었다. 모든 문학은 이러한 유가적인 도리와 정치철학을 담아내야 한다는 믿음이 투철하였는데 이것이 바로 우리 문학사를 지배해왔던 載道文學觀이었다. 지금에 와서 재도문학관의 시비를 가리자는 것이 아니라 국문학사를 지배했던 핵심을 명확히 한다면 적어도 국문학사의 기능과 역할을 판단하는 데 있어 순수문학관만으로는 충분치 않다는 말이다. 그렇다고 철저한 목적문학관인 우리의 재도문학론이 옳았다는 말이 아니라 순수문학관에 경도되어 그것을 부정적으로만 볼 필요가 없다는 뜻이다. 그것은 당대의 사회현상에 의하여 실재했던 국문학사의 한 현상이었던 것으로 받아들여야 한다는 것이다. 목적문학성이 강하고 교훈적인 성격이 강했던 국문학사였기 때문에 수용해야 할 범위가 생각보다 훨씬 넓다는 사실을 알아야 국문학을 바로 볼 수 있다.

여기에 곁들여서 앞으로의 국문학사는 어떻게 전승하고, 전개, 계승되어야 바람직한 것인가도 고민해 보아야 하는 것이 또한 국문학사의 과제이다. 국문학이란 우리의 사상과 감정과 미래의지를 담아내야 하는 것이 절대적인 명제이다. 그리고 그 사상과 감정은 바람직하기로는 우리의 미래에 긍정적으로 작용해야 한다. 설령 부분적으로 부정적인 면이 있더라도 전체적으로는 미래의 가치관에 긍정적이어야 한다. 그렇지 못한 국문학사는 교육적이지 않다. 모든 문학작품이 교육적, 교훈적이지도 않고, 구태여 그럴 필요도 없을지 모르지만 적어도 역사적인 위치에 있는 국문학사는 민족의 발전과 융성에 긍정적으로 작용해야 할 교육적인 당위성을 확보해야 한다. 교육적이란 말은 자연적이라기보다는 인간사회에 적응하기 위한 인위적인 노력이라는 의미가 강하다. 그런 의미에서 요즈음 파장력이 큰 해체주의나 허무주의, 포스트모더니즘 등의 성행은 부분적으로는 나름대로 명분이 있기도 하지만 궁극적으로는 경계해야 할 위험한 사고방식이 아닐 수 없다. 그것들은 한 시대의 특정 상황에서 요청되는 시대의 단면들이지, 항구적인 가치를 추구해야 할 역사의 보편적 가치관은 아니다. 그런 관점에서 이러한 제한적이고 임시방편적인 변칙들은 국문학사에서도 가급적 빠른 시간 내에 극복되어야 할 대상이라는 인식이 필요하다.

그러한 의미에서 민족주의문학관이나 재도문학관은 나름대로의 문학사적인 가치가 있다. 그러나 이러한 민족적 가치관에 치우쳐 문학사적 진리를 왜곡하는 자기합리화나 자아도취적 태도는 역사의 발전에 도움이 되지 않는다. 앞에서 논의한 비교문학적 문제 외에도 우리의 성리학을 지나치게 과대평가해 온 그동안의 관행은 국문학사를 왜곡시킨 요소 중의 하나이다. 성리학을 최소한 정통유학과는 구분했어야 했고, 그것이 역사의 진행과 발전을 심각하게 저해한 부분은 과장된 미화로 호도할 것이 아니라 엄정한 평가를 내려야 올바른 국문학사를 기술할 수 있다. 실학문학사상도 과대포장된 혐의가 짙다. 그것을 '한국의 르네상스'라고 한다든지 '근대사의 출발'이라고 말하는 것은 지나친 호들갑에 가깝다. 실제로 實學사상이라고 하는 것이 우리 역사의 흐름을 바꾸었다든지, 근대사의 시작으로 평가할만한 위치에 있지도 않았고, 실제로 그러한 위력을 발휘한 적도 없었다는 것은 우리의 역사가 증명하는 일이다. 만약 우리의 성리학이 그렇게 위대했더라면, 우리의 실학사상이 서구와 같이 르네상스적 역량을 발휘했더라면 우리의 근대사가 그렇게 비참했을 리가 없다. 국문학사를 긍정적으로 바라보는 것과 과대포장하는 것과는 같지 않다. 사실에 입각하여 긍정적으로 해석하는 것은 역사의 발전에 보탬이 되지만 과격한 국수주의나 어설픈 민족주의에 의한 자아도취적 자기합리화는 역사를 그르치게 한다. 냉정하고 객관적인 관점에서 목적적이고, 의도적이면서 민족사에 대한 긍정적인 방향으로 문학사를 기술해야 할 것이다.

9) 國文學史와 實證主義

대부분의 학문연구에 있어 실증주의 정신에 의한 연구태도는 합리적이고 물증적이어서 매우 신뢰할만한 방법론이므로 국문학사에서도 당연히 존중되어야 한다. 그러나 실증주의에 의한 증거제일주의의 맹점과 한계도 분명히 있다. 특히 관념성과 주관성이 강한 인문학에서 물리적인 증거만을 고집하는 실증주의는 인문학의 본질을 심각하게 해칠 수 있다. 합리성이나 증거라는 것은 객관적인 판단의 보조수단이지 이치의 진실하고는 별개의 문제일 수 있다. 종교의 교리가 합리성이 결여되었다고 해서 종교적 진리가 부정되는 것은 아니다. 법률적 해석에서는 완전범죄가 가능하지만 범죄는 분명히 범죄이고, 증거는 없더라도 心證이라는 것이 있듯이 학문적 진실은 분명히 따로 존재하기 때문이다. 증거, 근거도 없이 남발되는 주장도 문제이지만 정황은 충분한데 증거가 없어 학문적 진실이 밝혀지지 않는다는 것은 더 심각한 손실일 수 있다. 특히 우리는 역사적으로 문헌이 절대적으로 부족하였고, 문자의 후발성으로 인하여 기록문자의 불리한 여건도 컸다. 그러한 결과로 실제로 국문학 작품의 수량이 이웃 나라에 비해서 턱없이 빈곤한 형편이다. 고려 때까지 지어진 현전하는 詩歌작품(漢詩 제외)을 통틀어도 오십 편을 넘기기 어려운 형편에서 이것을 가지고 천 년의 시가문학을 논의한다는 것은 이유야 어쨌든 우선 부끄러운 일이 아닐 수 없다. 그리고 구비문학에 해당하는 것이 너무 많은 부분을 차지하고 있다. 이러한 형편에서 작품 하나하나가 가지고 있는 가치는 이웃나라의 백배 천배에 해당한다는 인식을 갖는 것이 중요하다. 이런 실정에서 실증주의만 맹신하여 허다한 진실의 정황을 포기한다면 멀쩡한 발을 제쳐놓고 자(尺)가 없어 신발을 못 맞추는 어리석은 일과 다름없다. 이러한 사정을 생각해 볼 때 실증주의를 존중하되 이의 死角視界를 극복할 수 있는 대안이 강구되지 않으면 실증주의의 명분 아래 국문학사의 많은 부분이 유실을 면치 못할 것이다.

국문학사에서 실증주의에 의한 타격이 가장 심한 분야가 연극, 演行문학이다. 우리의 연행문학이 구비전승에 의존해야 하는 사정 때문에 실증이 될 만한 기록이 거의 없는 실정이고 보면 국문학사에서 연행문학은 대부분 실증할 수 있는 한계가 백 년을 넘기기 힘들게 된다. 예를 들면 우리 탈춤대본은 근래에 민간에서 채록된 것이니 문자로서 정규 문학이 된 것은 최근의 일이다. 그 이전은 구비문학의 단계였으니 우리의 연극문학사는 실증적으로는 매우 짧을 수밖에 없다. 심증적으로는 鄕樂雜詠五首를 비롯하여 연등회·팔관회 등에서 산대희가 있었고, 궁중에서도 나례를 비롯한 정재연희나 각종 연희가 베풀어졌다는 기록이 있고, 처용이나 쌍화점에서 연희의 흔적을 감지할 수 있고, 민간에서도 남사당패 등에 의해서 연극문학이 실존했을 가능성이 충분함을 알 수 있다. 그 밖에도 각종 문헌에서 직간접적으로 연극 연행문학이 있었다는 사실을 짐작할 수 있지만 실증적인 작품 기록이 없으니 문학사를 성립시키기가 어렵다. 그러나 향악잡영5수를 비롯한 몇 가지 사례로만 해도 적어도 신라시대에는 연극이 성행했고, 그에 따른 연극문학이 존재했던 것은 틀림없다. 쉽지않은 일이지만 그 가능성을 입증하는 노력이 필요하고, 비록 구체적인 실증을 찾지 못하더라도 주어진 범위 안에서 그 가능성을 확보하는 데 주력해야 한다. 우리의 연극사가 짧았다기보다는 우리의 연극사 연구가 부족했다고 생각하는 것이 우리의 연극문학사를 올바르게 성립시키는 길이다. 지금 당장 실증이 없다고 해서 우리의 연극문학의 역사를 서구의 연극사에서부터 시작해서는 안 된다.

판소리의 역사도 지금 같아서는 이백 년을 거슬러 오르기 어렵게 되어 있다. 그러나 이것도 구비에 의존했기 때문에 연극과 같이 손상되었을 가능성이 크다. 더구나 판소리와 같은 간단한 唱劇은 수단에 있어 연극보다 먼저 이루어졌을 가능성이 많다. 지금까지 알려진 대로라면 설화가 판소리로 변형되고, 이것이 다시 고소설로 정착하였다. 그런데 왜 몇 편의 경우만 이러한 특별한 과정을 거쳤는지에 대한 해명이 마련되어 있지 않다. 대중에게 그렇게 인기가 높았던 – 소설이 아닌 – 이야기라면 훨씬 앞서서 판소리로 꾸며졌다든지, 소설로 정착되었을 것이라는 생각이다. 그러므로 판소리문학은 지금 알려진 것보다 연대가 훨씬 앞서든가, 아니면 그에 앞서 소설로 먼저 정착되었을 것이라는 추정을 할 수 있다. 비록 실증은 없지만 그러한 가능성을 열어놓고 탐색에 착수한다면 그 실증을 찾을 수도 있을 것이라는 믿음을 갖는 것이 바람직한 국문학사의 연구자세이다. 단편적인 기록에 의해서 소설 전기수의 등장을 19세기로 잡아서 말하니 우리의 소설사 발달이 매우 늦은 것으로 생각되기 쉽다. 전기수란 것이 소설의 초창기에 소설읽기의 보조수단으로 나타나는 현상이기 때문이다. 그러나 중국의 경우에는 漢나라 시대에 이미 전기수와 같은 역할을 했던 說書가 등장하였다. 전기수, 설서는 수준에 미치지 못하는 문학수용자에게 소설적 욕구를 채워주는 역할을 담당했던 사람으로 소설발달사의 초기현상에 해당한다. 만약 이때에 전기수가 처음 등장하는 것이 맞다면 우리 소설사는 형편없이 낙후된 것이 될 수 있다. 상식적으로 생각해 보건대 이전에 전기수에 해당하는 역할이 있었을 것이라는 믿음을 갖고 그것을 찾아내는 노력을 해야 한다. 그렇지 않으면 실증주의에 의해서 중국에 이천 년을 뒤지는 소설문학사를 말할 수도 있을 것이다.

금오신화와 홍길동전의 시대간격이 이백 년을 넘나드는 것도 실증주의로 보면 이해하기 어려운 장면이다. 근년에 설공찬전이 다소의 공백을 메꾸어주고 있지만 그나마도 없었을 때에는 소설문학사에서 커다란 공백기간이었다. 이러한 현상은 실제의 소설문학사의 공백으로 보기보다는 문헌, 기록의 빈곤에서 그 원인을 찾아야 할 것이다. 이들의 작품연대가 맞다면 그 사이의 공백을 메꿀 수 있는 작품이 있어야 정상적인 국문학사가 쓰여질 수 있다는 사명의식이 필요하다. 그래서 우리는 또 다른 설공찬전과 같은 작품을 찾는 노력을 게을리 하지 말아야 한다. 그러한 노력을 기울이지 않는다면 온전히 요행, 우연을 기다려야 할텐데 그래서야 학문이 제대로 발전할 수 없다. 더구나 우연으로 얻은 설공찬전마저도 제대로 국문학 연구에 활용하지 못한다면 깊이 반성할 일이다.

지금이야 그렇지 않겠지만 사설시조의 발생을 〈靑丘永言〉 시대로 주장하는 경우가 있었다. 물론 그 이전에는 사설시조가 없었다는 잘못된 믿음에서였다. 사설시조가 평시조보다 후발이라고 생각하다 보니 그 결과로 평시조가 확장되어 사설시조로 발전하였다는 주장도 서슴지 않았다. 그들은 지금도 장진주사나 不屈歌를 인정하지 않는지 모르지만 이것은 실증주의가 아니거나, 결국은 실증주의의 한계이다. 설령 앞서의 사설시조와 같은 실증적 자료를 인정하지 않더라도, 시조의 본질을 제대로 이해하거나 평시조와 사설시조는 본질적으로 같지 않다는 확신을 할 수만 있다면 구태여 실증주의에 매몰되어 잘못된 국문학사를 기술하지 않아도 될 것이다.

현전하는 향가 25수만을 가지고 모든 향가문학을 자신있게 논의하는 것이 우리 국문학사의 현주소이다. 그것이 실증주의 정신에 충실한 것이라면 할 수 없는 일이겠지만 적어도 천 년을 주도해온 장르를 겨우 25편을 가지고 농단한다면 실증주의라고 할 수조차 없다. 지금에 와서 〈三代目〉을 찾아내자고 억지를 부리는 것이 아니라, 없는 〈삼대목〉이지만 그것이 분명히 존재했었다는 사실만이라도 기억하는 일이 중요하다. 그럴 수 있다면 14편의 현존 향가와 11편의 普賢十願歌를 가지고 실증주의를 내세워 모든 신라와 고려의 향가문학을 마음대로 말하지 못할 것이다. 지금의 현존 향가는 우리 선조들이 불렀던 향가의 氷山一角이란 관점을 가지고 향가 전체를 조망하고 유추해야 한다. 이러한 고등사고기능을 충분히 발휘하는 것이 악착스런 실증주의보다 국문학사에 훨씬 유용하다.

실증주의는 분명히 가장 신뢰할 만한 학문방법이지만 이 한계를 극복하지 못하면 인문학의 수행은 곤란해진다. 특히 문헌기록이 부실하고, 문자수단이 불리했던 우리의 사정을 생각할 때에 실증자료를 최대한 확보하는 데 주력해야 하는 동시에, 실증주의에 지나치게 의존하는 자세는 지양해야 하는 것이 우리 국문학사가 나아가야 할 길이다.

10) 國文學史의 連續性

국문학사의 연속성이라고 하면 얼핏 그 유사성과 공통점이 시대적으로 이어진 양상을 생각할지 모르겠다. 그러나 이러한 선입관으로 인하여 그동안 국문학사의 연속성에 관한 논의에 다소간의 문제가 있었다고 생각한다. 그래서 여기서는 '국문학의 과거, 현재, 미래를 연결하고 계승하여 이어지는 가치와 의미'를 연속성이라고 규정하고 논의를 시작한다. 다시 말하면 국문학 개별 작품 자체의 연결성보다는 그 작품이 갖고 있는 시대적 의미의 연결성이 더 중요시 되어야 한다는 말이나. 국문학사의 핵심적 역할은 흩어져 있는 국문학을 연결시켜 그 연속성을 확보하는 일이라고 할 수 있다. 국문학의 연속성을 확보하지 못하면 모든 국문학 작품은 널부러신 구슬에 불과하고, 모든 국문학 연구는 아무런 국문학사적 의미가 없게 된다. 현대문학은 고전문학을 계승했다고 할 수 있어야 가치가 있는 것이고, 그래야 고전문학도 비로소 존재 의의가 있다. 그러므로 국문학사의 정당성을 주장하려면 이미 마련되어 있는 각 장르와 각 시대 사이의 분절성을 극복할 수 있는 연속성을 입증할 수 있어야 한다. 그 입증의 근거가 정당하면 정상적인 국문학사일 것이고, 합당한 근거를 마련하지 못하면 국문학의 연속성은 없는 것이고, 국문학사는 존재할 수 없게 된다.

국문학의 연속성은 최소한 그 작품의 내용 사상, 장르 속성, 구조 형태, 음악 곡조 등에서 연결되는 일정한 흐름이 있어야 성립할 수 있다. 먼저 국문학의 내용 사상의 근간을 이루는 요소들로는 유가사상, 불교사상, 도가사상, 무속사상, 실학사상, 기독교사상, 민족주의 등을 들 수 있다. 이 사상들이 시대의 흐름에 따라 일정한 맥을 유지하고 있을 때에 연속성을 논의할 수 있다. 그러나 현대문학까지 연속성을 연결시키려면 이밖에도 인본주의, 심미예술주의, 세계주의, 초현실주의, 사회주의, 민중의식 등을 연계시켜야 할 것이다.

이러한 여러 가지 사상들이 작품에서 일관성 있는 흐름을 이루었을 때에 비로소 국문학 내용사상의 연속성을 수립할 수 있다. 특정의 사상이 문학작품 속에서 지속되었다면 문학사의 사상적 연속성은 당연히 보장될 것이다. 그러나 역사적인 관점으로 보았을 때 특정사상의 장기적 지속은 발전과 진행이라기보다는 차라리 停滯에 가깝다. 이러한 정체적인 연속성은 역사발전에 의미가 적다. 오히려 내용사상이 일정한 변화와 전환이 이루어졌을 때 그 문학사는 의미 있는 연속성을 가질 수 있다. 내용사상의 변화와 전환은 문학사의 단절이 아니라 그것을 통하여 발전과 진화의 계기를 제공한다는 점에서 오히려 연속성을 보장하는 원동력이다. 우리의 경우 전통적인 불교사상이 조선시대에 이르러 유가사상으로 바뀌었다고 해서 내용사상이 단절되었다고 할 수 없다. 그 전환점에는 으레 일정 기간의 과도기와 수용기간이 있기 때문에 그 사이에서 변화와 동시에 연결고리가 형성되기 마련이다. 그 기간에 연결되는 내용사상의 유사성과 상이성이 적절히 절충과 융화를 이루어 변증법적인 발전을 이루었을 때에 우리는 그것을 바람직한 문학사의 연속성이라고 규정한다. 불교사상과 유가사상 사이에 도가사상, 무속사상이 개재되었다고 해서 연속성의 질서가 혼란하다거나 흩어졌다고 보지 않는다. 문학작품 속에서 이러한 사상들이 복합적으로 수용되었다는 것은 종적으로, 횡적으로 그 사상들의 연속성이 작용한 것으로 보기 때문이다. 새로운 외래사상인 실학사상, 기독교사상이 개재되었다고 해서 우리의 전통사상의 연속성이 손상을 입는 것은 아니다. 그것이 수용되는 과정을 문학작품에서 찾아낼 수 있다면 연속성은 여전히 보장될 수 있다. 같은 원리로 우리의 전통적인 목적문학이 근대에 와서 순수문학으로, 민족주의에서 세계주의로, 현실주의에서 초현실주의로, 봉건주의에서 자본주의, 사회주의로 바뀌었다고 해서 국문학사의 연속성이 상실된 것이 아니다. 오늘날의 작품에서 우리의 전통적인 내용사상을 발견해 낼 수 있다면 연속성은 살아있는 것이다. 다만 서로간의 관련성, 유사성이 클수록 연속성도 커지고, 작을수록 연속성도 작아지는 차이가 있을 것이다. 그러므로 국문학사의 연속성을 최대한 많이 확보하는 노력이 우리의 국문학사를 충실히 하는 것이다. 그리고 그 작업은 고전문학 작품이 할 수 있는 일이 아니라 지금의 문학사가들이 해야 할 몫이다. 그러나 그 유사성이 너무 크면 연속성이라기보다는 停滯性에 가까울 수 있다. 문학사는 멈추지 않는 발전, 변화이기 때문에 동질성과 공통성은 끊임없이 이질성과 전환을 넘나들어야 발전하고, 진정한 의미의 연속성이 성립된다. 그 과정에서 전개되는 시대적인 상황에 부응하는 문학의 현상과 작용을 찾아내는 노력이 유사성, 동질성에 머무르는 것보다 연속성을 더 튼튼하게 할 수 있다.

다음으로 연속성을 이루는 장르속성의 요건은 작품 사이에서 찾아낼 수 있는 장르적 동질성과 유사성을 말한다. 여기에서 말하는 장르란 상위개념의 장르, 이를테면 서정 – 서사 – 극 – 교술이라든지, 시 – 소설 – 희곡 – 수필 – 평론과 같은 類개념을 말한다. 상대번역가요 – 향가 – 여요 – 시조 – 신체시 – 현대시로 나누어지는 하위개념의 장르는 '詩'라는 상위개념의 장르라는 동질성으로 묶을 수 있다는 점에서 일단 장르적인 연속성을 갖추고 있다고 할 수 있다. 설화 – 傳 – 가전 – 야담 – 고소설 – 신소설 – 현대소설 등도 '小說'이라는 상위개념의 장르로 연속성이 성립된다. 꼭두각시놀음 – 산대극 – 나례 – 假面戲 – 판소리 – 오광대놀음 – 탈춤 – 국극 – 신파극 – 현대극 등은 희곡의 연속성을 잇는 것들이다. 詩話 – 서간 – 일기 – 기행 – 궁중수필 – 내간수필 – 현대수필 등은 '수필'로서 연속성을 잇고 있다. 시평 – 文論 – 책문 – 時評 – 현대평론은 '평론'으로서 그 연속성을 이어왔다. 그렇더라도 하위장르 사이에 인연관계를 설정할 수 없다면 장르속성의 요건을 갖춘 것이 아니다. 이를테면 구지가와 같은 상대번역가요에서 향가로 이어지는 연결고리를 찾아내지 못한다면 둘 사이에는 연속성이 성립되지 않는다. 적어도 지금과 같은 국문학 형편이라면 구지가와 향가, 처용은 장르적 연속성이 없는 것이다. 마찬가지로 향가에서 여요 사이, 여요와 시조 사이, 시조와 신체시, 신체시와 현대시 사이의 접점을 찾아내지 못한다면 우리 시가문학의 연속성은 확보되지 않는다. 그래서 만약 설화에서 고소설에 연결되는 고리를 찾지 못하였다면 그 사이에 개재되어있는 가전이나 탁전에서 연속성을 모색해보아야 소설문학의 연속성을 말할 수 있다. 이는 고소설과 현대소설 사이에 신소설을 개입시켜서 소설의 연속성을 찾아낸 원리와 같다. 희곡문학의 연속성을 가깝게는 국극이나 산대극이나 탈춤, 오광대놀이 등에서 찾을 수 있을 것이나 멀게는 최치원의 향악잡영오수에 나오는 민속놀이나 궁중정재음악, 나례 등에서도 찾을 수 있다. 판소리를 희곡이라고 하기에는 조심스러운 일이지만 장르와 상관 없이 그 속성상 희곡문학의 연속성에는 기여할 수 있다. 수필의 기원은 詩話集이나 궁중수필, 내간, 기행수필 등에서 풍부하게 연속성을 확보할 수 있다. 평론은 시화집이나 문집에 있는 詩評, 時評, 策文, 論文 등에서 역시 그 원형을 확보할 수 있다. 장르를 초월하여 향가인 서동요와 金裕貞의 동백꽃을 연속성으로 설명할 수는 있겠으나 국문학사적인 의무는 아닐 것이다.

다음으로는 구조형태로서의 요건이 있다. 이는 작품의 외형적인 면모의 유사점이 있어야 연속성이 있다는 생각으로 흔히 시가문학에서 매우 보편적으로 통용되는 발상이다. 種槪念 하위의 시가장르의 발생이나 근원을 따질 때에 그와 가장 유사한 구조형태를 가지고 있는 先行장르를 물색하는 방식이 대표적 사례이다. 예를 들면 시조의 근원을 만전춘별사의 일절이나 정읍사로 말하는 것은 순전히 그 형태에 의지한 것이다. 또 향가를 시조의 근원으로 말하는 것은 그 3단구조의 공통점을 그 근거로 삼은 것이다. 이는 매우 개연성이 높은 사고방식이지만 그 형태구조의 유사성이 너무 크면 오히려 그 연속성은 오히려 줄어들 수 있다는 점에 유의해야 한다. 유사성이 크다는 것은 동질성이 강하다는 뜻으로 그것은 장르의 연속성이라기보다는 차라리 같은 장르일 수 있기 때문이다. 예를 들면 만전춘별사의 일절이 시조와 형태적으로 같다면 유사성이 너무 커 연속성이라기보다는 동질성이라고 해야 할 것이다. 그렇다면 시조와 구조형태상으로 연속성이 있는 것은 시조와 다른 점이 없는 만전춘보다는 다르지만 유사성을 갖고 있는 향가나 경기체가에서 탐색하는 것이 오히려 좋을 수 있다. 그러나 너무 유사성이 적다면 연속성은 그만큼 희박하게 되는 맹점이 있다.

다음으로는 음악곡조로서의 요건이 있다. 이것은 음악을 기반으로 하는 시가장르에만 해당되는 요건으로, 음악의 기록 보전이 어려워 실제로는 그 연속성을 확보하기가 쉽지 않다. 구조형태로는 향가와 시조의 연속성을 연결지을 수 있지만 음악곡조면으로는 향가의 곡조를 알 수 없어 쉽사리 연속성으로 말할 수 없다. 그러나 시가문학의 본질이 음악이라면 이는 가장 신뢰할 만한 연속성의 요건으로 매우 중요하다. 일반적으로 시가문학이란 노래 가사가 있기 전에 곡조가 먼저이기 마련이고, 한 곡조에 여럿의 가사가 따라붙은 것이기 때문에 가사보다는 곡조가 더 본질적 형질을 갖고 있다고 해야 한다. 다시 말하면 고시가에서 일정한 구조형태를 갖춘 시가문학이 따로 존재하는 것이 아니라 일정한 곡조에 따라 歌詞는 유동적, 부수적으로 그 형태구조를 갖추어 가는 것이다. 4구체 향가형태가 따로 있었다기보다는 곡조가 짧으면 그에 맞춘 4구체 풍요가 되었고, 곡조가 길면 그에 맞춘 10구체의 제망매가가 되었다고 해야 옳다. 시조도 마찬가지여서 곡조에 따라 短歌인 평시조도 있고, 長歌인 사설시조도 지어지게 되는 것이다. 그러므로 시가의 본질적 연속성은 구조형태보다는 음악곡조에서 찾아야 그 신뢰도가 높다. 이러한 생각이라면 향가와 시조의 연속성은 가사의 구조형태보다는 곡조에 의해서 탐색해야 한다. 다만 시대가 오래일수록 그 곡조의 실체를 탐색하기 어렵다는 데에 한계가 있다. 그러나 노력에 따라서는 불가능한 일도 아닐 것이요, 무엇보다도 어렵다는 이유와 진실을 밝혀내는 일은 별개의 문제이다. 비록 어려운 요건이지만 올바른 국문학의 연속성을 세우기 위해서는 노력을 아끼지 말아야 할 것이다. 이를테면 향가의 흔적이라고 생각되는 속요 정과정의 악보를 시조 唱과 연결시킬 수 있다면 둘 사이의 연속성은 확보될 수 있다. 사뇌가를 오늘날의 시나위나 육자배기에 연결시켜보는 시도도 그러한 노력으로 보인다. 향가와 시조의 음악적 연속성을 장담할 수 없다면 경기체가의 곡조를 살피는 것도 효과적일 수 있다. 시조와 歌曲을 唱으로 연결시켜 본다든지, 사설시조와 잡가, 타령 등에 음악적으로 관련지어 본다면 그 연속성을 발견해낼 수도 있을 것이다.

음악 곡조는 아니지만 시가문학에서 또 하나의 음악적 요소인 운율도 여기에 포함시켜 생각할 수 있다. 국어의 특성상 우리 시가문학의 운율적 구조나 작용은 중국이나 서구에 비해서 상대적으로 미약한 편이라서 그 중요성은 덜한 편이나. 시가문학의 운율을 이루는 요소에는 여러 가지가 있겠지만 대개는 음의 高低長短强弱에 기반을 두고 있으며, 그것이 규칙적으로 이루어졌을 때 정형률이라고 한다. 이것은 다시 음수율, 음위율, 음성률로 나눌 수 있는데 이것을 갖추었을 때 정형시라고 하며, 정형시야말로 운율적 구조가 가장 뚜렷한 시가문학이다. 그리고 이러한 요건을 가장 완벽하게 갖춘 것이 漢詩이다. 이에 비하면 우리 시가문학은 본질적으로 운율적 요소가 허술하여 변변한 정형시를 제시하기 어렵다. 시조를 정형시라고 하나 음성률, 음위율은 물론이요, 음수율마저도 허술하기 짝이 없다. '45자 전후'라는 막연한 조건으로는 정형률이라고 하기에 구차하고, 그것도 유동성이 너무 커 잘 지켜지지도 않거니와, 엇시조 · 사설시조에 이르러서는 도대체 정형시라는 말은 어불성설이다. 그래서 시조 전체의 3단구성이나, 音步律을 내세우지만 3단구성은 시가적 운율에 해당하는 것도 아니고, 이것들만으로는 정형시의 정형률에 미흡하다. 그러니 우리 시가문학에서 운율적 연속성을 세우기 어려운 사정이 있다. 그런 가운데에서 미약하나마 내세울 수 있는 것은 그래도 음보율밖에 없는 형편이다. 예를 들면 麗謠에서 자주 볼 수 있는 3음보율은 오늘날에도 민요나 현대詩에서 이어지고 있는 전통임에 틀림없다. 그리고 3,4調의 字數律도 운문은 물론 산문에서도 오늘날까지 이어지는 운율적 연속성이라 할만하다. 그렇다면 우리의 음보율과 자수율은 시가문학의 연속성을 진단할 수 있는 기준이 될 수 있으니 여기에 착안한다면 보다 발전적인 국문학사를 記述할 수 있을 것이다. 그런데 여기에 엇나가는 얘기이지만 시조와 歌辭는 우리 시가문학의 전통적인 3음보율이 아니라 4음보율을 가지고 있다는 것이 선뜻 이해가 되지 않는 일이다. 歌辭는 접어두더라도 시조야말로 우리가 내세울 수 있는 득의의 고유장르인데 갑자기 전통적인 3음보의 시가 운율을 깨고 나온 사실을 어떻게 설명해야 좋을지 모르겠다. 시조 이전에 4음보율이 있었더라면 모르겠으나 마땅히 그 근거를 마련할 수 없다면 시조의 음보적 연속성은 성립되기 어려운 면이 있다. 비단 시조에서만 그런 것이 아니고 歌辭를 비롯하여 그 이후의 雜歌辭, 타령, 판소리, 창가 등에서도 4음보율이 우세하다면 이것의 전통도 소홀히 할 수 없다. 더구나 4음보율이란 것이 본래 漢文的인 성분이 강하고, 실제로 이것이 한문의 영향력이 우리의 시가문학에 정착한 현상이라는 주장이 있었던 점을 생각하면 시조의 독자성에 중대한 손상이 가더라도 그냥 지나칠 수 있는 문제가 아닌 것 같다.

이상과 같은 연속성의 조건에 대하여 변변한 근거도 마련하지 못한 채, 그동안 함부로 국문학사의 연속성을 논의하거나 그것을 쉽게 포기한 경우가 있었다. 예를 들어 고소설과 현대소설을 장르 이름이 같다는 이유로 별 생각 없이 연결시키거나, 그 연속성을 확보하는 데에 관심이 없어서는 곤란하다. 지금처럼 단지 같은 소설이라는 이름의 인연으로 해서는 국문학사에서 둘 사이의 연속성을 입증할 수 없다. 지금의 장르명칭으로 사용되는 '小說'은 근대화 과정에서 서구의 Novel, Fiction을 번역한 새로운 용어이다. 그러므로 우리가 옛날에 사용하던 소설과는 이름은 같으나 서로 다른 개념이다. 이러한 사정을 무시한 채, 고소설과 현대소설의 연속성을 함부로 논의해서야 정상적인 국문학사가 진행될 리 없다. 우리의 소설사를 정상적으로 논의하기 위해서는 적어도 우리의 전통적인 소설의 개념과 서구의 Novel의 개념차를 먼저 해결해야 한다. 그러한 과정 없이 일방적으로 Novel의 개념으로 우리의 고소설을 평가하고, 현대소설과 연결시키려 한다면 정상적으로 연속성이 성립될 리 없는 일이다. 그 결과로 우리의 고소설은 서구의 소설에 비해서 저평가되는 경우가 많았고, 현대소설과의 연속성 확보도 원만하지 못했다. 다행히 新小說이 있어 그 간극을 좁힐 수 있었으나 그것으로 충분하지 못하다. 향가－속요－고시조－현대시조를 아무리 정밀하게 연구했더라도 그것들을 꿰뚫는 일관성이나 원리, 공통점, 상이점, 연결점 등을 찾아내지 못했다면 국문학사의 소임을 하지 못한 것이다. 고시조와 현대시조 사이의 문학사적 연속성을 의심할 일은 별로 없어 보이지만 현대시조에서 고시조의 핵심인 사설시조의 연속성을 찾아보기 어려운 것은 하나의 의문이다. 더구나 사설시조가 평시조보다 근대성이 뛰어났다는 정평이 인정된 마당에 막상 그 장점이 계승되지 못한 현대시조에서 고시조의 연속성을 얼마나 담보할 수 있을지 궁금하다. 만약 현대시조에서 사설시조까지 계승했더라면 시조의 문학적인 역량이 훨씬 커졌을 것이라는 생각이다. 그것이 가지고 있었던 현실의식, 비판저항의식, 민중의식, 풍자정신, 長詩로서의 전통 등이 오늘날에 이어졌더라면 우리의 현대시 문학은 훨씬 풍성해질 수 있었을 것이다. 그리고 곡조가 본질인 고시조와 글이 본질인 현대시조 사이의 차이도 분명히 밝혀 그 연속성을 수립할 필요가 있다. 분명히 말해서 현대시조는 명칭만 고시조를 계승한 것일 뿐, 그 속성까지 계승했다고 보기 어렵다. 옛날의 時調는 그야말로 '한 때에 유행했던 노래'라는 일반적 통칭이었을 뿐이고, 현대시조는 엄연한 詩文學의 장르로 그 의미 범위가 같지 않다. 이러한 사정을 무시한 채 지금 현대시조의 문학의 개념으로 음악의 고시조를 논의하는 경우가 대부분인데 그 결과로 고시조에 대한 오해와 오류가 적지 않은 실정이다. 고시조와 현대시조를 같은 장르로 규정하여 동일시하기보다는 고시조를 따로 논의하는 것이 고시조에 대한 오해와 오류를 줄이는 길이라고 생각한다. 국문학사에서 서사시문학의 빈곤을 아쉬워하면서도 漢文詠史詩, 악장체 시가, 歌辭나 사부문학을 그것에 연결시킬 생각을 못하는 안목으로 어떻게 시가문학의 연속성을 확보할 수 있을지 궁금하다. 그것들은 서구 개념의 서사시는 아니더라도 어엿하게 우리의 서사시 문학의 역할을 해냈다는 평가를 해야 옳다. 가사, 특히 장편기행가사를 수필로 간주하는 경우가 있는데 이는 훌륭한 서사시 문학을 스스로 포기하는 일이다. 현대수필 문학을 서구 수필과 관련지어서 돌출성으로 논의하면서 막상 우리의 詩話集이나 내간문학에 무관심하고서야 어떻게 수필문학의 연속성을 말할 것인가? 구전되어온 무가, 판소리나 구비전승된 탈춤대본에만 의지한 채 현대 희곡문학과 연결시키기는 쉽지 않다. 향악잡영5수나 呈才演行文學을 포함하여 아직도 문헌 속에 숨어있는 연행문학들을 탐색 발굴해내는 작업을 서둘러야 우리의 희곡문학의 연속성이 제대로 성립될 수 있다. 이들에서 일관되는 문학사적 연속성을 찾으려면 먼저 개론적 차원의 기초작업이 철저히 이루어져야 한다.

국문학의 연속성을 확보하는 데 있어 대척적인 입장에 있는 것이 移植文學論이다. 이식문학론이란 고전문학과는 관계없이 근대문학을 송두리째 서구에서 들여왔다고 주장하는 것으로 이는 국문학의 연속성을 전면 부정하는 논리이다. 이러한 논리가 한 때 힘을 얻기도 했지만 지금은 거의 극복되었다고 생각한다. 이식문학론이 극복되었다는 것은 국문학의 연속성이 성립되었음을 의미하는 것이어서 여간 다행한 일이 아니다. 그러나 모든 장르에서 국문학의 연속성과 정통성이 입증되었다고 할 수는 없다. 더러는 신뢰할만한 입증과정과 근거를 마련하지 못한 채 성급하게 연속성을 강변하기도 했고, 혹은 아예 이러한 일에 관심마저 없었던 경우도 있었다. 올바른 국문학사를 세우기 위해서는 이러한 문제를 시급히 해결하지 않으면 안 된다는 강박관념을 가져야 한다. 그런데 일부에서는 국문학의 연속성을 강조한 나머지 이것을 국문학의 독창성이나 고유성과 같은 차원에서 생각하는 경향이 있는 것 같다. 독창성이나 고유성이 분명히 국문학사를 보존하는 근간임에는 틀림없지만 어느 문학사이건 인접문화와 교류와 영향을 피할 수 없다는 점에서 이것에만 집착할 필요가 없다. 더구나 지구촌이 급속도로 세계화, 보편화로 치닫고 있는 상황이고 보면 연속성의 의미도 훨씬 개방적이어야 한다. 그런데 아직도 이식문학론과 외국문학 영향론을 비슷한 것으로 생각한다든지, 외국문학 영향론이 국문학의 연속성을 해친다고 생각하는 경우가 있는 것 같다. 그러나 이는 연속성과 영향론에 대한 해석이 지나치게 폐쇄적인 결과이다. 연속성이란 독창성, 고유성이 이어지는 것을 말하는 것이 아니라 '시대의 문화가 이어지는 것'을 말해야 한다. 어차피 문화간의 교류의 입장에서 보면 고유성이란 존재의미가 별로 없는 것이며, 독창성도 본래 문화교류에서 생겨나는 것이기 때문이다. 만약 문학사가 고유성만으로 이어진다면 그것은 이미 연속성이 아니라 차라리 동일성이라고 하는 게 낫다. 우리가 추구하는 것은 물론 동일성이 아니라 연속성이 틀림없다. 그리고 영향론은 어느 집단의 문학이건 피할 수 없는 문화보편화 현상을 말하는 것이므로 여기에 애꿎은 거부감을 가질 필요가 없다. 영향이란 단순한 모방이나 이식과는 다른 것으로 외부의 문화를 받아들이되 현지의 사정에 맞춰 선택적으로 受容되는 것을 뜻한다. 그러므로 어느 문학이건 외부의 영향을 받지 않을 수 없는 일이고, 영향은 연속성을 이어가는 일부요, 전통을 이어가는 하나의 과정이라고 해야 한다. 어떤 의미에서는 영향론은 문화적 순수혈통주의에서 올 수 있는 근친교배 유전현상을 막을 수 있는 활력소가 될 수도 있다는 인식이 필요하다. 예를 들어 외국문학의 직접적인 영향이라 할 수 있는 번역, 번안문학은 새로운 국문학 장르를 만들어 내어 국문학을 풍부하게 하는 순작용을 할 수 있다. 한글소설문학에서 홍길동전만 가지고 그 기원을 말하지 말고, 그에 앞서 나왔던 佛教緣起小說이나 설공찬전에 착안한다면 한글소설의 근원을 더 정확하게 논의할 수 있을 것이고, 나아가 한문소설과의 연속성도 찾아낼 수 있을 것이다. 한문문학과 한글문학과의 연속성을 말한다면 얼핏 영향론이 제기되기 십상이어서 일부에서는 처음부터 거부감을 느끼기도 하겠지만 앞에서 말했듯이 영향론은 국문학의 연속성이나 정통성에 손상을 주지 않을뿐더러 오히려 국문학사를 풍부하게 해준다는 이점도 있다. 이 밖에도 특정 국문학 장르가 외래문학의 영향으로 발생했다고 하면 지레 국문학의 연속성에 심각한 손상을 입는 것으로 생각하는 것은 문화적 고립주의거나 피해망상적인 발상에 가깝다. 그보다는 오히려 그것조차도 보편적이고, 자연스러운 문화교류 현상의 하나라는 인식이 필요하다. 그러므로 장르의 발전과정에서의 외래영향은 국문학 연속성에 악영향을 미치지 않으며, 영향론은 연속성 확보의 장애물이 아니라 오히려 동반자, 협조자로 인식해서 긍정적으로 국문학사에 수용할 필요가 있다.

지금 한문학을 국문학과 단절시키려는 시도는 없겠지만 가급적 일정한 거리를 두려고 하는 자세는 국문학자들의 방어본능에 가깝게 보여진다. 물론 한문학과 관련시키지 않아도 국문학의 과제가 순조롭게 해결된다면 다행이겠지만 그렇지 못한 가운데에서 무리를 하면서까지 고유성을 지켜내려 하는 자세는 진정한 연속성 확보를 위해서 바람직하지 않다. 한글소설과 한문소설을 극구 분리시켜 한글소설의 독자성을 주장하기보다는 이들을 연결시켜 인연관계를 발견해 내는 것이 오히려 참다운 연속성을 세우는 길이다. 둘은 오랫동안 같은 문화에서 공존해왔기 때문에 근본적으로 독자적일 수 없다는 지각이 있어야 국문학의 연속성을 확보할 수 있다. 漢詩와 우리 시가도 마찬가지 원리를 적용해야 연구가 순조롭게 진행될 수 있다. 경기체가의 근원을 우리 문학에서만 해결하려는 노력도 좋지만 그것이 벽에 부닥쳤을 때는 과감히 한문학의 詞문학에 눈을 돌리는 것이 진실규명에 도움이 된다. 그것이 경기체가를 정체불명의 장르로 남기는 것보다 더 국문학을 아끼고 사랑하는 길이다. 또한 경기체가를 한문투성이 문학이라고 하여 畸形文學이라고 혹평하기보다는 뒤에 이어지는 時調문학과 연계시켜 생각하면 우리 시가문학의 연속성 확보에 큰 도움이 될 것이다. 歌辭도 마찬가지여서 그 장르적 근원을 찾기 어려울 때 한문학의 辭賦문학과 관련시킨다면 가사문학의 연속성과 독자성에 손상이 되겠지만 그것을 연구하는 데 커다란 도움을 얻을 수 있고, 크게는 국문학사 전체의 연속성 체계에 이바지할 수 있다는 이점이 있다. 이러한 사정을 덮어두고서 습관적으로 우선 한문학과 한글문학을 극구 격리시키려는 자세는 극단적이라는 점에서 한때 성행되었던 移植文學論과 크게 다를 바 없다. 이와 마찬가지 원리로 현대문학과 서구문학을 바라볼 수 있어야 한다. 현대문학에 개재되어있는 서구문학적인 요소와 영향을 극력 부정한다면 그 대상을 제대로 연구할 수 없는 것은 물론이고, 그 국문학적인 연속성과 전통도 위험해질 것이다. 따라서 외래문학에 대해서 지나치게 배타적인 태도는 국문학 자신에게도 도움이 되지 않는다. 그러나 국문학이 정말로 서구문학을 모방하는 데 그쳤다면 국문학적인 연속성은 당연히 성립할 수 없다. 다만 그것이 주체적인 입장에서의 수용이었는지, 맹목적인 모방이었는지는 연속성을 세우는 데 중요한 기준이 될 것이다.

11) 國文學史의 시대구분

시대구분은 국문학사의 핵심과제요, 그 근간이다. 그런데 개론에서 장르론이 핵심이면서 막상 그 체계를 세우기가 쉽지 않았듯이 문학사에서도 그 핵심인 시대구분이 녹록지 않은 과제이다. 그래서 더러는 시대구분을 원천적으로 부정하는 극단적인 주장도 있지만 문학사를 포기한다면 모르지만 그럴 수 없는 일이다. 이러한 고민은 그만큼 이 작업이 어려운 일이라는 사정을 말하는 것이니 신중하게 접근해야 한다. 초창기에 왕조정치사나 사회사상사, 경제사, 문예사조사 등에 의하여 시대구분을 했었는데 이들은 문학사의 시대구분에서 정작 문학을 배제했다는 점에서 비판이 있었다. 물론 가장 좋기로는 문학 자신을 기준으로 삼아 문학사를 구분하는 것이다. 실제로 국문학의 장르로 국문학사의 시대구분을 시도한 예가 있다. 예를 들면 신화-향가-여요-시조가사-소설시대 등으로 나누는 방식이었다. 그러나 문학사가 문학인가, 역사인가라는 당연한 물음에도 답하기 어려웠을 정도로 문학사에는 문학 외의 사회 전반적인 현상이 복합적으로 개재되어있는 상황에서 그렇게 간단한 문제가 아니다. 특히 문학사라는 것이 '사회의 모든 현상과 공존, 병행하는 역사'라는 점을 생각한다면 그 시대구분의 기준을 구태여 문학의 갈래 이름만으로 국문학사를 감당할 수 없을 것이다. 그리고 하나의 장르로 한 시대를 이름 짓는다는 것 자체가 무리이다. 한 시대를 주도한 문학장르가 하나에 그치지 않을 수 있고, 하나의 장르가 當代에 시작해서 單代로 끝나는 것도 아니기 때문이다.

다시 더 생각해보면 국문학사는 국문학의 역사이지, 국문학 작품이나 갈래의 역사가 아니다. 작품은 현실을 개별적으로 형상화한 것이요, 갈래는 그 작품들을 일정한 기준으로 뭉뚱그려 놓은 문학의 체계일 뿐이다. 그에 비해서 국문학사는 작품이나 갈래에 대한 역사적 해석이다. 국문학사의 시대구분은 국문학사 자신의 시대구분이지, 국문학개론의 시대구분이 아니라는 점에서도 문학장르로써 문학사의 시대구분을 감당할 수 없다. 다만 문학 자신이 배제된 채 왕조사나 사회정치, 사상, 경제체제 등에 의존하는 방식은 분명히 개선되어야 할 것이다. 문학이 사회현상과 병행하는 것이 분명하다면 역시 이들과 교융을 이루면서 그 체계를 모색하는 것이 바람직할 것이다. 많은 학자들이 나름대로의 근거와 기준으로 다양한 문학사 시대구분을 시도하여 왔다. 문학사라는 것이 '주관적인 문학 해석의 역사'인만큼 그 시대구분도 문학사 해석의 기준에 따라 달라지는 것은 당연하다. 왕조역사, 사회체제, 경제체제, 문학사상, 장르체제 외에도 민족강역이나 작자계층, 표현문자 등에 의해서도 얼마든지 시대구분이 가능하다. 그러니 완벽한, 최고의, 불변의 시대구분은 보장할 수 있는 일이 아니다. 다만 그때그때 형편에 따라서, 목적에 따라서 적절한 최선의 방안이 있을 뿐이다. 생각해보면 문학사의 시대구분은 본래 존재했던 실체가 아니라 문학사를 연구하기 위하여 편의상 마련한 방편이요, 가설에 불과한 것인지도 모른다. 그래서 더러는 문학사 시대구분 불가론이나 무용론을 주장하기도 한다. 거기에 동조할 수는 없지만 최소한 국문학 연구에서 확정적이거나 경직된 시대구분을 고집할 필요는 없다.

시대구분은 시대에 따른 차별적 문학현상을 집중 관찰하여 그것에 의하여 시대를 갈라놓는 것이다. 그 구분 사이에 뚜렷한 차별성이 보장되지 않는다면 시대구분의 의미는 없다. 그러나 동시에 그 사이에 일정한 연속성이 없다면 둘 사이는 단절된 것이어서 문학사는 성립되지 않는다. 그래서 문학사 시대구분에는 차별성과 동시에 연속성을 마련해야 한다는 점을 유의해야 한다. 이를테면 고전문학과 현대문학 사이에는 차이점 외에 연결되는 부분도 밝혀야 하나의 국문학사로 묶어낼 수 있다. 이러한 원리는 앞에서 말한 장르간의 동질성과 이질성이 공존해야 하는 이치와 같다.

정치적 구조, 사회문화 구조, 경제 구조 등에 의한 구분은 문학이 이들과 일치하지 않는 경우가 많다는 점에서 문제가 있다. 좋기로는 문학 자신에 의한 구분이 좋을 듯하나 문학의 진행이 사회문화 현상과 깊은 관계에 있다는 면에서 자신만으로는 한계가 있다. 지금까지 나온 것으로는 趙東一의 시대구분이 비교적 무난하나 그 기준이 非문학적인 요소, 특히 왕조에 편중된 면이 있고, 구분이 지나치게 세분된 감이 있다. 중세, 근세라는 구분 명칭도 서구의 개념이라서 우리의 문학사에 그대로 적용시키는 데에 자연스럽지 못한 면도 있다. 이상의 논의를 바탕으로 하여 여기에서는 국문학 자신의 변화추세에 중점을 두고서 초창기, 정착기, 성황기, 전환기, 반성기로 문학사 시대를 구분하는 試案을 제시해 본다. 반성기로 고전문학을 마무리하고 이후는 현대문학에 미루어 둔다. 이는 시안에 지나지 않으므로 거칠고 소략하여 기존의 문학사 시대구분에 대응하자는 의도는 아니다.

(1) 草創期

초창기란 上代에서부터 三國時代까지를 말한다. 보통 그 안에 삼국정립시대를 따로 구분하는 경우가 많았는데 거시적으로 보았을 때에 삼국의 성립이 그 이전의 국문학에 비하여 문학사적으로 의미있는 변화를 일으켰다고 보기에는 미흡하다는 생각으로 과감히 생략하였다. 삼국이 정립하던 시기나 그 후 상당 기간 동안 祭政이 분화

되지 않은 정치사회적인 상황이었던 점에서도 그 이전과 크게 다르지 않다고 본다. 그리고 삼국의 정립으로 인하여 문학적인 상황이 어떻게 달라졌는지에 대한 변화의 증거도 뚜렷하지 않다. 물론 삼국시대 후반부로 가면 다른 정황이 나타나기도 하지만 그것을 다음 단계의 봉건사회의 확립이라거나 중세의 문화로 보기는 어려우므로 구태여 그 이전과 나눌 필요는 없다는 생각에서이다. 물리적인 시대적 범위가 너무 넓다는 생각이 들기도 하지만 어차피 문학사란 시간보다는 문학을 대상으로 해야 하기 때문에 별 문제가 되지 않으리라 생각한다. 설령 당대의 문학작품이 문헌의 미비로 다수 失傳했을 가능성을 인정하더라도 어차피 국문학사란 원칙적으로 실증작품을 기준으로 삼을 수밖에 없는 현실을 생각할 때에 따로 독립시키기에는 작품의 양이 많이 부족하다.

이 시대의 문학작품으로는 고구려의 광개토왕비나 백제의 북위표문, 사택지적비, 신라의 간렵문 등과 삼국의 각기의 〈國史〉의 기록이 당대의 기록문학으로써 일정한 문학수준을 보여주고 있으나 전체적으로 볼 때 아직 초창기 수준에 머무른다는 생각이다. 그 중에서 北魏表文과 같은 것은 상당한 수준에 이른 문학으로 인정되나 이것 하나만으로 문학사의 시대구분을 달리 하기에는 충분치 않다. 한두 마리의 새가 난다고 봄이 온 것은 아니듯이 이러한 작품들은 다음 단계와의 연결고리 역할을 하는 것으로 문학사의 시대구분의 경계에 걸쳐있다는 판단이다. 문학적인 배경에서도 구지가를 비롯한 무가나 구비문학 중심의 설화, 건국신화가 중심을 이루어 아직 본격적인 문학시대로 말하기에는 부족한 점이 있다. 중간에 漢文學이 전래되어 본격적인 문학의 시대로 성장할 수 있는 계기가 마련되었지만 그것이 바로 정착된 문학시대를 이루었다고 하기보다는 문학의 초동 습득단계로 파악하는 것이 좋을 듯하다. 문학작품으로는 이렇지만 문자의 사용으로 해서 역사를 기록할 수 있었고, 儒 · 佛 · 道의 경서를 통해서 문학사상의 기반을 마련할 수 있었다는 것은 문학 역량의 배양기간으로 충분히 의미가 있을 것이다. 이 시대의 문학적 성과로는 앞에 든 것 외에 鄕歌가 태동한 것을 비롯하여 巫歌, 상대번역가요를 포함한 삽입가요와, 건국신화, 설화들을 들 수 있다. 다만 이들 대부분이 당대에 문자로 기록되었다는 보장을 할 수 없는 것이 초창기 문학을 벗어나지 못하게 한다. 생각해보면 공후인, 황조가, 구지가와 같은 상대번역가요, 향가, 건국신화를 비롯한 설화 등은 훨씬 후대에 와서야 문자로 정착된 것들이어서 당대 문학의 모습을 그대로 보여준다고 확신하기 어렵다. 설령 구비문학으로 인정하더라도 이들을 삼국정립 이전과 이후로 구분하여 말하기가 어렵다는 점에서도 이들을 하나의 범주로 묶는 것이 낫다는 생각이다.

(2) 定着期

南北國에서부터 고려 무신란 전까지를 정착기로 잡았다. 초창기에 이루어 놓은 문학적 바탕 위에 보다 수준 높은 단계에 이르러 안정기에 들어섰다고 판단되어 정착기라 하였다. 신라가 삼국을 반쪽 통일했다는 역사적 사건보다는 문학작품이 본격적으로 지어지고 동시에 기록되었으며, 전문적인 문인계층이 형성되어 문학창작이 풍성해졌다는 것이 시대구분에서 더 중요한 사실이다. 그 사이에 高麗 건국이라는 역사적 사건이 있었지만 상대적으로 南北國의 성립과 武臣亂의 파괴력에 미치지 못하여 따로 시대를 구분하지는 못한다. 그 이유는 고려가 신라를 흡수통일한 결과로 신라의 문인과 문학적 자산을 순리적으로 계승했기 때문에 문학적인 큰 변화 없이 고려에 이어질 수 있었기 때문이다. 지정학적으로 신라에서 중부지방으로 정치중심이 옮겨진 것과 신라의 언어가 중부지방의 언어로 바뀐 사실도 적지 않은 문학 변화의 요인일 수 있지만 지리적인 요인은 이미 그 충격이 완화될 만큼 경과시간이 있었고, 언어적 요인은 어차피 언어와 문학이 고유어와 한문으로 二元化된 시대였기 때문에 또한 파급력이 크지 않았을 것이다. 정치적으로 제정일치 단계를 벗어나고 왕권과 국가통솔력이 강해졌다는 것은 이 시대구분의 요인이 된다. 혹은 이 시기를 中世文學이라고 하기도 하지만 당대의 정치문화적인 사정이 서구의 중세 개념에 얼마나 부합되는지 의문이다.

한문이 전래되었지만 아직은 보편화되지 못하던 초기에는 우리말을 적을 수단을 궁리하여 향찰표기를 완성함으로 해서 鄕歌를 언문일치로 적을 수 있었다. 〈三代目〉이란 향가집이 있었다는 사실은 이 시대에 향가문학이 성행했었음을 확신할 수 있는 근거이지만 失傳하여 안타까운 일이다. 그러나 자료의 빈곤을 탄식하는 데 그치기보다는, 주어진 상황에서 아직도 묻혀있는 자료를 찾아내려는 꾸준한 노력이 필요하다. 우리가 섭렵한 고문헌 자료보다는 아직도 서고에서 잠자고 있는 민족의 유산이 더 많다는 사실을 잊어서는 안 된다. 노력에 따라서는 새로운 자료와 유산의 발굴 가능성이 얼마든지 있다는 사실을 명심해야 한다. 漢文學은 나름대로 점차 뿌리를 내려 讀書三品科를 시행하여 본격적으로 文士를 양성하였고, 한문학 작품집인 〈文選〉을 수입하여 한문학의 수준을 본격적으로 높일 수 있었다. 정치지도층과는 별도로 육두품이라는 전문 文士를 양성한 것은 이 시대의 특별한 문학적 상황이었다. 설총의 화왕계나 원효의 불경논소 등을 통하여 이 시대의 문학수준을 짐작할 수 있다. 중국과의 교류도 점차 더 왕성해져 최치원에 이르게 되면 중국 수준에 이르는 문사들을 다수 배출하였다. 그 중에서도 최치원은 〈계원필경집〉이란 개인 문집까지 남겨 당시의 문학수준을 짐작하게 한다. 〈殊異傳〉이라는 傳奇 설화집이 있었지만 전하지 않아 〈三代目〉 못지않은 문학사적 손실이다. 그러나 수이전의 내용을 삼국유사를 비롯한 다른 문헌을 통해서 부분적으로 확인할 수 있어 이 시대 산문문학의 수준을 짐작할 수 있다. 이를 감안하면 이 시대에 이미 상당 수준의 설화, 傳奇소설문학을 보유하고 있다고 생각된다. 다만 北國인 발해 문학에 대해서는 현전 자료가 거의 없어 민족의 강토는 물론 문학까지도 엄청난 손실을 입게 된 점은 실로 안타까운 일이다.

고려에 들어 과거제 시행은 한층 문학의 발전에 기폭제가 되었고, 여기에서 배출된 새로운 문인들은 신라의 문인을 계승하여 새로운 문학담당층이 되었다. 과거제 시행은 한문학을 성장시키는 결정적 계기가 되었고, 국자감이나 십이공도와 같은 교육전문기관을 성행케 하였으며, 여기에서 대거 한문학 인재와 유가문학사상이 형성되게 하였다. 적어도 이 시기만큼은 고려는 역사상 유례없는 文學盛國이었다. 국가에서 문학을 적극 권장하여 문사들이 절대적인 우대를 받았고, 月課制를 시행하여 글을 짓지 않고서는 벼슬살이마저 할 수 없게 만들어 文風이 대성황을 이루었다. 정황상으로는 원숙한 문학작품이 대량으로 지어졌을 것으로 추정되지만 인쇄술이 아직 보편화 되지 못하여 대부분 유실된 점이 안타까울 뿐이다. 金富軾과 鄭知常을 비교해보면 이 시대의 문학사상과 이론을 간접비교할 수 있다. 두 사람은 같은 시대에 문단을 주도했던 문인이라서 비교의 의미가 크다. 김부식은 산문으로써 유가합리주의, 사대주의, 중앙관료를 대표하며, 정지상은 운문으로써 불교적 심미주의, 민족주의, 지방호족 출신을 대표하는 인물인데 그 문학적 경향도 이를 반영한다. 이들이 대립했다는 것은 이러한 문학이념들이 공존했다는 사실을 입증하는 것이고, 이들을 통해서 당대의 문학적 정황을 짐작할 수 있게 하여 문학사적으로 매우 가치 있는 일이다.

향가가 고려조까지 이어져 普賢十願歌와 悼二將歌를 낳았다. 도이장가를 통하여 문학적으로 완성된 향가의 모습을 확인할 수 있으며, 그것을 漢詩로 번역하여 향가를 이해하는 데 많은 도움을 받을 수 있었던 점은 더욱 반가운 일이다. 도이장가를 통해서 향가의 마지막 모습을 볼 수 있다. 그러나 그것을 향가의 잔재로 보거나 최후의 향가로 단정하는 것은 문학사의 연속성을 위해서 신중해야 할 일이다. 그런 의미에서 이 시대 후반의 鄭瓜亭을 향가로서 관찰할 필요가 있다. 그것은 향가와 麗謠를 연결시킬 수 있는 단초를 제공할 수 있다는 의미에서 중요한 문학사적 가치가 있다. 동시에 여요의 실마리를 이 시기까지 확대해서 살핀다면 향가와 연결될 수도 있을 것이다.

(3) 盛況期

성황기란 무신란에서부터 조선건국까지를 시한으로 한다. 정착기를 거친 한문학을 바탕으로 하여 본격적으로 성장 발전시켜 최고의 절정기를 맞이한 시기를 말한다. 무신란은 일개 政變에 불과했지만 국문학에 끼친 영향은 왕조의 교체보다 더 큰 폭발력을 발휘했다. 그렇게 된 가장 큰 이유는 시대의 흐름에 따라 문학의 수준이 자연적으로 성숙되었고, 문학담당층의 대폭적인 교체와 인쇄술의 발달이었다. 무신들은 정변을 통하여 기존의 문인들을 철저히 청산하였는데 그 과정에서 과거의 文風마저 큰 변화가 있었다. 자연히 새로운 문인들로 교체되었는데 이들을 역사에서 신흥사대부라고 부르는 바, 이전과는 다른 문풍을 이루어 구분되는 것이다. 그리고 무신들이 집권하였다고 해서 문학을 억압한 것이 아니라 기존의 문인들을 청산한 뒤에는 오히려 신흥사대부를 통하여 문학을 권장하여 그 성황을 이어갔다. 그래서 정착기의 문학은 시간의 흐름에 따라 이 시대에 자연히 더욱 원숙하게 되었고, 여기에다가 인쇄술의 발달은 많은 문집을 양산하여 당대에 지어진 문학작품을 보다 풍부하게 후세에 전할 수 있었던 점도 이 시기의 문학을 정착기보다 더 돋보이게 하였다. 그래서 이 시기가 이백여 년에 불과하고, 시국은 전란으로 어지러웠지만 그간에 이루어진 문학적 성과는 성황기라고 할만큼 풍성하였다.

무신란에 이어 몽고와의 항쟁에서 빚어진 전란도 상식과는 달리 오히려 문학의 성황에 긍정적으로 작용하였다. 역설적이게도 시대의 역경과 문학의 융성은 반비례한다는 사실을 이 시대가 또한 증명하고 있다. 이러한 사정을 잘 보여주는 예로 〈三國

遺事〉의 편찬을 들 수 있다. 〈삼국유사〉는 작자의 의도와 관계없이 가장 빛나는 득의의 문학적 유산이니 그 구체적 내용을 다 들어 말하기 어렵지만 우선 소중한 구비문학들을 문자문학으로 정착시켰다는 공적을 기려야 한다. 단군신화를 비롯한 諸國의 건국신화, 구지가를 비롯한 상대번역가요와 향가, 설화, 전설, 緣起說話, 傳奇 등 숱한 국문학 유산들이 이 책이 아니었다면 현전할 수 없었을 것이니 그 가치는 말로 평가할 수 없는 것이다. 그 중에서도 調信은 우리의 소설사를 결정할 수 있는 문학적 가치를 가지고 있다. 이러한 국문학사적 성과는 가혹한 국가의 시련이 없었더라면 장담할 수 없는 것이니 국난은 오히려 문학을 진작시키는 결과를 가져오게 된다고 할 수 있는 것이다. 물론 〈三國史記〉도 국문학사 보존에 일역을 하고 있지만 더불어 비교하기 어렵다. 이 두 力著들이 문학사적 가치를 달리하고 있는 이유는 평안과 시련의 차이일 수 있고, 불교적인 민족주의와 유가적인 사대주의라는 판이한 이념의 차이일 수 있다. 〈三國遺事〉의 調信과 관련하여 이 시기에 우리는 다량의 傳奇, 탁전, 가전들을 보유하고 있었는데 이들은 모두 소설문학의 지평을 여는 문학사적 의미를 가지고 있다. 托傳은 史傳에 허구를 섞은 史傳의 변형으로 이를 바탕으로 장차 소설로 발전하게 되는 과정을 보여준다는 의미가 있다. 사람의 일을 사물에 비유하여 의탁한 비현실적인 허구, 환타지 성격을 갖는 傳奇는 서구소설의 개념과는 차이가 있지만 국문학 소설의 시작이라는 소설문학사적 의미를 부여해야 옳다. 그런 의미에서 흔히 설화로 말해지는 調信은 傳奇보다 훨씬 진화한 소설로 인정해야 한다. 그 뒤를 이어 완전 허구임을 내세운 가전이 성행하게 되는데 이야말로 서구소설에서 내세우는 '개연성이 확실한 허구'의 소산으로 정작 소설로 인정되는 금오신화보다 훨씬 소설의 요건을 잘 갖추고 있다. 그러므로 최소한 이 시기에 국문학의 소설도 완성된다고 보아야 한다. 그러나 가전이 중국에서는 唐나라 때에 이미 형성되었다면 우리나라에서는 늦어도 정착기 중후반이면 충분히 가전이 쓰여졌을 것이라고 생각된다. 林椿의 麴醇傳을 정착기의 산물이라고 한다면 실제로는 그 이전부터 소설의 요건을 갖춘 가전이 있었다고 해야 옳을 것이다. 다만 인쇄술의 미흡으로 그것들이 失傳되었을 것이라는 생각이다. 그렇다면 우리의 소설사는 당연히 이 시대를 훨씬 거슬러 올라가야 할 것이다.

정착기에서 성황기로 접어드는 문학적 정황을 李仁老와 李奎報를 통해서 간파할 수 있다. 이인로는 정착기 문인의 대표적 인물이고, 이규보는 성황기의 선두주자인데 동시대의 인물이면서도 그 문학적 성향은 여러 가지 면에서 상반된다. 우선 이인로는 심미주의요, 수사주의자로서 전범을 모방하는 것이 문학의 도리라고 국문학사상 최초의 문집인 〈파한집〉에서 주장하였다. 옛 문인들의 글을 모범삼아 그것을 따라하는 것을 정당화한 것이 이른바 用事論, 환골탈태론이다. 이를 빌미로 하여 옛 작품 중에서 아름다운 구절을 인용, 활용하고, 교묘하게 모의하는 것을 정당화하였다. 요즈음으로 말하면 표절이나 패러디에 가깝지만 이는 이인로 개인의 주장이 아니라 정착기의 보편적인 문학론이다. 이에 반하여 이규보는 교묘한 수사보다는 현실참여적이고, 적극적인 주제의식을 중요시하였으며, 무엇보다도 문학의 모방과 표절을 거부한 독창과 新意論을 내세웠는데 신의, 독창론은 정착기의 용사, 換骨奪胎論과는 정면으로 대치되는 입장이었다. 동시대의 인물로서 이렇게 극단적으로 대치되는 문학관만으로도 정착기와 성황기를 구분하는 기준으로 충분하다. 이 시기에 들어 기존의 유가사상이 점차 영역을 넓혀가고, 성리학이 새로 도입되면서 기존의 불교사상의 문학관과 비견되는데 이는 이들이 문학에서 공존하는 것을 의미하며, 이는 사상의 편향을 벗어나 균형을 이룸으로 해서 문학의 수준을 향상시킬 수 있었다는 평가를 할 수 있다. 이 시기에 들어 〈파한집〉을 필두로 다수의 문집이 편찬되었는데 이를 통하여 문학작품뿐 아니라 문학평론을 비롯한 다양한 장르의 한문학이 두루 발전할 수 있었던 것도 이 시기의 성과이다. 한림별곡에서 보듯이 유수한 문인들이 이 시대에 활동하여 성황을 이루었고, 이규보, 이제현, 이색 등은 온 한국문학사를 통틀어 극성기를 구가하던 문인들이었다. 특히 이규보는 모든 문학장르에서 고루 두각을 나타내어 국문학사상 가장 뚜렷한 문호로서의 면모를 보여주었고, 이 시기가 왜 국문학의 성황기였는가를 입증하고 있다. 한문의 수준이 높아져 정착기까지 유지되었던 향찰표기 문학이 사라진 것도 이 시기인데 이는 언문일치 문학의 중단이라는 사실과 함께 국문문학의 단절이라는 아픔을 남겼다. 이 시기는 고유언어로 불렀던 麗謠가 성행하였으나 당대의 언어로 정착하지 못하고 일부가 후대에 기록되었다는 점이 아쉽다. 이런 사정은 이 시대의 국문문학을 왜소하게 만드는 요인인데 우리 고유어를 용납하지 않는 사리부재(詞俚不載)라는 안타까운 자학의식이 발동했기 때문이다. 그런 가운데에서 李齊賢의 小樂府가 나와 麗謠를 보충할 수 있었던 것은 그나마 다행스러운 일이어서 높이 평가해야 한다. 그 밖에도 경기체가, 시조, 가사와 같은 순수국문학이 이 시기의 성과로 알려져 있다. 다만 경기체가는 한문으로 되어있다는 한계가 있고, 시조와 가사는 이 시대의 산물이라고 확신하기에는 더 생각해보아야 할 여지가 있다.

(4) 轉換期

조선의 건국부터 임진란 전까지를 전환기로 잡았다. 조선의 건국은 왕조의 교체라는 역사적인 사건 외에는 국문학사에 미친 영향력은 크지 않았다. 지정학적인 위치도 이전과 달라진 것이 없었고, 언어적인 요인도 그렇다. 전대의 문인들이 일부 외면하기도 했지만 더 많은 문인들이 새 왕조에 참여했기 때문에 전체적인 문학적 변화도 크지 않았다. 유가사상이 국가의 정책으로 등장하게 된 것은 변수였지만 아직 문학사상의 주류가 된 것은 아니어서 그 영향도 제한적이다. 그러한 의미에서 이 시기를 따로 설정하지 않는 경우가 많다. 그러나 조선은 분명히 고려의 문학지상주의하고는 선을 그었기 때문에 성황기의 문학은 지속될 수 없었다. 前代에 도입된 성리학이 國是로 자리잡고, 이에 의한 道學文學觀이 세력을 얻어감에 따라 문학의 역량은 이때부터 힘을 잃어가고, 성황기의 문학은 중대한 도전에 부딪히게 된다. 이러한 상황이 이른바 詞章派와 士林派의 대립으로 나타나는데 사림파의 득세는 곧 문학의 쇠퇴를 의미한다. 게다가 한글의 창제는 과거의 漢文學 일변도의 국문학사에 새로운 변화의 전기를 마련하게 된다. 이러한 여러 가지 기존의 문학에 대한 비우호적 상황이 전개되어 아예 시대구분을 달리하여 전환기로 삼았다. 전환기라 하였지만 빌진적인 전환이라기보다는 전통적인 漢文學이 쇠퇴의 길로 접어들고, 한글문학의 역사가 시작되었다는 의미가 더 크다.

그런 가운데에서 한글창제로 말미암아 한글문학이 등장할 수 있었다는 것은 국문학사로서는 매우 긍적적 의미의 전환점이었다. 이 시기에 한글창제의 국문학사적인 의미가 지대함에도 불구하고 문학사를 획정하는 데 인색해 온 것이 사실이다. 그러나 최초의 완벽한 언문일치 문학사를 시작할 수 있게 한 사실은 국문학사에서 갖는 상징적 의미가 아주 큰 것이었다. 한글의 탄생이 앞에서 말한 麗謠의 정착을 가능하게 하였고, 시조와 가사를 발흥시켰으며, 번역문학을 태동시켜 한글문학을 성장시키는 결정적인 계기를 마련해주었던 점은 국문학사에서 매우 중요한 의미를 갖는다.

이러한 사실을 간과했기 때문에 모국어 국문학은 물론 전체 국문학사 기술에서 많은 착오와 오류를 면치 못하게 되었다. 한글을 발명하고 그것을 문학적으로 시험해 본 것이 악장체 시가 용비어천가, 월인천강지곡이었다. 그러나 이러한 장편 서사시 문학 전통이 이어지지 못한 것은 의문이다. 생각건대 그 장르형성의 과정이 정상적이지 않았기 때문이 아닐까 한다. 정책적으로 간경도감을 설치하여 언해사업을 추진한 결과 번역문학을 양산하게 하였다. 이때에 이루어진 번역문학은 결국 한글문학의 기반을 마련하였고, 번역의 과정에서 한글의 문학적 수사력을 빠른 속도로 발전할 수 있게 하였다는 문학사적 평가를 해야 하지만 그동안 이 점을 간과하였다. 이 시기 문학의 내용적인 특징 중의 하나는 충절의 문학이 강조되었다는 것이다. 고려의 遺臣들에 의해서 충절의 작품이 생산되었고, 새로운 왕조 역시 충성을 다짐하지 않을 수 없었다. 건국 후에도 잦은 정변과 권력투쟁, 당쟁의 혼란 중에서 충절을 가장 중요한 유가의 덕목으로 부각시켰다. 이와 함께 이른바 전원한정, 강호가도를 내용으로 하는 문학작품이 양산되었는데 이러한 현상 역시 당시의 시대적인 상황과 관련이 깊다. 정치적인 혼란 속에서 충절이 적극적인 행동 방안이었다면, 전원한정은 소극적인 도피적 대처 행위였던 셈이다. 이러한 내용들이 봉건사회와 양반들의 안정과 여유를 구가한 내용들과 함께 한문학은 물론, 한글 시가문학인 시조, 가사를 통하여 본격적인 한글문학시대를 열어나가게 되었다. 시조, 가사야말로 이 시대의 핵심적 대표장르로 등장하였다. 때마침 이루어진 한글로 기록할 수 있어 언행일치문학을 달성할 수 있었다는 것은 획기적인 사실이었다. 한자를 빌려 쓸 수밖에 없었던 향가나 구비에 의존할 수밖에 없었던 여요에 비하면 그 차이는 크다. 충절로는 사육신들의 시조, 전원한정으로는 丁克仁, 宋純의 가사가 그 대표적인 사례들이다. 이 시대에 한글로 기록된 불교연기설화나 언해 설공찬전은 한글소설의 지평을 여는 가치로 평가해야 마땅하다. 그래야 다음 시대의 홍길동전과 소설사의 연속성 확보에서 오는 거리감을 다소나마 줄일 수 있을 것이다. 이러한 사정들은 이전 시대와는 물론 다음 시대와도 구분되는 특징이다.

(5) 反省期

반성기는 壬亂 이후에서부터 19세기까지로 하였다. 임란, 丙亂은 王朝교체도 없었고, 지정학적인 변화도 없었고, 언어적 변화, 문인의 교체 등 어떠한 변수도 없었지만 그 파괴력은 이전의 어떠한 역사적 사건보다 컸다. 그 주된 원인은 엄청난 국난의 쓰라림을 겪는 과정에서 무능한 봉건주의 사회체제와 전적으로 의지해왔던 사대부에 대한 실망과, 그에 따라 일어난 각성과 반성의 기류였다. 이 시기가 갖는 또 하나의 중요한 의미는 유사 이래 이어져 오던 고전문학의 시대가 최후를 맞이한다는 것이다. 정치사회적으로 중심을 이루어왔던 유가적 중세 봉건시대가 종언을 고하고 새로운 시대를 준비하는 시기이다. 그래서 이 시기를 근대문학으로 잡기도 하지만 그렇게 하기에는 아직도 봉건시대의 잔재가 너무 완강하였다. 그래서 그동안의 모든 구시대를 정리, 반성하며 마무리하여 다가오는 새 시대를 준비하는 시기로 보고자 하는 것이다. 시대의 하한선을 19세기까지로 설정한 것은 다소 모호한 규정이지만 흔히 말하는 갑오경장이나 조선의 멸망은 그 시대를 획정할 수 있는 결정력이 충분치 않아 이에 의존하기보다는 차라리 世紀末로 잡는 것이 무난할 듯하다. 문학사의 시대구분을 정확한 연대나 사건으로 규정해야 직성이 풀리는 자세도 바람직하지만은 않은 것이다.

전후의 참상에 대한 각성과 반성이 문학작품으로 드러난 것에는 柳成龍의 〈懲毖錄〉이 가장 통절한 것이고, 충무공의 〈난중일기〉, 姜沆의 〈看羊錄〉, 盧認의 〈錦溪日記〉, 黃愼의 〈東槎錄〉, 羅萬甲의 〈丙子錄〉, 궁인이 기록한 〈山城日記〉 등에 전후의 참상이 절실하게 기록되어 반성의 진정이 드러나 있다. 소설에서는 〈達川夢遊錄〉 〈皮生夢遊錄〉 〈江都夢遊錄〉 등이 전쟁의 참상과 뼈저린 반성과 날카로운 비판의식을 드러내었다. 허균의 뒤를 이어 박지원의 소설에서 사회제제 전반에 걸친 비판과 개혁을 내세운 것은 또 다른 양상을 보이게 되는데 이들을 묶어 반성기라 하였다. 그러나 반성기라 하여 이 시대의 국문학이 새로운 각성을 하여 바람직한 방향으로 발전한 것만은 아니다. 前代의 국책이념이었던 性理學과 道學文學觀은 이 시기에 이르러 더욱 강력한 이념체제로 굳어져 국문학계를 지배하였다. 이에는 문학에 대하여 비교적 우호적이었던 詞章派를 제압한 士林派의 득세가 절대적이었다. 그나마 기득권을 누렸던 사장파에 의해서 유지되었던 문학의 예술성은 신진세력인 사림파의 도학문학론에 의해서 철저히 제한되었다. 그러한 기류는 현실에 대한 반성보다는 과거의 유가적 봉건주의의 권위를 회복하고 합리화하는 데에 더 관심을 기울이게 하였다. 그래서 극단적인 성리학 이론을 정치에 실현시키려는 노력을 기울이다 보니 세계의 흐름과 동떨어진 시대착오적인 역사와 문학을 진행시키게 되었던 것이다. 그 과정에서 실학사상이 국문학에 유입되기도 했지만 대세를 극복하기에는 너무도 미약한 것이어서 반성기라는 이름이 무색할 정도이다. 더러는 민족문학, 한글문학에 대한 각성을 불러일으키는 주장도 있었지만 이러한 정도로는 구시대의 뿌리 깊은 문학양태를 개선하기에 역부족이었다. 이러한 양상은 정작 반성을 모르는 지도층이 집권을 이어가고, 홍경래의 난, 동학항쟁, 갑오경장 등의 개혁의지들이 실패하고, 쇄국정책이 이어짐에 따라 19세기 말까지 지속되었다. 그리고 조선은 얼마 안 있어 굴욕적인 멸망을 하게 되고 국권을 잃어버리게 된다. 그러니 반성기라 하였지만 역사를 바꿀 만큼 절실한 반성이 아니었고, 그 반성의 기류를 수용할 수 있는 사회적 여건도 형성되지 못하였다.

조선왕조의 비극은 역사의 역행에 있었다. 인근 국가에서는 성리학이 수정되고, 양명학, 고증학, 西學으로 진전되었는데 우리는 끝까지 전근대적인 성리학을 고수하였다. 그 과정에서 현실의 반성으로 일어난 양명학, 실학, 서학사상과 문학을 철저히 배격하고 무참히 짓밟은 사실은 우리만이 가지고 있었던 통한의 역사였다. 문학에서는 도학문학은 물론 유가의 전통적인 복고주의, 의고주의가 여전히 맹위를 떨쳤다. 그래서 詩에서는 새삼 복고풍의 唐詩가 성행하여 三唐詩人이라는 영예를 누렸고, 산문에서는 구시대의 유물인 漢唐 고문주의가 힘을 떨쳐 前後에 걸쳐 古文四大家라는 명성을 얻었으니 그야말로 일대 시대착오의 역사가 아닐 수 없다. 이들은 근본이 역사를 거스르는 의고주의, 복고주의자들이었고, 당대에 새로운 기풍을 들고 나온 문인, 문학들을 오히려 재도문학이니, 순정문학이니, 소설망국론이니 하는 反시대적인 명분을 내세워 유린하였다. 이런 풍토에서 시대비판이나 실학사상, 민족문학론을 문학작품으로 실어낸 허균, 박지원, 김만중, 장유, 정약용 등의 한정된 역량으로서는 반성문학의 기풍을 지속적으로 조성할 수 없었다. 그러나 그러한 노력으로 비록 역사의 흐름을 바꾸어놓을 수 없었지만 실학을 비롯하여 민족문학의식, 모국어의식 등을 실제의 문학작품으로 구현함으로 해서 최소한의 반성기라는 명분은 살릴 수 있었다. 그러나 한편으로는 반성과는 관계없이 이 시대를 반영하는 문학들이 전개되었다. 소설에서 임진록, 곽재우전, 임경업전, 박씨전 등에서 역사의 반성보다는 전쟁의 참패를 자위하려는 의지가 굴절되어 나타난 경우이다. 전쟁의 비극과 격동의 시국과는 아랑곳없이 당쟁은 더욱 격화되었된 결과로 대량의 유배문학과 전원한정의 문학을 남겼다. 당쟁에서 밀려났지만 끊을 수 없는 권력에의 의지는 유배문학에서도 임금에 대한 충절을 고백하기에 바빴고, 전원한정 속에서도 끝내 속세에 대한 미련을 버리지 못하고 권력에 집착하는 모습을 감추지 못하였다. 그러나 드물게는 세속과의 絶緣에 성공하여 方外人문학이나 道家文學을 형성하기도 했다. 그러나 또 한편으로는 나라가 어려울수록 충절의 윤리는 강조되어 전환기에 있었던 충절문인에 대하여 신원과 복권이 이어져 여전히 충절의 문학을 권장하던 것도 이 시대의 상황이다. 그러나 충절은 봉건주의 소산으로 우리가 나아가야 할 새로운 방향과는 정면으로 대치되는 이념이었으니 반성의 계기를 마련할 수 없었다.

전환기에 마련된 한글문학의 기반은 이 시대에 이르러 본격적으로 국문학의 일익으로 진출하게 되는데 이는 과거의 한문학 독주의 국문학에 대한 수정적, 반성적 역할을 한 의미가 있다. 우선 〈樂章歌詞〉를 통하여 俗謠를 정착시켜 본격적인 국문학 장르로 격상시켰고, 시조와 가사를 문헌에 기록함으로 해서 명실상부한 국문학으로 성장시켰다. 그러나 한글로 정착된 시기가 장르의 발생시점에 비해서 많이 늦어진 점은 아쉬운 일이다. 시조의 경우 전환기의 평시조가 아직도 봉건적 가치관에서 머물렀지만 사설시조에서는 모순된 사회에 대한 비판과 시정의 의지를 보여주었다. 그러나 적극적인 반성과 사회개혁의 의지까지에는 이르지 못하고 自嘲, 냉소와 풍자, 해학에 그쳤다는 아쉬움이 크다. 가사의 경우에도 전기가사가 역시 보수적 가치관에서 벗어나지 못했지만 후기가사는 어느 정도 개혁의지와 반성의 의지를 담아내었다. 朴仁老의 가사가 관념적인 반성이라면 許傳의 雇工歌는 상당히 구체적이고 절실한 반성이라고 할만하다. 성행했던 내방가사는 수구적인 도덕윤리를 강조한 것으로 시대적인 가치를 더불어 말할 수 없다. 기행가사의 성행은 현장을 답사하고 실제를 강조하였다는 점에서 국문학사적 가치를 높인 계기가 되기도 한다. 동학가사나 포교가사에서는 반봉건적 개화사상과 계몽의식, 민족의식을 담아내어 시대의 사명을 수행한 점이 인정된다. 그러나 잡가사에 있어서는 시대의식보다는 향락과 퇴폐에 흘러 가사와는 다른 길을 걸었다. 한글소설과 수필문학이 창작 당대에 기록될 수 있었던 것은 이전 시대에 비해서 소중한 것이다. 그러나 이 시대 산문문학의 주도장르로서 성황을 누렸던 한글소설 중에서 소수를 제하면 현실반영이나 시대에 대한 반성의 기미보다는 과거에의 향수에 더 치우쳤던 것은 아쉬운 일이다. 다수의 작품들이 아직도 傳奇性을 벗어나지 못하고, 중국을 무대로 하고, 중국적 배경이나 話素들을 가지고 있다는 점은 이 시대의 상황과는 전혀 걸맞지 않는 허망한 것들이었다. 한글소설의 이러한 시대역행적 행위는 활발한 작품활동이 있었음에도 불구하고 문학적인 성과를 높이 평가할 수 없게 하고, 그 지나친 통속성은 反소설론, 소설망국론 등의 호된 비판을 면치 못하게 했다. 문학적 진지성과 반성적인 관점에서 보면 한글소설보다 한문소설이 오히려 긍정적인 면이 많다는 것을 許筠, 朴趾源이나 李鈺, 金鑢의 한문소설을 통해서 확인할 수 있는 것은 아쉽다. 한문소설에서 볼 수 있는 사회비판적 기능과 반성의 자세를 한글소설에서 찾아보기 어렵다는 사실은 잘 이해가 되지 않는 일이다. 이러한 현상은 한글소설이 우리 한문소설의 전통을 이어받았기보다는 새로 들어온 중국 통속소설의 영향을 받은 결과가 아닌가 한다. 그렇다면 전래의 한문소설이 가지고 있었던 작가의식보다는 중국통속소설이 가지고 있었던 흥미만을 추구하지 않을 수 없었을 것이다. 중국에 대한 동경이나 선망이 중국배경이나 화소가 주류를 이루게 했고, 그러한 의식수준으로는 현실을 반성하거나 새로운 미래상을 제시할 수 없었을 것이다. 결국 한글소설의 작가의식이 한문소설의 수준을 따르지 못한 결과로 생각된다.

이 시대의 한문문학에서 中庶人들의 문학을 위항문학이라고 하는데 생각과는 달리 자신들의 주체의식을 드러내는 데에는 미흡한 편이다. 이 시기에 급성장한 중서인들이 시대를 개혁하려는 의지보다는 양반에 대한 선망의식과 신분상승에 대한 욕구가 더 강했기 때문에 사대부의 세계에 동참하려 했던 결과이다. 중서인 계층이 개혁과 반성의 동력원을 잃은 것은 서구의 역사와는 다른 우리 역사의 어두운 면이다.

비록 구비문학을 면치 못했지만 판소리 문학도 이 시대를 대표할만하다. 사회에 대한 비판적 역할을 수행했다는 점에서는 오히려 소설을 능가했다고 볼 수 있어 국문학사적 가치가 적지 않다. 탈춤, 오광대놀이를 비롯한 演行文學들도 특유의 풍자와 비판의식으로 각성과 반성을 촉구하는 역할을 했다. 조선 말기에 나라가 위기에 처했을 때에 계몽, 각성과 개화, 개혁을 촉구하는 문학들이 출현하게 된다. 개화가사, 창가, 판소리계 소설, 신소설 등이 그러한 역할을 담당했다. 천주교, 기독교문학은 개화 계몽을 주도하여 반성을 촉구했고, 동학, 대종교는 민족정신을 진작시키고 지켜내는 데 주력하였다.

3. 國漢文學 序說

지금에 와서 韓國漢文學을 국문학에 포함시킬 것이냐의 여부를 묻는 것은 어리석은 일일 것이다. 당연히 한국한문학은 국문학의 일부라는 말에 이의를 제기할 사람은 없을 것이기 때문이다. 그럼에도 불구하고 오늘날 국문학계의 움직임이나 각종 교육기관의 한국한문학에 대한 관심을 보면 이러한 대전제와는 전혀 부합되지 않는다는 생각이다. 우선 기초적인 한국한문학에 대한 학습이 이루어져야 할 중등학교의 고전문학 수업이 제 기능을 다하고 있다고 여겨지지 않는다. 교육과정만 가지고 말하면 그렇다 하더라도, 교수자의 漢文學에 대한 소양을 생각하면 그 심각성이 더하다. 특히 최근에 양성된 교사일수록 한문학은 물론 漢字에 대한 소양이 아주 부족하여 교육과정에 제시된 내용을 얼마나 소화해 학습시킬 수 있을지 심히 우려된다. 더구나 교육과정에 제시된 시수를 가지고 교과서에 실린 한문학이나 그와 관련되는 고전문학을 소화해 낼 수 있을지 매우 의문이다.

이러한 의문점은 기초교육 단계인 중등학교에서부터 우리의 한국한문학과 고전문학은 이미 급속한 퇴화의 과정을 밟고 있다는 현실적인 판단을 바탕으로 하고 있다. 다시 말하면 중등학교에서 벌어지는 이러한 상황은 우리 고전문학 위기의 시발점이요, 민족문화 단절이 현실화되는 생생한 현장이다. 여기에는 점점 거세어지는 서구문화에 대한 동경 내지 동화의식과, 한자 및 한문을 포함한 고전문학에 대한 경원 내지 혐오의식이 그 이면에 깔려있다. 더러는 漢字와 漢文을 한글과 대척적인 가치관으로 대하는 풍조도 있고, 이러한 모든 부담을 이제는 漢文교과 시간에 떠넘기려는 발상도 개재되어 있다. 교사나 학생들이 같이 가지고 있는 이러한 의식은 한문학은 물론이요, 기초단계에서부터 고전문학을 위험하게 한다.

고등교육기관인 대학은 이러한 병폐의 원인제공자이다. 교사양성기관인 사범대학의 국어교육과정을 보더라도 한국한문학에 대한 배려가 갈수록 줄어들고 있음을 확인할 수 있다. 다른 자연 인문과학 분야는 고사하고, 한자나 한문학에 대한 기초소양이 부족한 사범대학 국어교육과 학생들마저도 한자가 섞인 전문서적의 독해마저 어려운 형편이니 한문학은 물론이고, 한글로 표기된 고전문학 텍스트마저 커다란 짐이 되고 있다. 그것들은 차라리 영어보다도 더 부담이 되고 있는 실정이다. 국문학의 전문인력을 기르는 대학원에서는 고전문학을 전공하겠다는 대학원생을 찾아보기 어려울 정도이다. 한문은 이미 영어보다 어려운 짐이 되다 보니 한문으로 절어있는 고전 텍스트를 감당할 수 없기 때문이다. 중등학교에서부터 최고학부인 대학원까지 전반적으로 벌어지는 이러한 난맥상은 그대로 악순환으로 되풀이되고, 이것은 한문학은 물론 고전문학, 국학, 민족문화의 단절로 이어진다. 이러한 우려는 이론적으로 유추되는 가설이 아니고, 지금 이 시간에도 가속도적으로 진행되는 엄연한 현실이다.

당연히 이러한 현상을 방관해서는 안 된다. 그러나 여러 가지 복합적인 요인에서 비롯된 이 문제를 해결하기는 매우 어렵다. 가장 어려운 문제는 사라져 가는 한문세대에 따른 한문학 文識力 기반의 소진이다. 연구자이든 학습자이든 한문학, 고전문학의 도구문자인 한문 문식력의 결핍에 대한 대안을 마련하기 어렵다. 대안이라면 한문과 한문학에 대한 훈련과 학습의 강화인데 지금의 국문학계의 여건으로서 이를 강행한다는 것은 거의 현실성이 없어 보인다. 따라서 여기에서 그러한 현실성 없는 주장을 내세울 생각은 없다. 어차피 시대의 흐름은 소수의 인위적인 노력으로 거스를 수 없을 것이다. 이미 구시대의 유물로 낙인찍힌 한문학을 이전과 같은 상태로 돌려놓을 수는 없다. 그렇다고 해서 한문으로 표기된 우리의 고전문학에 대한 연구를 미루거나, 한글로 된 고전문학 작품 속에 내재된 한문학적 요소를 외면해서는 안 된다. 그것은 국문학의 절반 이상을 포기하는 것이요, 고전문학을 절름발이로 만드는 것과 다름이 없다.

국문학에 종사하는 사람치고 이러한 사실을 부정할 이는 없을 것으로 안다. 그러나 필자가 나름대로 염려하는 것은 그러한 사실을 알면서도 그저 시대의 추세로 보아 넘긴다든지, 문제의 심각성을 과소평가하는 우리 학계의 잘못된 풍조이다. 심지어는 한글전용론이 아직도 힘을 얻고 있는 형편이니 이래서는 고전문학의 씨가 마를 판이다. 이제 얼마 안 되어 국문학계에서 한문학적인 과제를 수행할 만한 세대는 완전히 단절될 것이다. 漢文學界에서 전문적으로 한문학을 연구하는 인력이 없는 바는 아니지만 그 능력이나 수에 있어 한계가 분명하고, 더구나 국문학계에서 이런 인력은 거의 고갈되다시피 한 실정이다. 국문학적 소양 없이 단순히 한문에만 정통하다고 해서 국문학적 과제를 수행할 수 있는 것은 아니다. 왜냐하면 한문학과 국문학은 근본이 다르기 때문이다.

이렇게 볼 때에 지금이야말로 미결된 국문학적 과제를 해결하기에 온 힘을 기울여야 할 다급한 시기이다. 그리고 이러한 문제를 해결하기에 우리에게 주어진 시간은 결코 많지 않다. 한문학에 대한 조예가 있는 인재가 남아있을 때 우리는 최대한 많은 과제를 해결해야 한다는 강박관념과 책임감을 가져야 한다. 이것이 국문학에서 한문학을 다시 생각해 보아야 할 이유이다.

아무리 생각해 보아도 한문학의 시대는 분명 지나갔다. 그러나 국문학에 개재되어 있는 한문학적 요소는 여전히 국문학 속에 살아 있다는 것이 문제이다. 그것이 부담이 된다 해서 따로 빼내버릴 수는 없다. 도깨비 뿔이 흉칙하다고 해서 뿔을 잡아 빼버리면 그것은 이미 도깨비가 아니다. 도깨비를 바로 이해하려면 그 뿔을 제자리에 놓고 보아야 한다. 한문학이라는 도깨비 괴물을 좋아서 보자는 것이 아니라 국문학을 바로 연구하기 위해서 이를 외면할 수 없다는 것이다. 도깨비 뿔은 그냥 장식으로 달려 있는 것이 아니라 도깨비를 도깨비이게 하는 힘의 원천이듯이 국문학 속에 있는 한국한문학적 요소는 국문학을 국문학이게 하는 작용태의 원천이다. 그 작용태의 원천을 포기하자는 말은 전체를 포기하자는 것과 같다. 그렇지 않으려면 괴물 도깨비를 다룰 수 있는 비상한 능력을 기르지 않으면 안 된다. 한국한문학의 가치와 의의를 포기할 수 없는 이유가 바로 여기에 있다. 그렇다고 해서 전면적으로 과거의 한문교육 시대로 돌아가자는 말은 절대 아니니다. 그것은 모름지기 국문학을 수행하기 위한 수단으로서의 한문학, 국문학을 수행하는 데 관련되는 한문학, 국문학을 연구하는 데 이바지할 수 있는 한문학으로 족하다. 그것은 오로지 한문학을 하기 위한 순수 한문학과는 아주 다르다. 그래서 한문학과는 달리 이름하여 國漢文學이라고 하고싶다. 한문학을 포기할 수는 있어도 우리의 국문학을 수행하는 데 꼭 필요한 국한문학을 포기할 수는 없다. 그것은 명백한 국문학이기 때문이다.

국한문학적 관점으로 국문학을 보면 이전의 연구에서 거두지 못했던 적잖은 성과를 보탤 수 있을 것으로 확신한다. 국한문학의 이점은 무엇보다도 국문학을 보는 시야의 확대에 있을 것이다. 국한문학적 관점을 통한다면 국문학에 관련되는 배경적인 요소를 좀더 널리 파악할 수 있게 된다. 또 하나의 이점은 국문학의 바탕을 보다 본질적으로 탐색할 수 있게 한다는 것이다. 본질적으로 탐색한다는 것은 국문학 장르의 발생적인 면에서부터 다시 생각하는 계기를 마련할 수 있게 한다. 국문학 장르의 발생부터 한문학과 관련시키는 데 대해서 거친 거부감이 있을 수 있지만 한문학적 요소를 소홀히 한 국문학 연구는 얼핏 뿌리 잘린 산삼을 연상하게 한다. 잔뿌리까지 다 붙어있는 산삼을 캐야 제 값을 받을 수 있는 것처럼 국문학에 개재된 한문학적 요소를 온전히 해야 제 모습을 바로 볼 수 있다.

여기에서는 이러한 의미를 갖는 國漢文學을 성립시키기 위한 약간의 근거를 제시하고자 한다. 물론 이에 관한 작업과 연구가 지금까지 이어져 온 것이 사실이지만 이에 대한 관심이 점차 엷어져 가는 추세에서 그 활동이 미약해지는 국문학계의 현실을 방관할 수 없었다. 여기에서 제시되는 몇 가지 사례 중, 더러는 이전의 학계에서 미처 주의하지 못했던 분야도 있을 것이고, 이전의 연구가 미흡했던 부분도 있을 것이다.

이제 한문학이 갖는 기능과 역할을 사례별로 살피고, 국한문학의 구체적인 수행방안을 몇 가지 유형으로 나누어 약술하고자 한다.

1) 국문학 배경연구로서의 역할

각종 한문기록이나 문헌이 국문학 연구의 근거나 배경, 자료 제공의 역할을 하는 경우를 말한다. 이는 한문학이 국문학 연구에서 갖는 가장 광범위하고 일반적인 가치이다. 대부분의 국문학은 설령 작품이 본래부터 한글로 표기되었다 하더라도 그 작품에 관한 기록은 한문으로 기록되어 있는 경우가 많다. 더구나 한글창제 이전의 모든 국문학 작품은 말할 것도 없이 한문으로만 기록될 수밖에 없었다. 그래서 지극히 당연한 일이지만 한문학을 배제하고서는 고전문학을 수행할 수 없다는 것이다. 이것이 국문학에서 갖는 한문학 존재의 본질적 당위성이다. 그렇기 때문에 한문 문헌을 해석할 수 없고서는 고전문학 연구가 근본적으로 불가능함에도 불구하고 이러한 명백한 사실을 잊고 있는 사람들이 적지 않다. 더러는 알고 있으면서도 아무런 대책을 생각하지 않는 사람도 있고, 심지어는 시대의 필연적 추세라고 합리화하는 정당치 못한 말을 하는 사람도 있다.

생각해 보면, 한문학에 대한 소양과 관심 없이 우리의 고전문학이 오늘날 같은 성과를 거둘 수 없었다. 지금의 성과는 한문학에 조예가 깊었던 先學들이 이루어낸 빛나는 업적들이다. 지금 그러한 인적자원이 고갈되어가고 있는 시점에서 볼 때 우리 고전문학의 앞날은 매우 염려스럽다. 우리가 한문학을 무시해도 좋은 경우가 있다.

그것은 우리의 고전문학이 완벽하게 정리되어서 더 이상 해결해야 할 고전문학적인 과제가 없다고 자신할 수 있을 때이다. 그럼에도 불구하고 그러한 자신도, 판단도 없이 벌어지고 있는 오늘날 국문학계의 한문학 백안시 풍조는 그야말로 무감각하고 무책임한 자세가 아닐 수 없다.

한문학이 국문학 수행의 관건임을 잘 보여 주는 경우의 하나가 고대 삽입가요들이다. 이들은 본래 우리말로 불려졌다고 믿어지는 민요성의 시가들이 대부분이다. 箜篌引, 黃鳥歌, 龜旨歌, 海歌를 포함한 鄕歌들이 한문과 한자로 가사들이 기록되어 있고, 그 작품의 배경에 관한 기록들이 역시 한문으로 기록되어 있다. 이들은 당연히 우리의 시가문학들인데 한문을 모르면 우리는 이것들에 대해서 아무것도 할 수 없다. 그래서 이것들을 오늘날과 같은 학문체계로 정리해 놓은 우리의 先學들의 업적에 대해서 무한한 존경심을 갖는 것이다. 동시에 선학의 한문 文識力을 따를 수 없는 오늘날 우리의 처지가 안타깝고, 이제 지금의 알량한 능력마저 상실해버릴 국문학의 앞날을 안타까워하는 것이다. 설령 묻혀있던 소중한 국문학 자료 문헌이 새로 발견된다 하더라도 이미 이를 해결할 수 있는 능력을 상실한 처지에서 그것은 의미를 전혀 알 수 없는 암호책에 불과하게 될 것이다. 이러한 사정은 비단 고대삽입가요 – 삽입가요는 한문기록에 끼어들어간 우리 노래이니 한문기록을 먼저 해결해야 한다. – 에 그치는 문제가 아니라 모든 국문학 장르에 해당하는 사안이다.

2) 비평문학으로서의 역할

한문학이 국문학에서 차지하는 비중을 새삼 강조할 필요는 없겠지만 비평문학에서만큼은 한문학이 거의 절대적인 역할을 한다. 뒤집어서 말하면 고전문학에서 한글로 된 평론문학은 거의 없다고 해도 과언이 아니다. 시가문학, 소설문학, 희곡문학에서는 한글문학이 활약을 하고, 수필에서도 상당 부분 역량을 발휘하고 있을 때에 유독 비평문학에서만큼은 漢文學이 독점하고 있다는 점에 유의해야 한다. 결론부터 말하자면 한문학 없이 국문학의 비평문학은 존재할 수 없다는 점에서 국문학에서 차지하는 한문학의 중요성은 크다.

비평문학은 5분법에 의하여 최근에야 독립된 신생장르이지만 모든 문학에 대하여 평가하는 상위문학의 기능을 가지고 있다는 의미에서 학문으로서의 문학의 핵심이 되어야 옳다. 그래서 文識性이 앞서 있었던 중국이나 국문학에서는 일찍이 평론장르가 형성되어 있었다. 先秦시대나 史書에서 이미 초보적인 평론의 기미를 말할 수 있겠으나 문학적인 차원에서 본다면 우리의 경우 詩話集의 출현에서 본격적으로 논의할 수 있을 것이다. 詩話라면 詩作에 관한 작자설명, 작품배경, 창작과정, 창작이론, 비평이론, 작품일화, 詩評 등 일체의 일을 비교적 자유롭게 적은 것으로 그 모두를 評論으로 단정하기에는 조심스러운 면이 있지만 詩論과 詩評이 중심이 되므로 평론으로 다잡아도 무리가 없다. 현전 문헌을 기준으로 말한다면 李仁老의 〈破閑集〉이 시화집의 처음이므로 그에 앞서서 국문학의 평론문학은 시작되었다고 말할 수 있다. 사실 〈파한집〉은 지금의 기준으로 말한다면 평론집이라고 하기에는 다소 산만한 것이 사실이지만 본격적인 국문학의 평론문학으로 시작하기에 부족함이 없다. 〈파한집〉을 시작으로 수많은 시화집이 출간되어서 국문학의 평론은 다른 장르 못지않은 성황으로 국문학을 형성해 왔다.

현대의 비평문학이 서구의 이론 일색으로 되어 있는 것은 어쩔 수 없는 시대의 흐름으로 돌릴 수 있겠지만 우리의 평론문학의 보고인 시화집의 존재를 아랑곳하지 않은 채, 서구의 비평문학 이론이 고전문학의 비평에까지 전횡하는 현상은 명분으로나, 실질적인 면으로 보나 매우 안타까운 일이 아닐 수 없다. 국문학이 국문학으로서 바로 서려면 우선 우리의 비평론인 시화집에서부터 관심을 가져야 한다. 그리고 그것의 내용이 서구의 비평이론과 같지 않다든지, 혹은 그것보다 체계적이지 못하다고 하여 과소평가해서는 안 된다. 서구의 이론은 서구의 문학 상황에 맞게 설정된 것이며, 그 이론의 형성 역사가 우리보다 늦었으므로 우리의 평론보다 체계적인 것은 당연한 일이다. 반면에 시화집의 우리 평론은 처음부터 우리의 작품에 맞추어 쓰여진 것이고, 서구보다 시대적으로 앞서서 이루어진 것이므로 상대적으로 체계적인 면에서 부족할 수 있다. 그러나 중요한 것은 체계적이거나 과학적인 면보다는 그 이론적 체계가 적용대상에 얼마나 더 적합한가의 문제일 것이다. 현대문학을 서구의 비평이론으로 비평하는 것은 좋겠지만 그것에 고전문학까지 내맡기는 것은 옳지 않다. 고전문학을 올바르게 평가하기 위해서도 우리 문학에 대한 맞춤형 평론집인 시화집의 평론에 대한 관심은 중요하다. 그래서 그동안 시화집에 대한 연구는 상당한 연구축적이 있었으므로 여기에서는 그 중요성을 강조하는 정도에서 그치고 다음으로 넘어갈까 한다.

비평에 가장 적합한 수단은 역시 논리적이고 설명적인 論說文이다. 그런데 국문학의 논설문에는 논리적인 수필, 즉 서구의 Essay에 해당하는 것도 포함한다. 고전문학에서는 실제로 이 둘이 명확히 구분되지 않는 경우가 많다. 예를 들면 許筠의 豪民論, 遺才論같은 정치평론, 朴趾源의 一夜九度河記 같은 日記隨想記, 燕行錄같은 기행문, 徐居正의 東文選序같은 문학평론, 朴趾源의 문학수사론 騷壇赤幟引, 李奎報의 驅詩魔文이나 申緯의 東人論詩絶句와 같은 詩評論 등 여러 가지 다양한 내용과 형태의 글이 이에 모두 해당한다. 이러한 글들은 세상의 모든 관심사에 대해서 제한 없이 광범위하게 다루고 있다. 그만큼 이 장르의 글이 다양한 내용을 담고 있기도 하지만 달리 생각하면 우리의 비평문학이 그만큼 다양한 내용을 대상으로 삼고 있는 이유이기도 하다. 이러한 사정은 현대 서구비평과는 아주 다른 면모로써 국문학 비평에서 유의해야 할 사안이다. 이러한 점에 착안하지 못했다면 국문학이 그동안 한문비평문학에 대하여 가지고 있었던 관심은 매우 부족했다 할 것이다. 이에 그 예에 해당하는 작품 몇 편을 들어 그 면모를 살피고자 한다.

許筠의 호민론은 정치비평에 속한다. 그것도 당대의 사회로 보아서는 매우 과격하고 위험해서 비평에 그치는 정도가 아니라 정치적 주장에 가깝다. 허균이 단순한 문인이나 평범한 사대부에 그친 작가가 아니라는 사실을 잘 보여주는 글이다. 허균은 백성을 천재지변이나 호랑이보다 더 무서운 존재라고 전제하고, 정치가 어지러우면 백성이 세상을 바꿀 수밖에 없다는 주장을 펴고 있다. 혁명과 개혁의 논리를 거침없이 드러내는 장면에서 백성을 중시하고 사직을 경시한 맹자의 정치사상을 연상하게 한다. 그는 백성을 恒民, 怨民, 豪民으로 분류해놓고, 항민과 원민은 두려워할 바가 못 되나, 호민은 국정이 혼란하면 언제든지 봉기하고 일어날 수 있으므로 위정자는 마땅히 삼가고 경계해야 한다고 했다. 일단 호민이 들고 일어서면 눈치만 보고 있던 원민이 뒤따르고, 복종만 하고 있던 항민마저도 동조하고 나서니 백성은 호랑이보다 무서운 존재라는 것이다. 그리고 자신은 호민의 입장에서 논리를 전개해 나가고 있는 것으로 보아 이 글은 군주를 위한 간언이 아니라 군주에게 경고를 하는 의미가 더 크다. 이러한 점은 당대의 봉건주의에 젖어 있던 다른 사대부들과는 전혀 다른 모습으로 우리 역사에 독보적인 가치를 발휘한다. 중국의 秦, 漢, 唐을 붕괴시킨 것도 호민이었음을 들어가며 그것이 역사의 사필귀정이었음을 강조한다. 그리고 지금의 형편도 그때와 다름이 없다고 함으로써 조정에 엄중한 경고를 하고 있다. 나라를 망쳤던 고려보다도 지금이 더 위험한 시기라고 서슴없이 단정하는 데에서 그의 열혈 혁명가다운 기질을 엿볼 수 있다. 稅政이 어지러워 백성의 혈세가 국고에 들어가는 것은 열에 둘도 안 되고, 세금을 두 번 걷어내고, 호랑이보다도 더 무서운 폭정이 벌어지는데도 아직 나라를 부지할 수 있는 것은 호민이 없어서라고 단정하는 데에서 현실에 대한 강렬한 불만이 드러난다. 우리 역사에도 견훤, 궁예 같은 호민이 있었음을 상기시키면서 엄중한 경고를 보내고 있다. 지금 호민이 없음을 불행이라고 하는 장면에서 그가 맹목적으로 군주에 순종하는 사대부와는 달랐음을 과시하고 있다. 이렇게 급진적이고 과격하리만치 적극적인 정치평론은 그가 시대의 개혁자요, 선각자였음을 입증하기에 충분하다. 지금이라도 그러한 호민이 나오기 전에 군주가 백성 무서운 것을 깨닫고 노력한다면 아직 늦지 않았다고 함으로써 불평불만자에 그치지 않는 최소한의 사대부로서의 본분을 잊지 않고 있다.

이밖에도 그는 學論, 政論, 官論, 兵論, 遺才論, 厚祿論, 小人論 등에서도 날카로운 사회개혁론을 제시하고 있다. 모두 한결같이 당대의 사회구조의 모순을 신랄하게 지적한 글로써 우리 문학의 비평문의 수준을 한껏 높여 주었다. 그의 비평문에서 글의 논리의 타당성 여부를 따지기보다는 그가 가지고 있었던 개혁정신과 의지의 시대적 가치를 발견하는 것이 더 중요한 일이라고 생각한다.

박지원은 騷壇赤幟引에서 글쓰는 일을 군사작전으로 비유하여 설명하고 있다. 글자는 군졸과 같고, 글의 주제는 장수와 같다고 하였다. 모든 언어는 주제를 구현하는 데에 집중되어야 한다는 말이다. 글의 제목은 적국과 같고, 典故用事는 성곽과 같다. 제목은 글을 쓰는 목표이니 적국으로 비유했고, 用事를 성곽으로 비유한 것은 글을 이루는 주요 수사수단으로 중시한 것이다. 字句와 章句는 軍의 대오와 같다. 글자가 군졸과 같다면, 글자를 운용하여 자구와 章句를 이루는 것은 군대의 조직과 같다는 것이다. 詩에서 압운을 하고, 語句를 구사하는 음성률을 북을 치고 깃발을 세우는 것에 비유하였다. 詩句가 서로 對句로 照應하는 것은 봉화를 올리는 것이요, 비유를 정규전이 아닌 유격전으로 비유한 것은 적은 노력으로 많은 효과를 거둘 수 있는 효율적인 수사수단으로 본 것이다. 억양, 반복은 적을 완전하게 무찌르는 것과 같고, 글을 구성하고 제목을 세우는 것을 고지를 점령하고 적군을 가두는 것으로 비유한 것은 글의 완성과 같다는 것이다. 함축표현을 쓸모없는 적을 버리는 것이라고 한 것은 밀도 있는 표현으로 핵심을 짚어내는 능력을 말한다. 전투의 승패는 운이나 상황에 달린 것이 아니요, 무기의 좋고 나쁨은 시간에 달린 문제가 아니라고 한 것은 글의 성패는 글의 조건, 여건에 달린 문제가 아니라 전적으로 작자의 능력에 달려 있다는 말이다. 廉頗와 같은 명장이면 좋은 글을 쓸 수 있고, 趙括과 같은 어리석은 장수라면 실패한다고 하였다. 그러므로 전쟁을 잘 하는 자는 군사를 가리지 않고, 글을 잘 쓰는 자는 글자를 가리지 않는다고 한 것은 글의 성패는 오로지 작자에 달려있고, 능력 있는 문사는 언어 문자에 구애받지 않는다는 말이다. 그래서 능력 있는 문사는 언어 詩語를 갈고 다듬어 구사하여 더욱 빛나게 한다. 그 이치를 안다면 흔한 말도 품위 있게 하고, 애들의 지껄이는 말도 고상하게 할 수 있다고 하였다. 그러므로 실패한 글은 글자의 죄가 아니라 작자의 책임이라고 하였다. 글의 좋고 나쁨과 높고 낮음을 함부로 말하는 사람은 글을 쓰는 상황의 변화와 맥락을 모르기 때문이라고 하였다. 무능한 작가를 비유하기를 용기 없는 장수가 준비된 전략도 없이 높은 성의 초목을 보고 적병으로 알고 무서워 떨 듯이 글을 쓸 때에 어찌할 바를 모르는 자와 같다고 하였다. 그러므로 글을 쓰는 자의 근심은 스스로의 길을 잃어버리고 요령을 터득하지 못하는 데 있는 것이다. 요령을 모르면 한 글자도 어쩌지 못하게 되고, 애써 글을 써 놓고도 걱정만 하게 된다. 한 마디의 말을 하더라도 핵심을 짚으면 적의 아성을 짓쳐들어가는 것과 같고, 한 마디의 말을 가지고서도 要地를 찌르면 적의 힘이 다하기를 기다렸다가 함락시키는 것과 같다고 하였다. 글 짓는 비결은 바로 여기에 있는 것이다. 글을 쓰는 일을 일일이 군사작전에 비유한 것은 매우 흥미 있는 일이다. 글의 형식과 내용에 걸쳐 두루 지적하여 치밀하게 창작법을 제시했다는 점에서 문학비평론으로 인정할 만하다. 물론 지금의 기준에서 보면 다소 투박하고 모호한 감이 있지만 당대의 사정으로 보면 의미 있는 비평문학의 면모임에 틀림없다.

이규보의 鏡說은 인생을 관조적으로 성찰한 수상록이다. 거울은 자신을 비춰보게 하는 편리하고 유용한 문명의 利器이지만 거울을 보고 자신에 만족하는 사람보다는 불만인 경우가 많기 때문에 차라리 보지 않고, 닦지 않는다고 하였다. 그것이 차라리 자신을 포함하여 많은 사람의 허물을 덮을 수 있다. 거울을 비쳐보아도 좋을 때가 되면 그때 가서 닦아도 늦지 않다고 하였다. 그래서 이 글을 어지러운 세상에 대하여 현명한 처세론으로 생각하는 경우가 많은 것 같다. 그러나 좀더 생각해보면 이보다는 훨씬 진지한 인생관을 발견할 수 있다. 때가 잔뜩 끼어 볼 수 없는 거울을 늘 들여다 본다고 한 것은 실제로 거울을 사용하지 않는 것과 같다. 그리고 어차피 거기에 비쳐지는 모습은 참 모습이 아니기 때문에 거울이 맑을수록 오히려 자신을 혼란하게 만드는 물건일 수밖에 없다. 그래서 차라리 거울을 닦지 않는다는 것이다. 흐린 거울을 자주 본다고 하였지만 그렇게 해서 자신의 모습을 볼 수 있는 것이 아니니 이 거울은 실제로는 무용한 것이고, 자주 본다고 한 것은 반어적인 행동일 뿐이다. 이러한 발상은 세상의 상식과는 전혀 상반되는 것이라는 점에서 오히려 이규보다운 묘미가 있다. 평범한 사람들은 거울에 비추는 자신의 모습에 전적으로 의지하는데 반하여 이를 전혀 신뢰하지 않음은 물론, 오히려 거울에 비친 허상을 경계하고 있으니 그에게는 거울이 맑건, 흐리건 거울은 차라리 필요없는 물건이다. 여기에서 거울은 세상의 모든 가치기준의 대유물이다. 비단 거울만 그런 것이 아니라 진리라고 생각하는 세상의 모든 기준과 현상은 참이 아니라는 발상이다. 참이 아닌 세상의 현상에 쉽게 현혹되거나 구애받지 말고, 자신을 스스로 성찰하여 사물의 본질을 꿰뚫어야 한다는 가치관을 역설적으로 요구하고 있는 것이다. 사물의 본질은 세상의 기준인 거울에 있는 것이 아니라 자신에 달려있다는 의도로 해석하는 것이 이 작품을 깊이 이해하는 것이라는 생각이다. 그렇다면 이 글은 가벼운 처세술에 그치는 것이 아니라 진지하게 삶을 통찰한 인생론을 역설, 반어적으로 제시한 수상적 비평문이라고 해야 할 것이다. 이 역설과 반어는 세상의 상식적인 가치관의 논리를 초월하는 달관의 경지이기에 단순한 처세논리에 그치지 않는다. 이규보는 다른 작품에서도 역설논리를 매우 즐겨 사용했는데 이는 그의 글을 이해하는데 유의해야 할 일이다.

박지원의 一夜九渡河記는 기행수상록으로서 눈으로 보고, 귀로 듣는 외물의 현상에 현혹되지 말고, 스스로의 고정관념이나 가치관에 의한 편견을 없애고, 사물의 본질을 바로 깨달으라고 한다. 그런 의미에서 이규보의 鏡說과 유사한 주제의식이라고 할 수 있다. 다만 이것은 생생한 체험의 현장이 바탕이 된 기행수필인데 비하여, 경설은 허구적인 역설로 이루어졌다는 점에서 비평문으로서는 논리성, 명료성이 다소 결여되었다고 할 것이다. 이렇게 커다란 문학사적인 의미를 갖고 있는 작품들을 단지 한문으로 되어있다는 이유만으로 국문학에서 관심을 갖지 않는다면 매우 안타까운 일이다. 더구나 이렇게 소중한 문학유산이 엄연히 존재하는지도 모르고 늘상 서구의 비평이론만을 들이대면서 현대문학은 물론, 고전문학까지 간섭하려 한다면 국문학을 위해서 매우 슬퍼할 일이 아닐 수 없다.

평론은 漢詩의 모습을 하고 있는 경우도 자주 있다. 이는 한문학에서 漢詩의 문학적 활동영역이 그만큼 넓었음을 의미하기도 한다. 우리의 비평가들은 한시에 문학관을 드러내는 일이 잦았다. 비록 그것 자신이 비평문의 형식은 아니지만 비평의 역할은 훌륭히 해 내었기 때문에 국문학의 비평문학을 연구하기 위해서는 한시도 중요한 검토의 대상이 되어야 한다. 이는 다른 문학과는 다른 우리의 특수한 사정이라 생각된다.

정약용의 〈題東施效嚬〉 일부분을 예로 본다.

吁嗟效顰豈唯汝
아! 흉내내는 자 어찌 東施 너뿐이랴!

我見世路多此嚬
세상에는 흉내내는 자 하도 많아

江左盡躡高齒屐
강좌에서는 남 따라 굽 높은 나막신 신고

鄴下皆戴折角巾
업하에서는 괜히 절각건을 따라 썼네.

畵虎刻鵠恬不愧
범을 개로, 고니를 오리로 그려놓고 부끄러운 줄 모르고

細腰尺髻那足嗔
가는 허리, 긴 머리 탓해 무엇하랴.

邯鄲不如壽陵故
한단의 걸음은 수릉의 걸음만 못하였고

優孟終非蔿敖倫
우맹이 손숙오는 될 수 없는 법,

天生體質各有分
타고난 체질이 다 다르거늘

胡爲殉物舍吾身
어찌 남 흉내내다가 나마저 망치는가?

(필자 역)

이는 문학비평으로 詩 창작론이라 할 수 있다. 문학의 왕도는 옛글을 전범삼아 익히는 것이라고 생각하는 것이 漢文學의 뿌리 깊은 전통이었다. 이것이 이른바 擬古主義, 古文主義였다. 그리고 옛시인들의 글을 모범삼아 아름다운 구절들을 본따서 교묘하게 활용하거나 패러디하는 수법을 用事, 典故라 하여 정당화하고, 이를 더 교묘하게 하는 수단을 換骨奪胎라 하여 修辭의 극치로 美化하였다. 게다가 문학은 유가의 진리를 전파해야 한다는 載道文學觀이 팽배하던 시대였다. 이러한 한문학의 뿌리깊은 전통과 관행은 거역할 수 없는 대세였고, 漢詩를 수사제일주의에 흐르게 하고, 문학을 사상이념의 시녀로 만들었고, 결국 한문학을 정체에 빠지게 하는 주요한 원인으로 작용하였다. 여기에 일찍이 저항을 했던 것이 이규보의 新意論, 創意論이었지만 그것으로 대세를 바꾸기에는 역부족이었다. 이 작품은 이러한 의고주의, 수사제일주의, 도학문학관의 대세에 반기를 든, 저항의 비평시론이라는 의의를 가지고 있다. 제목이 동시효빈이라는 중국의 고사성어로 되어있다. 越의 미인 西施의 찡그린 얼굴이 예쁘다고 하니 뭇 처녀들이 따라서 눈을 찡그리고 다녀 더욱 꼴불견인 東施가 되었다는 내용을 담은 고사를 이용하여 모방, 표절을 일삼는 당대의 詩風을 비판한 것이다. 지금의 시인들이란 西施를 흉내내는 東施와 같아서 흉내내는 것을 부끄러워할 줄조차 모른다는 것이다. 晉의 謝靈雲이라는 유명한 시인이 굽 높은 나막신을 신는다고 하니 사람들이 괜히 따라서 굽 높은 나막신을 신고 다니다가 발이 부러지는 화를 당하였다고 하였다. 유명한 학자의 모자가 비를 맞아 한쪽이 쭈그러졌는데 사람들이 멀쩡한 모자를 찌그려서 이를 흉내내어 折角巾이라 하여 다투어 쓰고 다녔다는 우스운 이야기이다. 이렇게 남 흉내내기만 하다보면 호랑이 그리다가 개 그리는 꼴이 되고, 고니 그리다가 오리 그리는 꼴이 되니 미처 모방에도 이르지 못하는데 부끄러운 줄도 모르고, 오히려 남 잘난 것을 시기한다는 것이다. 촌사람이 서울사람 걸음걸이를 흉내내다가 본래의 제 걸음걸이마저 잊어버리고 기어다녔으니 줏대 없는 행동을 하다가 오히려 제 자신마저 송두리 째 잃어버리게 되었다고 했다. 못난 여자가 날씬한 허리를 갖기 위해서 밥을 굶고, 긴 머리를 자랑하기 위해서 머리를 높이 땋아 올려봐야 소용없는 것처럼 재능이 없는 자가 아무리 훌륭한 글과 詩를 흉내내더라도 그와 같을 수가 없는 법이다. 왜냐하면 시대와, 지역, 환경, 조건, 사람의 능력, 소질이 모두 각기 다르기 때문이다. 참다운 글과 시는 참다운 자신을 표현하는 데에서 나올 수 있는 것이다. 내가 나를 나타내지 못하면 곧 나를 잃어버리는 것과 같다. 이러한 문학론을 이렇게 한 편의 시로 나타냈으니 이는 문학평론으로 부족함이 없다.

金昌協의 山民을 예로 본다.

下馬問人居
말을 내려 사람을 찾으니,

婦女出門看
아녀자가 문을 나서 맞는다.

坐客茅屋下
길손은 처마 밑에 앉고,

爲客具飯餐
주인은 밥상을 내온다.

丈夫亦何在
남편은 어디 갔느냐 물으니,

扶犂朝上山
쟁기 메고 아침부터 산에 갔다네.

山田苦難耕
비탈밭은 갈기도 어려워,

日晩猶未還
저물도록 아직도 돌아오지 않는다네.

四顧絶無隣
사방을 둘러봐도 이웃 하나 없고,

鷄犬依層巒
닭과 개만 산비탈에 흩어져 있네.

中林多猛虎
숲 속에는 호랑이도 많아서

採藿不盈盤
나물캐기마저 하마 무섭다네.

哀此獨何好
슬프다, 무엇이 좋아서 외로이

崎嶇山谷間
깊은 산 골짜기에 사느냐 하니

樂哉彼平土
저 평지가 좋은 줄 알지만
欲往畏縣官
원님 무서워 감히 가지 못한다네.
(필자 역)

漢詩가 사실주의 수법으로 사회의 모순과 비리를 고발한 전통은 생각보다 깊다. 杜甫의 詩에서 그 전형적인 모습을 볼 수 있는데 거기에는 전쟁과 거듭되는 원정에서 오는 가족의 이산, 가혹한 세정과 도탄에 빠진 백성의 굶주림, 관리들의 부패와 폭정에서 오는 기근, 자연재해와 질병에 시달리는 백성들의 모습들이 적나라하게 묘사되어 있다. 이것은 단순한 수사수단으로 그치는 것이 아니라 당대의 사회적 모순과 비리를 고발하는 비평정신의 발로이다. 이러한 경향의 시들은 국문학에서도 일찍이 고려 초기부터 등장하여 간단없이 이어져 내려온 문학적 전통이다. 이 작품은 이러한 전통 중의 하나일 뿐이다. 백성을 도탄으로 몰아넣는 상황은 언제든지 있을 수 있어 특별히 시대와 개인의 사정을 지칭할 필요조차 없을 정도이다. 그때마다 이 작품과 같이 가혹한 폭정과 세정으로 도탄에 빠진 모습을 사실주의적 시로써 그려내고 있다. 시의 후반부 '슬프다'에서부터 집중적으로 도탄에 빠진 백성들의 비참한 모습을 사실적으로 그려내고 있다. 농토도 없고, 이웃도 없는 험한 산골짜기에서 호랑이 무서워 나물마저도 캐기 어려운 곳에서 살아야 하는 백성들의 참상을 자신의 체험담으로 전달하고 있다. 저 평지가 좋은 줄 알지만 탐관오리들이 무서워 내려가지 못한다는 절규에서 처절한 백성들의 모습이 생생하다. 苛政猛於虎라는 말이 실감나는 장면이다. 여기에는 사대부로서 백성에 대한 동정과 연민이 담겨있다. 봉건주의 사회에서 이러한 참상은 늘 있을 수 있는 상황이었지만 이러한 상황이 이처럼 사실적으로 고발되는 일은 항상 있을 수 있는 일은 아니라는 점에서 이러한 비판정신을 그려 낸 작품은 소중하다. 사대부로서 백성들에 대한 책임의식을 가지고 있더라도 조정에서 권력을 잡고 있다보면 백성들의 고통을 실감할 수 없다. 金昌協처럼 사대부로서 책임감과 양식을 가지고, 정치적인 불우와 고초를 겪어야만 이러한 안목과 비평정신을 얻을 수 있다는 점에서 문학의 현실참여적 비평정신은 소중하다. 한문학은 시가에서도 이러한 비평정신을 충실히 수행해왔다.

長嘯牧翁倚風磴
李穡은 돌계단에서 긴파람 불었고
綠波添淚鄭知常
鄭知常은 이별의 눈물을 뿌렸네.
雄豪艶逸難上下
씩씩함과 고움이 누가 나은가?
偉丈夫前窈窕娘
장부 앞에 선 요조숙녀로세.
(필자 역)

申緯의 東人論詩絶句는 절구 35수로써 우리의 漢詩史를 읊은 것이다. 여기에 언급된 시인이 수십 명에 불과하고, 선정된 시의 기준도 엄정하다 할 수 없고, 짤막한 絶句에 여러 시인을 같이 평가했고, 그 평가도 지극히 간략하였으니 漢詩史나 비평문학이라고 하기에는 부족함이 많은 것이 사실이다. 그러나 이러한 약점이 오히려 신위의 독특한 비평정신을 돋보이게 할 수도 있다. 起句에서는 李穡의 浮碧樓의 結句 '長嘯依風磴 山靑江自流'의 일절을, 承句에서는 鄭知常의 送人의 結句 '別淚年年添綠波'를 인용하고, 轉句에서 이색의 시를 雄豪하다고, 정지상의 시를 艶逸하다 평가했다. 웅호하다느니 염일하다는 평어는 지나치게 추상적이고 포괄적이라는 점에서 비평으로서 한계가 있다. 結句에서 하나는 장부로, 하나는 요조숙녀로서 비유했으니 대조의 묘미는 있을지라도 전체적으로 깊이 있는 詩評이라고 할 수는 없다. 짧은 절구로 두 사람의 시를 비평한다는 자체가 처음부터 무리일 수밖에 없으니 아쉬운 대로 짧은 絶句詩로써 국문학의 비평의 한 모습을 보여주는 사례이다. 이어서

白衣妙選稱從事
백의로 종사관에 뽑혔으니
何異將身到鳳池
시인으로서 더할 수 없는 영예로세.
樂府至今傳絶唱
악부가 지금껏 절창으로 전하노니
松江歌曲石洲詩
송강의 가곡과 석주의 시로세.
(필자 역)

이것은 權韠과 鄭澈의 漢詩를 평가한 것이다. 起와 承句에서 權韠에 대한 총평을 했지만 일방적인 호평으로 절반을 할애했으니 요령있는 비평이라고 하기 어렵다. 좀 더 구체적이고 밀도있는 평가가 아쉽고, 鄭澈에 대한 언급도 없어 아쉽다. 結句에서는 평가의 대상이 석주의 詩인지, 송강의 가곡도 포함되는 것인지 분명치 않다. 여기에서 송강의 歌曲이 思美人曲이나 將進酒辭를 가리키는 것이라면 이는 漢詩가 아니니 그 비평의 대상이 될 수 없다. 石洲詩라면 '빈 산에 낙엽은 우수수 지고, 상국의 풍류 찾을 길 없네. 서글픈 술 한 잔 망설이는데, 지난 날 노래가락만 여전하구려. (空山木落雨蕭蕭 相國風流此寂寥 惆悵一杯難更進 昔年歌曲卽今朝)라는 한시를 말하는 것이라면 앞의 '松江歌曲'은 송강의 歌辭를 따로 말하는 것이 아니라, 權韠의 詩만 대상으로 한 것이라고 생각된다. 그러나 轉句에서 '樂府가 지금까지 전한다'고 했는데, 石洲의 漢詩도, 송강의 가사도 악부가 아니라면 무엇을 말하는 것인지 분명히 알 수가 없다. 그러고 보면 여기에서 말하는 장르를 종잡기 어렵게 되는데, 이러한 장르상의 혼란은 申緯의 잘못일 수도 있지만 지금의 국문학 장르분류나 장르의식이 당시와 같지 않은 이유일 수도 있을 것이다.

비평은 사부의 모습으로 나타나기도 하였다. 중국 晋의 陸機는 文賦라는 짤막한 사부 한 편으로 문학비평론을 전개한 전통으로부터 시작하였으니 그 기원이 짧지 않다. 우리의 경우 고려의 李穡은 辭辯이라는 평론문으로 辭賦문학 이론을 전개하였고, 조선의 朴光前은 屯田賦라는 한 편의 사부로써 전략작전론을 펼치기도 하였다.

이규보의 驅詩魔文을 예로 들어본다.

> 夫累土而崇曰丘陵◉
> 무릇 흙이 쌓여 높은 것을 구릉이라 하고
> 瀦水而濬曰溝井◉
> 물이 낮은 곳에 모인 것을 도랑이라 한다.
> 其或木也石也屋宇也墻壁◉
> 그리고 나무, 돌, 집, 벽들이란
> 是皆天地間無情之物◉也
> 모두 천지간의 無情物이라.
> 是皆天地間無情之物◉
> 귀신이 이에 붙어 장난을 부리니

則人莫不疾而忘之
사람이 이를 싫어하고, 꺼리지 않음이 없어

且呪且驅 甚者夷丘陵塞溝井
이를 저주하여 쫓아내려 심지어 구릉을 파기도 하고 도랑과 우물을 막기도 하고

斬木椎石壞屋滅牆而後已
나무를 잘라내고, 돌도 쌓고, 집과 벽을 허물기도 한다.

人猶是焉厥初質樸無文
사람이 처음엔 꾸밈없이 순박하고 정직했으나

及溺之於詩妖其說怪其辭
詩에 빠져서는 요괴한 말과 글을 내세워

舞物眩人可解也
사실을 흐리고 사람을 현혹케 하니 무서운 일이다.

此非他故職魔之由
이는 다른 까닭이 아니라 詩魔의 탓이라.

吾以是敢數其罪而
내 이에 몇 가지 그 죄상을 들어 (詩魔)쫓는 바이다.

驅之曰
쫓아내는 글에 이르기를

人始之生 鴻荒樸略◉
사람이 처음에는 거칠고 질박하여

不賁不華 猶花未萼◉
꾸밈이 없었으니 꽃이 피지 않음과 같았고,

錮聰塗明 猶竅未鑿◉
총명이 드러나지 않음이 아직 구멍이 뚫리지 않음과 같았다.

孰闇其門 以廷厥鑰◉
누가 그 문 지키기를 소홀히 하였기에

魔爾來闖 酋然此託◉
詩魔 네가 뚫고 들어와 넉살좋게 들어앉아

耀世眩人 或鬃或矆◉
세인을 현혹시켜 눈을 멀게 하고, 놀라게 하여

舞幻騁奇 敎肩翕霍◉
요술로 사람을 홀려대고 어지럽게 미혹시키는가?

或媚而嬌 筋柔骨弱◉
달콤하게 유혹하여 살과 뼈를 녹여대고

或震而聲 風㶏浪雹◉
흔들어대고 소리지르며 바람몰아 우박내리치고,

世不爾壯 胡踊且躍◉
무엇이 잘났다고 어찌 그리 날뛰며,

人不汝攻 胡務刻削◉
사람이 너를 해치지 않았건만 어찌 그리 박절한가?

是汝之罪一也
이것이 너의 첫째 죄이니라.

地尙乎靜天難可名◉
땅은 아직 고요했고, 아직 하늘의 이름도 붙여지지 않았는데

曶乎造化 睟若神明◉
여명의 조화가 부연 새벽을 열 때

沌沌而漠 渾渾而冥◉
성글고 막막하고 크고도 어두웠다.

機開閟邃 且鐍且扃◉
천지가 혼돈하고 모든 것이 막혔을 때

汝不是思 偵深諜靈◉
너는 불칙한 마음을 품고 요괴스러운 수단으로

出脅兮月病 穿心兮天警◉
나아가면 달에 병들고, 마음으로는 하늘에 놀라니

神爲之不悆 天爲之不平◉
신이 기뻐하지 않았고 하늘이 기꺼워하지 않았다

發洩機微 搪突不停◉
기미를 틈타 당돌히 뛰어들어

以汝之故 薄人之生◉
너로 인하여 삶이 고달프니

汝之罪二也
너의 둘째 죄상이니라.

粹雲霞之 英月露之◉
雲霞의 아름다움과 달빛 받은 이슬

蟲魚之奇 鳥獸之異◉
벌레, 물고기, 새, 짐승들의 기이함과

與夫芽抽萼敷 草木花卉◉
새싹이 돋고 꽃이 피어나고, 초목화훼가

千態萬貌 譼天麗地◉
천태만상으로 천지를 수놓을 때

汝取之無愧 十不一棄◉
너는 천연덕스럽게 하나도 놓치지 않고

一觸一飮雜然坌地◉
송두리째 읊어대어 어지러이 늘어놓고

攢羅戢孱 無有窮已◉
가지런히 모으기에 여념이 없다.

汝之不廉 天之所忌◉
너의 탐욕스러움은 하늘도 꺼리는 바이니

是汝之罪三也
이것이 너의 세 번째 죄이다.

遇敵則攻 胡礉胡爂◉
적을 만나면 핍박함이 어찌 그리 포악하고 지독한가?

有喜於人 不衾而貢◉
기분이 좋을 때는 옷이라도 벗어주고

有慍於人 不刃而刺◉
회가 나면 칼 없이도 찔러대니

爾柄何鉞 惟戰伐是恣◉
너는 무슨 권한으로 마음대로 도끼를 휘두르고,

爾握何權 惟賞罰是肆◉
무슨 권한으로 함부로 상벌을 내리는가?

爾非肉食 謀及國事◉
官爵도 없으면서 국사까지 참견하고,

爾非侏儒 嘲弄萬類◉
광대도 아니면서 모든 것을 조롱하고,

施施而夸 挺挺自異◉
아름다움을 뽐내고 잘난 척 으스대니,

孰不猜爾 孰不憎爾◉
누가 너를 시기하지 않으며 미워하지 않으랴.

是汝之罪四也
이것이 너의 넷째 죄이다.

汝着於人 如病如疫◉
너는 병마처럼 사람에 붙어서

體垢頭蓬 鬚童形腊◉
온 몸을 어지럽히고 더럽힌다.

若人之聲 矉人之頞◉
사람소리를 내어 마음을 상하게 하고,

耗人之精神 剝人之胸膈◉
사람의 정신을 피폐시키고 가슴을 도려내어

惟患人之媒 惟和之敵◉
근심거리나 지어내니 화평의 적이라.

是汝之罪五也
이것이 너의 다섯째 죄이다.

負此五罪 胡憑人爲◉
이 다섯 가지 죄악을 어찌 시인에게 씌웠는가?

憑於陳思 凌兄以馳◉
曹植에 씌워서는 형을 능멸하게 했으니

豆泣釜中 果困于箕◉
콩깍지로 불을 때니 콩이 솥에서 운다고 했다.

憑於李白 簸作顚狂◉
이백에 내려서는 키를 뒤집어쓰고 미쳐날뛰게 하였으니

捉月而去 江水茫茫◉
아득한 강물에 달 잡으려 뛰어들게 하였다.

憑於杜甫 狼狽行藏◉
두보에 씌워서는 평생을 불행하게 만들고

羈離幽抑 客死耒陽◉
나그네 한을 품고 耒陽에서 객사하게 하였다.

憑於李賀 誕幻怪奇◉
李賀에 씌워서는 허탄 기괴에 빠뜨려

才不遇世 夭死其宜◉
세상에 용납지 못하게 하여 요절하게 만들었다.

憑於夢得 譏詆權近◉
劉禹錫에게 권세를 비판하게 하여

偃蹇落拓 卒躓不振◉
초야에 몰아놓고는 다시 일어나지 못하게 하였다.

憑於子厚 鼓動禍機◉
柳宗元에 씌워서는 禍를 자초하게 하여

謫柳不返 誰其爲悲◉
귀양길 돌리지 못하게 하였으니 누가 슬퍼해 줄 것인가?

嗟呼爾魔 爾形何乎◉
어허, 시마여! 너의 정체는 무엇인가?

歷誤幾人 又種於吾◉
그렇게 많은 사람 망치고, 또 나에게도 붙었는가?

自汝以來 萬狀崎嶇◉
네가 붙은 후 매사가 기구하여

恍然如忘 戇然如愚◉
모든 총기 사라지고 바보가 다 되었네.

如瘖如聵 形勢跡拘◉
벙어리인 듯 사람 꼴이 아니로다.

不知飽渴之逼體
먹고 마시는 일에 몸 상하는 줄도 모르고,

不覺寒暑之侵膚◉
계절이 바뀌는 것도 알지 못하네.

婢怠莫詰 又頑罔圖◉
하인이 게을러도 꾸짖지 못하고, 죄를 지어도 어쩌지 못하고,

園翳不薙 屋痛不扶◉
뜰이 묵어도 가꾸지 못하고, 집이 헐어도 고치지 못한다.

窮鬼之來 亦汝之乎◉
가난귀신이 든 것도 네가 한 짓이렷다.

傲貴凌富 放與慢俱◉
부귀를 우습게 보니 살림이 흐트러지고,

言高不遜 面强不媮◉
언행이 불손하니 사람에게 미움받고,

着色易感 當酒益巖◉
감정을 추스리지 못하니 酒妄이 심하도다.

是實汝使 豈予之歟◉
이 모든 것은 네탓이지 어찌 내 탓이겠는가?

狺狺吠怪 寔繁有徒◉
끊임없이 으르렁대고 괴롭혀대는구나.

我故疾汝 且呪且驅◉
이에 내 너를 저주하여 쫓아내노니,

汝不速遁 搜汝而誅◉
속히 가지 않으면 잡아서 죽이리라.

是夕疲臥而枕上騷
이날 밤 몸이 나른하여 누웠더니 잠자리가 어수선했다.

窣然有聲 若色袖文裳而煌滉者卽而予告曰
갑자기 한 소리에 무늬 찬란한 옷 입은 자가 나타나 나에게 이르기를

甚矣子之訧我也斥我也
심하도다! 그대 나를 원망하고 몹시함이여.

何疾我之如斯◉
어찌 나를 이리 핍박하느뇨?

我雖魔之微亦上帝所知◉
내 비록 일개 귀신이나 상제에게 인정을 받아

始汝之生 帝遣我以隨◉
그대가 태어날 때 상제께서 보냈느니라.

汝孩而赤 亦潛宅而不離◉
그대가 젖먹이일 때 집을 떠나지 않았으며,

汝童而非 竊竊以窺◉
그대가 철부지였을 때 몰래 숨어서 돌보았고,

汝壯而幘 騫騫以追◉
그대가 장성했을 때 놓칠세라 쫓아다녔고,

雄子以氣 飾子以辭◉
그대의 기상을 길렀으며, 문장을 아름답게 하였다.

場屋較藝 連年中之◉
과거에 응하매 해마다 급제하게 하였고,

欻天動地 名聲四飛◉
천하를 떠들썩하게 찬란한 이름을 날리게 하였다.

列侯貴戚 聳堅風姿◉
벼슬이 높아지고 천하에 기품을 드높였으니,

則我之輔汝不薄
내 그대를 도와줌이 적지 않았다.

天之豊汝不貲◉
하늘이 그대에게 베풀기를 아끼지 않았으니

惟口之出 惟身之持◉
언변의 재주를 주었고, 늠름한 풍채를 주었고,

惟色之適 惟酒之歸◉
풍류를 주었고, 酒量을 주었으니,

是各有使 非吾所尸◉
각기 맡은 바 있어 내 소관이 아닌데

子胡不愼 以狂以痴◉
그대는 어찌 삼가지 못하고 망녕되이 구는가?

實子之咎 非予之疵◉
실로 그대의 허물이요, 내탓이 아니로다.

居士於是 是今非昨
거사가 이에 지난 날의 잘못을 깨닫고

扃縮忸怩 磬折以拜 迎之爲師
문닫고 부끄러워하며 예를 갖추어 절하여 그를 맞아 스승으로 삼았다.

(필자 역)

驅詩魔文은 '시마를 내쫓는 글'로 '시마'는 이 작품에서 표면상 드러나고 있는 저주스러운 '詩鬼'가 아니라 '詩의 정령' '시혼'이라는 반어적 표현이다. '驅'도 마찬가지여서 내쫓는 것이 아니라 결국은 '맞이하는' 것으로 종결되고 있다. 그러니까 이 작품을 이해하는 데에는 전체적인 反語, 아이러니적 구조를 파악하는 것이 중요하다. 여기에서 지적된 다섯 가지의 죄는 죄가 아니라 바로 시를 짓는 정신, 태도를 천명한 것으로, 詩를 짓는 데에는 그만큼의 고통과 집념이 따라야 한다는 詩作의 자세를 역설적으로 말한 작시론이다. 즉, 詩라는 것은 정상적이고 평범한 정서로는 이루어질 수 없는 것이니, 살과 뼈를 녹이는 고통과 각고의 노력으로 사물에 접촉하여 몸과 마음을 격동시켜 흔들어대고, 소리치르며, 바람몰아 파도치는 듯한 격정으로 온 몸을 던져 분투해야 한다고 하였다. 이는 시의 일반적 본질과 詩作의 태도를 말한 것이니 이것이 '詩之罪一也'라고 하였지만 실제로는 作詩의 第一精神인 셈이다. 사람은 본래 어두운 천지와 같이 욕심이 없고, 적막한 존재였는데 詩라는 것이 나와서 부귀와 명예욕으로 부추겨 天眞을 잃게 하고, 여기에 탐닉하고 얽매이게 하여 함부로 실의와 좌절을 겪게 한다고 통박하고서 이를 '詩之罪二也'라 하였지만 실제로는 시의 속성과 작용을 지적한 것이다. 결국 詩는 사람에게 부귀와 명예를 가져다주는 출세의 수단이며, 사람으로 태어나서 필연적으로 거쳐야 하는 숙명적인 삶의 목표라는 주장이다. 그리고 詩는 세상의 모든 금수초목을 송두리째 모아들이는 탐욕한 자라 하여 세 번째 죄라 하였지만 이는 시인은 세상의 모든 사물에 통달하는 지식을 쌓고, 이것들을 꿰뚫는 통찰력을 갖춰야 한다는 고전적인 시론이다. 詩가 포악하고, 지독하고, 간사하여 마음대로 상벌을 내린다는 것은 시가 출세와 권력의 수단으로 사용되었다는 것을 의미하며, 나라의 일에까지 참견하고 사람을 비판하고 잘난 척한다는 지적도 역시 시인들이 누리는 특권과 우월의식을 반어적으로 찬양한 것이다. 이것을 詩魔의 넷째 죄로 지적하였지만 사실은 여기에 시인의 우월의식과 자긍심이 요약되어 있다. 詩가 '사람의 정신을 피폐시키고 가슴을 도려내어 근심을 촉발하니 화평의 적이라' 하여 다섯째 죄로 몰았으나 이것도 역시 시인이 가져야 할 詩作의 기본자세, 진지한 자세와 고심참담하는 각고의 노력을 반어적으로 역설한 것이다.

전반부의 詩에 대한 혐오론은 결국 후반부의 讚詩論으로 반전되는데 이는 작자 자신이 大詩人으로서의 자부와 긍지를 과시하기 위한 반어적 수단이다. 그리고 그 行間에는 작자 나름대로의 문학이론이 은밀히 숨어 있다는 점에 착안할 필요가 있다. 전반부의 詩에 대한 비판은 유가의 反문학적인 道學文學觀으로 볼 수 있을 것이다. 원래 사람은 순직한 것이었는데 詩를 지음으로 해서 요사한 邪術을 배우게 되었다고 한 것은 시의 예술성을 해악으로 규정한 것이다. 詩가 사람을 현혹시켜 나약하게 만든다는 것은 反문학론이요, 극단적인 도학문학론의 관점의 일면이기도 하다. 詩로 인하여 天機가 어지럽혀지고, 천지신명의 노여움을 사 삶을 고통스럽게 한다고 했다.

천지조화의 신묘한 변화를 갖은 巧言과 綺詞로 농락해서 천지를 더럽혔으니 詩의 죄라고 하였다. 시는 아무런 실질적인 구실도 없으면서 사사건건 세사에 간섭하고 국사를 어지럽히면서도 잘난 척 뽐내니 참으로 혐오스러운 존재이다. 시는 사람을 미혹시켜 몸과 마음을 피폐케 하고 근심을 촉발한다. 이러한 흉악한 시마에 씌워 자고로 무수한 시인들이 환난과 고통을 당했음을 역사상의 유수한 시인들의 이름을 일일이 들어가면서 그들의 화는 모두 시마에서 비롯된 것이라고 했다. 이것은 겉으로는 시혐오론이요, 反문학적인 태도이기는 하지만 후반부에서 완전히 반전되고 있고, 또 반어로 해석하면 결국은 작품 전체가 反詩論이 아니라 讚詩論, 시예찬론이다. 자신을 시마에 걸린 희생자라고 탄식 하는 것은 자신도 곧 위대한 시인 중의 하나임을 반어적으로 과시하는 것이다. 꿈에 나타난 시마는 이규보 자신의 문학적 정령, 시혼이었음에서 이 작품 전체가 반어적 구조임을 알 수 있다. 결국 그는 자칭 신들린 시인이었던 것이다. 이러한 반어적 수법은 다른 작품에서도 자주 사용하고 있는 이규보 특유의 수사기교이다. 이렇게 볼 때에 구시마문은 시인으로서의 자부와 긍지요, 시창작론이요, 시예찬론으로서 하나의 作詩論인 문학평론이다.

그런데 이 글은 일반적으로 수필로 알려져 있고, 실제로 〈東國李相國集〉에도 雜文으로 분류되어 있다. 그러나 원문의 인용에서 보다시피 서두와 말미를 빼고는 전체가 압운이 되어 있다. 압운은 실제로 詩의 의미적 단위의 기능을 하고, 그래서 운문에서는 압운이 되어 있는 곳에서 이와 같이 詩行을 달리하는 것이 운문 본래의 구조미를 살리는 길이다. 글이 일정한 배행을 해야 한다면 우선 이것을 산문이라고 할 수 없다. 그리고 이 작품은 字句의 구성이 일정한 규칙성을 유지하고 있다. 압운이 규칙적으로 되어있을 때에 우리는 그것을 운문이라 하고, 배행과 자수율이 규칙성을 가지고 있을 때에 그것을 詩라고 한다. 그렇다면 이 작품은 운문임에 틀림없고, 시와 다름이 없다는 점에서 수필이나 잡문으로 분류하는 것은 맞지 않다. 한문학에서 운문이 곧 詩일 수는 없으므로 이것을 곧바로 시로 분류하지는 않더라도 排行과 압운이 규칙적으로 이루어진 것이 산문이 될 수 없음은 분명하다. 중간에 끼어들어간 소수의 無韻句로 인해서 전체가 산문이 될 수는 없다. 지금 한문의 辭賦에 대해서 자세히 논의할 여유가 없지만 이러한 형태의 글을 운문과 산문의 중간형태인 사부로 분류하는 것이 가장 좋다. 실제로 이 글은 辭賦의 요건을 훌륭히 갖추고 있다. 이 글을 수필로,

잡문으로 말하는 관행은 제목이 '文'인 것만 보고서 별 생각 없이 그렇게 한 것이다. 이 작품이 '압운과, 일정한 字句와, 3단구성'이라는 사부의 요건을 훌륭히 갖추고 있다는 사실을 인식하지 못한 결과이다. 실제로 이 글을 과거에 산문으로 간주하고 번역했던 것과 여기에서처럼 排行을 달리하여 번역한 것과 비교해 보면 운문과 산문의 차이만큼이나 그 느낌이 다르다는 사실을 확인할 수 있을 것이다. 짧지 않은 작품을 詩行까지 맞추어가면서 전부 인용한 것은 이러한 사실을 입증하기 위해서이다. 그리고 사부는 특히 가사와 밀접한 관련을 가지고 있다는 생각인데 이 작품을 통해서 그 사정을 이해할 수 있을 것이다. 작자는 이 작품을 韓愈의 사부 작품인 送窮文을 본따서 지었다고 밝히고 있는데 중국에서는 이것을 辭賦로 규정하고 있다는 것도 이 글의 장르규정에서 참고할만한 일이다. 이렇게 제목이 ~文으로 되어있으면서도 실제로는 사부에 속하는 작품이 적지 않으니 한문학의 장르구분에서 주의할 일이다.

3) 한문학과 국문학의 장르적 인연

글의 장르 개념으로 볼 때 모든 언어, 민족에서 공통적으로 개재되는 장르가 있는가 하면 각 단위별로 특수하게 존재하는 장르가 있을 수 있다. 한문의 원산지인 중국과 우리는 분명 언어와 혈통이 다른 별개의 문화권이므로 글의 장르에 있어서도 독자적이어야 통념에 맞다. 그러나 어느 갈래에 있어서는 장르상 유사성이 짙어 각별한 관심을 갖게 한다. 물론 여기에는 아무런 관계없이 순전히 우연인 경우도 있겠지만 어떠한 영향이나 교류의 결과일 개연성도 같이 존재한다. 양국간에는 언어나 문화의 이질성이 있지만 지리적으로 인접해 있어 역사적으로 상호간에 문화적인 교류가 빈번했기 때문이다. 더구나 문화적으로 주로 중국이 선진적인 위치에 있었고, 우리의 문자사용의 불균형으로 말미암아 중국문학의 장르가 국문학의 형성이나 발전에 영향을 주었을 가능성을 배제할 수 없다.

이러한 가능성을 인정한다면 중국문학, 또는 그것이 우리에 와서 정착한 한국한문학의 장르들을 국문학의 연구에서 매우 유의해야 할 것이다. 그것은 단순한 중국문학, 한문학이 아니라 국문학을 올바로 관찰할 수 있는 기반이요, 기준이요, 창구요, 수단일 수 있기 때문이다. 쉬운 예로 한문학과 국문학의 비교연구 같은 방법론이 있을 수 있다. 이렇게 보았을 때 한문학은 더 이상 국문학과 동떨어진 별개의 사안일 수 없다. 이에 몇 가지 사례를 들어 이러한 사정을 살피고자 한다.

(1) 景幾體歌와 詞

경기체가는 畸形文學이라고 불릴만큼 형식적인 면에서 그 근본을 설명하기 어려운 국문학 갈래이다. 이는 한글 이전에 나온 문학으로, 漢字가 작품 내용의 전부를 차지하고 있고, 한글창제 이후에도 이와 같은 사정은 별로 달라진 것이 없다. 이러한 사정은 같은 시대에 성행했던 고려속요와는 크게 다른 점이다. 그래서 경기체가는 고려속요와 달리 우리의 자생적인 문학임을 의심받고 있는 것이 사실이다. 그 표현수단 외에도 작품의 수가 매우 적었다든지, 그 장르적 수명이 아주 짧았다는 점에서도 정상적인 국문학 갈래로 인정받기 어려운 점이 있다. 이러한 면에서 경기체가는 발생적으로 자생적인 요소보다는 태생적으로 한문학과 깊은 인연관계가 있을 가능성이 점쳐지고, 실제로 그 발생적 근원을 중국의 詞로 간주하는 주장이 우세하다. 만약에 詞가 경기체가의 형성에 영향을 주었다면 경기체가를 올바로 연구하기 위해서는 詞에 대한 이해가 선행되어야 할 것이고, 이는 국문학 연구에서 한문학이 배제될 수 없다는 또 하나의 이유가 된다. 경기체가와 詞의 장르적 인연의 가능성과 개연성을 다음과 같이 정리하여 실증적으로 짚어 볼 수 있다.

첫째, 경기체가가 시작된 고려 중반 이후는 시대적으로 당대 중국의 宋詞가 성행하고 있어서 그 영향을 받았을 가능성이 있다.

둘째, 경기체가에 3음절의 한자어가 시어로 많이 구사되는데 이는 詞의 기본음절수와도 유사하다. 그리고 음보율도 3음보가 기본율격인데 詞도 기본적으로 이와 같다.

셋째, 경기체가는 속요와 같이 配樂을 전제로 하는 문학인데 이것은 詞도 마찬가지이다.

넷째, 경기체가는 전후 양절의 구조를 갖는데 詞도 이와 같다.

다섯째, 경기체가는 속요와는 달리 귀족문학성이 뚜렷한데 宋詞도 그러한 면이 많다.

이러한 몇 가지 면에서 공통되는 이유로 경기체가는 본질적으로 詞와 인연관계가 깊은 것으로 보여지고, 이는 국문학과 한문학의 밀접한 관련성을 입증하는 또 하나의 사례이다.

그렇다고 해서 이와 같은 몇 가지 유사점을 근거로 하여 경기체가의 근원을 詞로 단정짓는 것은 성급한 태도일 것이다. 우리 문인들한테 詞는 漢詩보다 훨씬 접근하기 어려운 장르였다. 詞란 본래 강한 음악성을 동반한 것이어서 중국의 음률과 곡조를 알 수 없었던 우리 선대 문인들에게는 감당하기 어려웠을 것이기 때문이다. 고려시대의 宋詞는 아직 뚜렷한 음악성을 유지하고 있었으므로 송사의 곡조를 몰랐던 우리의 시인들한테는 상당한 거리감이 있었을 것이다. 그래서 李齊賢과 같이 오랫동안 중국에 머물러 중국의 음률과 곡조에 정통한 특수한 사람만이 정상적으로 詞를 지을 수 있었다. 그러나 當代의 宋詞는 唐代의 漢詩를 능가할 정도고 성행했으므로 고려의 문인들이 이를 도외시할 수 없었을 것이다. 그들로서는 본래의 송사를 짓기가 부담스러웠으므로 그에 대한 대안으로 宋詞의 틀에 약간의 우리의 언어와 곡조를 - 後斂句 - 접목시켜 경기체가와 같은 갈래를 만들었을 가능성을 상정해 보는 것이다.

이러한 가정이 성립될 수 있다면 경기체가를 연구하는 데 있어 詞와 같은 한문학은 더 이상 외국문학에 그치는 것이 아니다. 설령 이러한 가설이 사실로 입증되지 못하거나 성립되지 않더라도 경기체가를 연구하는 데 있어 詞는 여전히 유효한 가치를 지닌다. 그 근원의 하나로 추정할 수 있는 가능성도 남기 때문이다. 이러한 점에서 詞와 같이 비교적 우리와 거리가 있어 보이는 한문학 장르에 대해서도 관심을 가져야 하며, 이것이 국문학에 개재된 한문학적인 요소의 가치를 재인식해야 할 이유이다.

詞에 대한 이해를 돕기 위해서 唐 溫庭筠의 更漏子 玉爐香를 예로 들어본다.

玉爐香 紅蠟淚◉ 偏照畵堂秋思◉
옥로향 타고, 붉은 촛농 흘리는데 가물거리는 촛불 그림자에 규방에는 그리움만 쌓이고,
眉翠薄鬢雲殘◉ 夜長衾枕寒◉
눈썹은 화장 지워지고, 귀밑머리 헝클어졌는데 길어서 이부자리마저 차가워.

梧桐樹 三更雨◉ 不道離情正苦◉
오동나무에 三更雨내리니 이별의 아픔 말하기 어려운데
一葉葉 一聲聲◉ 空階滴到明◉
빈 계단에 오동잎마다 비듣는 소리 밤이 새도록 빈 섬돌에 구른다.
(필자 역)

詞에 대해서 말할 겨를이 없지만 한마디로 唐詩의 음악화, 자유화이다. 음악화란 노래할 수 없었던 당시를 곡조에 맞추어 노래로 부를 수 있도록 한 것을 말한다. 자유화란 음악화의 과정에서 당시의 5, 7字의 엄격한 구속을 풀어 3字句에서 7字句까지 자수율의 융통성을 확대시킨 것을 말한다. 글자 수도 20자, 28자를 기본으로 한 唐詩를 48字 내의 小令에서부터 시작하여 中調·長調에 이르면 수백자에 이르기도 한다. 이 작품은 가장 짧은 초창기의 詞로서 7언절구 구조에서 크게 벗어나지 못할 정도로 唐詩의 흔적을 느낄 수 있다. 시적인 정서도 그 이상이 아니다. 압운도 당시에 비해서 중간에 하나씩 덧붙인 것도 음악화의 결과일 것이다. 말하자면 음수율의 이완을 압운으로써 보완한 것이다. 당시가 기승전결의 단일구조로 된 것에 비해서 사는 전후 양절의 구조를 하고 있는 점도 노래 부를 수 있도록 한 음악화의 결과로 보여진다. 이러한 형식에서 출발한 詞는 점차로 확장되어 宋의 전성기를 거쳐 元曲의 바탕이 된다. 즉 원곡이란 小令의 宋詞가 사건에 따라서 중첩, 연합되어 이루어진 것으로 볼 수 있다.

작자인 李商隱은 唐詩人이지만 이미 唐詩의 음악화, 자유화를 진행시킨 宋詞의 선구자이다. 경루자란 밤의 시간을 알리는 물시계를 말하는데 깊은 밤에 독수공방하는 여인의 정한을 노래한 詞牌의 제목이다. 사패란 詞를 실은 일정한 곡조를 말하는 것으로 更漏子라고 하는 사패에 玉爐香이란 가사를 붙인 것이 이 작품이다. 그러니까 경루자라는 한 곡조의 사패에 詞人들이 여러 소제목으로 된 각기 다른 詞 歌詞를 붙였는데 그 중의 하나가 이 작품인 것이다.

경기체가가 이 작품과 같은 초창기의 詞의 小令에 형식적으로 가장 가깝다는 사실은 우연이 아닌 성싶다. 이로 미루어보건대 경기체가의 작사들은 가장 알기 쉽고 기본적인 詞인 小令을 바탕으로 시작했었을 것이라는 추정이 가능하다. 모든 경기체가가 詞를 닮은 것은 아니지만 이것과 다른 경기체가의 모습은 원형을 변형 발전시킨 것으로 생각한다.

그리고 하나의 사패에 여럿의 가사가 이어서 붙여졌다는 사실은 우리의 시가문학, 특히 시조를 연구하는 데 매우 중요한 의미를 가지고 있다. 우리가 중국의 시가를 따라서 했다기보다는 고시가의 본질이 그렇다면 국적을 따질 일이 아니라 시가문학의 일반적인 추세라고 생각해도 좋을 것이다. 더구나 일찍이 시조를 詞와 같은 이름인 詩餘, 長短句라는 이름으로 불렀다면 둘 사이의 인연은 이 원리를 같이 적용하기에 부족함이 없다는 생각이다. 그렇다고 해서 시조가 사의 영향아래 이루어졌다는 말이 아니라 시조와 같은 모든 시가문학을 연구하는 데 詞의 음악적 원리는 매우 유용하다는 말이다. 그 중에서도 곡조가 먼저 있고, 가사가 그 뒤를 따랐다는 先曲後詞의 원리를 적용하는 방식에 주목할만하다.

이러한 사패가 실제로 고려에 들어와 지어졌다는 증거가 있다. 慧諶도 更漏子를 다음과 같이 지었다.

> 秋風急 秋霜苦◉ 歲月看看向暮◉
> 추풍이 차갑고 된서리 매서운데 세월은 볼수록 저물어가고
> 群木落 四山黃◉ 松筠獨蒼蒼◉
> 낙엽은 지고 온 산은 헐벗어도 松竹은 홀로 푸르구나.
>
> 人間世 能幾歲◉ 蒽蒽光陰電逝◉
> 인생이 그 몇 해나 되나, 세월은 빠르기가 번개와 같으니
> 須猛省 歲思量◉ 無乃一場夢◉
> 모름지기 정진하여 도를 닦으면 모두가 한바탕 꿈인 것을.

이러한 사패를 짓고 쓰던 고려의 문인들이 이를 원용하여 경기체가를 짓기 시작했다는 추정은 무리가 없을 성싶다.

(2) 時調와 詞

시조와 詞와의 장르적 인연은 별로 없어 보인다. 우선 이 둘 사이의 형식적 유사성이 별로 집히지 않는다. 그래서 그런지 시조와 詞와의 관련성에 대한 논의는 매우 드물었다. 그러나 그 장르의 원리로 보았을 때 양자는 매우 흡사한 면이 있어 간과하기 어렵다.

시조는 통상 국문학을 대표할 만한 장르로 일컬어진다. 심지어 세계유일의 장르, 국문학 유일의 정형시라는 영예를 갖고 있기도 하다. 그래서 시조는 애초부터 文字로 나타낸 기록문학으로 확고하게 인식되어 있다. 그러나 시조를 바로 알기 위해서는

시조라는 명칭에서부터 문학적이라기보다는 뚜렷한 음악적인 속성을 가지고 있음을 인식해야 한다. 우선 '調'는 가락이라는 음악적 명칭이다. 시조란 간단히 '때에 맞는 – 맞추어 부르는 – 노래'인 것이다. 원래 시조는 고유 장르 명칭이 아니라 일반적으로 불리던 곡조 이름을 후대에 의미확대하여 轉用한 것에 불과하다. 그래서 시조가 성행했던 당시에 나온 시조 모음집 이름에는 시조라는 명칭이 아예 나타나 있지 않다. 그저 〈靑丘永言〉〈海東歌謠〉〈歌曲源流〉 등으로 되어있었던 것이다. – 영언, – 가요, – 가곡 등의 명칭은 그것들이 문학 장르 이름이 아니라 그저 노래라는 사실을 밝힌 것들이다. 흔히 이들의 명칭을 장르 명칭인 시조와 동의어 내지 통용될 수 있는 용어라는 듯이 말하기도 하지만 원래 그럴 수 있는 것이 아니었다. 시조의 원래 의미는 장르를 초월하여 당대 유행하던 한 곡조의 범칭이었기 때문이다. 또 평시조 · 엇시조 · 사설시조 등의 명칭은 글로 표기된 문학의 형식을 규정한 말이 아니라 가락 · 음률의 형태를 가리킨 개념의 용어들이다. 시조의 본질은 본래 당대의 일정한 형태를 가진 가락 · 음률에 사람들이 나름대로의 가사를 붙여 유행하던 노래인 것이다. 이것을 아무렇지도 않게 시가문학 장르 명칭으로 轉用하는 것은 그 본질에서 벗어난 일이다. 비단 시조만 그런 것이 아니라 고대시가문학은 발생적으로 이러한 원리로 되어 있다. 이른바 향가의 사뇌가, 사뇌격이라든지, 麗謠의 三眞勺 등의 명칭도 이러한 맥락으로 보아야 할 것이다. 다만 시조가 가장 최근에 이루어져 음악적 흔적을 뚜렷이 남기고 있는 것이다. 그럼에도 불구하고 아직도 시조 본연의 음악적 형질을 간과하여 본질을 놓치고 있는 경우가 많다.

이러한 시조의 원리로 보았을 때 詞는 예사롭지 않게 보인다. 앞에서의 시조에 대한 설명을 중국의 詞에 그대로 적용해도 정확하게 맞아떨어지기 때문이다. 다시 말하면 시조와 詞는 음악적인 관점에서 그 장르적 성격이 대부분 일치한다는 것이다. 그렇다 하여 경기체가의 경우처럼 詞를 시조의 원형으로 단정한다든지, 시조의 발생에 詞의 영향론을 주장하는 것은 매우 위험하다. 그렇더라도 우선 詞가 국문학에서 할 수 있는 역할은 시조와 같은 음악적인 문학을 연구하는 데 일정한 도움을 줄 수 있다는 것이다. 다시 말하면 詞문학 형성의 원리와 그 문학의 일반적인 이론을 시조의 연구에 적용하자는 것이다. 사실 여기에서 언급된 것과 같이 시조를 음악적인 원리로 해석하는 방법은 詞의 그것과 아주 유사하다. 중국에서는 詞를 '塡詞'라고도 불러

왔다. 일정한 악보에 노래가사를 채워 넣은 것이 塡詞이고, 이것이 詞의 장르적 본질이다. 시조도 이렇게 마련된 곡조에 가사를 채워넣는 塡詞의 원리 그대로인데 이러한 관점으로 시조를 보면 시조문학을 이해하는 데 큰 보탬이 될 것이다. 중국에서 詞를 '詩餘'라고도 했다. 한시의 엄격한 율격에서 벗어나 보다 자유로웠기 때문이다. 그런데 塡詞, 詩餘는 그대로 우리 문헌에서 시조를 대신하는 말로 사용되기도 했는데 이는 時調와 詞와의 문학적인 원리가 그만큼 닮았다는 증거이다.

시조를 정형시라고 규정하면서도 그것을 설명하는 방법은 매우 궁색했던 것이 사실이다. 시조의 음수율을 들어 정형시라고 한 종래의 설명은 설득력이 부족하다. 평시조마저도 일정한 음수율로 묶을 수 없는 형편에 음수율을 전혀 따질 수 없는 엇시조나 사설시조까지 포함시켜 한꺼번에 정형시라고 해왔으니 이는 그야말로 우격다짐이다. 근거가 제법 있어 보이는 音步律에 의한 정형시론도 기껏 평시조만 거느릴 수 있을 뿐이다. 엇시조나 사설시조에 이르면 도무지 최소한의 음보율의 규칙성도 유지할 수 없기 때문이다. 그러고 보면 종래의 시조 정형시론은 허술하기 짝이 없는 주장이었고, 이러한 주장이 지금도 시정되지 않고 있는 것은 국문학계를 위해서 크게 부끄러운 일이 아닐 수 없다. 시조를 정형시로 볼 수 있는 근거는 그것이 일정한 형태를 갖는 음악의 곡조를 바탕으로 하고 있다는 데에 핵심이 있다. 시조를 정형시라고 내세우기 전에 그것의 음악성을 인정하고 입증하는 것이 먼저 할 일이다. 한문학인 詞에 관심을 가졌더라면 시조의 본질에 관한 올바른 해결의 방법을 훨씬 쉽게 얻을 수 있었을 것이다. 어쨌든 가장 한국적인 장르인 시조에서도 한문학의 그림자를 지울 수 없다면 이것만으로도 국문학 연구에서 한문학의 가치는 충분치 않을까 한다.

(3) 時調와 漢詩

시조는 국문학의 유일한 고유의 시가장르라고 내세울 만큼 국문학의 상징적 존재요, 긍지이다. 그래서 앞의 詞와의 문학적 인연설에 대해서도 쉽게 수긍하기 어려운 면이 적지 않았을 것이다. 그럼에도 불구하고 거기에다 漢詩까지 관련시켜 거론한다면 더욱 자존심을 거슬리는 말이 될 것 같아 매우 조심스럽다. 그러나 실제로는 사실과는 관계없이 일찍이 시조의 근원설 중에 漢詩에서의 기원설이 있었다. 그러나 한시에 토를 붙여 우리말로 번역하여 읊다보니 시조가 되었다는 주장은 쉽게 받아들이기 어려웠던 것이 사실이다. 그런데 聾巖 李賢輔의 漁父歌나 그 시조의 창작과정을 보면 시조와 한시와의 인연관계가 아무래도 심상치 않다. 〈농암집〉을 근거로 그 대략적 정황을 확인해 본다.

일편 12章에서 3章을 빼고 9章으로 하여 長歌를 지어 읊었다. 일편 10章을 줄여 短歌 5闋를 지어 葉調로 노래하였다.[2)]

이현보가 지었다는 漁父歌 9장은 고려시대부터 내려온 漢詩 漁父詞를 바탕으로 지었다고 했으니 이현보의 漁父歌가 순수한 창작시가는 아닌 셈이다. 漢詩 12장에서 3장을 빼고, 이를 바탕으로 해서 長歌 9편을 지었고, 漢詩 10장을 줄여 短歌 5편을 지었다고 했으니 그의 漁父長歌와 漁父短歌의 바탕은 漢詩에 있었던 셈이다. 이는 시조의 형성과정을 보여줄 수 있는 실마리를 가지고 있는데 비하여 그동안 여기에 별 관심을 보이지 않은 듯하여 구태여 長歌 9장 중 第一章을 보면 다음과 같다.

雪鬢漁翁이 住浦間 自言居水이 勝居山이라ᄒᆞ놋다.
배떠라 배떠라 早潮纔落晩潮來하ᄂᆞ다. 至匊悤 至匊悤 於思臥
依船漁父가 一肩이 高로다.

이것의 바탕이 된 漢詩 漁父詞의 原詞를 보면 다음과 같다.

雪鬢漁翁住浦間
백발어부가 나루에 사는데
自言居水勝居山
산보다 물에 사는 것이 좋다네
早潮纔落晩潮來
아침 물결이 어느새 저녁물결을 실어오니
依船漁父一肩高
배타고 돌아오는 어부 어깨춤이 흥겨워라.

(필자 역)

2) 一篇十二章 去三爲九 作長歌而詠焉 一篇十章 約作短歌五闋 爲葉而唱之 (農巖 漁父歌跋)

漁父詞 原詞와 농암의 長歌를 비교해 보면 漢詩 原詞에 후렴구와 토씨를 덧붙인 것임을 알 수 있다. 그리고 漢詩의 起, 承句를 시조 어부가 초장으로 묶고, 轉, 結을 중장, 종장의 바탕으로 삼고, 그 사이에 후렴구와 토를 끼워 넣어 변형시킨 것이다. 이는 漁父歌의 독특한 형태인데 대개 엇시조에 가깝다. 결국 尹善道의 漁父四時詞와 흡사한 엇시조인데 이것을 長歌라고 했으니, 長歌는 短歌인 시조와 다른 장르가 되거나, 시조에는 단가와 장가가 다 포함된다고 볼 수도 있어 시조의 장르규정을 어렵게 하는 장면이다. 장가이건 단가이건 한시가 농암 시조의 내용적 바탕이 된 것이 맞다면 적어도 농암의 시조는 漢詩에서 자유로울 수 없다. 시조의 초장이 한시의 起, 承을 합한 것이고, 중, 종장이 한시의 轉, 結에 해당한다면 이는 한시의 변형이라 해도 무리가 없다. 실제로 시조를 한시로 번역한 小樂府나 漢詩를 시조로 번역한 작품을 보면 이런 구조가 대부분인 것으로 보아서 이는 농암 개인에 한정된 현상이라기보다는 시조와 한시의 장르적 관련성에 걸치는 일반적인 현상이라고 생각된다.

그리고 漁父詞 10편을 줄였다는 短歌 5闋은 '漁父短歌'로 표기되어 있는데 제일장은 다음과 같다.

> 이듕에 시름업스니 漁父의 생애이로다.
> 一葉片舟를 萬頃에 띄워두고
> 人世를 다 니젯거니 날가ᄂᆞᆫ주를 알랴.

이 작품의 기반이 되었다는 어부사10편의 모습을 알 수 없으니 어떠한 변형을 했는지 알 수 없지만 앞의 長歌9장보다는 훨씬 평시조의 전형에 가까운 모습이다. 평시조의 형태를 하고 있는데 이를 단가라고 한 것으로 보아도 여기에서의 단가는 엇시조와 사설시조를 제외한 평시조와 연시조를 가리키는 말임을 알 수 있다.

다음으로 농암의 短歌 3장 중 生日歌를 보면 다음과 같다.

> 功名이 그지 이실가 壽夭도 天定이라.
> 공명은 끝이 없고, 목숨은 하늘에 달린 것을
>
> 金犀띠 구븐허리예 八十逢春 긔몃해오.
> 벼슬살이에 굽은 허리, 어느덧 팔십 년이네.

年年에 오낫 나리 亦君恩이샷다.
해마다 돌아오는 생일도 임금의 은혜로세.

(필자 역)

이 작품은 어부사와 전혀 관계가 없는 순수한 창작 시조라는 점에서 남다른 의의가 있다. 그래서 앞의 長, 短歌에 비해서 漢詩의 분위기에서 벗어나긴 했지만 시조로서는 상당히 투박하다는 느낌이다. 아마도 시어가 전체적으로 한문투이고, 종장이 미흡해서가 아닌가 싶다. 필자가 따로 번역문을 붙였어야 할 정도이다. 그런데 이 종장은 다른 시조와는 달리 악장 속요체인 感君恩의 형식을 닮아서 흥미롭다. 終章이 감군은의 후렴구 '一竿明月이 亦君恩이샷다'와 흡사하고, 초장과 중장도 그것의 前後節의 구조와 닮았다. 그렇다면 이 단가는 악장 俗謠와도 무관하지 않다는 생각이다. 만약에 농암의 短歌가 시조의 초창기에 속한다고 한다면 시조는 발생적으로 漢詩나 경기체가, 악장과 같은 당시의 시가와 발생적으로 적지 않은 관련이 있다는 가정을 할 수 있다. 그렇다면 시조의 근원을 만전춘별사나 정읍사에서만 찾을게 아니라 당대에 성행했던 여러 시가들에서 광범위하게 모색해 볼 필요가 있다.

농암의 경우 장가는 장편 한시와 어부가 9장을, 단가는 오늘날의 시조나 연시조를 지칭하는 말로 사용되었다. 어부가 5수를 놓고 보면 오늘날의 연시조와 같고, 短章의 3수는 평시조와 같다. 비슷한 시대에 활동을 했던 퇴계의 도산십이곡도 역시 연시조로서 어부가의 사정과 다르지 않다. 時調와 短歌를 같은 의미로 본다면 농암과 퇴계는 근서가 가상 확실한 시조의 완성자라고 할 수 있다. 당시에 이미 이러한 노래를 부르고 있었다는 기록이 있으므로 이들이 시조의 창시자라 하기보다는 그 전에 이미 이러한 형태의 시가가 있었으리라는 추정을 할 수 있다. 다만 이 작품들을 보건대 이 시대를 크게 거슬러 올라가지는 못할 것이라는 생각이다. 흔히 일컬어지는 대로 麗末에 나왔다는 탄로가, 백발가를 인정한다면 농암의 단가는 뒤에 나왔으면서도 수준이 많이 떨어지는 어설픈 시조의 한 모습에 불과하겠지만 시조로 알려진 이전의 작품들을 신뢰할 수 없다면 이 작품들은 우리 시조 문학사상 매우 중요한 의미를 가질 수 있다. 시조로서의 세련미가 떨어진다는 사실이 오히려 초창기의 시조 작품이라는 가능성을 높이는 것일 수 있다는 점에서 그렇다.

그런데 농암이 어부사에서 어부단가를 추출해 낸 과정을 보면 이 양식의 시조가 이전에 그렇게 쉽게 정형화되어있었던 장르로 보기 어렵다는 생각이 든다. 어부단가가 어부사라는 漢詩를 바탕으로 나왔다는 사실은 여러 가지 의미를 가지고 있다. 우선 시조의 형성과정에서 한시가 상당히 중요한 역할을 했다는 사실을 보여주는 사례이다. 漢詩를 시조로 번역한다든지, 시조를 한시로 번역하던 일이 많았던 일과 함께 시조와 한시의 문학적 교류를 입증하고 있는 것이다. 그 과정에서 어떠한 영향관계가 자연스럽게 있었을 것이라는 생각이다.

그리고 또 하나 생각할 수 있는 것은 농암 이전에 시조의 바탕이 충분히 마련되어 있었더라면 구태여 漢詩에서 시조를 추출하려는 노력을 할 필요가 있었을까하는 의문이다. 그래서 이것이 혹시라도 어부단가가 초창기의 시조였다는 사실을 시사하는 장면이 아닌가 하는 생각이 든다. 그렇다면 이 시조들이 갖는 문학사적인 의미는 매우 커진다. 그리고 여기에서 농암이나 퇴계는 우리 곡조나 노래 말의 가치를 알고 이에 각별한 관심을 가졌던 선각자들이었음을 확인할 수 있다. 그리고 기왕에 완성된 시조의 장르가 성행했었더라면 이 몇 편의 단가를 짓기에 그리 많은 노력이 필요하지 않았을 것이다. 이들이 기울인 詩作의 태도로 보아 이 장르의 개척기, 초창기의 분위기를 느끼게 한다. 그들이 우리 곡, 노랫말의 중요성과 가치를 절감했었고, 시조가 한창 성행했던 시대였다면 훨씬 많은 작품을 지었을 것이라는 생각이다. 혹시라도 시조의 초창기였기 때문에 孤山이나 松江과 같은 수준과 다량의 작품을 내놓지 못한 것이 아닌가 한다.

사실 신뢰할 수 있는 문헌의 기록으로 한정할 때 농암을 앞서는 시조 작품을 찾기 힘들다. 훗날의 歌集에 기록된 작자를 근거로 고려시대를 시조의 발생기로 말해왔지만 그 기록들을 그대로 믿을 수 없다. 연대가 오래 된 작품일수록 그렇다. 거기에는 고구려의 乙巴素, 백제의 成忠의 작품도 있는데 이것을 믿을 수는 없는 일이다. 고려시대에 지었다는 시조가 훨씬 후대에 나온 농암의 시조보다 훨씬 세련되고 완성도가 높다면 오히려 의심의 여지가 많다. 농암이 시조 짓는 솜씨가 형편없어서 漢詩나 다른 시가의 테를 벗어나지 못하고 어설픈 시조를 지을 수도 있었겠지만, 자신이 시조의 개척자여서 아직 세련된 작품을 쓰지 못했을 가능성도 배제할 수 없을 것이다. 당시에도 그의 시조가 서투른 것으로 여겼다면 구태여 문집에 실었을까 하는 생각도 든다.

만약 이러한 견해가 인정된다면 그동안의 시조기원설과 시조에 대한 우리의 긍지에 심각한 타격을 입을 것이라는 점에서도 매우 조심스러운 일이다. 그것도 기껏 농암의 사례만을 들어 말했다는 점에서 한계가 있다. 그래서 여기서는 일단 그 가능성을 타진하는 정도에서 그치지만, 그렇더라도 時調와 漢詩와는 장르적인 인연관계가 있었음이 틀림없다. 설령 시조의 근원으로써, 발생적인 면에서는 그럴 수 없더라도 시조의 발전과정에서는 漢詩가 일정한 역할을 한 것만큼은 부정될 수 없는 일이다. 그러므로 시조의 연구에서도 漢詩는 빠져서는 안 될 漢文學이다.

(4) 歌辭와 辭賦

가사와 사부는 모든 면에서 매우 유사한 장르이다. 필자가 아는 바로는 국문학과 한문학 사이에 이렇게 닮은 갈래는 오직 우리의 歌辭와 한문학의 辭賦만이 있을 뿐이다. 한문학의 주요 장르인 사부에 대해서 자세히 설명할 겨를이 없지만 간단히 말하면 사부는 '국문학의 가사'라 불러도 좋을 만큼 가사와 모든 면이 매우 닮아 있는 한문학 장르이다. 이러한 장르는 다른 언어의 문학에서 그 유례를 찾기 어렵다는 점에서 이 둘은 매우 깊은 인연관계가 있을 것으로 생각된다. 만약 가사와 사부라는 장르가 보편성을 갖는 문학장르였다면 다른 언어문화권에서도 이와 같은 성격을 갖는 문학이 있어야 할 것이다. 그러나 유독 우리와 중국에서만 발견된다는 사실은 결코 우연이 아니라 이 둘만의 특수한 관계가 있음을 시사하는 것이라는 생각이다.

경기체가와 마찬가지로 가사의 장르적 근원에 대해서 많은 연구가 있었지만 아직도 명쾌한 결론이 내려지지 못한 상태이다. 그 이유는 대부분이 가사를 우리의 자생적인 장르로 보려했었고, 또한 그것으로 충분히 그 근원을 설명할 수 없었기 때문에 그것이 오히려 가사 연구의 한계로 작용한 것으로 생각된다. 가사의 연구가 정체상태에 빠진 것도 결국은 그에 합당한 근원을 확보하는 데 실패했기 때문이다. 이럴 때에 이 둘 사이의 유사점을 비교문학적인 관점으로 본다면 가사의 연구에 큰 진전을 기대할 수 있다.

우선 장르의 발생적인 측면으로 보아 시대적으로 가사에 先行한 辭賦가 歌辭의 형성에 일정한 영향을 주었을 가능성을 배제할 수 없다. 사부의 작용 없이 가사가 독자적으로 세계에서 그 유례를 찾아보기 어려운 장르로 자생했다는 발상보다는 인접지역의 문학이었던 사부의 영향을 받아 형성되었을 것이라는 가정이 보다 자연스럽다.

더구나 科擧제도가 시행되면서 사부는 한시와 더불어 과거시험과목으로 중용되면서 우리 문인들이 필수적으로 익혀야 할 과정이요, 수단이 되었다. 漢文學에서 차지하는 사부의 비중은 질과 양적인 면에서 한시에나 양보될 정도로 크다. 따라서 가사 작품을 남긴 이들은 가사작가이기 전에 먼저 능숙한 사부작가였음을 알아야 한다. 과거시험의 관건이 되는 사부를 익히고, 즐기는 과정에서 그것을 우리 언어로 옮겨 본다면 어렵지 않게 가사가 되었을 개연성은 얼마든지 있다.

사부는 원래 科擧시험용으로 지어지던 공리적이고 경직된 엘리트 한문학이었다. 양반계층의 엘리트 의식은 정취를 즐기는 과정에서도 평민들과는 다른 수단을 필요로 했을 것이다. 그 과정에서 속요와는 다른 경기체가를 발명하기도 했지만 그보다는 좀더 자신들의 특별함을 드러낼 수 있는 우월하고 유장한 가락을 필요로 했을 것이다. 여기에 부응할 수 있었던 것이 사부가 아니었나 하는 생각이다. 그러나 사부는 이미 문자문학으로 굳어진 상태였으므로 경직된 漢文辭賦를 곡조에 실어 흥취를 읊기에는 매우 불편했을 것이다. 歌辭에 해당하는 곡조는 이미 마련되었는데 여기에 마땅한 歌詞를 찾던 중에 양반들의 권위를 드러내기 십상인 사부를 여기에 실어 우리말로 바꾼다면 가사가 제격이었을 것이다.

이러한 추정은 실증성이 부족하지만 가사와 사부의 쌍태아적인 유사성을 설명할 수 있는 방법이 될 수 있다. 우리의 곡조를 노래하기에는 반드시 우리의 말이 필요했던 사정은 퇴계가 일찍이 '漢詩는 노래할 수 없다. 그것을 노래하려면 반드시 (그 歌詞를) 우리말을 써야 한다. 그 音이 다르기 때문이다.'(今之詩異於古之詩 可詠而不可歌也 如欲歌之 必綴以俚俗之語 蓋國俗音節所不得不然也)라고 설명한 적이 있다. 李賢輔의 단가 생성과정을 보더라도 그렇다. 같은 원리로 사부를 우리말로 노래하면 그대로 歌辭가 될 수 있는 것이다. 실제로 사부를 번역한 것은 가사의 모습을 하고 있고, 또한 가사를 사부로 옮겨놓은 사례가 있다. 가사와 사부의 이러한 특별한 관련성은 경기체가와 詞와의 관계보다 더욱 분명하다. 이러한 가능성은 가사와 사부의 문학적 동질성에서 더욱 지지를 받을 수 있다. 이들은 운문 산문, 서정 서사의 성격을 같이 갖추었고, 서-본-결의 3단구조를 가지고 있으며, 일정한 자수율을 유지하고 있으며, 운문시가성에서 산문성으로 변천해가는 과도기성을 보이며, 귀족문학적이고 현학적인 주제의식, 대구법과 대화체, 과장 反復서술 등의 수사를 즐겨 사용하는 점 등에서 아주 흡사하다.

양자 사이에 발생적인 인연이 없다면 이렇게 빼닮을 수가 없다는 판단이다. 시가문학편에서 인용한 이색의 관어대소부나 앞에서 인용한 이규보의 구시마문은 비록 전형적인 사부의 형태는 아니지만 이것만으로도 이러한 사실들을 입증할 수 있다.

이러한 점을 인정한다면 가사연구에 있어 사부를 비교하는 방법은 매우 유용해 보인다. 그러나 우리 국문학계에서 아직 여기에 착안한 연구가 별로 없는 것 같다. 가사의 장르적 연구가 지금도 답보상태인 점을 생각하면 사부와의 비교연구는 이를 타개할 수 있는 새로운 활력소가 되리라 믿는다. 가사의 연구에 종사하는 학자들에게 사부에 대하여 각별한 관심을 갖기를 적극 권하고 싶다. 가사 연구에 있어 사부의 역할은 비단 발생적인 측면에서 그치는 것이 아니라 그 발전, 변천과정의 연구에 있어서도 여전히 유용하다. 그리고 중국에서 얻어진 사부에 대한 연구 성과와 우리가 이루어 낸 가사에 대한 연구 성과는 매우 큰 교환의 가치가 있다. 그리고 그 호환성이 매우 높아 보인다. 이러한 가사와 사부의 연구 방법은 비교문학 연구의 본령을 가장 성공적으로 발휘할 수 있을 것이다.

(5) 한글소설과 漢文소설

한글소설인 경우 표현수단의 미비로 그 시작이 16세기를 거스를 수 없다. 이는 한글소설의 역사가 아주 짧음을 말하는 것이다. 그렇다고 해서 한글 창제 이전에 우리 문학사에 소설이 없을 수는 없는 일이고, 그것은 당연히 한문을 통하여 형성되었다. 그리고 한글이 창제된 이후에야 본격적인 한글소설의 시대로 접어들 수 있었다. 일부의 한글소설들은 口傳해오던 서사류의 이야기들이 한글이라는 문자를 통하여 소설로 정착된 경우도 있지만 그보다는 漢文으로 기록되어진 소설들이 한글소설의 형성에 더 큰 영향을 주었을 것이라는 생각이 일반적이다. 당연히 그 작가들은 지식계층이기 마련이었고, 그들은 口碑의 서사류보다 한문으로 정착된 한문서사에 더 익숙해 있었고, 직접 한문소설을 지어왔었기 때문에 그것이 그들 자신이 쓴 한글소설에 일정한 영향을 주었을 것이라는 가정은 매우 자연스러운 일이다. 여기에서 사부와 가사의 관계와 같은 원리를 그대로 적용할 수는 없다 하더라도, 한문소설을 일체 배제한 채 한글이 창제된 지 백여 년 만에 洪吉童傳과 같은 농익은 한글소설이 돌출했다고 상정하기는 쉽지 않다. 특히 홍길동전의 경우 그 작품의 수준으로 보아 그것이 許筠

의 작품이라고 인정할 때에는 그의 천재성을 파격적으로 평가하든지, 그것이 아니라면 이와 같은 유사한 한문소설이 앞서 있었다는 전제가 있어야 한다. 홍길동전의 작자가 의심을 받는 일이 있거나, 그것의 원전이 원래부터 한글이 아니라 한문본일 가능성도 전혀 배제할 수 없는 형편이고 보면, 한글소설이라 하여 한문소설에서 마냥 자유로울 수만은 없는 일이다. 만약에 홍길동전의 원본이 한문소설이었다는 것이 입증된다면 한글소설사는 전면 개편되어야 할 것이다. 이는 한글소설과 한문소설이 소설사적으로 매우 관련이 깊다는 것을 의미한다. 이러한 사정은 모든 한글소설에 걸치는 문제이다. 이를 인정한다면 한글소설을 연구하는 데 있어 한문소설은 매우 중요한 역할을 할 수 있다는 가능성도 같이 인정해야 한다.

이러한 면에서 한글창제 이전의 한문 서사류들은 한글소설 연구에 있어 큰 의미를 갖는다. 우선 그것들은 한글소설의 원형일 가능성을 배제할 수 없다. 물론 그것은 구전의 서사류들과 함께 고려되어야 할 것이지만 상당부분 우선적으로 배려되어야 옳다. 한문으로 기록되어진 설화 · 傳奇 · 몽유록 · 傳 · 假傳 등을 배제하고 한글소설을 논의한다는 것은 뿌리를 잘라내고 가지만을 다루는 것과 다르지 않다. 같은 시대 산물일지라도 홍길동전을 말하면서 허균의 한문 서사류들을 빼놓는다면 홍길동전마저도 제대로 볼 수 없을 것이다.

흔히 구비설화가 소설로 정착된 경우로 춘향전 · 흥부전 · 별주부전 등을 예로 든다. 그런데 이들은 소설로 정착되기 전에 판소리에 먼저 수용되었다는 것이 정설이다. 소설 춘향전보다 열녀춘향수절가가 먼저라면 이 소설의 제작연대는 훨씬 뒤로 내려올 수밖에 없다. 만약에 이들 소설이 한문소설의 간섭을 벗어날 수 있다면 한글소설은 한문학의 굴레를 벗어나 그 독자성을 구가할 수 있게 된다. 그러나 이렇게 한글소설의 독자성을 확인하려면 그 기원을 판소리 시대를 지나 19세기 이후로 미루어야 하고, 이렇게 되면 한글소설의 후발성과 원시성을 피할 수 없게 될 것이다. 한글소설계에서 한문소설의 가치와 역할을 인정하지 않는 것은 이러한 시대적인 격차에서 오는 문제점을 미처 의식하지 못한 결과이다.

조선 양대 전란 후에 쏟아져 나온 일련의 군담 · 영웅 · 가정 · 사회소설들이 중국소설의 영향으로 이루어진 것은 부인할 수 없는 사실이다. 심지어는 앞의 홍길동전도 그 예외가 아니다. 근대에 나온 장편 대하소설들도 중국의 장편 章回소설의 영향이 분명하다. 그렇다면 이러한 한글소설을 연구하는 데 있어 한국한문소설은 물론 중국의 소설까지도 중요한 역할을 해야 한다. 우리 한글소설을 연구하는 데 있어 한문소설을 배려해야 한다는 말보다는 우리 한문소설의 본류가 중국소설에서 자유로울 수 없다는 말이 훨씬 분명하다. 이러한 상황에서 중국고대 설화나 傳奇類들은 우리의 고문헌이나 그 연구로도 어느 정도 극복할 수 있다 하더라도 우리의 한글소설에 많은 영향을 주었던 중국의 明·淸代 소설들은 실로 커다란 부담이 아닐 수 없다. 우리의 문헌으로는 그것들의 단편조각마저도 제대로 볼 수 없기 때문이다. 우리의 한문소설도 해결하기 어려운 짐인데 후에 들어온 중국소설에까지 부담을 지어야 한다는 것은 그야말로 설상가상이 아닐 수 없다. 明·淸代의 중국소설들이 前代의 서사류들과 달리 짙은 백화문체로 기술되었다는 것은 웬만한 漢學者들한테도 만만찮은 일이니 그 부담은 생각보다 훨씬 크다. 게다가 그때에 나온 중국소설의 분량은 실로 수를 헤아리기 어려울 정도로 많은 것이었다. 그러나 이렇게 어려운 일이라 하여 이들을 회피한다든지 백안시하는 것은 학문적 자세가 아니다. 현실을 인식하고 대처한다는 것과 그것을 회피하고 백안시하는 것은 결과와 관계없이 전혀 다른 일이다.

4) 漢文學 텍스트로서의 역할

한문학 텍스트 전체가 고스란히 국문학적 내용을 이루고 있는 경우를 말한다. 이는 원래 한문학 작품이기 때문에 외견상 국문학과는 별 관계가 없어 보여 자칫 흘러버리기 쉽다. 그러나 그것이 담고 있는 내용은 국문학적인 것으로 대개는 당시 우리의 표현문자 수단을 갖지 못하여 부득이 한문을 빌려 쓴 경우들이다. 고대삽입가요들이 여기에 해당하는 대표적 사례들이다. 공후인·황조가·구지가 등은 처음부터 그러한 한시 형태로 지어진 것이라기보다는 당시에는 우리 고유어로 가창되어 구전되어 오던 중, 후일에 이를 한시로 옮겨 적어 놓은 것으로 보여진다. 그렇다면 이러한 작품들을 한문학으로 간주하기보다는 본질적으로 국문학으로 받아들여야 옳다. 그것의 본질적인 가치는 번역시에 있는 것이 아니라 번역된 원형 텍스트에 있기 때문이다. 사실이 이렇더라도 실제로는 이러한 漢詩 삽입가요들은 국문학의 중심에 놓여져 있다.

그러나 어떤 경우에는 이와 동일한 의의를 가지고 있으면서도 그에 상응하는 관심을 끌지 못하는 한문학 텍스트도 있다. 그것들이 국문학에 제대로 수용되지 못한다면 이는 국문학의 막대한 손실이다. 아직 우리가 알지 못하는 가운데에 훌륭한 국문학 유산이 오직 한문으로 기록되었다는 이유로 묻혀져 있는 경우가 적지 않을 것으로 생각한다. 이러한 우리 문학유산을 찾아내기 위해서 우리는 한문학 섭렵을 게을리 해서는 안 된다. 이에 해당하는 두 가지 사례를 들어 보기로 한다.

(1) 小樂府

소악부란 중국의 樂府와 대칭적인 이름으로 우리의 악부를 일컬은 것이다. 원래 음악적 요소가 짙은 이름이었지만 문학적으로는 이는 본래 '노래로 불려진 歌詞'라는 의미가 더 크다. 원래 음악에서 출발하였던 악부가 후대로 내려오면서 配樂이 없어지고 歌詞만 남게 되는데 小樂府는 여러 가지 정황으로 보아 여기에 해당될 것이다. 그러므로 소악부 연구의 관심대상은 시가문학적인 면에 있다. 그리고 원래 악부의 본질은 창작시가보다는 민요에 있었다. 그러나 후대에 내려오면서 창작 작품도 악부에 편입되기도 하였다.

소악부란 명칭을 처음 사용하고 지은 이는 고려의 李齊賢이다. 당시의 민요를 문자로 보존하기 위해서 7언 절구로 번역하여 소악부라 하였던 것이다. 閔思平은 이제현의 소악부에 화답하여 소악부 6수를 지었다. 고려시대의 소악부는 이들 두 사람의 작품 17편이 전한다. 조선시대에도 소악부가 이어지는데 대표적인 작가로는 申緯, 李裕元이 있다. 이들은 당시의 시조를 7언 절구로 번역하였는데 역시 목적은 이제현의 의도와 같았다. 소악부는 한글로 정착할 수 없는 당대의 민요를 한시로 기록함으로 해서 민요의 인멸을 방지하자는 역사의식에서 지어진 문학이다. 그러므로 소악부의 가치는 우선 역사의식적인 면에서 평가되어야 할 것이다.

조선의 소악부가 한글문자의 시대에 지어진 데 반하여 고려의 소악부는 우리 문자가 전혀 없던 시대에 지어졌다는 점에서 그 가치는 훨씬 크다. 이러한 소악부의 창작은 구비문학을 기록문학으로 바꿈으로 해서 문학작품의 유실을 막았다는 의의를 갖는다. 이제현과 민사평은 유실될 고려속요 17편을 소악부로써 보존하였는데 그 중의 處容歌, 鄭瓜亭曲, 鄭石歌, 雙花店 등은 훗날에 한글로도 정착되었지만 나머지는 오로지 소악부를 통해서만 내용을 짐작할 수 있는 값진 것이었다. 앞의 네 편은 한글표기의 고려속요를 확인 검증하는 기능을 할 수 있고, 나머지는 현전 한글 고려속요의 양적 빈곤을 채울 수 있다는 의미를 갖고 있다. 그렇다면 소악부는 더 이상 한문학에 머무르는 데에 그치는 것이 아니라 국문학에서 크게 주목을 받아야 할 대상이어야 한다. 그럼에도 불구하고 그동안 국문학계에서 이에 대한 배려는 아주 적었다. 고려속요를 말할 때 소악부에 대한 관심은 매우 미미한 것이었다. 그러다 보니 그동안 고려속요의 절반은 제껴놓은 것이나 다름없다. 고려속요임을 확신할 수 있는 여요가 10여 편밖에 안 되는 형편을 생각하면 소악부가 麗謠에서 차지하는 비중이 얼마나 큰 것인지 알고도 남음이 있다. 이 소중함을 모르고서야 정상적인 고려속요의 연구를 기대할 수 없다.

소악부를 소홀히 하는 것은 국문학에 개재되어 있는 한문학의 가치를 도외시했기 때문이다. 그 이유도 아주 단순하다. 오로지 소악부가 한문으로 되었기 때문에 국문학에서 제외시켰던 것이다. 표현문자가 국자가 아니라고 해서 국문학에서 제외하는 나라는 없을 것이다. 소악부 외에도 이러한 이유로 해서 어엿한 국문학이면서 소외된 작품이 얼마나 되는지 알 수조차 없으니 실로 안타까운 일이다. 한문으로 기록되었으면서 국문학에 포함되어 직간접적으로 관련되는 것들이 어찌 소악부 뿐이겠는가? 국문학계에서 정말 진지하게 성찰해야 할 문제이다.

이제현의 소악부 五冠山을 예로 들어 그 모습을 본다.

> 木頭雕作小唐鷄
> 나무토막으로 소당계를 깎아서
>
> 筋子拈來壁上棲
> 끈[3]으로 벽 위에 매달았네.
>
> 此鳥膠膠報時節
> 이 닭이 꼬꼬 울어 새벽을 알린다면
>
> 慈顔始似日平西
> 그제야 우리 어머니 늙어지소서.
>
> (필자 역)

3) 筋을 箸로 보고 젓가락이라고 풀이하는 경우가 있는데 誤讀, 誤譯이다. '젓가락으로 나무닭을 집어서'라고 하면 뜻이 통하지 않는다.

현전하는 여요의 일반적인 형태를 본다면 이와 같은 작품은 찾기 어렵다. 대부분의 여요들이 연장체로 된 것으로 보아서 이 소악부는 당대의 원가를 충실하게 번역했을 가능성이 크지 않다. 아마도 원가의 일부만 옮겼다든지 그렇지 않으면 원래 짤막한 민요 정도였을 것으로 추정된다. 일부의 소악부가 비록 이러한 한계가 있다하더라도 감추어졌던 여요의 모습을 재현한 것만으로도 국문학사적으로 소중한 가치가 있다.

(2) 鄕樂雜詠五首

이것은 崔致遠이 지은 5首의 7言 漢詩이다. 제목에서 알 수 있듯이 우리 음악과 민속놀이에 관련되는 5수의 漢詩인데 대개 민속놀이의 모습을 묘사한 것으로 보여진다. 음악을 제외하고 문학적인 면만을 생각하면 민속문학 내지 민속학에 관한 중요한 자료가 될 수 있다는 점에서 국문학에서 차지하는 의의가 적지 않다. 따라서 이들의 가치는 漢詩라는 기록문학의 예술성보다는 그것이 담고 있는 민속문학적인 차원에서 주목해야 한다. 그러나 실제로는 국문학계에서 이에 대한 배려가 그리 크지 않은 것 같다. 만약에 이에 대한 관심을 모은다면 국문학 연구에 많은 보탬이 있을 것으로 확신한다. 이제 그 작품의 모습을 확인한다.

金 丸

廻身掉臂弄金丸
몸을 돌리고 팔을 놀려 금환을 희롱하니

月轉星浮滿眼看
달이 기울고 별이 뜨는 듯 눈이 부시네.

縱有宜僚那勝比
천하 (공놀이)명인 의료가 나온들 이보다 더하랴.

定知鯨海息波瀾
지금쯤 바다의 고래마저 숨 죽이고 구경하리라.

(이하 필자 역)

金丸은 공놀이를 묘사한 것으로 추정된다. 현전하는 민속놀이에서 뚜렷한 흔적은 찾기 어렵지만 당시에는 이러한 놀이가 성행했었던 것 같다. 금환에서 볼 수 있는 장면은 지금도 중국 잡기단의 주요한 공연 내용으로 간접적이나마 이를 확인할 수 있다. 아마도 우리나라에서는 전승과정에서 후세에 쇠퇴한 놀이가 아닌가 한다. 이러한 한시는 원래 순수한문학에서 다루어야 할 것이겠지만 그쪽의 관점으로 보면 그리 탐낼 만한 한문학은 아닐 것이다. 왜냐하면 고작 민중놀이를 묘사하는데 그친 한시를 격조를 따지는 한문학에서 높이 평가할 리 없기 때문이다. 더구나 이 한시들은 시어적인 면에서 품격이 낮은 것으로 여겨지는 백화체 – 당대의 속어에 해당 – 를 자주 사용하고 있는 점도 한문학적 관점에서 보면 결격사유에 가깝다. 금환의 결구인 '定知鯨海息波瀾'에서 '定'은 文語의 '定하다'의 뜻이 아니라 중국 백화체의 '一定'으로 '틀림없이, 확실히'라는 뜻이다. 漢 · 唐의 古文을 존중했던 우리 한문학계에서는 이러한 문체를 백안시해서 우리의 한문학 작품에서 그 유례가 많지 않다. 그러나 인간의 진실한 정서를 나타내기에는 품위 있는 언어보다는 소통성이 높은 일상언어인 常語가 더 절실한 경우가 많다. 이 시의 '定'자가 이 사실을 잘 입증한다. 작자는 이 장면에서 다른 어떤 글자보다 定자가 필요했던 것이다. 더구나 '동해에서 뛰놀던 고래가 현란한 공놀이에 빠져서 바다의 물결마저 잠재우리라'는 착상은 어떤 품위 높은 漢詩에도 손색이 없을 정도로 뛰어나다. 이 한 句로 金丸의 문학적 가치는 충분하다는 생각이다. 시어의 품위가 낮다하여 작품 전체를 과소평가해서는 안 될 일이다. 더구나 한문으로 기록되었다 해서 이러한 국문학적 유산을 방치해서는 안 된다.

月顚

肩高項縮髮崔嵬
솟은 어깨, 움츠린 목에 머리칼은 쭈뼛 솟아

攘臂群儒鬪酒盃
팔을 벗어부친 난장이들이 술잔을 부딪친다.

聽得歌聲人盡笑
노랫소리 높으매 웃음소리 더욱 흥겨운데

夜頭旗幟曉頭催
초저녁 깃발이 어느새 새벽을 재촉하네.

月顚은 제목으로 보아서는 그 내용을 짐작하기 어렵다. 그러나 매우 흥겨운 광대놀이를 묘사한 것임에는 틀림없어 보인다. 묘사된 광대들은 목이 짧고, 어깨가 올라가고, 산발하고 있으니 정상인의 모습은 아니다. 아마도 곱사등이나 난장이와 같은 광대들의 공연이 아닌가 한다. 혹은 群儒를 관객인 선비로 해석하기도 하나 구경꾼이 선비만일 수 없을 것이고, 놀이를 묘사하는 시에서 관객까지 묘사했을 가능성은 많지 않다는 생각이다. 흥겨운 노래와 웃음이 밤새도록 이어지고, 깃발이 나부끼는 장면에서 오늘날의 난장판이나 서커스단의 요란한 음악이나 가설무대를 연상하게 한다. 이것이 지금의 난장이춤, 병신춤, 곱사춤의 모습이라면 역시 우리의 소중한 민속놀이를 묘사한 것으로 민속문학적인 가치가 충분히 평가되어야 한다. 그런데 月顚이라는 제목이 내용과 잘 연결되지 않는 것이 의문이다. 이에 대하여 여러 가지 추측이 있지만 뜻과는 관계가 별로 없는 외국어의 음역이 아닌가 한다. 그렇다면 이 놀이는 우리 고유의 것이라기보다는 중국이나 중국을 경유한 西域의 것으로 볼 수 있다. '月'에서 서역의 月支國을 연상하게 되기도 한다. 그러나 이 놀이는 지금도 볼 수 있다는 점이 金丸과는 다르다. 그런데 여기서도 백화체의 시어가 있어 주의가 필요하다. 轉句의 '聽得歌聲人盡笑'에서 '得'은 본래의 의미인 '얻다'의 뜻이 아닌 가능의 뜻이 배인 '-하기에'라고 해석해야 한다. 또 結句의 '夜頭旗幟曉頭催'에서 '頭'는 '머리'가 아니라 명사 뒤에 붙는 의미 없는 접사로서 굳이 해석할 필요가 없다. 이들은 당대는 물론 지금도 중국에서는 그대로 구어체로 통용되고 있어 주의해야 한다. 그만큼 향악잡영5수는 민중의 현실생활을 절실한 민중의 常語로 표현했다는 가치를 가지고 있다는 점을 평가해야 할 것이다. 초저녁 깃발이 새벽을 재촉한다는 말은 곧 날이 밝는다는 말이니 그 놀이에 빠져 날 새는 줄도 몰랐다는 세련된 표현이다.

大 面

黃金面色是其人
황금 가면 쓴 사람이

手抱珠鞭役鬼神
구슬과 채찍 들고 귀신을 부리네.

疾步徐趍呈雅舞
빠른 듯 느린 듯 우아한 춤을 추니

宛如丹鳳舞堯春
단정봉황인 듯 춤을 추어 태평성대 기원하네.

大面은 제목으로 보아 얼른 가면극이라는 지금의 민속놀이를 연상케 해서 반갑다. 그것도 채찍과 구슬(방울)을 들고 귀신을 쫓고 춤을 춘다는 장면으로 보아 처용무를 묘사한 것일 수도 있다. 그렇다면 이 또한 우리의 소중한 국문학 자료가 아닐 수 없다. 처용무의 실재를 입증하는 향가 '처용'과 고려속요 '처용'과 함께 그 가치를 같이 할 수도 있다. 여기에서도 起句인 '黃金面色是其人'에서 '是'가 '이것'이나 '옳다'가 아닌 ' -이다'라는 서술격 조사로, 역시 백화시어이다. 따라서 '황금색 가면을 쓴 사람이다.'라고 해석해야 옳다.

束 毒

蓬頭藍面異人間
쑥대머리 쪽빛 얼굴이 사람 같지 않은 것이

押隊來庭學舞鸞
줄을 지어 뜰에 나와 난새춤을 추는것가.

打鼓冬冬風瑟瑟
북소리 둥둥, 바람소리 소슬한데

南奔北躍也無端
남으로 내닫고, 북으로 뛰어오르기를 마음대로 하는구나.

束毒은 제목으로 보아서 내용을 짐작할 수 없는 경우이다. 산발을 하고 푸른 얼굴을 한 이상한 사람들이 群舞를 하고 있다는 장면은 현전하는 우리의 민속놀이로 쉽게 연결되지 않는다. 제목의 글자의 뜻으로 보아서는 이 장면과 전혀 관련이 없어 보여 이것도 月顚과 같이 외국어의 음역으로 생각된다. 그래서 이 제목이 중앙아시아의 地名에서 유래했다는 주장이 설득력이 있어보인다. 그렇다면 이것도 서역에서 전래된 놀이로 추정할 수 있다. 실제로 그 지역의 그림자극, 인형극을 보면 여기에서 묘사된 장면들이 상당 부분 들어맞는 것을 확인할 수 있다. 작품에서 줄을 서서 춤추는 藍面人間들은 가죽을 오리거나 나무를 깎아만든 그림자 인형들이다. 손이나 발에 줄을 연결해서 조종하면 여기에서처럼 남으로 내닫고 북으로 뛰어오르기를 마음대로 한다. '束毒'이 音轉하여 '꼭두'가 되었다는 주장도 나름대로 설득력이 있어 보인다. 그리하여 오늘날의 꼭두각시놀음이나 인형극, 그림자극으로 연결될 수 있다면 그 근원의 원형으로 우리의 소중한 민속학의 자료가 될 것이다. 여기서도 결구 '南奔北躍也無端'에서 '也'를 종결의 조사가 아닌 ' -도'인 보조사로 보아야 하는데 이것도 또한 구어체이다. 그리고 轉句 '打鼓冬冬風瑟瑟에서 '冬冬' '瑟瑟'같은 詩語도 음성상징어로서 구어체에 가까운 것이다.

狻 猊

遠涉流沙萬里來
멀리 사막 만리를 건너오느라고

毛衣破盡着塵埃
털은 빠지고 흙먼지 늘어붙었구나.

搖頭掉尾馴仁德
머리 내두르고 꼬리 흔들어 인덕을 보이니

雄氣寧同百獸才
그 웅혼한 기상이 어찌 뭇짐승에 비할까?

狻猊는 글자가 뜻하는 대로 '사자춤'을 묘사한 것이 틀림없다. 털이 빠지고 모래가 묻은 사자들이 머리와 꼬리를 흔들면서 춤을 춘다고 하였으니 그렇다. 게다가 사막 만 리를 건너왔다고 하였으니 우리 고유의 것이 아니라 서역에서 건너온 것이 틀림없다. 사자 자체가 우리나라나 중국에서는 없었으니 더욱 그렇다. 사자를 본 적도 없는 우리의 선조들이 사자놀이를 만들었다는 것 자체가 이해되지 않는 일이었다. 그런데 지금 북청사자놀이와 연결시킨다면 그대로 들어 맞는다. 더구나 이 놀이의 배경음악을 들으면 짙은 西域의 음색으로 뚜렷한 이국적인 정취를 느낄 수 있다는 점에서도 그렇다. 북청사자놀이의 원형을 기록을 통해서 볼 수 있다는 것은 국문학 입장에서 보았을 때 매우 다행스럽고 소중한 일이다.

향악잡영오수를 지난 날 한 시인의 통속적 한시로 치부하고 버려둔다면 국문학이나 한문학을 위해서 매우 안타까운 일이다. 이처럼 큰 의미를 갖고 있는 한문학 유산들을 단지 한자로 표기되었다 해서, 혹은 통속적인 詩語를 구사했다 해서 소홀히 한다면 가장 소중한 국문학적 유산을 가장 어리석은 이유로 포기하는 것이다. 그리고 여기에서 사용된 통속적인 시어는 다른 한국의 한시에서도 발견할 수 있는 것으로 우리의 한시를 바로 알기 위해서는 여기에 대한 관심도 필요하다. 그 예술적 가치야 어찌되었든 우리의 문학에 사용된 구어체의 언어를 올바로 이해해야 하는 것이 먼저이기 때문이다. 우리의 한문학을 올바로 알기 위해서라면 古文 외에 백화문에 대한 관심과 부담도 피할 수 없다.

國漢文學이란 국문학을 수행하기 위한 한문학이다. 다시 말하면 국문학과 필연적인 관련을 맺고 있는 한문학이 그 주요 대상이다. 그러니까 순수한 국문학도 아니고, 순전한 한문학도 아닌 셈이다. 그래서 여기에 해당하는 문학작품들은 국문학에서도, 한문학에서도 소외되었던 것들이다. 말하자면 양 부모로부터 모두 버림받았던 고아였던 셈이다. 그러나 국문학에서 이들을 버려서는 자신마저도 온전히 지켜낼 수 없다. 자신들의 뿌리가 여기에서 출발하기도 했고, 그것을 기반으로 해서 발전하기도 했다. 더구나 한글이 창제되기 전까지는 모든 국문학이 오로지 여기에 의지해서 보존되어 왔다. 국문학에 대한 배경이나 동기에 대한 일체의 기록이나 비평도 한문으로 기록되어 있다. 이러한 사실을 부정할 수 없다면 국문학은 이러한 한문학 없이는 존재조차 장담할 수 없다는 사실을 인정해야 한다. 그래서 당연한 말이지만 그것은 한문학이 아니라 국문학이어야 하고, 그것을 국한문학이라고 한 것이다. 적어도 고전문학은 이 범위를 벗어날 수 없는 태생적인 운명을 타고 났으니 지금에 와서 한문이라는 무거운 멍에를 벗어버리려는 억지스러운 몸부림보다는 국문학을 수행한다는 사명감과 인내, 단련이라는 각오로 이 막중한 부담을 이겨나가야 한다는 다짐이 필요하다. 그러기 위해서 한문학을 배척하거나, 혐오하거나, 백안시하거나, 두려워하기보다는 국문학의 가장 든든한 동반자로 포용하는 자세가 필요하다. 우리가 지금 이들을 포용하지 못하면 후세에 영영 우리 문학 문화를 계승시킬 수 없다는 역사의식이 절실히 요구된다.

다시 부르는 시가문학

다시 부르는 시가문학

우리는 흔히 '詩歌문학' 또는 '詩문학'이란 용어를 별다른 구분의식 없이 대범하게 사용해왔다. 이들은 원칙적으로 운문으로 이루어진 문학을 말하는 것으로 대체로 산문이나 서사문학에 대립하는 의미로 통용된다. 詩를 장르론으로 엄밀히 따지기로 한다면 신중한 적용과정이 필요하겠지만 여기서의 모든 논의는 일반적인 5대문학장르상의 '시'라는 관점으로 기술하고자 한다. 서구의 전통적인 3대장르, 4대장르에는 '시'라는 장르가 따로 없으니 '시'는 그렇게 간단한 이름이 아닌 것이다. 우리의 경우는 더욱 혼란하여 詩歌가 분명해 보이는 일부의 악장과 경기체가, 가사 등을 시가로 분류하지 않는 경우도 있다. 현대에 와서는 시의 형식이 없어보이는 산문시라는 것도 시로 분류되고 있다. 그러나 이는 필자의 견해와 달라 여기에서는 이러한 사정을 일체 고려하지 않는다.

시문학과 시가문학은 엄밀히 말하여 그 의미의 범주가 달라 구분해 논의할 필요가 있다. 둘의 차이점을 말한다면 통상 詩文學은 현대문학, 詩歌文學은 고전문학에 한정해서 사용한다는 사실이다. 그러고 보면 현대시문학과 고전시가문학의 차이는 딱히 '歌'에 있는 것이고, '歌'는 노래이니, '歌'의 유무는 결국 음악성의 여부에 달려있음은 물론이다. 다시 생각하면 현대시의 경우는 원래 '詩歌'에서 이미 음악성이 제거되었으므로 '歌詞'만 남아서 순전한 문학으로 굳어진 것이고, 시가문학의 경우는 음악성이 존재하므로 구태여 '詩歌'라 일컫는 것이다. 좀더 확실히 語義를 살피면 '시가문학'이라면 문학에 대하여 '詩歌'라는 실질적 의미를 강조한 것이요, '詩歌'는 역시 '歌'에 의미의 중점을 둔 문법구조이다. 그러므로 '시가문학'이라는 명칭을 어의적 구조로 보건대 노래가사에 해당하는 '詩'보다는 곡조인 '歌'에 의미적 중점이 있어야 할 것이다.

그런데 '詩'는 문학이지만 '歌'는 문학이 아니므로 '詩歌문학'이란 말은 엄밀히 말하여 정상적인 의미 구조의 단어가 아닌 셈이다. 그런데도 우리는 지금까지 '시가문학'이란 말을 불편없이 사용하여 왔다. 일부러 트집잡는 말 같지만 이 순리적이지 못한 용어를 지금까지 불편없이 관행적으로 사용하여 왔다는 사실은 그동안 우리의 시가문학에 대한 인식은 물론 그 연구 방법, 관점, 태도에 있어 어떠한 문제를 안고 있었음을 상징적으로 보여주고 있는 사례가 아닌가 한다.

우선 '詩歌'라는 의미에 대한 우리의 기본적인 인식에 문제가 있는 듯하다. 이를 단순히 '詩'와 '歌'의 대등적 합성어로 해석하기보다는 '시로 된 노래' 아니면 '노래로 된 시'라는 유속합성어로 보아야 할 것인데 의미적으로나 문법적 성분의 배열로 보아서 전자가 더 합리적이다. 그렇다면 시가문학이란 '詩形을 갖춘 노래 문학' - 노래문학이란 명칭에 무리가 있지만 - 이란 의미가 될 것이고, 그래서 구태여 의미의 경중을 따지자면 '詩'보다는 '歌, 노래' 혹은 '음악'에 더 의미를 두어야 옳다는 생각이다. 결국 시가문학의 중심 연구대상은 그것의 '음악성'에 있다는 말이고, 그것이 바로 음악성이 배제된 현대문학인 '詩文學'과의 본질적인 차이가 될 것이다. 고전문학에서 '詩歌'라고 애써 지칭한 것은 엄연한 음악성을 강조한 것이므로 '시가'에는 음악성이나 노래라는 개념이 아주 강하게 개재되어있는 것이 틀림없고, 따라서 시가문학에 대한 개념인식이나 발생적 연구에는 반드시 음악이라는 전제가 되어야 마땅한 일이다. 설령 이러한 논리에 완전히 동의하지 않더라도 적어도 시가문학의 본질이나 원형적인 연구에 있어서만큼은 음악적 형질의 중요성을 잊어서는 안 된다.

그럼에도 불구하고 우리의 고전시가문학 연구에서는 관행적으로 음악성을 소홀히 해온 것이 사실이었다. 앞에서 말한 대로 '시문학'이나 '시가문학'의 차이를 제대로 인식하지 못한 결과라고 생각된다. 별 생각 없이 그냥 현대의 '시'문학에 대한 인식 그대로를 관행적으로 고전'시가'문학에 적용해 오다 보니, 결과적으로 시문학과 시가문학의 차이란 기껏 現代와 前代라는 시대적인 구분에 지나지 않았던 셈이다. 그러나 이 둘의 차이가 그렇게 간단한 것일 수 없는 일이다.

근래에 일각의 각성이 있어 고전시가의 본질은 '詩'인 歌詞보다는 '歌'의 노래에 있었음을 인정하자는 추세에 있으면서도 막상 시가의 각론 연구에 있어서는 여전히 관행에서 벗어나지 못하고 있는 형편이다. 단정적으로 말하기에는 조심스러운 면이 있으나 대개 고전시가의 경우 가사가 있기 전에 먼저 곡조가 있기 마련이었고, 그것이 일정한 가사형태로 형성되기 전에 음악으로써 먼저 출발하였다는 엄연한 역사적 사실을 소홀히 하고 있으니 본질과 현상을 구분하지 못하는 경우가 적지 않다.

上代로 거슬러 올라갈수록 가사는 선행된 곡조에 따라 그때그때 필요에 따라서 자의적으로 붙여졌을 가능성이 높다. 원시종합예술에서 먼저 마음에 감흥이 일어나면 다음에 그것이 행위동작으로 표현되고, 그 흥을 돋우기 위해서 거기에 음악적인 가락을 마련하고, 마지막으로 그 음악에 일정한 의미를 부여하기 위한 수단이 '노래가사'였음을 인정한다면 노래가 먼저이고, 가사가 뒤따르는 先曲後詞가 고전시가의 일반적인 생성과정이라고 생각하는 것이 상식이다. 원시시대 집단적 제천행사 때에 불려지던 시가는 서정시가 아니라 서사시였고, 서사시의 내용이 있기 전에 집단행동과 가무가 먼저였다는 것이 자연스러운 추정이다.

〈詩經〉 序에 '감흥이 일어나면 말로 드러나고, 말로 부족하면 감탄이 일어나고, 감탄으로 부족하면 노래가 나오고, 노래로 부족하면 춤을 추게 된다.'(情於中而形於言 言之不足故嗟歎之 嗟歎之不足故永歌之 永歌之不足 不知手之舞之足之蹈之也)라 하였는데 이를 그대로 받아들인다면 가사가 먼저 나오고, 음악, 무용이 이에 따른다는 '先詞後曲'의 논리여서 필자의 견해와는 정면으로 상치된다. 그리고 실제로 이러한 주장을 그대로 믿는 이들도 있다. 그러나 이는 문학을 교화의 수단으로 삼은 유가의 의도적인 해석임에 유의해야 한다. 이러한 유가의 의도적 道學문학관은 자연발생적인 〈詩經〉 전체를 의도적인 유가문학으로 왜곡한 것으로 정상적인 문학의 연구관점으로 인정하기 어렵다. 이는 〈詩經〉의 詩는 개인의 의도적인 창작이 아니라 민중들의 질박한 민요의 집대성이라고 보는 일반적인 생각과는 어긋나는 의도적인 反문학적 해석이다. 민요를 비롯한 고시가는 기본적으로 일정한 곡조에 가사가 유동적으로 따라 붙은 것이므로 先曲後詞의 원리가 적용되어야 맞다.

그럼에도 불구하고 시가문학 연구에서 이러한 의도적이고 불합리한 발상에 동조하는 관행과 고정관념이 여전하다. 시가문학 연구에서 곡조는 생각하지 않고 가사만을 중시하는 태도는 이러한 관습에서 벗어나지 못하고 있음을 실증적으로 보여준다. 그래서 지금도 시가문학의 진행단계를 '읽음 – 읊음 – 노래함'으로 논의하는 일에 익숙해져 있다. 시가문학의 형성단계를 먼저 읽는 단계에서 시작하여 다음으로 가락으로 읊고, 최종적으로 곡조를 붙여서 곡조를 붙여 노래하는 단계로 진화 발전하였다는 발상이다. 이는 앞서 〈詩經〉에 대한 불합리한 왜곡적 해석 관점과 다르지 않다. 이 주장이 옳다면 시가문학은 노랫말에서 시작해서 시가문학으로 완성된다는 말인데 이는 창작적인 현대시문학에는 통용될 수 있겠지만 자연발생적인 고전시가 문학의 근원적 설명으로는 부적절하다. 시가 가사가 애초부터 목적적인 의도를 가지고 지어진 것이라면 그럴 수 있겠지만 인간의 자연발생적인 욕구에서 근원을 찾는다면 원시제천의식의 先曲後詞 전통에서 그 발생적인 원리를 찾는 것이 순리이다. 인간의 인지발달 단계를 생각해보면 감흥이나 육체적 행동, 음악적 흥취와 질서가 먼저 일어나고, 그것을 일정한 의미와 목적에 맞추어 언어로 질서있게 기호화, 의미화하는 단계는 나중에 일어나는 것이므로 기호, 의미단계인 가사는 상대적으로 후발적인 고등사고기능에 속한다. 언어기능은 감각기능에 비하여 훨씬 고등사고기능이라는 데에 이의가 있을 수 없다. 그렇다면 가사 창작은 가장 고등적인 예술기능으로서 상대적으로 감각적인 노래와 춤에 先行할 수 없는 것이다. 〈詩經〉의 성리학적 해석 논리나 '읽음-읊음-노래함'이라는 주장은 이러한 기본적인 원리에 反하는 감각적이고 편의적인 발상이다. 이 안이한 발상이 그동안 시가문학의 본질을 그르쳐 그 연구를 오도하게 한 근원이 되었다. 지금이라도 고전시가문학은 기본적으로 先曲後詞로 그 본질을 삼아야 옳다. 일례로 時調의 경우 한 곡조에 여러 개의 歌詞가 붙는 것이 상례여서 역시 先曲後詞에 문제될 것이 없다. 그런데 시조의 경우 가끔은 한 수의 가사가 여러 곡조로 노래불려지는 경우도 있으니 이는 先詞後曲으로 보여지기도 한다. 한 수의 시조가 平調로 불려지기도 하고, 혹은 歌曲으로 가창되는 경우이다. 그러나 이는 특수한 경우라서 대세에 영향을 주지는 않는다는 판단이다. 그리고 이러한 사례는 시조가 문학적 장르적 지위를 어느 정도 확보한 후의 진행단계에서 나타나는 부분적인 현상이므로 시가문학의 본질과는 다른 문제이다.

고전시가의 경우 연장체나 연시조처럼 하나의 곡조에 여럿의 가사가 따라붙은 경우가 많았고, 그 가사도 대부분 당대에 문자로 정착하지 못하고 오랫동안 구비성을 면치 못했다. 시가의 가사는 원래 곡조를 따라다니는 것이었고, 곡조의 길이에 의해서 그때그때 장단을 달리하였기 때문에 본질적으로 고정된 형태가 따로 있는 것이 아니었다. 좀더 가혹하게 말하면 상대시가에서 가사는 곡조의 흔적이요, 그 부수물에 지나지 않을 수도 있다. 문학의 장르가 '문자로 표기된 것'임을 전제할 때에 일정한 형태도 갖추지 못했고, 구비성을 면치 못한 곡조의 흔적에 불과한 가사에 정상적인 장르적 지위를 부여하기는 원칙적으로 곤란한 일이다. 歌詞가 일정한 형태를 유지할 수 없었다는 것은 그것이 아직 시가문학의 장르에 포함되기 어려움을 의미한다. 엄밀히 말하자면 이는 구비문학에 포함시켜 '넓은 의미의 문학'에 포함시킬 수 있을 뿐이다. 예를 들면 箜篌引, 黃鳥歌 등은 '詩歌'문학이라는 장르로 묶을 수는 있겠지만 그것의 原詞를 알 수 없으니 구체적 국문시가문학 장르로 규정할 수 없는 것이다. 지금 우리가 보는 漢譯歌는 한문학 장르인 樂府문학일 뿐이지, 후대의 국문시가문학과 장르관계로 연결시키기가 곤란하다. 이들을 흔히 '상대시가'문학이라고 하는 수가 있지만 그것은 본래 장르 명칭이 될 수 없다.

그러고 보면 표기문자와 문자정착의 시기는 장르를 결정짓는 주요한 요건임에 틀림없다. 다시 말하면 詩歌가 음악의 체제에서 벗어나 일정한 문자의 형태로 정착된 다음에라야 떳떳한 문학의 장르로 인정할 수 있다는 말이다. 예를 들면, 麗謠의 경우 〈악장가사〉에 정착되기 전의 口傳가사에게 독립된 장르의 자격을 부여하기에는 아직 결격사유가 많다. 그러므로 엄연히 음악성을 전제로 하는 시가문학의 연구는 문학보다는 먼저 음악에서부터 연구의 출발점을 찾아야 맞다. 그래야 그것의 뿌리부터 연구를 시작할 수 있기 때문이다. 만약에 시가문학의 연구에서 그것의 음악적 형질을 고려하지 않는다면 근본과 본질을 포기하는 것과 같다.

실제로 그동안의 우리 고전시가문학의 연구에서 이러한 원리를 챙기지 못하여 오류와 착오가 적지 않았던 것이 사실이다. 시가의 음악적 본질을 도외시하고 그저 그 가사의 내용과 형태에 급급해 왔던 결과로 갈래의 근원 발생, 주제 설정, 작품 해석, 발전 과정, 갈래 설정 등 모든 작품비평에 있어 크고 작은 과오를 피할 수 없었다. 유동적일 수밖에 없었던 가사 형태에 집착하여 그것을 정밀하게 분석비평하고, 평가한 연구는 경탄할만한 노력이었으나 본질은 젖혀두고 흩어진 그림자를 가지고 수고한 것이 아닌가 해서 안타깝다. 더구나 原歌도 아닌 한문번역 시가 가사를 가지고 시시콜콜이 글자를 따져가면서 교문작구(咬文嚼句)하고, 이러쿵저러쿵 논의해 온 그 수고에 해당하는 의미를 둘 수 없을 것 같다. 제목부터 음악적 형질이 뚜렷한 공후인에 대하여 그 음악적 요소에 대해서는 별 관심이 없었던 듯하고, 원문을 알 수 없는 한문번역시인 황조가를 가지고 배경설화를 관련시켜 엉뚱하게 서사시를 주장하던 일도 있었고, 여요 만전춘의 일절을 도려내놓고 그것을 時調의 원형으로 삼기도 하고, 4구체 향가가 진화하여 10구체 향가가 되었으며, 평시조가 확장되어서 사설시조가 형성되었다고 아주 떳떳하게 말하기도 한다. 물론 그러한 노력과 성과들을 전면 부정하는 것은 아니지만 그간에 들인 공에 비하면 그 소득은 너무 공허하고 초라하다고 할 수밖에 없다. 그리고 한번 더 생각하면 그러한 노력들이 오히려 우리의 시가문학 연구를 왜곡하고 오도했다는 아픔이 더 크다. 이 모든 결과는 시가문학이 태생적으로 갖고 있는 음악적 형질을 소홀히 하였기 때문이다.

지금도 그런 과정에 있지만 기존의 시가문학에 대한 성과들은 앞으로 많은 부분이 시정과 비판을 면하기 어려울 것이다. 그것들이 시가문학이고, 시가문학이란 본래 노래였다는 사실을 인정하면서도 이러한 성과들에서 그 음악적 요소에 대한 배려는 좀처럼 찾기 어려웠다. 더욱이 해당 장르의 기원이나 발생적인 측면에서 그것의 본질인 음악적 요소를 생각하지 않는다는 것은 있을 수 없는 일이다. 만약 현대시처럼 고전시가문학에서 음악성을 제거할 수 있다면 비로소 음악에서 자유로워질 수 있을 것이다. 그럴 수 없음에도 불구하고 사실 지금까지 우리의 고전시가문학 연구는 이유 없는 자유와 낭만을 의식 없이 누려왔다고 해도 과언이 아니다. 설령 지금에 와서 고전시가에서 음악적 형질을 찾아내기가 쉽지않은 일이라 하더라도 그러한 전제에 대한 노력을 하는 것과 이를 지각하지 못하거나 애써 도외시하는 것과는 전혀 다른 일이다.

우리의 시가문학 중에서 비교적 최근에 속하는 고시조에 대한 연구는 이것의 음악성이 분명하고, 음악에서 자유로워질 수 없는 시가문학이라서 당연히 음악적인 관점에서 다루어져야 한다. 조선 후반기에 이르러 비로소 편찬되기 시작한 고시조 歌集들은 그야말로 노랫말 모음집이기 때문에 아직 음악성이 뚜렷하여 그 형질을 빼놓고 논의할 수 없다. 최초의 가집으로 알려진 金天澤의 〈靑丘永言〉은 1728년에야 처음으로 제작되었다. 청구영언을 비롯한 조선시대의 모든 가집들을 단순히 시조집이라고 부르는 것 자체가 옳지 않다. 그것은 우리가 흔히 時調라고 부르는 것 말고도 가곡, 만횡청, 언롱, 잡가, 타령 등 당대의 다양한 장르의 歌唱歌詞들을 모두 함께 모아 실어

놓은 종합가집이기 때문이다. 그것들은 본래 곡조명칭이었고, 시조란 그런 다양한 곡조 중의 하나일 뿐이다. 그리고 그 가집들은 대부분 곡조별로 편찬되었는데 그만큼 음악적 형질이 중요시 되었다는 의미이다. 반면에 우리가 지금 중시하고 있는 가사의 형태, 내용, 주제, 작자, 제작연대 등에는 별 관심이 없었다는 사실을 알아야 한다. 그러니 시조에 대한 당대의 관점과 오늘날의 관점과는 많이 달랐던 것이다. 그런데도 우리는 이 점을 생각하지 않고, 지금의 관점으로 옛날의 사정을 마음대로 재단하여 말하고 있다.

고려시대에 지어졌다고 기록된 시조 작품들도 그 가사형태가 원형 그대로 조선시대에야 만들어진 가집에 잘 보존되어졌다고 생각한다면 지나치게 순진한 생각이다. 수백 년 구비, 전승되는 과정에서 가사의 형태는 수시로 변형되었을 가능성이 짙다. 탄로가, 백발가가 고려시대의 작품이라 인정한다 해도 오백 년 후에야 비로소 기록된 작품의 형태가 시조의 원형의 모습이라고 단정하고, 이를 바탕으로 하여 시조의 초기 형태를 규정하는 것은 각주구검(刻舟求劍)과 같은 시대착오적 발상일 수 있다. 그보다는 그것이 가집 편찬 당시의 사정에 맞도록 변형된 형태라고 하는 것이 더 정확한 말일 것이다. 〈청구영언〉에서 시대적으로 멀리 떨어져 있는 작품일수록 그 원형과는 차이가 있을 수 있고, 문학사적인 가치와 신빙성, 증거력은 떨어진다.

사정이 이러한 가운데에서 歌集의 歌詞 형태를 기준으로 하여 논의되어진 그동안의 모든 시조 발생기원론, 형식론, 발전론 등에 대한 재고의 여지가 많다. 歌集에 수록된 시조의 형태에만 집착하는 것보다는 추정이 가능한 음악적 형질에 눈을 돌린다면 시조의 본질에 접근하여 새로운 시조의 연구 성과를 거둘 수 있을 것이다. 이러한 사정은 비단 시조에 한정된 문제가 아니라 모든 시가문학에 걸치는 문제로서 우리 국문학 연구의 중요한 관건이 될 수 있다. 이 모든 가능성과 기대는 현대의 시문학과는 다른 시가문학의 음악적 요소를 어떻게 인식하는지의 여부에 달려있다 할 것이므로 시문학과 시가문학에 대한 정확한 인식이 필요하다. 이러한 관점으로 우리 고전 시가문학을 다시 본다면 새로운 성과를 기대할 수 있으리라고 생각한다. 그리하여 시가문학을 단순히 '읽는 문학에서 부르는 문학'의 수준으로 인식하는 사고의 전환이 필요하다.

1. 시가문학에 대하여

그동안 많은 성과를 쌓아놓은 시가문학 연구에 대하여 새삼스럽게 문제를 제기한다는 것은 매우 조심스러운 일이다. 그러나 연구의 성과가 많았던 만큼 시정해야 할 문제도 적지 않다는 사실도 인정해야 한다. 기존의 시가문학에 대한 연구 중에서 유의해야 할 문제 중의 하나는 詩歌문학에 대한 개념이나 본질의식의 불철저였다. 우선 시가문학은 詩이기 전에 노래가 전제된다는 점에서 본질적으로 시문학과는 같지 않다. 시문학은 詩 자체 연구로 족하겠지만 시가문학은 가사 말고도 노래라는 과제를 해결하지 않으면 안 되는 특성이 있다. 이 특성을 배려하지 않으면 시가문학의 본질을 빼놓는 것이 되어 정상적인 연구가 될 수 없다. 시가가 노래를 본질로 한다면 읽는 것으로 그치는 것이 아니라 노래로 불러야 마땅하다. 그렇다고 악보마저 없어진 고시가를 지금 노래 불러야 한다는 것이 아니라 그것이 원래 노래였다는 엄연한 사실을 잊어서는 안 된다는 것이다. 그래서 이제는 시가문학을 다시 부르는 관점으로 연구해야 한다.

고전시가문학의 근원이 원시종합예술에서 비롯된다는 사실이 부정될 수 없다면 특히 시가문학의 생성과정에서 음악적 형질에 대한 관심은 절대 필요하다. 그러나 이에 대한 관심이 충분하지 못했던 것 같다. 물론 그동안 이에 대한 시정론이 없지 않았지만 대세를 바꾸기에는 역부족이었던 것 같다. 그러나 시가문학에서 음악적 요소는 그 본질이고, 그래서 거기에 착안한다면 기존의 시가문학에 대한 논의를 시정할 수도 있고, 더러는 새로운 관점을 만들어 낼 수도 있다고 믿는다.

여기에서 논의하고자 하는 것이 기존의 성과를 전면 부정하자는 의도도 아니고, 전혀 새로운 견해라는 것도 아니다. 다만 기존의 성과는 합리성보다는 권위에 의지하여 일일이 들어 말할 수 없을 만큼 견고하고, 그에 대한 시정론은 마땅한 이유가 있음에도 불구하고 목소리가 너무 작아서 들리지 않기 때문에 약자에 힘을 보태고 싶을 뿐이다. 그러므로 이 연구는 억지스러운 부정도, 전혀 새로운 창의도 아닌 셈이다. 다만 시가문학의 본질에 입각하여 차분히 다시 생각해 보자는 것이다.

국문학계에 보태고 싶은 말이 하나 더 있다면 학문이 이데올로기에서 좀더 자유로워지자는 것이다. 학문의 민족주의 내지 애국심은 경우에 따라서 정당하고 객관적인 학문을 수행하는 데 장애가 될 수 있다. 우리의 시가문학이라 해서 우리 독자적인 주체성만 자랑삼는다면 이념에는 충실할 수 있을지 몰라도 객관적인 학문하고는 거리가 있을 수밖에 없다. 그동안 이념으로 인해 국문학을 올바로 보지 못한 경우가 적지 않았다고 생각한다. 이와 관련하여 우리 역사와 문화를 생각할 때에 국문학의 비교문학적 연구는 이러한 폐쇄적, 자기만족적 연구태도를 시정할 수 있는 좋은 방안이라고 생각한다. 표현문자에 관계없이 이는 아주 중요한 연구 방법론임에 틀림없다. 비교문학 방법론을 좀더 적극적으로 활용한다면 훨씬 발전적인 시가문학 연구를 기대할 수 있으리라 믿는다.

여기에서 논의할 방법론들이 아직 충분히 검증받지 못했다는 문제도 있겠지만 그보다는 시가문학에 대한 인식의 전환을 위한 가치 있는 제언이 될 수 있기를 희망한다. 이러한 가능성을 실증적으로 탐색하기 위하여 모든 시가문학을 대상으로 삼을 수 없으므로 비교적 일반적이고 보편적인 몇 가지 장르에 한정해서 바람직한 고전시가문학 연구의 방향을 제기하고자 한다. 하나의 방법론을 탐색하는 것이므로 본격적인 내용연구에는 미치지 못한다.

1) 上代漢譯歌

상대한역가란 원래 우리의 가요였던 것이 표기수단이 없어 漢詩로 번역되어 전해진 것을 말한다. 당연히 상당 시간을 구전되어 오다가 후대에 와서 한역되어진 것이다. 그 구전기간에 따라 原歌와 한역가의 일치도는 다를 것이라는 생각이 필요하다. 다시 말하면 지금 한시로 보는 작품은 원가와 어느 정도 다를 수도 있다는 가능성을 전제하는 발상이 그 연구에 도움이 될 수 있다. 그러므로 그것이 언제 한역된 것인가라는 문제도 중요하다. 그리고 그것이 삽입가요로서 배경설화에 끼어들어간 작품이라는 사실도 중요하게 생각해야 한다. 삽입되었다는 사실은 시가 작품이 설화, 역사의 일부로 편입되었음을 말하는 것이고, 그 과정에서 記述者의 의도가 따로 작용했을 가능성도 있을 것이다. 이를테면 황조가는 金富軾의 고구려 역사관의 일부이며, 구지가는 一然의 불교나 무속에 대한 가치관이 개재되었을 것이라는 생각이다. 이러한 가정은 이 작품들만을 따로 떼어서 생각하는 방식은 바람직하지 않다는 사실을 말한다.

上代라는 시간개념도 다잡기 어려우므로 신라 향가 이전의 작품으로 규정하는 것이 더 국문학사의 정신에 충실할 수 있다. 그래서 여기에서는 공후인, 황조가, 구지가 3편만을 그 대상작품으로 다루기로 한다.

(1) 箜篌引

상대시가문학 연구에서 늘 그래왔듯이 가사의 내용을 배경설화에 관련지어서 해석하는 것이 주된 관심사였다. 공후인은 악부문학인 점에도 착안하여 논의된 적도 있었지만 그리 많은 사례는 아닌 듯하고, 그나마 여전히 가사내용 해석에 밀려나 있었고, 음악에 집중한 경우는 문학의 범주를 훨씬 벗어나 문학연구로서는 영역이 달라 여기에서 논의할 바가 아니다. 그동안 공후인의 작품 연구 성과가 쌓여있지만 그리 명쾌하게 정리되어있는 편은 아니다. 최대관심사인 작품의 국적문제나 작품의 배경지, 작자에 관한 문제에서부터 신화비평적 관점이나 역사주의 비평, 인류학적 관점, 민속학적 관점 등의 해석도 다양하다.

그러나 이러한 그동안의 성과는 여러 가지 다양한 가치가 있는 주장이 있었음에도 불구하고 가사의 형태나 내용, 배경설화에 집착한 나머지 상당한 혼선도 피하기 어려웠다. 가사 내용에 배경설화를 효과적으로 접목시켜 해석을 시도한 것은 작품분석에 한정된 단견을 피할 수 있게 하였지만 작품의 해석이 지나치게 확산되어 오히려 요령을 잡기 어렵게 하기도 하였다. 이러한 현상은 상대가요의 공통적인 문제점이기도 하지만 배경설화와 가사 내용과 잘못 연결되어졌을 때 개선의 방법이 없다는 것도 문제이다.

대부분의 상대가요들은 어떠한 서사적 이야기에 끼어들어간 삽입가요의 성격을 가지고 있다. 그리고 그 서사적 이야기가 작품의 배경설화가 되어 그것에 의해 작품 해석을 하게 마련이다. 이 경우 배경설화와 가사가 반드시 일치한다고 장담할 수 있는 일은 아니다. 공후인의 배경설화에 있는 '朝鮮津' '白首狂夫' '霍里子高' '麗玉' 등과 같은 기록에서 벗어나지 못한 그동안의 논의는 시가 자신이 설화의 감옥에서 벗어나지 못하는 것과 같다. 우리가 절대적으로 믿고 있는 그 근거들이 기록자의 의도나 와전으로 왜곡되었을 가능성도 남겨두어야 보다 유연하게 작품을 연구할 수 있다.

이러한 가능성은 어떠한 상대가요에도 상존하고, 실제로 그러한 의도적 왜곡작업은 간단없이 시도되어 왔다. 앞에서의 경우처럼 〈詩經〉의 주석은 거의가 原義와 관계없이 의도된 배경설화로 채워져 있어 이에 의존한다면 작품의 본의와는 전혀 다른 해석에 이르게 된다. 실제로 〈詩經〉의 순수민요들은 성리학자들의 철저한 목적문학관에 의하여 거대한 유가도덕가집으로 둔갑하였다. 黃鳥歌도 그 배경설화를 전적으로 신뢰할 수 없으며, 향가, 특히 서동요는 역사적 사실과 부합되지 않는다는 사실이 이미 입증된 지 오래이다. 麗謠도 그럴 가능성이 얼마든지 있다. 이밖에도 적지 않은 시가의 배경설화는 기록자나 작자의 의도적 창작물일 수 있음에 유의해야 한다. 배경설화의 가치를 부정하자는 뜻이 아니라 그것에 전적으로 의지하는 것이 시가연구의 능사는 아니라는 말이다. 만약에 공후인도 그러한 경우에 해당된다면 그동안 여기에 기울여온 우리의 노력은 보상받을 길이 없게 된다. 물론 그럴 가능성은 아주 적지만 그러한 가능성에 대비할 수 있는, 또는 그것이 가지고 있는 한계를 보완할 수 있는 폭넓은 사고와 다양한 가능성이 더 마련되어야 할 것이다.

공후인 연구에서 또 한 가지 조심해야 할 일은 歌詞에 대한 맹신적 자세이다. 이 작품을 국문학으로 간주하려면 우선 이것이 한역가사임을 전제해야 한다. 그것도 우리에 의해서가 아니라 중국으로 건너가서 그들의 손으로 한문으로 정착된 것이라면 원래의 가사내용을 어느 정도 유지하고 있느냐의 문제도 고려되어야 한다. 고조선의 원작이 수백 년 지나 중국으로 건너가 中原에서 다른 나라의 언어로 정착되었다는 사실을 생각하면 우리의 가사가 온전히 중국에 가서 정착하였으리라는 가정은 지나치게 순진하다.

그리고 악부문학이란 것이 본질적으로 곡조에 가사를 붙인 것인데 통상 일정한 곡조에 여러 가사가 얹혀지기 마련이다. 실제로 箜篌引이라는 제목에 수많은 가사가 지금까지 전해지고 있다. 지금 우리가 보고 있는 가사도 당시에 중국에서 불려졌넌 수많은 歌詞 중의 하나가 운 좋게 정착되었을 뿐이라는 사실을 안다면 이 작품을 연구하는 데 있어 보다 신중한 자세가 필요하다. 민요가 바탕인 樂府문학인 경우 이러할 가능성이 매우 높은데 공후인은 우리의 문학 여부와는 상관없이 현재 우리가 목격하는 가사는 분명한 중국의 악부문학임을 알아야 하고, 악부문학의 본질은 음악이라는 사실을 잊어서는 안 된다. 더구나 공후인의 정착과정을 보면 본래의 원가사와 일치하지 않을 가능성이 더욱 크다. 게다가 그 번역된 한문가사를 최근에 와서 다시 우리말로 옮긴 한글가사를 원작과 동일하게 생각하고 논의한다면 순진하다고 말할 수도 없는 지경이다. 이러한 사정은 비단 공후인의 경우에 한정되는 것이 아니라 상대번역가요 전체에 해당하는 말이다.

그러한 형편에서 현전 가사의 내용만을 현미경으로 분석하여 이루어 낸 그동안의 연구성과는 원문 가사에 어느 정도 접근하였는지부터 의문을 가져야 할 필요가 있다. 현전의 가사에서 중국적 요소를 도외시한다면 그것은 온전한 공후인의 연구라고 하기 어렵다. 그만큼 현전 공후인의 가사는 우리가 생각하는 국문 시가문학으로서의 공후인의 본질을 대신하기에는 불완전하다. 이러한 사정을 뒤로 한 채 경우에 따라서는 그동안의 성과에 만족하여 이 이상 연구의 여지가 남아있지 않다고 할지도 모른다. 그러나 발상을 바꾼다든지 앞으로 이에 대한 새로운 자료가 발견된다면 그 연구의 과제와 가능역은 더욱 확대될 것이다. 지금에 와서 그동안의 연구 성과에 대하여 과소평가를 하자는 것이 아니라 그러한 성과들을 전적으로 신뢰하여 만족할 수 없다는 말이다.

이러한 상황에서 이 작품에 대한 음악적 관점으로 주의를 기울인다면 좀더 발전적이고 새로운 견해를 도출해 낼 수 있으리라는 기대를 해 본다. 그러면 앞에서 문헌자료에만 의존해오던 연구의 한계를 극복할 수 있을 것이다. 그래서 우선 이 작품이 악부문학이라는 사실에 착안하자는 것이다. 악부란 중국시가문학의 한 갈래명칭이다. 원래 민간에서 불려지던 민요를 채집하던 관청이 樂府였고, 악부에서 채집된 민요를 곡조에 맞추어 문자로 정착시킨 노래의 가사가 樂府文學이었다. 그러니까 악부의 문학적 근원은 음악적 형질에서 찾아야 옳다. 공후인의 현전 가사를 정착시킨 것은 漢代 蔡邕의 琴操와 晋代 崔豹의 古今注였으니 이에 대한 음악적 작업은 유감스럽지만 그 현장에서 출발해야 한다는 점에서 연구의 한계가 크다. 설령 그것이 우리 역사의 고조선 작품이라 하더라도 음악적으로 그것을 착수할 방도가 없으니 당대의 음악적 상황에 의존할 수밖에 없는 것이다. 우선 제목이 공후라는 악기 이름이라는 점에서 강한 음악성이 분명하고, '引'도 곡조명으로 역시 그렇다. 그러니 箜篌引이란 이름도 본래 노래 곡조에서 비롯된 것이지 가사를 따지는 시문학을 말하는 것이 아니었음이 명백한 것이다. 또 제목을 공무도하가라고 하기도 하는데 이는 본래의 이름이 아니라 가사 내용에 의하여 후세에 붙여진 이름이고, 이 역시 노래라는 사실에는 변함이 없다. 그 가사내용도 당대 중국의 사정과 정서도 같이 배려해야 마땅하다. 우리 고조선의 가사가 중국으로 전해져 거기에서 수백 년 후에 원형 그대로 정착된 것이라고 기대하기 어렵다. 그렇다면 가사 내용으로 고조선, 고구려의 요소를 추출해 내려는 시도는 실효를 거두기 어려울지도 모른다. 음악적으로도 우리의 곡조가 중국으로 전해져 수백 년이 지난 후에 정착되었을 가능성도 크지 않다. 그러고 보면 공후인에서 우리의 음악성도, 우리의 내용도 찾아보기 어려울 것이라는 점에서 매우 유감스러운 일이지만 이를 국문학 작품으로 규정할 당위성이 더 약해진다. 설령 그 당위성이 확보된다 하더라도 한문학의 樂府인 공후인을 국문학으로 포함시키기에는 '廣義의 국문학'개념이 필요하다. 문학작품의 생태적, 장르적 연구를 위해서는 표기문자와 그 정착시기가 중요한 관건이다. 이런 관점으로 본다면 공후인을 후대의 하위의 국문시가문학에 연결시키기가 쉽지 않다. 결국 국문학은 국문학이되 국문학 장르에 연결시키기 어렵다는 것은 箜篌引이 갖고 있는 존재적 약점이다. 이러한 사정은 우리 상대한역시가문학이 공통적으로 갖고 있는 학문적 과제가 아닐 수 없다.

이러한 상황에서 공후인의 유일한 지리적 단서인 '朝鮮津'에 주목하는 것은 매우 의미있는 연구방법이다. 그것이 국문학으로서의 유일한 근거이기 때문이다. 그것이 上代 우리의 강역이라는 입증만 할 수 있다면 어떠한 문학적 연구 노력보다 더 큰 의의를 거둘 수 있을 것이다. 공후인에 대한 연구를 음악, 문학의 제한에서 벗어나 보다 광범위한 영역에까지 확대할 필요가 있는 이유이다. 이에 대해서는 별도로 논의할 것이다.

(2) 黃鳥歌

황조가도 한역시가라는 점에서 국문시가문학으로서 한계가 크다. 가사내용도 전승과정에서 다소간의 손상과 변질을 피하기 어려웠을 것이다. 이 작품은 한시 중에서도 가장 짧은 악부체로 되어있다. 제목인 황조가도 원래의 이름이라기보다는 구비전승되다가 훗날 번역, 정착과정에서 중국 『詩經』의 편명에서 비롯되었을 가능성이 있다. 제목과 내용이 밀접하지 않은 이유가 여기에 있을 것이다. 그리고 중국의 樂府 형식에 맞추기 위해서 원형가사가 형태나 내용면에서 어떤 변형의 과정을 거쳤을 것이 틀림없다. 고려속요가 소악부로 정착되는 과정을 보면 그렇다. 고려의 小樂府는 李齊賢에 의해 주도된 당대 민요의 한역시라는 점에서 이러한 사실을 유추하는 데 좋은 참고자료가 된다. 이제현의 소악부인 정과정, 서경별곡, 처용의 경우로 보건대 이제현의 소악부는 여요를 번역하였으되 그 가사 내용 전부를 옮긴 것이 아니라 그것을 줄여 변역한 것으로 원형과는 차이가 적지 않다. 이로 미루어 보건대 황조가도 그럴 가능성이 크다. 어쩌면 황조가의 原詞는 지금보다 더 길거나 더 풍부한 내용이었을 수도 있다. 더구나 악부문학의 특징으로 보아 원래는 연장체 시가였을 가능성도 있다. 이러한 사정은 漢譯된 상대시가문학이 가지고 있는 공통적 한계로 연구에 유의해야 될 사안이다. 그러므로 현전 황조가의 가사 내용만을 절대시하는 연구자세는 바람직하지 않다. 더구나 한역가사를 최근에 다시 우리말로 번역한 가사를 가지고 원작을 논의한다면 매우 우스운 일이 될 수 있다.

배경설화와 관련시켜 이 작품을 해석하는 것은 마땅한 일이다. 그러나 이러한 경우에도 마찬가지로 배경설화에 기록된 유리왕의 실연고사로 단정하는 것은 지나치게 순진한 일이다. 그것은 원작 민요 당대의 사실이라기보다는 한역 정착단계에서 기록자의 의도가 작용되었을 가능성이 있기 때문이다. 어쩌면 당대의 儒理王과 이를 기록한 金富軾과의 시대 거리가 원작과 황조가의 배경설화와의 차이일 수 있다. 더구나 배경설화에 나오는 화희, 치희라는 이름에 착안하여 종족투쟁의 역사로 간주하고, 명백한 서정시를 두고서 돌연히 서사시 운운하는 일은 재미있는 이야기이기는 하지만 매우 위험한 유희일 수 있다. 이러한 사정 역시 모든 상대한역가요에 해당하는 것이니 유의해야 한다. 삽입가요에서 배경설화와의 관계는 절대적이 아니므로 – 이 경우는 그럴 가능성이 많다– 다만 그 가능성만을 인정할 수 있는 정도라야 할 것이다.

樂府라는 것이 본래 민요를 바탕으로 이루어진 것이라면 우리가 불렀던 민요와 그것을 악부로 한역한 황조가는 일치하지 않을 가능성이 있고, 황조가와 배경설화 역시 부합되지 않을 수 있다면 당연히 이것이 유리왕의 작품이라는 보장도 없다. 실제로 〈三國史記〉의 기록을 확인해 보아도 '왕이 일찍이 나무 아래에서 쉬고 있다가 황조들이 날아드는 것을 보고 노래 하였다.(王嘗息樹下 見黃鳥飛集 乃感而歌曰)'라고 되어있으니 이 노래는 雉姬를 잃기 전에 이미 불렸던 노래이고, 이미 있었던 노래를 유리왕이 불렀을 뿐이라는 해석이 오히려 타당하다. 그러니 유리왕이 황조가를 지었다고 장담할 수 없는 것이다. 原歌가 민요가 분명하다면 당연히 일정한 작자를 마련할 필요가 없는 일이고, 이 노래를 농경민족과 유목민족의 투쟁사로 해석하는 것은 매우 흥미롭기는 하나 신뢰할 수 있는 일은 아니다. 그보다는 백성들이 남녀간의 애정을 진솔하게 읊은 노래였다고 하는 것이 일반적이고 상식적인 해석이 아닐까 한다. 황조가의 가사 내용연구는 이러한 정도에서 정리되어도 좋다는 생각이다.

현전 기록에 얽매어 가사와 배경설화에 집착하는 것은 자칫 황조가의 본질을 왜곡시킬 수 있고, 그렇다면 그 노고의 의미가 생각보다 크지 않을 것이다. 그보다는 보다 광범위한 관련 기록을 통하여 이 작품과 관련되는 당대의 사회문화적 사정을 탐색하고, 그 장르적 실체와 음악적 형질에 대한 관심이 더 중요하다. 지금에 와서 당대의 음악적 요소를 밝히는 일은 한계가 크겠지만 관련자료 탐색이나 장르적 실체 규명은 노력에 따라서 얼마든지 가능한 영역이다. 이를 가능하게 한다면 우리 시가문학 연구를 위해서 아주 바람직한 일이 될 것이다. 이러한 노력이 현전 가사만을 가지고 이러쿵저러쿵 따지는 조충전각(雕蟲篆刻)의 수고보다는 훨씬 의미 있는 일일 것이다.

(3) 龜旨歌

구지가 역시 한역된 것으로 원래의 노랫말의 내용과 어느 정도 부합되는지 확신할 수 없다. 그러나 그 한역이 箜篌引, 黃鳥歌와는 달리 그 가사가 당대의 사정이나 내용과 근접해 있다는 점은 매우 다행한 일이다. 여타 상대시가가 철저히 중국의 漢詩형식을 하고 있는 것과는 달리 구지가는 '龜何龜何 首其現也' 와 같은 향찰식 표기를 시도했다는 사실은 매우 큰 의미가 있다. '何'는 고유어 호격조사인 '하'로 사용되었고, 首자가 앞에 온 것, 現자가 뒤에 온 것도 우리 어법적 문형이다. 이러한 사실에서 현전 가사의 형태나 내용이 원래의 가사내용과 큰 차이가 없으리라고 추정할 수 있다. 구지가 가사내용의 국문학적 가치가 다른 상대시가와 같지 않은 이유이다.

배경설화도 시가의 내용과 부합되는 면이 많다. 설화의 龜旨峰이 실제로 현지에 거북이 머리 모양으로 구현되어 있고, 신화의 神託行爲가 땅을 파내는 노동적 구체행위로 내용에 표현되고 있으며, 실제로 首露王이 탄생하는 주술적인 영험이 이루어졌으며, 그것이 가사나 배경설화에 구체적으로 반영되어 있다는 것 등에서 이 삽입가요에 대한 연구는 매우 신뢰성이 높은 것이었다. 설화에 신맞이 노래인 迎神君歌라고 밝힌 것도 이 작품을 해석하는 데 부합되는 중요한 사실이었다. 그리고 이것이 실제의 건국신화라는 사실을 역사적으로 입증할 수 있었던 것도 아주 유리한 점이었다. 그만큼 관련자료가 풍부하고, 현전기록이 사실에 충실하며, 가사내용과 배경설화의 일치도가 높다. 이러한 점은 앞의 공후인이나 황조가와는 매우 다른 양상으로 이 작품을 연구하는 데 매우 유리한 조건이다.

이렇게 신뢰할 만한 성과도 알고 보면 처음부터 이 노래를 주술적인 巫歌로 파악했기 때문에 가능했던 일이며, 이것은 바로 이 시가를 음악적인 면에서 관찰한 결과이다. 이것이 무가라는 것이 확실하다면 그 음악적 형질에 대하여 더욱 관심을 기울여야 한다. 그리고 무가의 전통이 오늘날까지 이어진다는 면에서 다른 시가의 음악적 형질보다 구지가의 연구에 더 유리한 조건이다. 그런 면에서 우리가 그동안 이루어 놓은 구지가에 대한 연구 성과는 더 신뢰할 만하다.

이러한 방법론은 상대삽입가요나 시가문학 연구에 시사하는 바가 매우 크다. 공후인을 무가로 보는 견해가 많은데 그렇게 볼 수 있다면 구지가와 같은 연구방법을 참고한다면 좋을 것이다. 그렇다면 공후인에 대하여 구지가에 상응하는 실증적 방증을 마련하는 일이 중요하다. 그것이 무가라는 사실 입증에 좀더 노력해야 하고, 그 무가의 발생지에 대한 천착이 필요하다. 그러나 작품에 대한 기록이 매우 적고, 시대적으로도 더 오래이고, 그 발생지가 지금은 남의 땅이 되어 연구의 한계가 크다. 그렇더라도 공후인의 연구는 이러한 방법이 아니고서는 더 이상의 진전이 없을 것이다. 이에 비하여 구지가는 이런 면에서 어느 정도의 신뢰성을 확보하고 있으므로 다른 시가와는 달리 현전 기록에 대한 천착은 충분한 가치가 있는 일이다.

구지가가 상대의 한역시가라고 해서 후대의 국문시가문학과 연속성을 확보하려는 노력을 하지 않은 것은 올바른 국문학사적 태도가 아니다. 그것이 우리의 시가문학이 틀림없다면 당연히 후대의 시가와 연결시키려는 노력을 기울여야 옳다. 공후인이 국적을 의심받고, 황조가가 지리적으로 멀어 그 작업이 어렵다 하더라도, 구지가는 지리적으로도 신라와 가깝고, 시대적으로도 이어지고, 내용적으로도 향가와 연결된다면 더 이상 상대번역가요라는 정체불명의 이름으로 고립시켜서는 안 된다. 구지가의 내용이 7언의 한시인 海歌詞로 신라에 계승되었다든지, 처용가와 같은 내용과 기능을 갖는다면 당연히 신라의 시가인 향가문학에 연결되어야 옳다. 그럼에도 불구하고 아직까지도 이에 착안하지 않고 있는 것은 지금까지의 향가의 장르적 규정이나 인식이 잘못되어있기 때문일 것으로 생각되어 이에 대한 차분한 재검토가 필요하다.

2) 鄕歌

엄밀히 말하여 상대한역가요는 원형이 아닌 漢詩이므로 후대의 국문시가문학과는 장르적 연속성에 결격사유가 있다. 그러므로 향가에 이르러야 비로소 본격적인 국문학 장르는 시작된다고 할 수 있다. 향가는 향찰식 표기로써 우리의 소리와 내용을 그대로 적었다는 점에서 매우 획기적인 국문시가문학이다. 이러한 점은 漢字를 빌려 썼다는 약점에도 불구하고 앞의 상대가요에 비교할 때 매우 가치 있는 자질이 아닐 수 없다.

그러나 찬찬히 생각해보면 향가라는 장르 명칭부터 예사롭지 않다. 이에 대한 해석이 아직 석연치 않은 형편인데 장르 명칭에 대한 해석이나 규정이 분명하지 않으면 그에 대한 연구를 올바르게 수행하는 데 지장을 줄 수 있다. 우선 '중국의 노래에 대한 卑稱'으로 불려진 것이 鄕歌라면 그리 유쾌한 일은 아니지만 후손으로서는 어쩔 수 없는 일이다. 그렇다고 해서 '신라의 노래'라고 한다면 普賢十願歌를 비롯한 고려의 향가를 포함할 수 없으므로 옳지 않다. 그래서 시대에 관계없이 '향찰로 표기되었던 노래'라고 하는 것이 무난할 듯싶고, 실제로 그러한 규정에 암묵적으로 합의해 온 지 오래이다. 그러나 향가를 이렇게 규정했기 때문에 결국 〈삼국유사〉에 기록된 신라시대의 작품 14편과 고려시대의 작품 11편에 한정될 수밖에 없게 되었다. 兩代 왕조 천 년에 걸쳐있던 우리의 시가문학의 수량이 고작 이에 그친다면 그것밖에 남기지 못했던 우리의 조상탓만 할 일이 아니다. 그보다는 표기문자를 기준삼아 장르명칭을 규정하여 향가문학을 이토록 초라하게 만든 후손들의 잘못이 더 크다. 표기문자를 기준으로 장르 규정을 했다는 것은 철저하게 현전 문자기록에만 의지하여 판단한 결과이다. 그럴 수밖에 없었던 사정은 이해가 되지만 보다 더 신중한 학문적 자세가 아쉽다. 만약에 향가의 음악적인 형질에 유의했다면 고작 25편을 가지고 그것이 마치 향가문학의 전부인 것처럼 논의하는 일에 만족할 수는 없었을 것이다. 거칠지만 우선 '당대의 곡조에 의해 불려졌던 노래'라고 생각한다면 現傳이건 不傳이건, 표기수단, 길이, 내용, 작자계층이 어쨌든, 그런 답답한 조건들이 문제가 될 리 없을 것이다. 그런데 오늘날 우리는 향가의 장르적 본질과는 별 상관이 없는 이러한 조건들을 가지고 향가를 옥죄어 논의하고 있다. 향가의 장르에 대한 규정이 알고 보면 〈三

國遺事〉와 〈均如傳〉 단 두 문헌에 전적으로 의존하고 있을 뿐이고, 그것은 결국 단 두 사람의 편찬자에 의해서 향가라는 장르가 결정된 셈이다. 사실을 말하면 편찬자의 의도가 향가를 모아 계승시키자는 의도도 아니었고, 단지 흥미 있는 사건, 사실을 기록하거나, 포교를 목적으로 지은 노래를 이야기 속에 끼워 놓다 보니 오늘날의 향가가 전해지게 된 것 것뿐이다. 그야말로 현전 향가는 극히 우연의, 행운의 산물인 셈이어서 이것만을 근거로 하여 전체를 다 아울러서 말한다면 우연의 일치이거나 소경이 코끼리 다리 만지기와 다를 바 없는 일이다. 사정이 이러함에도 불구하고 이 우연과 행운에 전적으로 의존하다 보니 향가 전체의 모습을 보지 못하게 되었고, 수많은 향가들이 향가에서 제외되어 우리의 향가는 정체가 불분명하고, 양적으로는 아주 초라한 문학이 되어버렸다. 일이 이렇게 된 것은 당대의 사정과는 상관없이 오로지 표기문자만을 가지고 장르규정을 한, 순전히 후학들의 학문적 책임이다.

표기수단으로 향가를 규정하다 보니 유사한 내용과 기능을 가지고 있는 龜旨歌와 海歌詞는 절대로 향가일 수 없는 일이다. 그것이 본래 우리의 무가를 한역한 것이 분명하지만 장르상으로는 하나는 樂府요, 하나는 7언漢詩일 수밖에 없는 현실을 어떻게 받아들여야 할지 모르겠다. 한역가를 액면 그대로 국문시가의 장르로 받아들일 수는 없는 일이다. 사정이 이렇다면 현전하는 공후인, 황조가도 국문학이 아니라 간단히 漢文學으로 귀결시키면 그만일 것이지만 그렇게 된다면 우리는 소중한 국문학 유산을 포기하는 꼴이어서 올바른 국문학 연구라고 할 수 없다. 공후인, 황조가의 연구 여건이 여의치 못하여 연구에 한계가 있다는 점은 양해가 되더라도 이들을 정상적인 국문학으로 연결시키려는 노력을 그쳐서는 안 된다. 더구나 구지가와 해가사는 이보다 여러 가지 면에서 유리한 연구 조건을 가지고 있어 그 이상의 성과를 기대할 수 있다. 무엇보다도 이들은 지역적, 시대적, 내용적으로 연결성이 크고, 향가와 연속성을 확보할 수 있다면 향가문학은 새로운 국면을 맞이할 수도 있을 것이다. 구지가와 해가사는 같은 무가로서 음악적으로, 가사 내용의 원형으로도 유사한 장르일 가능성과 더불어 향가와 지역적 근접성이 있으므로 여기에 착안한다면 향가와 장르적으로 연결시킬 수 있을 것이라는 생각이다. 그럴 수 있다면 향가문학 연구는 새로운 국면을 맞이할 수 있을 것이다.

이와 관련하여 엄연한 향가인 처용가를 같이 생각해 볼 필요가 있다. 巫歌라는 점에서 이들은 음악적 공통점이 있고, 내용이나 기능면에서도, 심지어는 형태적인 면에서도 - 구지가와 海歌詞는 변역된 형태만 남았으므로 처용가와 단순 비교할 수 없다. - 어느 정도의 연속성을 가지고 있었다. 그럼에도 불구하고 단지 표기문자와 현전 형태만 다르다는 이유로 제각기 구지가를 악부체, 해가사를 한시, 처용가는 향가로 달리 장르규정을 한다면 본래 가지고 있었던 우리 국문학의 연속성을 스스로 파괴, 해체시키는 행위가 될 것이다. 그들의 차이는 오로지 표기문자에 있었을지도 모른다. 본래 똑같은 우리의 노래를 구지가는 악부 한시체로, 해가사는 7언한시체로, 처용가는 향찰로 적었을 뿐이었다면 우리들은 스스로 선조가 남긴 향가를 포기한 것이나 다름없다. 더구나 구지가는 분명히 향찰표기적인 요소도 있음에도 불구하고 향가가 될 수 없었다. 이 모든 결과는 향가의 개념규정을 오로지 향찰문자에 두었기 때문이다.

이렇게 정당치 못한 장르규정에 의하여 본래 엄연한 향가였음에도 불구하고 향가에서 제외된 시가문학이 얼마나 되는지 짐작하기 어렵다. 이것을 조상 탓으로 돌릴 수는 없는 일이다. 당대에 漢詩 형식으로 표기되어진 다른 시가들이나 가사가 전하지 않는 시가들을 향가가 아니라고 단정한 조상은 없었다. 정체불명의 장르규정으로 하여 향가에서 제외된 당대의 시가들은 漢詩형식으로 남아있는 龜旨歌와 海歌詞와 마찬가지로 향가일 가능성을 배제할 수 없다. 내용적으로 처용가와 아주 유사한 비형랑가도 원래 향가였던 것을 한역했을 가능성이 크다면 이것도 당연히 향가여야 한다. 그럼에도 불구하고 그것들을 향가에서 제외한 것은 지금의 후손들이다. 이 작품을 언급한 전례가 별로 없는 것 같아 이해를 돕기 위해서 〈삼국유사〉에 기록된 鼻荊郞歌를 확인해 본다.

> 비형랑이 귀신을 불러 여우로 변한 吉達을 잡아죽였다. 그래서 잡귀들이 비형랑의이름을 듣기만 하여도 무서워서 도망갔다. 사람들이 노래를 짓기를
>
> **聖帝魂生子**
> 성왕의 혼이 아들을 낳으니
>
> **鼻荊郞室亭**
> 비형랑이 여기에 계시다.
>
> **飛馳諸鬼衆**
> 까불고 날뛰는 귀신들아

此處莫留停
이곳에 머무르지 말지어다.

(필자 역)

비형랑은 신라 25대 진지왕의 아들이라 하였으니 이 노래는 가사가 현전하는 가장 오래된 신라 시가인 셈이다. 이것이 국문학에서 잘 알려지지 않은 이유는 한시로 되어있기 때문일 것이다. 그러나 당대의 한문학 수준이나 이것을 불렀을 백성들의 사정으로 보아서 이것이 본래 한시였을 가능성은 거의 없다. 그렇다면 이는 후일에 한시로 번역된 것이라고 해야 하고, 그렇다면 그 본 노래는 우리 말로 불려졌던 민요나 무가였을 가능성이 크다. 배경설화나 가사의 내용으로 보아서 훗날의 향가인 처용가와 매우 닮았기 때문이다. 비형랑의 출생배경이나 활약상, 노래의 주술적 성격도 처용과 흡사하다. 그렇다면 이것이 처용가의 원형일 가능성을 배제할 수 없고, 동시에 구지가의 후신일 가능성 역시 부정할 수 없다. 그렇다면 이 노래는 구지가와 처용가의 중간 위치에서 이들과 문학적 성격을 공유하고 있는 셈이어서 이들을 연관지어서 생각해야 할 것이다. 이 한시가 얼마나 原詞를 충실히 번역했는지 알 수 없지만 여러 가지 정황으로 미루어 보아 대개 민요나 무가와 같이 짤막한 노래였을 것으로 보여진다. 다만 이것을 근거로 하여 서둘러 4구체 향가라고 규정하려 든다면 기존의 가사 중심의 사고와 다를 바 없는 시행착오를 면치 못할 것이다. 만약 이러한 가정하에 구지가, 비형랑가, 처용가를 하나의 줄기로 연결시킨다면 이들의 차이라는 것은 고작 문자표기가 달랐다는 사실밖에 없다. 다시 말하면 구지가와 비형랑가를 향찰로 적었다면 그대로 처용가와 같은 향가였을 가능성이 크다는 것이다. 당대에는 아직 향찰 문자가 실용화 단계에 이르지 못했거나 漢詩로밖에 적을 수 없었던 사정이 있었더라도 이러한 문자 표기상의 문제로 시가의 장르가 달라져야 할 이유는 전혀 없다. 혹시라도 구지가는 가야의 시가라는 이유로 향가가 될 수 없다고 생각한다면 경주와 김해라는 지리적 거리로 장르까지 달리해야 한다는 발상이니 용납하기 어렵다. 이러한 사실들을 생각하면 그동안 향가에 대한 논의는 다시 검토되어야 마땅하다.

이 밖에도 제목만 기록되어 있고, 그 내용과 형태를 알 수 없는 당대의 시가에 대해서도 그것이 향가일 가능성은 얼마든지 있다는 사실을 생각해야 한다. 그리고 그냥 長歌라고만 되어있는 것들도 그것이 향가일 수 있다. 심지어 '身空詞腦歌'라고 명백히 향가로 기록된 것에 대해서도 별 관심을 보이지 않은 것이 우리 학계의 현실이다. 엄연한 향가인 悼二將歌를 제외해 놓고 향가를 논의하는 관행도 이해할 수 없는 일이다. 그러니 향가의 장르적 개념인식이나 규정부터 다시 생각해 보아야 하는 것이 우선 중요한 일이다.

사뇌격, 혹은 사뇌가를 두고서도 논란이 분분하다. 이를 향가와 유사한 의미로 해석하기도 하고, 이를 향가의 향찰식 표기인 '시골노래'라고 풀이하기도 하고, 오직 10구체 향가만을 가리키는 것이라고 말하기도 한다. 그런 가운데에서 사뇌가를 10구체 향가라고 단정하는 주장들은 오직 문장의 형태나 配行의 형태로 본 결과라는 데에 문제가 있다. 그러나 鄕歌가 본래 노래였듯이 詞腦格, 詞腦歌라는 말은 얼핏 들어도 '歌'와 '格'이 노래의 곡조를 가리키는 말임에 틀림없다. 지금까지 논의된 것만 가지고 말하더라도 시가문학은 본래 노래에서 출발한 것이 분명하다. 그러므로 당연히 향가의 연구도 음악을 전제하고 착수해야 한다. 그럼에도 불구하고 곡조 명칭이 분명한 사뇌가를 가사형태를 일컫는 10구체라고 규정하는 것은 문제와는 전혀 엉뚱하게 東問西答하는 것이고, 그것의 음악적 본질을 무시하고, 철두철미 가사의 형태로 간주하는 사고방식이니 본질과는 전혀 다른 말을 하는 지록위마(指鹿爲馬)와 다름없다. 사뇌가라는 명칭은 아무리 양보해도 최소한 가사형태를 가리키는 말은 아니다. 그리고 10구체 향가만을 사뇌가라 하면, 나머지는 사뇌가가 아니거나 사뇌가는 향가의 일부분이 되고 만다. 그러나 〈균여전〉의 기록을 보더라도 향가와 사뇌가가 같은 뜻으로 병칭한 경우가 있고, 鄕歌는 간단히 '시골노래'를 한자로 적은 것이고, '詞腦' 역시 고유어 '詞(시), 腦(골)'의 향찰표기라면 이 둘은 동의어로 보아야 할 것이다. 그렇다면 향찰표기인 詞腦歌가 한문표기인 鄕歌보다 먼저 생겼던 고유어 명칭이라고 해야 할 것이다. 신라 초기 유리왕 두솔가가 '詞腦格'이었다면 詞腦라는 이름이 鄕歌보다 더 먼저였음을 실증하는 것으로 보아도 좋을 것이다. 그렇다면 詞腦歌 – 시골노래 – 라는 고유의 이름으로 먼저 불리다가 나중에 한자식의 이름인 鄕歌 – 시골노래 – 로 한역되어졌을 가능성이 더 크다. 이와 관련하여 〈均如傳〉의 '열 한 수의 鄕歌는 글이 맑고 고왔는데 그것을 지으매 詞腦라고 불렀다.(十一首之鄕歌 詞淸句麗 其爲作也 號稱詞腦)'라는 기록을 생각해 볼 필요가 있다. 우선 이 장면에서 향가와 사뇌가 동의어로 쓰였음을 확인할 수 있다. 그러나 향가를 '爲作'한 것이 詞腦라고 한 장면에서 둘 사이에는 미묘한 차이가 있음도 감지할 수 있다. '其爲作也'를 어떻게 해석할 것인가가 문제이지만 만약에 이것을 入樂, 編曲이라고 해석한다면 열한 수의 鄕歌 歌詞를 詞腦歌 곡조로 작곡, 편곡했다는 의미가 될 수 있다. 다시 말하면 '爲作'을 入樂한 것으로 해석하면, 처음 歌詞로 지어졌던 것은 鄕歌였고, 그것을 입악, 곡조화한 것은 곧 사뇌가였다는 것이다. 그렇다면 사뇌가는 가사 형태와는 상관없는 순수한 노래곡조라고 해야 한다. 만약에 10구체 향가가 본래 사뇌가였다면 새삼스럽게 '爲作'해서 구태여 사뇌가로 만들 이유가 없을 것이다. 그러므로 이것을 근거로 '10구체는 사뇌가'라고 하기보다는 '사뇌가는 다른 향가와는 미세한 차이가 있을 수 있는, 우리 고유의 노래곡조'였음을 유추해 낼 수도 있을 것이다. 이렇게 본다면 향가와 사뇌가를 가사의 형식으로 구분할 아무런 이유가 없음에도 불구하고 이들을 형태상으로 구분하여 다른 것으로 말하거나, 한 술 더 떠서 사뇌가를 향가의 진화 완성형이라는 주장은 그럴듯한 감상에 가까운 것이다. 10구체가 향가의 완성형이라면 사뇌가 이후로는 4구, 8구체는 나오지 않거나 4구, 8구체 이전에는 사뇌가라는 이름이나 10구체 향가는 없어야 하겠지만 실제로는 그렇지 않으니 그동안의 주장들의 허실을 실감할 수 있다. 마지막 향가라고 하는 悼二將歌가 10구체가 아닌 것으로 보아도 실상을 알 수 있다. 그럼에도 불구하고 이렇게 근거 없는 억측들이 마치 정설처럼 횡행하고 있으니, 이는 일부의 오류에 그치는 것이 아니라 향가 전체의 본질을 흐려놓는 것이어서 문제가 적지 않다.

그러므로 향가와 마찬가지로 詞腦歌도 가사의 형태라는 고정관념에서 벗어나 우선 음악곡조의 차원에서 접근하는 일이 중요하다. 비록 지금 그 음악적 형질요소를 찾아내기가 어렵다 해도 본래부터 존재했던 본질을 쉽게 포기한다든지, 함부로 백안시해서는 안 된다. 음악적 형질이 존재했었다는 사실을 인식하는 것과 그렇지 못한 것과는 연구의 결과가 같을 수 없다. 비단 향가뿐만 아니라 모든 시가문학 연구에 있어 크고 작은 오류의 근원이 여기에 있다고 생각한다. 지금 추적이 가능한 범위 안에서는 그 본질적 존재를 최대한 찾아서 탐색하는 것이 학문적 자세일 것이다. 이러한 노력의 일환으로 사뇌가를 우리 고유 곡조인 '시나위'로 풀이하는 시도가 있었다는 것은 그나마 커다란 위안이다. 이 주장을 옳다 그르다 판단하는 것보다는 음악적 형질을 기반으로 하는 그 발상과 착상을 높이 평가하는 일이 더 중요하다. 그러한 노력의 일환으로 지금의 시나위 곡조를 바탕으로 재구해보거나, 향가의 흔적으로 알려진 鄭瓜亭의 곡조를 역추적한다면 사뇌가, 향가의 음악적 형질을 탐색할 수 있을지 모른다.

아무리 생각해보아도 천 년 이상에 걸쳐 성행했던 장르가 현전 향가 정도의 분량에 그칠 리가 없다. 우리 선인들은 우리가 충분히 논의해 온 민요, 노동요, 계몽가, 송축가, 찬불가, 주술가 등 다양한 주제에 걸맞는 수많은 곡조에 다투어 노랫말을 지었을 것이다. 순박한 민요나 노동요에는 비교적 짧은 가사가 붙여졌을 것이고, 애정, 원한, 계몽, 찬송, 향락, 애도, 기원, 발원, 제악 등에는 때와 상황에 따라서 상대적으로 긴 가사가 필요했을 것이다. 그 목적과 용도에 맞추어 지어진 노래들이 곧 향가였으니 그 작품 수량은 셀 수 없을 만큼 풍부했을 것이다. 그리고 노래의 가사 길이와 형태는 약속되어진 틀에 의해서 결정된 것이 아니라 필요한 목적이나 용도에 의해서, 곡조의 장단에 의해서 결정된 것이라고 해야 더 타당성이 있다. 그렇다면 향가의 형식이 세 가지에 그칠 까닭이 없다. 현전 향가의 주제처럼 이렇게 단촐한 내용이었을 리도 없다. 이보다 훨씬 다양한 양식과 주제의식의 노래가 불려졌을 것이라는 추정은 조금도 무리가 없다. 다만 그것의 지극히 작은 일부를 지금 우리가 목도하고 있는 것뿐이다. 음악적인 발상으로 향가를 더 진지하게 관찰한다면 제한된 범위 안에서도 더 풍성한 성과를 거둘 수 있으리라 확신한다.

향가의 가사내용 해독이라든지, 배경설화와 시가와의 부합 여부도 문제이지만 그 밖에도 향가를 문학장르로서 정리하는 데에도 논란이 그치지 않고 있다. 앞에서 언급되었다시피 아직도 상식으로 통용되고 있는 실정이지만 향가의 형식을 4구, 8구, 10구체로 규정하고 있다. 그리고 한 술 더 떠서 4구체가 8구체로, 이것이 다시 10구체로 확장 발전되었다는 주장도 여전히 힘을 내고 있는 실정이다. 그리고 그 중 10구체는 그 완성형으로서 사뇌가일 것이라는 견해도 있다. 그러나 이 모든 가설들은 순전히 향가의 가사내용과 형식만을 집중 조명한 결과일 뿐이다. 제목이 말하는 그대로 '노래'인 향가에서 음악적 형질을 모조리 제거한 채 가사만을 가지고 마음껏 재단하였으니 본질을 외면한 채 엉뚱한 이야기만 한 셈이다. 더구나 이 세 가지 형식으로 고정시킨 것도 현전 가사 25편만을 보고 임의로 귀납한 결과일 뿐이다. 그것은 당대에 지어졌던 전체의 향가를 생각할 때에 그야말로 아주 작은 九牛一毛에 불과한 것을 논거로 삼아 그것을 귀납하여 전체 향가를 성급히 일반화하였으니 논리적인 오류이다.

더 심각한 문제는 현전 향가를 그야말로 詩로만 생각한 것이지, 이것이 본래 詩歌였다는 배려는 거의 없었던 것에 있다. 4구, 8구, 10구라는 형식을 도출한 자체가 근래에 와서 가사만을 전제하고, 그것을 임의로 배열한 결과일 뿐이다. 당대에 그러한 구체의 형식을 의식하고 쓰여졌는지에 대해서는 누구도 장담할 수 없다. 그러나 조금만 생각해 보면 현전향가는 본래 노래였던 것이 틀림없는 사실이고, 노래가사의 配行은 글의 형식이나 의미를 따라가는 것이 아니라 곡조와 악절을 따라다닌다는 사실이다. 물론 지금 우리가 구안해 낸 향가 句體형식의 의미적 배행이 당대의 곡조와 일치되는 수도 있겠지만 실제 노래에 있어 악절과 가사의 의미적 배행이 일치하지 않을 수도 있다는 생각을 할 필요가 있다. 다시 말하면 가사의 배행은 원칙적으로 악절에 따라가는 것이지, 의미를 따라가는 것이 아니라는 것이다. 그러므로 지금의 어법으로 해석한 의미에 의해서 재편된 配行 - 그 배행이 原義와 부합되는지에 대한 확신조차 할 수 없다 - 에 의해서 이루어진 것이 句體라면 이는 불확실한, 그럴듯한 가정에 불과할 수 있다. 그러므로 4, 8, 10구체설에 지나치게 의존하는 논의는 향가의 본질을 해치는 위험한 일일 수 있다. 그것도 소수의 현전의 작품만을 가지고 내린 결론이므로 귀납적 논거가 매우 불충분한 것이다. 10句로 일관하는 普賢十願歌를 제외하면 겨우 14편인데 이것만을 매만지면서 3종의 구체형식을 내세우면서 자신만만해 하는 것은 무모하기까지 하다. 더 많은 작품이 발견된다면 또 다른 형식의 향가가 나올 수 있고, 가사의 해석이 달라진다면 배행이 달라져 또 다른 구체가 출현할 가능성도 열어두어야 한다. 사정이 이러함에도 불구하고 이 3종의 형식을 가지고 4구체가 발전하여 8구체가 되고, 다시 10구체로 완성되었다는 구체확장설이 버젓이 통용되고 있는 현실은 우리가 그동안 얼마나 시가의 특성을 무시하고 가사에만 집착하여 왔는지를 실감할 수 있는 장면이다.

구체확장 발전설은 철두철미 가사형태만을 고집한 결과이다. 게다가 그 발전단계를 단형에서 장형으로, 단순형에서 복잡형으로 단정하는 사고방식도 그럴듯한 고정관념에 불과하다. 원시종합예술로부터 생각해보더라도 집단적인 의식문화에서 출발하여 개별적인 정감문화로 전이되는 과정을 보인다. 원시시대에는 매사에 집단행동이 우선되었고, 제천의식도 집단적인 행사였다. 그래서 문학도 집단적인 서사적 정서가 개별적인 서정적 정서에 앞서 형성되었다는 것이 정론이다. 통상 서사가 서정보다 상대적으로 복잡하고, 장형의 형태를 갖는다고 전제한다면 서정시가 내에서도 역시 복잡, 장형에서 단순 단형으로 진행되었으리라는 추정이 가능하다. 그러니까 시가문학의 추이는 복잡, 장형화의 과정을 거친 것이라기보다는 오히려 단순, 단형화의 과정이라고 설명하는 것이 더 합리적이다.

다른 장르를 살피더라도 소설의 경우 장편, 로망에서 단편, 꽁트로 진행되었고, 서예의 경우도 전서, 예서에서 해서나 간체자로 변모하였다. 기타 미술, 음악, 건축 등 모든 예술계에서도 고전주의, 사실주의에서 추상주의, 해체주의 등으로 변천하는 과정으로 보면 복잡에서 단순화되는 추세를 보이는 것이 인류문화 발전의 공통된 현상으로 보인다. 漢詩의 경우도 가장 오래 된 〈詩經〉이 모두 연장체로 되어있고, 7言詩의 효시인 古詩도 그러했으며, 7언시에 이어서 5언시가 나왔으며, 후대의 단형시인 絶句는 연장체인 律詩에서 파생된 형태이다. 이렇게 생각하면 鄕歌의 구체확장 진화설은 문화발전의 일반적인 질서에 어긋나는 발상이다. 그보다는 구체축소 진화설, 즉 10구체에서 8구체로, 다시 4구체로 이행되었다는 가정이 더 합리적일 수 있다.

그러나 실제로 모든 문화가 합리적으로만 발전한 것은 아니다. 合理는 論理的 발상인데 실제와 논리가 늘 일치하는 것만은 아니기 때문이다. 구체확장 발전설이 위험하다면 구체축소 발전설도 마찬가지로 위험할 수 있다. 이것이 합리주의가 가지고 있는 맹점이 아닐 수 없다. 그래서 실증적인 노력이 요구되는데 현전 기록으로 보건대 향가의 확장발전이나 축소발전으로 단정할 실증적 근거가 부족한 형편이다. 그런데 이러한 고민은 모두 시가의 가사형태의 굴레에서 벗어나지 못하기 때문에 빚어진 일이다. 이러한 지엽적이고 편협한 고정관념에서 과감히 벗어나서 향가의 본질인 음악적 발상에서 출발한다면 훨씬 실질적이고, 유연한 사고를 할 수 있다.

더 여유있게 생각하면 향가의 형태가 원래 일정한 형식에서 일정한 방향으로 진행된 것이 아니라 곡조의 장단에 따라 가사의 길이와 형태가 정해지는 것이라고 하는 것이 더 사리에 맞다. 곡조의 길고 짧음의 발생적 차이가 따로 정해진 방향이 없다면 그에 따라 유동적이었던 가사의 길고 짧음의 발생 순서 또한 문제 삼을 필요가 없을 것이다. 향가가 지어졌을 때에는 길고 짧은 곡조가 목적이나 용도, 기능에 따라서 병행되었으며, 그에 따라 그 가사의 형태도 다양하게 지어진 것이라고 생각해도 좋다. 그럴 수 있다면 3종의 구체진화설과 같은 합리적이지도, 논리적이지도, 실증적이지도 않은 주장에서 자유로울 수 있다. 다만 지금에 와서 음악적 형질을 찾기 어려운 점이 문제이나 이것도 노력에 따라서는 불가능한 일도 아니라고 생각한다. 비록 가까운 시일 내에 가시적인 성과를 기대하기 어렵다고 해도 노력에 따라서는 기존의 향가연구의 문제점을 보완하고 새로운 경지를 열 수 있게 되리라고 믿는다. 향가 장르에 대한 규정을 새로이 하고, 句體진화설만 시정하더라도 우리의 향가문학은 훨씬 풍성해지고, 정당한 평가를 받을 수 있을 것이다. 이러한 원리는 시조에도 똑같이 적용하여 서로 타당성을 높일 수 있다.

그러나 그 실체의 존재 여부와 관계없이 10구체 향가를 하나의 고정된 형식으로 인정한다면 국문학사적으로 유용한 면이 있다. 먼저 10구체 향가는 4-4-2로 이루어지는 初-中-終의 3단구성을 가지고 있다는 것이 정론이다. 그리고 終의 처음은 감탄사로 되는 경우가 많다는 것이다. 그래서 이 구조는 훗날의 평시조와 유사한 것이어서 향가와 시조의 인연관계를 맺을 근거가 된다. 이러한 발상은 시조의 글자 수와 세줄 형식을 따져서 만전춘별사와 관련짓는 것보다 더 바람직하다. 시가의 글자수보다는 그 구조가 시가의 형태적 틀을 이루는 것에 중요하게 작용하기 때문이다. 다시 말하면 10구체 향가의 3단구성과 감탄사의 구조가 만전춘의 3줄이나 그 글자 수보다 더 시조와 관련성을 높인다는 것이다. 또 하나 10구체 향가의 구조를 말하는 '3句6名'에 대해서 논난이 많지만 이를 '3章6句'로 해석한다면 역시 만전춘보다는 향가가 시조와 쉽게 연결된다. 다만 시조와 향가의 시대적 간격을 해결해야 하고, 음악적인 연속성을 확보해야 하는 부담이 더 크게 되지만 詩歌문학의 연속성을 확보하는 데 있어서는 더 유리한 조건이라는 생각이다.

향가 가사내용 연구에 있어서도 기존의 연구가 반성해야 할 점이 있다. 사실 향가의 가사연구에 노력해왔지만 아직 문자해독마저도 여의치 못한 형편이다. 앞으로도 뚜렷한 개선의 징조가 보이지 않지만 향가의 가장 기초가 되는 연구이니 포기할 수 없는 일이다. 그런데 지금까지 원문해석의 기준언어를 현대국어나 기껏 중세국어의 표준어를 크게 넘어서지 못하고 있는 실정이다. 당대 신라의 언어가 이들과 같을 리는 없으므로 과감하게 이들 기준언어의 한계를 극복해야 한다. 향가 해독을 위해서는 지금이라도 경상도 지역 방언에 집중하여 탐색해야 한다. 그것이 향가의 실질적인 기준언어였을 것이기 때문이다. 그렇지 않으면 더 이상의 자구해석의 발전은 기대할 수 없을 것이다.

현전 향가 작품만을 가지고 내린 귀납적 결론을 맹신하면 안 된다. 현전 향가는 一然 시대까지 전해졌던 행운을 얻은 것으로 실제 지어졌던 향가의 극히 일부일 뿐이라는 사실을 잊어서는 안 된다. 그것도 편찬자의 의도에 의해서 편집되었을 가능성도 배제할 수 없다고 할 때에 향가의 연구는 좀더 사려 깊게 다루어져야 할 것이다. 지금까지의 향가에 대한 연구성과는 그 논거의 한계가 매우 큰 것이었다. 지금의 편협한 시각에 의해서 얻어진 불완전하고 단편적인 결과만을 가지고 갈고 다듬어서 멋진 포장만 하려고 하기보다는 그동안의 제한된 시각을 벗어나서 개방적이고 겸허한 노력으로 장르의 새로운 지평을 열려고 하는 노력이 절실히 필요한 시점이다. 그러려면 향가에 대한 견해들은 항상 유동적, 탄력적으로 모든 가능성을 열어놓고 있어야 한다.

그동안 향가의 근원을 밝히는 데 소홀했듯이, 향가의 쇠퇴과정이나 여요와의 연속성을 규명하는 데에 있어서도 허점이 많았다. 우선 별 생각 없이 향가의 소멸을 향찰표기의 소멸과 동일시해 온 것이 문제이다. 이는 향가의 개념을 '향찰표기'로 규정한 미숙 때문이었는데, 이러한 안이한 사고는 향가의 근원에서부터 소멸에 이르기까지 향가연구에 타격을 입힌 결정적 실책이었다. 표기문자가 소멸되었다고 음악곡조마저 같이 없어졌다고 생각하는 것은 사려 깊지 못한 태도이다. 향찰이 쇠퇴한 이유는 여러 가지가 있겠지만 작가계층에 한문 문식력이 보편화되어 더 이상 향찰이라는 수단이 필요 없어져서였을 것이다. 그렇다면 향가 작가들은 다른 대체표기수단을 마련하면 그만이지, 지금까지 불러오던 향가라는 곡조마저 한꺼번에 포기했을 리 없는 일이다. 그러므로 향가가 쇠퇴, 소멸된 이유는 향찰문자의 소멸이 아니라 고려시대에 새로이 유입된 외국음악이나 정치, 지리, 문화중심지의 이동에서 비롯된 사회적 변화가 더 중요하게 작용했기 때문으로 보는 것이 타당하다. 반도 중앙으로 옮겨진 고려시대가 진행되면서 여기에서 서라벌의 향가는 이제 더 이상 시대의 주도장르로 행세할 수 없었을 것이다. 예종이 도이장가를 짓기 전에 먼저 그것을 漢詩로 읊었다는 것은 균여대사가 보현십원가를 향찰문자로 먼저 읊은 것을 나중에 漢譯詩로 적었던 사정과는 전혀 다른 시대적 상황이었다. 이러한 사정은 고려 초기에는 향가가 시대를 주도하는 중심장르였다가 예종대에 이르면서 이제 향찰은 쇠퇴해가는 소멸의 과정을 밟고 있었던 사실을 시사하는 것이다. 그렇더라도 이는 아직 향찰의 쇠퇴일 뿐이지 향가의 소멸을 의미하는 것은 아니다. 예종이 불렀던 도이장가는 여전히 향가의 곡조였을 것이기 때문이다. 그러므로 정과정이 향찰표기가 아니기 때문에 향가가 아니라고 하는 것은 유아적 발상이다. 오히려 정과정이 지어진 동래지방은 서라벌의 땅이어서 그것이 향가였을 가능성이 훨씬 크다. 그것이 십구체를 닮아서 향가라고 하기보다는 서라벌의 곡조에 가까워서 향가라고 하는 착상이 더 타당하다. 17세기에야 비로소 문헌에 기록된 정과정의 곡조가 얼마나 당대의 음악을 유지하고 있는지 의문이지만, 그것이 향가의 곡조를 어느 정도 보존하고 있을 가능성이 많다. 그렇다면 악장가사의 정과정의 곡조에서 향가의 모습을 유추해 내는 작업이 가능할 수 있다. 만약에 향가에 악착스럽게 붙어있는 '향찰표기'라는 고정관념에서 벗어날 수 있다면 麗謠와의 연속성을 좀더 구체적으로 확보할 수 있을 것이다.

3) 麗謠

여요를 속요와 동의어로 사용하는 경우가 많은데, 麗謠는 高麗歌謠가 줄어든 말로 시대를 기준으로 한 것이요, 俗謠는 '속악에 편입된 노래'라는 의미로 그 기능에 착안한 말이니 관점이 달라 본래 대립적 동의어는 아니다. 여요를 속요라고 하는 것은 官樂 唐樂 大晟樂 雅樂 등에 대한 상대어인 향악, 민악, 속악에 채택된 시가라는 뜻이니 이들은 본래 장르의 개념도 아니었다. 거기에는 여러 형태의 詩歌 장르가 혼재되어 있으므로 여요나 속요를 하나의 장르로 묶어서 논의하는 것은 엄밀한 의미에서 적절치 않다. 그러므로 이것을 하나의 범주로 묶어 규정하는 일은 매우 조심스러운 일이다. 실제로 현전 속요에는 창작이 분명하고 수사력이 뛰어난 정과정이나 청산별곡이 있는가 하면, 거침없이 질박한 성정을 드러낸 만전춘과 쌍화점이 있고, 동동과 같은 서사민요도 있으며, 처용과 성황반 같은 巫歌도 있고, 사모곡 서경별곡과 같은 서정민요도 있고, 상저가 같은 노동요도 있어 그 성격과 내용이 매우 다양하게 걸쳐 있다. 형식도 장가 · 단가, 연장체 · 단장체, 다양한 후렴구 등 일정하지 않다. 게다가 〈악장가사〉에 실려있는 한시체, 속요체, 경기체가체의 악장까지 포함시킨다면 그 장르적 양상이 더 복잡해진다. 작품연대로 보아도 고려시대뿐만 아니라 조선시대의 것도 끼어있다. 그러니 상저가는 고려시대의 여요일 수도 있고, 조선시대의 속요일 수도 있다. 〈악장가사〉나 〈시용향악보〉에 한글로 실려있는 시가들은 일단 이 장르로 논의할 수 있으니 생각보다 장르범위가 분명하지 않다. 구태여 둘 중의 하나를 택하라고 한다면 여요보다는 속요가 더 본질에 합당한 명칭이겠지만 여기서는 소통의 편의상 대범하게 섞어 쓰기로 한다.

속요의 연구에서 그 시가문학사적 연속성을 탐색하는 일은 매우 중요한 일이지만 그동안 여기에 대한 관심이 부족했다. 정과정을 그 빌미로 삼아 전대의 향가와 연결시킨 것은 개연성이 있는 추정이었지만, 그것으로 속요의 발생적 연속성을 설명하기에는 아직 아쉬운 점이 많다. 정과정과 향가가 장르적 연속성이 있다면 다른 향가작품들과의 관련성도 더 적극적으로 탐색해야 한다. 정과정이 十句體향가의 모습이었다면 이는 單章體의 속요와 관련이 있을 것이고, 聯章體의 속요는 普賢十願歌와 연결시켜 볼 수 있다. 여요가 연장체 형식이 많은데 비하여 향가는 보현십원가가 유일한 연장체라면 여요의 연장체 전통을 설명하기에 부족할지 모른다. 그러나 현전하는 연장체의 향가가 그것밖에 남아있지 않았을 가능성도 배제하지 말아야 한다면 향가와의 연속성은 여전히 유효하다. 여요의 후렴구는 여요의 형식적 특성을 잘 보여주는 것인데 향가에도 '後句'라는 것이 있어 예사롭지 않다. 향가의 후구란 십구체에서 종장의 낙구 부분을 일컫는 것으로 여요와 관련시켜 유의할 만하다. 이 부분이 여럿이 함께 부른 合歌라고 한다면 여요의 후렴구와 전통적 맥락이 연결될 수 있을 것이기 때문이다. 형식뿐 아니라 그 내용에까지 여요와 향가는 필연적인 관련성을 모색해야 한다. 현전 향가나 속요의 수량이 매우 적어 내용적인 단순비교가 어려운 한계에서도 향가의 처용가와 속요 처용은 내용적 연속성을 보장할 수 있는 좋은 자료이다. 이러한 관심은 앞으로 속요 연구의 주요한 과제가 되어야 한다.

분명한 것은 고려가요, 여요, 속요, 속가 등의 이름 자체가 한결같이 노래곡조라는 의미이다. 이들의 문자로의 정착과정을 보면 그 음악성이 한층 더 뚜렷해진다. 이들은 당대에 가사로 문자화되지 못하고 곡조에 붙어서 구비로써 유전되었다는 사실에 유의해야 한다. '謠'의 語義 자체가 '配樂이 없는 노래'라는 점을 생각하면 '민중의 노래'로서 구비전승된 노래라는 의미가 강하다. 현전의 여요는 모두 당대의 곡조에 편승할 수 있었던 행운아들이었다. 순수한 여요의 숫자로 말하면 향가보다도 더 적으니 그 희귀성이 더한 문학유산이다. 만약에 이들이 곡조에 편승하지 못했더라면 당연히 流失되었을 것이니 그 생존에는 음악적 형질에 의지함이 절대적이었다. 구비로 전승되었다는 사실은 당대에는 아직 문학으로서의 갈래의식이 형성되지 못했다는 것이고, 구비유전의 양태로는 문학적인 형질이 부족하여 아직 문학장르로 다루는 데에 일정한 한계가 있다. 그래서 엄밀한 의미에서 이들을 문학적으로 다루기에는 문자로 정착되는 조선조까지 기다려야 한다.

麗謠를 當代의 정황으로 다루지 못한다는 점에서 우리가 수행해 온 여요연구는 당대의 문자로 기록할 수 있었던 신라의 향가보다도 오히려 불리한 여건일 수도 있다. 사실 고려시대에 지어졌던 가사내용이 길게는 수백 년이 지난 조선조에 이르러 그것이 원형대로 온전히 정착되기를 기대하기는 쉽지 않은 일이다. 그래서 현전 여요가사를 고려의 시가문학으로 곧이곧대로 인정한다면 지나치게 순진하다. 이러한 사정에서 후대에 정착된 여요의 가사만을 가지고 집착하는 것이 올바른 여요의 연구일 수는 없다. 시가를 이루는 기본요소는 곡조와 가사라고 하겠는데 그 문화전승성을 놓고 볼 때 곡조보다는 가사의 유동성이 상대적으로 큰 것은 틀림없다. 일반적으로 가사는 곡조에 수동적, 유동적으로 따라가는 것이기 때문이다. 그러므로 현전하는 여요에서 볼 수 있는 가사는 후대에 변형된 것일 가능성을 생각해야 한다. 다시 말하면 현전 여요 가사는 본래의 여요에서 어느 정도 거리가 있을 가능성을 염두에 두어야 한다는 것이다.

실제로 그러한 방증을 현전 여요 여러 곳에서 확인할 수 있다. 현전 여요 중에서 동일한 후렴구나 구절들이 여러 작품에 중복되어 나타난다든지, 한 작품에서 聯이 뒤바뀌어 나타나는 현상들, 순리적으로 해석이 안 되는 부분이 끼어있는 현상 등은 그 전승과정이 순탄치 않았음을 의미한다. 청산별곡이 그 대표적인 사례이다. 이러한 현상은 노래로 구비 전승되는 과정에서 가사는 곡조보다 상대적으로 경시되었다는 사실을 시사하는 것이라는 생각이다. 가사를 가지고 곡조를 지은 것이 아니라 곡조가 가사를 선택한 것이 속요의 태생적인 원리라면 이는 당연한 일이다. 여요 연행의 목적이 의미전달보다는 흥겨운 정감을 노래와 춤으로 표출하자는 것이라면 가사의 내용보다는 감각적인 곡조가 더 중요한 역할을 했을 것이다. 그렇다면 당대에는 부수적인 역할에 불과해서 별로 주의를 기울이지 않았던 여요의 가사를 지금에 와서 그것이 전부인 것처럼 신뢰하면서 문학적으로만 다루고 있는 연구방법이 정당할 리 없다. 이것이 여요연구에서 가사 내용보다는 그 음악적 요소에 주목해야 할 이유이다.

이렇게 보면 현전 속요의 가사에 집착하여 그것의 문학, 특히 장르론을 논의한다는 것은 상당히 위험한 일이다. 후렴구를 제외한 정읍사나 만전춘별사의 일절을 떼어놓고 그 형태가 시조와 닮았다 하여 시조의 기원으로 삼는 일이 그 대표적인 사례이다. 우선 정읍사를 빌미로 하여 시조의 기원을 백제까지 거슬러 올라갈 수 있다는 발상이 무리일 듯하고, 구조적인 텍스트를 이루는 만전춘의 한 조각을 떼어가지고 모양이 그 부분을 닮았다 하여 장르가 전혀 다른 전체구조의 시조를 갖다 맞추는 작업은 생각보다 합리적이지 않다. 인접장르의 관련성을 탐색하면서 연결되는 양자의 음악적 형질을 무시한 채, 가변성이 큰 가사에만 집착하는 방식은 본질을 무시하고 그림자를 쫓아다닌 꼴이라서 바람직하지 않다. 양보해서 가사만을 기준으로 삼아 말한다 해도 만전춘별사의 일절과 시조의 가사 구조는 같지 않다. 얼핏 보아 排行구조나 글자수에서 닮은 것 같지만 시조는 탄탄한 초장, 중장, 종장의 3단구조를 기본으로 하고 있다는 점에서 만전춘을 비롯한 속요와는 구별된다. 시가문학이기는 하지만 시조가 갖고 있는 논리적 구조는 속요와는 구별되는 시조의 장르적 특성이다. 이러한 시조의 구조적 특성은 세 줄 형식이라는 유사성에도 불구하고 만전춘과 장르적으로 연결시키기 어렵게 한다. 이런 면에서 본다면 속요보다는 시대를 건너뛰더라도 차라리 향가가 더 장르적 관련성이 크다는 생각이다. 여요와 시조와의 세 줄 형식의 유사성보다는 향가와 시조와의 3단구조의 유사성이 장르적으로 더 인연이 깊어 보이기 때문이다. 물론 향가의 곡조를 알 수 있다면 그것이 더 확실한 연속성의 근거임은 말할 것도 없을 것이다. 어쨌든 그동안 우리는 시조의 근원을 가장 신뢰성이 낮은 관점으로 찾고 있었다는 생각을 지울 수 없다. 만전춘별사의 일절과 시조의 형태가 유사한 현상은 구비전승 과정에서 변형이 되었거나 순전한 우연일 가능성이 더 높아 보인다.

문학사의 한 시대를 풍미하던 여요가 후대의 장르와 별 인연관계 없이 사라졌다고 한다면 올바른 국문학사적 태도가 아니다. 그런 관점에서 여요와 후속 시가장르의 관련성에 지속적인 관심을 가져야 할 필요가 있다. 필자가 여요와 시조와의 관련성에 찬동하지 않는 것은 그 주장들이 오로지 평시조를 대상으로 하였기 때문이다. 그렇지 않고 만약에 연시조나 사설시조를 들어 말한다면 훨씬 설득력이 높아질 것이다. 만전춘별사의 일절을 들어 평시조를 말하지 말고, 작품 전체를 들어 연시조와 관련시킨다면 우선 분장체라는 점에서 형식의 유사성으로 연결시킬 수 있다. 그런데 그동안 이러한 착상을 하지 못했던 이유는 연시조를 평시조가 발전한 후발형으로 보았기 때문에 여요와 연결시킬 생각을 못했던 것이다. 그러나 이런 근거 없는 고정관념을 벗어나면 연시조가 여요에 형태적으로 더 가깝다는 것은 분명하다. 그렇더라도 둘 사이의 연속성을 말하기에는 작자계층이나 주제의식적인 면에서 해결해야 할 문제가 남아 있다. 일부의 여요가 내용이 통속적이거나 서민들의 노래라면 양반문학인 연시조와는 장르적으로 제한이 따르기 때문이다. 만약에 통속적, 서민적인 여요가 문제라면 사설시조로 불리는 만횡청, 언농, 타령 등과 연결관계를 생각할 수도 있을 것이다. 특히 분련체의 성격이 분명치 않은 여요는 그 가능성이 훨씬 커질 것이다. 물론 이 경우에도 평시조가 진화하여 사설시조로 발전했다는 막연한 선입관념이 없어져야 가능한 일이다. 시가를 가사중심으로 생각하는 고정관념을 청산할 수 있다면 우리의 국문학사는 획기적으로 발전할 수 있다. 그럴 수 있다면 여요는 물론 후속되는 시조의 문학사적 의의는 훨씬 합리적이고 풍부하게 논의되어질 수 있을 것이다.

가사 내용의 구속에서 벗어나지 못하여 일어나는 부작용은 여요의 내용해석의 부적절성에도 있다. 현전 여요는 〈악장가사〉를 비롯한 歌集에서 확인할 수 있는 가사 외에는 그에 대한 배경설명을 찾을 수 없는 것이 대부분이다. 이 점도 상대한역가요나 향가에 비해서 열악한 연구 조건이다. 그동안 여요에 대한 주요한 연구 과제 중의 하나는 그 작품에 대한 적절한 배경, 설명, 해설을 새로 만들어 내는 일이었다. 그러니까 조선조의 변형된 가사내용을 가지고 잃어버린 고려조의 작품 해석을 재구해 내는 것이었다. 물론 어느 정도 가능하고 의미있는 일이었지만 애초부터 적지 않은 위험성을 내포할 수밖에 없다. 그동안 누적된 연구 성과들이 과연 얼마나 신뢰성을 보장할 수 있는지 의문이 아닐 수 없다. 물론 이러한 성과들을 백안시하자는 것이 아니라 여기에서 일어날 수 있는 오류와 착오의 가능성을 항상 준비하고 있어야 한다는 말이다. 이것 또한 가사에만 얽매인 연구자세 탓이다.

더 심한 경우는 고려의 역사기록의 편모를 가지고 그럴듯한 여요 작품 내용과 연관짓는 일이었다. 이런 작업은 더욱 근거를 대기 어렵고, 현전 가사의 변형을 전혀 배려하지 않아 매우 위험하다. 흔히 말하는 대로 가시리가 예성강곡이고, 사모곡이 목주가이고, 유구곡이 포곡조일 것이라고 하는 주장들이 그러한 사례이다. 그 문학적인 상상력은 인정할만하나 입론과정을 볼 때 막연한 추측에 불과하여 그것은 이미 합리적인 학문의 범위를 넘어선 듯하다.

이런 무리한 작업보다는 여요를 둘러싼 음악적 형질에 더 관심을 두는 일이 훨씬 중요하다. 여요는 속악의 가사로 채택된 것이므로 그 본질이 음악이라는 사실을 잊어서는 안 된다. 그래서 그 가사를 좇아서 장르의식을 발휘하기보다는 곡조에 먼저 착안하는 것이 더 중요하다. 음악적 형질에 착안한다면 여요가 가지고 있는 후렴구의 의미가 중요한 논의의 대상이 될 수 있는 것인지, 단지 맥락을 해치는 거추장스러운 존재인지 알 수 있을 것이다.

후렴구는 속요의 음악적 형질을 입증하는 형식적 특성이라는 점에서 중요한 작품의 구조적 요소이다. 비단 형식적인 면에서만 그런 것이 아니라 내용을 이해하는 데에서도 빠져서는 안 되는 작품의 필수구조이다. 여요가 속악에 편입되는 과정에서 원형에 덧붙여진 것일 수도 있지만 연대가 확실한 한림별곡에도 후렴구가 있다는 사실은 이것의 전통이 당대에서부터 시작되었다는 사실을 방증하는 것이어서 여요의 구조적 특성이라고 해도 좋을 것이다. 그렇다면 후렴구는 속요를 이해하는 데 아주 주요한 역할을 해야 옳다. 그러므로 속요를 말할 때 함부로 '후렴구를 빼면-'이라는 가정은 자칫 작품의 본질을 해칠 수 있음을 알아야 한다.

이렇게 후렴구가 가지고 있는 중요한 음악적 기능을 이해하지 못하기 때문에 여요의 중요한 맥락을 놓치게 될 수도 있다. 후렴구는 곧 이것이 노래로 불려졌다는 증거이다. 그것도 본사는 선창이나 독창이고, 후렴구는 후창, 제창이라는 구체적 가창형태까지도 짐작하게 한다. 후렴구는 대개 의미없는 반복구나 의성어나 의태어와 같은 음성상징어로 되어있지만 이상곡이나 쌍화점 같은 경우에는 이국적인 음악성이나 演行的인 상면을 연상하게 하기도 한다. 또 일부의 부가성 속요에는 의미없는 후렴구가 작품의 중요부분을 차지하고 있기도 하다. 속요의 후렴구는 매우 다양한 형태로 되어있는데 이에 주의한다면 작품을 이해하는데 많은 도움을 얻을 수 있을 것이라는 점에서 '그저 의미없는 음성상징어'로 간과해서는 안 될 것이다. 속요가 가지고 있는 후렴구나 연장체의 원리를 찾아낼 수 있다면 우리의 시가문학을 연구하는 데 큰 역할을 할 수 있을 것이다. 예를 들면 여요의 연장체나 후렴구의 전통이 이현보의 어부사 같은 연시조의 형성과 관련이 있을 가능성을 상정할 수 있다. 만약 그럴 수 있다면 여요와 시조의 장르적 관련을 지을 수 있다는 말인데 이러한 발상이 만전춘별사의 일절을 시조에 연결시키는 것보다 더 의미있는 일이라는 생각이다.

여요가 가지고 있는 집단가요성이나 연희, 나례, 정재적인 성격에 착안한다면 演行文學과 관련지어서 생각할 수 있을 것이다. 여요가 성행하던 시대는 중국의 宋, 元代인데 이때는 중국문학사상 연행문학이 전성을 이루던 시대이다. 문화적 상위국이었던 중국의 영향에서 자유로울 수 없었다면 여요가 이른바 '元曲' - 元의 戲曲文學 - 과 어떠한 관련이 있을 수 있다. 당대의 국제정세로 보아 세계적 강국인 元에 백 년에 걸쳐 한반도 전부를 내주었던 사정을 생각해 보면 어떤 시대보다 중국문화의 영향을 강하게 받았을 것이고, 그 중에서도 元에서 성행했던 연극문화, 연행문학이 고려에 큰 영향을 미쳤을 가능성이 있고, 그것은 당연히 당대의 대표 장르였던 麗謠에도 반영되었을 것이다. 우리의 희곡문학이 근대까지 구비문학을 면치 못하여 구체적인 작품이 남아있지는 않지만 여러 기록의 정황으로 미루어 당대에 연극문화가 성행했던 사실을 확인할 수 있다. 그렇다면 여요에서 연행적인 요소가 개재되었을 가능성 또한 높다. 그리고 중국의 京劇에서 보듯이 중국의 연행문학은 강한 음악성을 동반한다는 점도 여요연구에서 기억해야 할 중요한 일이다. 이러한 사정은 쌍화점이나 처용에서 감지할 수 있는데 음악적인 형질과 함께 연행적인 요소는 여요를 이해하는 데 있어 아주 중요한 부분이다. 쌍화점이나 처용은 서정적 자아의 태도가 다른 작품과는 좀 다른 분위기를 가지고 있다. 우선 작품의 화자가 하나로 보기 어려운 장면이 많은 것은 일반적인 시가문학과는 다른 사정이다. 처용의 경우 처용을 서술하는 시점이 일정치 않아 매우 이질적이다. 쌍화점은 각 연이 각기 다른 장면으로 바뀌는데 이러한 장면의 연결은 서정적 시가라기보다는 연극적 상황에 더 어울린다. 한 장면 안에서도 작품을 이끌고 가는 화자 외에도 별도로 등장하는 인물이 여럿이라는 사실도 단순한 시가라기보다는 연극의 장, 막을 연상하게 한다. 그리고 끼어있는 후렴구도 악기의 의성어인 듯한데 우리의 것이라기보다는 이국적인 느낌이 들어 중국 京劇의 배악을 묘사한 장면을 연상하게 하는 것은 우연이 아니라는 생각이다. 이러한 관점에서 이 작품들을 관찰하면 후렴구의 작품적 구조미와 함께 가사내용도 더 자연스럽게 이해될 수 있을 것이다. 이렇게 생각하면 쌍화점이나 처용은 희곡적 형질이 강하게 드러나 있는 것으로 곧바로 희곡문학이라고 할 수는 없지만 최소한 '戲曲의 詩

化'라고 해도 좋을 것이다. 그렇게 볼 수 있다면 빈곤한 우리의 희곡문학사를 위해서도 매우 의미 있는 일이 될 것이다.

속요의 근원을 밝히는 것이 중요하듯이, 이의 소멸과정을 규명하는 것 또한 그 연속성을 확보하는 관건이다. 그러나 속요의 형성과정을 밝히는 것이 어렵듯이 그 소멸과정도 또한 쉽지 않다. 그 명칭을 속요라고 한다면 正樂이 아닌 '민중의 노래'가 되어 장르적 소멸을 단정할 수 없으므로 -민중의 노래는 언제든지 있을 수 있는 것이다- 먼저 麗謠라고 하여 시대적인 제한을 두고 생각해야 한다. 그렇다면 원칙적으로 고려말 -조선초를 시대적인 범주로 해야 할 것이고, 이에 연결되는 후발 시가장르로는 시조가 가장 유력한 후보가 될 것이다. 우선 이들 사이의 유사점이나 공통점을 찾아보는 것이 순서일텐데, 여요의 양적인 절대적 열세에서 시조와의 내용적인 비교는 어려울 것이므로 형식적인 면에 착안할 수밖에 없다. 그래서 찾아낸 것이 만전춘의 일절과 평시조의 형태적 유사성으로, 이것으로 시조와 여요의 장르적 관련성을 설명해왔던 것이다. 그러나 이것은 누차 강조했듯이 매우 단순한 감각적 발상으로 학문적 진지성이나 타당성이 아주 부족한 발상이다. 결국 이것마저 인정할 수 없다면 여요와 시조는 더 이상 장르적 연속성을 기대하기 어려울 듯하다. 이는 시조의 문학적 연속성을 확보하는 데에 커다란 손상이다. 그러나 관점을 돌려 사설시조나 연시조가 평시조에 시대적으로 앞선다고 생각하면 문제가 자연스럽게 해결될 수 있다. 그런 관점에서 여요와 계승적 위치에 있는 것은 당연히 평시조가 아니라 연시조·사설시조가 되어야 옳다. 만약에 연시조를 여요에 연결시킨다면 어렵지 않게 연장체의 여요와 이어질 수 있다. 물론 연시조가 오로지 여요의 연장체에서 근원했다는 말은 아니지만, 적어도 普賢十願歌에서부터 이어지는 연장체의 연속성의 빌미를 마련할 수 있을 것이다. 여기에다가 이상곡과 같은 늘어진 單章體의 여요는 사설시조와 유사성을 보이고 있어 예사롭지 않다. 비단 그 형식뿐 아니라 통속성, 해학성, 풍자성, 향락성이라는 내용에서까지 공통점을 찾을 수 있어 그 계승관계를 성립시킬 수 있을 것이다. 흔히 말하는 대로 평시조가 먼저 나오고, 이것이 발전하여 연시조, 사설시조로 진화했다고 하는 이해할 수 없는 고정관념에서 벗어날 수 있다면 여요와 시조의 시가문학적 연속성은 어렵지 않게 마련될 수 있다는 사실을 알아야 한다. 이것이 국문학의 연속성을 확보하는 길이라고 믿는다.

4) 小樂府

소악부를 단순히 漢詩라 하여 악부와 함께 한문학으로 생각하는 것이 통례인 것 같다. 표기상으로 충분히 그럴 수 있겠지만 일단 한문학으로 인정된다면 국문학과는 그만큼 멀어지는 것은 어쩔 수 없는 일이다. 한문학을 넓은 의미의 국문학으로 간주하는 것에는 일찍이 양해된 일이지만 소악부를 한문학으로만 생각한다면 국문학의 중심에서 소외되는 현상은 피할 수 없다. 그러나 악부는 그럴 수 있을지 모르겠지만 소악부마저 그렇게 되는 것에는 찬동할 수 없다. 소악부를 국문학에서 소홀히 하는 것은 국문학의 커다란 손실이다. 이는 소악부에 대해서 잘못 이해하고 있는 데에서 빚어진 중대한 착오이다. 국문학을 좀더 풍성하게 하기 위하여 이에 대한 올바른 이해가 필요하다.

같은 한문학인 것은 맞지만 악부, 또는 소악부에 대한 명확한 구분을 해보자면 악부는 본래 중국의 한시문학이고, 소악부는 우리의 시가문학이 그 원형이고, 우리만의 漢詩문학을 일컫는 말이다. 악부는 원래 장르 명칭이 아니라 漢나라의 음악을 관장하던 관청의 이름이었다. 거기에서 주로 당대에 성행하던 민중들의 노래를 모아 궁중음악에 맞추어 정리 보존하였는데 이것이 후에 하나의 장르로 정착되게 되었고, 이것을 통틀어 악부라 하였다. 그러니까 악부는 고유한 형태를 가진 장르가 아니라 다양한 형식을 가진 장르가 동일한 목적이나 용도로 모여진 집합체의 명칭인 셈이다. 그것은 본래 각기 다른 곡조에 따른 노래가사였다. 악부는 그때그때 성행하던 시가장르의 형태에 따라 다양한 모습으로 기록되었다. 漢代에는 4言漢詩, 唐代에는 5言이나 7言漢詩, 宋代에는 宋詞 등의 모습으로 계승되었다. 악부는 비록 고정된 형태를 가진 장르는 아니었지만 중국문학 중에서도 그 생명력이 매우 길고, 다양한 장르였다. 이래저래 악부라는 장르는 발생에서부터 발전과정에 걸쳐 간단히 말할 수 있는 것이 아니다.

小樂府는 5言이나 7言의 漢詩형식을 하고 있다는 점에서는 악부의 개념에 포함될 수도 있겠지만 내용이나 기능적인 면에서는 우리만의 특성이 있으므로 중국의 악부와는 물론, 우리의 악부와도 구분되어야 한다. 소악부란 악부에 대한 대립적인 명칭이므로 태생적으로 악부와 깊은 관련이 있는 것은 맞다. 그리고 악부가 대개 한 제목에 여러 작품이 모여서 이루어진 연장체의 형태인데 비하여 소악부라는 명칭은 하나의 제목에 하나의 작품인 單章의 짧은 구조라는 점에서 비롯된 이름이 아닌가 한다. 소악부는 분명히 한시의 형태를 하고 있지만 그것은 우리의 민요나 여요를 한문으로 옮긴 번역시라는 점에서 뿌리는 국문학임에 틀림없다. 그러나 이것이 또한 소악부의 장르적인 약점이 아닐 수 없다. 창작시가 아닌 점에서는 한시로서의 약점이고, 한시라는 점에서는 국문학으로서의 결격사유가 된다. 그러니 소악부는 우리의 한문학에서는 정통 한문학으로 인정받기 어려운 것이고, 우리는 우리대로 그것이 漢詩라는 인식 때문에 역시 그것에 주목하지 않는다. 그러나 소악부는 그 내용이나 기능면에서 악부와는 다른 특별한 의미가 있으니 그에 따르는 관심이 필요하다.

소악부란 이름을 처음 사용한 이는 고려말의 李齊賢이다. 그가 소악부를 지은 이유는 민간가요가 문자로 정착하지 못하여 유실되는 것을 안타깝게 생각한 역사의식 때문이었다. 장르로 보아서는 악부와 다를 바 없지만 그것이 국가가 아닌 개인의 역사의식에서 비롯되었다는 점에서 그것과 다른 각별한 의미가 있다. 당시 우리의 문자가 없어 어쩔 수 없이 한시 형식을 빌었다는 점과, 그렇게 함으로 해서 소멸되어가는 우리 고유의 시가문학을 보존해야 한다는 역사적 사명의식에서 비롯되었다는 점에서 한글 이후의 우리 소악부와도 달리 평가해야 한다. 소악부가 비록 한시의 모습을 하고 있지만 그 문학정신이나 기능면에서는 우리의 문학적인 역할을 충분히 수행하고 있다는 점에서 재평가해야 옳다. 이러한 소악부를 창안하고 문학적인 기능을 가장 발휘한 이가 이제현이니 국문학계에서도 그의 업적에 각별한 관심을 가져야 한다. 같은 시대에 閔思平도 소악부를 지었지만 이제현의 요구에 응한 소수의 작품이어서 같이 평가할 수 없다.

조선에 이르러 뒤늦게나마 申緯가 이제현의 소악부 정신을 계승하였고, 이어서 李裕元, 李裕承, 文世洵 등 소수의 작가가 더 많은 작품을 남겼다. 다만 그들은 이제현과는 달리 이미 정착한 시조를 번역하여 소악부를 지었다. 그리고 그때는 시조를 적을 수 있는 우리의 문자가 이미 마련되어 있었으므로 국문학사적인 가치가 이제현의 소악부와 같지 않다. 이제현이 소악부로써 長巖, 沙里花, 五冠山, 寒松亭, 濟危寶 등 失傳한 여요들을 보존한 커다란 공헌을 한 것에 비하면 이들은 이미 본래의 모습을 우리말로 기록이 가능했던 시조를 한시로 번역한 것이어서 상대적으로 손색이 크다. 그러나 악부가 우리의 시가문학인 시조를 한시로 옮겼다는 것은 나름대로 국문학과 한문학을 연결시켰다는 점에서는 국문학적으로도 긍정적으로 평가할 수 있을 것이다. 이러한 점에서 시조를 번역한 소악부는 같은 시대의 詠史樂府나 한시와 비교하여 국문학적인 평가가 같을 수 없다. 소악부가 우리의 고유시가인 민요, 여요나 시조를 한역한 것에 비하여 악부는 그 제재가 우리의 문화나 역사였을 뿐, 표현수단은 엄연히 한시였다. 그리고 악부가 연장체로 중국의 악부형식을 그대로 따른 반면 소악부는 이와 달리 단장체로 되어있어 우리 고유의 모습을 하고 있다. 다시 말하면 소악부는 우리 고유의 시가문학을 번역한 것이니 본래 국문학이 분명하고, 악부는 소재나 제재 면에서 우리의 것이었을 뿐, 본래부터 한문학이 틀림없으니 그 차이가 분명하다. 그동안 소악부에 대해서 논의한 일이 적었으므로 이해를 돕기 위해서 이제현의 소악부인 제위보를 예로 들어본다.

> 부인이 죄를 지어 제위보에 부역을 하였다. 외간 남자에 손을 잡힌 한을 씻을 길이 없어 이 노래를 불러 스스로 자책하였다. 이제현이 이를 漢詩로 풀이했다. (婦人以罪徒役濟危寶 恨其手爲人所執 無以雪之 作是歌以自怨 李齊賢作詩解之曰)

> **浣紗溪上方垂楊**
> 시냇가 빨래터에 버드나무 늘어졌는데
> **執手論心白馬郎**
> 백마 탄 남자가 손을 잡고 말을 걸었네.
> **縱有連簷三月雨**
> 석 달 이어내리는 처마 낙숫물인들
> **指頭何忍洗餘香**
> 손 끝에 아리는 이 내음을 어이 씻을까?
>
> (필자 역)

죄를 지은 여인네의 심경을 읊은 우리말 노래를 李齊賢이 한시로 번역한 소악부 작품이다. 악부라는 것이 본래 관제문학의 성격을 가졌다든지, 연장체의 형식을 가지고 있는 것이 상례라면 이것은 개인적인 서정성을 띤 私文學이라고 해야 하고, 단련이라는 점에서 악부와는 다른 小樂府의 특징을 보여주고 있다. 우리 노래를 한시로 번역했으니 본래는 우리 시가문학임이 틀림없으나 漢詩로 정착되었으니 여요라고는 할 수 없어 소악부라고 할 수밖에 없다. 그리고 번역문학의 한계이지만 이 작품이 原歌를 얼마나 충실히 번역했는지 정확히 알 수 없다. 이러한 번역의 한계는 특히 섬세한 표현이 많은 시가문학일 경우 더 크다. 한 예로 이제현은 정과정, 처용도 소악부로 번역했지만 본래의 내용과는 많은 차이가 있어 그의 소악부가 원래의 노래를 충실히 번역했다는 보장이 없다는 점에 유의해야 한다. 그러나 이 작품이 原歌에 접근했다고 가정한다면 이것만으로도 이것은 원래 소박한 백성들의 민요, 여요였다는 사실은 어렵지 않게 짐작할 수 있다. 그리고 이 작품은 소박한 민요라고 하지만 수사적인 수단마저도 그런 것이 아니라 고도의 은유의 수단을 발휘한 점에서 특기할 만하다. 특히 結句의 교묘한 상징적, 중의적 표현이 原歌의 모습이었다면 이야말로 여요의 걸작품이고, 그것이 역자의 번역 솜씨에 의한 것이라면 이 소악부 자체만으로도 역시 걸작이다. 이러한 소악부 문학을 국문학에서 한문시가로 간주하고 주의를 기울이지 않는다면 소악부보다도 그것의 원가인 고려속요를 대량으로 잃어버리게 되는 것이다. 더구나 십여 편에 불과한 현전 여요의 형편을 생각할 때에 소악부는 더없이 소중한 국문학 유산임에 틀림없다.

小樂府와 樂府의 차이는 서정과 서사라는 데에도 있다. 소악부가 민요시가나 시조를 옮겼으니 서정시에 변함이 없는데 반하여 詠史樂府 같은 경우는 우리 문화, 역사, 史實을 연장체의 長詩로 읊은 것이므로 서사시적인 성격이 농후하다. 악부가 서사성을 띠는 것은 악부로써 역사사실을 표현하려 했다기보다 그러한 제재를 표현하려는 주제의식에서 악부라는 서사적 양식을 필요로 했다고 하는 것이 보다 더 적절한 설명일 것이다. 그러므로 우리의 악부는 한문장르 의식에서보다는 우리의 역사나 문화를 표현하려는 주제의식이 먼저 작용한 결과의 산물이라고 해야 옳을 것이다. 말하자면 형식에 내용을 담은 것이 아니라 내용이 형식을 선택한 것이다. 이렇게 보면 우리의 악부는 우리의 필요에 의해서 우리가 선택한 우리의 문학이라고 해도 좋다. 그것은 결과적으로 우리의 서사시문학을 풍성하게 했다는 문학사적 의미를 내포하고 있기도 하다. 이러한 점에서 우리의 악부는 소악부보다는 손색이 많지만 그냥 한시와는 차별화하는, 보다 긍정적인 국문학적 가치를 부여할 필요가 있다.

소악부라는 명칭을 시작한 이가 李齊賢이라 하여 그 장르 전체를 그에게 일임할 필요는 없다. 이제현이 의도한 것과 같은 그러한 기능의 문학적인 수요가 일찍이 있었을 것이고, 악부라는 명칭이 훨씬 이전부터 있어왔다는 점을 생각하면 국문학에서 소악부와 같은 문학양식이 이전부터 존재했을 것은 당연한 일이다. 다시 말하면 소악부란 명칭을 창안한 것이 이제현이지, 그러한 문학적 욕구와 표현양식까지 창조한 것은 아니라는 것이다. 그렇다면 소악부문학의 근원을 오로지 이제현으로부터 시작하기보다는 그 이전으로 거슬러 올라가는 관점이 필요하다. 당장 箜篌引이 우리의 민요를 한역한 것이 맞다면 이제현의 소악부와 다를 바 없고, 그렇다면 우리의 소악부 역사는 거기에서부터 시작되는 셈이다. 黃鳥歌나 龜旨歌도 마찬가지여서 소악부의 원형으로 볼 수 있다. 같은 원리로 海歌詞도 7언의 소악부로 보아 문제될 것이 없다. 그렇다면 소악부의 전통은 훨씬 이전부터 있어왔던 셈인데 다만 그 이름을 시작하고, 그 문학적 정신을 고취한 이가 李齊賢이었다고 하는 것이 더 적절하지 않을까 한다. 이러한 관점은 이제현의 공적을 흠집 내자는 것이 아니라 이를 통하여 소악부를 단순한 한시나 우리의 악부와 차별화할 수 있고, 나아가 소악부라는 장르를 우리 고유의 민요로, 떳떳한 국문학의 장르로 인식할 수 있다는 이점이 있다.

그런 가운데 崔致遠의 鄕樂雜詠5首는 장르분류에서 조심스러운 면이 있다. 보통 이것을 7언한시로 범상히 말하지만 우리의 풍속문화를 묘사한 것이라면 조선시대에 성행했던 7언 악부와 같은 기능을 하고 있다고 할 수 있다. 그렇다면 우리의 악부문학의 역사도 훨씬 위로 올라갈 수 있다. 이렇게 생각하면 당연히 우리가 미처 의식하지 못한 많은 악부, 소악부 작품이 아직도 문헌에 숨어있을 가능성이 크다. 이제는 보다 넓은 안목으로 이에 해당하는 작품을 찾아나선다면 지금까지의 소악부, 악부에만 그치지 않는 새로운 악부문학을 찾아낼 수 있을 것이다. 이를 통하여 우리가 미처 발굴해 내지 못했던 우리의 문학작품과 역사, 풍속문화가 악부, 소악부 문학을 통해서 재발견될 수 있다. 그러기 위해서는 악부나 소악부에 대하여 올바른 이해나 개념규정이 선행되어야 한다. 지금과 같은 고정관념에서 벗어나지 못한다면 그 한계를 넘을 수 없을 것이다. 그러나 향악잡영5수가 각기 다른 제목을 가지고 있는 단장체라면 형식면에서는 漢詩이고, 내용과 기능면에서는 악부, 소악부일 수도 있다. 아무튼 이 작품은 형식상 보통의 한시와 같지만 악부나 소악부의 내용과 기능을 가지고 있다는 점에서 다른 한시와는 다른 국문학사적인 평가가 있어야 할 것이다. 실제로 이 작품은 국문학, 특히 민속학의 보고로서 매우 귀중한 문학유산으로 악부, 소악부 문학이 차지하는 국문학적 중요성을 절감할 수 있게 한다.

5) 景幾體歌

경기체가라는 장르 명칭은 가사 중의 일부를 따서 지은 것이므로 장르의 본질과는 거리가 있어 만족할 수 있는 이름은 아니다. 명칭만 그런 것이 아니라 기형문학이라 불리는 만큼 하나의 장르로서 여러 가지 면에서 문제점이 많다.

우선 표기문자가 한문이라는 점에서 경기체가를 국문시가문학으로 볼 수 있느냐의 문제에 부딪히게 된다. 특히 고려시대에 기록된 작품에는 전부가 한문이라서 그렇다. 그러나 우리말을 기록하지 않는다는 사리부재(詞俚不載)의 원칙에 따른 것일 뿐, 실제로는 우리말도 부분적으로 들어가 있는 것이 분명하기 때문에 극단적으로 볼 필요는 없다. 그리고 이와 같은 형태의 한문학 장르가 따로 없는, 우리만이 가지고 있는 독특한 것이므로 우리의 시가문학으로 볼 수밖에 없다.

이런 문제가 해결되더라도 장르형성 과정이나 변천과정이 불분명하다는 것도 여전히 결격사유를 면치 못한다. 우선 경기체가의 근원이 될 만한 원형을 찾기가 어렵다. 한문으로 되어있다는 것은 처음부터 그 근원을 우리의 시가에서 찾을 수 없게 한다. 그렇다고 해서 향가를 바탕으로 삼거나 여요를 한문으로 대체했다는 가정은 지나친 상상이다. 가사의 형태나 내용, 작품구조, 작자계층, 표기문자 등에서 향가와 관련성을 찾을 수 없다. 우리말의 麗謠에서 한문투성이의 노래가 파생되었다고 하기 어렵고, 더구나 여요가 서민문학이라면 양반들이 상민들을 본따서 경기체가를 만들었을 가능성도 별로 없어 보인다. 설령 여요의 일부는 양반문학이라 하더라도 그것을 구태여 한문으로 바꾸어 불렀을 이유도 마련하기 어렵다. 장르의 연속성에 표현문자는 매우 중요한 작용을 한다는 점에서 그렇다. 시조의 발생에 한시의 역할을 주장하는 의견이 있었는데 이를 부정할 수 있는 가장 확실한 근거는 표현문자의 이질성이었음을 생각하면 경기체가의 형성에 속요관련설은 국문학의 연속성을 위해서도 도움이 되지 않는다.

사정이 이렇다면 눈을 돌려 한문을 그 기원으로 생각할 수 있다. 한문이 경기체가의 기원이라면 그 곡조도 우리의 것이라는 보장도 없다. 다만 우리의 감정과 사정을 소재로 삼은 것이 틀림없고, 일부분이나마 우리 노랫말이 후렴구로 끼어들어간 것을 보면 곡조는 우리의 것일 가능성이 높다. 형태는 한시나 宋詞에서 기원했더라도 그 음률까지 차용했을 가능성은 매우 적기 때문이다. 고려의 문인 중에 송사를 짓고, 그 음률까지 맞추어 노래했다는 기록이 있기는 하지만 극소수에 불과하여 보편적인 현상으로 말할 수 없다. 그래서 경기체가의 곡조는 향가나 여요와 관련이 있을 가능성도 있다는 생각에서 최소한의 국문학사의 연속성은 확보되는 셈이다. 장르의 연속성을 실체도 없는 음악적 형질로 연결시키려 한다고 해서 무모하다거나 백안시하는 자세는 정당하지 않다. 그러한 노력을 무시하거나 할 생각도 하지 않는 것은 일방적으로 음악적 요소를 버려둔 채 가사만을 신봉한 결과이기 때문이다.

경기체가의 근원이 한문이라면 장르의 형성과정을 일반적으로 설명할 수 없고, 구태여 그럴 필요도 없다. 이러한 사정은 한문학이 장르적 기원이었다는 점에서 〈용비어천가〉와 같은 악장체의 경우와 비슷한 원리이다. 그렇다면 그 국문학적인 가치는 역시 악장체와 같이 높이 평가할 수 없을 것이다. 그러나 경기체가는 이러한 한계에도 불구하고 악장체보다 자유로운 문학의 조건에서, 더 긴 시간 동안, 더 많은 작자에 의해서, 더 많은 작품을 산출해 냈다는 점에서 문학사적인 가치를 더 부여할 수 있다. 경기체가가 악장체에 비하여 이런 우위를 보이는 이유는 자발적인 문학성에 있을 것이다. 비록 비정상적인 발생과정을 거쳤고, 작품의 품격이 높지 않다고 하나 경기체가의 향유계층은 온전한 자유의지에 의하여 즐겼으니 인간의 예술적 표현욕구를 실현할 수 있었다는 점에서 의도적인 관제문학이었던 악장체보다 문학적으로 우월하다. 그리고 향락적이고 퇴폐적이라는 지적도 초기의 한림별곡과 같은 작품에 한정된 사정이지, 후기에 이르면 나름대로의 문학적 경지를 이루고 있다. 그러나 이는 어디까지나 악장체에 대한 상대적인 평가일 뿐, 경기체가가 가지고 있는 장르적, 문학적 한계는 어쩔 수 없는 약점이다.

경기체가의 발생기원을 다시 생각해 보자. 경기체가를 고안해내기 전에 사대부들이 漢詩, 宋詞, 樂府 등을 지었던 것은 틀림없는 사실이다. 그 중에서도 송사가 당대에 가장 성행하고 유행하던 장르였고, 송사는 본래 노래부를 수 없었던 唐詩를 노래 부를 수 있는 것으로 대체한 장르였다. 고려의 문인들이 송사를 따라 짓기는 했지만 그렇다고 해서 그것을 중국의 노래로까지 부르기는 어려웠을 것이다. 실제로 대부분의 고려의 송사 시인들은 가사만을 짓는데 그쳤기 때문에 宋詞 본래의 문학적 정취를 만끽할 수 없었다. 그래서 그 대체수단으로 가사는 한문으로, 곡조는 우리의 것으로 할 수 있었던 경기체가와 같은 시가장르가 필요했을 것이다. 다시 말하면 宋詞와 유사한 한문으로 된 가사를 구사함으로 해서 사대부로서의 존엄을 과시하고, 한편으로는 우리의 곡조로 노래함으로 해서 시가문학적인 만족을 누릴 수 있었을 것이라는 생각이다. 高麗史 樂志에 기록된 夜深詞, 風入松, 紫霞洞 등은 실제로 고려, 문인들이 지은 宋詞로 이것이 當代에 이미 보편화되었다는 사실을 알게 한다. 경기체가가 宋詞에서 형태적 발상을 얻었다면 그 가사의 음수율이 宋詞를 닮았다는 것은 자연스러운 일이다.

宋詞에 대한 이해를 돕기 위해서 비교적 짧은 宋 張先의 詞 更漏子를 인용한다.

> **錦筵紅 羅幕翠 侍宴美人姝麗**
> 붉은 비단 방석, 비취휘장에서 노래하는 歌女가 곱구나.
> **十五六 解憐才 勸人深酒杯**
> 열다여섯 어린 나이에 나를 알아보고 술을 가득 따르네.
>
> **黛眉長 檀口小 耳畔向人輕道**
> 검은 긴 눈썹에, 앵두같이 작은 입술이 귓속말로 속삭이기를
> **柳陰曲 是兒家 門前紅杏花**
> 버들 우거진 길 돌아가면 우리 집인데 문 앞에는 살구꽃이 피어있지요.
>
> (필자 역)

이 작품은 송사의 원형으로 생각되는 단형의 詞인데 보다시피 경기체가와 유사한 형태를 하고 있어 흥미롭다. 자수율의 배치나 전후 양절로 되어 있는 것도 경기체가와 유사하여 우연으로 생각하기 어렵다. 그렇다고 해서 사와 경기체가가 형태적으로 닮은 것만은 아니다. 詞의 형식 자체가 장단구가 변화있게 섞여 있어 定型을 쉽게 말하기 어렵고, 경기체가 역시 다양한 형식으로 되어있어 일률적으로 말하기 어렵다. 그러니 형태의 유사성을 들어 경기체가가 사를 모방했다고 단정 짓기보다는 상당 부분 그것을 나름대로 변형, 응용했을 것이라는 생각이다. 아무 인연이 없다고 하기에는 닮은 점이 너무 많아서 적어도 경기체가의 형성에 영향관계를 벗어날 수 없을 것 같다. 그러니 경기체가의 근원을 우리 고유 시가에서 찾는 노력은 별다른 성과를 기

대할 수 없을 것이다.

詞는 唐詩의 엄격한 율격에서 벗어나 길고 짧은 자구를 비교적 자유롭게 구사하였으므로 長短句라 하기도 하고, 한시의 구속에서 벗어났다 하여 詩餘라 하기도 한다. 자수율이 비교적 자유로웠기 때문에 다양한 모습을 하고 있는데 위의 예시작품은 그 중에서도 비교적 경기체가의 형태에 가까운 경우이다. 경기체가는 여러 형태의 詞 중에서도 이러한 유형을 선택한 듯하다. 이는 대체로 경기체가의 前節에 해당하는 모습인데 여기에 후렴구를 포함한 우리 나름대로의 後節을 보탠 것이 아닌가 한다. 이러한 유형은 詞 중에서도 가장 대중적인 민요형에 가까운 것이라서 그 가사나 형태를 받아들이기가 용이하지 않았나 생각한다. 3, 3, 4라는 음수율을 유지하고 있는데 이것은 경기체가의 기본 자수율과 같고, 이는 동시에 우리가 좋아하는 고유의 3음보율이었다는 점에서도 선호했을 것이다. 그리고 거기에 우리말 후렴구가 끼어들어갔다는 사실은 그 곡조는 우리의 것이었음을 입증하는 것이다. 경기체가의 근원을 신라의 향가나, 여요로 주장하는 견해가 있다면 가사의 형태보다는 곡조를 염두에 두고 설명하는 발상이 필요하다. 그러고 보면 경기체가가 남의 詩歌의 형태를 기반으로 하고, 한문투성이라는 약점에도 불구하고 그 바탕에는 자체적인 요소가 작용했다는 점을 간과해서는 안 된다. 이렇게 함으로 해서 서민들과는 차별화할 수 있는 得意의 양반 시가문학을 만들어 낼 수 있었을 것이다. 경기체가는 당대 사대부들의 시가문학적인 욕구를 이렇게 절묘한 배합으로 만족시킬 수 있었기 때문에 어엿한 장르의 자리를 확보할 수 있었다고 생각한다.

경기체가가 일정한 한계를 가지고 있지만 이것이 고려시대에 시작된 양반사대부의 시가문학이라는 사실에 주목할 필요가 있다. 시조의 발생 시기를 확실하게 단정할 수 없는 형편에서 경기체가가 시조와 비슷한 시기에 같은 사대부문학으로 행세했었다는 점은 양자 간에 어떤 인연관계가 있을지도 모른다는 추측을 하게 한다. 이들이 같은 시대에 공존했다고 하면 식자계층이며, 지도계층임을 자임해왔던 사대부들 사이에서 문화적 충돌 가능성을 배제할 수 없을 것이고, 그렇다면 둘 중에서 무엇을 선호했을 것인지 궁금하다. 경기체가의 발생 원인이 한문으로써 속요와 같은 서민시가와 차별화하려는 의도였다면 시조와의 경쟁적 충돌과정에서 우리말의 시조보다는 한문으로 우월성을 과시할 수 있었던 경기체가를 선호했을 가능성이 있다. 그렇다면 경기체가가 성행했던 시대에 그들 양반에 의해 시조가 같이 성행했을 가능성은 적어 보인다. 두 장르가 같은 향유계층에 의해 동시대에 시가문학을 주도하는 장르로 공존하기는 쉽지 않았을 것이기 때문이다. 그렇다면 문학사적으로 경기체가가 시조에 先行했을 것이라는 판단이 가능하다.

경기체가가 시조에 선행되었다면 시조의 형성에 중요한 단서를 제공할 수 있다. 한림별곡이 고려 말기에 나온 최초의 경기체가였다면 그 시대에 병행하여 시조문학이 성립되었다는 생각은 자연스럽지 않다. 한 시대를 풍미하는 시가장르는 대개 하나로 족하기 때문이다. 경기체가와 시조를 구태여 시대적으로 선후관계를 따져본다면 전자가 후자에 선행한다고 하는 것이 순리적이라는 생각이고, 실제의 기록도 그렇다. 그렇다면 이들이 같은 사대부문학이라는 점에서 전자는 후자의 형성에 어떤 작용과 역할을 했을 것이라는 추정도 해봄직하다. 다만 한문투성이의 경기체가가 우리 노랫말인 시조의 형성을 자극, 촉진하는 데에는 어느 정도의 한계와 얼마간의 시간이 필요했을 것 같다. 그렇다면 평시조의 형성은 경기체가가 어느 정도 전성기를 넘긴 다음으로 잡는 것이 사리에 맞을 듯하다. 한 장르의 전성기에는 유사한 다른 장르를 허용하지 않는 문학사적 속성이 있기 때문이다. 그렇다면 아무리 양보하더라도 시조의 발생시기를 한림별곡을 거슬러 올라가 설정할 수 없다. 시조의 발생을 고려 중기까지 올려잡는 경우도 있는데 시조의 모양새를 세우는 데에는 좋을지 모르나 실질적인 근거는 없는 다분히 감정적인 말이다. 퇴계의 陶山十二曲跋을 보면 이러한 사정을 어느 정도 짐작할 수 있다.

> 우리의 歌曲은 대개 품격이 높지 못하여 말할 것이 못된다. 한림별곡 같은 것은 문인들의 입에서 나온 것이지만 교만방탕하고, 무절제하고 향락적이어서 군자가 손중할 바 아니니다. (東方歌曲 大抵多淫哇不足言 如翰林別曲之類 出於文人之口 而矜豪放蕩 兼以褻慢戲狎 尤非君子所宜尙.)

이는 도산십이곡이라는 시조를 짓게 된 동기를 밝힌 부분인데 사대부로서 경기체가와 같은 기존의 시가문학이 가지고 있는 문제점을 개선하기 위해서 시조를 짓게 되었다는 것이다. 보기에 따라서는 시조가 경기체가의 뒤를 이은 것이었음을 의미한 것일 수도 있는데 확대해석하면 시조는 경기체가와 같은 기존의 사대부문학에 대한 대체수단일 가능성도 제기할 수 있다. 다만 그 동기는 유가 사대부로서 경기체가 가사 내용에 대한 불만에서 나온 것으로 곡조와는 관계가 없어 보인다. 실제로 도산십이곡발에서 퇴계는 '본래 나는 음율을 잘 모른다'(素不解音律)라고 고백하고 있다. 이러한 기록을 근거로 하여 시조의 발생을 조선 前期로 잡는다면 이 부분의 기록은 경기체가와 시조를 관련지을 단서가 될 수 있다. 적어도 퇴계의 경우는 경기체가가 시조의 형성에 어떠한 작용을 했다는 사실과, 동시에 여기에서 시조의 초창기가 퇴계에서 멀지 않을 것이라는 짐작도 가능하다. 이 시기가 경기체가의 소실기에 가깝다면 시조의 형성, 발전과 모종의 관계가 있을 듯싶다.

시조의 형성에 경기체가가 그 근원으로 작용했다고 한다면 아주 생소하게 들릴 듯하다. 그것은 둘 사이에 형태적으로 닮은 데가 없다고 생각하기 때문인데 이는 장르의 인연관계를 오직 가사의 형태로만 생각하는 오랜 관행에서 벗어나지 못한 고정관념일 수 있다. 퇴계가 도산십이곡이란 시조를 짓게 된 경위를 밝히는 데서 보듯이 시조는 분명히 경기체가와 발생적 인연이 있었다. 거기에는 한림별곡의 비루한 내용을 바로 잡았다고 했을 뿐이지 곡조를 고쳤다는 말은 없다. 비록 경기체가의 형태를 고쳤다 하더라도 경기체가가 시조의 근원으로 작용한 것을 부정할 수 있는 근거는 되지 못한다. 그리고 우리가 가지고 있는 시조와 경기체가 사이의 거리감은 한림별곡만 생각하기 때문인데 경기체가의 형태적 변모에 주의한다면 소멸기의 경기체가들은 시조와 크게 동떨어진 형태가 아니라는 사실을 알 수 있다. 周世鵬의 경기체가인 道東曲 제4장을 예로 본다.

下土茫茫커늘 上帝是憂하샤
세상이 아득하거늘 상제가 염려하사

玗貞大人을 洙泗우ᄒᆡ ᄂᆞ리오시니
만고성인(공자 맹자)을 수사(이 세상)에 보내주셨으니

偉 萬古淵源이 그츨 뉘 업ᄉᆞ샷다
오, 만고의 가르치심이 그칠 날 없으리라.

(필자 역)

경기체가가 파격이 심하여 이 정도의 모양을 하고 있다면 시조와 매우 닮아있다는 사실을 확인할 수 있다. 그렇다고 해서 이것을 근거로 해서 시조가 경기체가에서 근원했다고 자신하는 것은 아니다. 이것은 오로지 가사 형태만을 가지고 말하는 것이기 때문에 기존의 만전춘별사가 시조의 기원이라고 믿었던 이치와 다를 바 없기 때문이다. 그리고 이렇게 되면 무엇보다도 시조의 기원이 조선 초기까지 내려와야 하는 것이 부담이 크다. 그러나 학문은 감정보다는 사실이 우선되어야 옳다. 그러니 그럴 수 있는 가능성을 남겨 두고서 깊이 생각해보아야 할 문제이다. 이와 관련하여 權好文의 경기체가 獨樂八曲의 제7장을 보면 다음과 같다.

一屛一榻 左箴右銘 一屛一榻 左箴右銘
병풍 한쪽에, 書案 한쪽에 좌우명 새기기를

神目如電이라 暗室을 欺心하며
하늘이 엄히 내려보시니 혼자라고 속이랴.

天聽如雷라 私語인들 妄發하랴
하늘이 밝히 들으시니 혼잣말이라 허투하랴.

戒愼恐懼를 隱微間에 닛디마새
살피고 삼가고 두려워하기를 한시라도 잊지 말라.

坐如尸 儼若思 終日乾乾 夕惕若ᄒᆞ는 뜻든
고요히 앉아 생각하여 종일토록 살피고 저녁에 또 뉘우치는 뜻은

尊事天君하고 攘除外累ᄒᆞ야
임금과 하늘을 모시고 외적을 물리쳐

治平事業을 다 이루려 ᄒᆞ엿더니
천하태평을 다 이루려 하였더니

時也命也인디 迄無成功 歲不我與ᄒᆞ니
명운이 이러한지 이룬 공 없이 세월만 흘렀으니

白首林泉의 ᄒᆞ올 일이 다시없다
다 늙어 산림에 묻혔으니 할 일이 전혀 없다.

우읍다 山之南 水之北에 斂藏蹤跡ᄒᆞ야
두어라, 南山에 北水에 일체 종적을 감춰두고

百年閒老ㅅ景 긔 엇더ᄒᆞ니잇고
백 년의 한가로움이 그 어떠하리오?

(필자 역)

이 정도가 되면 한림별곡의 흔적은 찾아볼 수 없고, 오히려 사설시조나 가사와 매우 닮아있다고 할 것인데 이것을 따로 떼어서 時調歌集에 섞어놓으면 사설시조가 아니라고 못할 것이다. 이런 점으로 미루어 경기체가와 시조가 상당한 문학적 인연을 가지고 있음을 추정할 수 있다.

시조가 경기체가의 영향을 받았다고 가정한다면 초창기의 경기체가가 아니라 후반기의 변형된 것에서 탐색해야 한다. 하나의 장르가 초창기나 성행기일 때에는 그 장르적 특성이 뚜렷하기 때문에 다른 장르가 이에 맞서서 경쟁하기 어렵다. 그래서 이를 잇는 후행 장르는 선행 장르의 쇠퇴기를 기다려 정착하기 마련이다. 그렇다면 聾巖 李賢輔의 어부단가나 퇴계 이황의 陶山十二曲을 초창기의 한림별곡과 비교하기보다는 앞서 본 도동곡과 같은 쇠퇴기의 경기체가에서 그 원형을 찾는 것이 사리에 맞다. 설령 이 둘 사이에서 다소간의 형태상의 차이가 있더라도 그것이 이들의 영향관계를 연결하는 데 큰 문제가 되지 않는다. 만약에 둘 사이에 형태상으로 차이가 없다면 구태여 다른 장르라고 할 수 없으니 영향관계를 말하기가 더 어렵게 된다. 영향관계를 말하려면 선행과 후행 장르사이에 형태상으로 어느 정도의 차이가 있어야 오히려 자연스럽다. 그 차이는 둘 사이의 연결에 걸리는 시차와 같을 수 있다면 그 차이는 오히려 연속성을 더 분명히 하는 증거일 수 있다. 그래서 만전춘별사와 시조의 형태유사성을 들어 그것을 시조의 발생근거로 삼는 발상은 생각보다 타당성이 적다. 그렇다면 쇠퇴기 경기체가와 초창기 시조 사이의 형태상 차이는 이들을 연결시키는 데 전혀 문제가 되지 않는다. 오히려 이러한 발상이 경기체가와 시조의 국문학적 연속성을 보장하는 길이다. 물론 경기체가만이 시조의 발생에 영향을 주었다는 것은 아니다. 그 사이에 다른 장르도 복합적으로 작용했을 가능성은 얼마든지 열어두어야 한다. 이러한 관점은 모든 장르의 발생 연구에서 매우 유의해야 할 일이다.

6) 時調

시조라는 명칭 자체가 음악적인 형질에서 출발한 말이다. '調' 자신이 음악의 곡조, 가락이라는 뜻이기 때문이다. 그러나 그 명칭에서부터 명백한 이런 사실을 우리는 잊은 채 시조에 대해서 말하는 데 익숙해왔다. 다른 것은 그만두고서라도 時調를 읽을 때 '시조'라고 읽어왔는데 '시쪼'로 발음하는 것과는 그에 대한 인식의 차이가 분명하다. 시조를 논의하기 전에 먼저 올바른 발음부터 따져보는 일이 중요하다.

'調'가 '고르다'라는 동사적 의미로 첫음절에 오면 '조'라는 본래의 음으로 읽지만 '가락'이라는 의미로 뒤 음절에 오면 접사화 되어 본래의 음가를 잃어버리고 '조'가 아닌 '쪼'로 읽어야 발음원칙에 맞다. 실제로 調가 첫 음절일 때에는 調節, 調査처럼 본래의 음가인 '조'로 읽고, 뒤 음절일 때도 '가락'의 의미가 아닌 語調, 基調 등은 본음인 '조'로 읽는다. 그러나 短調, 羽調, 散調 등은 곡조명칭이므로 한결같이 '쪼'로 발음해야 맞다. 일부의 사전에서 이를 지키지 않는 경우가 있는데 이는 한자음 발음의 혼란현상에 불과하다. 그런데 앞과 같이 調가 뒤 음절에서 '가락'이라는 의미일 때 경음으로 발음되는 현상은 자음동화와 관계없이 일어나는 현상이므로 단순한 음운현상으로도 설명할 수 없다. 그것은 오로지 '調' 자신이 가지고 있는 의미적 자질 때문인 것이다. 어쨌든 時調는 당연히 본래 노래 곡조의 하나였으므로 '시조'가 아닌 '시쪼'로 읽어야 한다는 의견이 제기된 지 오래인데 아직도 여전히 잘못된 관행에서 벗어나지 못하고 있다. 오랫동안 관행으로 굳어진 말을 일시에 억지로 바꾸자고 한다면 오히려 괜한 트집으로 생각할지 모르지만 이러한 무감각은 단순한 발음의 문제에 그치지 않는다는 것이 문제이다. 이러한 시비는 괜한 트집이 아니라 그동안 시조에 대한 무감각과 인식의 불철저를 입증하는 상징적 사례라는 사실로 받아들여야 한다. 구태여 '시조'라는 발음을 고수한다면 그것은 이미 음악이 아닌 문학의 갈래명칭이라는 전제가 있어야 한다. 지금 우리 학계에서 공식적으로 통용되고 있는 時調에 대한 개념도 바로 이러한 문학적 의미로 한정되어야 한다.

생각해 보면 時調가 음악성을 완전히 탈피하여 완전한 문학의 장르가 된 것은 20세기 현대시조 형성 이후라고 해야 한다. 시조라는 명칭이 문학적인 장르로 확정된 것은 1926년 이후 민족주의 이념에 의한 시조부흥운동에 힘입은 바 크다. 이러한 사실은 시조문학이 애초부터 의도적이고 이념적인 목적에서 출발하였음을 의미하는 것이고, 이 과정에서 그 음악적 형질이 배제된 채 문학의 시조로만 계승되었던 것이다. 그 이전에는 시조라는 명칭이 문학장르 명칭으로 사용된 예가 없다. 그래서 그것은 현대시조만 거느릴 수 있을 뿐이지 고시조는 포함할 수 없는 용어이다. 현대시조에서 사설시조, 혹은 장시조, 만횡청 같은 양식이 사라진 것만으로도 현대시조와 고시조는 같지 않다는 사실을 알 수 있다. 그러니 평시조, 연시조만 현대시조문학이지 그 외의 모든 양식은 시조가 아닌 셈이다. 이러한 사실을 인정한다면 원천적으로 현대시조와 고시조는 전혀 다른 것으로 장르상으로도 분리해서 논의해야 할 이유가 성립된다. 현대시조는 분명히 음악성을 배제하고 지어지므로 그것은 詩일 뿐, 詩歌도, '시쪼'도 아니다. 그러나 고시조는 창을 전제하였으므로 분명히 시가이니 '시쪼'로 인식하고 그 음악성을 탐구해야 옳다. 그래서 時調의 발음이 중요한 관건이 되어야 하고, 모든 '고시쪼'의 연구는 기본적으로 음악을 전제하고 논의를 시작해야 할 당위성이 여기에 있다.

그러나 지금 우리의 고시조문학 연구는 이러한 원칙이나 전제에 별 관심이 없는 듯하다. 지금의 사정을 보면 詩로서의 시조는 창작론이 중심을 이루고 있는 형편이고, 장르론이나 국문학사에서는 古時調에 더 관심이 많은 것이 사실이다. 당연히 본 연구도 詩歌문학으로서의 시조에 관한 것이므로 고시조가 대상이 되고, 기존의 고시조 연구가 논의의 대상이다. 분명한 사실은 조선시대 문헌에서 時調라는 명칭이 고유한 갈래명칭으로 사용된 사례가 없었다는 것이다. 시조란 원래 그저 '그때그때 유행하던 노래가락'이라는 일반적 凡稱에 불과하였다. 당시에 불렸던 모든 노래는 통틀어서 시조라고 불렀다. 심지어는 漢詩도 노래로 부르면 서슴잖고 시조라고 하였다. 그것을 詩의 고유 갈래명칭으로 규정한 것은 순전히 현대의 학자들의 의도에 의해서 일시에 용도전용된 결과이다. 시조가 우리 시가문학을 대표할만한 자랑스러운 득의의 장르라고 추켜세우면서도 정작 그에 대한 본질은 고사하고 제대로 된 발음마저 할 수 없다면 여간 부끄러운 일이 아니다. 이러한 사정을 인식하지 못하고 노래인 고시조를 詩라는 문학의 관점으로 바라본 결과 많은 오류와 곡해와 편견을 면치 못하게 되었다.

시조를 문학의 歌詞로만 본 결과 시조의 기원을 만전춘, 혹은 멀리 정읍사나 향가까지 거슬러 올라가게 하였다. 그 근거라는 것은 오로지 排行의 형태나 글자 수에 있어 시조와 닮았다는 것이다. 유사하다는 점에서는 영향관계의 가능성을 인정할 수 있겠지만 멀게는 천 년 전까지 거슬러 올라가서 글의 형태나 장르의 흔적조차 불분명하고, 유동적인 노래가사를 찾아서 그 근원으로 연결시킨다는 것은 아무래도 무리가 있어 보인다. 글의 외형적 형태는 문학의 장르를 결정짓는 주요 요소임에는 틀림없으나 그것은 일정한 문자의 형태로 정착된 이후에야 장르로서 定論이 가능하다. 특히 국문학 시가장르를 다시 하위 장르로 구분할 때에는 더욱 그렇다. 예컨대 麗謠와 시조가 詩의 하위장르로서 구비전승되던 시대에는 서로간의 문학적 연속성을 확보하기 어렵다. 그래서 상대번역가요는 상당 시간을 구비전승되다가 후에 漢詩로 정착된 것으로 그 원형을 알 수 없으므로 후대의 시가와 장르적으로 인연관계를 연결시키기 어려운 것이다. 이는 문자적으로 연결성이 없기 때문인데 장르성립에 있어 문자정착의 여부가 매우 중요하게 작용한다는 사실을 입증하는 것이다. 鄕歌는 當代의 우리말을 정착된 형태로 적었으므로 떳떳하게 향가라는 장르적 지위를 얻을 수 있었고, 그래서 신라의 시가 장르로서 후대의 시가와 장르적 인연관계를 논의할 수 있게 되었다. 이에 비하여 麗謠는 조선조에 이르러 비로소 정착되었으므로 엄밀히 말한다면 고려의 시가장르로서는 결격사유가 있다. 시조의 원형으로 지목되는 만전춘별사의 일절도 조선에 이르러 비로소 정착되었기 때문에 고려의 장르로서 충분치 못한 점이 있다. 설령 만전춘이 시조의 원형으로 거론되더라도 문자 정착의 시대적 차이로 인하여 그것이 온전한 고려시대의 장르라고 단정하는 것은 성급한 처사이다. 그러므로 이것을 근거로 하여 시조의 출발을 고려 중기, 후기로 잡는 견해는 조심스러운 면이 많다. 정읍사의 경우도 그런 경우인데 그것이 백제시가라 하여 시조의 기원을 백제까지 끌어올릴 수는 없는 일이다. 만약에 그럴 수 있다면 다른 시가들도 기존의 모든 詩歌 歌詞에서 유사점을 찾아 기원론을 만들어 낼 수 있을 것이다. 예를 들면 가사도 신라장가, 여요장가, 경기체가 등에서 얼마든지 그 기원을 찾을 수 있다. 실제로 歌辭의 근원도 俗謠로 잡는 주장이 적지 않지만 이와 같은 이유로 이 주장을 쉽게 인정하기 어렵다. 앞에서 누차 강조한 바와 같이 이들이 유사한 형태를 보이는 것은 유동적인 형태의 가사 일부분이 우연히 시조와 닮아있을 뿐일 가능성이 더 높다는 것이다. 더 생각해보면 시조의 원형으로 지목되는 장르만이 아니라, 시조 자신도 대부분의 작품이 오랫동안 구전되다가 18세기에 이르러 비로소 문자로 정착되었으니 초창기의 시조의 모습을 얼마나 충실히 유지했는가도 의문이다. 이러한 사정에도 불구하고 시조 歌詞만 가지고 시조의 모든 일을 결정하려고 하는 것은 아주 위험한 일이 아닐 수 없다.

歌詞의 형태만에 의지하여 시조의 기원을 논의하는 기존의 고정관념에서 벗어날 수 있다면 그 형태에 구애받음이 없이 훨씬 폭넓은 관점에서 시조의 기원이 모색될 수 있을 것이다. 만전춘, 정읍사를 시조의 기원으로 논의하는 근거는 철저하게 가사의 형태에 의존한 것이다. 설령 그렇다 하더라도 가사의 형태가 유동적이라고 한다면 그것은 장르 기원의 근거로서 충분치 않다. 그리고 다시 생각하면 만전춘과 시조의 가사 형태가 꼭 닮았다면 차라리 같은 장르라고 하는 것이 낫지, 구태여 만전춘이 시조의 기원이라고 말할 필요조차 없을 것이다. 올챙이와 개구리가 모습이 달라야 그 이름이 구별되는 것과 같은 평범한 이치를 잊고 있는 것이다. 만약에 가사의 굴레에서 음악적 형질로 과감하게 눈을 돌린다면 시조 이전의 다양한 시가에서 시조의 원형을 논의할 수 있을 것이다. 악장의 속요, 경기체가계에서부터 漢詩까지 폭넓게 그 대상에 포함될 수 있다. 이것들은 가사 형태상으로는 만전춘보다 유사성이 적지만 음악적으로는 친근관계나 유사성이 있을 수 있다는 착안을 해야 한다.

이러한 주장은 기존의 시조 원형에 관한 견해들을 전적으로 부정하자는 것이 아니라 시조를 그 음악적 형질로 보았을 때 더 좋은 성과를 기대할 수 있다는 말이다. 만전춘, 정읍사가 평시조를 닮은 것은 어쩌면 우연일 수도 있다는 가능성도 상정해야 한다. 생각해 보면 어김없는 시조의 원형을 완벽하게 갖춘 禹卓의 歎老歌가 조선시대에야 비로소 문자로 정착한 만전춘보다 시대적으로 뒤라는 보장도 할 수 없는 일이다. 탄로가가 시조의 효시라면 그것의 원형이라는 만전춘은 당연히 시대적으로 그보다 앞서 있어야 하겠지만 그럴만한 입증자료도 없다. 실제로 18세기에야 비로소 문자로 정착하여 현전하는 탄로가가 과연 고려 말의 작품이 맞는지, 맞다면 현전 작품이 그 작품의 원형을 얼마나 유지하고 있는지에 대해서도 적지 않은 의문이 제기된 바 있었다. 탄로가, 백발가를 초창기의 시조라고 하기에는 너무 완비된 시조의 모습을 하고 있어 그 형식이나 시기가 의심스럽다. 생각해보면 그것은 18세기에 불려졌던 노랫말의 형태를 기록한 것이니 이미 그것은 고려의 노랫말이라기보다는 차라리 조선의 장르라고 해야 옳을 것이다. 이런 관점에서 탄로가를 시조의 원형이나 최초의 시조로 지목하는 데 문제가 있다.

이러한 사정은 聾巖, 退溪의 短歌 이전에 지어졌다고 전해지는 〈青丘永言〉이후의 歌集에 정착된 모든 시조에 해당하는 말이다. 〈聾巖集〉〈退溪集〉에 수록된 短歌는 가장 이른 연대에 문헌에 기록된 것으로 그 제작연대를 가장 신뢰할 수 있는 시조이다.

그래서 이들을 초창기의 시조로 간주하는 주장이 있었고, 그것이 비록 시조의 역사를 끌어내리는 문제가 있더라도 진실규명을 위해서는 이 관점을 주목할 필요가 있다. 〈靑丘永言〉을 비롯한 歌集을 時調集이라고 이름하는 것도 잘못이다. 거기에는 어디에도 시조집이라는 언급이 없다. 그것은 당대 唱으로 불려졌던 모든 형태의 노래모음집이었기 때문에 歌集일 뿐, 시조집일 수 없다. 여기에서는 時調, 時調集이라는 명칭이 애초부터 존재했던 적이 없었던 것이므로 가급적 사용하지 않는다. 시조들이 정착되기까지 구전 과정을 거쳤기 때문에 현전작품과 원형이 같지 않을 가능성을 생각해야 한다면 가집에 실려있는 그 가사에 전적으로 의존하는 것은 잘못을 범할 가능성이 많다. 경우에 따라서는 작품이 훗날의 僞作일 가능성도 있다면 더욱 그렇다. 고문헌 중에는 우리가 생각하는 것보다 僞書나 僞作이 많다는 사실을 염두에 두어야 한다. 고구려의 을파소, 백제의 성충이 시조를 지었을 리 없지만 그들의 작품이 버젓이 歌集에 실려 있으니 歌集에 기록된 시조 작품의 연대나 작자를 곧이곧대로 믿을 수 없는 일이다. 그럼에도 불구하고 이러한 기록들에 의지한 그동안의 많은 주장들 역시 신뢰하기 어렵다.

이와 관련하여 〈樂章歌詞〉와 같은 조선 전기에 나온 악장가집에 기존의 다른 시가는 망라되어있는데 유독 시조만 빠져있다는 사실은 잘 이해되지 않는 일이다. 만약에 고려조에 시조가 이미 성행했었다면 〈樂章歌詞〉에 그것만 누락된 이유를 마련하기 어렵다. 시조가 樂章으로 채택되면 안 될 합당한 이유가 없다면 이는 歌集 편찬 당시에 시조는 아직 성행되지 않았다는 증거가 될 수도 있다. 이러한 사실은 시조의 발생 연구에 매우 유의해야 할 사안이다. 사정이 이렇다면 가사 일변도의 고시가 연구 방식에서 이제는 음악적 요소로 접근하여 시조의 기원을 모색하는 방법을 강구하는 것이 보다 효과적일 수 있다. 언제까지 시조의 가사에만 매달리지 말고, 이제는 시조의 唱에 주의를 기울여보자는 말이다. 시가의 장르를 결정짓는 것은 가사의 형태가 아니라 곡조라는 사실을 명심해야 한다.

시조를 歌詞로만 살핀 결과 나온 또 하나의 문제가 시조의 확장발전설이다. 즉, 모든 형태의 시조는 평시조를 출발점으로 하여 그것이 중복되어서 連時調가 되고, 평시조의 章이 확장되어서 엇시조, 사설시조가 되었다는 주장으로 아직도 상식으로 통용되고 있는 실정이다. 그러나 평시조, 엇시조, 사설시조라는 명칭 자체가 본래 歌詞의 형태와는 관계없이 순전한 곡조의 명칭이었다는 사실 하나만 생각하더라도 가사확장설은 곤란하다. 이보다는 차라리 평조의 곡조가 사설조의 곡조로 발전했다는 곡조확장설이 더 타당성이 있어 보인다. 이러한 사정은 향가의 구체확장설의 원리와 다를 바 없다. 만약에 평시조의 가사가 확장되어 엇시조, 사설시조가 되었다면 이들의 형성과정을 시대적으로 엄정하게 선후관계를 입증할 수 있어야 한다. 그것도 가사보다는 그와 같이 움직이는 음악의 변천에서 그 근거를 마련해야 더 설득력이 있다. 그러나 아직까지 그러한 징후는 잘 발견되지 않는다. 시대 차이를 두고 많은 歌集이 편찬되었지만 〈青丘永言〉에는 평시조가 많고, 후대로 갈수록 사설시조가 많은 것도 아니다. 〈青丘永言〉에 이미 사설시조를 포함한 모든 형태의 시조가 다양하게 실려있다는 사실은 그때에 이미 모든 형태의 시조가 갖추어져 있었다는 사실을 말하는 것이다. 시조의 진화확장설이 지지를 받기 위해서는 〈青丘永言〉에 사설시조는 시조의 초창기 산물이거나 아직 발전과정에 놓여 있었다는 징후가 있어야 한다. 그러나 그러한 징후보다는 이에 훨씬 앞서 사설시조와 인연관계가 있어보이는 전래의 어부사나 불굴가가 이미 고려시대부터 있었고, 그에 앞선 松江의 장진주사가 사설시조로 인정받는 일도 있으니 창작연대가 불분명한 탄로가 등을 내세워 평시조로부터 사설시조로 확장발전했다는 말은 성립하기 어렵다. 확장발전설의 근거로 사설시조가 18세기 전후에 발생했다고 내세우기도 하지만 그럴 만한 근거를 가지고 하는 말이 아니다.

不屈歌와 같은 명백한 고려시대의 사설시조 외에도 당대에 미미 사설시조와 같은 노래가 있었다는 증거들은 얼마든지 있다. 鄭石歌와 같이 불가능한 사실을 전제하고 자신의 소망을 제시하는 수법이 사설시조에 허다하게 사용되고 있다는 사실은 사설시조가 이들과 모종의 인연이 있음을 간접적으로 말하는 것이다. 사설시조에 나타나 있는 해학, 음담, 풍자, 향락, 승려매도(僧侶罵倒) 등의 내용들을 麗謠나 고려의 기록에서 얼마든지 찾을 수 있다는 사실은 사설시조의 이러한 내용적 전통이 이미 고려시대부터 시작되었음을 시사하는 것이다. 그렇다면 지금 우리가 보고 있는 사설시조의 내용들이 꼭 조선후기의 사회상이라고 믿을 필요는 없다. 그보다는 그러한 노래들이 이미 고려시대부터 전해 내려왔을 가능성에 무게를 두어야 옳다. 〈해동가요〉에 金壽長이 지었다고 기록되어 있는 사설시조 중에 '앞에는 蒙古요, 뒤에는 可達이'이라는 구절이 있다. 이는 元 치하의 고려시대의 상황이 틀림없으므로 이로 미루어 생각하면 김수장이 지었다는 歌集의 기록들을 곧이곧대로 믿을 수 없게 한다. 김수장이 수백 년 전의 고려시대의 사회상을 눈에 보듯이 사설시조로 노래할 수 없었기 때문이다. 백보 양보해서 그것이 김수장의 작품이라 하더라도 곡조를 새로 붙였다는 의미일 뿐, 그 가사는 고려시대에서부터 전해 내려온 것이 틀림없다. 또한 조선의 가집에는 한문과 이두표기로만 된 사설시조도 적지 않은데, 이것들이 조선후기의 작품일 가능성은 매우 적다. 개중에는 고려시대에 성행되었던 宋詞의 漢詩 사이에 현토만 붙인 것도 있는데 이는 역시 고려시대에 지어졌을 가능성이 훨씬 높다. '八萬大藏 佛禮님 — 여래보살 지장보살 — 은혜를 捨身報施하오리다.'와 같은 찬불가들은 조선시대의 斥佛의 상황과는 전혀 맞지 않아 고려시대의 가사로 보여진다. 청나라 전성시대에 오랑캐를 노골적으로 욕하고, 초파일 讚燈歌를 부른 사설시조는 조선후기의 정황하고는 거리가 멀다. 이렇게 고려시대의 작품이 분명한 사설시조들이 허다한데 이들의 존재를 아랑곳하지 않고, 여전히 사설시조가 조선후기에 형성되었다고 한다면 더불어 학문을 논의하기 어렵다.

만약에 만전춘의 일절인 단형장구가 평시조의 원형이라면 같은 원리로 나머지 장형의 여요는 엇시조, 사설시조나 歌辭의 원형이 아니라고 할 이유도 없는 일이다. 이러한 사실들은 시가의 가사 형태만을 가지고 장르를 규정하는 방식에 문제가 있음을 지적하는 것이다. 거듭되는 말이지만 詩歌의 장르는 가사가 아니라 곡조에 의해서 결정된다. 시가문학의 발전과정을 볼 때에 평시조와 사설시조가 구분되는 것은 歌詞의 장단이 아니라 곡조, 가락의 장단이라고 해야 한다. 문학사의 초창기부터 단가와 장가는 장르적으로 구분해왔고, 곡조에 중점을 둔다면 短歌와 長歌의 시대적 순차를 그렇게 쉽사리 매기기 어렵다. 원시종합예술 시대까지 거슬러 올라간다면 당대의 상황과 목적에 따라서 여러 가지 형태의 곡조가 필요에 의해서 演行되었을 것이기 때문이다. 그러므로 시조의 장르를 가사의 진화확장설보다는 곡조의 다양성에 의한 개별적인 발전으로 파악하는 것이 보다 합리적이다. 그렇게 본다면 평시조와 사설시조를 한 장르로 묶는 방식도 문제가 있고, 더구나 평시조에서 사설시조로 확장발전설은 매우 감상적인 상상에 가깝다. 이러한 선입관에서 벗어난다면 시조 연구에 관한 여러 가지 부작용과 모순도 한꺼번에 해결할 수 있을 것이다.

평시조에서 모든 시조형태가 시작되었다고 생각하는 고정관념이 시조의 기원을 만전춘이나 정읍사로 삼게 만들었다. 그러나 이들은 여요를 이루는 작품의 작은 부분에 불과하다. 작품의 일부분에서 바로 그것과 유사한 독립장르인 시조가 일시에 나왔으리라는 생각은 긴 시간에 걸쳐 이루어지는 장르의 생리로 볼 때 지나치게 즉흥적이고 감상적이다. 새 시조의 형성에 영향을 미쳤을 개연성이 높은 것은 아무래도 그 직전에 위치해있던 麗謠이고, 그 중에서도 고유어로 되어있는 속요일 가능성이 크다는 점에서는 만전춘 기원설은 상정이 가능하다. 다만 만전춘의 短章 일부가 단독으로 작용하여 시조로 발전하였다고 하기보다는 만전춘 전체가 시조에 영향을 주었다고 하는 것이 더 자연스럽다. 그렇게 생각하면 평시조보다는 연시조, 사설시조와 먼저 연결해서 생각하는 방식이 더 타당하다. 그것이 여요와 형태적으로 더 닮았기 때문이다. 만전춘 외에도 다른 속요도 모두 같은 원리로 그 가능성을 생각해야 한다. 그렇다면 長型, 聯章型의 속요에서 短型, 單型의 평시조가 일시에 나왔다고 하기보다는 거꾸로 長型, 聯章型의 속요가 연시조, 사설시조의 과정을 거쳐 점진적으로 短歌의 시조형태로 축소화되는 발전과정으로 생각하는 것이 여요와 時調와의 연속성을 확보하는 방법이다.

만약에 歌集에 수록된 초기의 시조들을 신뢰할 수 없다면 실증적인 시조의 완성은 농암의 어부단가나 퇴계의 도산십이곡에서 확인할 수 있다. 특히 漁父短歌는 초창기의 시조형태를 보이고 있어 좋은 자료인데 이것들이 처음부터 단형평시조가 아니라 연시조로 되어있다는 사실은 시조의 발전과정에 시사하는 바가 크다. 그리고 농암이 스스로 밝혔듯이 그 모체는 漢詩였고, 어부단가에 고유어 후렴구가 있었다는 사실도 평시조의 형태와는 거리가 있다. 이 작품들을 신뢰한다면 초창기의 시조는 평시조가 아니라 엇시조, 연시조의 형태에 가까울 가능성이 더 많다.

문화가 短型에서 長型으로, 단순형에서 복잡형으로 발전하였으리라고 생각하는 것은 우리가 가지고 있는 관습적인 오류인 것 같다. 원시종합예술로부터 생각해보면 집단적인 문화에서 출발하여 개별적인 문화로 전이되는 과정을 보인다. 원시시대에는 매사에 집단행동이 우선되었고, 제천의식도 집단적인 행사였기 때문이다. 그래서 문학도 집단적인 서사적 정서가 개별적인 抒情적 정서에 앞서 형성되었다는 것이 定論이다. 통상 서사가 서정보다 상대적으로 복잡하고, 장형의 형태를 갖는다고 전제한다면 서정은 서사의 단순화라고 할 수 있다. 그렇다면 서정시가에서도 역시 복잡, 장형에서 단순 단형으로 진행되었으리라는 추정이 가능하다. 그러니까 시가문학의 추이는 우리가 상식적으로 생각하는 것처럼 복잡, 장형화의 과정을 거친 것이라기보다는 오히려 단순, 단형화의 과정이라고 설명하는 것이 더 합리적이다.

실제로 소설의 경우 로망, 長篇에서 短篇, 꽁트로 진행되었고, 書藝의 경우도 전서, 예서에서 해서나 간체자로 변모하였다. 기타 모든 예술의 변천과정도 단순화 과정을 거쳤다는 사실은 향가에서 이미 진술한 바와 같다. 만약에 시가의 축소, 短型化발전설이 성립될 수 있다면 연시조, 사설시조, 엇시조의 형태에서 출발하여 나중에 평시조의 형태로 이행되었다고 보는 것이 오히려 자연스럽다. 그러고 보면 시조의 章句확장설은 소박하고 감상적인 추측의 결과일 수 있다. 이러한 관행적이고 상식적인 고정관념에서 벗어나지 못하면 시조의 기원을 올바로 밝혀내기 어렵다. 평시조의 歌詞가 늘어나서 사설시조가 된 것이 아니라면 평시조의 곡조가 늘어나서 사설시조가 된 것이라고 보기도 어렵다. 전자를 인정하지 않는다면 후자도 같은 원리에 의해서 수긍할 수 없다. 辭說調의 가락이 단순히 平調의 가락이 늘어났다고 보기보다는 애초부터 평조의 가락과는 별개의 것이 존재했거나, 오히려 사설조의 가락이 먼저였을 가능성이 더 크다. 이와 같이 이들이 본래부터 전혀 다른 곡조였다면 歌詞도 본래부터 다른 형태로 붙여졌을 것이니 평시조의 歌詞와 사설시조의 歌詞가 본래부터 형태가 달랐다고 해야 옳다.

다시 생각해보면 곡조와 가사가 전혀 상관없이 별개로 작용했을 것 같지도 않다. 平調의 느린 곡조에서는 대체로 안정되고 유장한 내용의 가사가 붙여졌을 것이고, 辭說調에서는 빠르고, 역동적이고, 현실적이고, 적극적인 가사내용이 더 어울릴 것이다. 이러한 추정은 실제로 양반들의 평시조와 민중들의 사설시조의 내용을 비교해 보면 분명해진다. 결론적으로 歌詞는 각기 다른 목적과 기능에 의해서 마련된 曲調에 의해서 지어진다는 것이고, 평시조와 사설시조는 이러한 원리에 의해서 각기 형성된 장르이다. 그것은 원형과 확장관계가 아니라 본래 별개의 존재였거나, 長時調가 平時調로 축소된 것으로 보아야 한다는 것이다.

평시조와 사설시조가 본래부터 다른 것이었다면 구태여 이 둘을 시조라는 이름으로 같은 장르로 묶어둘 이유가 없다. 이 둘 사이에서 곡조, 가사형태, 내용, 주제의식, 향유계층 등 무엇 하나 공통점을 찾을 수 없다. 그렇다면 그 갈래를 한데 묶어 둘 것이 아니라 당연히 분리시켜야 한다. 만약에 평시조가 사설시조로 발전하였다면 구형인 평시조는 자신의 발전형이요, 신형인 사설시조에게 시조의 주도권을 물려주었어야 문화발전의 원리에 맞다. 비슷한 시기에 전기가사가 후기가사로 발전하고서는 후기사사에 장르적 주도권을 넘겨 주고 사라진 것과 같은 이치이다. 그렇기 때문에 가사는 전기와 후기가사가 다른 양상을 보이면서도 한 장르일 수밖에 없는 것이다. 그러나 고시조의 시대 끝까지 평시조는 건재했으며, 사설시조를 누르고 여전히 시조의 주류를 차지하고 있었으며, 사설시조를 제끼고 현대시조로 계승되었다. 이렇게 독자적인 진행과정을 보이는 것은 이 둘이 장르적으로 인연이 멀다는 증거이다. 그럼에도 불구하고 전혀 이질적인 이 둘을 시조라는 한 이름으로 묶어놓음으로써 문학적으로 논의할 때 논란이 끊이지 않았다. 시조를 정형시이니, 유장한 양반들의 세계이니, 현대시조에 계승되었느니 하는 말들은 오로지 평시조에 한정해서 말할 수 있는 견해들이다. 그것들은 이른바 사설시조하고는 아무런 상관이 없는 일들이다. 그런데도 여전히 이들을 같이 묶어놓고 같이 논의하고 있으니 그 논의가 정상적으로 진행될 리가 없다. 시조가 문학적으로 논의된 지 백 년이 다 되도록 아직도 개선되지 않고 있으니 참으로 안타까운 일이다.

이렇게 된 이유를 생각해 보건대 첫째는 역대의 歌集 편찬자들이 당대에 唱으로 불려지던 모든 종류의 詩歌들을 한 책에 모아놓은 데에서 비롯된 것으로 생각된다. 그 詩歌들은 당대에 아직 口傳되어 노래로 불려지던 과정에 있었으므로 편찬자들은 미처 그에 대하여 명확한 문학적인 장르의식을 가질 수 없었을 것은 당연하다. 원칙적으로 문학의 장르는 일정한 형태의 문자로 정착되어야 비로소 형성되는 것이라고 전제한다면 歌集 편찬 당시에는 이들은 아직 문학적으로 미완성의 장르였다고 보아야 한다. 그러므로 장르 의식이 없었던 가집 편찬자들이 여러 형태의 시가들을 구분없이 섞어 실었을 것이다.

둘째 이유는 후대의 학자들이 이것을 학문화하는 과정에서 서둘러 時調라는 하나의 이름으로 묶었기 때문이다. 當代에는 시조라는 명칭을 하나의 장르 명칭으로 사용한 적이 없었음에도 불구하고 후대에 와서 임의로 시조라는 문학장르 이름으로 轉用하였던 것이다. 시조라는 명칭은 원래 장르명칭이 아니라 당시에 성행하던 모든 곡조를 뭉뚱그려 가리키는 일반보통명사였던 것을 고유특정명사로 轉用한 것이다. 이

과정에서 이전에 나왔던 歌集의 성격을 제대로 보지 못했음은 물론, 평시조의 품격에 집착한 나머지 사설시조의 까칠한 현실반영적인 가치를 제대로 인식하지 못했던 것이다. 이는 스스로 시조문학을 통해서 표방하였던 '민족정신 부흥'을 제대로 수행하지 못한 것이고, 문학적으로는 '시조문학의 연속성'을 확보하지 못한 안타까운 일이었다. 이는 이념적인 목적에 치우친 결과로 빚어진 통찰력의 부족이라고 할 수밖에 없을 것 같다.

이런 까닭으로 해서 短歌인 평시조와는 전혀 다른 長歌인 사설시조를 같은 시조 갈래로 묶어놓은 것은 지금까지도 시조문학 연구에 커다란 장애가 되고 있다. 시조문학의 문학사적 연속성을 세우는 데 있어서도 지금과 같은 장르체계로는 곤란하다. 지금의 체계를 가지고 말한다면 시조의 연속성을 살리기 위해서는 시조의 발전단계를 평시조 - 사설시조 - 현대시조로 설명해야 한다. 그런데 현대시조에 그 핵심인 사설시조의 흔적을 찾기 어렵다면 시조문학의 연속성은 바로 세울 수 없는 것이 되고 만다. 사설시조에 대한 문학적인 가치가 평시조를 능가한다면 평시조는 물론 사설시조를 위해서도 장르적 재정립이 시급하다.

그렇다고 지금에 와서 사설시조를 시조에서 따로 독립시킨다는 것은 매우 어려운 일처럼 보인다. 그러나 간단하게 '사설시조'라는 이름에서 '시조'라는 부분을 잘라내면 어렵지 않게 시조라는 고정관념에 벗어날 수 있다. 이전의 歌集에 실렸던 시조에 해당하는 시가들의 명칭은 매우 다양하게 나타나 있다. 短歌, 永言, 詩餘, 新飜, 言弄, 蔓橫淸, 歌曲, 新調, 雜歌 등 허다하지만 時調는 그 중의 하나에도 들어가지 못하는 범칭일 뿐이다. 시조라는 이름은 원래 장르적 층위의 개념이 아니라 일개 곡조명칭에 시나지 않은 것이었다. 이들 명칭 중 오늘날의 현대시조나 평시조에 제일 가까웠던 것은 시조가 아니라 차라리 短歌이다. 그리고 언롱, 만횡청, 잡가, 신번 등은 단가와는 전혀 다른 장가의 범주에 속하는 것이다. 이른바 사설시조라는 것은 실제로 당대의 언롱, 만횡청류 등과 구분되지 않는다. 그런 형편에서 어느 것은 사설시조라고 부르고, 어느 것은 언롱, 만횡청류라고 달리 말한다면 학문적인 무질서가 아닐 수 없다.

사설시조를 長歌라고 하자는 주장이 일찍부터 있어왔지만 장가라는 명칭으로 사용되는 詩歌 장르가 예부터 이미 허다하므로 다른 이름이 별도로 필요하다. 先代에는 시가의 구분을 단가와 장가로 크게 나누었다. 單章詩歌나 평시조, 연시조가 대표적인 단가였고, 일부의 향가에서부터 시작하여 연장체 속요, 경기체가, 악장체, 사설시조, 가사 등이 장가로 분류해 왔다. 원래 시가문학을 단가와 장가로 양분할 정도로 양자는 그 구분이 분명하였으니 단가인 평시조와 장가인 사설시조를 같은 시조로 묶는 오늘날의 장르구분은 분명히 잘못된 일이다.

우리는 그동안 고시조와 현대시조를 묶어서 하나의 時調장르로 말해오는 데에 익숙해 왔다. 그러나 사실은 이 사이에는 이질적인 요소가 적지 않다. 생태적으로 고시조가 노래가사이고, 현대시조가 시문학이라면 이 사이에는 음악과 문학이라는 넘기 어려운 간극이 있는 것이다. 그리고 그 간극은 고시조와 현대시조의 문학사적 연속성을 확보하는 데 있어서의 장애물이다. 좀더 생각해 보면 시조문학의 연속성을 해치는 것에는 사설시조, 엇시조의 문제가 크다. 시조부흥운동의 초창기에 다소의 사설시조에 해당하는 작품이 있었지만, 대부분의 경우 현대시조에서 이들은 찾아보기 어렵다. 시조의 시대적 문학성을 잘 보여주는 것은 평시조보다 오히려 사설시조에 있다는 사실을 부인할 사람은 별로 없을 것이다. 그럼에도 불구하고 현대시조에서 그것을 계승하지 못했다는 사실은 시조의 연속성이 크게 결여되었음을 말하는 것이다. 고시조와 현대시조의 시대적 구분이 최근이었던 점을 생각하면, 우리들은 시조의 문학사적 단절을 구경만 하고 있었던 셈이다. 그리고 아직도 그 문제의 심각성을 깨닫지 못하고 있으니 안타까운 일이다. 이러한 현상은 고시조와 현대시조가 원래부터 다른 것이었다든지, 사설시조가 본래부터 시조가 아니었다고 해야 설명이 가능한 일이다. 그러나 전자가 인정될 수 없는 사실이고 보면 그 원인을 후자에서 찾을 수밖에 없을 것 같다. 사설시조가 원래부터 시조가 아니었다면 당연히 이를 시조에서 떼어놓아야 한다. 그렇지 않으면 시조는 당장 문학사적 연속성마저 위협받게 될 것이다. 관점을 넓혀 사설시조를 시조에서 분리시키는 것이 오히려 시조와 현대시의 연속성을 살리는 길이다. 사설시조를 현대시조나 서정시에 연결시키기보다는 현대서사시에 연결시키는 것이 우리 시문학의 연속성을 튼튼히 확보해 주는 길이다. 그것은 사설시조가 현대의 서사시, 譚詩, 산문시에서 그 문학적 에너지가 닿아있다고 판단하는 것이다. 사설시조의 존재가치도 생각하지 못하고서 이것과 현대시와의 국문학 연속성에서 제외시키거나, 국문학사에서 이러한 전통을 간과한다면 올바른 국문학사 서술을 할 수 없다. 더구나 우리의 서사시, 담시, 산문시를 서구적인 산물로만 논의한다면 시조문학이나 사설시조의 국문학사적 가치를 스스로 포기하는 것과 같다. 이러한 상황들이 벌어지는 가장 큰 이유는 사설시조의 장르적 성격을 깨닫지 못했기 때문이었으니 이에 대한 깊은 각성이 필요하다. 그것이 시조문학의 연속성과 사설시조와 현대시와의 연속성을 확보하는 길이다.

이제 시조에서 과감히 사설시조류를 놓아주어야 시조도 비로소 정통성과 연속성을 확보하고, 사설류도 문학적인 평가를 다시 받을 수 있다. 언롱, 만횡청이 아직 장르 소속이 명확히 정리되지 않은 형편에서 사설류 명칭 하나로 묶기보다는 그와 유사성을 보이는 잡가, 잡가사, 타령 등과 관련지어 생각해봄직도 하다. 그러나 이 문제는 장르설정에 관한 것이므로 앞으로 신중하게 중지를 모아야 할 우리 시가문학의 중요한 과제이다.

7) 歌辭

가사는 시조와 함께 조선을 대표하는 시가장르이지만 그 장르구분이나 문학적 성격에 대해서는 아직도 여러 가지 주장들이 분분하다. 歌辭는 시조와 같은 短歌보다 상대적으로 길이가 길었기 때문에 예로부터 長歌로 분류되어 그 차이가 분명하다. 지금에 와서 가사를 교술로 분류하는 경우가 있는데 그렇다면 이것을 시가로 규정하는데 문제가 있을 수 있다. 특히 후기가사에 이르면 산문성이 강해지는 현상이 있어 단순한 시가문학과는 다른 면이 있는 것이 사실이다. 그런데 가사를 교술로 분류하는 주된 이유는 가사가 가지고 있는 서정 서사의 양면성, 또는 운문, 산문의 양면성 때문이다. 양면성은 가사가 가지고 있는 특징이 분명하지만 초기가사를 가사 장르의 본질로 보면 여러 면에서 서정, 운문성이 서사, 산문성보다 훨씬 강한 것이 틀림없다. 그래서 일찍이 歌辭를 長歌로 불러 詩歌임을 분명히 해 온 것이 우리의 전통적인 장르의식이었다. 후기가사에서 보이는 산문성은 원형이 아니라 그 변형으로 간주해야 하고, 그것마저도 일정한 음보율과 자수율을 유지하고 있는 것으로 보아서 역시 시가로 잡는 것이 타당하다는 생각이다. 그리고 지금 보편적인 장르체계로 통용되는 시-소설-희곡-수필-평론의 5분법으로 보더라도 수필보다는 詩가 가장 적절하니, 서구의 4분법에 의하여 빚어진 교술론이나 수필론과 같은 장르적인 분규는 더 이상 필요하지 않다는 판단이다.

가사는 그 歌詞의 형태에서도 고유의 모습을 가지고 있고, 작자계층이나 내용적인 면에서도 양반문학이라는 점에서 속요나 사설시조류와는 성격을 달리한다. 문학의 향유계층의 차이는 장르의 경계와 관련이 있다. 봉건시대에 있어 작자들의 철저한 계급의식과 우월의식은 문학의 내용이나 형식에서도 의도적인 차별화 동기를 갖게 하였기 때문이다. 이른바 俗謠로 불리는 여요들이 樂章歌集에 함께 실려 있어 동일한 장르로 생각되기도 하지만 그것은 조선조에 악장문학으로 채택되는 과정에서 혼재된 것일 뿐, 고려 當代에는 작품마다 향유계층에 의한 구분의식이 있었을 것으로 생각한다. 단적으로 청산별곡과 같은 장가와 상저가와 같은 단가를 같은 장르로 말하고 있지만 당대에는 같은 장르로 인식했을 것 같지 않다. 이들은 가사 형태도 그렇지만 주제의식이나 작가계층에서 이질성이 아주 크다. 그런 의미에서 단지 歌詞의 길이가 긴 長歌라 하여 서민들의 麗謠長歌나 사설시조를 양반들의 전유물인 歌辭와 장르적 인연관계를 말하기가 쉽지 않은 일이다. 그만큼 작자와 향유계층은 장르에 있어 중요한 의미를 갖는다.

장르의 연구에서 그 근원의 탐색은 매우 중요한 과제이다. 일부에서 승원가, 서왕가를 비롯한 불교가사나 속요, 교술민요 - 이 명칭은 서구의 4분법에 의한 것으로 장르명칭으로 매우 부적절하다. - 등을 歌辭의 원형으로 잡는 주장이 제기된 적이 있었는데 좀더 신중한 검토가 필요하다. 그것들은 歌辭가 가지고 있는 조선시대의 양반의식과는 여러모로 대치되기 때문이다. 계급의식이나 주제의식은 장르 구분의 주요한 기준이 되는데 斥佛을 국정지표로 삼았던 유가 사대부들이 불교 서민들이 즐겨 불렀던 불교 포교 노래를 자신들의 득의의 장르인 가사의 원형으로 삼았다고 하기에는 무리가 많다. 주제의식이나 작자계층의 차이는 장르를 결정짓는 데 있어 가사의 형태 못지않게 중요하게 인식되어야 한다.

가사에 앞선 시가문학 중에서 속요, 교술민요, 불교포교 노래 등을 제외하면 경기체가 정도만이 歌辭의 근원 후보로 남게 된다. 가사와 경기체가는 귀족문학으로서 작자계층이나 주제의식적인 면에서는 과연 유사점을 가지고 있다. 그러나 형태적인 면에서 경기체가는 분장체요, 가사는 단련 장가라는 점에서 그 차이가 너무 크고, 그 표현 언어가 한문과 우리말이라는 점에서 경기체가를 歌辭의 원형으로 삼는 것은 아무래도 무리가 있어 보인다. 일부에서 말해진 용비어천가와 같은 악장체 시가문학도 같은 이유에서 歌辭와 관련짓기 어렵다. 혹은 시조를 근원으로 말하는 경우도 있었는데 그것은 발생시기도 전후를 장담할 수 없거니와 장가와 단가라는 분명한 차이는 쉽게 극복할 수 있는 것이 아니어서 함부로 영향관계를 논의할 일이 아니다.

이렇게 보면 歌辭의 장르적 근원을 찾기란 매우 어려운 일이다. 시조와 함께 조선시대 시가문학을 대표하는 장르였던 歌辭의 근원을 제대로 잡을 수 없다는 말은 그것의 본질과 뿌리를 밝히지 못하는 것을 의미하니 이는 국문학이 해결해야 할 커다란 과제가 아닐 수 없다. 구태여 흠집을 잡아 문제를 삼자는 의도가 아니라 실제로 우리 국문학계에서 歌辭만큼 의문에 가려진 장르가 없다 해도 과언이 아니다. 가사에 대한 기원 문제뿐만 아니라 장르적 규정, 문학적 성격까지 무엇 하나 시원하게 해결된 것이 없는 형편이다. 그동안 歌辭의 연구에서 수시로 시가, 수필, 교술 장르를 넘나드는 바람에 가사에 대한 개념, 정의 하나 제대로 마련된 것이 없어 지금의 형편으로 보아서는 앞으로도 뚜렷한 해결책이 있어 보이지 않는다는 데에 고민이 있다. 물론 歌辭의 형성과정에 역할을 했다고 하는 기존의 여러 주장들이 그 근원으로 다소간의 관련이 없을 수는 없겠으나 막상 가사의 모체로 삼기에는 아무래도 부족하다. 그렇다고 해서 아무런 바탕 없이 전혀 새로운 가사를 발명했다고 할 수도 없는 노릇이다.

가사의 장르적 근원을 탐색하기 위하여 歌辭가 가지고 있는 문학적 특징들을 간단히 지적하면 다음과 같다.

첫째는 장르적 애매성이다. 가사의 장르를 두고 논란이 있어왔지만 아직도 명확한 규정에 합의하지 못한 실정이다. 운문인지 산문인지도 확실치 않으며, 혹은 수필문학으로, 혹은 교술문학으로 말하여 갈피를 잡기 어렵다. 이는 가사가 운문, 산문의 성격과 특성을 같이 가지고 있기 때문인데 이러한 점은 가사만이 가지고 있는 유별난 특성이다. 그러매 가사의 문학적 성격이나 문학사적 위치도 남다르다. 가사를 운문이 산문으로 발전해가는 과정에서 형성된 과도기적 문학으로 규정한 적도 있지만 운문과 산문의 양면성을 가지고 있는 것은 분명하다. 양면성은 겸비성이라는 장점과 애매성이라는 문제점을 동시에 가지게 된다. 이러한 면모는 가사만이 가지는 독특한 문학적 성격이다. 만약에 가사를 과도기적 문학으로 인정한다면 가사는 운문과 산문의 중간적 위치에서, 운문에서 산문으로 이행하는 문학발전의 역할을 수행했다는 문학사적 의의를 부여할 수 있을 것이다. 전기가사를 시가로 보는 데에는 이의가 없지만 후기가사를 산문으로 간주하려고 하는 것은 운문이 산문으로 변형 발전한 결과였다는 사실을 말하는 것일 수 있다. 전기가사를 운문성이 분명한 정격가사로, 후기가사를 산문성이 있는 변격가사로 말하는 것도 같은 맥락이다. 上代로 올라갈수록 운문의 비중이 크고, 후대로 내려올수록 산문의 문학적 역할이 커지는 것이 사실이라면 歌辭는 그러한 문학적 발전과정 - 운문의 散文化 - 을 실증적으로 보여주는 장르라고 할 수 있다. 전기가사는 서정성을, 후기가사는 서사성이 강하다면 가사는 서정에서 서사로 변모했다고도 할 수도 있다. 동시에 전기가사는 서정시로, 후기가사는 서사시로 말할 수도 있을 것이다. 물론 그 서사시가 서구에서 말하는 영웅서사시는 아니지만 서정시와는 분명히 거리가 멀다. 흔히 우리 문학에서 서사시가 드물다고 말하는데 가사를 서사시로 말할 수 있다면 이러한 평가는 타당하지 않다. 그렇다면 후기가사는 우리문학의 서사시 에너지를 표출할 수 있었던 장르로 우리의 서사시문학을 풍부하게 했다는 문학사적 가치를 부여할 수 있을 것이다. 이렇게 보면 가사가 가지고 있는 장르적 애매성은 다양성이라는 점에서 오히려 歌辭의 장점일 수도 있다.

둘째로 지적할 수 있는 가사의 특성은 서 - 본 - 결의 3단구조를 가지고 있다는 점이다. 그런데 3단구조가 시가문학의 특성일 수는 없고, 실제로 한시나 속요, 경기체가 등에서 이러한 구조는 찾기 어렵다. 3단구조는 3단논법에서 비롯한 산문적인 논리적 구조일 수 있다. 그러나 10구체 향가나 시조는 3단구조를 하고 있다는 점에서 가사는 산문적인 면모를 가지면서도 여전히 시가문학일 수 있는 이유가 있다. 그런데 가사에 앞선 시가 장르 중에서 3단구조를 갖는 것은 10구체 향가뿐이라는 점에서 가사가 3단구조를 가지고 있다는 것은 매우 이례적인 일이 아닐 수 없다. 그러한 점에서 일부의 향가는 가사의 형성에 관련이 있을 수 있지만 장르의 이질성이나 시대적으로 간격이 커서 연결시키기가 쉽지 않다.

셋째로는 가사의 수사적 기법이다. 對句法은 歌辭에서 가장 흔히 볼 수 있는 수사적 기법이지만 漢詩를 제외하고는 가사 이전의 우리 시가문학에서 좀처럼 찾아보기 어려운 수사기법이었다. 對句의 원리는 글의 짝을 맞추는 대칭, 대립구조 개념인데 홀수로 이루어지는 우리말의 3음보 구조와는 상당히 이질적인 언어형질이다. 이것이 우리의 다른 시가 장르에서 對句를 찾아보기 어려운 이유이다. 그래서 對句는 歌辭만이 가지고 있는 수사적 특징이라고 하겠는데 이러한 가사의 이질성은 가사의 본질을 밝히는 데 중요한 역할을 할 수 있다는 점에서 주목해야 한다. 또 하나 가사에서 주목해야 할 수사로는 대화체 형식이다. 속미인곡이 대표적인 예인데 서정성이 짙은 시가에서 서사성의 원리에 적합한 대화체를 구사했다는 점은 자연스럽지 않은 일이다. 더구나 歌辭에 선행된 우리의 시가문학에서 그러한 예가 흔치 않다는 점에서 이는 주목해야 할 특이사항이다. 또 하나 지적해야 할 것은 가사의 과장적, 현학적 표현 태도이다. 이는 양반들의 권위의식을 드러낸 것으로 귀족문학의 특성일 수 있지만 이전에 그러한 사례가 많지 않았다는 것은 가사문학의 새로운 특징일 수 있다. 가사의 이러한 과장과 현학적인 태도는 양반들의 권위를 높일 수 있었겠지만 자칫 허황된 내용으로 문학의 진실성을 해치고, 독자계층을 제한하여 장르의 생명을 단축시킨 요인이 되기도 하였다.

넷째로는 지배계층으로서의 고답적인 주제의식이다. 가사는 대표적인 귀족문학으로서 양반계층의 우월적이고, 사대부로서의 사명의식인 주제의식을 표현하기 마련이었다. 어쩌면 그러한 목적달성을 위해서 고안된 장르인지도 모른다. 그만큼 가사는 전형적인 귀족문학이고, 그 주제의식도 다른 장르와는 다른 특징을 가지고 있다. 그래서 가사에 담긴 주제는 늘 교조적이고, 수범적이었으며, 유가사대부로서의 사명의식과 충절을 다짐했으며, 우월의식에서 나온 자연한정과 풍류낭만의 여유가 드러나 있다. 그리고 한편 현실에 좌절했을 때에는 현실을 떠나 자신의 처지를 합리화할 수 있는 도교적인 은둔방일 – 자연에 묻혀서 자유롭게 사는 태도 – 과 구선초세 – 신선의 세계와 세속을 초월하는 태도 – 의 세계를 넘나들며 현실을 극복하려는 고답적인 주제의식을 드러내기에 가장 적합한 장르였다.

이러한 몇 가지에 걸친 가사문학의 특징은 다른 장르와는 뚜렷이 구별된다는 점에서 인접장르와 연결시키기가 쉽지 않다. 만약 가사의 발생에 영향을 준 先行장르가 있다면 이와 유사한 특징을 찾아낼 수 있어야 하기 때문이다. 가사와 가장 유사한 내용적 특징을 보이는 것은 시조라 할 수 있겠는데 실제로 시조가 확장 발전하여 가사가 되었다는 견해도 제기된 바 있다. 그러나 가사와 시조가 유사한 특징을 보이는 것은 같은 시대에 성행했던 귀족문학이라는 이유가 더 타당하다. 게다가 시조가 시대적으로 가사에 선행한다는 보장을 하기 어렵고, 시조가 장형화되어 가사는 되었다는 주장은 막연한 추측에 불과하여 인정할 수 없다. 그 말이 맞다면 시조가 먼저 사설시조가 되고, 사설시조가 다시 가사가 되었어야 옳다. 그러나 실증적인 작품으로 보아서 이는 전혀 이치에 닿지 않는 말이다. 이는 시조가 사설시조로 발전하였다는 주장보다도 더 무리한 주장이다.

그렇다면 가사와 발생적 인연을 맺을 수 있는 선행 장르를 찾을 수 없어 그 근원을 탐구할 방도가 없게 된다. 이러한 형편에서 안목을 넓혀 과거의 관행을 뛰어넘는 좀 더 과감한 관점이 필요하다. 잘라 말해서 한문학에 辭賦라는 장르가 있다. 이에 대하여 간단히 말한다면 辭賦는 '漢文學의 歌辭'라고 한다면 아주 간결하고 적절한 설명이 된다. 반대로 가사는 '國文學의 辭賦'라 해도 좋다. 그만큼 사부와 가사는 모든 면에서 아주 닮아 있다.

우선 사부도 가사와 같은 장르적 애매성을 가지고 있다는 점에서 예사롭지 않다. 중국에서도 사부의 장르를 두고 오랫동안 논란이 있어왔다. 운문인지 산문인지도 확실치 않아 변려문이라는 장르로 규정하기도 하지만 지금의 장르체계로 말하면 여전히 숙제로 남아있다. 이는 사부가 운문성과 산문성을 겸비하고 있기 때문이다. 이렇게 보면 사부의 문학적 성격이나 문학사적 위치도 대체적으로 가사와 동일하다. 歌辭를 운문이 산문으로 발전해가는 과정에서 형성된 과도기적 문학으로 규정한 적도 있지만 이는 辭賦문학 측에서 먼저 세웠던 가설이다. 과도기성 문학에서 비롯된 양면성은 두 가지를 겸비했다는 다양성과 애매성이라는 문제점을 동시에 가지게 된다. 이러한 면모는 漢文學에서 사부만이 가지는 독특한 성격이다. 歌辭를 과도기적 문학으로 인정한다면 사부 역시 운문과 산문의 중간적 위치에서 문학발전의 역할을 수행했다는 문학사적 의의를 부여할 수 있다. 上代로 올라갈수록 운문의 비중이 크고, 후대로 내려올수록 산문의 역할이 커지는 것이 문학의 발전적 추세라면 사부 역시 가사와 같이 그러한 문학적 발전과정 – 운문의 산문화 – 을 실증적으로 보여주는 장르이다. 초창기의 사부는 서정성을, 성행기의 사부는 서사성이 강하다면 사부 역시 서정에서 서사로 변모했다고 할 수 있다. 동시에 전자는 서정시로, 후자는 서사시로 말할 수도 있을 것이다. 한국과 중국은 문학적 토양이 다르기 때문에 가사와 사부를 같이 말하기 어렵겠지만 그럼에도 불구하고 이들이 이렇게 철저한 유사성을 보이는 것은 예사로운 일이 아니다.

사부 역시 가사와 같이 서－본－결의 3단구조를 가지고 있다. 사부에서는 머리에 해당하는 序文과 끝에 해당하는 結詞가 매우 분명하게 나타나 있다는 점에서 가사보다 더 단단한 3단구조를 갖추고 있다. 전형적인 형식인 경우 머리에 竝序라는 서문이 따로 배치되어 있고, 중간에 본문이 나오고, 끝에서 亂詞라는 별도의 표지로써 결말을 맺고 있는 점에서 가사보다 그 구조가 한층 분명하다.

사부도 가사와 같은 수사적 기법을 가지고 있다. 對句는 대립, 대칭구조를 선호하는 漢文 특유의 언어구조 때문에 형성된 수사기법이다. 그리고 짝수를 좋아하는 중국문화와도 관련이 깊으니 이는 중국적, 한문적 수사라 할 것이다. 그래서 대구법은 '한문 수사의 꽃'이라 할 만한데 사부가 그 요람이요, 배양지였으니 이는 사부를 특징짓는 대표적 수사이다. 훗날 對句는 漢詩에서 더욱 중요한 수사 수단이 되었지만 이는 사부의 절대적인 영향을 받은 것이다. 대화체 형식 역시 사부의 특징적 수사인데 가사에 비하여 사용빈도가 훨씬 높다. 이는 사부가 보다 서사적인 성격이 많기 때문이다. 사부 역시 과장적, 현학적 표현이 많아서 한문학 장르 중에서도 가장 난해한 문학으로 꼽힌다. 가사의 경우와 마찬가지로 작품을 난해하게 만들어 소통성을 제한하는 결과를 가져왔다.

사부도 대표적인 귀족문학으로 지배계층으로서의 주제의식도 가사와 유사하다. 다만 가사가 개인적인 차원에서 지어진 私文學이라면 사부는 입신양명의 도구와 수단으로 사용된 官用文學의 기능을 가지고 있었다는 점에서 차이가 있다. 이러한 기능의 차이는 주제의식이나 문학발전의 추세에 각기 다른 영향을 주게 된다. 사부가 오랫동안 科擧文學으로 사용된 결과 그 주제는 지배계층으로서 국가에서 요구하는 수준과 내용에 맞추어지게 마련이었다. 그래서 사부는 가사에 비하여 상대적으로 주제의식이 고식화되어 있다. 사부는 가사에 비하여 출현시기가 훨씬 이르고, 장르의 생명이 훨씬 길었는데 이는 사부가 가지고 있던 문학적인 자생력이었다기보다는 그 문학기능이 가사와 달랐던 탓이다. 歌辭가 자연스러운 私文學이었던 반면에 辭賦는 과거시험에 사용된 제도권문학으로서 사회의 강력한 지지를 받았기 때문이다. 사부가 이렇게 인위적이고 제도적인 힘에 의지했기 때문에 가사보다 생명력은 길었지만 문학적인 평가는 이에 따르지 못하였다. 가사와 사부에 대한 이해를 돕기 위해 李穡의 관어대소부(觀魚臺小賦)를 인용한다.

병서(幷序)

觀魚臺在寧海府 臨東海石崖下 游魚可數 故而名之 府吾外家也 爲作小賦 庶幾傳之小中原耳

觀魚臺는 영해부(寧海府)에 있다. 동해(東海) 석벽(石壁) 밑 물이 맑아 노는 고기를 다 볼 수 있으므로 그렇게 이름한 것인데, 영해는 나의 외가(外家)이다. 짧은 사부를 지어 후세에 남기노라.

丹陽東岸 日本西涯◉

단양 동쪽 해안, 해 뜨는 서편 물가에

洪濤淼淼 莫知其他◉

넓은 바다 큰 물결 아득하여 일망무제일 뿐이네.

其動也如山之頹 其靜也如鏡之磨◉

물결 일면 태산이 무너지고, 자면 거울을 펼친 듯.

風伯之所橐籥 海若之所室家◉

風神이 풀무질을 하는가, 海神이 살고 있는가.

長鯨群戲而勢搖大空 鷙鳥孤飛而影接落霞◉

큰 고래가 떼지어 뛰놀면 하늘이 흔들리고, 매서운 새 날개짓에 노을이 지네.

有臺俯焉 目中無地◉

관어대 높이 올라 굽어보니 흙 한덩이 보이지 않고

上有一天 下有一水◉

위로는 한 하늘, 밑에는 큰 물이

茫茫其間 千里萬里◉

망망한 그 사이, 천리인가, 만리인가.

惟臺之下波伏不起◉

관어대 밑에는 물결이 일지 않아,

俯見群魚 有同有異◉

뭇 고기들이 다 보이는데 생긴 것도 가지가지

圉圉洋洋 各得其志◉

유유히 헤엄치며 마음대로 노니누나.

任公之餌夸矣 非吾之所敢擬◉

임공의 미끼는 너무 커서 나는 감히 흉내도 내지 못하고,

太公之釣直矣非吾之所敢冀◉

태공의 곧은 낚시의 뜻, 내가 짐작키 어려운 일이라.

嗟夫我人萬物之靈◉
아아, 사람은 만물의 영장이니

忘吾形以樂其樂 樂其樂以歿吾寧◉
世事는 잊고 즐거움을 즐기며, 그 즐거움으로 나를 잊으리라.

物我一心 古今一理◉
외물과 내가 하나인 것은 만고의 진리로세.

孰口腹之營營 而甘君子之所棄◉
세상 일에 연연하여 군자의 길을 버리랴.

慨文王之旣歿 想於物而難跂◉
문왕을 뵙지 못하니 그리운 마음 견디기 어려워라.

使夫子而秉桴 亦必有樂于此◉
공자께서 떼를 타고 오시면 여기서도 즐겁지 아니하랴.

惟魚躍之斷章 迺中庸之大旨◉
고기 뛰고 매가 나는 구절은 중용의 큰 뜻이니

庶沈潛以終身 幸摳衣於子思子◉
종신토록 그 뜻 새겨 자사님을 스승으로 받들리라.

(필자 역)

이 작품을 기준으로 하여 사부의 일반적 특성을 간단하게 짚어보고자 한다. 우선 보다시피 전체적으로 서 - 본 - 결사라는 3단구조를 가지고 있음을 확인할 수 있다. 3단구성의 결말을 나타내는 結辭표지는 '嗟'라는 감탄사로 되어있다. 이로써 본문의 내용을 마무리하고 있는 것이다. 이러한 결말구조는 일부의 향가, 시조와 유사한 구조인데 가사도 이와 관련이 있을 가능성이 크다. 그리고 나름대로 일정한 자수율을 유지하고 있음도 알 수 있다. 동시에 두 句씩 짝을 이루고 있는데 이것은 對句를 이루고 있는 구조이다. 두 구마다 일정하게 압운을 하고 있는데 압운은 한시의 음위율을 이루는 주요한 형식적 요소이다. 그리고 압운에 의하여 시의 의미단락이 맺어진다. 그러므로 사부도 한시처럼 이와 같이 줄을 맞추어 배열해야 한다. 그렇다면 사부도 여지없는 시가문학이다. 이러한 사부의 형식적 특성은 가사와 크게 다르지 않으므로 歌辭를 적을 때에는 4음보로 일행을 유지하여 시가의 형식적 특성이 드러나게 해야 할 것이다. 교과서에서 가사를 배행 구분 없이 이어놓는 것은 가사의 시가적 예술성을 해치는 일이다. 다만 가사는 압운이 갖추어져 있지 않은데 이는 우리 언어의 특징이어서 어떠한 시가도 압운은 갖추어져 있지 않으니 가사의 시가성에는 변함이 없다. 주제의식적인 면에서도 사대부의 관념적인 세계를 담은 것이어서 가사와 다름이 없다. 전체적으로 보아서 번역하기에 따라서 차이는 있겠지만 번역문을 본다면 우리의 가사와 크게 구분이 가지 않는다는 사실을 확인할 수 있다. 다만 歌辭보다는 길이가 짧은 편인데, 그래서 그 제목마저 小賦라 했으니 더 긴 작품을 인용한다면 양자의 관계를 더 실감할 수 있을 것이다. 다만 지면 관계로 여기에서는 부득이 짧은 작품을 인용했으니 國漢文學편에서 李奎報의 驅詩魔文을 참조한다면 이해를 더할 수 있을 것이다.

이렇게 가사와 사부를 비교해 보건대 모든 면에서 놀라울 정도로 일치한다. 이러한 유사성을 우연의 일치로 본다면 지나친 무감각이라고 할 수밖에 없다. 이를 어떤 인연관계로 착안하는 것이 보다 학문적인 태도일 것이다. 최소한 8세기에 중국의 〈文選〉이 신라에 들어와 사부문학이 정착했다고 한다면 사부가 가사에 선행한 문학으로서 가사의 발생에 일정한 역할을 했으리라는 가정을 해봄직하다. 더구나 우리 문학계에 정착한 이래 辭賦는 科擧에서 漢詩와 함께 필수적인 入試관문이었으므로 우리 先代 文人 치고 이것을 짓지 않은 이는 거의 없었다. 비록 그것이 漢文으로 되어있다는 한계는 있었지만 당대에는 아주 각광받던 것으로 문사들 사이에서 성행했던 得意의 장르였다. 늘상 漢詩와 辭賦를 읊조리던 우리 문사들의 손에 의해 지어진 國文詩歌인 歌辭가 그것과 아무런 관련이 없으리라는 장담은 하기 어렵다. 이런 관점에서 辭賦와 歌辭가 이렇게 유사점이 많다면 우연으로 돌리기보다는 양자의 관련성에 대해서 고민해 보아야 한다. 이러한 가운데에서 辭賦를 그대로 빼어닮은 우리 문학의 장르가 있다면 이는 분명 예삿일이 아니다. 단지 사부가 시대적으로 歌辭보다 先行했다는 이유만이 아니라 辭賦를 지어오던 양반들이 잠깐 그것을 우리말로 바꾸어 읊는다면 그대로 歌辭가 될 수 있다는 가능성에 주목할 필요가 있다. 실제로 漢文辭賦는 글로 지을 수 있는 문학이었지, 그것을 중국 음율로 노래부를 수는 없었을 것이다. 그것을 우리 가락으로 노래 부르려면 그 가사도 우리말이어야 했을 것이고, 그래서 한문으로 지었던 사부를 우리말로 풀어서 노래 불렀다면 바로 歌辭가 되었을 것이다. 이는 다소 비약적인 추정이기는 하지만 그리 무리가 있어 보이지는 않는다. 실제로 辭賦를 한글로 번역하면 歌辭가 되고, 歌辭를 한문으로 번역하면 그대로 辭賦가 되는 사례가 적지 않은데 이러한 현상을 그저 우연이라고만 할 수는 없는 일이다. 일일이 예를 들 필요도 없이 歌辭의 작가는 그 이전에 모두 유수한 辭賦 작가였다는 사실은 결코 우연이 아니다. 우리 언어의 특성상 3음보가 시가문학의 주류를 이룬다는 것이 정설이다. 산문이건 운문이건 상관 없이 그렇다. 그런데 전에 볼 수 없었던 4음보율이 갑자기 가사나 시조에서 돌출하는 현상을 쉽게 설명하기 어렵다. 그래서 이를 漢文의 영향이라는 의견이 일찍이 제시된 바 있다. 짝수율은 중국어의 언어적 특성이고, 그 어휘도 대개 2음절, 4음절어가 많다. 이는 우리의 언어구조가 홀수율과 3음보율이 우세한 것과는 다른 특성이라서 가사에 돌출하는 4음보율은 매우 낯선 것이다. 그리고 한시나 사부를 우리말로 옮기면 대개 4음보율을 이룬다. 그렇다면 가사의 4음보율은 아무래도 사부와 관련이 있어보인다.

한문학과 국문학의 형태적으로 차이가 분명함에도 불구하고 모든 면에서 이처럼 일치하는 경우는 유례를 찾기 어렵다. 둘 사이에 다소의 차이점을 보이는 것도 문학적 토양이 다른 데에서 나온 것이라면 양자의 영향관계 설정에 전혀 문제가 되지 않을 것이다. 한문인 사부를 우리 언어인 歌辭로 바꾸었는데도 그 구조적 형태를 유지하고 있다면 둘이 본래 한 몸이었음을 강력하게 시사하는 것이다. 소중한 우리 문학 유산인 가사의 기원을 외래문학인 사부로 삼는다는 것은 안타까운 일이지만 그동안의 끊임 없는 노력에도 불구하고 밝혀내지 못한 가사의 근원을 생각할 때 더 이상 이념적 자존심만 내세울 것이 아니라는 생각이다.

가사가 사부의 영향을 받아서 형성되었다면 곡조보다는 그 歌詞가 주요 관심사였을 것이므로 음악과는 별 관련이 없을 듯하다. 실제로 우리 선인들이 사부를 지었을 때 그것은 글이었을 뿐, 이미 노래가 아니었다. 그러나 사부가 시가였다면 시가의 본질상 노래 부를 수 없었다는 것은 매우 부자연스러운 일이었을 것이다. 선대 문인들이 漢詩와 辭賦를 지으면서도 정작 그것을 노래로 부를 수 없었으니 시가의 흥취를 누리기에는 한계가 있었을 것으로 생각한다. 그래서 그것을 우리의 곡조에 맞추어서 부를 필요가 있었을 것이다. 우리 곡조에는 역시 우리말이어야 했으므로 한문인 사부를 우리의 곡조에 맞추기에 불편을 느꼈을 것이고, 그러한 과정에서 그것을 점차 우리말로 대체했다면 그것이 바로 歌辭로 발전했을 것이라는 추정이 가능하다. 그렇다면 같은 혈통이면서도 사부는 노래 부를 수 없고, 가사는 노래 부를 수 있었던 차이를 설명할 수 있을 것이다.

그렇다면 가사의 발생적 원인도 음악적인 욕구와 음악적인 형질에서 찾을 수 있다는 점에서 다른 시가문학과 다를 바 없다. 그러므로 가사를 연구하는 데 있어서도 음악적 요소를 소홀히 해서는 안 될 것이다. 실제로 가사는 적어도 전기가사까지는 분명히 곡조가 있었고, 노래로 불려졌던 詩歌였음에 틀림없다. 가사의 문학장르 설정에 혼란을 일으키는 원인은 후기가사 때문이다. 그러나 후기가사는 원형과 다른 이른바 변격가사였으므로 이를 기준으로 장르 설정을 할 일이 아니라 정격가사인 전기가사를 그 근거로 삼아야 한다. 더구나 장르의 본질과 발생적 근원을 밝히는 데에는 당연히 전기가사를 중심으로 논의해야 옳다. 그렇다면 가사의 장르를 시가로 규정하는데 별 어려움이 없을 것이다.

결국 가사의 본질과 발생적 근원도 다른 시가문학의 경우와 마찬가지로 음악적 형질이 바탕이 된다. 그리고 그 가사의 발생적 동기가 '음악적 표현욕구'에 있었다면 가사를 시가문학으로 규정하는 데 주저할 이유가 없다. 그런데 시가가 일반적으로 곡조에 노래가사가 붙여진 것이라면 가사는 사부와 같은 일정한 형태의 歌詞가 먼저 마련되고, 나중에 곡조가 붙여졌을 것이라는 점에서 다른 시가와는 발생의 원리가 같지 않다. 그래서 노래가 먼저이고 가사가 뒤인 선곡후사인 詩歌의 연구는 음악적 요소가 중심과제이지만 歌辭와 같이 가사가 먼저이고 노래가 뒤따르는 先詞後曲인 시가는 상대적으로 歌詞가 중심과제가 되어야 한다는 것이다. 이러한 이질적 요소는 같은 시가문학이면서도 歌辭에 대한 연구에서는 좀 다른 시각을 요구한다. 이러한 이유로 해서 가사는 발생적인 면에서 다른 선행 시가문학과 연결시키기가 쉽지 않다는 것이다. 歌詞가 먼저인 경우와 곡조가 먼저인 경우는 그 발생적 원리와 동기가 다르기 때문에 장르적 인연도 멀다. 예를 들면 시조는 발생시기나 양반시가문학이라는 점에서는 歌辭와 유사하지만 곡조가 먼저라는 점에서는 歌辭와 장르 형성과정이 같지 않다. 이러한 차이는 歌辭의 노래 歌詞도, 곡조도 발생적으로 시조와는 다른 과정을 거쳤다는 사실을 말하는 것으로 그 장르상의 거리를 말하는 것이다. 이러한 면에서도 가사는 독특한 시가문학임에 틀림없다.

우리는 보통 뭉뚱그려 歌辭라고 하지만, 이른바 전기가사와 후기가사는 같은 장르로 묶기가 어려울 정도로 이질적인 요소가 많다. 그 차이가 심하여 이를 구분하여 전기가사를 정격가사, 후기가사를 변격가사라고 달리 부르기도 한다. 후기가사에 이르면 가사가 散文化 敍事化 吟詠化한 결과로 형식이나 내용, 주제의식, 작자계층, 소재 등에서도 현저한 변화가 있어 세심한 배려가 필요하다. 변격가사들인 紀行, 內房, 布敎, 開化가사들은 정격가사와는 많은 차이를 보이고 있어 그동안 장르 규정에서 치열한 논란이 있었던 것이다. 그래서 이들을 하나의 歌辭로 규정하는 데에 많은 노력과 시행착오가 있었다. 그러고 보면 가사의 장르규정이 그렇게 쉬운 일이 아니었으니 이는 歌辭가 가지고 있는 태생적인 장르적 특성이라고 할 만하다.

8) 樂章體

국문학에서 樂章이란 본래 문학의 갈래명칭이 아니라 궁중악곡의 歌詞로 채택된 시가문학을 말한다. 처음부터 독립된 언어양식으로 새로이 정착된 글이 아니라 이미 존재해오던 노랫말이 악곡에 얹혀 歌詞로 재활용된 것이다. 만약에 악곡이 없었다면 그 歌詞는 정착할 수 없었을 것이므로 그 장르의 본질은 문학이기에 앞서 음악이라고 해야 한다. 악장문학을 시대적으로 말하면 고려와 조선 전기까지 궁중에서 宴享이나 祭禮樂으로 채택된 시가문학으로 제한한다. 물론 그 이전에도, 이를테면 신라의 향가도 그럴 수 있었겠지만 현전하는 것만 말한다면 그렇다. 구체적으로 말하면 이때에 노래 가사로 채택되었던 漢詩體 俗謠體 景幾體歌 등으로서 이들은 이미 형성되어 있었던 시가장르였다. 樂章이란 명칭도 그것을 기록한 〈樂章歌詞〉라는 책 이름에서 비롯된 것이라면 하나의 문학장르 명칭으로는 허술한 셈이다. 樂章文學은 본래 麗謠, 또는 俗謠, 景幾體歌, 漢詩들을 아우르는 것이었고, 이에 대해서는 이미 축적된 연구가 많으므로 이에 대하여 구태여 따로 논의할 필요는 없을 것이다.

문제는 조선조에서 이루어진 악장문학의 하나인 樂章體이다. 이는 위에서 말한 악장과는 달리 조선조에 들어서 한글로 새로 지어졌다고 해서 新體라고도 하는데 여기에는 龍飛御天歌, 月印千江之曲 두 편만 있을 뿐이고, 향유계층도 매우 제한적이라는 점에서 이들을 하나의 문학장르로 인정하기에는 석연치 않은 점이 있다. 악부로 정착되는 과정이나 제작과정을 보더라도 다른 악부나 악장문학과는 달라서 특별한 관점이 필요하다. 명칭의 유래도 역시 〈樂章歌詞〉에서 비롯되었다면 '樂章'보다도 더 허술한 이름이다. 그리고 이것은 다른 시가문학과는 아주 다른 성격을 가지고 있으니 그것은 철저히 의도적이고 목적적인 歌詞가 먼저 마련된 官製의 頌祝文學이라는 점이다. 그리고 그 곡조도 속악보다는 正樂, 雅樂 위주로 되어 있어 다른 악장과 또한 다르다. 그리고 그 분명한 의도성은 곡조에서보다 歌詞에서 드러난다. 발생 초창기에서부터 장르 형식이 확립되고 완성된다는 것은 다른 갈래에서 찾아보기 어려운 樂章體만의 아주 특이한 경우이다. 보통 장르가 형성되는 데에는 口傳期를 포함하여 길게는 수백 년의 형성기가 필요하다는 점을 생각하면 악장체는 일시에 돌출된 특별한 장르이다. 시가문학이 일반적으로 음악이 선행하고, 가사가 후행한 것이 통례라는 점에서도 악장체는 이와 상반되어 매우 특별한 경우이다. 말하자면 악장체는 철저히 준비된 歌詞였고, 일시에 급조된 시가였으며, 음악에 앞서 완성된 장르였던 것이다. 이렇게 先詞後曲이라는 점에서는 歌辭와 유사한 발생적 원리를 가지고 있지만 그 歌詞의 형태가 다르고, 곡조가 歌辭와는 달리 官樂인 궁중음악이었고, 철저한 의도적, 제도권 문학이었다는 점 등에서도 악장체는 자연스럽고 일반적인 문학 장르라고 하기 어렵다. 이후에 이 장르가 다른 작품을 더 잇지 못하고 短命에 그친 이유가 이러한 태생적 약점에 있을 것이다. 이런 면에서 조선의 樂章體는 그 특이한 장르형성 과정에 대한 특별한 설명이 필요하다.

龍飛御天歌는 분명히 의도된 악장체의 제1호 작품이다. 그런데 결코 짧지 않은 시가를, 그것도 새로 만들어져 아직 서투를 수밖에 없는 문자인 한글을 사용하여 일거에 전혀 새로운 장르인 용비어천가를 창조해냈다는 것은 여간해서는 짐작이 되지 않는 일이다. 그래서 先行했던 장르 중에서 그 발생적 실마리를 찾아볼 필요가 있지만 마땅히 가까운 장르를 찾기 어려울 때에 樂府 漢詩體가 龍飛御天歌에서 國文歌詞와 함께 나란히 竝記된 현상을 간과하기 어렵다. 같은 내용이 한글과 漢文으로 나란히 병기되었다는 것은 그 문학 장르가 동일하다는 것을 입증하는 것이다.

한글 용비어천가와 같은 내용의 한문악부체가 나란히 놓여진 현상에 대하여 관심을 갖는다면 이를 이해하는 데 많은 도움이 될 것이다. 같은 내용으로 되어 있는 이 두 장르가 병기된 이유를 몇 가지로 생각할 수 있다. 먼저 새로 창안된 한글 악장체인 용비어천가의 소통성을 높이기 위하여 보조적인 수단으로 기존의 장르인 한문 악부체를 덧붙였을 것이란 가정한다면 한글악장체가 먼저 창작되고, 한문악부체로 이를 번역한 것으로 해석할 수 있다. 아마도 이러한 해석이 지금까지 가장 상식적이고 보편적이지 않았나 하는 생각이다. 실제로 龍飛御天歌箋에 다음과 같이 기록되어 있다. '건국의 시련과정을 모두 모아 역사적으로 고증하여 우리말로 노래했다. 아울러 그 뜻을 漢詩로 풀어서 덧붙였다.' 이는 용비어천가가 국문시가로 먼저 지어지고 이를 다시 악부한시로 번역하였음을 밝힌 것이다. 그러나 용비어천가 序에는 '백성들이 칭송하는 말을 모아서 용비어천가 125장을 편찬하였다'라고 되어있다. 그러나 용비어천가는 백성들의 자발적인 칭송의 이야기가 아니라 국가에서 의도적으로 백성들에게 홍보하기 위하여 꾸며진 것이 분명하기 때문에 이는 믿을 수 없는 기록이다. 이로 미루어 생각하면 앞의 箋의 기록도 신뢰하기 어렵다. 그러므로 이 기록을 근거로 하여 용비어천가가 먼저 우리말로 지어졌다고 단정하는 것은 성급한 판단이다.

그렇다면 발상을 전환하여 먼저 한문 악부를 짓고, 그것을 한글 악장체로 번역했을 가능성도 생각해봄 직하다. 그러나 이렇게 되면 제1호 완전 국문학작품인 용비어천가를 졸지에 번역문학, 언해문학으로 전락시키는 심각한 결과를 초래한다는 점에서 매우 조심스러운 가정이다. 그러나 어차피 둘 중의 하나는 원작이고, 나머지는 번역되어진 것이 확실한 상황이라면 한글이 앞에 위치하고, 漢文이 뒤에 있다고 해서 한글이 원작이라는 판단은 지나치게 단순하다. 원작이 한글일 가능성과 한문일 가능성은 동일하다고 생각하는 것이 보다 객관적인 판단일 것이다. 물론 한글이 원작이라는 생각이 여러 가지로 좋겠지만 이는 감정적 판단이지 객관적이고 학문적인 판단은 아니다. 우선 그렇게 되면 앞에서 말한 대로 악장체의 장르적 근원을 찾을 수 없게 된다. 장르적 근원을 찾으려면 그것과 유사한 先行 장르를 물색해야 하는데 그것을 찾을 방도가 없을 때 나란히 적힌 악부를 범상히 넘길 수 없다. 한글악장과 한문악부가 대칭적으로 병기되었다는 것은 두 장르가 같든지, 유사성을 가지고 있다는 사실을 말하는 것이고, 그 유사성은 서로의 선후관계의 가능성을 부정하기 어렵다. 그렇다면 분명히 한문악부가 한글악장에 선행하는 것이니 용비어천가는 한문악부를 먼저 짓고 그것을 한글로 번역한 것이라는 추정이 자연스럽다. 이러한 추정이 용비어천가를 번역문학으로 격하시키는 일이지만 樂章을 원문으로 삼을 때의 문제점을 해결할 수 있다는 점에서 쉽게 포기할 수 없다. 그렇게 했을 때에 악장체에 대한 여러 가지 문학적인 과제를 해결할 수 있다는 이점이 있다.

한문악부가 먼저일 것이라는 추정은 앞에서 말한 이유 외에도 전체 125장 중에서 앞의 1,2장과 마지막 장을 제외하면 용비어천가의 가사가 대부분 한문투로 되어있다는 점에서도 설득력이 있다. 만약 한글 歌詞가 먼저였다면 작품 앞 뒤의 일부분만이 아니라 전편에 걸쳐 한글 어휘가 중심이 되어야 옳을 것이다. 더구나 한글의 기능과 소통성을 시험하기 위하여 만들어진 실험작이라면 더욱 그렇다. 그러나 실제에 있어서는 작품의 대부분이 결코 쉽지 않은 한문투의 어휘로 가득한 것은 그것을 原文이라고 생각하기 어렵게 한다. 실제로 작품에 조금만 주의를 기울여 관찰해 보면 이것이 번역의 개연성을 충분히 짐작할 수 있다. 우선 첫장에서 '海東六龍' '古聖이 同符ᄒᆞ시니'와 같은 어휘나 표기방법을 보면 이를 한글을 시험하려는 의도로 보기 어렵다. 이것이 한글을 시험하기 위한 의도라면 기본적으로 한자 어휘가 아니라 우리 고유어휘를 사용했어야 옳다. '六龍'이 아니라 최소한 '여섯 용', '古聖同符'가 아니라 '옛 성인과 같으시니'와 같은 정도로 적었을 것이라는 생각이다. 제일장은 다른 장에 비해 파격적으로 짧으므로 이러한 한자어 사용을 음절수나 음보를 고려한 어휘라고 볼 수도 없다. 다른 곳에서도 적지 않은 곳에서 여전히 한문투의 어구가 쓰여졌다는 사실은 〈용비어천가〉를 순수한 한글 창작으로 인정하기 어렵게 한다. 117장의 '敵王所慨ᄒᆞ샤 功蓋一世ᄒᆞ시나', 122장의 '性與天合ᄒᆞ샤ᄃᆡ 思不如學이라ᄒᆞ샤'를 비롯한 한문투의 표현을 한글 시험작이라고 하기 어렵다. 1, 2장과 마지막 125장을 제외하고 대부분 한문투성이라면 한글이 원본이라고 보기 어렵다. 이러한 장면은 용비어천가의 원 텍스트가 한문이었다는 사실을 시사하는 것이 아닌가 한다. 이렇게 보면 이 작품의 제작과정을 한글로 먼저 짓고, 이를 다시 한문으로 번역해서 덧붙였을 것이라는 가정보다는 한문학의 악부체에 한문가사를 붙여 한문 용비어천가를 만든 다음에 이것을 한글로 번역하였을 것이라는 추정이 더 순리적이다. 뒤 이어 나온 月印釋譜가 한문의 불경 원전을 번역하였거나 이를 바탕으로 이루어진 것임을 생각하면 당대에는 한글 창작이 생각보다 쉽지 않았을 것이다. 성격은 좀 다르지만 〈訓民正音〉도 처음에는 한문본만 있었고, 나중에 언해본이 나왔다는 사실도 참고 될 수 있을 것이다.

작품의 권위를 높이기 위한 수단이었겠지만 중국의 역사고사가 먼저 나오고, 우리의 것이 뒤에 나오는 구조도 창작의 가능성을 낮추는 요소이다. 先代 李承休의 장편서사시 帝王韻紀가 바로 이러한 구조로 되어있다는 사실을 생각하면, 용비어천가의 전후 양절구조는 우연한 일이 아닌 성싶다. 용비어천가가 제왕운기의 한시 양식을 먼저 받아들였을 가능성이 높아지기 때문이다. 한문에 보다 능숙했던 지은이들의 머릿속에는 여태까지 지어 본 적이 없던 新體의 악장체의 언어구조보다는 악부체의 한문적 구조가 먼저 형성되었을 것이고, 그 장르적 구조에 의해서 원문이 쓰여졌을 가능성이 더 크다. 이러한 착상은 앞서 고려조에 있었던 九室燈歌를 떠올려 보면 그 개연성이 높아진다. 이는 고려 예종 때에 지어진 樂府體 한시로 고려 건국영웅 九祖의 공덕을 예찬한 송축문학이다. 그 규모는 못 미치나 그 문학적 목적이나 성격이 용비어천가와 유사하여 관심의 대상이 되었다. 그것이 비록 漢詩이지만 한글인 용비어천가를 이해하는 데 있어 매우 유용하다. 문학적 성격이 동일한 장르가 先行되었다는 사실은 이와 유사한 후발문학의 발생과 밀접한 관련이 있을 가능성이 높다. 그러한 전제 하에서 만약에 구실등가의 한글노래를 먼저 지었으되 사리부재(詞俚不載) 원칙에 의해서 한글가사가 남아있지 않다는 확신만 있다면 龍飛御天歌도 그 한글 창작성을 의심할 필요가 없을 것이다. 그러나 그렇지 못하다면 여전히 용비어천가 한글가사의 창작성에 의문이 남을 수밖에 없는 일이다. 이러한 형질들은 다음에 나오는 월인천강지곡보다도 장르적으로 더 불리한 점이다. 작품의 동기로 볼 때 월인천강지곡은 용비어천가에 비해서 상대적으로 의도성이 덜하고, 사용된 어휘도 상대적으로 한문투가 적고, 한글이 중심이 되고, 한문이 보조적 표기로 되어있다는 점에서 번역보다는 창작일 가능성이 높다. 작품연대도 시기적으로 용비어천가보다 더 늦다고 할 때 그 시간의 거리를 한글문학 장르로 성숙되기 위한 숙련기간으로 삼는다면 창작이었을 가능성을 높일 수 있다. 그러나 월인천강지곡으로 악장체는 종말을 고하고 만다. 만약에 월인천강지곡이 악장체의 문학적 장르 기능을 정상적으로 수행했더라면 그렇게 쉽사리 사라지지 않았을 것이라는 점에서 여전히 장르로서 한계가 있다는 생각이다.

용비어천가의 제작 목적은 국민에 대한 국가홍보수단이었고, 범국민적인 선전의 효과를 높이기 위한 목적이 분명한 것이었기 때문에 어려운 한문보다는 소통성이 높은 한글이 필요했을 것임은 물론이다. 그러나 아직 검증과정도 거치지 않은 한글로 하루 아침에 새로운 장르를 만들어냈다고 하기보다는 기존의 악부 한시체를 먼저 마련하고 그것을 우리말로 옮겼다고 가정하는 것이 더 자연스러울 듯하다. 이렇게 생각하면 한글의 용비어천가는 번역시가를 면할 수 없는 것이고, 매우 안타까운 일이지만 여기에 정당한 국문학사적 장르 지위를 부여할 수 없게 되는 것이 문제이다. 그렇다면 이른바 한글의 악장체는 처음부터 장르를 이루지 못했고, 정상적인 발전과정을 밟지 못했으며, 그래서 그 문학사를 정상적인 장르로 설명할 수 없는 현상은 당연한 일이 아닌가 한다. 이러한 악장체의 장르적 한계는 월인천강지곡의 다소 개선된 면모에도 불구하고 극복될 수 있는 일이 아니었다. 만약 월인천강지곡으로 그 한계를 극복할 수 있었다면 악장체는 그렇게 두 편의 작품으로 단명하지 않았을 것이다.

일찍이 우리 학계에서 용비어천가의 장르적 한계성을 모르는 바가 아니었지만 그 상징적인 권위 때문에 의도적으로, 혹은 무의식적으로 덮어져왔던 면이 있다. 한글문학의 상징적인 존재를 함부로 번역문학으로 하는 행위는 비난받을 짓인지 모르지만 애국적 이념 때문에 학문적 진리를 덮어두는 것보다는 낫다고 생각한다. 번역문학이라는 전제를 하지 않고서는 용비어천가를 장르적으로 적절히 설명할 방법이 마땅치 않다는 점이 고민이다.

시가문학에서 따로 생각해 보아야 할 문제는 이른바 雜歌류에 속하는 것들이다. 이는 正樂, 歌曲에 상대적으로 붙여진 명칭으로 이것을 곧바로 문학장르로 규정하기는 어렵지만 산발적으로 문학장르로 논의되어 왔다. 그러나 정작 마땅하고 확실한 장르는 차지하고 있지 못한 실정이다. 그러므로 이들을 문학장르로 논의하더라도 좀 더 다듬을 필요가 있다. 우선 雜歌詞로 불리는 十二雜歌는 歌辭와는 문학적 성격이 전혀 달라 歌辭의 변형으로 간주해서는 안 될 일이다. 歌辭의 변형이라고 여겨지는 개화가사나 포교가사와 비교해 보면 가창방식이나 내용, 형식, 문학적 성격 등에서 그 차이가 분명하다. 이른바 唱歌라는 것들도 歌辭와 유사한 면이 있지만 역시 마찬가지 이유로 정작 歌辭로 규정하기에는 석연치 않은 것이 사실이다. 十二雜歌 외에도 雜歌로 불리는 일련의 지역성을 띄는 민요성 시가들도 그 귀속처가 마땅치 않다. 특정한 이름이 없는 각 지역의 민요나 타령들도 역시 마찬가지이다. 이를테면 成造歌, 香頭歌, 달궁노래 등이 여기에 해당할 것이다. 십이잡가를 歌辭에서 분리시키는 것이 맞다면 이른바 사설시조라고 불리는 언롱, 만횡청 등도 시조에서 분리시켜 여기에 묶는 방법이 더 좋아 보인다. 이들과 시조와는 장르적 성격이 매우 이질적이기 때문이다. 이밖에도 正樂에 속하지 못하여 마땅한 장르를 차지하지 못하고 있는 일련의 시가들을 묶어서 雜歌-가칭-類로 장르를 규정하여 따로 논의하는 것이 바람직하다는 생각이다. 그렇게 한다면 歌辭와 時調, 잡가, 민요 등에 대한 장르개념이 좀더 명료해질 것이고, 정체불명으로 떠돌아다니는 시가들에게 정당한 장르를 주어 정착시킬 수 있을 것이다.

詩歌문학은 음악성이 전제된다는 점에서 詩文學과는 분명히 구별되어야 하지만 그동안의 우리 시가문학 연구는 시문학의 연구 방식에서 벗어나지 못한 경우가 많았다. 시가문학에서 음악성을 배제하면 그 본질을 제외한 것과 다름이 없으므로 정상적인 연구수행이 될 수 없다. 물론 지금에 와서 古典詩歌의 음악적 형질을 모색하기가 쉽지 않은 일이지만 어렵다고 하여 올바른 길을 부정하거나 의도적으로 외면하는 것은 학문의 정도가 아니다. 이를 극복하여 시가문학 본래의 의미에 입각하여 연구한다면 기존의 연구에 새로운 보탬이 될 수 있을 것이라는 기대에서 출발하였다.

우리 문학이라고 하여 우리 문학의 시각만을 고집한다면 우리의 것마저 제대로 볼 수 없게 된다. 현대문학에서 서구문학을 배제할 수 없듯이 고전문학에서 한문학을 도외시한다면 국문학의 본질마저 위태롭게 된다는 사실을 잊어서는 안 된다. 좋건 싫건 우리의 시가문학에서도 漢文學의 영향이 없을 수 없다. 이를 애써 부정하는 값싼 이념보다는 문화 흐름의 속성을 개방적으로 수용하는 열린 자세가 필요하다. 우리 문학을 개방적으로 보았을 때 훨씬 많은 것을 찾아낼 수 있고, 우리가 해야 할 일이 아직도 많이 쌓여있다는 사실을 알게 될 것이다. 그렇게 했을 때에 우리의 시가문학 연구는 더 큰 진전이 있을 수 있다. 이러한 사실을 외면한 채 손거울을 보고 스스로 자기만족에 빠진다든지, 이제 고전문학에 더 이상 할 일이 많지 않다고 호언하는 경우가 있다면 국문학을 위해서 매우 안타까운 일이다.

公無渡河歌, 黃鳥歌, 龜旨歌 등의 上代가요가 번역시가였으며, 본래 노랫말이었다는 사실에 주력한다면 그 歌詞에만 집착하는 노고를 줄이고, 그 본질에 접근하여 새로운 경지를 개척할 수 있을 것이다. 번역가라는 것은 원가의 모습을 볼 수 없다는 것이고, 原歌와의 차이도 있을 수 있다는 사실을 기억해야 한다. 그것들이 악부의 모습을 하고 있다는 것은 소악부의 기원으로 볼 수도 있을 것이다. 시대의 격차가 커 음악성을 포착하기가 어려운 것이 문제이나 이것이 우리 詩歌문학의 주요 과제임은 분명하다는 사실을 잊어서는 안 된다.

鄕歌의 음악성을 전제한다면 얼마 안 되는 소수의 현전 작품을 근거로 하여 내세우는 구체설이나 확장발전설은 매우 제한적일 수밖에 없다. 詞腦歌라는 명칭에서 짐작할 수 있듯이 음악, 곡조에 착안하는 것이 향가연구의 바람직한 방향이다. 향가의 본질 개념이 기존의 가사중심사고에서 벗어날 수 있다면 향가는 그 영역을 넓혀 훨씬 풍부한 문학장르가 될 수 있을 것이다. 그리고 향가를 '향찰로 표기된 시가'라는 인식은 향가의 문학적 운신의 폭을 크게 옥죄는 결과를 가져와 향가를 아주 초라한 문학으로 만들었다는 사실을 기억할 필요가 있다.

麗謠는 當代에 문자로 정착하지 못하고 수백 년 후에 궁중음악으로 채록되었다는 점에서 문학 장르로서 결격사유가 적지 않다. 따라서 여요에 대한 연구는 그 시대의 간격에서 오는 차질을 충분히 배려해야 한다. 특히 時調를 비롯한 시가문학과의 관련성을 연결시킬 때에 매우 신중한 검토가 필요하다. 현전 여요는 기본적으로 樂章문학이므로 그 음악성은 분명한 것이다. 이것이 앞으로 여요 연구에서 노력해야 할 과제이다. 여요라고 하지만 조선시대의 작품이 끼어들 수 있으므로 속요라는 이름이 더 적절하다는 생각이다. 그렇다고 속된 노래만은 아니므로 '속악에 편입된 노래'라는 규정이 바람직하다.

小樂府는 한시의 형태를 하고 있어 한문학으로 간주되는 수가 있으나 우리만 가지고 있는 장르요, 우리의 민요나 시조를 번역한 것이므로 본질상 어엿한 국문학이다. 그 속에 들어있는 민족의 역사의식을 높이 평가해야 한다. 이를 통하여 유실된 소중한 민요, 여요를 보완할 수 있다. 소악부를 창안한 이제현의 작품에만 한정하지 말고 공후인부터 시작되는 소악부의 전통을 확인함으로 해서 우리의 소악부 문학을 재조명할 필요가 있다. 아직도 한시의 모습으로 숨어있는 소악부 작품을 찾아낼 수 있다면 양적으로 빈곤한 우리의 시가문학은 한층 풍부하게 할 수 있다.

景幾體歌는 한문투의 기형적인 시가문학으로 국문학으로는 한계가 많다. 한문으로 되어있어 국문시가 장르와 연결시키기 쉽지 않다는 것도 커다란 결격사유이다. 작품이 많지 않고 短命으로 끝난 것도 이러한 한계의 결과이다. 歌詞로는 평가받기 어렵고, 음악적 형질로서 경기체가의 존재가치를 보전할 수 있을 것이다. 양반사대부의 詩歌라는 점이나 말기 경기체가의 형식에서 時調와 일말의 인과관계가 있을 수 있다.

초창기의 경기체가보다는 후기의 경기체가에 주목하는 것이 시가문학사를 구성하는 데 유용하다.

시가의 음악성을 의식하지 못한 부작용이 가장 심한 경우가 時調이다. 그동안의 시조연구는 가사내용과 형식에 편중되어 있었다. 그 결과 시조의 근원을 歌詞의 형태에 초점을 맞추어 탐색하였는데 이는 시조가 원래 장르명칭이 아니었다는 사실을 간과하였고, 음악적인 형질을 도외시한 것으로 결격사유가 많은 것이었다. 시조가 아니라 '시조'였다는 사실을 의식하지 못하고, 시조의 기원을 논의해 온 주장들은 많은 문제점을 가지고 있어 적잖은 시정이 필요하다. 鄕歌와 마찬가지로 가사확장진화설에 기반하여 평시조와 사설시조를 진화관계로 설정하고, 한 장르로 묶어 논의한 것은 지금도 시조문학 연구의 커다란 장애로 남아있다. 이러한 장르상의 문제는 시조의 국문학적 연속성 확보에도 적지 않은 과제가 되고 있다. 그리고 사설시조와 평시조의 이질성에도 불구하고 이를 한 장르로 묶어놓는 불합리를 서둘러 해결해야 정상적인 시조연구를 할 수 있다.

歌辭에 대한 장르상의 난제도 가사의 본질에 대한 오해로 빚어진 현상이다. 음악성과 더불어 가사가 가지고 있는 또 하나의 과제는 발생적 문제이다. 필자가 생각하는 歌辭 기원의 중심은 漢文學인 辭賦이다. 사부와 歌辭는 형식과 내용 모든 면에서 완벽하게 닮아있는데 영향관계가 아니고서는 이 절묘한 우연을 설명할 길이 없다. 이는 기존의 어떠한 가사의 기원설보다 근거가 확실하다고 자부한다. 가사 외의 장르에서도 발생적으로 한문적인 형질이 개재되었을 개연성은 상존한다. 이러한 사실을 애써 부인하는 폐쇄적인 이데올로기는 자칫 독선과 편견을 조장하여 학문 자체를 위험하게 할 수 있다.

樂章은 말할 것도 없이 음악적 형질이 연구의 핵심이 되어야 한다. 그리고 여요와 맥락이 닿아있다는 사실은 고려시가로서만이 아니라 조선시가와의 연계적인 연구가 필요함을 의미한다. 용비어천가는 매우 안타깝지만 창작문학일 가능성이 적다. 漢詩의 악부체를 한글로 번역한 번역문학으로 보아야 합리적이다. 여기에는 이념과 학문의 갈등을 극복해야 하는 문제가 걸려 있다.

이상의 논의는 보기에 따라서는 기존의 학문적 성과에 무모한 비판이나 도전으로 비쳐질 수도 있을 것이다. 그러나 일선 학교에서는 여기에서 지적된 기존의 학설들이 마치 진실인 것처럼 통용되고 있는 실상을 마냥 수수방관할 수는 없었다. 기존의 歌詞 중심의 연구가 우리 학계의 주류를 이루었고, 음악적 형질에 대한 관점은 대개 非主流여서 관심을 받지 못한 것이었기에 이 논의들이 다소 생소하게 느껴질지 모른다. 그러나 主流라 하여 안주하거나 非主流라 하여 백안시하는 것은 바람직한 학문적 자세가 아닐 것이다. 어떠한 주류도 비주류의 도전과 수정을 피할 수 없다는 것이 변증법적인 역사의 발전임을 다짐하면서 이를 계기로 기존의 연구에 대한 반성과 발전의 빌미가 되었으면 하는 소망이다.

2. 〈史記〉 속의 公無渡河歌

작품의 지리적 배경은 곧 그 작품의 국적과 관련되는 문제이기 때문에 문학사 연구에서 매우 큰 관심사가 되어왔었다. 우리의 시가문학 중에서 公無渡河歌처럼 국적 문제에 민감한 작품도 없을 것이다. 그것이 과연 우리의 문학인가에 대해서 확신을 할 수 없었기 때문이다. 그래서 일찍이 그 작품배경에 대한 논란이 분분하였다. 그러나 公無渡河歌의 작품배경에 대한 기록은 중국 晋의 崔豹 〈古今注〉에서 기록한 "朝鮮津卒 藿里子高妻 麗玉所作也"가 전부이다. 그러니 이것을 단서로 하여 우리의 것임을 입증해야 하는데 얼핏 보아도 어려운 문제임이 분명하다. 어쨌거나 이것이 우리의 것이라는 입증을 할 수 있다면 國文詩歌 문학의 효시가 되는 국문학사적 의의를 가지게 되는 것으로 매우 큰 관심사가 아닐 수 없다.

朝鮮津이란 명칭을 보아서는 公無渡河歌를 일단 우리의 문학작품으로 보아도 좋을 것 같지만 실제로는 그렇게 간단한 문제가 아니다. 우선 朝鮮津이라는 명칭만 가지고서는 이것이 우리의 것이라고 단정 짓기에 충분치 못하다. '朝鮮津'이 고조선의 영역에 있는 보통명사라면 좋겠지만 고조선의 영역과 관계없는 고유명사라면 자신할 수 없는 일이다. '朝鮮津卒'이란 '朝鮮津의 官吏'라는 뜻이므로 고유명사일 가능성이 크고, 藿里子高가 관리였으므로 그가 고조선인이면 우리의 것이요, 중국인이면 중국의 시가라고 해야 할 것이어서 쉽게 판단하기 어렵다. 그런데 이덕무가 일찍이 기록에 나오는 인명이 우리의 이름인가에 회의를 품었듯이 그것이 중국인일 가능성도 배제하지 못한다. 이 작품이 일찍이 중국의 문헌에 기록되고 언급되었다는 점도 우리에게는 불리한 조건이다. 우리의 문헌에는 천오백 년이나 지난 18세기 이후에 韓致奫(1765~1814)의 〈海東繹史〉에 처음 발견되는데 그것도 중국의 기록과 거의 같아서 우리의 것이라는 근거로 삼기에는 매우 허약하다. 그리고 이 노래는 중국의 유수한 악부의 명칭으로서 이 제목으로 된 중국의 詩歌가 수십 편이 넘게 전해질 정도로 중국적인 색채가 짙은 것이다. 그래서 학계에서도 아직 이에 대한 뚜렷한 결정을 내리지 못하는 듯하고, 우리의 시가문학의 시작도 슬그머니 黃鳥歌에 넘겨주고 있는 실정이다. 그러나 속설대로 朝鮮津이 대동강의 나루터가 확실하다면 이것이 우리의 문학유산임을 의심할 바가 전혀 없을 것이고, 논란의 여지도 있을 수 없다. 그런데도 여전히 定論이 없다는 사실은 아직 이에 대한 검증이 더 필요함을 말하는 것이다.

이 글의 목적은 공무도하가가 과연 국문학 작품인가를 규명하는 데에 있지 않다. 이 작은 연구로써 오랜 논란을 결말지을 자신도 없다. 다만 이 노래 배경의 유일한 단서인 '朝鮮津'의 위치를 추정하여 작품의 지리적 배경을 추정하고자 할 뿐이다. '朝鮮津'이 고유명사이건, 朝鮮의 한 나루이건, 그것이 우리의 고조선의 강역이었다는 사실을 입증할 수 있다면 이 연구의 가치와 보람은 충분히 있을 것이다.

우리 고대사에 또 하나의 숙제가 있으니 古朝鮮의 중심지가 어디였는가의 문제이다. 公無渡河歌의 작품연대를 알 수 있는 근거는 없지만 그것이 중국의 古樂府의 형태로 남아있는 것으로 보아 대체로 漢 이후로 내려오기 어렵다고 보여진다. 그렇다면 작품연대가 고구려 이전으로 올라갈 가능성이 짙어지고, 그래서 작품연대로 추정되는 고조선의 지리적 위치가 관건이 되는 것이다. 고조선의 영역에 대해서 많은 논란이 있지만 전통적으로 대동강과 평양을 중심으로 생각하는 경향이 우세하였다. 이러한 주장은 일제의 殖民地史觀에 앞서, 民族史觀을 내세웠던 〈三國遺事〉를 비롯한 수많은 우리 선조들이 기록한 문헌들에 의해 자주 언급되어왔다. 심지어 북한에서는 단군의 유해를 평양에서 발굴했다고 할 정도이니, 고조선은 물론 작품 배경을 대동강 평양나루로 생각하는 사람도 있을 것이다. 그러나 국문학의 문제이건, 국사학의 문제이건, 이러한 견해와 주장들은 사실 이렇다 할 근거를 바탕으로 하는 것이 아니어서 보다 철저한 학문적 검토가 있어야 한다.

실제로 고조선과 고구려의 강역이 한반도에 한정되었다고 생각하는 사람은 없을 것이다. 역사의 기록에도 고구려 후반에 속하는 長壽王에 이르러 비로소 만주에서 평양으로 천도한 것으로 되어있다. 그럼에도 불구하고 고조선의 詩歌로 여겨지는 공무도하가의 작품 배경지를 별 생각 없이 대동강에 묶어둔다면 우리 스스로가 겨레의 강역을 축소시키는 결과를 초래한다는 일에 앞서, 우리의 국문학사를 보다 객관적이고 합리적인 태도로 수행하지 못한다는 질책을 면할 수 없다.

이를 위하여 보다 정확하고 신뢰할 수 있는 문헌을 근거로 하여 史實의 기록을 확인 검토하는 냉철한 학문적 자세가 필요하다. 가장 바람직하기로는 시기적으로 當代에 가장 근접한 문헌에 바탕을 두어야 한다. 우리 고대사 연구에 있어 가장 크게 의존한 문헌은 金富軾의 〈三國史記〉였을 것이다. 그러나 삼국사기는 현존하는 우리의 가장 오래 된 官撰의 기록이지만 시대적으로 고조선과 멀리 떨어져 當代의 자료로는 신뢰성을 보장하기 어렵고, 근본적으로 古朝鮮에 관한 일체의 기록을 하지 않고 있다는 데서 본제에 유용한 문헌자료가 아니다. 이는 김부식의 철저한 사대주의 사상과 밀접한 관련이 있는데 그런 의미에서 〈삼국사기〉에 의존하여 구성된 우리의 上代文學史라면 신중한 반성이 필요하다. 사대주의 사상은 우리의 역사를 가급적 중국의 역사에 예속시키려는 속성을 가지고 있기 때문이다. 그렇게 하는 것이 우리의 역사를 선진문화로 승격시킬 수 있다는 믿음을 가지고 있었다. 그러나 사실 이러한 약점을 가지고 있는 〈三國史記〉를 제외하고 상대문학사를 의존할 국내문헌을 찾기 어려운 형편이다. 고조선에 대한 기록은 〈三國遺事〉에 있지만 객관성을 인정받는 데는 한계가 있기 때문에 근거문헌으로 삼는 데 문제가 있다.

이렇게 우리의 문헌에서 마땅한 자료를 찾기 어려울 때에 비록 우리의 문헌은 아니지만 司馬遷의 〈史記〉는 매우 중요한 의미를 갖는다. 이는 古朝鮮에 관한 기록을 하고 있고, 공무도하가가 지어진 시기와 가장 근접하였다고 인정되며, 金富軾이 〈삼국사기〉를 모범으로 삼았을 만큼 권위가 있으며, 가장 먼저 이루어진 중국의 正史로 인정되고 있다는 점 등에서 본제에 가장 적합한 문헌으로 인정된다. 특히 고조선에 대한 기록은 삼국유사의 신화와 달리 실제의 역사적 사실을 매우 실증적으로 기록하고 있다는 점에서 아주 유용한 문헌이다. 사마천이 〈사기〉를 집필한 자세는 후세 역사기술의 귀감이 되고 있으며, 지금도 학계에서 가장 큰 권위를 인정받고 있는 역사기록이다.

본래 歷史記錄이란 후대로 내려갈수록 그 기록이 當代에 관한 사실에서 멀어지고 모호해질 수밖에 없고, 경우에 따라서는 후대 기술자의 역사관이나 어떠한 의도에 의하여 史實이 왜곡될 수 있는 가능성을 배제할 수 없다. 단적인 예로 우리가 正史로 여기는 〈삼국사기〉는 사대주의에 의하여 古朝鮮을 아예 기록하지 않았으며, 〈삼국유사〉는 민족주의의 사관을 가지고 있었으면서도 고려왕조를 단군과 연결시키기 위하여 고조선의 역사 현장을 애써 대동강으로 끌어들였다. 王儉城과 浿水를 대동강으로 한정함으로 해서 한반도로 축소된 고려왕조를 단군조선과 같은 영역에 묶으려 하였고, 그렇게 함으로 해서 고려를 고조선과 함께 배달겨레로 묶어 고려왕조의 정통성과 권위를 높여야 한다는 시대적 요청에 부응할 수 있었을 것이다. 이러한 고려중심의 민족주의의 의도적인 역사기술의 태도는 결과적으로 스스로 강역의 축소라는 역사의 왜곡을 면할 수 없게 하였고, 지금에 와서는 민족정체성 확립과 학문수행에 심각한 장애가 되고 있다.

이러한 형편에서 본제에 가장 적합한 증빙 문헌기록으로서 〈史記〉를 능가할 문헌이 없다고 생각한다. 그리고 현전 〈사기〉의 기록에는 司馬遷 이외에도 이에 대한 후대의 추가기록인 '集解' '索隱' '正義'가 포함되어 있다. 이들은 후대의 史家들이 사마천의 본문에 주석을 붙여 알기 쉽게 풀이한 것인데 그 과정에서 자칫 본문의 의도와 다른 해석이 있을 가능성 또한 상존해 있다. 따라서 〈사기〉 내에서도 가장 신뢰할 수 있는 기록은 사마천이 직접 쓴 本文이라고 해야 할 것이다. 사기의 집해는 남북조시대, 색은과 정의는 당나라 때 붙여진 것이므로 후대의 중국의 의도적인 역사관이 개재될 수 있어 史實에서 멀어질 가능성을 배제할 수 없다는 점을 유의해야 한다. 최근 중국정부 주도로 이루어지는 東北工程이 그 대표적인 사례이다. 중국의 역사기록 문헌들은 후대로 내려올수록 우리에 대한 역사적 우위를 확보하기 위하여 예로부터 끈질기고 점진적으로 역사의 왜곡을 진행해 온 사실을 확인할 수 있다.

이와 같은 이유로 해서 공무도하가를 비롯한 상대문학사 구성에 있어 사마천의 〈사기〉는 매우 가치 있는 문헌이다. 〈사기〉 하나의 문헌에 의존하는 것은 분명 일정한 한계가 있겠지만, 달리 생각하면 가장 신뢰성 있는 단일한 자료를 통하여 본제를 봄으로 해서 오히려 가장 집중적이고도 정확한 해석이 가능할 수도 있다는 판단이다. 이를 통하여 오랜 논란거리인 古朝鮮의 존재와 위치, 王險城과 平壤城의 위치, 浿水와 대동강의 위치, 漢四郡 위치 등을 考證하고, 이를 바탕으로 공무도하가의 작품 배경지를 추정하고자 한다. 이것이 이루어진다면 공무도하가의 작품 배경은 물론, 상대의 국문학사를 보다 정확하게 記述할 수 있는 바탕이 마련되어질 것으로 생각한다.

1) 朝鮮과 古朝鮮

〈史記〉 朝鮮列傳에서 朝鮮이라는 명칭의 유래를 다음과 같이 적고 있다.

> **[索隱]** 濕水, 洌水, 汕水를 합하여 洌水라고 했다. 樂浪, 朝鮮의 이름은 여기에서 비롯되었을 것이다. (濕水 洌水 汕水 合爲洌水 疑樂浪朝鮮取名於此也)
>
> **[集解]** 朝의 음은 潮이다. 鮮의 음은 仙이다. 汕水에서 온 이름이다. (案朝音潮 直驕反 鮮音仙 以有汕水 故名也 汕一音訕)

이로 보건대 朝鮮의 語義는 물과 매우 깊은 관계가 있었음을 알 수 있다. 즉 조선은 여러 갈래의 강과 바다가 있었던 지역에 위치하고 있었다는 사실에서 유래한 이름이라는 것이다. 구체적으로 洌水와 같은 강의 이름이 기록되고, 그것을 朝鮮, 樂浪의 명칭 유래로 삼은 것이니 이들은 모두 물, 강에서 연유하였음을 확인할 수 있다. 그리고 열수의 위치가 遼河의 언저리라고 생각한다면 이곳을 고조선, 낙랑의 위치로 보아야 할 것이다. [索隱]에서 '朝'의 음이 '潮'라고 구태여 밝힌 것은 그것의 뜻을 말한 것이다. 현대 중국어의 발음으로도 '朝'를 'ZHAO'로 읽으면 '아침 朝'가 되고, 'CHAO'로 읽으면 '물결 潮'라는 뜻이 되기 때문에 조선이라는 명칭은 우리가 생각하는 '아침'이 아니라 '물'과 관련이 깊다는 사실을 알 수 있다. 그렇다면 朝鮮의 朝를 아침으로 풀이하면서 '아침의 태양과 빛'의 의미로 해석해온 그동안의 견해들은 본래의 語義와 별 관계가 없어 보인다.

우리는 쉽사리 古朝鮮이라는 역사를 想定하여 말하고 있지만 사실은 〈三國遺事〉를 제외하면 그 기록을 찾아보기 어려운 것이 사실이다. 물론 〈史記〉에도 직접적으로 古朝鮮이라고 적은 곳은 없다. 그래서 金富軾은 〈삼국사기〉에 이를 기록하지 않았을 것이다. 그러나 〈사기〉의 기록을 잘 살피면 그 實在의 단서를 발견할 수 있다.

[本文] 처음 戰國 燕 시기에 진번과 조선을 치고 다스렸다. (自始全燕時嘗略屬眞番朝鮮爲置吏)
[索隱] 위만이 조선왕을 치고 스스로 왕이 되었다. (滿擊破朝鮮王而自王之)

전국시대 燕나라가 '조선과 진번'을 치고 관리를 두었다고 하였으니 이것이 중국이 역사상 처음으로 조선에 진출한 기록이 된다. 이어서 燕의 衛滿이 조선왕을 치고 왕이 되었다고 했다. 이러한 기록들은 소위 衛滿朝鮮 이전에 그 자리에 이미 朝鮮國이 있었다는 증거이고, 그것은 곧 朝鮮 이전의 古朝鮮이 이미 존재하고 있었다는 반증이다. 그리고 이 기록은 고조선과 진번은 동일지역, 혹은 인접지역에 일찍이 같이 있었다는 사실을 입증하고 있다. 흔히 진번은 漢四郡임을 강조하는데 한사군이 설치되기 전에 진번은 이미 조선과 인접지역에 자리하고 있었음을 확인할 수 있다. 그리고 위만이 조선왕을 치고 왕이 된 사실이 역사상 중국이 고조선에 처음 진출한 것이었음을 알 수 있다. 연과 조선이 여러 차례 전쟁을 한 사실은 중국의 승리로 끝난 것이 아니라 승패를 주고 받았다는 것을 의미하니 이것은 중국의 지배사가 아니라 교류사라고 해야 한다.

우리와 중국간의 이러한 교류 정황으로 보아 그 이전에 周王이 箕子를 조선왕에 봉했다는 일부의 기록을 빌미로 기자가 평양에 왔다는 주장은 전혀 가능성이 없으며, 그것을 인정하더라도 그 조선은 古朝鮮과는 별개의 지역일 가능성이 남아있을 뿐이다. 〈史記〉에 '무왕이 기자를 조선왕에 봉했다.'(武王封箕子於朝鮮)를 비롯한 기자와 조선을 언급한 기록은 있지만 그 조선이 어떤 지역이었다는 기록은 어디에도 없다. 그것이 대동강 평양이었다는 말들은 후세에 우리 스스로가 꾸며낸 이야기에 불과하다. 오히려 〈史記〉에 '梁國蒙縣 有箕子塚'이라 하여 전혀 다른 사실을 기록하고 있다. 실제로 河南省에 箕子墓가 있어 이를 입증하고 있다. 이른바 麥秀之嘆이란 기자가 망국의 슬픔을 노래한 것이라는데 평양에 있던 사람이 중국의 황하 상류까지 가서 망국의 슬픔을 탄식했을 가능성은 전혀 없다. 〈漢書〉 地理志에 '기자가 조선으로 갔다 - 箕子去之朝鮮'이라 했는데 황하 상류에 있었던 箕子가 대동강까지 피했을 리가 만무하며, 당대의 국가형태나 지리적 범위 교통수단 등으로 미루어 周 武王의 세력이 평양까지 미쳐 거기에 조선왕을 封했을 리가 없다. 그리고 평양에 살았던 기자의 묘가 지금 엉뚱하게 하남성에 있을 리도 없다. 어쩌면 여기서 말하는 조선은 우리의 고조선이 아닐 수도 있다. 그럼에도 불구하고 아무런 근거도 없이 평양에 箕子廟를 만들어 놓고 箕子東來說을 주장하는 일은 실로 어처구니없는 자학적 역사 날조가 아닐 수 없다.

燕이 조선과 진번을 복속시켰다는 사실은 고조선의 위치가 연과 인접해 있었음을 증명하는 것이고, 연의 영역이 대체로 河北省 일대였음을 생각하면 고조선의 위치는 요하를 경계로 한 河北省 遼寧省 일대였을 것으로 추정된다. 조선 · 진번條의 集解에 '遼東有番汗縣'이라 했는데 번한은 진번과 같은 지역이고, 그곳은 遼東이었음을 입증하는 기록이다. 그렇다면 黃河 상류에 한정되었던 周가 요동까지 지배하여 거기에 箕子를 왕에 봉했다는 말도 믿기 어려운 일인데, 하물며 기자조선의 위치를 두고 평양을 들먹거리는 일은 전혀 어불성설이다. 설령 箕子東來說을 인정하더라도 그곳이 한반도라는 증거는 어디에도 없다. 다른 기록들을 보더라도 조선의 위치는 〈사기〉와 별로 다르지 않아 그 신빙성을 높인다. 〈魏書〉 地理志에 "북평군 영현에 조선현이 있다.(北平郡領縣 有朝鮮縣)" 라 한 것을 보면 조선이 본래 중국 북평에 가깝다는 사실을 알 수 있다. 〈明一統志〉에 "조선성은 영평부 경내에 있다. 전하는 말에 의하면 기자가 봉함을 받은 곳이다. 後魏 때 현을 두었고, 북평군 아래에 두었다. (朝鮮城 永平府境內 相傳箕子所封之地 後魏置縣 屬北平郡)"라는 기록을 인정하더라도 箕子가 왔던 곳은 기껏 永平, 北平 정도이다. 북평은 營州이니 지금의 遼河 건너 河北省의 朝陽, 承德 부근이다. 〈魏略〉에 "秦이 몽염을 시켜 長城을 쌓게 했는데 遼東에 이르러 朝鮮王 否가 이를 경계하여 습격하였다. … 漢이 노관을 燕王으로 삼으니 조선과 연이 浿水를 경계로 하여 맞섰다. (晋使蒙恬築長城 到遼東時 朝鮮王否 畏秦襲之… 及漢以盧綰爲燕王 朝鮮與燕界於浿水)"라 하여 광범위하게 이를 뒷받침하고 있다. 진시황이 長城을 쌓을 때 조선이 이를 공격했다는 기록은 遼西지방 – 지금의 河北省 – 일대가 朝鮮領 내지 그 영향력이 미치는 곳이었음을 입증하는 것이다. 한나라 때에 燕과 국경을 맞대었다는 기록 역시 이와 다르지 않다. 그리고 그 경계선은 浿水라 하였으니 그것은 요하, 혹은 그 지류임에 틀림없다. 이렇게 중국측의 명백한 증빙들을 외면하고, 별다른 근거도 없이 우리 스스로가 浿水와 朝鮮의 영역을 입버릇처럼 대동강 평양 운운하는 주장들은 아무런 근거가 없으며, 이는 명백한 민족사의 자학적 왜곡이다. 이러한 실정에서 일제의 植民史觀만을 탓할 겨를마저 없다는 생각이 솔직한 심정이다. 앞에서 인용한 〈魏書〉 〈明一統志〉 〈魏略〉의 原文은 丁若鏞의 〈與猶堂全書6〉 卷1 地理集 疆域考1 朝鮮考

에서 再引用한 것이다. 정약용은 이러한 기록들을 언급하면서 뚜렷한 이유 없이 모두 부정하였음은 물론, 아무런 근거 제시 없이 이들을 모두 한반도로 끌어들이기에 급급하였다. 일연이 〈삼국유사〉에서 고조선을 고려영역으로 끌어들인 행위는 왜곡된 민족주의라고 이해하더라도 정약용의 이러한 퇴영적 역사왜곡은 무엇으로 이해되어야 할지 모를 일이다. 근대 실학의 大家로 평가받고, 實事求是를 추구하던 정약용이 이러했으니 나머지들이야 그 사정을 짐작하기에 충분하다.

〈史記〉의 기록으로 보아 朝鮮은 원래 '물과 강이 많은 곳'이란 語義를 가지고 있으며, 그곳은 당시 중국과 경계를 둔 渤海와 요하 인접지역임에 틀림없다. 척박한 黃河 상류에 자리 잡고 있었던 한족으로서는 물이 풍부하고 비옥한 요하지역이 매력 있는 곳이어서 일찍이 이곳을 지배하였던 우리와의 접촉과 충돌이 이어졌으며, '朝鮮列傳'은 바로 그러한 역사의 기록이었다. 비록 〈사기〉에 古朝鮮이란 기록은 보이지 않지만 朝鮮列傳의 문맥을 살피건대 중국과 교섭을 한 요하 언저리에 있던 조선이 곧 古朝鮮이었음을 충분히 알 수 있다. 얼핏 생각해보아도 司馬遷의 입장에서 엄연히 '朝鮮'이 존재했던 當代에 '古'조선이란 이름을 따로 붙일 까닭이 없는 일이다. 고조선이란 후일에 朝鮮이라는 이름에 상대적으로 불려진 이름이라고 해야 옳다. 그러므로 史書문헌에 古朝鮮이란 기록이 발견되지 않는다는 이유로 해서 그의 實在를 인정하지 않는 자세는 실증주의 역사학의 한계일 수 있다.

2) 王險城

왕험성에 대한 의견도 분분한 가운데 대동강 평양성이라는 견해가 많은데, 이는 〈史記〉의 다음과 같은 기록에서 연유된 듯하다.

> **[正義]** 고구려의 도성은 평양성인데 이는 본래 한 낙랑군의 왕험성이다. (高驪都平壤城本漢樂浪郡王險城)

그러나 이 기록은 사마천의 기록이 아니라 '조선'에 대한 훗날의 주석이라는 데에 문제가 있다. [正義] 朝鮮條에 '高麗都平壤城'이라 했는데 후인들이 이 짤막한 기록을 근거로 마치 조선의 도읍지가 평양성인 것처럼 해석했던 것 같다. 그러나 正義者의 註釋의도가 어찌되었든, 후세의 史家들이 곡해를 했던 것과 관계없이 正義의 기록은 사마천의 의도와는 아무 상관도 없는 것이다. 史馬遷 당대에 고구려라는 존재는 있지도 않았으니 고조선과 '高麗都平壤城'과는 어떠한 사실적 관련도 있을 수 없다. 그럼에도 불구하고 이를 빌미로 고조선의 평양도읍설이 아무렇지도 않게 거론되는 것은 참으로 이해가 되지 않는 일이다. 한 마디로 고조선을 평양, 대동강에 연결시키는 주장들은 전혀 근거가 없거나 역사를 왜곡시키는 행위와 다름이 없다. 또 이 기록은 왕험성도 평양성과 같은 곳에 위치한 것처럼 오해할 소지도 있는 부분이다. 그러나 전체의 문맥을 살필 때 이 부분은 신뢰성과 타당성이 떨어진다는 생각이다. 朝鮮列傳 내의 어떠한 기록도 평양성과 왕험성이 같다고 할만한 곳을 찾을 수 없기 때문이다. 만약에 이 正義의 기록을 '고구려의 도성 평양은 낙랑군 왕험성에 바탕을 두고 있다'라고 해석할 수 있다면 장수왕 때에 요하의 왕험성에서 평양으로 천도한 사실을 말하는 것일 수도 있을 것이다. 그렇다면 이는 고구려사에 중대한 의미가 있을 수 있는 기록이기도 하다. 어쨌든 이러한 장면은 고조선 당대의 사실이 아니므로 史書 연구에서 후세 史家들의 註釋을 매우 조심해야 한다는 사실을 말하는 대목이다. 더구나 후세의 분별없는 우리 학자들은 이러한 사정을 모른 채 한 술 더 떠 함부로 대동강을 浿水라고 무단했으니 고조선은 꼼짝없이 대동강에 중심지를 잡은 것이 되어버리고 만 것이다. 그러나 몇 글자 건너 다음과 같은 기록이 또 있다.

[本文] (위만)이 왕험성에 도읍을 했다. (都王險)
[集解] 창려에 험독현이 있다. (昌黎有險瀆縣也)
[索隱] 요동에 험독현이 있는데 조선왕의 舊都이다. 贊에 이르기를 왕험성은 낙랑군 패수의 동쪽에 있다. (遼東有險瀆縣朝鮮王舊都)

위만이 패수를 건너 왕험성에 도읍했다는 이 기록도 왕험성의 위치가 패수에서 멀지 않았던 사실을 시사하는 장면이다. 集解의 기록은 험독현과 왕험성이 위치하는 곳임을 말하는 것이고, 그곳은 當代의 昌黎였으며, 창려는 熱河省凌源縣으로 지금의 承德부근으로 추정된다. 그렇다면 왕험성은 요하 지류를 넘어 하북성 동부에 위치하고 있다는 말이 된다. 그리고 패수도 그 근처에 위치해 있다고 본다면 고조선의 영역은 생각보다 훨씬 더 서쪽으로 넓게 해석할 가능성도 생긴다. 索隱의 기록도 요동의 험독현, 즉 왕험성이 조선왕의 舊都라 했으니 그 조선은 분명 고조선이요, 구도란 고조선의 도읍지임에 틀림없다. 그리고 이는 무엇보다도 고조선의 존재를 명백히 입증하는 기록이다.

[索隱] 왕험성은 낙랑군 패수의 동쪽에 있다. (王險城在樂浪郡浿水之東也)

왕험성은 낙랑의 패수 건너 바로 동쪽에 위치하고 있다고 했는데 전후 문맥을 살피건대 이는 왕험성, 험독현, 낙랑군, 패수 등이 모두 요동에 위치하고 있음을 시사하는 기록으로서 의미가 크다. 만약에 왕험성이 지금의 대동강 평양이라고 한다면 이 기록과는 그 방향에서도 전혀 맞지 않는다. 실제로 평양성은 대동강의 북쪽에 위치하고 있기 때문에 '浿水之東也'라고 하는 이 기록과 상치하고, 중국쪽에서 본다면 평양은 강을 건너기 전에 있는 것이 되기 때문에 전략적 위치로 보아서도 전혀 이치에 닿지 않는다. 중국을 主敵으로 삼고 항상 중국의 공격에 대비해야 하는 조선이 천혜의 地利인 江을 등지고 도읍을 했다는 말은 아무리 양보해도 인정할 수 없다.

[本文] 섭하를 동부도위를 삼았다. 조선은 군사를 내어 (요동을) 공격하여 섭하를 죽였다.
(拜何爲遼東東部都尉 朝鮮怨何發兵襲攻殺何)

漢의 사신 涉何가 조선 왕과 교섭에 실패하고 환송 나온 조선 장수를 패수에서 암살하고 돌아가자 漢에서는 그 공으로 섭하를 요동동부도위에 임명하였다. 이에 조선은 군사를 보내어 패수를 건너 섭하를 죽였다는 기록으로 미루어 동부도위와 왕험성과는 패수를 사이에 두고 아주 가까운 거리에 있었음을 짐작하게 할 수 있는 장면이다. 그렇지 않다면 섭하가 조선 장수를 죽이고 패수를 건너 쉽게 중국으로 도망칠 수 없었을 것이고, 조선도 강을 건너 쉽사리 적진에 들어가 그 수장을 죽여 원한을 풀 수 없었을 것이다. 그러므로 왕험성은 중국과의 국경지대와 가까운 거리에 있었음이 틀림없다.

[本文] 태자가 사죄사로 한에 파견되었다. 마침내 패수를 건너지 않고 되돌아왔다. 위산이 천자에 보고하자 산을 벌하였다. (太子入謝 … 遂不渡浿水 復引歸 山還報天子天子誅山)

조선의 漢 공격 사건으로 조선이 한에 謝罪使로 태자를 파견하게 되었는데 중국측에서 태자호위군의 무기 소지를 문제 삼자, 위협을 느낀 태자는 패수를 건너지 않고 왕험성으로 되돌아왔다는 사건의 기록이다. 이것도 왕험성의 위치를 간접적으로 추정할 수 있는 근거가 될 수 있다. 패수를 건너기 전 중국측과 의견차이로 다시 왕험성으로 돌아갔다는 기록도 앞의 涉何 사건과 마찬가지로 왕험성이 패수와 가까운 거리에 있었음을 시사하는 것이다. 衛山을 비롯한 중국의 사신들이 왕험성을 왕래한 과정의 기록은 아주 간략하다. 만약 왕험성이 중국과 멀리 떨어져 있거나, 그것이 평양성이었다면 사신이건 태자이건 그들의 갈등과정과 이동경로가 좀더 상세히 기록되었어야 했다.

[本文] 누선장군 楊僕으로 하여금 齊를 출발하여 발해를 건너게 하였다. 좌장군 순체는 요동을 출발하여 우거를 토벌하게 하였다. (遣樓船將軍楊僕 從齊浮渤海. 左將軍荀彘出遼東討右渠)

漢은 楊僕으로 하여금 수군을 거느리고 조선원정군을 출정시켰는데 산동성을 출발하여 발해를 건넜다고 기록되어 있다. 육로로는 荀彘가 요동을 나서 왕험성을 공격하였다고 하였다. 만약에 왕험성이 평양이었다면 일련의 조선공격 상황이 이렇게 소략하게 기록될 수 없었을 것이다. 양복의 군사가 '齊'를 출발하여 발해만을 건넌 것으로 간단히 기록되어있는데 그 정황으로 보아 그들의 목적지는 당연히 왕험성이다. 여기에서 그 출발지가 '齊'라고 기록되어 있는 것에 주의해야 한다. 당시 齊의 위치는 발해만을 끼고 있는 산동성 북부 해안지역이다. 양복이 거느리는 수군의 출발지였고, 그래야 전략적으로 요하에 있는 왕험성과 列口에 가까운 거리에 위치할 수 있다는 필연성도 보장된다. 이 기록으로 보아 아무리 양보해도 양복이 거느리는 수군의 종착지가 평양이라고 할 수는 없다. 도착지가 평양이었다면 齊가 아니라 서해에 인접한 산동반도의 끝이 출발지가 되어야 하는데 이러한 언급이 없고, 그 구체적 항해기록도 없는 것으로 보아 그들의 목적지가 대동강 평양일 가능성은 전혀 없다. 설령 서해를 건넜다 해도 오만 대군이 대동강을 거슬러 평양까지 아무런 저항 없이 순항했을 리도 없다. 육로원정군도 요동을 건너 바로 왕험성을 공격했다고 했는데 이것은 왕험성이 요하 바로 건너편에 위치하고 있다는 반증이다. 그것이 평양이었다면 어찌 아무런 저항과 이동과정이 기록되지 않을 수 있겠는가? 〈隋書〉〈唐書〉에 기록된 隋, 唐 원정군의 전쟁과정과 이동경로가 상세하게 기록된 것과 비교해보면 아무리 史馬遷이 간략히 기록했다 하더라도 이 간단한 기록이 평양공격을 적은 것이라고 할 수 없는 일이다. 잘라 말하면 漢이 衛滿조선을 공격할 당시, 아직 건국되지도 않았던 고구려의 도읍지인 평양성을 漢이 공격했다는 주장은 얼토당토않은 시대착오적 망발이다. 순체가 요동으로 나아가 바로 우거를 쳤다는 것은 왕험성이 요동 가까이 있었다는 사실을 입증하는 것이고, 누선과 좌장군이 아무런 저항이나 장애상황 설명 없이 쉽사리 조선을 협공했다는 사실도 왕험성의 위치가 요동 근처였음을 입증하는 것이다.

[本文] 장군 楊僕이 그 무리를 잃고 산 속에 십여 일을 숨어 있다가 패잔병을 다시 모았다. (將軍楊僕失其衆 屯山中十餘日 稍求收散卒復聚)

양복이 군사 오만 명을 거느리고 산동반도를 출발하여 왕험성에 도착하였다. 원래 육로를 통하여 공격한 순체와 협력하여 수륙양용의 입체작전으로 왕험성을 공격하기로 되어 있었으나 공명심에 취하여 이를 어기고 먼저 칠천 명의 군사를 동원하여 단독으로 왕험성을 공격하였다가 패하여 산중에 흩어졌나가 십여 일 후에 패잔병을 수습하였다는 기록이다. 만약 왕험성이 요동 인접지역이 아니라 대동강의 평양성이라면 이 기록은 이해하기 곤란해진다. 육로의 군사들은 아직 도착하기도 전에 왜 칠천 군사로 공격을 했으며, 나머지 대부분의 군사는 누가 통제하고 있었단 말인가? 양복의 칠천 군사가 저항군에 패하여 산 속에서 십여 일을 숨어 지내다가 패잔병을 다시 수습했다고 했는데 적진 후방 깊숙한 복판에서 십여 일을 숨어살다가 패잔병을 수습하는 일이 가능한 일인가? 이것은 우군을 가까이 하고, 전략적 지원과 군수보급이 가능한 요동근처가 아니면 불가능한 일이다. 이는 왕험성이 평양일 수 없다는 반증이다.

[本文] 누선장군도 패전의 죄를 입었다. 열구에서 좌장군을 기다려야 했으나 먼저 서둘러 패전하였으니 마땅히 죽어야 했으나 속죄하고 서인이 되었다. (樓船將軍亦坐兵 至列口待左將軍 擅先縱失亡多 當誅贖爲庶人)

[索隱] 열구는 현의 이름으로 바다에 이르면 가장 먼저 닿는 곳이다. (列口縣名 到海先得之)

각기 출발한 수군인 누선장군과 육군인 좌장군이 列口에서 모이기로 한 것으로 보아 열구는 왕험성 공격의 전초기지였을 것이다. 조선 공격의 전초기지라는 말은 조선과 맞선 漢지역이라는 것을 의미한다. 그 열구현은 바다를 건너면 바로 닿는 위치에 있었으며, 바다는 발해라고 명시되어 있다. 발해를 건너면 바로 닿는 곳은 당연히 渤海灣 안에 있을 것이고, 그렇다면 열구현은 필연적으로 요하유역이어야 한다. 그리고 漢의 공격목표였던 왕험성은 공격의 전진기지였던 열구에서 당연히 멀지 않은 곳에 있어야 한다. 이 역시 왕험성은 평양성이 아니라는 증거이다.

3) 浿水

패수에 대한 견해도 분분한 가운데 대동강으로 자주 언급되고 있는데 이것도 면밀한 검토가 필요하다. 〈史記〉 이후에도 後漢 許 愼(100～ ?)의 〈說文解字〉나, 北魏(386～534) 酈道元의 〈水經注〉에 "浿水는 樂浪鏤方에서 시작하여 동으로 흘러 바다로 흘러들어간다. (浿水 出樂浪鏤方 東入海) "라고 언급되어 있다. 이 기록으로 본다면 강의 흐름의 방향이 낙랑에서 발원된다는 기록으로 보아서 浿水가 흔히 즐겨 말하는 것처럼 대동강, 청천강, 압록강일 가능성은 전혀 없다. 〈說文解字〉가 역사서도 아닌 일종의 辭典類에 불과하지만 시대적으로 현전 문헌 중 가장 當代에 근접한 문헌이라는 점에서 史實에 충실했을 개연성이 높다. 그리고 사전류 특유의 정확성을 인정해야 한다. 그러한 문헌에 浿水가 언급되었다면 그 정확성의 보장 외에 패수가 중국에 널리 알려진 이름이었다는 사실을 입증하는 것이다. 許 愼 당대에 한반도 깊숙이 자리하고 있었던 대동강이 중국의 辭典에 오를 정도로 잘 알려진 강이었을 가능성은 아주 적다. 그럼에도 불구하고 패수를 한반도 안으로 끌어들이는 작업을 꾸며댄 사람들은 이러한 기록들을 외면한 훨씬 후대의 중국, 일본의 역사왜곡학자들이거나 사대주의에 절어있던 우리 先代들이었다. 고구려 평양성이 패수 북쪽에 있었다거나, 패수가 압록강 혹은 청천강, 심지어는 예성강 운운하는 말들은 모두 근거가 없는 추측이나 날조에 불과한 것들이다. 古朝鮮 當代의 浿水에 관한 한 시대적으로 가장 근접한 역사기록이 가장 史實에 가까울 것은 당연한 일이다. 설령 패수가 후대에 다른 강들을 가리키는 의미로 바뀌었다 하더라도 그것은 후대의 사정일 뿐이지, 고조선 당대의 事實이 아닌 것은 분명한 일이다. 그럼에도 불구하고 후대의 변질된 기록들을 근거로 하여 고조선의 패수를 遼河에서 대동강으로 해석하는 것은 실로 어처구니없는 시대착오적 발상이다.

이러한 형편에서 〈史記〉는 그 연대나 권위에서 이 문제를 가장 확실하게 판명할 수 있는 문헌이 아닐 수 없다.

[本文] (위만이)패수를 경계로 삼았다. (至浿水爲界)

[正義] 패수는 요동요새 바깥에서 시작하여 서남쪽으로 낙랑현을 지나 서쪽으로 바다에 들어간다. (水出遼東塞外 西南至樂浪縣 西入海)

패수는 위만조선이 漢과 국경을 삼은 역사적인 의미를 갖는 강이다. 정황으로 보아 패수는 위만조선뿐 아니라 고조선 때부터 중국과 경계를 지은 강이기도 하다. 그 발원은 요동의 요새 바깥쪽에서 시작해서 서남쪽으로 흘러 낙랑현을 거쳐 서쪽으로 바다에 이른다고 하였다. 그 위치를 추정해 보건대 遼東東部都尉를 지금의 朝陽이라고 한다면 요하 동쪽 상류의 어느 지류일 것으로 생각된다. 그것이 서남쪽으로 흘러 낙랑을 지난다면 낙랑은 요하의 중하류에 속하는 지역일 것이고, 최종 서쪽으로 해서 서해로 들어간다면 역시 요하의 하류일 것으로 생각된다. 간단히 말하면 이것은 명백히 浿水가 遼河 내지 그것의 지류임을 기록하고 있는 것이다. 그렇지 않고 이것이 대동강이라고 한다면 그 방향이나 위치가 전혀 맞지 않는다. 아무리 양보해도 백두대간에서 출발하여 서쪽으로만 흘러가는 대동강의 방향하고는 거리가 멀다. 그리고 燕에서 도망친 위만이 요동을 지나고 압록강, 청천강을 지나서 대동강도 건너서 도읍을 할 이유와 타당성이 전혀 없다. 그 먼 거리를 거치는 동안 토착세력과 아무런 충돌과 마찰이 없을 수 있으며, 고작 일천여 명을 거느린 일개 도피세력에 불과했던 그가 그럴 능력이 있었을 리 만무하다. 또 요동과 평양이라는 그렇게 먼 거리를 왕래한 양국의 교섭기록으로서는 〈史記〉의 朝鮮列傳은 좋은 평가를 받을 수 없을 정도로 충실하지 못하다. 기록에 왕험성이 패수 건너 '동쪽'에 있다고 했는데 실제의 평양성과 대동강 위치나 방향은 이와 전혀 부합되지 않는다. 사마천은 물론 훗날의 正義者인 張守節도 패수가 대동강이라고 한 적이 없으니, 패수가 대동강이라고 하는 말은 더 훗날에 꾸며진 도청도설에 불과한 것이다. 이 기록을 보건대 패수는 낙랑을 거친다고 했는데 그렇다면 패수와 樂浪은 같은 지역에 자리하고 있다는 말이다. 패수가 요하 언저리이고, 樂浪이 한사군의 樂浪郡과 같은 곳에 위치한다고 한다면 대동강유역의 樂浪郡說 또한 성립될 수 없음도 분명하다.

> **[本文]** (위만)이 동쪽으로 요새를 탈출하여 패수를 건너 옛 秦의 빈 땅에 자리 잡았다. (東走出塞 渡浿水 居秦故空地)

위만이 燕에서 동으로 달아나 패수를 건너 옛 秦나라가 진출했던 지역에 도읍했다는 기록이다. 이것이 사실이라면 위만이 漢을 피해 패수를 건넜다는 사실은 패수 以東이 중국의 세력권이 아니었음을 입증하는 것이며, 그곳은 古朝鮮일 수밖에 없다. 패수를 건너면 바로 중국으로부터 안전지대였으니 그곳은 고조선이고, 패수는 고조선과 중국의 접경지대임을 입증하는 기록이다. 그렇다면 패수가 대동강이라는 추측은 가능하지 않다. 漢을 피해 달아난 위만이 대동강까지 왔을 이유와 개연성이 전혀 없는 것이다. 만약에 패수가 대동강이라면 秦이 대동강을 건너 한반도 남부까지 진출했다는 억지가 된다. 진시황이 쌓았다는 만리장성이 渤海灣의 碣石山에서 시작한다는 사실로 볼 때, 當代 중국의 세력과 영향력은 요하를 넘을 수 없었음이 틀림없다. 그럼에도 불구하고 燕의 잔당들이 요동벌판을 유유히 지나 압록강을 지나고 청천강을 지나 대동강까지 이르렀다는 말은 어불성설이다. 그러므로 當代의 패수가 대동강이라는 발상은 아무리 양보해도 성립할 수 없다. 아무 근거 없이 후세 사람들이 막연히 패수를 대동강으로 보았기에 漢이 위만조선을 없애고 설치한 한사군이 한반도 안에 있었다고 논의되는 어처구니없는 일이 버젓이 벌어지는 것이다.

> **[本文]** 漢의 사신 섭하가 … 패수국경에 이르러 마부를 시켜 환송 나온 장수를 죽이고 … 급히 패수를 건너 요새로 도망갔다. (漢使涉何 … 至界上臨浿水使御者殺送何者 … 卽渡馳入塞)
>
> **[正義]** 요새는 평주 유림관이다. (入平州楡林關也)

漢이 涉何를 보내어 조선왕 우거를 설득하였으나 실패하고, 성과 없이 국경인 패수에 이르러 환송 나온 조선의 장수를 죽인 후, 패수를 건너 저의 진영으로 도망하였다는 기록이다. 이로 미루어보더라도 패수는 漢과 조선의 경계임이 확실하다. 그리고 正義의 기록으로 보면 漢의 요새는 平州이고, 평주는 지금의 朝陽으로 추정된다. 패수는 조선과 평주 사이를 흐르고 있으며, 고조선의 도읍지와 조양도 여기에서 멀지 않았을 것이니 고조선과 왕험성의 위치 추정에 매우 중요한 단서가 되는 기록이 아닐 수 없다. 결국 패수는 조양 동쪽 인접지역에 있다는 명백한 증거가 되는 셈이다. 이러한 사실을 모르고 막무가내 패수가 대동강이라고 한다면 史實과도 부합되지 않고, 이치에 맞지도 않는다. 호위군사도 별로 없는 사신인 涉何가 조선의 장수를 죽이고 대동강을 건너 청천강을 건너고, 압록강을 넘어, 넓은 요동벌판을 지나 유유히 요하를 건너갔을 가능성은 전혀 없다.

4) 漢四郡

한사군의 위치에 대해서도 논란이 많은데 한사군의 위치는 상대문학사뿐 아니라 우리와 중국과의 문화교류사에 중요한 의미를 가지고 있으므로 신중한 검토가 필요하다.

> **[本文]** 이에 조선을 평정하고 사군을 설치하였다.
> **[集解]** 추측컨대 진번 임둔 낙랑 현도이다. (駰案眞番臨屯樂浪玄菟也)

한사군의 설치는 중국의 문화가 본격적으로 우리에게 영향을 미치는 단서가 되므로 우리 고대사 구성의 요체이다. 그 위치에 따라서 중국의 문화가 전파된 시점과 지역이 달라지기 때문이다. 그래서 그 위치에 대해서 여러 주장이 있어왔지만 낙랑을 중심으로 한 한반도로 인정하는 경향이 주류를 이루고 있는 듯하다. 그러나 실제로 한사군에 관한 기록은 위의 기록이 전부이고, 그것도 보다시피 四郡의 명칭은 물론, 그 위치에 대한 기록도 일체 없다. 후대에 이르러 集解에서 그 명칭을 추정하는 정도였으니 그 實在 자체가 확실하지 않다. 만약에 한사군의 실체가 확실했다면 당시와 시대적인 차이가 별로 없었던 사마천이 한사군에 대해서 그렇게 소략하게 적었을 리가 없다. 그럼에도 불구하고 논의되는 漢四郡의 한반도설은 전혀 근거가 없는 낭설에 불과하다. 다만 〈사기〉의 기록을 바탕으로 추정하건대 조선은 진번과 동일 내지 인접지역이라고 했고, 낙랑도 그와 멀지 않으며, 元菟도 본래 진번국이라 했으니 元菟가 玄菟와 같다면 역시 인근지역으로 보아야 한다. 다만 臨屯만은 이렇다 할 단서를 찾지 못한다. 그러나 隋의 고구려 원정군 편제에 대한 기록을 보면 낙랑, 玄菟와 같이 臨屯道라는 支隊가 있는 것으로 미루어 보면 나머지 한사군의 위치와 크게 다르지 않은가 한다. 한사군은 위만조선을 멸망시킨 후 그 자리에 漢이 설치한 것이므로 당연히 고조선지역으로 보아야 한다. 지금까지 검토한 대로 고조선의 중심지가 요하지역이라면 한사군의 위치는 원칙적으로 이 지역을 벗어나기 어렵다. 고조선, 위만조선의 강역이 한반도 대동강을 포함하고 있었는지의 여부는 확언할 수 없다. 만약 고조선이나 위만조선이 한반도를 영역으로 했다면 한사군 역시 한반도 내에 위치할 가능성은 남아있다. 그러나 〈사기〉의 기록으로 보아 적어도 당대 樂浪의 대동강 위치설은 성립하기 어렵다고 판단된다. 眞番도 요동지역이 확실하고, 玄菟도 그곳일 가능성이 많으며, 臨屯 역시 한반도일 가능성은 적어 보인다.

이상 공무도하가의 작품배경으로 기록된 朝鮮津이 고조선의 영역이었다는 전제하에 고조선의 지명인 朝鮮, 王險城, 浿水와 이와 관련 있는 漢四郡의 위치를 〈史記〉를 통해 검증해 보았다. 이렇게 함으로 해서 모호했던 이 詩歌의 작품 배경지를 설정할 수 있는 중요한 단서를 마련할 수 있기 때문이다. 적어도 〈사기〉의 기록으로 보았을 때 이들의 위치를 대동강 평양으로 잡을 근거가 전혀 없었다. 그리고 이를 입증할 수 있는 기록으로 〈사기〉를 능가하는 문헌을 찾을 수 없다고 할 때에 이 방법은 매우 타당하고 신뢰받을 수 있으리라 믿는다.

결론적으로 이들의 위치를 渤海灣과 遼河의 어느 유역에 想定해야 〈史記〉의 기록과 맞아떨어진다. 그렇지 않고 이 기록들을 대동강 평양에 적용한다면 사실과 전혀 부합되지 않는다. 그러므로 公無渡河歌의 작품 배경지는 감성적으로 논의되어온 대동강의 나루가 아니라 만주 일대 요하 근처에 있었던 朝鮮의 나루로 상정하는 것이 보다 합리적이다. 아무 근거 없이 만들어진 속설을 맹목적으로 따르기보다는 〈史記〉라는 신뢰할 수 있는 문헌을 통해 입증된 사실을 인정해야 할 것이다. 그렇게 했을 때에 국문학이 공무도하가를 잃을 가능성이 생길지 모르지만 고조선의 강역을 요하까지 확보할 근거를 마련할 수 있다. 시가 한 작품을 차지하기 위해 역사와 문화를 억지로 꾸밀 수는 없는 일이다. 이러한 관점은 앞으로 새로 발견될지 모를 고조선, 고구려 문학작품의 해석에도 일정한 기반을 마련해 줄 수 있을 것이다.

지금까지 우리 고대사의 관건의 하나인 古朝鮮, 王險城, 浿水, 漢四郡에 대해서 〈史記〉의 기록을 중심으로 고찰해 보았다. 그 역사적 의미가 큰 만큼 그에 대한 논란도 많았던 것은 당연한 일이기도 하다. 그러나 史實에 충실해야 한다는 원론적 입장에서 보았을 때 이 문제에 관하여 지금까지 우세하게 거론되었던 주장들에 대해서 찬동할 수 없다. 역사학적인 입장에서 역사문헌은 가장 중요한 근거이고, 그것은 史實에 시대적으로 가장 가까운 것일수록 신뢰도가 높다. 이런 면에서 〈史記〉는 고조선과, 그 시대의 산물이라고 생각되는 공무도하가를 연구하는 데 있어 가장 신빙성 있는 문헌이다. 그럼에도 불구하고 오늘날 논의되는 上代史의 주장들이 〈사기〉의 기록과 많은 차이를 보이고 있는 것은 역사적 사실에 충실하지 않았던 결과일 수 있다. 우리의 上代史가 〈史記〉와 일치되지 않는 부분들은 司馬遷의 오류일 수도 있겠지만 훗날의 왜곡이나 편견일 가능성이 훨씬 많다는 생각이다. 이러한 오류와 왜곡의 이유를 정확히 알 수는 없지만 추측컨대 가깝게는 일제의 植民史觀에 의한 것일 수도 있고, 멀리는 사대주의자들의 편견일 수도 있을 것이다. 그러나 〈三國遺事〉의 古朝鮮 기술에서 이미 단군의 도읍지를 대동강 평양으로 기록한 것을 보면 민족주의자들마저도 역사의 왜곡에 동참했다는 질책을 면할 수 없다.

식민사관은 우리의 역사를 왜소화 시키려고 했고, 사대주의자들은 우리의 문화를 서둘러 중국의 영향 아래 두어 문화적 상승에 의한 성취감을 노렸을 것이다. 그리고 一然 같은 고려의 민족주의자들은 檀君聖祖를 이미 남의 땅이 되어버린 만주벌판에서 자기들의 영역 안으로 모셔옴으로 해서 고려 조정의 정당성을 확보하고, 보다 확실하게 민족적 정통성, 동질의식과 정신적 지주를 마련하고 싶었을 것이다. 다시 말하면 왜소해진 疆域으로 인하여 밖에서 잃은 물리적 상실감을 안에서 정신적 만족감으로 보상받고자 하였던 것으로 생각된다. 다만 그러한 행위가 오히려 스스로의 역사를 축소시키는 결과를 초래하리라고는 생각지 못했을 것이다.

놀라운 것은 식민지사관자들이 우리의 역사를 축소시키고 과소평가한 것보다 사대주의자들의 자기학대적 역사왜곡이 더 심각했다는 사실이다. 만주에 있어야 할 우리의 고대사 중심지를 한반도로 끌어내리는 작업은 우리의 사대주의자들이 먼저 서둘러왔다. 일제에 앞서 고려에서부터 우리 스스로가 아무런 근거도 없이 일찌감치 箕子를 평양으로 모셔왔고, 단군 이래의 왕검성은 평양성으로, 패수는 대동강으로 마음대로 바꾸어 버린 것이다. 심지어 몽고 침략시에는 단군 성지를 피난정부가 있던 강화도 마니산까지 옮겨놓는 일까지 서슴지 않은 것을 보면 고려의 정통성을 지키려는 몸부림이 차라리 애처롭기까지 하다. 조선조에 이르러 압록강과 두만강이 국경으로 굳어지게 되어서는 이러한 자기축소적이고 자기학대적인 역사관이 더욱 성하게 되었다. 丁若鏞의 〈疆域考〉를 보면 유사 이래의 역사적 현장을 한사코 한반도 안으로 끌어들이기에 얼마나 부심하고 있는가를 확인할 수 있다. 수많은 국내외의 역사적 문헌을 인용하면서, 중국의 기록에서조차 우리의 강역이 중국 동북부에까지 걸쳐있음을 입증하는데도 불구하고 아무 이유 없이 그 기록을 젖혀두고 사대주의적 역사관으로 강역축소를 기도하였다. 실증적 考證學을 표방했던 정약용이었음을 생각하면 더욱 이해가 되지 않는 처사이지만 그의 이러한 자기왜소화 역사기술은 강역의 축소와 밀접한 관련이 있을 것으로 생각된다. 高麗 末과 조선의 국력 약화는 더 이상의 진취적 기상을 살릴 수 없게 하였고, 결국에는 주어진 여건에 현실을 맞출 수밖에 없게 하였을 것이다. 더구나 사대주의를 내세운 조선으로서는 세계적 강국인 明과 淸에 맞설 엄두를 내지 못하게 하였으니 우리의 고대사를 한반도에 국한시켜 합리화, 정당화하려는 의도가 아니었나 싶다. 한편 생각하면 우리의 모든 역사는 지금 우리의 강역 안에서 실현시켜야 우리의 정통성과 정체성이 확립된 수 있을 것이라는 강박관념이 작용한 결과였는지도 모른다.

이와 관련하여 지금의 역사학계에 누르기 어려운 의문이 있다. 고조선과 漢나라가 접전을 벌였던 역사의 현장이 대동강이었다는 주장이 아직도 上古史의 정설로 인정되고 있는 지금의 현실을 도저히 이해할 수 없다. 史學에 대한 필자의 무식의 소치라면 모르겠지만 혹시라도 여기서 전개한 필자의 관점에 미처 착안치 못한 결과라면 어떻게 말해야 좋을지 모르겠다. 설마 유수의 사학자들이 〈史記〉에 기록된 고조선과 漢의 전쟁과정을 읽어보지 않았을 리는 없을 것이고, 그렇다면 그 기록을 史實로 믿을 수 없다는 뜻으로 해석해야 할까? 고조선을 대동강으로 끌어들인 고려의 민족주의, 조선의 사대주의, 일제의 식민지사관에 동조한다는 뜻인가? 그것도 아니라면 지금의 우리도 선조들처럼 한반도에 반만 년 역사를 묶어두어야 할 필요가 따로 있다는 말인가? 참으로 이해하기 어려운 일이다.

公無渡河歌를 비롯한 上代文學을 연구하려면 〈史記〉와 같은 신빙성이 있는 문헌을 전범으로 삼는 방법을 생각해야 한다. 고조선과 왕험성을 대동강으로 끌어내리면 공무도하가도 평양까지 끌어내려야 한다. 그렇게 함으로 해서 이것을 완전한 국문학으로 만들 수 있는지는 모르겠지만 이것은 진실과는 다른 의도된 오류일 수밖에 없다. 朝鮮津이 요하유역이라고 해서 공무도하가가 당장 국문학에서 떨어져 나가는 것은 아니다. 그것은 朝鮮津이 대동강에 있다고 하여 그것이 쉽사리 국문학으로 편입될 수 없는 것과 같은 이치이다. 구태여 朝鮮津을 대동강으로 끌어들인 사람들은 혹시 요하유역은 우리 문학의 테두리를 벗어난다고 생각했는지 모를 일이다. 그러나 고조선은 분명 요하유역을 중심지역으로 삼았었음을 〈史記〉가 입증한다. 고조선이 우리의 역사가 분명할진대 작품의 지역배경이 어디이건 그것이 우리의 문학 여부에 영향을 줄 수는 없는 일이다.

이 연구는 공무도하가의 문제를 해결하려는 것이 목적이 아니다. 다만 이 시가의 경우를 통해서 국학연구의 방법적 문제를 제기하려는 의도이다. 國學의 연구는 당연히 실증적 문헌을 기반으로 해서 수행되어야 한다. 그리고 그 문헌은 가급적 신뢰할 수 있고 타당성 있는 기록이어야 한다. 그런 면에서 우리가 자주 의지해온 문헌들에 대해서 조심스럽게 접근할 필요가 있다. 그리고 필요하다면 근거가 되는 문헌 대상을 인접국까지 시야를 넓힐 필요가 있다. 중국의 기록인 〈史記.를 통해서 우리의 기록으로 해결할 수 없었던, 혹은 왜곡되었던 우리 국문학의 문제를 해결할 수 있다면 기꺼이 이러한 방법을 수용해야 한다. 이 연구는 그러한 사례를 하나 들어 본 것에 지나지 않는다.

3. 時調, 무엇이 문제인가?

시조처럼 우리에게 친숙한 문학 장르는 없을 것이다. 무엇이 시조를 그렇게 가깝게 느껴지게 하는 것일까? 우선 깔끔하게 정제된 운문이라는 점에서 복잡하고 장황한 산문보다 부담감이 적을 것이다. 시문학 중에서도 가장 짧고, 안정감 있는 3단구조의 균형잡힌 형식미도 매력을 더한다. 그러나 무엇보다도 시조야말로 현행 우리 시가문학 중에서 가장 한국적이고, 전통있는 장르라는 이념적인 자부심이 작용한 이유가 가장 클 것이다. 그러한 이유마저 없었다면 시조는 서구의 현대시에 밀려 벌써 소멸되었을지도 모른다. 실제로 시조는 현대시에 밀려 소외된 처지에 있는 것이 사실이다. 더구나 配行의 자유화로 인하여 전통적인 時調의 固有型마저 포기하고 있는 현대시조에서 어떻게 시조문학의 연속성을 이어나갈 수 있을지 의문이다. 그런 가운데에서도 아직 그 명맥을 유지하는 이유는 현대시로서의 존재감보다는 이념적인 민족적 긍지에 힘입은 바 크다. 다시 말하면 시조의 문학적 원동력은 현대시조의 자생력이라기보다는 고시조의 전통에 의지하고 있다는 생각이다.

이러한 사실은 시조를 문학적으로 연구할 때 반드시 유념해야 할 사항이다. 시조의 학문적 연구는 현대시조보다 고시조에 중심에 놓여있어야 하고, 실제로 그동안의 시조에 관한 연구 성과도 古時調가 주류를 이루고 있었다. 시조의 창작은 현대시조에서 이루어지고 있지만 그것의 연구는 고시조가 대세를 이루고 있다. 그러나 그동안의 고시조 연구가 진정한 의미에서 제대로 된 연구였는가를 생각해보면 적지 않은 회의가 든다. 時調는 민족적 고유성이 가장 뚜렷하여 국문학을 대표할 만한 갈래임에 틀림없다. 그것이 우리 국문학에서 차지하는 비중은 그 문학적 보편성이나 연속성으로 보아 단연 으뜸이다. 더구나 본격적인 한글문학으로서 그 국문학사적 가치가 더욱 높다. 이러한 가치에 부응하여 이에 대한 국민적 관심이 매우 높고, 그에 대한 학문적 연구 성과도 성황을 이룬 것이 사실이다. 그래서 지금 시조에 대해서 새삼스러이 회의를 품고 재검토를 하자면 좀 생뚱맞은 제안이 될 것 같다.

그러나 그동안의 시조연구에서 가장 아쉬웠던 점은 시조라는 명칭에 대한 개념, 본질부터 제대로 규명되지 못했다는 것이다. 학문의 대상에 대한 가장 기본적이고 기초적인 개념, 본질 규정이 잘못되었다는 것은 그 성과의 전체를 근본부터 위험하게 하는 일이다. 이러한 필자의 생각이 옳다면 시조의 발생적 측면부터 시작하여 발전 과정에 걸쳐 전면적인 재검토가 이루어져야 한다. 무엇보다도 시조의 본질을 올바로 밝히는 것이 중요한 과제이다. 발생과 본질이 제대로 규명되어야 이를 바탕으로 시조의 장르적 연구가 정상적으로 수행될 수 있다. 만약 이러한 기반 작업이 바로 이루지지 않으면 우리의 긍지인 시조문학이 우리에 의해서 부끄러운 문학연구가 될 수 있다. 부끄러운 시조문학 연구가 되지 않기 위해서 생각해야 할 일이 많다. 그동안 축적되었던 연구 성과만큼이나 시조에 대한 일반적 인식이나 학문적 연구 방향에 의외로 적지 않은 문제가 걸려있다. 단적인 예로 그동안 時調는 관행적으로 '문학의 갈래'로서만 인식되고 논의되는 경우가 대부분이었다. 당연히 시조는 국문학의 주요한 갈래임에 틀림없지만 시조를 발생적인 차원에서 차분히 살펴본다면 그렇게 간단히 처리할 문제가 아니다.

사물에 대한 개념을 규정할 때 어느 한쪽에 치우쳐 관찰한다면 그 본질을 보지 못하게 된다. 시조의 본질을 바로 보자면 지금의 한정된 관점에서 편향적으로 볼 것이 아니라 그 발생적인 근원부터 차분히 따져 살펴볼 필요가 있다. 현상과 본질은 일치하지 않는 경우가 많다. 시조를 문학으로만 보려는 태도는 자칫 목전 현상의 한정된 관점에 가려져 그 본질을 놓치기 쉽다. 본질을 놓친 연구는 지금의 현상적인 시조만 다룰 수 있을 뿐, 본질에 걸친 전체의 시조를 파악할 수 없다.

시조를 발생적으로 보면 그 발단은 음악에서 시작되었다는 사실을 부인할 사람은 없을 것이다. 그렇다면 당연히 이러한 관점을 바탕으로 시조문학을 다루어야 옳다. 특히 현대시조와 달리 음악성이 짙은 古時調를 대상으로 한다면 더욱 그렇다. 그럼에도 불구하고 시조의 음악적인 바탕을 소홀히 하고, 관행적으로 문학적인 관점으로만 논의하는 학문적 자세는 시조의 중요한 본질을 잃은 것이다. 물론 시조를 음악적인 관점에서 고찰한 연구 성과가 적지 않았지만 대개는 시조를 음악으로 한정한 경우가 많았다. 시조를 음악으로만 보는 것은 음악이지 문학 연구가 아니다. 시조를 문학으로 논의해야 하는만큼 여기서는 시조를 음악적 관점에서 착안하되, 그것을 바탕으로 하여 궁극적으로 시조의 문학적 문제를 해결하자는 것이다.

그동안 이루어진 시조에 관한 연구는 습관적으로 그것을 문학 갈래로 간주하고 시작하는 경우가 대부분이었다. 현대시조를 문학적인 관점에 한정해서 논의할 때는 별 문제가 없겠지만, 시조의 본질을 따지거나, 시조를 통시적으로 논의할 때 문학편향적 시각으로 본다면 당연히 시조를 제대로 볼 수 없다. 그동안에 이루어졌던 많은 연구 성과들이 시조에 대한 본격적인 연구를 자임하면서도 그 개념이나 정의, 규정마저도 제대로 다잡지 못한 것은 시조의 본질이나 발생적인 면을 소홀히 했기 때문이다. 옛 문헌에 나오는 '時調'라는 명칭에 대해서 음악이 아닌 문학이라는 고정관념을 습관적으로 적용하였기 때문에 그것의 본질을 제대로 파악하지 못했다. 이는 시조가 본래 문학이라기보다는 음악적인 형질을 바탕으로 이루어진 사실을 제대로 인식하지 못한 결과이다. 그리하여 그 본질과 개념에 대한 혼선이 있어왔고, 당연히 그에 대한 부정확한 시각과 왜곡된 해석이 적지 않았다. 특히 시조의 갈래체계에 불합리한 점이 있다고 생각하는데 이것이 개선된다면 지금보다 훨씬 정확하고 발전된 시조문학 연구를 기대할 수 있을 것이다.

물론 근년에 시조를 음악적인 면에서 착안하여 과거의 오류를 지적하고 본질을 밝힌 노력과 성과는 높이 평가되어야 한다. 그러나 그러한 성과들도 아직도 시조에 관한 본질과 대세를 새롭게 인식하게 하는 데까지는 미치지 못한 것 같다. 교과서나 교실에서 진행되는 시조문학에 관한 논의는 여전히 과거의 관행적인 습성에서 거의 개선되지 않았다. 최근의 음악적인 관점으로 이루어진 새로운 시조 연구의 성과들이 아직은 문학적인 범주에까지 침투하지 못한 결과로 생각된다. 이유야 어쨌든 이래서는 바람직한 시조 연구가 진행될 수 없고, 올바른 시조문학 교육도 기대하기 어렵다. 따라서 그 음악적 성과들을 문학적인 범주로 활성화 시키는 적극적인 노력이 필요한 시점이다.

여기에서는 시조를 본질적인 차원에서부터 차분히 되새겨보기 위하여 음악적인 관점으로 보는 방법을 제시하고, 문헌을 통하여 실증적인 방법으로 시조의 갈래 명칭에 대한 정당성을 검증하고, 나아가 바람직한 연구방법을 모색하고자 한다. 여기에서 논의되는 사항들이 부분적으로 이미 이루어진 연구결과들과 중복되기도 하겠지만 연구의 일관성 유지를 위해서 이를 피하지 않았다. 그것을 바탕으로 하여 시조의 명칭과 갈래체계를 재검토함으로 해서 보다 바람직한 시조문학 연구의 기틀을 다져보고자 한다. 그동안 축적되었던 시조연구가 옳았다면 아래와 같은 몇 가지 질문에 자신있게 대답할 수 있어야 한다. 만약에 그렇지 못하다면 시조에 대해서 심각하게 되돌아보아야 할 것이다.

1) 시조는 定型詩인가?

우리 운문문학 중에 정형시라고 할 만한 것은 시조 외에는 없다. 그런 만큼 시조가 유일한 정형시라는 희소성에 대한 긍지와 애착이 유달리 강한 것 같다. 그래서 시조의 정형시론은 좀처럼 움직일 수 없는 철칙으로 보인다. 그러나 지금의 시조 개념이나 규정으로는 정형시론을 지켜내기가 쉽지 않은 실정이다. 만약에 이것을 지켜내고 싶으면 본질적인 개선이 있어야 한다.

시조에 대하여 학문적인 차원에서 접근하여 체계를 갖추기 시작한 것은 1920년대 후반이니 그 연구의 뿌리가 깊다고 할 수는 없다. 게다가 각 분야에서 근대적 학문체계가 갖추어지는 과정에서 민족의식이 작용하여 아직 음악적 성격이 짙던 시조를 충분한 검토과정 없이 서둘러 이론적으로, 학문적으로 체계화함으로 해서 후일 안이하게 문학의 갈래로만 인식하는 빌미를 만들었다. 이후 여러 학자들과 현대시조 작가들에 의해 시조문학에 대한 다양한 관점들이 학문적으로 제기되어 오늘날의 시조문학의 체계와 연구방법론이 정립되었다. 물론 그 과정에서 이에 대하여 반성도 있었지만 아직 이에 대한 진지한 학문적 검토가 충분치 못했던 듯하고, 간헐적으로 시도된 반성들도 그 관행의 범주를 크게 벗어나지 못한 감이 있다.

그러나 시조를 문학으로만 보는 제한된 시각으로 인하여 시조에 대한 일반적 인식과 연구 성과에 적지 않은 문제가 있었다. 그 대표적인 사례 중의 하나가 충분한 검토과정 없이 시조를 아주 손쉽게 定型詩로 규정하는 관행이다. 시조를 定型詩로 규정하는 데 이의를 제기할 사람은 많지 않을 만큼 이것은 매우 보편적으로 받아들여지는 상식인 것 같다. 그러나 그 근거라는 것이 허술하기 짝이 없다. 이른바 '3장 6구 12음보에 종장의 낙구와 45자 전후의 글자 수'가 그 주된 근거인데, 우선 '45자 전후의 글자 수'라는 조건이 정형시의 요건으로는 매우 엉성하다는 일감이다. '前後'라는 조건으로 이를 정형시로 제약하기에는 그 음수율이 지나치게 유동적이기 때문이다. 좋기로는 漢詩처럼 글자수가 딱 맞아 떨어지는 것이겠지만 우리말의 특수성을 감안하더라도 시조의 음수율 제한은 지나치게 방만하다. 그리고 실제로 평시조만을 관찰하더라도 '45자 내외'라는 조건에서도 5자 이상의 유동성을 보이는 작품이 너무 많아 정형시의 요건으로서는 매우 엉성하다. 더구나 음수의 제한이 없는 엇시조, 사설시조에 이르면 도무지 어불성설이다. 다음으로 '終章의 落句'의 규칙성 요건인데 실제로 작품을 확인해 보면 공식처럼 일컬어지는 '3,5,4,3'의 규칙을 어긴 작품이 또한 적지 않다. 그럼에도 불구하고 이 요건을 지킨 작품이 안 지킨 작품보다 상대적으로 다수라는 이유로 해서 이것을 정형시로 규정한다는 것은 아무래도 무리가 있어 보인다.

다음으로 내세우는 '3장 6구 12음보' 라는 요건은 소위 音步律로 규정하여 적용성이 높은 것이어서 과연 시조의 외형적 규칙성을 주장할 수 있는 근거가 될 만하다. 그러나 이것도 고작 평시조에 한정해서 내세울 수 있는 것에 불과하다. 章과 句의 제한이 보다 자유로운 엇시조나 아예 제한이 없는 사설시조에 이 요건을 적용시킬 수는 없다. 이 요건을 거기에 적용시킬 수 없다면 시조는 정형시가 아니거나 엇시조, 사설시조는 시조가 아니라는 말과 다름이 없는데 여기에 동의할 사람이 얼마나 되겠는가?

사정이 이러한데도 평시조만을 따로 떼어 들고 정형시라고 할 수는 없는 일이고, 엇시조 사설시조를 시조에서 제외하여 말하는 경우도 매우 드물다. 일부 학자들이 엇시조, 사설시조가 평시조와의 이질성이 있음을 지적한 바 있다. 그리고 그 명칭을 평시조와 구분하여 '長時調'라 하고 평시조와 달리 논의하는 방식을 제시하였다. 그러나 이러한 주장은 소수의 목소리에 불과할 뿐이고, 여전히 時調라는 관행적 범주를 벗어나지 못하였고, 평시조와의 차별화에 이르지 못하고 있다. 엄밀히 말하면 평시조마저도 정형시의 요건들을 충족시키기 어려운 형편인데도 사설시조를 포함한 모든 시조를 통틀어 놓고 태연하게 '정형시'라고 말하고 있는 실정이다. 그러나 시조를 정형시로 규정하는 그간의 몇 가지 요건들은 실제로 작품에 적용시키기 어려운 사실이 너무 많다. 이러한 사정은 구체적인 수치를 일일이 제시할 필요도 없이 古時調集 – 엄밀히 말하면 時調集이란 명칭은 존재하지 않는다. – 들을 직접 확인해 보면 쉽게 드러나는 엄연한 사실이다. 이렇게 편의적이고 불철저한 주장들이 그동안 별 검토와 확인의 과정도 없이 예나 지금이나 아무렇지도 않게 학교와 학계에서 통용되고 있으니 안타까운 일이다.

2) 시조는 문학인가?

시가문학이 음악에서 출발한 것임을 부정할 사람은 없겠지만 정작 이 엄연한 사실을 외면한 채 편향적으로 문학적 관점으로만 보는 연구관행에 대해서는 이의를 제기하는 일이 많지 않은 듯하다. 그러나 모든 시가와 마찬가지로 시조도 역시 그 발생적 근원이 음악에 있다고 인정한다면 시조문학의 연구는 당연히 음악에서부터 시작되어야 한다. 그런데 그동안의 시조문학 연구는 일방적으로 그 歌詞에만 집착해왔다. 어차피 문학이니 가사가 관건이라고 생각했겠지만 가사 이전에 음악이 먼저였다는 사실을 소홀히 한 그동안의 연구자세는 시조문학 연구에 적지 않은 오해와 오류를 범하게 만든 원인이다. 이를 개선하기 위해서는 무엇보다도 우선 시조의 본질인 음악적인 요소와 형질에 착안하여 시조문학을 관찰하는 방법이 필요하다. 이에 우리 시가문학의 발생적 과정을 살핌으로 해서 시조의 음악적 형질을 확인하고자 한다.

모든 시가문학이 음악에서 출발한 것은 사실이지만 그 이행과정에서 점차 음악성이 약화되는 단계를 밟게 되는데 이러한 현상은 음악이 청각에 의지해야 한다는 일회성 조건과 시간과 공간의 제약을 받는 한계에서 벗어나고자 하는 욕구에서 비롯된 것이다. 이와 달리 문자로 기록되는 그 노래의 가사는 이러한 時空의 제한을 극복할 수 있어 그 음악성이 소진된 후에도 독자적으로 생존할 수 있었다. 그러므로 시가는 음악에서 출발하여 문학으로 그 성격이 바뀌어 가는 일반적인 변천과정을 거치기 마련이다. 이런 관점으로 본다면 음악성이 퇴화된 오늘날 시조를 문학으로 간주하는 것은 지극히 당연하고 자연스러운 일이다. 문제는 오늘날 우리가 보는 시조문학의 관점이 시조 본연의 모습이 아니라 본질에서 멀어진 현상에 한정되어 있다는 데에 있다. 우리가 지금 보는 시조의 현상은 청각이 시각화되고, 음악이 문학화된 변형이다. 본질을 가려둔 채 변질된 현상만을 가지고 논의하는 것은 실체를 제쳐두고 그림자만을 따지는 것과 다르지 않다. 이래서는 정상적인 시조 연구를 할 수 없다. 이러한 사정을 검토하기 위해 먼저 시가문학의 일반적, 공통적인 음악적 형질을 살펴 볼 필요가 있다.

시가문학의 형성과정을 일반적으로 음악이 먼저 마련되고 후에 歌詞를 지어 맞춘 先曲後詞와 지이진 歌詞에 음악을 지어 맞춘 先詞後曲으로 나누어 생각할 수 있을 것이다. 가장 먼저인 상대한역가요는 대개 역사적 사건이나 설화적 화제를 기술하는 과정에서 그 사이에 끼어들어간, 이른바 삽입가요의 성격을 갖는다. 기록자의 의도와 관심이 그 시가의 가락보다는 그 배경이 되는 역사적 사건의 記述에 더 있기 때문이다. 龜旨歌가 그 대표적인 사례로 首露王의 탄생과정이 기록의 핵심이고, 구지가는 그 이야기 속에 삽입된 것에 불과하다고 보는 것이 보다 합리적이다. 黃鳥歌도 크게 다르지 않을 것이고, 鄕歌의 경우도 대부분 이 경우에 가깝다. 게다가 이들은 오랫동안 구전되어오다가 후에 문자로 정착되었을 가능성이 크다. 그렇다면 사실과 관련되는 가사가 먼저 마련되고 후에 곡조에 편입되는 과정을 거쳤을 것이다. 동시에 이는 가사가 먼저이고 곡조가 이에 따른 先詞後曲이라고 할 수 있다. 그러나 다시 생각하면 이들이 구전되는 과정에서 반드시 곡조에 실려있었을 것이므로 그 선후를 쉽게 말할 수 있는 것이 아니다. 더구나 악부문학이었다는 점을 생각하면 이미 정해진 곡조에 구전되던 가사가 채택되는 과정을 밟았던 것도 사실이다. 만약에 악부에 채택되지 않았다면 그 가사는 존재할 수 없었을 것이고, 더구나 곡조에 의해 가사가 간섭을 받았다면 차라리 先曲後詞라고 해야 타당할 수 있다. 그러므로 상대가요일 경우 이 문제는 생각보다 그리 쉽게 결정할 수 있는 일이 아닌 셈이다.

이러한 사정을 箜篌引의 경우를 보면 더 실감할 수 있다. 공후인에 대한 崔 豹 〈古今注〉의 기록을 확인해 보면 다음과 같다.

> 악부는 相和六引 중의 한 곡이다.... 또는 공무도하라고도 한다. 朝鮮津의 卒 곽리자고의 처 여옥이 지었다....그 처가 따라와 말리려 했으나 미처 도달하기 전에 물에 빠져 죽었다. 이에 공후를 타고 公無渡河歌를 지었다. 노래를 마치고 물에 뛰어들어 빠져 죽었다. 곽리자고가 돌아와서 그 소리를 여옥에게 말하니 여옥이 슬퍼하며 공후인으로 그 소리를 옮겼다.[4]

공후인은 樂府이고, 여섯의 相和歌(曲) 가운데 하나로서, 여옥이 지었다고 했는데 이 기록의 해석을 차분히 살필 필요가 있다. 우선 箜篌引 관련고사를 적고, 그 고사 안에 노래가사를 곁들이는 삽입가요의 전형적인 형태로 보아 崔 豹는 공후인의 곡조보다는 그 가사의 내용에 더 관심을 갖고 있는 것으로 보인다. 백수광부의 처가 공후를 탔다고 하며 가사를 소개하는 장면에서 그러한 사실을 유추할 수 있다. 그런데 곽리자고가 그 처에게 전한 것이 그 곡조였는지 가사내용이었는지 판단하기 쉽지 않다. 곡조를 그대로 그 처에게 옮겼다고 하기에 무리가 있다면 그가 전한 것은 사건의 내용이었을 가능성이 더 많다. 그러나 여옥이 이를 듣고 그 소리(聲)를 묘사했다고 한 것은 곡조를 가리킨 것으로도 볼 수 있다. 최 표가 공후인을 樂府라고 갈래를 매긴

---

4) ..樂府 相和六引之一 ......亦言公无渡河 朝鮮津卒霍里子高妻麗玉所作也......其妻隨呼止之 不及墮河而死 於是援箜篌而鼓之 作公無渡河之歌 聲甚悽愴 曲終自投河而死 霍里子高還 以其聲語妻麗玉 玉傷之 乃引箜篌而寫其聲.

것은 그것이 본래 음악을 뜻하는 것임에도 불구하고 당대에는 이미 그것이 문학으로 정착된 상태임을 인식한 것이라고 해도 좋다. 그러나 공후인이 민요인 '相和六引'중의 하나라고 한 것은 아무래도 그 음악성이 강조된 장면이다. 비슷한 시기에 나온 〈古今樂錄〉에 箜篌引은 당대 민요인 여섯 相和歌(曲)의 '第一引'이라고 했고, 상화곡에는 15곡이 있다고 했으니 箜篌引은 일정한 곡조를 갖춘 악곡의 고유명칭으로 보아야 한다. 그렇다면 공후인은 그 노래 중의 하나라는 사실이 확실해진다. 공후인이 공무도하가, 箜篌謠, 箜篌曲 등의 유사한 이름으로 시대마다 다른 내용의 가사로 되어 있는 것을 보면 공후인이라는 일정한 곡조에 각기 다른 가사 내용을 채워 넣었을 가능성이 많다. 그렇다면 여옥이 공후인을 지었다는 것은 기존에 이미 있었던 공후인이라는 고정된 악곡에 곽리자고가 전한 가사를 채워 넣었다고 보는 것이 합리적인 해석으로 생각된다.

그러나 최 표의 기록만으로 이러한 주장을 충분히 입증할 수는 없다. 결국 여옥이 지었다는 것이 공후인이라는 노래였는지, 아니면 가사내용이었는지에 따라서 이 시가가 先曲後詞였는가 아니면 先詞後曲이었는가의 여부가 판명될 수 있을 것이다. 설령 이를 기록한 최 표의 의도가 공후인의 가사내용 전달에 있었다 하더라도, 이를 근거로 하여 공후인의 曲이 먼저였는지 歌詞가 먼저였는지 단정할 수는 없다. 기록자가 이러한 구분의식이 없었기 때문이다. 다만 공후인의 기록을 통하여 고대삽입가요인 경우에도 가사보다 곡조가 먼저였을 가능성을 부정할 수 없다는 사실을 확인할 수 있는 정도이다.

그러나 先曲後詞의 성격이 보다 우세한 경우도 있다. 고려속요가 일반적으로 갖고 있는 후렴구는 이것이 이미 있었던 노래에 가사를 붙여 넣은 사실을 입증하는 것이다. 만약에 가사의 내용이 먼저였다면 아무런 의미도 갖지 못한 후렴구가 구태여 필요하지 않았을 것이기 때문이다. 이들을 기록한 〈時用鄕樂譜〉를 보면 그 이름에서부터 그 음악적 기록이 가사보다 더 중시되었음을 확인할 수 있다. 대다수의 고려속요를 포함하여 악장문학으로 일컬어지는 모든 시가문학도 음악이 먼저 전제된 경우이다. 그것은 본질적으로 일정한 곡조를 마련하고 이에 맞는 가사를 마련하여 붙인 것이었기 때문이다. 그러나 한편 생각하면 구전되던 가사가 사실을 바탕으로 지어진 것이므로 장르의 자질을 먼저 갖춘 先詞라고도 할 수 있다. 이러한 성향은 상대로 올라갈수록, 구비성이 강할수록 더할 것이다. 그러나 곡조에 채택되었다는 사실은 음악에 포섭되었다는 것을 의미하므로 음악적 형질에서 벗어날 수 없는 일이다.

시조의 경우 이들 중 어느 유형에 해당하는지 쉽게 단정하여 말하기 어렵다. 초기 시조로 알려진 何如歌나 丹心歌를 비롯한 일련의 고사를 동반하는 작품들은 상대적으로 그 내용이 중요성을 갖기 때문에 음악적인 측면보다는 문학적인 비중이 크다. 그러나 대부분의 시조들은 배경고사 없이 시가만을 적고 있고, 曲調를 같이 기록하고 있다. 이는 시조의 음악적 비중이 더 컸던 것임을 말하는 것이다. 더구나 고사를 동반한 시조들도 그 관련사건의 眞僞를 장담하기 어렵다는 사실을 생각하면 그 고사들이 기록의 왜곡이나 견강부회였거나, 훨씬 후대에 꾸며진 이야기일 가능성을 배제하지 못한다. 고문헌의 기록이나 문학작품을 곧이곧대로 믿는 것은 지나치게 순진하다. 중국에서는 僞書學이란 이름이 따로 있을 정도로 僞作들이 많은 것을 생각하면 우리도 고전문학 연구에서 그러할 가능성을 진지하게 생각해 보아야 할 문제이다. 이러한 사정은 특히 문학사를 기술하는 데 아주 중요한 사안이다. 그렇다면 이러한 배경고사의 기록만으로서는 시조에 노래보다 가사가 먼저였다는 주장을 입증할 증거력이 부족하다. 비교적 시대적으로 가까운 고려속요나 조선 악장의 정착과정으로 보았을 때 시조의 先曲後詞의 가능성은 상대적으로 크다고 판단되고, 이것은 시조의 음악적 성격을 중시해야 할 이유이다. 〈歌曲源流〉 序에서 '악사들이 음악의 소리에 맞추어 歌詞를 붙였다. 句의 장단은 그 곡조에 따랐다.'[5]라는 기록은 이러한 사실을 방증할 수 있는 장면이다. 이러한 歌集들의 내용의 主流가 시조임을 생각하면 시조의 원류는 음악이요, 후에 그 음악에 맞추어서 歌詞가 채워졌다고 보는 것이 보다 합리적인 해석일 것이다. 결국 시조는 문학이기 전에 음악이었다는 사실을 인식하는 것이 시조문학 연구에 무엇보다 중요하다.

3) 시조는 문학장르 명칭인가?

시조를 보다 본질적으로 탐구하기 위해서 그것의 명칭에 대한 고찰이 매우 유용한

5) 才士始依樂工拍担之聲 被之以辭 句之長短 各隨曲調 (歌曲源流 序)

방법이다. 명칭은 그 본질에 가장 가까운 기호이기 때문이다. 물론 시조의 명칭에 대한 연구가 적지 않았지만 대부분이 그 본질을 담아낼 수 있는 기호로는 매우 부족했다. 시조의 정상적인 연구를 위해서는 시조라는 명칭이 곡조 명칭인지 장르 명칭인지부터 분명히 해야 한다. 이를 위해서 우선 시조라는 명칭에 대한 기록부터 확인하고자 한다.

문헌의 기록을 통해 볼 때 〈世宗實錄〉에 이미 '향악에 쓰이는 가락에 樂時調가 있다. -鄕樂所用之律樂始調'란 말이 있으나 이것이 우리가 말하는 시조와 어느 정도의 관련이 있는지는 분명치 않다. 다음으로 〈樂學軌範〉에도 '樂時調'라는 말이 나오는데 이것 역시 여러 곡조 명칭의 하나일 뿐이다. '樂'은 '鄕樂'이란 의미를 가진 접두어가 '時調' 앞에 붙은 것이요, 중국음악에 대한 우리의 음악이라는 것이니 이것 역시 여러 곡조명칭의 하나에 불과하다. '시조'와는 같지 않은 '樂時調'라는 명칭을 오늘날 우리가 생각하는 時調와 직접 관련지을 확실한 근거가 없으므로 아직 시조의 근원으로 삼기 어렵다. 훨씬 후대에 이루어진 일련의 時調選集에도 이 명칭은 두루 사용되는데 여전히 그 의미는 곡조명칭을 벗어나지 못한다. 일례로 〈靑丘永言〉 목록에 樂時調 界面樂時調 言樂時調 編樂時調....로 되어 있는데 이는 곡조명칭의 나열에 불과할 뿐, 가사의 내용이나 형태와는 무관하다.

그런 가운데 李衡祥(1653~1783)의 〈樂學拾零〉에서 時調라는 명칭이 비교적 구체적 실체로서 먼저 발견된다.

> 조선에 들어서 梁德壽가 琴譜를 지었다. 이를 梁琴新譜라 하였는데 古調라고 일컬었다. 金聖器도 琴譜를 지었다. 漁隱遺譜라 하였는데 時調라고 일컬었다.[6]

여기서의 時調는 우리가 말하는 시조와 동일한 명칭으로 보여서 앞서의 그것들보다 상대적으로 본의에 접근되어 있다고 생각한다. 여기에 나온 時調를 흔히 말하는 '李世春 시조기원설'보다 앞선 것으로 논의된 적도 있으나 이것 역시 시조문학과는 거리가 멀다. 그런데 여기서의 '時調'는 앞에 나오는 '古調'에 대한 대립적인 맥락에서 보아야 한다. 이를 시조라는 문학적 갈래 의식에서 나온 명칭이라고 생각하는 것은 성급한 판단이고, 古調에 대한 상대적 명칭으로 그에 대하여 今調, 혹은 新調라는 의

6) 本朝梁德壽作琴譜 稱梁琴新譜 謂之古調 本朝金聖器作琴譜 稱漁隱遺譜 謂之時調.

미로 '새로운' '최신의' 곡조라고 해석해야 할 것이다. 그렇다면 古調가 時調가 아니듯이 時調도 우리가 생각하는 時調를 가리키는 말이 아닌 것은 당연한 일이다. 이것 역시 우리가 절대적 개념으로 생각하는 時調장르와 관련성이 적어 보인다.

李裕元(1814~1888)의 〈嘉梧樂府〉 小樂府序에서

> 민요의 無常함을 여기에서 볼 수 있다. 내가 지은(노래)것을 지금은 읊지 않는 사람이 없지만 몇 년만 지나면 古調와 다를지라도 이 時調 역시 이와 별로 다를 바가 없다.7)

라 하였는데 이 기록을 통해서 '時調'라는 명칭의 의미가 무엇인가를 잘 보여 주고 있다. 이유원의 小樂府는 시조를 한시체로 번역한, 飜譯漢詩集이다. 원문은 시조이지만 한시의 형태를 하고 있으므로 이것을 온전한 시조라고 할 수 없으니 당연히 우리가 말하는 시조가 아니다. 時調란 본래 고정된 의미를 갖고 있는 이름이 아니라 '당대의 새로운 가락'이라는 상대적이요, 유동적인 명칭이요, 여기서도 그러한 경우에 불과하다. 만약 원문의 '此時調'를 '지금(此時)의 가락(調)'이라고 해석할 수 있다면 이러한 사실이 더욱 분명해진다. 작자 미상의 〈時調百選〉이라는 문헌의 내용은 엉뚱하게도 7言 漢詩 100首로 채워져 있으니 이 경우는 時調가 漢詩를 가리키고 있으니 그 명칭이 특정한 사물을 가리키는 말이 아닌 것이 확실하다. 다음과 같은 기록을 보면 이러한 사실이 확실해진다.

> 내 일찍이 약산옹과 교유하였다. 옹의 눈에 희색이 돌며 웃으며 말하기를 "오늘 인재를 만났소. 성은 황이요, 이름은 사술인데 얼굴은 옥같고 두 눈은 추수같이 맑았소. 소매 속에서 시 약간 편을 내놓는데 모두 時調였는데 그 솜씨가 높았소. 나에게 배우기를 청하기에 대답했지..." 또 (黃君이) 나(蔡濟恭)에게 지은 五七言 漢詩를 읊어주기를 좋아했었는데 그 가락은 맑고 가늘었으며 그 모습은 빛나고 밝았다.8)

여기에서의 시조를 지금의 시조문학의 의미로 말해온 적이 있었는데 전체적인 맥

---

7) 民風之日異時變 於斯可見矣 余之所編 今則無人不誦 而如過幾年 與古調縱然有間 此時調亦無差等之殊 是古風雅變正之所由作也

8) 余嘗侯藥山翁 翁媚際隱有喜色 笑謂余曰今日余得士矣 其人姓黃思述其名 貌如玉 兩眸如秋水 袖中出詩若干篇皆時調也 其才絶可賞....又未嘗不爲我誦所作 五七言詩 其調淸以嫋 其色燦以昭 (蔡濟恭 樊巖集 淸暉子詩稿序)

락을 살펴 신중히 생각해야 할 장면이다. 우선 原典이 漢詩集의 序文이니 여기서의 화제가 漢詩였다는 점을 생각해야 한다. 한시가 주요한 話題인데 여기서 우리가 말하는 時調唱을 얘기했을 가능성은 아주 적다. 그리고 이 서문의 전체 내용이 詩稿의 작자와 서문의 작자와 약산옹과의 交遊記이고, 그들은 절친한 詩友로서 漢詩를 和唱했던 이야기로 되어 있다는 점을 유의해야 한다. 세 사람은 漢詩 和唱을 매우 즐겨했던 공통점이 있고, 그것이 그들의 교유를 두텁게 한 관건이었다. 만나면 五, 七言의 漢詩를 읊조리던 사람들이 우리가 생각하는 時調를 읊었을 가능성도 없고, 이에 관해서 기록했을 리도 없다. 그리고 작자인 蔡濟恭이 漢詩를 짓고 읊기를 좋아했다는 기록은 있지만 시조와는 별 인연이 없었다는 점도 생각해야 한다. 물론 원전에 나온 時調가 무엇을 말하는지 명시된 것은 아니지만 이러한 여러 가지 맥락과 상황을 고려한다면 여기서의 시조를 우리가 생각하는 시조로 해석할 근거가 전혀 없다.

옛 문헌에 나오는 '時調'에 대해서 습관적으로 문학장르로 간주하는 일이 적지 않았는데 이러한 현상은 시조에 대한 고정관념이 그만큼 뿌리 깊은 것이었기 때문이었다. 기록으로 미루어보건대 여기에서의 시조는 漢詩를 唱하는 '새로운 곡조'였음이 틀림없다. 결국 옛 문헌에서 기록된 '시조'라는 명칭은 漢詩를 포함하여 매우 다양한 갈래를 두루 포괄하고 있는 곡조명칭이었을 뿐이니 시조의 개념을 규정하는 데 있어 매우 유의해야 할 일이다. 원래 時調라는 명칭은 특정 갈래에 관계없이 그저 '때에 맞는' '새로운' 가락을 의미할 뿐이었다.

〈海東歌謠〉 跋에서

> 達城에 韓維新이 있었는데 時調에 능했다.... 경기지방의 金裕器를 만나서 그가 부르는 古調를 익혔다.[9]

라고 한 것도 역시 時調를 古調와 대칭적, 상대적 명칭으로 보아야 한다. 古調를 '묵은가락'이라고 본다면 그에 대조되어 있는 '時調'는 상대적으로 '새로운 가락'이라는 뜻이다.

〈永言選〉 序에서도 이와 같은 원리로 설명하고 있다.

---

9) 達城韓老維信 自少業於歌 苦癖濃情 又長於時調 …與洛人金裕器邂逅 而於其所唱古調 反而復和之

노래에는 古調와 今調가 있다. 애닯고 빠른 가락은 亂世의 음으로 근래 사람들의 것이요, 온화하고 느린 가락은 太平世의 음으로 내가 취한 것이다.[10)]

김성기의 琴譜가 時調로 불린 것은 양덕수보다 시기적으로 뒤였기 때문이고, 한유신의 창이 時調, 今調로 불리고, 김유기가 스스로 자기의 창을 古調라 자칭한 것도 마찬가지 이유에서였다. 그렇다면 여기서의 '時'는 '새로운'의 뜻을 가진 접두어로 시조란 '새로운 가락'이라고 보아야 할 것이다. 따라서 기록에 충실한다면 이들을 바로 시조문학에 연결시킬 수 없다. 다만 여기에 나오는 한유신, 김성기가 당대 가창의 명인이라는 사실을 감안할 때 곡조갈래로서의 시조일 가능성은 남겨둘 수 있다.

歌辭 작품 漢陽歌의 일절에 '黃鷄打令 梅花打令 雜歌時調 듯기죠타'라고 하였는데 여기서의 '時調'에는 비교적 구체적인 갈래의식이 들어있다고 생각된다. 시조가 타령, 잡가라는 갈래들과 같이 나열되어 있어 그와 동등한 위치에 놓여있기 때문이다. 더욱이 잡가와 대등하게 열거되었다는 사실은 시조에 잡가와 동등한 갈래적 위치와 함께 고정된 의미를 부여할 수 있게 해 준다. 그래서 이 '시조'를 일정한 형태를 갖춘 곡조로서의 시조이거나, 나아가 문학으로서의 시조로 판단할 수 있을 듯도 하다. 그러나 아직 우리들이 생각하는 시조문학으로 보기에는 이르다. 같이 열거된 모든 갈래명칭들이 음악 곡조들이기 때문이다. 생각하기 따라서는 여기의 '시조'를 앞에서와 같이 '새로운 가락'이라고 보면 '잡가시조'를 '새로운 가락의 잡가'로 해석할 여지도 남아있다. '황계타령, 매화타령'구의 통사적 구조와 같이 견주어 보면 그렇다. 잡가와 시조가 대등하게 병칭되었다면 양자는 유사한 장르일 가능성도 있어 잡가와 유사한 시조는 사설시조일 가능성도 배제할 수 없을 것이다. 결국 여기까지의 時調로는 아직 우리가 생각하는 차원의 시조 개념으로 직접 관련지어서 말할 수 없다.

흔히 시조 명칭의 유래는 申光洙의 關西樂府 중 '一般時調排長短 來自長安李世春'에서 비롯된다고 한다. 그리고 이 기록이 일반적으로 논의되는 시조의 문학적 규정의 빌미가 되기도 했다. 그런데 짤막한 七言 두 句가 평이한 시어로 되어 있어 그동안 학계에서 오히려 이에 대하여 범상히 지나친 부분이 있다고 생각한다. 이렇게 중요한 의미를 갖는 귀중한 기록들에 대해서 보다 진지한 검토가 있어야 할 것이다. 우선

10) 歌有古今二調 哀而促者 衰世之音而時人之所取也 和而緩者 太平之聲而吾之所取也

여기에 언급된 '時調'를 너무 쉽게 문학의 장르 명칭으로 단정한 것이 문제의 발단이 된 것 같다. 보다 정확한 검증을 하기 위하여 時調를 언급한 전후 맥락을 같이 인용한다.

其十四
書案前頭點妓名。斂裙離次拜低聲。汾陽宅裏春宵宴。燕錦新裝隊隊明。

其十五
初唱聞皆說太眞。至今如恨馬嵬塵。一般時調排長短。來自長安李世春。

其十六
行首偸看氣色工。守廳別揀兩坊中。金釵十二紅綃帳。第一佳人一點紅。

이는 關西樂府에서 시조에 대한 언급을 한 부분이다. 평양을 무대로 해서 벌어지는 풍류와 연회가 벌어지는 장면을 묘사한 것으로 시조가 불려지던 상황이 비교적 상세하게 묘사되어 있다. 序에 의하면 작자의 故友인 蔡濟恭이 평양감사로 부임하는 장면을 주된 소재로 삼고 있음을 알 수 있다. 고관대작들의 행차에 평양 관기들이 질펀한 향연에 총동원되어 노래를 창하는 장면이 상세하게 묘사되어 있다. 其十五를 보면 그 연회에 출장한 기녀들이 부른 唱의 내용은 모두 楊貴妃의 馬嵬坡 고사가 담긴 노래였다고 하니 대개 白樂天의 長恨歌 정도의 내용인 것으로 추정된다. 당대에 漢詩의 唱이 성행했었다는 사실을 알 수 있는 장면이다. 만약에 이때 불려졌던 馬嵬坡가 漢詩였다면 여기에서의 時調는 곧 漢詩이므로 우리의 시조와는 아무런 관련이 없을뿐더러, 일체의 시조의 실마리로 논의 될 수 없다. 그러나 우리는 이 가능성을 전혀 생각하지 않고 있는데 그 무슨 확증이라도 가지고 있는지 궁금하다.

이러한 문제는 젖혀두고, 중요한 일은 이러한 장면에서 관중들의 관심사나, 연회의 핵심은 歌唱者와 그 노래 곡조이지, 그 노래의 가사내용은 아니라는 것이다. 더구나 우리말을 전혀 모르는 중국 사신들이나, 한문투성이의 長恨歌 이야기를 알아들을 수 없는 관중한테 노래 가사나 내용은 관심 밖의 일이었을 것이다. 이러한 상황을 하나의 놀이문화로 보았을 때 그 중심은 당연히 음악이다. 그 노래를 일컬어 '時調'라 하였으니 그것의 본질은 당연히 음악이다. 거기에는 애초부터 문학이라는 개념이 없었고, 하나의 노래곡조를 일컫는 것이었다. 그것도 앞에서 보았듯이 고정된 곡조를 말하는 것이라고 장담할 수 없고, 그저 '시절에 맞는 새로운 노래'를 일컫는 다분히 유동적이고 일반적인 명칭일 수도 있다. '一般時調排長短'에서 時調 앞에 '一般'은 단순히 시조라는 장르를 한정하는 말에 그치는 것이라기보다는 '당시 불려지던 모든 唱'을 가리키는 것으로 판단된다. 더구나 이때 불렀던 창이 漢詩인 長恨歌였다면 우리가 말하는 時調장르와는 아무런 상관이 없게 된다.

다음에 나오는 '排長短'도 간단치 않다. '排'는 당연히 동사로, 뒤에 나오는 '李世春'의 일정한 '행위'를 말하는 것임에 틀림없다. 문제는 '長短'인데 축자적으로 그저 '가락의 길고 짧음을 조정했다'라고 간단히 해석할 수 있다. 또 이를 歌詞가 아닌 다양한 '曲調'로 보아. 길고 짧은 가락이 어우러지게 했다는 뜻으로도 볼 수 있을 것이다. 그렇다면 앞 자의 '排'는 가락의 장단을 조정하였다거나 곡을 적절히 배열한, 즉 이세춘의 '作曲, 編曲행위'였다는 뜻으로 보여진다. 그렇다면 그것은 당연히 그 노래 歌詞의 내용과는 아무런 관계가 없으니, 李世春이 이때에 불려졌던 노래의 가사를 作詞하지 않았다는 것은 명백한 일이다. 그리고 그보다 더 중요한 사실은 關西樂府 작품의 현장과 이세춘과는 아무런 관련이 없다는 것이다. 그저 한시를 시조로 읊는 장면을 묘사하는 중에 시조의 명인인 이세춘이 언급된 것뿐이었다. 만약에 여기에 나오는 '一般時調'를 문학장르로 해석한다면 이 장면은 이세춘이 長恨歌라는 시조 가사를 작사했다든지, 시조문학을 창시했다는 엉뚱한 해석이 나올 수 있다. 실제로 그렇게 해석했던 경우도 있었던 것을 생각하면 우리가 시조에 대해서 어느 정도의 이해를 가지고 있는지 매우 걱정스럽다. 이런 이유에서도 李世春에 의한 시조문학발원설은 성립될 수 없다.

그런데 여기에서 언급된 '時調'에 대해서 後人이 다음과 같은 주석을 붙였다. '一笑白媚生 太眞麗質 明皇所以幸蜀 可憐馬嵬坡下馬前死 千古女娘悲 (한 번 웃음에 고운 얼굴 피어나는 楊貴妃의 고움으로, 唐玄宗이 蜀으로 향한 까닭이라. 불쌍타, 馬嵬坡 말 앞에서 죽음이여, 여인의 천추의 恨이라.)'. 그리고 이어서 다음과 같은 시조가 이어져 있다.

> 一笑百媚生이 太眞의 麗質이라
> 明皇도 이럼으로 萬里幸蜀하엿ᄂᆞ니
> 至今에 馬嵬芳魂을 못내 슬허 ᄒᆞ노라.

어차피 이 장면은 후일에 붙여진 주석인지라 누구에 의해서, 무슨 의미로 쓰여졌는지 확실히 말할 수 없다. 만약에 당시에 후자의 시조형태로 불렸다는 보장만 있다면 이를 시조의 문학적 갈래로 인정할 수 있어 논의를 줄일 수 있다. 그러나 앞의 한문으로 된 부분이 당시에 불려진 가사내용이고, 후자는 그 한문가사를 뒤에 다시 시조형태로 번역한 것이라고 한다면 문제는 또 복잡해진다. 당시에 시조를 한시로 번역하거나 한시를 시조로 번역하는 일이 성행했기 때문에 이럴 가능성을 배제할 수 없다.

이 장면을 다시 생각해보면 애초에 평양 기생들이 뒤와 같은 우리말 시조로 불렀다면 앞과 같은 한문가사를 따로 적을 까닭을 찾기 어렵다. 당시 평양에서 벌어진 연회의 주빈이 앞에서 보았듯이 漢詩 唱을 좋아하던 채제공이었다는 상황적 맥락을 고려한다면 실제로 불렸던 노래는 우리말의 시조였다기보다는 앞의 한문으로 된 노래였을 가능성이 더 크다. 그리고 이 한문가사는 唱을 본질로 하는 중국의 詞나 漢詩의 형태로 보여진다. 이렇게 漢詩와 우리말로 된 시조가사를 같이 기록했다는 것은 하나는 原文이요, 나머지 하나는 그것의 번역문이라는 증거일 수 있다. 그리고 얼핏 생각해도 원문을 앞에 놓고 번역문을 뒤에 놓는 記述방식이 상식일 것이다. 실제로 이 두 기록을 꼼꼼이 따져보더라도 뒤의 시조가 앞의 한문 내용을 번역한 것으로 보여진다. 그리고 그것이 축자적 직역이라기보다는 원문을 시조의 형태에 맞게 意譯한 것이라는 점에서도 그렇다. 그렇다면 申光洙의 關西樂府의 기록을 움직일 수 없는 시조문학의 기원으로 기정사실화한다든지, 시조문학의 발생을 이세춘 시대로 단정해온 그동안의 주장들은 헛수고였던 셈이다.

李學逵의 漢詩에 '誰憐花月夜 時調正悽懷(누가 꽃피는 달밤을 아쉬워하는가, 時調가락만 처량하구나)'라는 구절이 있고, 후에 '時調'에 대한 주석으로 '또한 時節歌라고도 한다. 모두 서민들의 우리말 가사로 길게 빼어서 노래한다.(亦名時節歌 皆閭巷俚語 曼聲歌之)'라고 하였는데 여기에 이르면 시조의 갈래의식이 구체적으로 감지된다. 우선 시조를 時節歌로 풀이하고 있는 것을 신뢰한다면, 노래곡조 갈래로서 특정한 의미를 갖는 時調가 분명하기 때문이다. 그리고 우리말 가사라고 한 것으로 보아 漢詩가 아닌 우리 시조에 틀림없다. 시조를 '時節歌' 혹은 '時節歌調'라고도 한 것은 '지금-때-에 맞는 새로운 가락의 가창'이라는 것이니 이 글자를 줄이면 간단히 '時調'가 되고, '時'는 '新' 'timely'와 같은 의미로 보아도 좋을 듯하다. 또한 '調'라는 접미사를 덧붙인 이유는 그것이 노래가락이라는 사실을 강조하는 것이고, 그것은 歌詞로 이루어지는 노래의 내용보다는 가락의 형식임을 앞세우려는 의도로 보인다. 시조의 '조'를 '쪼'로 읽어야 한다는 주장들도 여기에 착안하였기 때문이다.

사실 時調를 '시조'로 읽는 것은 기본적인 漢字 발음상으로도 상식적이지 않다. '調'가 實辭로서 첫음절에 올 때는 調節, 調査, 調味料 등과 같이 '조'로 읽어야 하지만 가락이라는 의미로 끝음절에 오면 예외 없이 '쪼'로 읽어야 맞다. 물론 格調, 色調같이 자음동화로 경음화되는 경우는 말할 것도 없지만 羽調, 散調, 長調, 短調 등의 경우에는 調를 한결같이 '쪼'로 읽는다. 이러한 경우는 앞 음절이 모두 유성음이므로 자음동화에서 오는 경음화의 원리로서는 설명할 수 없다. 그런데도 경음으로 읽는 것은 調가 가락이라는 의미로 한정되어 문법적 독립성이 약화되었기 때문이다. 다시 말하면 가락, 곡조의 의미로 사용되었으면 '쪼'로 읽어야 한다. 같은 음운조건인 單調롭다, 基調연설 등이 '조'로 발음되는 경우는 가락이라는 뜻이 아니기 때문이다. 동일한 調이지만 單調롭다와 短調는 실제의 발음은 '단조'와 '단쪼'로 같지 않다. 調의 의미가 다르기 때문이다. 그렇다면 노래가락이 분명한 時調는 당연히 '시쪼'로 읽어야 한다. 심지어는 是非調, 新派調, 哀願調 등과 같이 노래가락이 아닌 경우에도 '쪼'로 읽는 것을 보면 시조를 '조'를 읽는 것은 도저히 납득이 가지 않는 일이다. 그러므로 '시조'라고 발음하는 것은 그것이 본래 노래가락이 아니었거나 그것이 노래가락임을 모르는 무지의 소치이다. 현대시조는 노래가 아니라고 양보한다 해도 古時調만큼은 절대로 그럴 수 없다. '시조'로 발음하는 것은 음운적으로도, 의미적으로도 올바른 발음이 아님이 명백하다. 그러나 이것이 어찌 한낱 발음상의 문제에 그치겠는가? 이는 시조의 전반적인 이해의 부족에서 오는 문제이니 우선 발음부터 바로 해야 하는 것은 시조를 올바로 인식하기 위한 첫 단계라고 할 수 있다.

安玟英이 〈金玉叢部〉에서 '時調 3章을 부른 후, 이어서 羽調, 界面調 한 편을 부르고, 또 雜歌를 불렀다.' (唱時調三章後 續唱羽界面一編 又唱雜歌)라고 하였는데 여기에서 보다 분명한 실체로서의 시조를 확인할 수 있다. 여기에서 시조는 우조, 계면조, 잡가와 대등하게 열거되었는데 이는 時調를 이들과 동등한 층위의 개념으로 인식하였음을 보여주는 것으로 생각된다. 즉 여기서의 시조는 갈래명칭이라기보다는 곡조명칭이라고 판단되기 때문에 오늘날의 시조의 개념과 같지 않다는 생각이다.

이상 옛 문헌에 기록된 시조의 명칭을 확인해 본 결과 대부분 古調에 대한 상대적 의미인 今調로 사용되었고, 今調는 곧 時調와 동의어로 '새로운 가락, 곡조'라는 語義를 가지고 있음을 확인하였다. 다시 말하면 시조란 본래 금조와 다른 말이 아닌 것으로 금조 이상의 의미가 아니었던 것이다. 그것을 현대에 와서 장르 명칭으로 용도변경하여 부당하게 사용하고 있는 것이다. 그런 가운데에 李學逵와 安珉英의 기록에서 본 時調가 우리가 생각하는 시조와 약간의 관련성을 찾을 수 있는 정도였다. 그러나 그 어느 것도 오늘날 우리가 생각하는 문학적 갈래로서의 시조와 직접 연결시킬 확증은 되지 못하였다. 이는 당시에 문학적 시조가 아예 존재하지 않았다는 말이 아니라 적어도 그것을 부르는 명칭은 時調가 아니었음을 입증하는 것이다. 문헌에 나오는 時調라는 기록을 곧바로 오늘날의 문학적 시조로 연결시키는 안타까운 선입관념에서 벗어나야 시조문학의 본질을 제대로 파악하여 논의할 수 있다. 흥미 있는 일은 중국의 경우에도 역시 '時調'라는 명칭이 있었다는 것이다. 그러나 그것은 '時調小曲 – 시절에 맞는 짧은 노래 –' 정도의 의미로, 고유한 장르명이 아니라 '당대에 불렸던 짧은 노래'라는 보통명사에 그친다는 것이다. 중국의 시조와 우리의 시조가 같다는 생각이 아니라 중국의 시조는 보통명사인데 우리의 시조는 반드시 고유명사여야 하는 당위성이 있느냐 하는 의문이 든다. 우리의 시조도 본래는 중국과 같이 보통명사였던 것을 근래에 와서 고유명사로 轉用한 것이라면 시조에 대한 개념규정을 다시 해야 한다. 시조라는 장르명칭을 부정하자는 것이 아니라 시조의 의미를 轉用한 경위를 분명히 밝혀야 우리의 시조를 바르게 연구할 수 있다는 말이다.

시조가 당대에 고정된 갈래로 인식되지 않았다는 사실은 시조 모음집의 이름에서도 알 수 있다. 흔히 3대시조집으로 일컬어지는 〈青丘永言〉〈海東歌謠〉〈歌曲源流〉를 포함하여 여타의 時調選集들의 표제를 보면 어디에서도 '時調'라는 이름은 찾을 수 없다. 이러한 사정은 20세기에 들어와서 근대문학 개념에 의해 비로소 시조가 문학장르로 인식되기 전까지 지속적으로 유지되어 왔던 엄연한 사실이다. 이는 '시조'라는 명칭이 본래 문학의 장르는 물론, '永言' '歌謠' '歌曲' 등과 같은 음악 장르의 층위에도 미치지 못했다든지, 아니면 그보다 훨씬 넓은 범주의 일반적인 명칭이라는 명백한 증거이다. 〈歌曲源流〉의 편찬체제나 수록 작품의 내용이나 형식이 우리가 생각하는 시조에 그치는 것이 아니라 아주 다양한 형태의 가사가 모여있는 것을 보면 이러한 사정이 더욱 분명해진다. 물론 이 歌集 편찬자의 기준이나 의도가 曲調중심이기도 하였지만 오늘날 시조로 일컬어지는 작품들을 가창할 수 있는 모든 갈래의 작품들과 함께 '歌曲'이라는 이름에 포함시켰다는 사실은 결국 時調도 歌曲의 일부에 불과하였음을 말하는 것이다. 또, 한 곡조에 여러 시조의 가사가 불렸다는 사실은 음악적인 曲調가 문학적인 歌詞를 거느리고 있었던 사실을 입증하기에 충분하다. 즉 가사가 곡조를 선택한 것이 아니라 곡조가 가사를 유발했다는 것이고, 이는 문학적인 歌詞에 앞서 음악적인 곡조가 우선했다는 사실을 말하는 것이다. 물론 이와 달리 한 시조 가사가 여러 곡조로 불리는 경우도 있었지만 특별한 일이어서 일반화 될 일은 아니었다.

우리가 지금 생각하는 시조에 대한 인식과 당대에 기록되었던 시조와는 이렇게 커다란 거리가 있었음을 확인하였다. 이 거리는 시조의 본래 의미와 후대에 변질된 의미와의 거리만큼이나 멀다. 근대문학 갈래체제 정립 이후, 그만큼 우리는 시조의 본질 밖에서 피상적으로 그것을 논의해왔고, 그 피상적 거리는 우리 학계가 갖고 있던 시조에 대한 본질인식의 오류만큼이나 크다.

이러한 오류를 시정하고, 시조의 개념, 본질을 올바르게 파악하기 위한 방법으로 '時調'라는 명칭의 고정관념에서 한걸음 물러나 그것의 別稱, 異稱에 유의할 필요가 있다. 그 별칭들은 시조에 상응하는 의미를 갖고 있다고 믿어져 시조의 본질을 파악하는 데 간접적인 준거가 될 수 있기 때문이다. 그동안 각종 문헌에 시조의 별칭이나 유사명칭으로 기록된 '永言' '詩餘' '歌曲' '新翻' '新聲' '長短歌' '時節歌' '短歌' 등의 명칭에 대해서는 별다른 관심을 갖지 않았던 것 같다. 그러나 시조를 올바로 논의하기 위해서는 이들 별칭에 대해서도 차근히 검토할 필요가 있다.

〈靑丘永言〉을 손쉽게 時調集으로 말해온 것은 '永言'을 시조와 같은 의미로 해석해왔다는 반증이다. 그러나 김천택이 밝힌 永言은 '말(歌詞)을 빌려 노래로 읊다 - 依其言 詠以歌'에 그 본래의 의미가 있으니, 그 본질적 바탕은 '노래'에 있고, 가사는 그에 따르는 부산물에 불과한 것이다. 〈靑丘永言〉에서 가사를 모아놓은 의도는 그 대상이 시가가사가 아니라 노래가사였다는 사실을 알아야 한다. 그리고 '노래'는 모든 양식의 곡조를 포괄하는 것이어서 그 歌詞의 형태와는 본래 아무런 관계가 없다. 〈청구영언〉은 다른 歌集들과 마찬가지로 그 편찬 의도가 곡조의 보존에 있으며, '永言'이라는 이름에 시조 외의 모든 형태의 노래가사를 실었으니, '영언'은 그 층위가 다른 상위개념의 凡稱으로서 시조와 같은 의미로 해석할 수 없는 일이다. 그러므로 永言을 시조라는 문학장르로 말하는 것은 저자의 의도와는 아무 상관이 없는 후대의 곡해에 불과하다. 실제로 歌集에 실려있는 노래가사에는 우리가 말하는 時調 외에도 蔓橫淸, 雜歌, 雜歌詞, 言弄, 打令 등이 두루 포함되어 있는데 이들은 장르로도 분명히 시조와는 다른 갈래들이다. 그럼에도 불구하고 아무렇지도 않게 〈靑丘永言〉을 時調集이라고 부른다든지, 거기에 실려있는 모든 노래를 시조로 간주하는 것은 크게 잘못된 일이다. 시조에 대한 많은 인식의 혼란은 '永言'과 같은 말을 별 생각 없이 관행적으로 시조로 간주해왔기 때문이다. 같은 원리로 〈海東歌謠〉의 '歌謠'나 〈歌曲源流〉의 '歌曲'도 시조의 동의어나 별칭으로 인정될 수 없음은 물론이다.

'新飜' '新聲' 등도 시조의 유사어로 통용되는 것 같다. 〈靑丘永言〉의 序에서

> 김천택이 노래를 잘하여 능히 新聲을 불렀다..... 남파가 노래로써 나라에 이름이 높았다. 聲律과 문예에 정통했는데 新飜을 지어 마을 사람들에게 주어 익히게 하였다. (伯涵旣善歌 能自爲新聲....南坡金君伯涵 以善歌鳴一國 精於聲律而謙工文藝 其自製新飜 畀里巷人習之)

김천택이라는 동일인물에 대한 활동을 新聲이라고도 하고, 新飜이라고도 적고 있다. 글자대로 생각하면 新聲은 새로운 노래곡조요, 新飜은 새로운 노래가사를 의미할 것이다. 그가 당대 제일의 가객이라면 新聲 – 새로운 노래 – 을 부를 수 있었을 것이요, 文藝的인 능력도 갖추었다면 新飜 – 새로운 歌詞 – 을 지어 사람들에게 가르치기도 했을 것이다. 그리고 이 新聲, 新飜을 음악이나 문학의 구체적 갈래 명칭으로 간주할 수 있다. 그러나 이것들을 바로 우리가 생각하는 시조문학에 연결시키는 것은 아직 성급한 일이다. 우선 新聲은 '새로운 곡조'를 지칭하기 때문에 장르 차원의 시조문학과 동일어일 수 없다. 新飜을 '言語記述'로 해석한다면 문학적 성격을 갖지만 단지 '新'이 라는 상대적 의미만을 갖는 접사만으로 오늘날의 시조 개념으로 단정할 근거가 될 수 없다. 김천택이 시조를 지은 것은 사실이지만 신성, 신번이 반드시 시조만을 의미한다고 할 수 없기 때문이다. 만약에 신번을 시조로 해석하고, 그것을 평시조에 대한 새로운 형태인 엇시조나 사설시조로 풀이할 수 있다면 김천택을 사설시조의 개척자로 보아야 하니 이것 역시 부자연스러운 일이다. 혹은 이 기록을 근거로 하여

이 즈음을 사설시조의 형성기로 잡을지도 모르지만 新飜을 쉽게 시조로 볼 수 없는 이유는 다음에서 더욱 확실해진다.

> 김수장이... 저속한 기풍을 고쳐 新聲을 노래하였다. ...새로 수십곡을 지으니...정송강의 新飜에 견줄 만하였다.[11)]

金壽長도 金天澤과 같이 당대 제일의 가객이요, 시조작가이고, 위의 기록도 앞의 것과 비슷한 내용으로 되어 있다. 그런데 그의 新飜이 鄭松江의 新飜에 손색이 없다는 기록은 신번의 의미를 쉽게 풀이할 수 없게 한다. 평시조뿐만 아니라 사설시조, 歌辭와 같이 다양한 작품을 남긴 두 사람이라면, 松江이 新飜을 지었다는 말을 歌辭를 배제한 채 단순히 時調 작품에 한정할 근거가 없기 때문이다. 그보다는 송강의 신번이 歌辭를 의미할 가능성이 훨씬 크다면 여기서 말하는 신번이란 문학장르개념의 시조가 아니라 곡조개념의 명칭으로 보는 것이 타당하다. 그러므로 新飜을 평시조에서 변형 발전한 사설시조와 같은 새로운 양식의 시조라고 풀이할 수도 없다.

> 蔓横清類는 歌詞가 난잡하여 거칠고 뜻이 저속하고 천박하여 본받을 것이 못된다. 그러나 그 내력이 오래여서 일시에 버릴 수 없다.[12)]

만횡청에 대한 설명으로 보건대 오늘날 우리가 말하는 사설시조, 엇시조에 가장 근접해 있다. 실제로 당대의 歌集에서 만횡청류 항목을 확인해 보면 거기에는 平時調類는 잘 보이지 않는다. 그것의 내용이나 형식면에서 시조의 중심인 평시조와는 분명히 다른 것만은 확실하다. 그것의 가사가 난잡하고 거칠고, 저속, 천박하다고 하여 평시조와는 다르다고 하였다. 만횡청이 사설시조라면 그것의 내력이 오래여서 버릴 수 없다고 한 것으로 보아 사설시조의 발생이 당시보다 훨씬 앞섰음도 알 수 있다. 혹은 사설시조의 발생기를 이즈음으로 잡기도 하지만 이 기록과는 어긋나는 말이다. 거기에는 우리가 생각하는 사설시조 뿐 아니라 다른 雜歌나 打令 등과 같은 것들도 두루 섞여있어 역시 이것이 時調를 대신할 수 있는 명칭이 될 수 없다.

---

11) 金君履淑... 一洗下里之陋而能爲新聲... 新製曲數十闋... 可與松江公新飜 (青丘永言)

12) 蔓横淸類 詞語淫-口圭- 意旨俍陋 不足爲法 然其來也已久 不可以一時廢棄(青丘永言)

흔히 시조의 별칭으로 생각하는 것에는 '詩餘'도 있다. 현전하는 가집 중에 비교적 근래에 만들어진 〈詩餘〉가 있고, '詩之餘' 또는 '詩章而有餘'라는 語句도 대체로 시조를 뜻하는 것으로 알려져 왔다. 그러나 詩餘는 본래 중국의 대표적 시가문학인 詞의 별칭이었다. 중국문학의 설명대로라면 '詩'가 확장되어서 '詞'가 되었고, 그 변모의 요체는 일정한 가락이나 글자의 엄격한 제약에서 벗어나, 길고 짧은 가락을 적절히 섞어 표현 형식의 자유화를 이룬 것이다. 그래서 이를 長短句라고도 하는데 중국 宋代에 전성을 이루어 흔히 宋詞라 일컫는다. 그것은 근체시의 엄격한 구속에서 풀려난 여유로운 것이어서 '詩餘'라고 했으니 그것이 바로 중국문학에서 말하는 '詞'이다.

그러나 이러한 설명들은 '詞'를 문학으로만 관찰한 것에 지나지 않는다. '唐詩'를 대체한 '詞'의 등장은 본질적으로 음악적 욕구가 크게 작용한 것이다. '唐詩'의 말기에 이르면 그것의 음악성은 거의 소진되어 단지 문학으로서만의 기능에 그치게 되게 되는데, 그 뒤를 이어 나온 '詩餘'는 바로 '詩'의 잃어버린 음악성을 회복하자는 시대적 요구에 부응한 것이었다. 그리고 그것을 '長短句'라고도 한 것은 近體詩와는 다르게 길고 짧은 다양한 가락과 가사를 섞어 구사했다는 데에서 비롯된, 다분히 음악적인 이름이다. 문학보다는 음악적인 면을 본질로 한다는 점에서 宋詞는 우리의 時調와 유사한 면이 많다. 그래서 시조를 연구하는 데 있어 詞의 원리는 많은 도움을 줄 수 있다. 이렇게 時調와 詞의 문학적 유사성 때문에 시조를 詞의 별칭인 '詩餘'라고 불렀던 것이 아닌가 생각한다. 그러나 이러한 양자간의 유사성을 이유로 해서 詩餘를 시조의 동이어로 볼 수는 없다.

다음으로 〈歌曲源流〉를 위시하여 옛 기록에 두루 보이는 '歌曲'을 생각해 본다. '歌曲'은 중국에서도 사용하던 용어인데 그것을 '有譜歌唱 – 악보가 있는 가창 –' '依譜塡詞 – 악보에 따라 노래말을 채운 것 –' 이라 풀이했으니 이것 역시 음악적 본질을 천명한 것이다. 그리고 여기에 나오는 '塡詞'는 '詩餘'와 같이 '詞'의 또 다른 별칭이기도 하다. 결국 중국의 경우 '詞' '詩餘' '塡詞'는 이름만 다를 뿐 하나의 歌曲이며, 이것이 우리의 '歌曲'과 이름이 같다는 것은 우연한 일이 아닌 듯싶다. 그러고 보면 시조의 별칭 중에서 '歌曲'과 함께 '詩餘'와 '長短句'는 중국의 '詞'와 매우 깊은 인연관계를 맺고 있다는 생각이다. 그렇다고 해서 時調와 詞와의 문학적 관계를 쉽사리 단정지을 수는 없겠지만 적어도 그 음악적인 원리나 본질에 있어서는 매우 가깝다는 사실은 앞에서 언급한 바와 같다.

이렇게 가곡과 시조가 인연관계가 있는 것은 사실이지만 이를 빌미로 해서 이들을 동의어로 단정할 수는 없다. 〈歌曲源流〉의 '歌曲'이나 〈古今歌曲〉의 그것이 시조의 별칭으로 통할 수 없는 것은 앞에서 언급된 바와 같이 〈靑丘永言〉 〈海東歌謠〉의 '永言' '歌謠'가 시조를 대신할 수 없는 이치와 같다.

> 主上께서 '읊는 소리가 청아하여 반드시 歌曲을 잘할 것이니 나를 위해 불러주오.' 선생이 꿇어 아뢰기를 '오늘 성은이 고금에 망극하니 古調도 안 되고, 今調도 불가하여 臣이 지은 바를 부르겠나이다. 이에 노래하기를...[13]

그리고 이어지는 노래의 내용은 과연 틀림없는 평시조여서 가곡이 곧 시조의 별칭이라고 할 오해의 소지가 있는 곳이다. 그러나 전후 문맥을 살피건대 여기에서 가곡은 가사 형태를 말한 것이 아니라 당연히 곡조를 말한 것이다. 今調도 아니고, 古調도 아닌, 스스로 지은 바를 노래한다고 하였으니 歌詞를 지은 것이 아니라 曲調를 지었다는 말이다. 원래 歌曲은 문학장르가 아니라 곡조명칭이었고, 여기에서의 歌曲은 곡조명일 뿐이다. 그러므로 여기에 기록된 金絿의 노래가 가곡으로 불렸다는 것일 뿐, 시조와 대등할 수 없다. 그동안 고문헌의 해석에서 이러한 장면에서 오해한 경우가 적지 않았다. 여기에서 '歌曰'에 이어지는 내용이 노래가사라 해서 이것을 쉽사리 시가문학으로만 생각했지만 막상 기록자의 의도는 가사보다는 곡조를 적으려는 데에 있었다는 사실에 주의해야 한다. 더구나 기록자가 시인이 아니라 전문가객이었다면 더욱 그렇다. 이 장면에서도 주상이 듣고 싶었던 것은 唱이었지 그 가사내용이 아니었다. 지금도 가수의 노래를 들을 때 가사내용보다는 곡조나 목청에 더 관심을 갖는 이치와 같다. 그러므로 이러한 기록을 해석할 때는 특별한 주의를 기울이지 않으면 착오를 일으키기 쉽다.

> 우리나라 사람들이 지은 歌曲은 우리말에 한자를 섞어서, 우리글자로 기록되어 세상에 통용된다. 모두 우리말을 사용하였고... 우리는 우리 가락에 한자음으로 적었으니 이는 중국과는 같지 않으나 그 뜻한 바는 같다.[14]

---

13) 上曰誦聲淸雅 必善歌曲 其爲予歌之 先生跪而對曰此日聖恩逈出古今 不可以古之歌奏 又不可爲今之曲 臣願自製以奏 遂爲之歌曰 (自菴集 金絿1488~1534)

14) 我東人所作歌曲 專用方言 間雜文字 率以諺書 專行於世 蓋方言之用...我國卽發之藩音 叶以文語 此雖中國

가곡 본래의 의미를 잘 설명하고 있는 장면이다. 이 기록으로 말하면 歌曲이란 우리 가락(藩音)에 우리말(方言)을 우리 글(諺書)로 적되 漢字語音(文語 文字)을 곁들여 정경을 노래한 것이다. 간단히 말하면 우리 가락에 우리말로 된 모든 노래를 말하는데 다만 앞에서의 만횡청과 같은 저속한 내용이 아니라 비교적 품위를 갖추었던 곡조라고 생각된다. 중국의 노래와 그 뜻한 바는 같다고 평가했기 때문이다. 이렇게 다양한 의미를 갖는 歌曲이 시조와 같을 수 없음은 물론이다. 시조를 포함하여 당대에 불리던 모든 노래가 여기에 해당된다는 사실을 〈歌曲源流〉에 수록된 내용을 통해서 확인할 수 있다.

> 關東別曲 思美人曲 續美人曲 세 편은 松江이 지은 것이다. 公의 글은 淸新하고 뛰어나 사람들에게 널리 불렸는데 그 歌曲이 더욱 절묘하였다. 古今의 長歌 短歌들이 모두 널리 전해졌다.[15)]

정철에 관한 기록에서의 歌曲은 그 의미의 폭이 비교적 구체적이어서 長歌, 短歌를 제한적으로 의미하였음을 알 수 있다. 그리고 여기에서 '長歌'는 歌辭, 短歌는 평시조를 일컬음을 확인할 수 있다. 朴仁老의 蘆溪歌辭의 경우에도 長歌는 歌辭, 短歌는 平時調로 되어있다. 歌曲 안에 歌辭까지 포함되어 있으니 그것을 시조를 대신하는 명칭으로 사용할 수 없다.

시조를 대신하는 말로 短歌를 말해 왔었다. 그러나 이는 원래 高麗俗謠, 景幾體歌, 歌辭와 같은 長歌에 내하여 상대적으로 모든 짧은 노래를 일컫는 이름이었다는 점에서 시조와 동의어일 수 없다. 그러나 일찍이 시조를 지칭하는 용례가 적지 않았는데 李賢輔의 〈聾巖集〉에 그 중요한 단서가 있다.

> 어부가는 두 편이 있었다.- 일편 12章에서 3章을 빼고 9章으로 하여 長歌를 지어 읊었다. 일편 10章을 줄여 短歌 5闋를 지어 葉調로 노래하였다.[16)]

異而若其情境咸載 (旬五志)

15) 右關東別曲 思美人曲 續美人曲三篇 松江相國之鄭文淸公之所著也 公詩詞淸新警拔 固膾炙人口而歌曲尤妙絶 今古長篇短什 無不盛傳 (松江歌辭跋)

16) 一篇十二章 去三爲九 作長歌而詠焉 一篇十章 約作短歌五闋 爲葉而唱之 (農巖 漁父歌跋)

이 경우의 長歌는 歌辭가 아니라 漁父歌라는 특이한 형태의 전래가요를 말한다. 여기에서 말한 漁父歌 2편은 고려에서부터 내려온 작자불명의 集句 漢詩이다. 集句詩란 여러 편의 漢詩에서 일부 구절을 따서 모아 놓은 漢詩를 말한다. 漢詩 12장에서 3장을 빼고, 이를 바탕으로 해서 長歌 9편을 지었고, 漢詩 10장을 줄여 短歌 5편을 지었다고 했으니 長歌와 短歌의 바탕은 漢詩에 있었다. 長歌는 본래 특정 장르의 명칭이 아니라 短歌와 같이 길이를 한정하는 상대적 범칭이었음을 보여 주는 장면이다. 그리고 '短歌 5闋'을 따로 설명하고 있는 것에서 그것을 長歌와 구분했다는 사실을 알 수 있다.

어쨌든 농암의 단가 3편은 지금의 평시조와 가장 가까운 형태를 하고 있어 평시조가 단가일 수 있다는 사실은 부정할 수 없으나 단가가 장가의 상대적 명칭이 분명하고, 엇시조나 사설시조를 포함할 수 없으므로 역시 동의어일 수 없다.

김수장이 長短歌 100여수를 지었다고 하였는데 이 경우는 長歌가 흔히 말하는 엇시조, 사설시조를 포함하는 경우이다. 김수장이 短歌인 평시조는 물론, 長歌인 엇시조, 사설시조도 지었기 때문이다. 그렇다면 앞서와 마찬가지로 短歌는 시조를 대신할 수 있되 평시조에 한정된다고 보아야 한다. 결국 모든 시조의 별칭 중에서 그래도 시조와 가장 가까운 것은 短歌인 셈인데 그것도 長歌의 상대적인 이름이었다면 장가가 특정한 장르 이름이 될 수 없는 이치로 단가 역시 시조와 동일어가 될 수 없다.

> 李厚源이 말하기를 '短歌 16章은 宣祖때 相臣 鄭澈이 江原監司로 있을 때의 작품이다.[17]

이른바 정철의 훈민가 16편을 말하는 것인데 이것이야말로 時調임이 틀림없으니 여기서의 短歌야말로 시조 중에서도 평시조를 확정적으로 가리키는 말로 보아도 좋다. 그러나 이것도 매우 제한적이어서 보편적으로 적용할 수 있는 근거로는 부족하다.

이상 시조의 別稱, 異稱으로 인정되던 명칭들에 대해서 문헌의 기록을 통하여 실증적으로 검토해 보았다. 그 명칭이 시조이건, 그와 유사한 별칭이건, 그 어느 것도 오늘날 우리가 생각하는 문학적인 갈래의식과는 같지 않았다. 문학 갈래로서 시조에 가장 가까운 명칭은 시조를 포함한 모든 것 중에서 短歌가 있을 뿐이었고, 그것도 평시조에 한정되었던 것이다.

---

17) 迂齋李忠貞厚源曰短歌十六章 則宣祖朝相臣鄭某爲江原監司時所作也 (松江別集)

4) 辭說은 時調인가?

시조문학의 발생적 본질이 음악적 바탕에 있다는 사실을 인정한다면 지금까지의 시조에 대한 문학 편향적 관점은 시정되어야 마땅하다. 오늘날 우리가 생각하는 시조에 대한 명칭, 개념도 그 본질적 바탕에서 추출된 것이 아니라 근대문학의 학문적 정리 과정에서 정밀한 검토 없이 急造, 轉用된 것임을 생각하면 개선의 여지가 많다. 시조가 노래로서 내려오다가 본격적인 문학으로 자리 잡게 된 것은 1920년대의 민족주의 이념과 관련이 깊다. 나라를 잃은 위기의식에서 민족의식을 고취시키기 위하여 벌인 문화사업 중의 하나가 시조부흥운동이었다. 가장 민족적인 상징물로 시조가 선택되어 민족의식 진작의 수단으로 사용된 것이다. 시조의 문학적 본질보다는 처음부터 이념의 수단으로 사용되었기 때문에 시조에 대한 충분한 검토와 연구과정 없이 서둘러 문학의 장르로 轉用되었다. 음악이 문학으로 급히 轉移되는 과정에서 시행착오를 피할 수 없었는데 그 대표적인 것이 시조에 대한 개념규정이나 갈래의식에 대한 불철저였고, 이는 필연적으로 시조문학에 대한 연구에 심각한 시행착오를 피할 수 없게 하였다.

시조문학이 학문적으로 정립된 이래 시조문학을 평시조를 기준으로 하여 엇시조, 사설시조를 그것의 字句가 늘어나서 이루어진 부연형으로 삼고, 이를 묶어 하나의 갈래로 규정하여 논의하는 방식에 익숙해져 있는 실정이다. 그러나 이는 시조의 음악적 본질을 전혀 생각지 않은 안이한 발상이다. 분명히 해 두어야 할 일은 흔히 말하는 대로 엇시조, 사설시조의 형성이 애초부터 단순히 평시조 가사의 字句가 늘어나서 이루어진 것이라기보다는 평시조를 이루고 있는 곡조와는 전혀 다른 별개의 가락에 의해서 나온 것이라는 사실이다. 이러한 경우는 신라 鄕歌에서도 마찬가지이다. 흔히 향가를 4구체, 8구체, 10구체를 단계적인 擴散發展으로 파악하고, 10구체를 향가의 완성형으로 말해왔다. 그러나 10구체 향가로 말해지는 '詞腦'라는 말은 歌詞不傳의 최초의 향가로 기록된 '兜率歌詞腦格'에서부터 시작한다. 4구체 향가인 薯童謠는 '사뇌격두솔가'보다 훨씬 후대에 기록되어있고, 4구체의 발전형이라고 하는 10구체 彗星歌는 오히려 서동요에 앞선다. 세 형식의 향가가 시대의 전후 없이 섞여 등장하고 있는 사실은 그동안 통행되어온 향가의 字句확장발전론이 얼마나 안이하게 만들어진 假說

이었는지를 입증하기에 충분하다. 평시조-엇시조-사설시조의 확대발전론도 이와 같은 위험성을 가지고 있음을 알아야 한다.

이러한 관점은 앞에서 입증된 것 같이 모든 시조의 출발이 음악이었다는 엄연한 사실에 그 당위성이 있다. 그러므로 평시조와 엇시조, 사설시조를 하나의 갈래로 규정할 수 있는 근거는 음악적인 형질에 중점을 두어야 한다. 평시조와 사설시조가 전체적으로는 동일한 박자를 가지고 있다 하여 같은 장르로 삼는 근거로 말하기도 하지만 발생기부터 그랬다는 보장이 없고, 박자만 같다하여 동일 장르로 잡을 수 없다. 면밀히 검토해 보면 이들은 음악적으로 다른 곡조였다는 점과, 문학적으로도 다른 진술방식과 내용을 가지고 있다는 점에서 하나의 갈래로 묶기에 무리가 있다. 평시조와 사설시조는 갈래의 성격이 매우 이질적이다. 평시조는 서정이 분명하지만 사설시조는 교술, 혹은 서사성이 짙다. 설령 장르론을 맹신하지 않는다 하더라도 같은 장르에 속한다는 평시조를 서정, 사설시조를 교술이나 서사로 나누는 장르 발상은 특별한 설명이 필요하다.

비슷한 예로 고려속요와 경기체가는 유사한 형태를 한 시가문학이라는 공통점이 있고, 같은 시대에 공존했던 것이지만 문학적으로 분명히 다른 갈래인 抒情과 敎述로 구별하기도 했다. 이 경우 시가의 갈래가 내용이나 형식에 의해서 구분된 것이라는 상식적인 생각과 함께 그 곡조의 다름에서 비롯된 것으로도 볼 필요가 있다.

이러한 관점의 타당성을 樂章문학의 경우로 지지받을 수 있다. 주지하다시피 악장문학은 고정된 음악적 틀에 여러 작품이나, 여러 갈래의 詩歌 歌詞가 두루 동원되어 이루어진 것이다. 이를 악장문학이라고 하여 하나의 장르로 규정하기도 하지만 조선시대의 악장문학만 하더라도 속요, 한시, 경기체가, 악장체 등의 여러 시가문학의 갈래를 포함하고 있다. 이를 통하여 시가문학의 갈래 구분에 歌詞보다는 음악적 요소가 더 중요하게 작용했다는 사실을 충분히 확인할 수 있다.

설령 음악적 조건을 떠나 가사의 형태나 내용으로 보더라도 사설시조는 歌辭나 잡가사, 만횡청, 언롱 등과 갈래적 동질성이 큰 반면에, 오히려 평시조와는 거리가 멀다. 흔히 말하는 대로 '평시조의 字句가 늘어나서 엇시조 사설시조가 형성되었다'는 발상은 일부 학자들에 의하여 제기 된 '時調가 늘어나서 歌辭가 되었다'는 어설픈 주장과 그 원리가 크게 다르지 않다. 실제로 사설시조와 비교적 짧은 歌辭나 俗歌辭,

雜歌는 글의 형식으로 구분할 수 없을 만큼 유사하다. 사설시조와 일부의 歌辭는 형태적으로 큰 차이가 없음에도 불구하고 사설시조는 언제까지나 時調여야 하고, 歌辭는 가사여야 한다는 생각에 이의를 제기하는 사람은 별로 없는 듯하다. 그러나 평시조가 늘어나서 사설시조가 되었다고 굳게 믿으면서도, 時調가 늘어나서 歌辭가 되었다는 주장을 인정하지 않는 것은 이율배반적이다. 時調가 부연되어 歌辭가 되었다는 주장을 인정하지 않는다면 당연히 평시조가 늘어나서 사설시조가 형성되었다는 주장도 인정하지 말아야 한다. 가사는 그렇다 치고 歌集에 시조와 같이 실려있는 蔓橫淸, 言弄은 어느 장르로 처리할지도 궁금하다.

만약에 사설시조와 언롱, 만횡청, 잡가사 등과 형태적, 내용적 인연이 가깝다고 한다면 이는 사설시조와 평시조와의 장르적 거리가 멀다는 사실을 간접적으로 입증하는 것이다. 평시조와 사설시조는 진술의 형태나 내용면에서도 차이가 분명하고, 그 음악적 형질이 명백히 다른 것이다. 그렇다면 이들을 시조라는 하나의 갈래로 묶어둘 수 없는 일이다.

사설시조와 형태적으로 유사한 것들에는 歌辭 외에도 蔓橫淸, 雜歌. 歌曲 등이 있는데 만횡청은 사설시조와 잘 구분되지 않는 것이고, 歌辭로 묶여지는 雜歌辭 역시 그것과 다름이 아니다. 경우에 따라서는 일부의 타령, 민요 등과도 구분되지 않는다. 이러한 점으로 보면 사설시조나 엇시조는 평시조보다는 이들과 그 갈래적 친밀성이 훨씬 더하다. 그러므로 적어도 사설시조를 논의할 때는 시조와 관련짓기보다는 다른 유사갈래와 연결짓는 방식이 바람직하다. 사설시조는 그 음악적 유사성도 그렇지만 작품에 나타난 진술방식이나 주제의식, 세계관에 있어서도 평시조보다 오히려 이들에 근집해 있다.

이렇게 사설시조가 평시조와 동질성이 적다면 구태여 시조라는 갈래로 같이 묶어둘 이유가 없다. 어차피 사설시조라는 명칭이 본래부터 있던 것이 아니라 근래에 와서 시조라는 문학적 갈래의식에 의해서 새로 創案된 관행적 이름에 불과하다. 본래부터 있었던 실체적 명칭도 아니고, 다른 유사갈래와 형식 내용적인 면에서 구분하기 어렵다면 구태여 사설시조라는 이름에 얽매일 필요가 없을뿐더러 그것을 고집할 이유도 전혀 없다. 그래서 이 명칭에 이의를 제기한 경우도 없지 않았지만 대개는 대세에 묻혀 주목받지 못했다. 사설시조라고 불리던 것을 적절한 다른 이름으로 대체할 수도 있을 것이고[18], 아예 송두리째 삭제해버릴 수도 있을 것이다. 원래 있던 이름이 아니었으므로 이는 삭제가 아니라 복원이란 이름이 적절할지도 모른다. 그리고 그것을 가사나 잡가 등과 같이 묶어서 논의하는 것이 문학연구 방법론으로도 훨씬 타당성이 있다고 생각한다.

이렇게 사설시조, 엇시조를 시조갈래에서 제외하고, 평시조만을 남겨두자고 하면 쉽게 용납될 수 없겠지만 그동안 시조를 같이 묶어 논의해오던 모순과 불편을 극복할 수 있다는 커다란 이점이 있다. 앞에서 지적했던 문제점들을 한꺼번에 해결할 수 있다는 것이 중요하다. 이로써 다음과 같은 효과들이 예상된다.

첫째; 시조문학을 일관성 있게 집중적으로 논의할 수 있다.

각기 다른 성격이 개재되어 있는 평시조와 사설시조를 같이 논의하는 과정에서 적지 않은 무리와 부담이 있어 온 것이 사실이다. 그 대표적인 사례가 앞에서 언급했던 시조의 정형시론이다. 시조를 정형시로 규정지을 수 있는 소질을 갖춘 것은 평시조일 뿐이고, 사설시조는 모든 조건에서 그럴 수 없음에도 불구하고 이들을 묶어서 정형시로 장담한 것은 아주 무모한 주장이었다. 평시조만을 전제하고 정형시로 규정한다면 그동안의 문제가 해결될 것이다. 아울러 평시조와 사설시조가 내용이나 주제의식에 있어서도 상당한 이질성이 있음에도 불구하고 같이 묶어서 말해왔던 불합리한 관행을 벗어나 시조문학 연구에 새로운 계기가 마련될 것으로 기대한다. 사설시조를 배제하고 평시조만을 대상으로 한다면 시조에 대한 연구는 훨씬 명확한 관점에서 집중적인 논의를 할 수 있다. 이렇게 함으로 해서 고시조와 현대시조간에 개재되는 이질적 요소의 장애를 제거할 수 있다. 사설시조를 분리시킴으로 해서 시조문학을 본격적인 문학적 관점으로 바로 볼 수 있게 만들고, 나아가 시조문학의 위상과 가치를 보다 분명하고 정당하게 매길 수 있는 계기가 될 것이다. 우선 당장 시조를 떳떳하게 우리의 정형시로 논의하는 데에 아무런 문제가 없게 된다.

둘째; 고시조와 현대시조의 문학적 연속성을 공고히 할 수 있다.

---

18) 이에 대해서 이미 長歌, 蔓橫淸, 長時調 등의 명칭을 시도한 바 있다. 그러나 長歌는 속요, 歌辭 등을 지칭하던 것이었으므로 이를 대신하기에 너무 포괄적이다. 이와 반대로 만횡청은 그 의미가 좁아 모든 사설시조를 묶기에 무리가 있다. 장시조가 비교적 무난할 듯하나 시조라는 범위를 벗어날 수 없다는 한계가 있다.

지금의 시조장르 체계로 볼 때 고시조와 현대시조 사이의 문학적 연속성 확보에 문제가 있었다. 왜냐하면 현대시조에는 사설시조가 없기 때문인데 이는 현대시조가 고시조를 온전히 계승하지 못했음을 의미한다. 더구나 사설시조의 시대반영적인 가치가 평시조를 능가한다고 한다면 현대시조는 고시조의 중요한 부분을 상실한 것이 되고 만다. 시조문학의 이러한 불연속성의 문제를 해결하기 위해서도 사설시조를 시조에서 분리해야 한다. 현대시조의 형식적, 내용적 전통은 고시조인 평시조, 연시조를 이어받은 것이다. 그러나 사설시조, 엇시조는 형식적, 내용적인 면에서 평시조와는 많은 이질성을 가지고 있어 시조문학의 문학적 흐름의 파악에 혼선을 야기했던 것이 사실이다. 예를 들면 평시조에서 현대시조로의 이행은 설명할 수 있어도, 사설시조와 현대시조와는 연속성을 말하기 어렵다. 같은 장르이면서도 이러한 현상을 보이는 이유를 설명할 방법이 없다. 이럴 때 시조문학에서 과감히 사설시조를 제외할 수 있다면 이러한 불합리한 점들을 일시에 해결할 수 있다.

셋째; 사설시조의 근대문학성을 부각시킬 수 있다.

사설시조의 문학적 성과는 근대의식의 반영에 있다. 일반적으로 평시조가 사대부의 봉건의식이나 수구적 가치관을 많이 담고 있는 데 반하여 사설시조는 그와 다른 서민들의 비판의식이나 자각적 정서를 대변했다는 문학사적 의의가 있다. 이는 사설시조가 나름대로 문학의 시대적 기능을 수행한 것으로 별도의 평가를 받아야 할 문학적 가치이다. 이러한 근대문학적 가치를 평시조와 같은 범주로 넣고 논의한다면 사설시조 자신의 가치를 명료하게 부각시킬 수 없게 된다. 사설시조의 가치를 다짐하기 위해서도 이를 시조에서 분리시킬 필요가 있다. 그렇게 할 수 있다면 평시조와 사설시조의 동거에서 오는 불합리한 문제들을 일시에 해결할 수 있을 것이다.

이렇게 되었을 때 엇시조를 어떻게 처리할 것인가의 문제가 남는다. 평시조와 사설시조 사이의 분명한 차이로 해서 분리가 가능하다면 엇시조는 그 중간에 처해 있어 애매한 형편이다. 그러나 예부터 엇시조는 장가로 분류한 전통이 있어 단가인 평시조와 같을 수는 없을 것이다. 결국 약간의 무리가 따르더라도 사설시조로 편입하는 것이 시조의 올바른 연구를 위해서 바람직하다고 본다.

그동안 시조문학에 대한 인식과 연구에 적지 않은 오해와 착오가 있어왔다. 이는 무엇보다도 시조의 음악적 형질을 소홀히 하였고, 그 명칭의 해석에 철저하지 못했기 때문이다. 근년에 음악적 관점에서 이루어진 연구 성과들도 아직 시조문학의 연구에 큰 변화를 주지 못하고 있는 실정이다. 아직 음악과 문학의 연구 경계를 극복하지 못했기 때문이다. 시조라는 독립된 갈래를 설정한 것은 좋았지만, 그것에 평시조, 엇시조, 사설시조라고 하여 하나로 묶어 놓고 단계적 확산론을 기정사실화했다든지, 일괄적으로 정형시 운운해왔던 관행은 재검토되어야 한다. 지금 우리가 생각하는 시조의 개념은 옛 문헌에 기록된 時調와는 전혀 다른 개념인데도 불구하고 이를 아주 쉽게 같은 개념으로 서둘러 轉用하였고, 평시조와 사설시조는 그 갈래의 본질이 같지 않은 것임에도 불구하고 하나로 묶어서 논의해 온 관행은 마땅히 시정되어야 한다는 생각이다. 이러한 본질적, 원형적인 문제들을 바로 잡지 않는다면 시조문학의 연구는 정상적으로 수행되기 어렵다.

고문헌에 기록된 '時調'라는 명칭은 지금 우리가 생각하는 고유특정명사가 아니라 범용적인 보통명사였음에 유의해야 한다. 그리고 그 대부분이 '음악적 의미'에 그치고 있어 지금의 '문학적 시조'와는 개념상 상당한 거리가 있다. 우리가 시조와 같은 뜻으로 생각하는 여러 명칭들은 대부분 서로 통용될 수 없고, '短歌' 정도가 오늘날의 시조 개념에 가까운 정도이다. 그것도 平時調에 한정되어 적용할 수 있을 뿐이어서 그것들을 지금의 시조문학론과 직접 연결하는 데에는 상당한 위험이 따른다. 이러한 위험은 시조의 개념, 본질에 철저하지 못했던 결과이다. 오늘날 이른바 '시조'라는 명칭은 옛 문헌의 그것과는 별개로, 근대학문적 관점에서 별도로 붙여진 假定된 학술용어일 뿐이다. 지금의 문학적 형식 명칭인 평시조도 본래는 곡조 명칭인 '平調'였으며, 사설시조도 본래는 辭說的 曲調라는 의미였을 뿐이다. 그것을 문학적 장르 명칭으로 轉用 해석하여 적용한 것은 1926년 이후의 학문적 정리단계에서 비롯된 것이다. 그렇다면 지금까지 이루어진 시조문학에 대한 연구와 관점은 대폭적인 개선이 필요하다. 물론 이러한 필요성이 여러 학자들에 의하여 이미 제기된 바 있었지만 아직 소수의 목소리에 그치고 있다. 그동안의 관행적 고정관념이 너무 완고하였기 때문이다. 무엇보다도 시조를 정형시로 규정하고, 동시에 평시조, 엇시조, 사설시조 등으로 분류하는 이상한 방법부터 우선 재검토되어야 한다고 생각한다. 그리고 그 갈래의 본질이 전혀 다른 평시조와 사설시조를 분리시켜 논의해야 정상적인 시조문학론을 성립시킬 수 있다.

앞에서 시조에 관한 네 가지 문제를 제시하였다. 이제 독자들이 이 질문에 대답할 차례이다. 그리고 앞으로는 그 답으로써 시조를 연구하고 가르쳐야 할 것이다.

다시 읽는 산문문학

다시 읽는 산문문학

여기에서 산문문학이란 앞에서 말한 시가문학 이외의 나머지 문학을 말한다. 그러나 나머지 모두를 다 말하지 못하고, 소설과 언해문학과 평론에 한정해서 논의하기로 한다. 그러한 가운데에서 이들을 '다시 읽는'다고 한 것은 이들에 대해서 학문적으로 좀더 진지하게 생각해보아야 할 문제가 있다고 생각하기 때문이다. 그 중에서도 이들에 대한 시정되어야 할 고정관념이나 새롭게 인식해야 할 몇 가지 사항에 대해서 논의하고자 한다.

그 중에서도 소설에 대한 개념이나 장르적인 면에서 다시 생각해야 할 과제가 많다고 생각한다. 가장 큰 문제는 소설에 대한 개념을 우리의 사정과는 다른 서구의 기준이나 개념으로 해석하고 적용해 왔다는 것이다. 그렇다보니 우리의 실정과 사정과는 판이한 기준, 개념을 고소설에 적용하여 정상적인 고전소설을 연구할 수 없게 하였다. 그 결과로 우리의 고소설은 서구의 근대소설에 비해서 매우 낙후된 것으로 인식되어 있다. 이의 실상을 밝히지 않는다면 우리의 고소설에 대한 정당한 평가를 내릴 수 없을 것이다. 소설에 대한 개념의 혼란은 곧 고소설의 장르규정에도 혼선을 가져왔다. 장르에서부터 혼란이 오니 고소설의 역사도 정상적으로 정리할 수 없게 되었다. 차근히 되돌아 볼 일이다.

한글소설과 한문소설을 같이 묶어 생각하는 것이 보통이지만 소설사적으로 나누어 생각하는 것이 더 효과적이라고 생각한다. 그 형성과정이나 발전과정을 생각해 볼 때 둘 사이에는 간과하기 어려운 차이점이 있다. 그 차이점을 구별하여 말한다면 고소설을 좀더 정확하게 연구할 수 있으리라고 생각한다. 설령 장르상으로는 구분하지 않더라도 국문학사상으로는 구분하여 논의하는 것이 우리의 고소설을 올바로 논의하는 것이라는 생각이다.

우리에게 언해문학이라는 것은 대개 어학적인 차원에서 다루어져왔다. 그것이 번역된 것이라는 생각에 문학적인 가치를 충분히 매기지 않은 듯하다. 그러나 훈민정음 창제 이후 우리에게 번역문학이라는 것은 단순히 외국문학을 옮겨놓은 이상의 의미가 있다. 한문학을 한글로 옮기는 과정에서 전혀 새로운 장르를 창조하기도 했고, 성숙한 한문학장르를 옮기는 과정에서 고도의 수사적 수단을 익힐 수 있게 되었고, 한문학과 한글문학의 교류도 수행할 수 있었다. 그렇다면 언해문학은 한글문학의 촉진제요 요람의 역할을 충분히 해낸 셈이다. 소설을 중심으로 하여 다양하게 진행되었던 언해문학의 가치와 역할을 국문학에서 중요하게 인식해야 한다.

우리의 평론문학도 오랜 역사와 전통을 가지고 있는 문학장르이지만 역시 서구의 근대평론의 기준에 가려져 제대로 된 문학사를 확보하지 못하고 있는 실정이다. 우리의 평론도 우리의 평론 기준에 걸맞게 이루어져야 마땅하다. 그러나 아직 여기에 관한 연구가 미흡하여 해결해야 할 과제가 많다. 그런데 우리의 평론문학은 대부분 한문으로 기록되어있어 연구에 어려움이 더하다. 우리의 모든 평론을 말하기 어려우므로 대표적인 평론가인 이규보와 허균을 들어 우리 평론의 전체를 살피고자 한다. 이를 통하여 걸출한 두 문인이 차지하는 국문학사적 위치를 확인할 수 있을 것이다. 앞서의 국한문학편의 내용과 겹쳐지는 부분도 있지만 한문학과 국문학과의 관점의 차이에 따라 나누어서 논의하였다.

1. 고소설의 장르

우리는 그동안 아주 범상하게 소설에 대해서 말해왔다. 그만큼 소설이란 이름은 우리에게 익숙해져 있다. 그러나 조금만 생각해 보면 소설을 장르개념으로 말하기란 그리 간단한 일이 아니다. 우선 소설이란 장르가 존재하는가부터 고민해야 한다. 소설은 원래 전통적인 서구의 3, 4大 장르 - 서정, 서사, 극, 교술 - 에 없던 것으로 보아 그 장르의 역사가 생각보다 길지 않다는 사실을 알 수 있다. 소설은 최근에 와서야 제기된 5대장르 – 시, 소설, 희곡, 수필, 평론 – 에서 비로소 자리 잡은 신생장르이니 무엇보다 소설을 논의하려면 5대장르를 전제해야 가능하다는 인식이 필요하다. 그런데 5대장르란 아직도 충분히 검증되지 않은 진행형의 장르이고 보면 소설 역시 미완성의 장르일 수밖에 없다.

그 장르의 역사가 짧은 것은 물론이고, 우리에게는 전통적으로 오늘날과 같은 개념에 의한 소설장르 의식이 없었다. 지금 우리가 흔히 말하는 이른바 '소설'이란 서구의 Novel, Fiction과 동의어로 인식하는 가운데, 그것과는 상당히 이질적인 우리의 고소설을 지금의 개념 그대로 적용하여 해석한다는 것은 황새가 접시국물을 마시려는 것만큼이나 무모하다. 조금만 생각해 보면 우리의 문학적 전통을 기반으로 하여 우리의 문학 장르를 규정해야 하는 일은 지극히 당연하다. 그런 관점으로 보았을 때에 원래 우리의 小說이란 개념은 서구의 노블과는 달리 그야말로 '짧은 이야기' 정도에 지나지 않았다. 우리의 소설은 이러한 원시적인 소설의 개념에서 출발하여 문학이 진전됨에 따라 진지한 인생의 사실, 교훈, 내지 흥미 있는 이야기가 감동과 아름다움의 共有로까지 발전하는 과정을 거치게 된 것이었다. 그러므로 우선 노블과 우리의 小說은 출발이 다르므로 원칙적으로 동의어로 번역될 수 없는 용어이다. 그것을 동의어로 번역하고 인식한 것은 근대 이후 서구소설을 받아들인 이후의 일이었다. 이러한 사정을 명확히 인식하지 못하는 데서부터 우리의 소설문학에 대한 혼란이 시작되게 되었다. 그러므로 이른바 '소설'이라는 번역어는 현대소설과는 통용될 수 있어도 우리의 古小說과는 호환될 수 없는 용어라는 점을 분명히 해야 한다. 우리의 고소설과는 전혀 이질적일 수 있는 서구의 개념으로 우리 고소설에 적용 해석한다면 사리에 맞지 않는 일이다. 그래서 그동안 우리의 고소설을 연구하는 데 적지 않은 무리가 있어 왔으니 이에 대한 차분한 성찰이 필요하다.

소설이란 명칭에 이렇게 복잡한 문제가 도사리고 있지만 논의의 기준은 마련해야 하므로 많은 문제점을 가지고 있음에도 불구하고 편의상 우선 서구의 노블, 픽션의 번역어라는 의미로 규정하고 시작할 수밖에 없다. 그래야 논의의 초점을 유지할 수 있기 때문이다. 우리 소설의 형성근원을 두 가지 과정으로 탐색해 볼 수 있으니 하나는 傳系요, 또 다른 하나는 說話系이다. 傳系란 司馬遷 〈史記〉의 傳記, 즉 史傳을 소설의 근원으로 삼는 관점이다. 그러나 이것은 역사적 史實에 속하므로 허구를 본질로 하는 소설과는 동떨어져 있어 오늘날 우리가 말하는 '小說'과 직접 연결시키기는 어렵다. 다만 고소설의 제목으로 많이 쓰인 ~傳의 장르명칭의 語源 정도의 의미가 있을 뿐이다. 뒤에 史傳에 약간의 허구와 작가의 의도가 작용하여 陶淵明의 五柳先生傳이나 李奎報의 白雲居士傳과 같이 사실에 작자의 恣意的인 의도가 작용한 托傳에 이르게 되면 비로소 소설에 접근하게 된다. 이어서 허구임을 노골적으로 드러낸 柳宗元의 毛穎傳이나 林椿의 麴醇傳과 같은 假傳에 이르게 되면 서구의 픽션과 같은 속성을 갖게 된다. 그러나 또 한편으로는 傳의 전통을 이어받아 끝까지 허구성을 배제하고 사실성을 보존해온 경우도 있었다. 烈女咸陽朴氏傳이나 柳淵傳 같은 작품은 처음부터 사실이라는 의도에서 진지하게 지어졌다. 이러한 경우는 문학적 의도가 단순한 흥미나 쾌락추구에 있지 않다는 점에서 일반적 소설의 개념과 차이가 있다. 그렇다고 해서 이들을 소설이 아니라고 할 수 없는 일이므로 이러한 사정을 감안하여 고소설에 접근해야 할 것이다. 이와 같이 傳, 托傳, 假傳 등은 시대적, 기능적, 주제의식적, 작품구조적, 수사적인 면에서 각기 다른 면모를 가지고 있기 때문에 정체가 불분명한 소설이라는 범칭보다는 우리의 입장에서는 ~傳이란 공통점에 착안하여 차라리 '傳'이란 이름이 장르명칭으로 더 적절할지도 모른다. 그것이 '허구와 개연성'을 고루 갖춘 假傳을 교술, 수필로 규정하거나, 金鰲新話 같은 개연성이 적은 환타지를 최초의 소설이라고 하는 것보다 차라리 나을 것이다. 그럴 수 있다면 우리의 고소설을 논의하기가 훨씬 수월할지 모른다. 그러나 당장 그럴 수 없다면 최소한 우리의 고소설은 서구와는 전혀 다른 사정과 과정을 거쳤다는 사실만이라도 분명히 인식해야 한다.

또 다른 과정을 거쳐 형성된 說話系는 민간에서 구전되던 설화가 기록되는 과정에서 기록자의 의도가 개입되면서 소설의 단계로 접어들게 된 것이다. 애초에 문자로 정착되었던 傳系의 소설이 事實性을 바탕으로 했던 것에 비해 이는 처음부터 虛構性을 전제했다는 점에서 보다 소설적이었다. 그래서 그런지 說話系는 소설의 단계에 이르기 전에 일찌기 소설이란 명칭을 가지고 있었다. 〈莊子〉에 이미 小說이라는 이름이 나오는데 다만 그것은 '하찮은 잡설 이야기' 정도에 그치기 때문에 실제로 소설과 연결되기는 어렵다. 그러나 傳系가 사실과 허구 사이에서 모호한 모습을 보일 때에 설화계는 처음부터 허구성을 분명히 하여 먼저 傳奇小說의 수준에 도달하게 된다. 傳奇라는 말 자체가 비현실적이라는 사실을 의미한다. 이 과정을 거쳐서 개연성이 더하여져서 점차로 소설에 접근하게 된다. 이와 같이 우리에게 소설이라는 것은 적어도 傳系와 說話系라는 각기 다른 과정을 거친 결과물이라는 점을 생각해야 한다. 그리고 傳系와 說話系는 소설의 단계에서 합쳐지기도 하지만 일부는 傳 본래의 사실성의 속성을 그대로 유지해 낸 것도 있어서 이들을 더불어 논의하기 어려운 사정도 있음에 유의해야 한다. 說話系 소설이야 동서양이 별로 다를 바 없겠지만 傳系는 우리 고소설, 특히 漢文小說에서는 적지 않은 비중을 가지고 있기 때문에 고소설을 논의할 때에 서구의 소설개념만을 들이댄다면 혼란을 피할 수 없게 된다.

이렇게 서구와는 사정이 다른 우리의 고소설 연구에 서구의 픽션 개념의 틀을 그대로 적용해서 논의해 온 그동안의 신중치 못했던 관행으로 인하여 우리의 고소설문학에 대한 연구가 제대로 진행되지 못한 면이 있다. 우선 우리 스스로가 고소설에 대한 개념규정을 명확히 가지고 있지 못하다. 서구의 노블, 픽션의 번역어인 '소설'에 대하여 명확히 인식하지 못하는 것도 문제이지만 우리의 '고소설' 자신에 걸친 문제도 만만치 않다. 이에 대한 기본적인 개념규정마저 분명치 못하니 자연히 문학사도 올바르게 기술되지 못하게 되었다. 金鰲新話를 최초의 한문소설로 흔히 말하지만 그것이 과연 소설문학의 장르 요건을 어떻게 갖추었는지, 시기적으로 정말로 그것이 가장 빨랐던 것이었는지, 그 과정에 있어 다른 작품들과 충분히 비교 검토된 결과였는지 등에 대하여 여전히 논란이 그치지 않고 있는 것을 보면 참으로 안타까운 심정을 금할 수 없다.

그 논란의 중심에는 고소설에 대한 장르규정의 난맥이 자리하고 있다. 차분히 생각하면 金鰲新話는 애초부터 서구의 소설장르 개념에 들어맞지도 않는다. 그것을 근대의 노블이나 픽션으로 보기에는 개연성이 너무 결여되어 있는 환타지 수준이고, 서구 중세의 로망으로 보기에는 규모나 구성이 너무 왜소하여 소설로서 부적격이다. 그러니 구태여 서구의 노블의 요건에 가까운 작품을 기다리려면 우리 고소설의 첫 작품은 이보다 훨씬 후대로 내려와야 한다. 만약에 유연하게 서구의 로망 정도를 소설로 볼 수 있다면 이번에는 금오신화를 훨씬 거슬러 올라가야 한다. 역사 기술의 기본 정신이 史實의 기원을 최대한 거슬러 올라가 상정하는 것이라면 금오신화를 고소설의 기원으로 잡는 國文學史觀은 명분상으로도 정당하지 않다. 그것은 소설적 본질에도 충실하지 못했던 것이고, 또한 국문학사적 의의도 살리지 못했던 규정이다.

실제로 〈三國遺事〉의 '調信'은 물론이요, 殊異傳에서 소설에 해당하는 작품을 얼마든지 찾아낼 수 있다. 냉철히 생각해 보면 金鰲新話에서 이들에 비해 우월한 소설적 요소를 찾아내기 어려울뿐더러 어떤 면에서는 명백히 소설로서 調信이 더 앞서는 부분이 있다. 사건의 개연성이나 구성의 필연성, 긴장설정, 인물의 성격 묘사 등에서 양자를 비교해 보면 현실반영이나 개연성에서 調信이 훨씬 더 소설적 요건에 충실해 있다. 비록 꿈속 이야기가 중심을 이루고 있다고 하더라도 조신의 꿈은 아주 실감나는 현실이야기이지만 금오신화의 꿈은 완전한 환상의 세계여서 전혀 현실적이지 않다. 노블의 개념을 적용하더라도 조신이 훨씬 소설적 요소를 잘 갖추고 있음이 명백하다. 사실이 이러함에도 불구하고 구태여 문학사를 후퇴시켜가면서까지 金鰲新話를 첫 소설 작품으로 삼은 것에 동의할 수 없다. 그것은 서구의 소설개념을 제대로 적용한 것도 아니고, 우리 나름대로의 장르적 판단에 의한 것도 아니라서 도저히 이해할 수 없는 처사이다. 이러한 우리의 고소설에 대한 개념규정의 혼란은 국문학개론이나 국문학사 전체에 걸치는 중대한 오류일 수 있다.

이러한 오류는 당연히 고소설의 장르 분류에서도 발견된다. 금오신화를 최초의 소설로 규정하다 보니 그 이전의 모든 敍事物들은 소설이 될 수 없게 되는 것이 문제이다. 인근의 같은 문화권인 중국의 경우에는 唐代의 傳奇物들로부터 분명한 소설로 인정하고 있는데 우리는 15세기에 이르러서야 중국의 그것과 별 차이가 없는 금오신화를 들어 우리의 소설이 비로소 시작되었다고 하고 있으니 이는 지나치게 자학적인 문학사 記述이 아닐 수 없다. 같은 漢文문학권이었던 중국에 비해 소설의 시작이 그보다 칠, 팔백 년이 늦다고 한다면 도대체 이해할 수 없는 말이다. 아무리 우리가 중국에 비해서 상대적인 하위문화권이었다 해도 같은 문자문화권 안에서 소설이 그렇게 뒤쳐질 수 없는 일이다. 이렇게 의식 없는 역사관으로 인하여 훨씬 역사가 깊고, 정당한 고소설들이 엉뚱하게 說話나 敎述, 수필의 신세를 면치 못하고 있으니 국문학사에 끼친 과오가 적지 않다. 이러한 장르 분류방식에 동의할 수 없다. 내친 김에 서구의 소설사와 비교해 보면 唐 傳奇가 성행했을 때에 그들이 소설문학을 보유했다는 기미가 없다. 그만큼 소설에 있어서만큼은 우리가 先進의 우위에 있었던 것이다. 그러한 위치에 있던 우리의 소설을 19세기에야 형성된 후발의 서구 소설의 기준으로 재단하는 것은 매우 부당한 처사이다. 우리가 서구에 뒤떨어진 것은 소설의 창작이 아니라 우리의 소설이 그들보다 상대적으로 우월했던 사실을 알지 못한 채, 서구의 소설 이론을 가지고 우리의 고소설을 농단하는 오늘날의 소설비평 수준이라고 해야 옳다.

금오신화를 최초의 소설로 인정하고, 그 이전에 있었던 調信이나 假傳을 소설로 인정하지 않는 이유를 들어보면 마치 소설을 어떠한 기준이나 요건으로 쉽게 규정할 수 있는 듯이 말하지만 그렇게 갖다 댄 규정의 근거를 어디에 두고 있는지 도무지 알 수 없으니 딱한 일이다. 전통적인 3대장르나 4대장르에는 있지도 않았던 '소설'이란 신생장르에 대한 기준이 언제부터 그렇게 명확하게 마련된 적이 있었는지 의문이다. 사실 소설이란 장르는 지금도 형성되어가고 있는 과정에 있으므로 그것에 대하여 그렇게 명확히 규정할 수 없는 일임에도 불구하고 국문학에서 소설과 비소설을 임의로 재단해 왔으니 차라리 만용에 가깝다.

국문학에서 실제로 소설과 非소설의 구분이 생각처럼 그렇게 간단하지 않다. 설화가 진화하여 소설이 되었다고 하지만 진화과정에 놓여있는 작품들은 실제로 그 구분이 잘 되지 않는 경우가 많다. 문자로 기록된 비교적 긴 野談이나 설화들을 소설이 아니라고 판단하기가 쉽지 않다. 사실을 바탕으로 이루어진 이른바 漢文短篇으로 불리는 작품들도 소설로 판정하기가 어렵다. 그 가운데에는 어떤 면에서는 수필이라고 해야 좋을 작품들도 있다. 閨中七友爭論記를 수필로 규정하는 것이 상식이지만 실제로는 소설의 면모에 부족함이 별로 없다. 癸丑日記, 仁顯王后傳, 閑中錄과 같은 작품들은 궁중수필로 규정하고 있지만 소설성이 또한 적지 않다. 夢遊錄을 교술로 규정하는 경우도 있지만 아무래도 수필로 보기보다는 역시 소설로 보는 것이 더 타당성이 있어 보인다. 史傳이나 行狀類들은 원칙적으로 傳記文이지만 托傳이나 烈女傳, 高僧傳 등은 소설적인 요소도 다분하다. 이렇게 각 장르의 경계 사이에 있거나 이중성을 갖는 작품들이 허다하므로 국문학에서 소설을 논의할 때는 매우 신중하게 접근해야 한다.

이렇게 복잡한 사정을 생각지 않고, 정체불명의 소설 기준을 들이대며 그것과는 달랐던 우리의 고소설에 적용하여 임의로 재단하면서 우리의 고소설 문학사를 훨씬 후대로 끌어내린 관행에 동의할 수 없다. 그 결과로 금오신화에 앞서 나온 가전체 소설들을 소설로 인정하지 않은 것은 백보 양보하더라도 멀쩡한 소설들을 엉뚱하게 교술, 수필로 규정한 것은 아무래도 납득이 가지 않는 일이다. 거칠게 말하더라도 假傳體小說들은 작자의 의도적인 주제의식과 사건으로 구성된, 인물의 갈등이 드러난,

일정한 화자가 존재하는 서사물임에 틀림없다. 작품 속의 사물에 가탁된 주인공들을 사람으로 되돌이킨다면 독자들이 쉽게 공감할 수 있는, 아주 잘 짜여진 일대기 소설에 손색이 별로 없다. 그런데 이를 소설이 아닌 교술, 수필로 규정하기도 했다. 그러나 다시 생각하면 수필이 敍事여서는 안 될 법은 없지만, 그것이 또한 서정을 아울러 갖추어야 한다면 아무래도 서정적 면모가 없는 假傳을 교술, 수필로 규정하는 것은 타당하지 않다는 생각이다. 그렇다면 5대장르 체계로 보았을 때 가전체는 역시 소설장르로 편입시킬 수밖에 없는 일이다. 고려시대 초창기의 가전도 사정이 이렇다면 조선시대의 보다 세련된 가전은 더욱 소설에 접근한 것인데도 단지 제목이 가전이라는 이유로 여전히 수필에 머물러야 한다는 주장은 수용할 수 없다. 사정이 이렇다면 假傳에 대한 명칭도 아예 '假傳體 小說'로 고정시키는 결단이 있어야 장르의 혼란을 줄이고 우리의 소설사를 바로잡을 수 있다. 어쨌든 소설적 요소를 갖춘 가전체소설을 인정하지 않은 채, 금오신화를 고소설의 효시작으로 규정한 것은 매우 경솔한 처사이고, 그러한 잘못된 관행이 지금까지 아무렇지 않게 통용되는 현실은 매우 안타까운 일이다.

假傳을 소설로 인정한다면 그에 앞선 〈三國遺事〉의 調信을 간과할 수 없음은 앞에서 밝힌 바이다. 그런데 이것을 늘 九雲夢의 근원설화로 삼고 있으니 이는 소설이 아니라는 말이다. 그러나 설화와 소설의 차이를 명확하게 내세울 근거를 어떻게 마련할 수 있는지 의문이다. 물론 그 구분이 어느 정도까지는 가능하다는 점을 인정하지만 설화와 구분하는 소설의 가장 중요한 요건이 알기 쉽게 '작자의 의도 개입'이라고 했을 때에 어느 정도에서 개입의 정도를 판단하여 설화와 소설을 구분할 수 있었는지가 궁금한 것이다. 調信을 실제로 있었던 실화로 생각할 사람도 없겠지만 황당무계한 옛날이야기나 傳奇, 傳說로 지나치는 사람도 없을 것이다. 그것을 하나의 寺刹緣起설화로 보아넘기기에는 독자에게 주는 인상이 너무 선명하다. 왜냐하면 거기에는 화자의 진지한 인생탐구의 정신, 생생한 현실세계, 날카로운 인물들의 성격갈등과 심리묘사, 독자의 마음을 졸이는 긴장, 전혀 허황되지 않은 실감나는 꿈의 세계 등이 흥미진진하게 전개되어 있기 때문이다. 특히 보통 幻夢小說류가 꿈의 세계가 늘 비현실적이고 허황된 話素로 채워져 있는 구조에 비할 때 調信에서는 꿈이 오히려 생생한 현실세계로 구성되어 있어 작품 전체를 꿈의 세계라기보다는 차라리 냉엄한 현실세계로 느껴지게까지 한다. 이렇게 소설로서 손색없는 작품을 한낱 재미있는 설화 한 토막으로 간주하는 관점을 이해할 수 없다. 오히려 이러한 조신의 사실적이고 극적인 구성은 어떠한 유수의 고소설에서도 찾아 볼 수 없는, 이 작품만의 자랑이라는 생각이다. 이러한 調信의 소설성은 그것이 발전하여 소설이 되었다고 말하는 九雲夢을 능가하는 소설의 면모를 가지고 있음은 물론, 굴지의 고소설을 뛰어넘어 근대소설에 비견될 만큼 뛰어나다는 생각이다. 최초의 소설이라고 입버릇처럼 말하는 금오신화에서 이러한 소설적 면모를 어디에서 찾을 수 있는가 묻고 싶다. 사정이 이러함에도 조신을 소설로 인정하지 않는 이유를 짐작컨대 결국 그 길이가 짧고, 수사적 수단이 단조롭고, 소설적 대화 처리가 미숙하고, 극적 장치가 적고, 문장이 세련되지 못했다고 생각했기 때문이 아닌가 한다. 그러나 이런 조건들은 소설의 본질이 아니라 지엽적인 문제에 불과하다. 소설의 여부를 결정하는 것은 본질이요, 소설의 수준을 결정하는 것은 수사이다. 소설의 수준을 결정하는 수사적 요건들에 의해서 소설의 여부가 결정되었다면 매우 우스운 말이겠지만 실제로 우리의 고소설사는 그렇게 진행되어왔다. 조신이 구운몽보다 길이가 짧고 문장이 세련되지 못했다는 이유로 구운몽의 근원설화라고 치부하는 것은 그렇다 치더라도, 이는 곧 調信이 소설이 아니라는 전제에서 나온 발상인데 둘 중 어느 것이 더 소설적 개연성이 있는 것인지 묻고 싶다. 李光洙가 구운몽을 젖혀둔 채 調信을 현대소설 '꿈'으로 개작했는데, 그것은 조신이 근대소설로 부족함이 없다는 사실을 간접적으로 시사한 것으로 보아도 좋을 것이다. 그만큼 조신이 구운몽보다 우월한 소설적 소질, 그것도 근대소설에 손색없는 因子를 가지고 있었다는 사실을 입증하는 것이다. 구운몽을 근대소설로 개작을 하면 어떻게 될까를 생각해보면 조신과의 소설적 성분의 차이를 장담할 수 없다. 이렇게 서구적 소설의 개념을 적용하더라고 금오신화, 구운몽이 調信의 소설적 자질을 따르지 못하는 부분이 있음에도 불구하고, 조신을 그보다 소설성이 현저하게 떨어지고, 傳奇性을 벗어나지 못하는 금오신화와 같은 소설의 준비단계나, 구운몽의 근원설화 정도로 기술하고 있는 지금의 국문학사는 분명히 문제가 있다. 우리의 실정에 맞지 않는 서구의 이론을 적용해 보아도 그동안의 소설문학사가 이렇게 난맥상을 보인다면, 더구나 서구의 소설개념에서 벗어나서 우리의 소설을 논의할 수 있다면 그동안의 우리 소설사는 대폭 개편되어야 마땅하다.

그동안의 소설사를 보면 소설과 설화를 구분하는 기준이 매우 자의적이라는 생각이 든다. 먼저 소설과 설화를 명확히 구분하려는 태도 자체가 위험하다는 생각이다. 이 둘을 구분하는 기준 자체가 존재하는 것인지도 의문이다. 설령 지금 마련되어 있는 기준을 인정하더라도 이것이 서구의 이론에 의한 것인데 이것을 우리의 고소설에 그대로 적용시켜도 되느냐도 문제이다. 그럼에도 불구하고 우리는 이렇게 중요한 의문에 관심을 기울이지 않은 듯하다. 그리고서는 연구 대상 작품이 실제로 설화와 소설의 경계에 있어 애매한 경우에도 아랑곳하지 않고 마음대로 소설과 설화를 구분해 왔다. 물론 그러한 경우에도 나름대로는 이유를 들어가며 소설과 설화를 애써 구분하는데 자신을 보여 왔다. 그러나 그 이유들은 정작 '작가의 의도적 주제의식'정황 여부와 함께 서구 소설의 가장 핵심적 이론 요체인 '개연성과 허구'에는 별 관심이 없는 듯했다. 만약 여기에 조금만 주의를 기울였다면 傳奇性이 그렇게 뚜렷한 – 개연성이 거의 없이 – 금오신화를 최초의 소설이라고 주장하지는 않았을 것이다. 그 밖에도 그들이 소설의 요건으로 마련했던 번잡한 이유도 서구소설의 핵심적인 기준과는 거리가 먼 경우가 많았다. 잘라 말하면 그들의 소설과 설화의 구분 기준이라는 것은 고작 작품의 길이와 문장의 수사적 수단 정도에 지나지 않은 듯하다. 결국 조신이 소설이 될 수 없었던 이유가 겨우 금오신화, 구운몽보다 길이가 짧고, 문장이 세련되지 못했기 때문이라면 정상적인 소설비평론으로 인정할 수 없다. 이렇게 어설픈 장르구분 기준으로 조신이라는 어엿한 소설을 설화로 묶어놓기보다는 차라리 이들을 통합적으로 바라볼 수 있어야 바람직한 小說史가 설 수 있을 것이다.

古小說의 장르 분류에서 또 문제가 되는 것이 夢遊錄이라는 것이다. 몽유록이란 작품 속에서 현실과 꿈의 이중구조의 출입을 통하여 작자가 꿈의 세계를 경험한 것처럼 기술한 조선시대의 敍事物이다. 작품의 핵심을 이루는 꿈의 세계는 실제의 경험일 수도 있지만 작자의 주제의식이 투영된 의도적 허구라는 점과, 역사적 사실을 바탕으로 하는 서사적 구조를 가지고 있다는 점과, 인물의 성격이 드러나 있다는 점, 객관적 화자가 서술하고 있다는 점 등에서 소설적 요소를 두루 갖추고 있다는 판단이다. 그럼에도 불구하고 이것을 소설에서 떼어내어 교술, 수필로 규정해 온 것이 상식으로 통해 왔다. 그 이유를 애써 말하기도 하지만 타당성이 부족하고, 결국 알고 보면 그 기준이란 고작 제목에 의지한 것이었을 뿐이라는 생각이다. 그동안의 관행은 결과적으로 그 표제가 ~夢遊錄이라고 되어있으면 무조건 교술로 단정 짓고, 같은 것이더라도 그렇지 않으면 소설로 승격시킨 것에 불과하다. 그리하여 같은 작품이 오로지 제목에 의하여 전혀 다른 장르가 되어버리는 이상한 사건도 벌어진다. 〈雲英傳〉이란 이름과 〈壽城宮夢遊錄〉이란 이름을 동시에 같이 가지고 있는 동일한 작품에 대해서는 어떻게 말할지 자못 궁금하다. 제목에 의해서 장르규정을 한다는 것은 전혀 상식적이지도, 학문적이지도 않아서 답답하다. 만약 그럴 수 있다면 張龍學의 〈요한시집〉은 그 장르가 詩가 되어버릴 판이다. 그리고 한 술 더 떠 夢遊錄과 夢字類소설을 애써 구분하기를 전자는 수필로, 후자는 소설로 승격시켰는데 이것도 결국 몽유록이라는 제목에 의해서 장르를 달리 한 것에 불과하다. 이들 사이에 다소간의 차이를 인정하지 않는 것은 아니나 장르를 따로 할만큼 이질적이지 않다. 장르라는 것은 세분한다고 해서 능사가 아니고, 크게 나눈다고 좋은 게 아니다. 그것은 어디까지나 문학연구를 효과적으로 수행할 수 있는 기반을 마련해 주는 데 그 목적이 있다. 그러므로 장르체계는 상식적이고, 소통적이고, 보편적이면 좋다. 몽유록을 수필로, 몽자류를 소설로 나누는 것은 이러한 장르의 일반적인 원리에 위반하는 일이다.

小說과 敍事라는 장르명칭의 관계를 분명히 할 필요가 있다. 서사는 서구의 전통적인 3대장르의 축을 이루는 것이고, 소설은 5대장르에서 비로소 자리 잡은 신생장르이다. 이때의 서사는 서사시를 가리키는 것이었고, 지금의 소설은 노블의 개념을 기반으로 하고 있다. 그러므로 양자는 본래 분류기준과 형태의 차이가 분명하여 본질적으로 병립할 수도, 통용될 수도 없는 것이다. 그리고 서사는 상위장르인 類개념의 장르로 동서양을 두루 소통할 수 있는 장르이지만 소설은 신생장르로 아직 충분히 검증되지 못한 장르라는 점을 인식해야 한다. 그러나 우리의 4분법에서는 서사에 소설을 슬그머니 끼워넣는 데 합의를 본 것 같다. 그러나 앞에서 말한 대로 장르의 원리로 보아서 좀더 충분한 검토과정과 설명이 필요하고, 어차피 4분법으로는 소설의 문제를 해결할 수 없다는 생각이다.

그래서 우리의 소설의 장르 문제를 해결하기 위해서는 논란의 여지가 많은 小說보다는 차라리 검증된 敍事의 장르개념을 적용하는 것이 바람직하다. 물론 이 서사는 서구의 3분법에서의 서사와는 다른 개념이다. 그것은 운문 범위 내에서의 서사이지만 여기서 말하는 서사는 산문으로서, 시간의 흐름에 따라 일정한 서술자가 사건을 진행하며, 완결된 스토리로서의 개념이다. 실제로 우리 고소설이 진행될 때에는 문학사에서 '敍事'가 있었을 뿐이지 서구의 '小說'은 아직 존재하지 않았다. 그런데도 과거의 산물인 고소설에 근대에 이루어진 '소설'의 개념을 적용시키는 것은 시대착오적 발상에 가깝다. 그래서 아예 '소설'이란 이름 대신에 '서사'라는 명칭을 사용하는 것이 고소설에 대한 논란을 줄이는 방법일 수 있다. 그러나 이미 서사라는 명칭보다는 소설이라는 명칭이 훨씬 자연스럽고 보편화되어 있는 실정에서 이 명칭을 일시에 제거하기 어렵게 되어 있다. 그렇다면 그 절충책으로 소설이란 명칭을 사용하되 그 개념은 서사로 인식하는 방식이 좋을 듯하다. 그렇게 할 수 있다면 문제가 되었던 傳奇소설, 가전체소설, 몽유록 등을 서사라는 인식아래 소설장르로 규정할 수 있는 근거를 마련할 수 있다. 그렇게 함으로 해서 소설이 분명한 작품들을 수필로 묶는 부자연스러움을 면할 수 있을 것이다. 그렇게 한다면 이미 보편화되어 있는 5대장르로 자연스럽게 우리의 문학사를 기술할 수 있지 않을까 한다.

앞에서 말한 대로 소설은 5분법에 의한 장르이고, 교술은 4분법에 의한 장르 체계이므로 이들은 원래 분류기준과 층위가 서로 달라 서로 대립, 호환할 수 없는 것이다. 그러니 만약에 夢字類는 소설이고, 夢遊錄은 교술이라고 분류하는 것은 분류의 기준과 층위를 분별하지 못하는 발상이다. 만약에 금오신화는 서사이고, 가전체는 수필이라는 말하는 것도 역시 방향착오적 발상이다. 다시 말하면 九雲夢을 5분법에 의하여 소설로 규정했다면 江都夢遊錄은 최소한 같은 5분법의 수필로 말한다면 몰라도, 4분법에 의한 교술로 말하면 안 된다는 말이다. 그렇게 되면 소설과 비소설의 차원에 그치는 것이 아니라 4분법과 5분법의 범주에 걸치는 혼란으로 확대되는 결과를 가져온다. 금오신화와 麴先生傳의 문제도 이와 동일하다. 잘라 말해서 소설과 교술, 서사와 수필은 서로 대립해서 대등적으로 분류항목을 설정할 수 없는 개념이다. 그럼에도 불구하고 이 작품들을 동일한 범주에 포함시켜 놓고, 마치 다른 장르인 것처럼 대등하게 분류해서 말해온 그동안의 관행은 마땅히 시정되어야 한다. 이러한 혼란은 장르의 원리를 생각하지 못하고 무리하게 다른 장르로 보려는 의욕이 작용한 결과라고 생각한다. 이제는 이러한 고정관념에서 과감히 벗어나 차라리 이들을 하나의 장르로 묶어서 문학사를 기술할 때에 우리의 소설문학사는 훨씬 풍부하고 튼튼해질 수 있을 것이다. 문학사에서 장르 분류방식은 이렇게 중요한 의미를 갖는 것이므로 매우 신중해야 할 일이다.

소설의 속성을 가지고 있으면서도 소설로 인정받지 못하는 경우가 있는데 그 대표적인 것이 이른바 궁중수필문학이라는 것이다. 병자호란의 전말을 사실적으로 기록한 山城日記 같은 경우는 수필문학이 분명하지만 역사적인 史實을 소재로 한 癸丑日記, 仁顯王后傳, 閑中錄은 事實의 기록이라는 보장이 없는 한 수필이라고 장담할 수 없는 일이다. 그렇다고 해서 壬辰錄, 郭再祐傳과 같은 허구적 역사소설이라고 할 수도 없으니 소설문학사의 난제가 아닐 수 없다. 사실과 허구의 판별과 그 輕重의 정도를 계산할 수 없는 일이니 새삼 장르 구분의 맹점과 한계를 실감하지 않을 수 없다. 그러나 작가의 주제의식, 인물의 갈등 표출, 극적인 사건 전개, 일정한 구성, 사회상의 반영 등 소설의 요건을 두루 갖추었고, 뛰어난 문장수사력까지 더하였으니, 사실의 기록 여부를 따지기보다는 역사소설로 간주하는 것이 수필로 묶어두는 것보다는 합리적이다. 이와 관련하여 역시 수필로 규정하고 있는 閨中七友爭論記도 소설로 잡아야 마땅하다. 이것은 앞서 말했던 소설적 요건을 부족함이 없이 갖추었고, 허구와 개연성마저 분명한데도 불구하고 수필로 규정하는 이유를 알기 어렵다. 아마도 그 길이가 짧아서 문제인 것 같은데 현대소설에도 꽁트라는 소설이 엄연히 존재하는 사실을 생각하면 길이를 따져 소설 여부를 결정하는 것은 학문적 자세라 할 수 없다. 소설의 입장에서 말한다면 이제는 수필로 고집할 필요 없이 마땅히 소설로 잡는 것이 보다 균형적인 국문학사 기술이 아닌가 한다. 사실 소설적 요소를 갖추었으면서도 그 길이나 수사적 세련성이 부족하다해서 수필로 분류한 경우가 적지 않았던 사례를 이미 여러 차례 지적한 바 있다. 그러나 아무리 생각해보아도 길이로써 소설의 여부를 결정한다는 것은 이해되지 않는 일이다. 그러한 기준이라면 차라리 장편, 단편의 차이라고 하는 것이 오히려 나을 것이다. 수사의 세련 여부도 매우 주관적인 기준이라서 판단의 기준이 되기 어렵다. 그것은 소설의 수준을 평가하는 기준은 될지언정 장르를 결정하는 척도일 수는 없는 일이다. 그럼에도 불구하고 그동안의 고소설 분류에서 이러한 폐단이 곳곳에 널려져 있으니 찬찬한 검토가 필요하다. 이에 대한 대책은 아무래도 소설의 개념을 융통성 있게 확대하여 적용하는 방법이 좋을 듯하다. 여기에서 일일이 다 말할 수 없는 부분에서도 장르상의 문제는 쌓여 있으니 국문학의 장르 체계는 더 많은 연구가 있어야 할 것이다.

고소설의 장르에서 또 하나 문제가 되는 것은 판소리이다. 판소리가 노래라는 점에서 소설과는 전혀 다른 것으로 생각하기도 하지만 서사, 갈등, 구성, 인물, 주제 등에서 소설과 매우 유사한 구조를 가지고 있어 문제가 간단하지 않다. 장르 면에서 볼 때 중국의 경우 上代로 올라갈수록 소설과 희곡은 미분화 상태에 머물러 있다. 단적인 예로 傳奇와 희곡이 별 구분 없이 통용되고 있는 경우가 많다. 이는 우리의 경우 판소리계 소설과 판소리가 장르적인 유사성을 가지고 있는 정황과 닮은 점이 있는데, 이러한 사실은 국문학에서도 소설과 판소리의 장르관계가 만만치 않음을 보여주고 있다. 판소리가 음악성을 가지고 있다고 해서 소설과 장르를 달리해야 한다고 생각한 것은 훨씬 후대의 사정이다. 그 이전에는 소설과 판소리가 동거하던 시기가 있었다는 사실을 생각해야 한다. 그렇다면 소설과 판소리에 대한 장르 규정은 아직도 조심스럽게 검토해 보아야 할 문제가 있는 것이다.

2. 한글소설과 漢文小說

논의에 들어가기 전에 한글소설과 한글본, 그리고 한문소설과 한문본의 의미를 확인하는 것이 좋을 듯하다. 한글소설과 한문소설이란 이름은 原作의 표기문자를 기준으로 하여 붙인 이름이고, 한글본과 한문본은 원작과는 관계없이 현전하는 작품을 기준으로 한 이름이다. 현전하는 작품이 원본인지 아닌지 판정하는 것은 작품연구에 있어 매우 중요한 일이다. 본제의 논의는 우선 작품의 원본을 기준으로 하여 한글소설과 한문소설을 판정하고 시작해야 한다. 그러나 실제에 있어 한글본 소설과 漢文本 소설의 현전 작품을 가지고 원래의 표기문자를 판단하는 일은 생각보다 쉬운 작업이 아니다. 적지 않은 작품이 한글과 한문을 넘나들며 쓰여졌는데 원작이 무엇이었는지 쉽게 알 수 없기 때문이다. 한글소설과 漢文소설을 객관적으로 비교연구하는 데 있어 원작의 표기문자를 기준으로 하기 때문에 이것이 분명치 않으면 모든 논의가 헛된 것일 수 있다. 金鰲新話가 한문소설이란 사실이 확실하고, 사씨남정기가 한글소설이 틀림없어야 이를 기준으로 한문소설과 한글소설을 비교적으로 논의할 수 있다. 둘 중의 하나라도 원작의 표기문자가 분명치 않다면 비교연구의 의미가 훨씬 줄어든다.

그런데 실제에 있어서는 한글소설이라고 기정사실화된 홍길동전, 구운몽 등에도 원작의 표기문자를 놓고 논란이 있는 정도이니 많은 작품들이 이러한 논란에서 자유롭지 못한 실정이다. 그렇다면 한글소설과 한문소설을 비교 대조하여 논의하는 자체가 위험한 일이 될지 모른다는 것이 본제의 고민이다. 그러나 모든 고소설 작품을 일일이 확인하여 이 문제를 말끔히 해결할 방도는 없어 보인다. 그러므로 이 과제는 잠시 보류해 두고, 부득이 비교적 原作의 표기 여부를 신뢰할 수 있는 작품으로 한정하여 논의를 전개할 수밖에 없음을 밝혀둔다.

흔히 우리의 고소설을 말할 때 한글소설과 한문소설을 분별하지 않고 뭉뚱그려 말하는 경우가 많다. 그러나 여러 가지 면에서 같이 말하기 어려운 부분이 많다. 둘 사이에는 이질적인 요소가 많기 때문이다. 이들은 소설이라는 같은 장르에 속하지만 그 발생과 형성과정에 차이가 있다. 漢文소설의 시작은 史書의 傳에서 비롯된다는 것이 일반적인 견해이다. 본래 그것은 어디까지나 사실의 기록이었지 애초부터 허구를 본질로 하는 소설과는 다른 것이었다. 그것이 후에 托傳, 假傳으로 변형하게 된 경우에는 사실이 아니라 소설이라는 인식을 하게 되었지만 적지 않은 경우에는 그 후로도 탁전 가전과는 별도로 '사실의 기록'이라는 인식이 여전히 강하게 작용하고 있었다. 이러한 전통은 소설이 엄연한 허구라는 인식이 짙어졌던 가운데에서도 일부의 작품에서는 서구의 근대소설이 들어올 때까지 별도로 지켜지고 있었다. 예를 들면 이른바 漢文短篇으로 불리는 許筠과 朴趾源의 傳들은 실존인물의 實記라는 작자 의도가 강하여 일반적인 소설과는 같지 않은 면이 있다.

흔히 한문소설이라고 장르를 묶어 말하지만 그 안에는 이질적이어서 같이 논의하기 어려운 작품군들이 섞여 있다. 당대의 작가들은 지금과 같은 소설이라는 장르의식이 없었기 때문에 지금의 소설의 조건을 생각해가면서 썼을 리가 없다. 지금에 와서도 적지 않은 경우 소설과 비소설의 경계가 모호한 형편임을 생각하면 고소설의 경우는 이러한 혼란이 광범위하게 널려있는 것이 당연한 일이다. 그리고 특히 한문소설의 경우 지금의 미학적인 인식과는 달리 그것을 매우 진지하게 사실적으로 생각하였고, 인격수양적이고, 교훈적인 차원에서 서술했다. 이러한 목적적인 가치관에 의하여 쓰여진 작품들은 미학적이고 심미적인 관점에서 보면 어색하거나 어설픈 것으로 보여질 수 있다. 이와 반대로 어떤 경우는 지나치게 안이하고 戱筆的이어서 소설이 갖추어야 할 진지한 주제의식이나 구성력이 결여된 듯한 작품들도 있다. 假傳이나 野談類들이 이에 해당하는데 역시 서구의 소설개념으로 보면 함량 미달로 보여질 수 있다. 그래서 소설이라는 장르로 묶는 것이 적절치 않은 면도 있다.

그러나 또 한 편으로는 처음부터 지금과 같은 허구적인 인식 아래 소설로 정착한 한문소설들도 있다. 설화에서 출발한 흥미있는 이야기들이 口傳되어오다가 직접 문자로 형상화된 소설들은 위와 같은 傳의 변환과정 없이 직접 소설로 정착하게 된다. 이런 경우는 처음부터 미학적 관점에서 정상적인 예술문학으로 성장해 왔다. 교훈적이고, 의도적인 목적성을 접어둔 채, 소설의 흥미를 위해서는 傳奇的인 요소까지 불사하고, 비도덕적인 주제의식도 서슴지 않은 작품도 있으니 앞서의 경우와는 장르를 같이하기조차 어려운 점도 있다. 우리의 한문소설에는 여기에 속하는 작품들이 많다. 이러한 정황에서 이들을 지금의 기준으로 소설과 非소설을 구분한다든지, 다른 부류의 작품들과 분별없이 뭉뚱그려 논의하는 일이 적절한지 의문이다. 이러한 사정들은 우리의 소설문학사를 기술하는 데 어려움을 겪게 한다. 그러나 이보다 더 큰 문제는 이러한 특별한 사정에 별로 관심을 기울이지 않았던 문학사 기술의 태도에 있다. 우리의 특수한 문학적 상황에는 별 관심이 없이 서구의 장르 이론에만 치우쳐 우리의 소설사를 관찰했기 때문에, 특히 우리의 古小說史는 정상적으로 쓰여질 수 없었다.

지금의 소설장르 기준으로 보았을 때 이른바 한문소설의 규정이란 그리 녹록한 일이 아니다. 그 안에는 허구적인 것과 사실적인 작품이 혼재해 있기 때문이다. ~傳이란 이름에는 먼저 傳記에서 출발한 것인데 이는 본래 개인의 사실의 기록일 뿐, 소설과는 거리가 먼 것이었다. 우리의 한문 ~傳에는 이에 가까운 것이 많았다. 이는 초창기의 현상에 그치는 것이 아니라 시대에 제한 없이 두루 퍼져있던 일이었기 때문에 간과할 일이 아니다. 다소의 허구성이 가미된 托傳이라는 것도 사실을 바탕으로 하고 있어서 일방적으로 소설이라고 하기 어렵다. 그것은 다른 소설의 작가의식과는 다른 것이라서 별도의 관점이 필요하다. 선대 문인들의 傳에 대한 인식은 그만큼 진지하였으므로 그것을 평가하는 오늘날의 관점도 일반적인 소설과는 달리 진지해야 한다.

국문학사에서 傳이 일단 事實에서 벗어났다고 인정될 때에는 그것에 대한 평가는 전혀 달랐다. 고소설이 사실과 교훈을 벗어났을 때에 그것은 군자가 취할 도리가 아니었고, 교도의 가치가 없는 붓장난에 불과한 것으로 치부되었다. 그리고 재미만을 일삼는 그 천박한 戱筆이야말로 '小說나부랭이'라고 평가절하 되고 매도되기 십상이었다. 이것이 본래 우리 선조들이 가지고 있었던 소설장르에 대한 인식의 한 모습이었다. 그러니 지금의 소설이란 것은 식자계층인 사대부가 애초에 떳떳하게 지어 낼 것이 아니었다. 간혹 지어진 소설성의 것들도 假傳이나 朴趾源의 경우처럼 '심심풀이 희필'에 불과했다는 마땅한 이유와 구차한 변명이 필요했으니 이에 대한 문학적인 긍지와 자부도 있었을 리 없고, 그에 대한 당대의 평가도 야박했고, 그러니 당연히 그 작품이 많을 이유도 없었다.

지금의 관점으로 보면 희필에 불과했다던 假傳이야말로 '개연성을 갖춘 허구'로 소설이라 할 수 있겠는데 막상 우리들은 오히려 이를 소설로 인정하는 데 인색한 경우가 있으니 고소설에 대한 문학사적 혼란이 적지 않다. 더구나 假傳과 같은 작품은 많지 않고, 정작 소설이라고 할 수 있는 戱筆로 지어진 것들도 제한적이어서 서구적인 개념의 소설로 규정할 수 있는 우리의 한문소설이 그렇게 많을 수 없는 일이다. 이러한 점에 대한 고민과 망설임 없이 우리의 고소설에 서둘러 서구의 소설 개념을 적용하여 논의하는 방식은 옳지 않다. 더구나 서구의 이론에 치우쳐 우리의 고소설에 대하여 후진적 소설성을 지적하는 일은 매우 부당하다. 아무래도 우리의 漢文小說, 古小說의 장르규정에는 별도의 배려가 있어야 한다는 생각이다. 그렇지 않고서는 우리의 小說史를 정상적으로 논의할 수 없을 것이다.

일부의 한문소설들은 또 다른 양상을 가지고 있다. 조선후기에는 淸代소설들이 새로 들어오게 되는데 이는 과거와는 다른 면모를 가지고 있다. 이전의 우리의 한문소설은 사실적이거나 허구화된 傳이나 傳奇, 假傳 등이 주류를 이루고 있었는데 이들은 대개 한문의 古文이나 文言文體로 적고 있었다. 그런데 이때에 나온 일부의 한문소설들은 淸代에 성행하던 구어체인 白話文體를 구사하고 있다는 점에서 이전의 사정과 같지 않은 면이 많다. 문체가 백화문체라는 사실은 이전의 문언문체와는 다른 것이라서 문학의 소통에 제한이 따르게 되었고, 자연히 작자층이나 향유층 역시 이전과는 차이가 있을 수밖에 없다. 그리고 여기에는 문체의 차이보다는 작품의 내용이나 주제의식의 차이가 더 크다. 과거의 우리 文言小說들이 오랜 역사와 성장과정을 거쳐 어느 정도 토착화와 자생적인 면모를 갖추었다면, 새로 들어온 淸代소설류는 일정한 정착과정 없이 급조된 것이라는 점에서 차이가 있다. 급조되다 보니 토착화되지 못하고 아직도 중국적인 흔적이 강하게 남아있는 수가 많다. 심한 경우에는 작품의 인물, 배경, 사건 등이 모두 중국으로 되어 있어 국문학이라고 하기까지 곤란한 실정이다. 韋敬天傳, 角觝少年傳 같은 것들이 그러한 경우이다. 물론 한글소설 중에도 상당수가 이러한 형편이지만 그것은 우리 문자라는 면에서 사정이 이와 같지 않다. 내용에 있어서도 주제의식을 짐작할 수 없는 황당한 神怪 鬼神類들이 상당히 있다. 이는 당대 새로 들어온 淸의 소설들을 모방하다 보니 빚어진 현상으로 보인다. 과거의 傳奇類들도 비현실적이었지만 거기에는 일정한 주제의식이 있었던 반면에 여기에는 그러한 면모는 거의 보이지 않고 그저 재미있는 옛날얘기에 지나지 않는다. 沈家鬼怪 같은 경우는 아무런 주제의식을 찾을 수 없는 황당한 잡귀신이야기에 불과하다. 그 귀신의 이야기에도 우리의 체취를 느낄 수 없다. 이렇게 일시에 급조되고 모방성이 짙은 한문소설들을 같이 묶어 논의할 수 없을 것이다.

한글소설의 경우는 이와 또 다른 사정이 있다. 우선 한문소설과는 달리 한글소설에 대해서는 처음부터 사실의 기록이라는 의식이 없었다. 한글소설의 출발이라고 할 수 있는 초기의 불교 연기설화나 언해물들은 포교적인 목적 아래 어느 정도 사실이어야 한다는 목적의식이 있었고, 유가교훈 언해물들 또한 진실이어야 한다는 의도가 강하게 작용한 것이 사실이지만 언해소설이 확실한 설공찬전부터는 허구라는 본질을 분명히 한 경우이다. 그러니까 한글소설의 경우는 한문소설과 같이 사실이어야 한다는 부담과 과정이 없이 처음부터 허구라는 소설의 전통이 서 있었던 셈이다. 이러한 사정은 그 후에 중국소설의 번역과 창작소설의 과정을 거치는 동안에 일관되게 유지해 온 한글소설의 전통이다.

한글소설이 한문소설보다 유리했던 점은 무엇보다도 표현문자의 용이성에 있었다. 향유계층이 제한적이었던 한문소설이 문화적 보편성에서 약점을 가지고 있었던 것에 비해서 한글소설이야말로 보다 보편적인 표기수단으로 명실상부한 언문일치를 이룰 수 있었기 때문에 문학수용자의 적극적인 지지를 받아 빠른 속도로 발전할 수 있었다. 그러나 당대의 문학비평계는 이에 대하여 매우 부정적이었다. 우선 표현문자가 한글이었다는 점에서 얕잡아 보는 풍조가 강하였다. 모든 문학적 수단이 한문이어야 한다고 인식되어있던 당대의 사정을 생각해보면 한글이라는 표현수단은 매우 하찮고 어쭙잖은 짓으로 보였을 것이다. 그리고 한글소설이 처음부터 허구라는 점이 분명했기 때문에 소설은 교훈이어야 한다는 유가적 文以載道를 표방하던 축에서는 허무맹랑한 짓으로밖에 보여지지 않았다. 심지어 한글로 되어있다는 점에서 그들이 과소평가해마지 않았던 한문 희필의 수준에도 미치지 못했다. 한문의 ~傳이 가지고 있던 사실성, 진지성, 교훈성 등의 품격을 전혀 갖추지 못한 주제에 함부로 ~傳이라는 이름을 같이 사용하는 자체가 용인되기 어려웠을 것이다. 그러한 사정에서 한글소설이 표현문자의 용이성과 주제의식의 대중성으로 인하여 문학 수용자의 환영을 받아 빠른 성장을 보이는 현상도 당대의 비평계에서는 달가울 리 없었다. 그러나 한글소설의 표현문자의 용이성은 당대 비평계의 편견과 질시를 극복할 수 있는 원동력이 되었다.

한글소설이 발전하는 과정에서 중국 통속소설의 유입이 중요한 작용을 하게 된다. 왜란, 호란이 중국 통속소설이 유입되는 계기가 되는데 이 시기가 한글소설의 발흥과 연결된다. 이 과정에서 한글소설은 중국소설의 영향을 피할 수 없게 된다. 이 때 중국소설은 대개 중국 병사들의 손을 통하여 유입된만큼 흥미본위의 통속소설이 주류를 이루었다. 이러한 내용의 소설에 대하여 사대부계층들은 관대할 리 없었지만 민중들에게는 오히려 환영을 받아 대중적인 문학수요가 발생하게 되었다. 어려운 한문보다는 대중성이 있는 한글이 그 표현수단으로 각광을 받게 된 것이다. 처음에는 중국소설을 번역하는 수준에서 출발하여 번안을 거쳐 본격적인 창작소설로 발전하게 된다. 이 때 지어진 한글소설들의 내용이 군담, 영웅, 傳奇 등이 주류를 이루고, 작품의 인물이나 배경, 지명, 話素들이 중국적 색채가 많다는 사실은 다른 이유도 있었겠지만 무엇보다도 중국의 영향임을 입증하는 것이다.

그러나 당대 비평가의 관점으로는 새로 유입된 淸代의 중국소설들은 전통적인 傳들과는 달리 허무맹랑한 희필 수준에 불과하여 경계해야 할 禁書들이었다. 그럼에도 불구하고, 한글소설이 이들이 하는 짓을 따라 하는 것을 용인하기 어려웠을 것이다. 더구나 당대에 인기를 누렸던 중국소설들은 대부분 중국에서는 奇書나 禁書에 해당되었기 때문에 이에 대한 경계심이 더욱 컸다. 또한 새로 유입되는 중국소설에 성리학에 대척적인 입장에 있는 실학사상과 반사회적, 반봉건적인 근대사상도 개재되어 있었다는 것은 여간 걱정스러운 일이 아니었을 것이다. 그래서 중국과의 교역에서 서적과 소설들은 매우 엄격한 통제를 받았었다. 이러한 사정에서 한글소설이 그것들을 닮아간다는 것은 매우 눈에 거슬리는 일이었다.

정통한문학을 존중하는 古文제일주의자들이었던 당대의 비평가들에게 중국통속소설이 古文과는 품격이 전혀 다른 白話文이었다는 점도 경계의 대상이 되었다. 백화문이란 당대 중국의 구어체 문장을 말하는 것으로, 중국에서는 이미 보편적인 문자 수단이었던 것을 우리는 그것을 정통적인 古文을 어지럽히는 사문난적(斯文亂賊)으로 규정하고, 구축되어야 할 문체반정(文體反正)의 대상으로 삼았다. 그런 형편에서 한글소설이 이들을 닮아가는 것을 좌시할 수 없었다. 한글소설에 대한 이러한 탄압적인 분위기는 정상적인 발전에 상당한 장애로 작용했을 것이다. 이렇게 열악한 시대적인 사정은 한문소설과는 다른 발전과정을 거치게 하였다.

한글소설이 성행할 때는 중국의 淸나라에 해당하는데 當代에 조선은 청나라를 중국의 정통왕조로 받아들이지 않았다. 따라서 청나라를 의도적으로 야만시하고, 그 문화를 수용하는 것에 매우 인색했는데 당연히 淸의 소설도 그 대상이 되었다. 그래서 청에서 유입되는 중국소설을 엄히 금하였다. 그러니 여전히 明나라는 大國이고, 청나라는 야만인 '되놈'이라는 인식이 깔려있는 가운데에 야만인의 짓을 따라 하는 한글소설을 용인할 리 없었다. 이른바 '되놈의 짓거리'에는 당시 청나라에서 일고 있었던 민중의식, 反朱子主義, 실학사상 등이 포함되어있었는데 조선의 입장에서 보면 이들은 모두 위험한 것들이었다. 이것들이 중국소설에 묻어들어오게 되고, 한글소설이 그 매개역할을 하게 될 것을 염려하지 않을 수 없었다.

이러한 사정들이 한글소설이 처음부터 환영받지 못한 이유들이다. 심지어 극단의 배척을 받아 이른바 '소설망국론'의 중심 대상에 서게 되기도 했다. 그리고 거기에는 한글소설의 중심 독자층인 부녀자들이 거기에 빠져 그 본분인 女功 - 집안 일 - 을 소홀히 한다는 실질적인 이유까지 작용하였다. 그러나 '小說亡國'이라는 매도는 그만큼 한글소설이 발전하여 그의 역량이 커졌음을 역설적으로 반증하는 것이다. 이제 한글소설은 한문소설을 능가하고, 우리 소설문학의 주류를 이루게까지 된다. 나아가 한글소설이 광범위한 독자층을 기반으로 한다면 한문소설이 하지 못한 사회개혁을 이룰만한 역량을 가질 만도 하였다.

그러나 실제로는 당대의 한글소설에 이러한 의미를 부여하기 어렵다. 그럴만한 모습을 보여주는 작품이 흔치 않기 때문이다. 당대의 한글소설이 추구한 것은 유감스럽게도 문학적인 사명보다는 독자의 흥미에 영합하는 것이었다. 그것도 민중의 절실한 요구를 형상화하기 보다는 기존의 사회체제와 가치관에 영합하는 데에 더 관심이 많았다. 경우에 따라서는 귀족계층에 대한 선망과 거기에 합류하고 싶은 신분상승의 욕구를 표현하는 수단으로 삼기도 했다. 그래서 많은 경우 그 주제의식은 지배계층의 성리학적 가치관과 봉건주의적 윤리관에서 크게 벗어나지 못하였다. 이는 당대 문학향유 계층의 의식적 한계이기도 했다. 홍길동전과 같은 작품이 다시 나올 수 없었던 것은 그와 같은 주제의식을 소통하기 어려웠던 당대의 의식적 한계를 드러낸 것이었다. 설령 그러한 개혁의식이 있었다 하더라도 당대의 사회문화적인 정황이 이러한 작품의 창작과 소통을 허용하지 않았던 것이다.

이러한 사정은 한글소설문학도 민중과 가까울 수 없었다는 사실을 말하는 것이기도 하다. 한문보다는 덜했지만 문자라는 표현수단과 현실을 외면한 주제의식의 작품은 민중들에게는 여전히 공감받기에 부담스러운 소통구조였다. 결국 한글소설도 양반이나 중인, 아녀자들의 영역에서 벗어나지 못했기 때문에 그 주제의식도 상류계층의 수준에서 머무를 수밖에 없었다. 그렇다면 한글소설이 한문소설에 비해서 이룩한 문학적 성과를 적극적으로 평가할 수 없을 것이다. 대부분의 한글소설의 작가의 이름이 가려진 것도 작가적 정신이나 긍지가 결여되었기 때문이었다. 이러니 한글소설에서 許筠이나 朴趾源, 李鈺 같은 작가나 작품을 찾기 어려운 것은 당연한 결과이다. 이러한 면에서는 한글소설이 한문소설을 따르지 못하는 약점이다. 표현문자의 유리함에도 불구하고 문학적인 성취가 한문소설에 이르지 못한 것은 한글소설의 안타까움이다.

그런 가운데에서 판소리계 소설은 한글소설의 커다란 위안이다. 판소리계 소설은 설화에서 판소리로 정착되었다가 소설화된 특이한 과정을 거쳤다고 알려져 있다. 판소리는 일종의 演行문학으로 소설에 비해서 대중성이 강하여 당대 사회의 현실을 비교적 잘 반영했다는 점에서 문학적인 가치를 평가할만하다. 그것이 소설화되었으니 다른 소설들과는 달리 판소리에 준하는 문학적 가치를 가진 셈이다. 그 중에서도 별주부전, 옹고집전은 춘향전, 흥부전에 비해서 판소리의 문학적인 혜택을 더 입은 경우라 하겠다. 그 작품에 나타난 주제의식이 보다 민중들의 삶과 가까웠기 때문이다. 이러한 작품들은 당대의 사회문화적 욕구를 더 충실하게 반영했다는 의미에서 한글소설의 문학사적 가치를 높였다고 할 수 있다. 그리고 전승과정에서 失傳한 작품들이 지배계층의 정책적 의도가 작용한 결과라면 현전 작품보다 더 현실반영에 충실했을 것으로 생각되어 아쉽다.

한문소설보다 유리한 표현수단이나 시대적 조건을 갖추고서도 문학적 성취가 이를 능가하지 못하고, 오히려 봉건적인 주제의식을 벗어나지 못한 것은 한글소설의 분명한 한계이다. 고소설을 일컬어 흔히 말해지는 '권선징악적 주제' '우연의 일치' '평면적 인물과 구조' '상투적 구성' '傳奇的 내용' 등의 질책성 지적들의 책임을 대부분 한글소설이 져야한다는 것도 부담이다. 이러한 면모들은 소설문학이 수행해야 할 '사회의 반영'과 '개연성 확보'라는 근대소설의 역할로 볼 때 분명한 약점이 아닐 수 없다. 더구나 서구의 소설개념으로 판단한다면 '前近代的'이라는 지적을 면할 수 없다. 소설문학의 본분을 지키지 못했다든지, 전근대적 산물이라는 지적은 그렇다 치더라도 사회는 이미 근대적 사고와 문화로 바뀌어가는데 그것을 선도해야 할 문학이 오히려 그에 상치되는 주제의식으로 일관했다면 더 가혹한 질책을 면할 수 없을 것이다. 물론 한문소설도 이러한 질책을 면하기 어렵지만 한글소설에서 이러한 한계가 더 현저하게 드러난다는 점은 한글소설이 가지고 있는 커다란 약점이다. 그렇다면 고소설에 대한 이러한 일방적인 비판에 대하여 한문소설의 입장에서 보면 다소 억울할 듯하다. 특히 朴趾源의 작품들은 그럴 것이다. 한글과 한문소설을 분리시켜 논의할 필요가 있는 이유이다. 그런 가운데에서도 〈泉水石〉은 사회변화의 현상들을 그렸으며, 주인공들이 끊임없는 고초를 겪고, 사건의 구성과 인물의 갈등이 비교적 사실적으로 묘사되어 있어 만약에 한글소설이라는 확신을 할 수 있다면 드물게 보는 수작이다. 그러나 여기에서도 고소설의 한계를 벗어났다고 하기에는 부족하다. 이렇게 한글소설의 상투적인 틀에서 벗어나 있어 특기할만한 작품이 많지 않다. 그리고 〈박씨전〉 〈정수정전〉을 비롯한 여성주인공이 남성을 지배하는 작품이 적지 않은 점도 새로운 면모를 볼 수 있어 다소간의 위안이다.

사실 당대에도 한문소설과 한글소설에 대한 평가가 같았던 것은 아니었다. 그보다는 양자를 별개의 대상으로 인식했던 면이 강하게 보인다. 고소설의 표제에 상투적으로 붙여지는 ~傳이라는 이름이 본래 史傳이나 사실의 기록이라는 인식에서 출발하였고, 이것이 소설로 변모한 것은 후대의 사실이지만, 그 뒤로도 원래의 '사실적 이야기'라는 본래의 기능을 유지한 작품도 적지 않았다. 그리고 허구화, 傳奇化한 작품과 원래의 기능과 모습을 보존한 작품에 대한 인식도 같지 않았다. 가전체소설이나 傳奇소설에 대해서는 戱筆이나 허무맹랑한 것으로 평가절하했지만 裵烈夫傳 柳淵傳 등은 소설이 아닌 사실로 진지하게 받아들여졌고, 허균이나 박지원의 소설에 대해서는 시대의 반항으로 간주하여 가혹하게 대처하였던 것이다. 전체적으로 소설에 대해서는 부정적이었고, 희필에 대해서는 백안시하고, 문제의식이 진지한 작품에 대해서는 탄압했으니 이것이 우리의 소설문학이 가치 있게 융성하지 못한 이유이다.

한문소설에 대한 인식도 이와 같았으니 한글소설에 대해서는 더욱 비판적일 수밖에 없었다. 우선 한글이라는 문자에 대한 홀대와 경시에서 한문과 같이 보지 않았고, 한글로 된 소설이란 원래부터 황당무계나 일삼는 허무맹랑한 짓으로 치부하였다. 허황된 중국소설이나 흉내내어 혹세무민하고, 아녀자들을 홀려내어 황음에 빠지게 하고, 바느질 · 길쌈이나 방해한다고 몰아세워 심지어는 '소설망국론'의 원흉으로 몰아세우기도 하였다. 한글소설에 대한 이러한 평가는 같은 사정에서도 한문소설에 대하여는 희필이라 하여 無害無益한 정도로 관대하게 보아주던 것과는 달리 매우 야박한 것이었다. 그래서 한문소설에 대해서는 일방적인 매도를 하지 않았고, 함부로 소설망국론을 펴지도 않았다. 실제로 한문소설에서는 앞에서 언급했던 고소설의 일반적 폐단이 적용되지 않는 경우가 많은 것을 보더라도 한글소설과는 다른 이질성이 분명히 존재한다.

한글소설과 한문소설의 본질과 내력이 이렇게 다르다면 당연히 구분하여 논의되어야 옳을 것이다. 그러나 실제에 있어서는 구분 없이 같이 논의되는 경우가 더 많은 일은 한문소설, 한글소설을 위해서도 학문적으로 바람직하지 않다. 특히 그 의미적 영역이 상대적으로 넓은 한문소설의 입장에서 그렇다. 이렇게 복잡다단한 한문소설을 오늘날의 장르개념으로 단순하게 규정하고 한글 소설과 같이 논의하는 방식을 다시 생각해 봄직하다. 이보다 훨씬 시대적 범위가 짧고, 문학적 기능이 같지 않았으며, 발전과정이 비교적 단순했던 한글소설의 사정을 생각해야 한다. 이렇게 되면 결국 한글소설이 한문소설에 비하여 상대적으로 저평가될 수 있다는 점은 우려할만한 일이다. 그렇더라도 한문소설과 한글소설을 분리하여 논의한다면 보다 정확한 소설사를 쓸 수 있을 것이고, 우리의 소설사를 크게 보면 오히려 전체적인 평가를 높일 수 있다고 생각한다. 적어도 한문소설에 있어서만큼은 부분적으로 서구에 비해서 우월성을 논의할 수 있다고 생각한다. 설령 같은 소설문학으로 묶는다 하더라도 각론으로 가서는 구분하여 논의해야 우리의 小說史를 보다 섬세하게 기술할 수 있을 것이다.

한글소설과 한문소설이 이러한 이질성이 있다고 해서 늘 갈라놓고 생각할 필요는 없다. 둘 사이에는 같은 장르로서 先後의 관계가 있어왔으므로 비교문학을 통하여 서로 효과적인 소설연구를 기대할 수 있다. 만약에 편향적으로 한문소설의 문학사적인 존재가치만을 강조한다면 近現代소설과의 국문학적 연속성을 세울 수 없을 것이다. 한글소설의 발생을 한문소설을 배제한 채 설명할 수 없듯이, 한글소설 없이 고소설을 근현대 한글소설과 연결시킬 수 없다. 그런 의미에서 한글소설과 한문소설을 소설문학사적 연속성 확보라는 차원으로 관련시켜 생각하는 것은 국문학연구에서 매우 중요한 의미를 갖는다.

3. 언해문학에 대하여

언해문학이라고 하면 우선 그 이름부터 그리 긍정적이지 못한 면이 있는 것 같다. '諺解'라는 명칭 자체가 다분히 한문문학에 견주어 한글문학에 대하여 자학적이기 때문이다. 그래서 그냥 '번역문학'이라고 했으면 어땠을까 하는 생각도 있다. 지금 생각해보면 당대 우리 선조들의 떳떳지 못한 태도에 불만을 가져보기도 하지만 실상을 보면 우리도 선조에 비하여 더 나을 것이 별로 없다. 지금도 우리는 여전히 '諺解'라는 이름에 얽매어 온전한 국문학으로 여기지 않는 경향이 있다. 기껏 국어학에서 어학연구로 관심을 가질 뿐, 문학 쪽에서는 별 관심이 없는 듯하다. 그래서 대부분의 국문학사에서 이를 매우 소홀히 하고 있다. 이러한 현상은 이를 대하는 우리의 학문적 자세마저도 여전히 그 諺解라는 이름처럼 자학적이라는 사실을 보여주는 것이 아닌가 한다.

그렇더라도 다시 생각해 보면 언해문학을 번역문학이라 해도 그것은 분명히 창작문학과 다른 것이다. 무엇보다도 외국의 문학을 그대로 옮겨놓은 것에 불과하기 때문에 창작성이 없어 정당한 장르를 부여할 수 없다는 점에서 그렇다. 설령 장르로 인정한다 하더라도 국문학의 연속성 입장에서 보면 발생적으로 다른 국문학 장르에 연결될 수 없으므로 정상적인 국문학 장르라고 할 수 없다. 그러나 조금 더 생각해 보면 외국의 문학을 그대로 옮겨 놓기란 거의 불가능한 일이라는 점에서 번역자의 창작능력이 발휘되지 않을 수 없다. 번역을 '第二의 창작'이라고 하는 이유이다. 그렇다면 '언해문학'이라는 명칭과 관계없이 그것은 나름대로의 국문학적 가치를 가지고 있다는 전제가 있어야 옳다.

우리의 '언해문학'의 사정을 생각해 보면 일반적인 번역문학과 구별되는 점이 뚜렷하다는 점에서 각별한 주의가 필요하다. 당대의 '諺解'란 기존의 문자언어 문화를 일찍이 경험해 보지 못했던 새로운 문자표현 수단으로 옮겨놓는 작업이었다는 점에서 매우 큰 의미가 있다. 이미 우리의 중심적인 문자언어 수단으로 굳어진 지 오래인 한글로 외국문학을 번역하는 오늘날의 사정과는 그 차이가 현저하다. 오늘의 번역문학은 외국의 문학을 충실히 우리말로 옮겨 놓으면 그 소임을 다 한 셈이고, 그 문학적인 역량과 기능이 원래의 번역문학의 범위와 한계를 벗어나지 않을 것이다. 그러나 당대의 '언해문학'은 외국문학작품을 전혀 새로운 문자체계로 바꾸는 것이었기 때문에 단순히 외국의 문학 내용을 옮겨 놓는 것에 그치는 것이 아니라 그 일거수일투족이 그대로 새로운 국문학 장르를 창조하는 행위였다.

엄밀히 말한다면 국문학 장르의 첫째 요건은 '우리의 문자 기록'이어야 한다. 한문학이나 구비문학을 국문학에 포함시키는 일은 어디까지나 우리의 특수한 사정을 고려한 것이지 본래의 의미에 충실한 것은 아니다. 그렇게 생각했을 때 우리의 진정한 국문학은 한글문학에서 비롯된다고 해야 하고, 그렇다면 원칙적으로 한글창제 이전에는 완전한 국문학 장르는 없었다라고 해야 할 것이다. 그렇다면 우리의 '언해문학'은 '속된 글자'로 옮겨놓은 단순한 번역문학이 아니라 진정한 국문학 장르를 창조한 역사적인 문화창조 행위였다는 의미를 부여할 수 있다.

이러한 사실을 인정한다면 언해문학에 대한 인식과 평가는 크게 달라져야 옳다. 기존의 언해문학에 대한 관심은 대개 어학적인 관점에서 크게 벗어나지 못했던 것 같다. 그러나 이제는 그것을 문학적인 관점에서, 그것도 새로운 장르를 개척했다는 의미에서 주목해야 할 필요가 있다. 만약 善友太子傳, 薛公瓚傳이라는 언해가 없었다면 한글소설은 쉽게 형성되지 못했을 것이다. 같은 원리로 〈杜詩諺解〉를 통해서 우리말 시가문학이 한층 문학적으로 세련될 수 있었고, 儒家經典이나 佛經諺解는 산문적 수사력을 배양하는 기반이 되었으며, 辭賦문학에 대한 관심은 歌辭문학을 발전시키는 계기가 될 수 있었다. 다시 말해서 언해문학은 한글문학의 장르적 근원일 수도 있고, 장르의 개척기반이요, 그것을 성숙시키는 요람 역할을 한 것이었다. 문자가 문학의 출발이라는 상식적인 관점에서 본다면 한글을 사용한 언해문학이 새로운 국문학의 출발점이나 촉진제의 역할을 했다고 할 수 있다.

그렇다면 한글문학의 장르적 근원의 탐색은 우선 언해문학에서부터 출발해야 한다는 인식이 필요하다. 이러한 발상의 전환은 국문학 연구에 있어 적지 않은 도움을 줄 수 있을 것이다. 그렇게 생각한다면 언해문학이 갖는 의의나 가치는 대폭 수정, 상향조정 되어야 한다. 특히 한글소설의 형성과정을 논의하는 데 있어 한문소설 언해문학은 매우 중요한 의미를 갖는다. 흔히 최초의 한글소설을 洪吉童傳으로 말하지만 상식적으로 생각해 보아도 어느 날 갑자기 이와 같이 완전한 소설이 출현할 수는 없다는 점에서도 그 이전에 어떠한 소설작품이 존재했었으리라는 가정이 타당하다. 엄밀히 말한다면 홍길동전의 한글소설 효시론은 다만 그 이전의 한글소설 현전 작품이 남아있지 않았다는 것에 의지한 것일 뿐이어서 매우 유동적이다. 당연히 그 이전에 이에 이르기 위한 소설 작품이 존재했었다는 확신이 필요하다.

이러한 과정에서 초창기의 한문소설 언해문학은 매우 중요한 의미를 갖는다. 그동안 우리는 선우태자전을 비롯한 일련의 불교설화 언해들을 단순한 설화문학으로 보는 데 익숙해져 있었다. 그러나 그것들이 우리 고유의 설화일 수는 없는 일이고, 인도 불교설화가 직접 한글로 정착된 것이라고 하기도 어렵다는 점에서 단순한 설화문학으로 말해서는 안 된다. 원전을 생각해서라도 그것은 한문으로 된 불교설화를 번역한 것이 틀림없다. 그것이 설화였거나, 소설이었다는 것이 중요한 것이 아니라 번역되었다는 사실이 훨씬 중요하다. 그리고 그것이 번역물이라면 유감스럽게도 그것에 정당한 국문학 장르의 지위를 부여하기 어렵다. 번역물은 장르상으로 정당한 국문학이 아니기 때문이다. 口碑文學을 문학장르로 양해한다 해도 불교緣起설화들이 우리 전래의 구비문학이 아니라는 점에서 단순한 우리의 설화문학 장르라고 할 수 없다. 그럼에도 불구하고 이것들은 우리의 소설문학의 근원 탐색에 있어 매우 중요한 의미를 갖는다. 비록 정당한 국문학 장르의 지위를 차지할 수 없더라도 국문으로 원형적인 소설의 모습을 갖추었다는 사실 하나만으로도 충분한 존재가치를 가지고 있다. 비록 외래의 원작을 옮긴 것이긴 하지만 그 문자 수단이 우리의 것이었다는 점에서 한글소설의 출발점으로 잡을 수 있기 때문이다. 이러한 관점은 한글소설사를 논의하는 데 있어 매우 중요하다.

우리의 소설문학을 논의할 때 한문소설과 한글소설을 뭉뚱그려 말할 때가 많다. 그러나 그래도 될 만큼 둘 사이가 같지 않다는 점은 앞에서 언급된 바와 같다. 그 밖에도 같은 장르라 해도 표현문자의 차이는 서로 소통하기에 넘어야 할 난관이 생각보다 많다. 최초의 한문소설은 금오신화이고, 한글소설은 홍길동전이라고 말하는 것까지는 양해되더라도 도대체 금오신화와 홍길동전은 우리 소설사에에서 무슨 인과관계가 있는지에 대해서는 별 관심이 없었던 것 같다. 이들이 모종의 관계가 있다면 당연히 밝혀져야 할 것이고, 관계가 없다면 당연히 한글소설과 한문소설은 따로 논의되어야 옳다. 그럼에도 불구하고 이에 대하여 마땅한 정리가 되어있지 않은 가운데에서 구분 없이 소설문학사를 논의하는 것은 학문적인 무감각에 가깝다.

한글소설과 한문소설은 구분하여 논의하는 방향이 바람직하다는 생각이다. 홍길동전에서 金鰲新話나 假傳體 소설, 調信 등과 인과적 관계를 찾을 수 없다면 한글소설의 뿌리를 한문소설에 둘 수 없을 것이고, 둘은 서로 근원이 다른 것이 되기 때문이다. 물론 이들의 인과관계를 결정하는 일이 쉬운 일은 아니겠지만 이질적인 요소가 훨씬 많다는 것은 같이 논의하기 어렵게 한다는 생각이다. 흔히 고소설의 특징을 몇 가지로 말하지만 그것은 대부분 한글소설에 해당하는 말이라서 그 특징들을 한문소설에까지 같이 적용할 수 없다는 사실만으로도 그 이질성을 입증할 수 있다. 그 밖에도 先行했던 한문소설과 시대적으로 훨씬 뒤처졌던 한글소설 사이에서 영향관계를 쉽게 찾아낼 수 없다는 점에서도 한글소설과 한문소설은 별도로 논의되어야 할 필요가 있다.

이러한 관점에서 현전자료를 가지고 볼 때, 언해문학인 善友太子傳이 갖는 한글소설로서의 가치는 매우 크다. 우선 그것은 번역물이라는 한계보다는 한글소설의 원형이었다는 사실이 훨씬 중요하다. 물론 한문소설 창작에서 숙련되었던 수사적 기능이나 수단이 언해소설이나 한글소설의 창작에 작용했을 것이라는 가능성을 부인하는 것은 아니지만 어차피 한문소설과 한글소설이 구분되어 논의되어져야 한다면 언해소설이 갖고 있는 소설사적 의의는 더욱 커진다. 불교연기설화를 번역한 것이 선우태자전이었다고 한다면 이는 초창기의 한글로 된 설화계 소설의 원형으로 보아 틀림없다. 선우태자전이 한글이라는 문자로 소설로 정착되었다는 사실은 우리 한글소설 문학사상 처음 있는 역사적 사건이었음을 말하는 것이다. 그렇다면 이것은 언해문학이라는 한계를 충분히 극복하고, 한글소설의 역사를 새로 시작했다는 획기적인 문학사적 의미를 부여해야 옳다. 그 밖에도 三綱行實圖諺解를 비롯한 儒家敎訓類의 언해도 한글소설의 형성에 일정한 역할을 했음이 틀림없다. 다만 이것은 인물의 傳記라는 점에서 사실성이 중시되었으니 傳奇性이 강한 불교설화들에 비해서 소설성이 적었다는 차이는 있을 수 있다.

시대적으로 뒤이지만 薛公瓚傳이 갖는 의미는 더욱 확실하다. 그것은 우리의 창작인 한문소설을 직접 언해했다고 확신할 수 있는 최초의 자료이기 때문이다. 원문인 설공찬전이 우리의 한문소설이었고, 언해 설공찬전이 한글소설이라면 한문소설과 한글소설을 직접 연결시킬 수 있다는 점에서 앞서의 선우태자전이 갖는 한계를 뛰어넘는다는 장점도 있다. 한문소설과 한글소설을 아우르고 연결시켜 논의할 수 있어야 한다는 것은 당연한 일이지만 앞서 말했듯이 그리 쉬운 일은 아니었다는 점에서 더욱 가치가 있다. 실제로 한문소설과 한글소설은 여러 가지 면에서 다른 특성을 보이기 때문에 더불어 논의하기가 곤란할 때가 많고, 이것은 우리 소설문학사에 있어 적지 않은 맹점이다. 이러한 상황에서 설공찬전과 언해 설공찬전을 같이 논의할 수 있다는 것은 이러한 한계를 극복할 수 있다는 점에서 여간 다행한 일이 아니다. 그럼에도 불구하고 그동안 설공찬전에 대하여 관심이 부족하였다는 것은 매우 아쉬운 일이다.

흔히 홍길동전을 한글소설의 처음이라고 말해왔지만 여러 가지 면에서 개운치 않은 점이 있다. 작자의 문제, 현전 판본과 추정제작 연대의 거리, 초창기 한글소설로 단정할 수 있는 근거 미약, 심지어는 원본이 한글본이었는가에 대한 확신도 쉽지 않은 것이 사실이다. 그리고 비슷한 시기에 나온 다른 한글소설을 찾아보기 어렵다는 점에서도 문학사적 가치 판단을 망설이게 하기도 한다. 지금까지 알려진 대로라면 홍길동전은 한글이 창제된 지 이백 년이 가까운 시점에서 갑자기 나온 셈인데 이러한 작품의 시대적 돌출은 문학사적 보편성을 약화시킨다. 홍길동전이 한글소설의 효시작이라고 보기에 이러한 문제가 있다면 이제는 더 이상 이에 구애받지 않는 과감한 발상의 전환이 필요하다.

이러한 시점에서 초창기의 언해소설에 대한 관심을 갖는다면 매우 의미 있는 일이 될 것이다. 이제는 초창기의 언해소설에서 언해문학이라는 굴레를 과감히 걷어내고 떳떳한 국문학으로 연결시키는 문학사적인 안목을 가져야 한다. 그랬을 때에 우리는 거기에서 홍길동전이 갖는 여러 가지 한계를 극복할 수 있는 단서들을 찾아낼 수 있을 것이다. 그러한 작업은 홍길동전의 가치를 훼손하는 것이 아니라 오히려 그것이 갖고 있는 문학사적인 보편적 가치를 확보할 수 있게 해 줄 수 있다. 홍길동전과 초창기 언해소설과 연결시켜 인과관계를 찾아낼 수 있다면 그야말로 서로를 비추어 확인할 수 있는 同明相照의 효과로 우리의 한글소설문학사를 보다 합리적이고 체계 있게 서술할 수 있을 것이다. 이들을 자연스럽게 연결 서술할 수 있다면 언해소설은 더 이상 異邦의 문학이라거나 절반의 문학이 아니요, 홍길동전은 더 이상 돌출문학이 아닌 문학사적 보편성을 보장받을 수 있다.

초창기의 언해소설들이 모방문학에 그치고, 설화 수준에 그친다는 한계가 있는 것이 사실이지만 오히려 이러한 한계들이 한글소설이라는 한 장르의 시작이라는 방증이 된다. 모든 예술은 모방에서 출발하고, 소설의 시작은 설화에서 비롯된다는 것이 상식이기 때문에 한글소설의 시작은 완숙한 수준을 보이는 홍길동전이라고 하기보다는 소설로서는 다소 손색이 있는 초창기 언해소설이라고 하는 것이 더 자연스럽다. 흔히 말하는 대로 '최초의 소설'보다는 '소설의 시작'을 규명해 내는 것이 국문학사적으로 더 가치 있는 일이다. 문학사적으로 볼 때 '최초'라는 개념은 항상 유동적이라서 쉽게 단정할 수 없는 것이다. 생각해 보면 '효시작'이란 원래 장르가 확정된 이후의 개념이다. 문학사는 장르의 확정도 중요하지만 확정되기까지의 과정이 더 중요하다. 역사는 史實의 나열이 아니라 그것의 연속성을 확보하는 것이고, 연속성을 확보하기 위해서는 그 과정이 밝혀져야 한다. 사정이 이런데도 우리는 문학사에서 관행적으로 '최초' '효시작'이란 단정을 매우 즐겨왔다. 그러나 이러한 위험하고 실효성이 적은 모험보다는 장르의 '시작' '근원' '원형' '과정' 등에 대한 개념 확립의 작업이 문학사 연구에 훨씬 중요하다. 비단 소설에서만 그치는 것이 아니라 모든 장르에서도 마찬가지이다.

사실이 이렇다면 이제는 한글소설의 기원을 새로운 시점에서 논의해야 한다. 앞에서 언급된 작품과 같은 의의를 갖는 작품들을 우리의 언해문학에서 어렵지 않게 찾아낼 수 있다. 앞에서 언급된 것 이외에도 우리는 많은 불교 緣起說話들을 보유하고 있다. 이들을 찾아내어 다듬는다면 우리의 한글소설사는 획기적인 진전을 볼 수 있으리라 믿는다. 金牛太子傳을 언해물로 규정하는 데 그친다든지, 설공찬전을 소설문학으로 인정해야 할 것인가에 대하여 고민한다든지, 홍길동전이 최초의 한글소설인가에 대한 논란을 벌이는 데 그치는 과거의 관행들은 우리의 고소설 연구에서 더 이상 바람직한 일이 아니다. 한글소설의 첫 작품을 홍길동전으로 규정하느냐는 문제가 중요한 것이 아니라 그것이 나오게 된 근원과 과정을 면밀히 살피는 일이 더 중요한 과제이다.

한글소설의 출발이 우리의 언해문학이라면 우리의 한글소설의 근원을 걸핏하면 중국소설로 간주해 온 그동안의 관행은 재고해야 한다. 중국소설이 한글소설에 영향을 주었다는 사실을 부정할 수는 없는 일이다. 그러나 문학사의 기술에서는 좀더 명확한 용어의 개념설정이 필요하다. 이른바 '영향'이라는 것이 장르의 발생이나 형성에 관련되는 의미인지, 아니면 장르의 발전에 관련되는 것인지는 다른 문제이므로 그 기준을 분명히 해야 한다는 것이다. 壬亂, 丙亂 이후에 중국소설의 영향으로 한글소설이 발생했다고 하면 우선 홍길동전만 기준으로 하더라도 성립하기 어려운 말이다. 그러므로 중국소설의 영향론은 한글소설의 발생보다는 발전과정으로 한정되어야 할 것이다.

사정이 이러한데도 이를 분명히 하지 않는다면 중국소설이 한글소설의 발생에까지 절대적인 영향을 미친 것으로 말해질 수 있고, 실제로 그렇게 논의되고 있는 경우도 있다. 그러나 언해소설의 가치를 아랑곳하지 않고, 우리 한글소설의 형성을 중국소설의 영향으로만 단정하는 것은 국문학사의 연속성을 심각하게 훼손하는 행위라는 사실을 알아야 한다. 값싼 민족주의 이념을 내세우자는 것이 아니라 '발생'과 '발전'이라는 개념설정마저 제대로 되어있지 못하다는 안타까움이 더 크다. 만약 '발생' '발전'이라는 개념에 충실하여 구분했더라면 이러한 일은 벌어지지 않았을 것이다. 중국소설이 한글소설의 모태가 되다 보니 한글소설은 우리의 한문소설이나 언해소설과는 아무 상관이 없게 되었고, 한글소설의 국문학사적인 연속성은 단절되고 말았으니 이는 국문학사에 있어 중대한 손실이다. 이렇게 불철저한 개념인식 때문에 이른바 '최초의 한글소설 홍길동전' 이라는 판에 박힌 입버릇이 아직도 아무렇지도 않게 통용되고 있는 실정이고, 그러다 보니 우리의 언해소설이 빛을 잃고 잠자고 있을 수밖에 없는 것이다. 이래서야 우리의 한글소설사가 제대로 쓰여질 리가 없는 일이다. 한글소설사를 바로 쓰기 위해서라도 언해소설 문학에 대한 특별한 관심이 필요하다.

諺解는 불교, 유교경전, 교훈서에서도 이루어졌다. 경전과 그에 따르는 불경의 論疏, 유교경전의 注疏, 內訓과 같은 교훈서의 언해는 한글의 사실의 기록이나 논리적인 산문, 수필의 형성에 중요한 작용을 했을 것이다. 釋譜詳節이나 月印釋譜를 통하여 초창기의 한글산문문학이 형성되는 계기가 마련되었는데 특히 제왕들이 주도했다는 점에서 그 영향력이 컸을 것이다. 아예 간경도감을 설치하여 언해를 국책사업으로까지 확대하였다. 여기에서 벌인 언해사업은 그 장르적 범위가 넓었기 때문에 소설언해와는 달리 이것을 장르적인 차원에서 연결 관계를 설정하기는 간단치 않다. 그렇기 때문에 經典 언해류들의 장르적 역할은 소설만큼 분명하지는 않다. 그러나 이러한 언해를 통해서 각 장르에 걸친 한글의 수사적 記述力이 향상된 것만은 분명하다.

杜詩諺解, 聯珠詩格諺解를 비롯한 시가문학의 언해과정에서도 우리말 시가문학에 대한 긍정적인 작용을 했을 가능성이 있지만 우리의 시가문학은 그 이전부터 충분히 기반이 닦여져 있었으므로 장르발생적인 차원의 영향까지는 말하기 어려울 것이다. 歌詞보다는 곡조 중심으로 형성되는 시가문학의 특성상 歌詞만을 다룬 漢文시가문학의 언해는 그만큼 우리 장르에 미치는 영향이 제한적일 수밖에 없다. 그러나 한글창제 이후 그 실험작으로 만든 龍飛御天歌에서 같이 나란히 기록된 한문악부체는 직간접적으로 용비어천가라는 한글 악장체 문학의 형성에 중요한 작용을 했을 것으로 생각한다. 똑같은 내용이 다른 문자로 나란히 기록되었다는 것은 서로 번역의 관계에 있다는 사실을 입증하는 것이기 때문이다. 이런 과정을 거쳐서 月印千江之曲이라는 악장체의 시가문학이 나올 수 있었을 것이다. 일부에서 제기된 바 있는 時調의 漢詩기원설의 입장에서 말한다면, 漢詩를 번역하다 보니 시조가 되었다는 식의 주장을 수용할 수는 없더라도, 시조의 형성에 漢詩 언해의 과정에서 그 수사적 역할이 작용했을 것이라는 추정은 무리가 없다. 時調나 歌辭, 樂章體에서 자주 등장하는 한문투의 詩語나 고사들은 알기 쉬운 그 영향의 흔적들이다. 漢詩를 그대로 번역한 경우도 그렇지만, 한시를 시조로 번역하고, 시조를 다시 한시로 번역하는 일이 많았는데 그 과정에서 漢詩의 수사력이 우리 시가문학의 수단을 높였을 가능성이 충분하다. 특히 漢詩 漁父歌를 개작하여 時調 漁父詞를 지었다고 밝힌 李賢輔의 경우를 생각하면 그것을 시조의 기원설로 인정하기는 조심스러운 면이 있더라도, 최소한 한시의 번역이 시조의 형성에 중요한 역할을 했다는 사실만은 부정할 수 없다. 물론 改作과 諺解가 같을 수는 없겠으나 이현보의 어부사는 한시를 바탕으로 해서 지은 것이고, 개작도 일종의 변형 언해라고 할 수 있다면 부분적이나마 시조의 발전에 영향을 준 것으로 보아 틀림없다. 이러한 사례는 비단 이현보의 경우에 그치는 것이 아니라 퇴계의 陶山十二曲이 李鼈의 漢詩인 六歌를 참조했다고 밝힌 사실을 생각하면 한시와 시조가 전혀 무관한 장르는 아닐 것이다. 그리고 小樂府에서와 같이 시조를 한시로 번역하고, 또한 한시를 시조로 번역하는 일이 많았는데 이 과정도 시조와 한시의 언해과정으로 보아 그 발전에 영향론을 논의할 수 있을 것이다.

만약에 歌辭의 근원이 辭賦에 있다고 한다면 이것 역시 사부의 언해가 먼저 작용했을 것이라는 추측을 할 수 있다. 그런데 世宗을 전후하여 조정에서 辭賦, 특히 〈楚辭〉의 간행을 주도하였는데 이는 충절의 윤리를 높이려는 정책적인 의도에서이다. 그래서 실제로 당대에 辭賦문학이 권장되었고, 그것을 읽고 짓는 풍조가 성행했다. 그렇다면 그것의 언해활동도 있었을 개연성이 충분하다. 설령 그 언해활동이 官 주도에서 진행되었다는 확증이 없더라도 사부문학이 성행했다면 개인적으로도 언해에 준하는 활동이 있었을 가능성이 있다. 일찍이 우리의 시가문학에서 歌辭의 근원으로 잡을 수 있는 특정 장르를 확신할 수 없었다면, 辭賦의 언해활동이 가사의 발생적 근원일 수 있다는 가정은 歌辭연구에서 매우 중요한 의미를 갖는다.

4. 李奎報와 許筠의 評論文學

국문학 연구에서 평론이라는 표제를 내걸고 따로 논의한 적은 별로 없는 것 같다. 여기에 해당하는 것으로는 '文學思想'이라는 이름으로 많은 연구가 있어왔다. 그러나 기존의 문학사상연구가 종교, 철학 방향으로 치우쳐 있었고, 문학장르를 초월하여 그 대상을 삼았으므로 문학평론이라고 하기에는 너무 광범위하다는 아쉬움이 있었다.

앞서 국한문학론에서도 이와 관련되는 논의를 한 적이 있어 중복되는 부분이 있을 것이다. 다만 거기에서는 한문학 전반에 걸친 평론적 역할, 기능에 초점을 맞춘 것이고, 여기에서는 국문학 평론이라는 관점에서 그 산문적 면모를 집중적으로 살폈다는 점에서 차이가 있을 것이다.

국문학의 평론문학을 모두 말하기란 어려운 일이므로 여기에서는 편의상 李奎報와 許筠을 중심으로 해서 논의하고자 한다. 이들을 주목해야 할 이유는 국문학의 진행에 획기적인 전환점이 되는 평론작품을 남겼다고 판단하기 때문이다. 그러므로 이 짧은 논의를 통해서도 국문학 평론의 대세를 조망해 볼 수 있으리라고 기대한다. 이규보는 국문학사상 가장 뛰어난 문학적 성과를 남겼던 文豪로 이론의 여지가 없고, 허균은 부정적인 평가가 많은 가운데에서도 국문학 비평에서만큼은 정평이 있었던 이로 국문학 평론을 대표할만한 평론가라고 할 수 있다. 이들은 다양한 장르에서 걸출한 작품을 남긴 것은 물론이고, 탁월한 문학이론으로 시대의 문학적 흐름에 단호히 맞서 저항하고, 비판했다는 점에서 국문학사상 획기적인 평론가라고 할 수 있다. 그들은 도도한 국문학의 흐름에 홀몸으로 당당하게 맞서 저항한 중류지주(中流砥柱)와 같은 존재였다 해도 과언이 아니다. 이들에 상응하거나 유사한 문학관을 가지고 있었던 평론가는 당대는 물론, 온 국문학사를 통틀어도 찾아내기 어려울 정도로 독창적이요, 개혁적이라는 점에서 둘은 공통점이 있다. 둘 사이에는 사백 년의 時差가 있지만 오직 둘만이 상통하는 문학관을 공유하고 있는 부분이 적지 않다는 점도 유의할 만하다. 이들이 가지고 있던 문학관이 이렇게 비판적이요, 개혁적이었다는 것은 그만큼 이들의 주장이 당대의 문학에 수용되기 어려웠고, 적극적으로 작용하기 어려웠다는 사실을 의미하는 것이기도 하다. 그렇다면 이들이 가지고 있었던 명성이나 위치만큼 그 문학관이 실제로 국문학의 흐름에 영향력을 발휘했을 가능성도 적어보인다. 이러한 사정은 기존의 질서에 보다 개혁적이고, 비판적이었던 허균의 경우가 더욱 그렇다. 실제로 이규보의 경우, 그가 주장했던 문학이론들은 국문학의 흐름을 크게 바꾸지 못했다. 오히려 그가 옛것을 답습한다 하여 비판했던 擬古主義는 개선은커녕, 用事論이나 환골탈태론을 통해서 더욱 그 병폐가 깊어지는 것을 막지 못했다. 허균의 反朱子主義나 反古文主義에는 어느 정도 뜻을 같이 하는 인물이 있었으나 그가 내세운 反封建主義는 지지는커녕 오히려 스스로 무덤을 파는 결과를 가지고 왔으니 실제로 국문학의 흐름에 가시적인 역할을 했다고 평가하기 어렵다. 그러나 국문학사의 관점으로는 이들의 평론이 당대의 문학을 어떻게 움직였는지의 결과적 성과보다는, 그들이 가지고 있었던 문학사적 활동과정이나 역할과 함께 그 문학사적 의의와 가치를 찾아내는 일이 더 중요하다. 특히 허균의 경우에는 정치적인 이유로 인해 그 문학적 역량이 부당하게 폄하되기까지 했기 때문에 그의 평론적 업적마저도 과소평가 되었다는 사실을 생각해야 한다. 게다가 그의 비평론은 당대의 관행을 매우 과감하고, 과격하게 비판했기 때문에 문학계에 수용되기 어려운 것이었다. 그러나 지금의 관점으로 보아서는 그럴수록 그의 비평의식은 개혁성이 강한 것이었기 때문에 그 성과와 관계없이 높이 평가되어야 할 것이다. 그들이 주장했던 개혁성의 비평론이 당대의 관행에서 크게 벗어났던 만큼 더 개혁적이었고, 미래지향적인 가치가 높은 것이었다. 그 미래지향적인 가치를 간단히 말하면 이규보는 당대에 성행했던 擬古主義, 修辭至上主義의 구태를 시정한 것이었고, 허균은 당대의 주류였던 封建主義, 古文主義, 道學文學의 부자연에 대하여 거세게 저항했던 것이다. 더러는 다른 문인들도 載道文學이나 고문주의를 비판한 경우는 있었으나 封建主義에 정면으로 맞선 이는 허균만이 있을 정도였다.

문헌기록을 기준으로 하다 보니 문집에 실려있는 그 평론 작품을 중심으로 구체적 논의를 하는 것이 좋을 듯싶다. 국문학에서는 논설, 수필 이외에도 漢詩, 辭賦 등을 통해서도 비평이 이루어졌기 때문에 비평활동이 평론이라는 장르만을 통해서 이루어진 것은 아니지만 여기에서는 대표적인 비평가라고 할 수 있는 이규보와 허균의 대표적인 논설, 수필을 중심으로 하여 논의하고자 한다. 그리고 이에 대비되는 여타의 작품과 작가를 비교하는 과정을 통해서 전체적인 국문학 평론의 면모를 살필 수 있을 것이다. 현전하는 문집의 시작은 李仁老의 〈破閑集〉이니 거기에서부터 평론문학을 시작해야 할 것 같다. 그런데 얼마 뒤에 나온 이규보의 〈東國李相國集〉이 이어지는데 〈파한집〉과는 여러 가지 면에서 대조되어 이 둘을 견주어서 논의하는 것이 효과적이라고 생각한다.

이인로와 이규보는 당대를 대표할 만한 문인이지만 문학사적인 면에서는 아주 대조적이라서 흥미롭다. 같은 시대를 누볐던 두 사람이 문학적으로 대조적이라는 사실은 이 시기가 문학사적으로 중요한 전환점임을 시사하는 것이다. 전환점이 되는 시기는 문학사 변천의 과정을 모두 볼 수 있다는 커다란 장점이 있다. 무신란은 국문학사상 가장 파급력이 큰 사건으로 국문학은 일대 전기를 맞게 되는데 이 시대의 모든 문학적 상황을 가장 잘 보여주는 문인이 바로 이 두 사람인 것이다. 이인로는 기성세대, 이규보는 신흥세대의 문학을 대표하는 전형적인 인물이다. 이인로를 통해서 전통적인 문학을 확인할 수 있으며, 이규보를 통해서 새로운 문학론을 한눈에 볼 수 있는데 이러한 사례는 국문학사상 보기 드문 好機이다.

李仁老는 비평문학을 일으켰으며, 문학을 존중했던 전기 고려의 전통적인 수사주의, 심미주의 문학을 지켜온 기성문인세대의 전형적인 인물이다. 심미주의는 修辭 지상주의를 추구했으며, 그 주요한 수사적 수단은 주로 이전의 모범적인 글을 모의하는 것이었다. 모의적 태도는 기존의 작품을 활용, 표절을 능사로 하는 用事論을 자아냈으며, 용사는 결국 이러한 모의를 정당화하는 이른바 환골탈태론으로 합리화되었다. 기존의 작품에서 글자 일부를 바꿔치기하는 수단을 換骨, 글자 의미를 轉用하는 수법을 奪胎라고 하면서 이를 詩作의 모범적 수단으로 삼았다. 지금으로 말하면 거의 패러디의 수준으로 비판받아 마땅한 일이지만 당시에는 이것이 詩壇을 지배하던 대세였다. 〈破閑集〉의 일절을 보면 당대의 문학관을 짐작할 수 있다.

> 옛사람은 비록 뛰어난 재주가 있더라도 함부로 경거망동하지 않고, 먼저 갈고 닦는데 힘썼다. 그런 후에야 후세에 아름다운 글을 남길 수 있는 것이다.
> 是以古之人 雖有逸才 不敢妄下手 必加鍊琢之功 然后足以垂光虹蜺輝暎千古
>
> (필자 역)

옛것을 모범으로 삼는 擬古主義는 온고지신(溫故知新)의 정신으로 정당화되어 온 우리의 뿌리 깊은 전통이니 문학도 예외가 아니다. 그러나 옛것을 숭상하는 사고는 분명히 발전적이 아닐뿐더러 停滯를 가져오기 십상이라는 데에 본질적인 문제가 있다. 비록 재주가 있더라도 경거망동하지 말아야 한다는 생각은 표현과 창달이 핵심인 문학의 속성과는 맞지 않는다. '갈고 닦는다는 것'은 주제의식이나 내용보다는 화려한 수사기교를 더 강조한 말이고, 화려한 수사기교를 추구하는 것은 자칫 내용의 부실이 되기 쉽다. 이른바 '아름다운 글'이란 '찬란하나 곧 사라질 무지개'와 같아서 수사제일주의의 문제점을 스스로 드러내고 있다. 수사제일주의가 나쁘다는 것이 아니라 그러한 모습에 극단적으로 치우치는 것이 문제이다. 이러한 당대의 文風에 대해서 정면으로 수정하고 나선 이가 이규보이다.

이규보는 이인로와 같은 시대를 산 사람이지만 그 문학관과 인생은 전혀 달랐다. 우선 그는 이인로의 심미주의, 수사제일주의보다는 참여적 사실주의의 입장에 서 있다. 擬古主義, 用事論, 換骨奪胎論을 적극 비판하고, 새로운 주제의식을 강조하는 新意, 독창론을 극력 주장하였다. 이인로가 감상적 태도와 시련의 삶을 살았다면 이규보는 호방한 태도와 신흥사대부로서의 득의의 삶을 누렸다. 그리고 이인로와는 달리 詩뿐 아니라 모든 장르에서 두각을 나타내어 우리의 漢文學史를 대표하는 文豪로 손색이 없었다. 그의 문학비평론도 그 예외가 아니다. 이에 몇 편의 구체적인 작품을 통하여 그 면모를 살펴본다.

> 내 본래 詩를 좋아하는데 잠자리에서나 병석에 누우면 평소보다 두 배나 더하니 까닭을 알 수 없다. 詩興이 일어나면 술을 마시며, 시를 짓지 않을 수가 없으니 병이 아닐 수 없다. 일찍이 詩癖篇을 지었으니 스스로 애닳아 한 것이다.
> 予本嗜詩 雖宿負也 至病中尤酷好倍於平日 亦不知所以 每寓興觸物 無日不飮 欲罷不得 因謂此亦病也 曾著詩癖篇以見志 盖自傷也
>
> 일월은 심장과 간장을 도려내서 몇 편의 시를 짜 낸다.
> 日月剝心肝 汁出幾篇詩
>
> 살과 기름과 피가 다 말라붙어
> 滋膏與脂液 不復留膚肌
>
> 뼈만 앙상히 남아 읊조리니 참으로 딱하구나
> 骨立苦吟哦 此狀良可嗤
>
> (필자 역)

이는 詩作의 태도를 詩로써 밝힌 것이다. 이규보는 스스로 三酷好先生이라고 할 만큼 酒, 琴과 함께 詩를 좋아하는 풍류시인이었다. 그러나 그의 시론은 천재적, 낭만적 풍류가 아니라 고심참담하는 노력을 요구하고 있다. 詩興이 일어나 시를 짓지 않으면 병이 나니 詩를 짓지 않을 수 없고, 육체에 病이라도 나면 이에 詩病이 더하여 더 큰 병이 되니 이를 詩癖이라 하였다. 詩興이 일어나면 심장과 간장을 도려내고 쥐어짜는 쓰라린 아픔으로 겨우 몇 편의 시를 지어낸다고 하였다. 그러다 보면 그 고심참담하는 아픔과 뼈를 깎는 刻苦勉勵로 살과 기름과 피가 다 말라붙고, 뼈만 앙상히 남은 채 詩를 읊조리고 있다고 하였으니, 이는 시를 짓는다는 것은 身命을 다 바치는 일이어야 한다는 作詩論을 역설한 것이다. 이러한 자신을 참으로 딱하다고 자탄하였지만 여기에는 시인으로서의 자부와 긍지가 역설적으로 나타나 있다. 여기에는 詩癖에 빠진 자신이야말로 위대한 시인이 아니겠느냐는 득의의 성취감이 숨어있다.

> 무릇 詩라는 것은 意가 중요하다. 意를 세우는 것이 어려운 것이고, 詩語 구사는 다음의 문제이다. 意는 氣에서 나오고, 氣의 우열에 따라서 시의 수준이 달라진다. 氣라는 것은 天에서 오는 것이라서 노력으로 될 일이 아니다. 그러므로 氣가 부족한 자는 글 다듬기에나 골몰하여 意를 드러내지 못한다. 그저 글 다듬는 잔재주나 부려 겉으로 보기에는 화려하나 글 속에 깊고 도타운 意가 없어 처음 읽을 때에는 그럴듯하나 다시 음미해보면 맛이 없어진다.
>
> 夫詩以意爲主 設意尤難 綴辭次之 意亦以氣爲主 由氣之優劣 乃有深淺耳 然氣本乎天 不可學得 故氣之劣者 以雕文爲工 未嘗以意爲先也 盖雕鏤其文 丹青其句 信麗矣 然中無含蓄深厚之意 則初若可翫 至再嚼 則味而窮矣
>
> (필자 역)

이것이 氣天賦論이요, 意主論이다. 글에서 가장 중요한 것은 意이다. 글의 성패를 결정하는 것은 무엇보다도 意이니, 여기에서 意란 대개 글의 사상, 가치관, 주제의식에 해당할 것이다. 이에 비하면 문자, 문장, 어구, 聲律 등을 구사하는 수사수단은 그야말로 잔재주에 불과한 것으로 규정하고, 기존의 수사제일주의를 정면으로 비판하고 나선 것이다. 글의 잔재주는 얼핏 보기에는 화려하고 그럴듯해 보이나 진지한 내용이 없으므로 허울좋은 造花에 불과하다는 것이다. 그러니 글의 요체는 意를 세우는 데에 있다. 그런데 意의 우열은 氣에 의해서 결정된다고 하였다. 여기에서 氣는 성리학에서 말하는 理氣의 개념이 아니라 사람이 가지고 있는 기개, 기질, 風骨 정도로 이해하는 것이 좋다. 사람의 기질에 의해서 주제의식이 세워지는 것이므로 먼저 기개를 기르는 것이 좋은 글을 쓰는 첩경이다. 그런데 그 氣는 天賦的인 것으로, 배우거나 노력으로 길러지는 것이 아니라고 하였다. 그러니까 타고난 재능이 없는 자는 어쩔 수 없이 글이나 꾸며대는 잔재주를 부릴 수밖에 없다는 것이다. 수사론자에 대하여 경멸에 가까운 혹평이어서 기존 문학관에 대한 강력한 비판을 하고 있는 장면이다. 그러나 氣를 배워서 얻을 수 없는 것이라고 한다면 글은 타고난 재능에만 의지해야 된다는 말이므로 사실 여부를 떠나 문학평론으로서는 철저하지 못한 면이 있다. 이규보는 文豪로서 자부심이 넘쳤던 사람으로 그러한 긍지가 오만으로 드러난 장면이 아닌가 한다. 아무튼 意主論은 당대의 文風에 대한 중대한 비판이요, 도전으로 이규보의 문학사적 가치를 드러내기에 충분한 문학비평론이다.

> 오직 깨끗하고, 씩씩하고, 곱고, 담백한 기풍을 골고루 구사한 후에야 詩로서 갖추었다고 할 수 있다. 한 體를 갖추었다고 자랑삼아서는 안 된다. 詩에 아홉 가지 피해야 할 體가 있는데 이는 내가 깊이 생각해서 스스로 얻은 이치이다. 맑고 고달픈 글은 '나무꾼체'이다. 온통 화려하게 꾸민 글은 '대궐체'이다. 글에 고인의 이름을 자주 들먹이는 것은 '수레에 귀신을 가득 실은 體'이다. 고인의 詩意를 盜用하매 잘 해도 불가한데 그마저 서툴면 '좀도둑날림체'이다. 근거도 없이 억지 압운을 휘두르는 것은 '센 활을 당기고 감당하지 못하는 體'이다. 분수도 모르고 멋만 부리는 압운은 '過飮體'이다. 기괴한 글자를 자랑삼는 것은 사람을 혼란하게 만드니 '함정 파고 소경을 빠뜨리는 體'이다. 기괴한 시구를 끌어들이는 것은 '억지로 강요하는 體'이다. 평범한 시어를 자주 쓰는 것은 '촌부가 나불거리는 體'이다. 상서롭지 못한 말을 좋아하는 것은 '존귀함을 능멸하는 體'이다. 시어가 거칠고 가지런하지 않은 것은 '밭에 잡초가 가득한 體'이다. 이 不宜體를 면해야 가히 더불어 시를 논의할 수 있다.
>
> 惟能雜用淸警雄豪姸麗平淡然後備矣 而人不能以一體名之也 詩有九不宜體 是予所深思而自得之也 純用淸苦爲體 山人之格也 全以姸麗裝篇 宮掖之格也 一篇內多用古人之名 是載鬼盈車體也 攘取古人之意 善盜猶不可 盜亦不善 是拙盜易擒體也 押强韻無根據處 是挽弩不勝體也 不揆其才押韻過差 是飮酒過量體也 好用險字 使人易惑 是設坑導盲體也 語未順而勉引用之 是强人從己體也 多用常語 是村父會談體也 好犯語忌 是凌犯尊貴體也 詞荒不刪 是莨莠滿田體也 能免此不宜體格 而後可與言詩矣.
>
> 〈論詩中微旨略言〉
>
> (필자 역)

이는 본인이 밝혔듯이 매우 독창적인 作詩論이다. 아홉 가지 불가한 詩作의 태도를 일일이 지적하였는데 한결같이 기존의 수사제일주의 詩風을 꼬집어 신랄하게 비판한 것으로 통쾌하기까지 하다. '맑고 깨끗함과 호방함, 곱고 아름다움과 담백함을 고루 갖춰야 좋은 시'라 한 것은 시가 단순히 심미적이거나 감상에 흐르는 것을 경계한 말일 것이다. 그러나 제시한 요건이 지나치게 추상적이고, 상반되는 성격을 동시에 요구한 것이라서 평론으로서는 다소 모호한 진술이다. 관심을 가져야 할 곳은 다음이다. 詩가 지나치게 맑고 깨끗하면 은둔거사에나 어울릴 시라서 거리감이 크다고 한 것은 현실을 떠나 지나치게 詩의 주제의식이 높으면 감동을 주기 어려움을 말한 것이다. 온통 화려하고 곱게 꾸미는 데만 열중한다면 여인네들이 화장을 짙게 한 것과 같아서 천박한 시가 될 것이다. 시에 유명인사의 이름만 잔뜩 들먹거려 위엄을 세우려 한다면 수레에 썩은 시체만 가득 싣고서 잘난 체 거들먹거리는 장례식장의 마부와 같다고 하였다. 換骨奪胎를 한답시고 남의 詩句를 표절하는 짓을 일삼는 자는 장물을 가득 쌓아놓은 도둑이다. 도둑질을 잘 해도 결국은 도둑인데 쉽사리 들키는 도둑은 좀도둑이라고 하였다. 당대의 用事論者들에 대한 통렬한 직격탄이 아닐 수 없다. 자신의 수사력을 과시하기 위하여 까다로운 押韻을 남발하는 짓은 힘도 없으면서 욕심껏 强弓 줄을 당겨놓고 감당하지 못하는 어리석은 군졸과 같다. 압운의 묘미도 살리지 못하면서 韻字를 자주 바꾸는 것은 술주정뱅이體이다. 압운을 하되 어려운 글자로 과시하지 말고, 자신의 능력에 맞게, 쉽게 소통될 수 있도록 하라는 말이다. 漢詩는 압운이 매우 중요한 수사적 수단이므로 특별히 압운에 대해서 섬세하게 중복 진술하고 있는 장면이다. 구석지고 어려운 글자를 쓰기 좋아하는 자는 사람들을 혼란하게 하여 소경을 함정에 빠트리는 짓과 같다. 詩語는 어렵고 까다로운 글자를 골라 자신의 박식을 자랑하기보다는 소통할 수 있는 일상적 常語를 사용하라는 말이다. 어려운 典故를 서툴게 사용하여 어색한 시어를 남발하는 자는 억지로 내 詩를 강요하는 짓이다. 詩語란 순조롭고 자연스러워야 한다는, 역시 어색한 用事를 경계하는 장면이다. 그렇다고 일상어나 품위가 떨어지는 詩語가 많으면 촌사람이 함부로 지껄이는 것과 같다고 하였으니 앞서의 조건과는 상반되는 것으로 소통과 품위가 적절한 조화를 이루어야 한다는 의도이다. 꺼리는 말이나 不吉한 글자를 자주 사용하는 것은 존귀함을 능멸하는 짓이다. 아마도 피해야 할 글자나 禁忌語를 말하는 듯하다. 거친 詩語를 걸러 쓰지 않는 것은 밭에 잡초가 우거진 꼴이다. 지나친 미사여구도 안 되지만 詩語로써 다듬어져야 한다는 말이다. 과도한 수사를 경계했지만 어느 정도의 수사적 기교를 요구하는 절충적 태도를 보이고 있는 장면이다.

글 전체적으로 新意와 創意를 강조한 것이어서 기존의 文風에 강력하게 맞선, 당대로서는 독창적인 문학론으로서 국문학사에 커다란 의미가 있는 시창작론이다. 다만

九不宜體라고 했는데 실제로 제시된 항목은 11개에 이르는 것이 의문이다. 내용 중에는 다소 중복된 부분도 있는데 각기 다른 별도의 體로 명기되어 있어 하나로 묶기도 어렵다. 제1항과 2항이 ~體가 아니라 ~格으로 표시되어 있는데 이것을 제외한다면 9가 맞다. 그러나 그것도 엄연한 독립항목이라면 역시 의문이다.

李仁老가 기성세대를 대표할 만한 문인임에는 틀림없지만 신흥사대부가 모두 李奎報와 같은 문학관을 가지고 있었던 것은 아니었다. 신흥사대부의 문인들이 기존의 文風을 거부하는 이규보의 문학개혁론에 일시에 동조했을 리도 없고, 불과 몇 십 년의 차이로 당대의 문학사상이 이규보가 가지고 있었던 문학사상으로 바뀌었을 리도 없다. 그렇다면 두 사람의 대립은 기성세대와 신흥세대의 대립이라기보다는 기성세대와 이규보 개인의 충돌이라고 하는 것이 좋을 듯싶다. 달걀로 바위를 깰 수 있다면 모르지만 이규보가 혼자서 도도히 이어오던 문풍을 일시에 돌려놓을 수는 없었다. 다음과 같은 장면에서 그 한계를 짐작할 수 있다.

> 옛날의 시인들은 새로운 意를 표현하더라도 그 언어는 원숙하였다. 經書, 史書, 百家, 聖賢의 가르침을 익혀 마음과 입에 새기고 익히지 않음이 없었다. 글을 짓고 읊을 때에 참작하고 궁리하고, 여기에서 뽑고, 저기에서 추려서 균형과 조화를 이룬다. 그러므로 詩와 文이 다르다 하더라도 그 언어구사는 한 가지이니 어찌 표현이 원숙하지 않겠는가? 나는 그렇지 못하여 옛 성현의 말씀을 익히지도 못하고, 옛 시인을 흉내내는 것을 부끄러워하였다. 부득이 급히 시를 지을 처지에 이르면 갑자기 詩想이 고갈되어 新語를 만들지 않을 수 없게 되므로 詩語가 어설퍼서 가소롭게 된다. 옛 시인은 意를 세우되 언어를 꾸미지 않았으니 부끄러운 일이 아니다. 이래서 세상 사람들이 나를 미워하는 자가 많다.
>
> 古之詩人 雖造意特新也 其語未有不圓熟者 蓋力讀經史百家古聖賢之說 未嘗不熏鍊於心 熟習於口 及賦詠之際 參會商酌 左抽右取 以相資用 故詩與文雖不同 其屬辭使字一也 語豈不至圓熟耶 僕則異於是 旣不熟於古聖賢之說 又恥效古詩人之體 如有不得已 及倉卒臨賦詠之際 顧乾涸無可以費用 則必特造新語 故語多生澁可笑 古之詩人 造意不造語 無愧矣 由是世之詩人 橫目而排之者衆矣.
> 〈答全履之論文章〉
>
> (필자 역)

옛날의 시인들은 새로운 주제를 나타내더라도 그 표현수단은 특별한 재주를 부리려고 하지 않았다. 전범이 되는 경서, 史書, 百家를 본받아 균형과 조화를 이루는 것을 이상으로 삼았다고 하였다. 그러나 古文의 모범문장을 익히는 것이 문학의 근본임을 강조하고, 글을 지을 때에 모범이 되는 글 중에서 가려 뽑아 균형과 조화를 이루려 한다면 이것 또한 스스로 그토록 비판해마지않던 擬古, 用事주의와 큰 차이가 없을 것이다. 그렇다면 그의 創意, 新意論 역시 의고주의의 범위를 크게 벗어나지 못한 면이 있다고 보여진다. 그러나 그가 그러한 의고주의에 빠진 것은 아니어서 스스로는 이에 동조하지 않았음을 밝히고 있다. 옛 성현의 말씀을 익히지도 못하였다는 말은 완곡하게 擬古에 머무르기를 거부한 것이고, 옛 시인을 흉내내는 것을 부끄러워하였다는 말은 用事주의에 대하여 거부의사를 드러낸 것이다. 급히 시를 지을 처지에 이르러 갑자기 詩想이 고갈되어 新語를 만들지 않을 수 없게 되므로 詩語가 어설퍼서 가소롭게 된다고 한 것도 시를 지을 때에 新語를 만드는 자신의 창의적 능력과 詩作태도를 역설적으로 자랑한 장면이다. 옛성현의 가르침을 본받지 못하고, 흉내내는 것을 부끄러워했다는 장면에서 독창을 내세우는 그의 의중을 짐작할 수 있다. 결국 경서, 성현을 본받아야 한다고 앞에서 내세운 의도는 당시 팽배했던 의고주의에 영합하는 척해서 명분만 내세운 것일 뿐, 실제로는 거기에 저항한 것이다. 그러므로 세상사람들이 나를 미워하는 자가 많다고 한 장면에서 개혁자로서의 외로움과 갈등의 심경을 짐작할 수 있다. 이러한 고뇌와 갈등은 아무래도 개혁정신을 약화시키는 요인이 될 수 있었을 것이다. 그래서 어떤 면에서 이규보의 문학론은 개혁이라기보다는 부분적인 수정론에 그쳤다고 할 수 있다. 한편 생각하면 그가 진정한 개혁론자였다면 당대 문학계의 중심인물이 될 수 없었을 것이다. 당대 문단의 중심인물이었다는 사실은 당대의 문풍에 어느 정도 타협, 부합하였다는 의미일 수 있다. 그래서 당대 제일의 문호로 활약했으면서도 스스로 그토록 비판했던 당대 文風의 병폐를 막을 수는 없었다. 허균이 거침없는 개혁론자였으면서도 문단의 중심인물이 될 수 없었고, 소기의 개혁을 이루지 못했던 점을 생각하면 문학사란 어차피 개인의 역량으로는 어쩔 수 없는 대세였다고 해야 할 것이다. 崔滋와 같은 지지자도 있었지만 결국은 대세를 돌려놓기에는 역부족일 수밖에 없었다는 것이 이규보 비평의 한계가 아닌가 한다. 그러나 문학사적 관점으로 보았을 때에는 그는 허균과 더불어 앞서 가장 위대했던 문학비평가였다고 할 수 있다.

李奎報의 비평활동은 문학에 한정된 것만은 아니었다.

舊三國史를 얻어서 東明王本紀를 보니 그 신이한 행적이 세상에 떠도는 것보다 더하다. 처음에는 허황된 귀신의 얘기로 알고 믿지 않다가 여러 차례 깊이 읽어 그 근원을 살피니 허황된 것이 아니라 거룩함이요, 귀신이 아니라 神聖한 것이었다. 동명왕의 일은 신이한 일로써 백성을 현혹하는 것이 아니라 건국의 신비한 기록인데 훗날 어찌 이를 볼 수 있을 것인가? 이에 이를 시로 기록하여 천하에 우리나라가 본래 성인의 나라였음을 알리고자 함이다.

得舊三國史 見東明王本紀 其神異之迹踰世之所說者 然亦初不能信之 意之爲鬼幻 及三復耽味 漸涉其源 非幻也 乃聖也 非鬼也 乃神也.... 東明事非以變化神異眩惑衆目 乃實創國之神迹 後將何觀是 用作詩以記之 欲使天下知我國本聖人之都耳

〈東明王篇序〉

(필자 역)

이규보는 대문호로서 그 활동영역이 비단 문학비평론에 제한되지 않았다. 사대주의와 유가의 합리주의가 팽배하던 당대에 동명왕신화를 고구려 건국의 신성한 기록으로, 민족정신의 상징으로 인식했다는 것은 그의 남다른 면모이다. 이러한 사실은 그의 관심이 문학에 그치지 않고 민족의식에까지 비평정신을 발휘했음을 보여주는 것이다. 지금 이를 詩로 기록하지 않으면 후세에 사실을 전할 수 없을 것을 염려한 것은 그가 문사로 그치지 않고, 역사비평의식까지 갖추었다는 사실을 말하는 것이다. 그리고 그의 東明王篇은 국문학사상 유례를 찾기 어려운 장편 영웅서사시로서도 가치가 높다. 그와 비견할만한 문사는 많았어도 그의 민족의식에까지 이른 이는 드물었다는 사실은 중요하게 기억되어야 한다.

虱犬說은 대화체로 이루어진 수필에 가까운 글이다. 그러나 거기에는 자못 심각한 인생관과 문화비평정신이 숨어 있다. 상식적으로 생각했을 때, 개와 이의 차이는 현격한 것이다. 그런데 작자는 모든 사물의 차이를 초월하여 세상만사 모두를 같은 가치로 생각하기를 요구한다. 세상만물은 모두 나름대로의 본분과 명분과 역할을 가지고 천지운행에 동참한다는 의미에서 그 존재가치는 동일하다는 것이다. 각기 역할이 크고 작은 정도의 차이가 있을 뿐이지, 우주만물을 운행하는 데 있어 필요 없는 존재는 없는 것이다. 세상만사는 이처럼 보는 관점에 따라서 그 가치가 다 다른 듯하지만 각기 맡은 소임이 다르므로 상식과 관행에서 오는 선입관과 편견을 과감히 버려야 한다는 것이다. 그러나 차분히 생각해보면 본분과 역할의 차이가 있다면 존재가치의 차이도 있을 것이므로 세상만물을 같은 가치로 인정할 수는 없는 일이다. 그런데도 본분과 역할의 차이가 분명한 개와 이를 같이 볼 수 있어야 한다는 논리는 일종의 逆說이어서 쉽게 받아들일 수 없게 한다. 이규보는 다른 글에서도 이러한 역설을 즐겨 사용했다. 그가 역설을 애용했다는 것은 정상적인 가치관과 논리로는 설명할 수 없는 당대의 사정과 관련이 있을 것 같다. 그가 처했던 당대의 사정은 武臣亂의 와중에서 文臣으로써 겪는 비애, 좌절, 절망 속에서 정상적인 논리로서는 자신의 울분을 토로할 방도가 없었을 것이다. 민족주의자로써 온 국토를 몽고에 내맡긴 조국의 참담한 현실도 정상적인 논리로는 설명하기 어려웠을 것이다. 세상만물을 동일하게 보고, 가장 하찮은 것과 존귀한 것을 같이 보라는 역설은 강자에 대한 약자의 하소연이요, 세상에 적응할 수 없는 자신에 대한 합리적 위로였을 것이다. 이런 관점에서 슬견설의 역설은 감당하기 어려운 사회에 대한 냉소적이고 풍자적인 비평정신의 발휘로 보여진다. 鏡說도 고독하고 무기력한 지식인으로서의 좌절감을 역설적인 논리로써 극복하고 있다는 점에서 이와 유사하다. 문학적인 면에서도 그가 맞서기에는 너무 거세었던 擬古主義, 修辭至上主義였기에 앞서의 九不宜體論이나 答全履之書에서처럼 역설적인 논리를 전개하고 있다. 그 외에도 辭賦작품인 異相者對, 斑獒命文, 驅詩魔文 등에서도 교묘한 역설로써 자신의 존재를 과시하고 있는 것은 자기의 존재가치를 제대로 알아주지 않는 세상에 대한 불만의 표시로 생각된다. 그의 역설에는 항상 자신에 대한 자부와 긍지가 숨어 있다는 사실을 기억할 만하다.

조선의 徐居正 〈東文選序〉를 보면 국문학을 지배했던 당대의 문학사상을 가장 잘 확인할 수 있다.

> 하물며 文이란 道를 꿰는 그릇으로서 六經의 文이 꾸미고자 하지 않아도 자연히 道에 합당하였다. 후세의 문은 먼저 꾸미고자 하여 오히려 도에 충실하지 못했다. 지금의 학자들은 도의 정신에 충실하여 꾸밈에 매이지 말고, 六經에 바탕을 두어야 한다. 諸子百家에 구애받지 말고, 正雅한 글을 尊崇하고 浮華한 글을 멀리하여 高明正大하게 하면 聖經을 드높이는 道가 거기에 있다. 만약에 꾸미기 위한 글로서 道에 근본하지 않으면 육경의 정신에 위배되어 諸子百家의 허물에 빠져 도를 꿰지 못하게 된다.
>
> 況文者貫道之器 六經之文 非有意於文 而自然配乎道 後世之文先有意於文 而或未純乎道 今之學者 誠能心於道 不文於文 本乎經 不規規於諸子 崇雅黜浮 高明正大 則其所以羽翼聖經者 必有其道矣 如或文於文 不本乎道 背六經之規 臒落諸子之科臼 則文非貫道之文
>
> (필자 역)

이른바 문학은 유가의 도를 꿰는 도구라고 주장하던 貫道之器, 글은 유가의 도를 실어야 한다는 文以載道는 천 년의 국문학을 지배해왔던 뿌리 깊은 유가의 도학문학론이다. 여기에 가장 격렬하게 저항했던 이규보마저도 근본적으로는 여기에서 벗어날 수 없었으니 이는 국문학 이론의 聖域이라 할 만하다. 모든 글은 유가의 도리를 담고 있는 도구의 역할을 해야 한다는 것이 載道之器論이다. 해석하기 따라서는 道와 그릇인 글 중, 무엇이 본질이냐의 문제를 가지고 논란이 있기도 했다. 원래 道는 도이고, 글은 글이라고 생각하면 구태여 本末을 따질 필요가 없겠지만 道와 文의 우열을 따져야 하는 유가의 입장에서는 이것을 매우 중요한 쟁점으로 삼았다. 貫道之器를 처음 말한 唐 韓愈의 시대만 하더라도 아직 孔孟의 正統儒道 정신에 충실했기 때문에 道와 文의 우열을 구태여 가리려는 의도가 없었던 듯하다. 〈論語〉의 정신은 학문도 글도 道를 이루는 필수요소였으므로 가치의 輕重을 따질 필요가 없었다. 韓愈가 文을 그릇, 도구에 비유한 것을 보면 이를 수단이나 방법으로, 道를 본질로 인식한 것 같다. 그러나 그릇이 없으면 도는 전해질 수 없는 것이므로 貫道之器論은 道와 文의 우열을 나누고자 한 것이 아니라 문과 도가 아울러 병존해야 한다는 생각으로 보아야 할 것이다.

이러한 貫道之器과 더불어 논의되는 것이 문학은 반드시 도를 싣고 있어야 한다는 文以載道, 또는 載道之器論이다. 도를 꿰거나, 싣거나 같은 뜻일 수 있으나 宋의 성리학자들은 구태여 한유의 貫道를 비판하며 載道論를 내세웠다. 도를 꿰는 貫道는 그것을 수레에 싣는 載道보다 문의 가치를 과도하게 인정한 것이라는 이유에서이다. '꿰는 것'과 '싣는 것' 의 차이를 판단하기 어려운 일이지만 宋의 성리학자들은 文을 도를 싣는 '수레'라고 비유하는 것이 道의 가치를 높이는 것이라고 생각했던 것 같다. 그러나 다시 생각해 보면 '貫'과 '載'의 문제가 아니라 '道'의 의미영역이 같지 않은 것이 문제의 본질이다. 唐의 韓愈와 宋의 성리학자들이 이상으로 생각하는 '儒道'에 차이가 있었기 때문이다. 先秦정통유가의 道에서는 文이 禮, 藝에 걸치는 道의 일부분이었으나 性理學의 道에서는 文을 도의 전파수단이라는 의미로 제한하고, 도와 분리시켜 의도적이고 修辭的인 文이 道를 해칠 수 있다는 가능성을 매우 경계하였다. 그래서 전대의 貫道論者들의 의사와 관계없이 후대의 道學文學論에서는 이데올로기의 載道論이 바람직한 문학론으로 자리 잡게 되었고, 조선의 성리학자들은 이러한 성리학의 관점을 편향적으로 받아들여 결국 극단적인 反문학, 非문학의 관점을 분명히 했던 것이다. '문장은 도를 해치는 좀벌레이다.' '꾸미지 말고 사실대로 쓰며, 문장을 버리고 道를 밝혀라'라고 선언한 것이 실학의 집대성자라고 일컬어지는 丁若鏞이었던 점을 생각하면 정작 조선을 지배했던 골수 성리학자들의 문학관이 얼마나 편협한 것이었는지 알고도 남음이 있다.

이렇게 극단적인 성리학의 文風이 아직 확립되기 전에 나온 〈東文選序〉에서 載道之器라는 말을 사용하지 않은 이유가 여기에 있을 듯하다. 徐居正 當代에는 이미 성리학이 성행한 때였지만 구태여 극단적인 載道之器라는 용어를 사용하지 않고 貫道之器라고 한 것은 그가 아직 극단적인 道學문학의 입장에 있지 않았음을 보여주는 것이다. 문학에 대해서 비교적 유연한 입장에 있었던 貫道之器論을 지지한 것은 그가 문학의 가치를 인정한 詞章派 문인이었음을 시사하는 것이기도 하다. 그리고 당대에는 아직 문학이 사상에 일방적으로 종속되지 않았음을 보여준다. 그러나 이러한 관도지기론도 韓愈의 유가사상, 문학관이나 고문주의에 바탕한 것이므로 전체적으로는 기존의 非友好的 문학관의 큰 틀에서 벗어날 수 없는 문학적 현실이었다.

六經의 文이 특별한 의도가 없어도 자연의 도리에 맞았다는 말은 유가의 經典을 문학의 가장 완전한 典範으로 삼았다는 것이어서 儒家主義, 擬古主義, 古文主義를 분명히 한 장면이다. 유가사상을 '자연의 도리'라고 한 것은 人爲的인 실천윤리가 본질인 유가사상을 편향적으로 예찬한 것이다. 사실을 생각해보면 유가의 인위적인 실천윤리는 자연의 도와는 거리가 먼 것이었고, 그래서 유가의 도리는 문학에 대해서 본질적으로 우호적일 수 없었다. 후세에 의도적으로 글을 꾸민 것은 본래의 道에 어긋났다고 한 것은 문학의 수사와 예술성을 경계한 것으로 역시 철저한 유가적인 非우호적 문학관을 드러낸 것이다. 오로지 유가 경전인 六經의 정신에 의하여 글을 써야지, 글을 쓰기 위한 억지 글을 쓰지 말라고 한 것도 역시 修辭의 남발을 경계한 유가적 문학관이다. 유가 경전을 제외한 모든 諸子百家를 겉만 화려한 글로 규정하고, 이에 현혹되지 말라고 한 것도 역시 이념적 관념적인 유가적 문학관을 드러낸 장면이다. 오로지 유가의 도리를 담고, 이를 전파하는 품위있는 글만 高明正大한 것으로 인정했다. 만약 유가 경전을 벗어나 諸子百家에 현혹된다면 이는 貫道之器가 아니라고 단정한 것은 매우 독선적이고 배타적인 주장이다.

勳舊派로서 詞章派의 대표적 문인이었던 徐居正이 실제로 이러한 원리주의적 유가 문학관으로 글을 쓴 것은 아니라는 점에서 이는 그 자신의 문학론이라기보다는 당대의 일반적인 文學觀이라고 보아야 할 것이다. 비록 관도지기를 내세워 유가주의, 의고주의, 고문주의 등의 유가적 문학관을 분명히 했지만 文以載道論을 언급하지 않은 것으로 보아 후대의 극단적 도학문학론과는 구별해야 할 것이다. 그러나 후에 士林派의 文以載道論者들이 문단을 제패한 뒤에는 이른바 도학문학이 전횡하여 문학이 더욱 이념에 얽매어 문학은 점점 그 독립성을 잃고 힘을 잃어가게 되는데 〈東文選序〉는 그 전환점의 사정을 잘 보여주고 있다고 하겠다.

許筠이 문단에 등장했을 때는 이미 이러한 성리학의 도학문학론이 문단을 지배하던 시대였다. 이규보 이후로 문풍의 대세로 자리 잡은 고문주의와 도학문학관에 정면으로 맞선 이가 없었다는 점에서 여기에 강력히 맞선 허균이 차지하는 국문학사적 의의는 아무리 높이 평가해도 부족함이 없다. 게다가 문풍의 개혁과 현실인식에 의한 비판의 강도에서 그는 이규보를 능가한다. 그래서 허균에게는 문단개혁자라는 이름과는 별도로 實學文學의 개척자라는 영예를 부여할 만하다. 허균을 실학자라고 하는 데 이의가 있을 수 있겠는데 이는 실학의 개념에 다소의 차이가 있기 때문일 것이다. 實學이라고 쉽게 말하지만 그 개념, 본질은 말처럼 그리 간단하지 않다. 우선 실학은 고정된 실체라기보다는 상대적이고 유동적인 개념체이다. 실학이란 흔히 말하는 것처럼 단순히 조선후기에 일어난 새로운 학풍이나 사상을 의미하는 것에서 그치는 것이 아니라, 어느 시대를 불문하고 항상 존재했던 개혁적, 진보적, 실용적, 미래지향적인 사상이나 학풍을 보편적으로 일컫는 말이다. 그것은 상대적이고 유동적이기 때문에 그 개념영역도 일정하지 않다. 〈論語〉의 '務實力行'에서 이미 그 빌미가 시작되었고, 漢나라에서는 '實證에 의한 經書의 연구'라는 의미로 통용되었고, 明에서는 주자학에 반기를 든 陽明學도 실학으로 불려졌으며, 淸나라에서는 증거제일주의였던 考證學으로도 일컬어졌다. 심지어 우리나라에서는 성리학이 위세를 떨칠 때에는 朱子學마저도 실학으로 불려지는 경우도 있었다. 이렇게 실학이란 의미영역이 우리가 생각하는 것보다 훨씬 複雜多義하므로 실학을 제대로 논의하기 위해서는 그 개념을 분명히 해 놓아야 할 필요가 있다. 이 점이 소홀히 되었기 때문에 그동안의 실학사상,

문학을 중심으로 한 국문학사에 혼선이 있었다.

올바른 국문학사를 위해서는 당연히 올바른 실학에 대한 개념정립이 우선이다. 물론 상식적으로 통용되는 務實, 實證, 實用 등은 당연한 실학의 핵심적 의미이다. 그러나 더 중요한 실학의 가치는 시대적인 상황에 대하여 비판정신과 개혁정신에 바탕한 미래의식이어야 한다는 것이다. 비단 조선후기뿐만 아니라 어느 시대를 불문하고 이러한 사회적 필요성과 기풍은 있었던 것이니 이것이 실학의 본질에 가깝다. 일반적으로 우리에게 실학이란 조선후기의 새로운 사상과 학풍을 의미하는 것이 상식이므로 우선 이것을 전제로 해야 할 것이다. 그러나 실학의 본래적 의미에서 볼 때 미래적 가치관이어야 한다는 것은 더욱 중요한 기준이어야 하고, 거기에 더 관심을 기울여야 한다. 기준을 여기에 두었을 때에 實證, 實用, 實體的이라 하더라도 현실에 안주하거나 과거회귀적인 사고방식은 올바른 실학의 정신이라 할 수 없다. 조선 후기에 근대개혁정신이 절실히 요구되는 상황에서 시대착오적인 성리학, 봉건주의는 당연히 개혁대상이 되어야 했다. 실제로 이 시대에 중국이나 일본에서는 이에 대한 청산과 개혁의 기풍이 뚜렷하였다. 이에 비하여 우리는 성리학, 봉건주의가 주변의 상황과는 아랑곳없이 여전히 맹위를 떨치고 있었다. 그러한 상황에서 務實力行을 말하면서 反朱子學, 反性理學的 입장에 있었던 것만으로도 적지 않은 실학성을 인정받을 수 있었다. 그러나 아직도 봉건주의, 복고주의에 젖어있다면 여전히 과거지향에서 벗어나지 못하기 때문에 진정한 실학이라 하기에 부족하다. 문학에 있어서 擬古主義, 古文主義 등도 마찬가지로 실학의 본질과 상치되는 것이므로 진정한 실학문학과 구별되어야 한다.

흔히 실학을 유가의 도리로써 세상을 다스려야 한다는 經世致用, 경제를 살려 삶을 윤택하고자 하는 利用厚生, 사실을 바탕으로 학문을 수행하고자 하는 實事求是로 나누어 설명한다. 그 중에서 특히 경세치용은 봉건주의, 복고주의, 의고주의의 성격을 바탕으로 하고 있어 세심한 주의가 필요하다. 경세치용의 바탕에는 다분히 先秦儒家經典의 도리에 회귀하려는 의도가 깔려있기 때문이다. 이러한 사실을 분명히 하지 않으면 우리의 실학사상과 문학을 제대로 논의할 수 없다. 여기에 해당하는 대표적인 인물이 茶山이다. 그는 한국 실학의 집대성자로 평가받지만 내용을 알고보면 先秦유학의 도리로 군주정치의 이상을 실현하려는 경세치용파로 분류된다. 경세치용이란 결국 봉건주의, 복고주의, 의고주의의에서 벗어나지 못한다. 그가 필생의 사업으로 매진한 것은 새로운 사상과 개혁을 내세우기보다는 전래의 儒家 經典에 대하여 새로운 註釋을 붙이는 일이었다. 이천 년이 넘은 기원 전 先秦의 유가 경전에 새삼스럽게 일일이 주석을 붙이는 일을 필생의 사업으로 삼은 것은 새로운 시대에 대한 개혁추구와 방향 제시와는 아무래도 거리가 멀 수밖에 없다. 그가 가지고 있었던 시대의식이란 고작 성리학자들에 의해서 孔孟의 유가정신의 본질이 심각하게 왜곡되었다는 사실을 인식하고, 그것을 공맹의 정통유가 정신으로 복구시키자는 목표 이상이 아니었다. 그는 당대를 풍미하던 성리학의 道學主義를 철저히 배격한 反주자학자였고, 그런 의미에서 시대개혁의 선봉에 섰다고 할 수도 있다. 그러나 성리학의 병폐를 비판한 것은 좋았지만 안타깝게도 그 대안이 주자학보다 훨씬 오래된 孔孟의 정신을 회복하자는 것이었으니 결국 그는 反朱子學者이면서 동시에 철저한 復古主義, 擬古主義者에 지나지 않았다. 그렇기 때문에 그는 여전히 유가의 계급주의, 봉건주의 가치관에서 벗어날 수 없었다. 거기에서 과거의 관습을 타파하고 미래를 지향하려는 근본적인 개혁의지와 근대의식이 투철할 수 없다. 反朱子主義 하나를 내세워 茶山을 근대의식에 부합하는 실학자라는 평가를 내리는 것은 성급한 면이 있다. 실학에 미래지향의 근대의식이 없다면 우리 역사에서 그 존재가치를 적극적으로 평가하기 어렵다. 더구나 문학에 있어서 茶山은 古文主義에 입각해서 고문만을 존중하고 새로운 문체를 허용하지 않는 淳正文體論을 주도했다. 또한 문학이 도를 해친다고 하는 文章害道論을 주창했고, 소설망국론을 전개했으며, 문사는 오로지 君主와 국가를 위해서 詩를 써야 한다고 주장하는 등 봉건주의, 의고주의에 더 충실한 면이 많았다. 反朱子學에 앞장서고, 도탄에 빠진 백성들의 고통을 사실적인 詩로 고발하고, 양반들의 각성을 촉구하고, 실용적인 학문에 힘쓰는 등 실학적인 면모도 적지 않으나 그 귀결점은 근대지향이 아니라 先秦儒道에 회귀하려는 복고주의, 의고주의였던 것이 茶山實學의 한계였다. 이른바 經世致用學派에 속하는 학자들의 사정이 대개 이러하니 실학사상, 문학을 논의하는 데 있어 유의해야 할 일이다. 그 밖에 利用厚生, 實事求是학파로 분류되는 학자들은 상대적으로 실학에 충실한 편이지만 復古主義, 擬古主義에서 자유로운 학자는 생각보다 많지 않다.

사정이 이렇다면 실학자로서 許筠의 존재가치는 마땅히 재조명되어야 한다. 허균은 실학자로 규정하기가 어색할 정도로 다른 실학자보다 그 생존연대가 앞서 있다.

실학의 선구라고 일컬어지는 柳馨遠, 李瀷보다도 앞선다. 그래서 그런지 그를 실학자로 논의하는 일은 별로 없는 것 같다. 그러나 그의 면모를 보면 여러 가지 면에서 오히려 진정한 실학자의 모습을 확인할 수 있다. 무엇보다도 허균은 현실인식이 투철하고, 시대개혁 의식이 강했다. 그의 시대개혁 의식은 냉철한 현실의식에서 기반한 것이고, 시대개혁 의식에서 미래지향적인 경향이 뚜렷하였다. 우선 당대를 지배했던 성리학은 물론, 유가사상적인 봉건주의에 대하여 강한 비판의식을 가졌다는 것만으로도 당시로는 획기적인 일이었다. 당시는 성리학이 학문적으로 뿌리를 내리는 단계여서 아직 정치적으로는 정착하지 못한 상황이었고, 그래서 反朱子學의 기미마저 미미한 형편이었다. 이러한 상황에서 반주자학을 주창했다는 것만으로도 충분히 선구적이었다고 할 것이다. 훨씬 후대에 나와서 여전히 봉건주의나 복고주의에 머물면서 반주자학이라는 이유만으로도 실학자의 영예를 얻었던 경우를 생각해보면 그의 反봉건주의, 反복고주의, 反의고주의는 후대에서도 찾아보기 어려운 선구적인 실학사상이었다고 해야 옳다. 그리고 대부분의 후대 실학자들이 淸나라의 考證實學의 영향을 받은 반면에 허균은 중국에서도 考證學이 정착되기도 전에 이미 실학정신을 발휘한 셈이니 그는 시대의 선각자요, 실학의 개척자라는 평가를 해도 무리가 아니라는 생각이다.

그의 개혁정신은 革命家로 부를 수 있을 정도로 시대에 대한 격렬한 비판과 저항이었다. 유가의 계급주의사회에서 적서차별을 비판하고 나선 것은 근대정신에서 나온 평등사상이었다. 遺才論을 보면 그가 단순한 시대의 반항아요, 불평분자가 아니라 냉철한 논리와 시견을 갖춘 시대의 선각자라는 사실을 확인할 수 있다. 기존의 유가의 道德禮教의 구속에서 벗어나려는 저항은 反인습적인 행위였다. '禮教가 어찌 나를 구속하랴. 부침을 내 뜻에 맡기노니 그대는 그대 법대로 살고, 나는 내 법대로 살려고 한다'(禮教寧拘放 浮沈只任情 君須君法 吾自達吾生)라고 말한 장면에서 그의 투철한 反인습적인 개혁의지를 읽을 수 있다. 사대부로서 엄격한 유교의 사회체제에서 讚佛活動을 하고, 道教에 심취하고, 천주교에 관심을 가진 것도 그런 이유라고 스스로 고백하고 있다. 그가 淸의 考證學에 앞서 실학적 사고를 하게 된 것도 중국에서 진행되는 최신의 학문을 열정적으로 받아들인 학구열의 결과였다. 경우에 따라서는 시대에 대한 비판이 지나쳐서 자유를 부르짖으며 방종적인 태도도 불사하였는데 그것도 시대에 대한 저항의 몸부림으로 보아야 할 것이다. 스스로 '내 성격이 순탄치 못하여 세상이

나를 상대해 주지 않으니 내가 어찌 벗을 구할까? 옛 책에서나 벗을 찾을 수밖에-'라는 탄식에서 고독한 시대의 반항아의 모습을 읽을 수 있다. 만약에 그런 정도에 그쳤다면 그는 시대의 풍운아, 반항아로 그쳤을 것이다. 그러나 그는 이러한 시대의 모순 현상에서 도피하지 않고, 적극적인 현실참여활동을 하였다는 점에서 골방책상물림에 그쳤던 다른 실학자들과 같지 않았다. 사실 실학자로 분류되는 학자들의 실상은 대부분 힘없는 몰락양반들이었다. 그들의 주장은 무명의 무기력한 독백이나 개탄에 지나지 못했다는 점에서 당대의 영향력과 평가는 허균과 같을 수 없었다. 이에 비하여 그는 사실과 관계없이 역적으로 몰려 극형에 처해진 사실 하나만으로도 그의 적극적인 현실참여 정신과 그 영향력이 같지 않았음을 알 수 있다. 그의 횡액이 이론에 그치지 않는 실학의 실천의 결과였다면 진정한 의미에서 그를 능가할 수 있는 실학자는 없는 셈이다. 遺才論, 豪民論, 學論, 政論, 兵論, 小人論, 厚祿論 등의 평론을 보면 그의 근대의식과 미래지향적인 안목과 식견이 당대의 사회에 얼마나 큰 폭발력을 가지고 있는 탁견이었는지 알고도 남음이 있다. 만약에 이만한 실천력과 안목, 식견을 갖추었던 인물이 더 있었더라면 우리의 역사는 크게 달라졌을지도 모른다.

그러나 여기에서는 허균의 문학적인 면을 논의하고자 하므로 다른 면에 대해서는 접어두기로 한다. 그는 실학사상의 선구자였으므로 그의 현실의식과 시대비판 정신은 당연히 그대로 문학 작품에 반영되었다. 그렇다면 그는 국문학사상 가장 위대한 문학개혁론자라고 해야 맞다. 허균은 타고난 시대의 반항아였으므로 폄하되는 경우가 많았지만 문학비평에서만큼은 당대에서도 인정을 받을 정도로 평론문학의 대가였다. 그러므로 그의 평론문학에 주의한다면 가장 뚜렷한 국문학사의 전환점을 찾아낼 수 있을 것이다. 허균의 가장 위대한 점은 당대의 대세였던 道學文學은 물론 擬古主義文學에 정면으로 맞선 데에 있다. 도학문학은 載道文學論으로 문학을 철저히 道學의 시녀로 전락시켰고, 당대는 이러한 재도문학관이 본격적으로 뿌리를 내리는 단계에 있었다. 앞서 〈東門選序〉에서 도학문학의 실상을 확인한 바 있지만 당시에는 이보다 더 완고한 입장에 있었다. 그는 이러한 시대적인 흐름에 맞서 天機論, 玄造神逸論 등을 주창하였다. 이는 유가의 인위적, 도학적, 규범적 문학관에서 벗어나 인간 본연의 본성과 性情을 충실하게 그려내자는 것으로, 道學에서 문학을 독립시키자는 주장이요, 오늘날의 自然主義, 寫實主義, 浪漫主義, 表現主義에 상응하는 것이었다. 그러나 이 정도의 저항은 反주자학자들로서도 얼마든지 가능한 일이었으므로 특별히 내세울 일이 못 된다. 그의 진면목은 反擬古主義, 反復古主義, 反封建主義에서 실감할 수 있다. 이른바 실학으로 분류되는 학자들 중에서도 여기에서 자유로운 사람은 많지 않을 정도로 이는 벗어나기 어려운 시대적 대세요, 굴레였다. 그러한 형편에서 허균처럼 철저하게 여기에 저항한 유례가 없을 정도로 그의 개혁정신과 근대의식은 독보적이었다. 따라서 실학문학은 그로부터 시작되었고, 그에게서 가장 왕성하였으며, 특히 실학적 평론문학에서는 그에 범접할 사람이 없다 해도 과언이 아니다. 이제 실제의 작품을 들어 국문학비평사의 한 모습을 확인하고자 한다.

詩辨

지금 詩를 한다는 자들이 높게는 漢魏六朝詩를, 다음으로는 開天 大曆의 唐詩를, 다음으로 蘇軾 陳師道를 들먹거리며 마치 통달한 듯 자랑삼는 것은 모두 허망한 짓이다. 그것은 詩語나 흉내내고, 표절이나 감추는 짓이니 어찌 詩道라 하겠는가? 시경은 詩經, 漢은 漢詩, 위진육조는 魏晉六朝詩, 당은 唐詩, 소황은 蘇軾 黃庭堅의 詩일 뿐이니 어찌 흉내낸다고 같아질 수 있겠는가? 모두 각자의 방도로 경지를 이룬 것이라. 가끔 모의하는 경우가 있더라도 시험삼아 스스로를 대비하는 것일 뿐, 늘 그렇지는 않은 것이다. 남의 흉내나 일삼는 짓은 文士가 할 짓이 아니다. 그렇다면 詩는 어떻게 지극한 경지에 이를 수 있는가?

먼저 意를 세우고, 다음으로 詩語를 運用해야 한다. 詩句는 생동하고 글자는 원숙해야 한다. 聲律은 맑고, 詩句는 서로 긴밀해야 한다. 詩材들은 가지런하여 제자리를 지키고, 가벼이 본색이 드러나지 않아야 한다. 두드리면 맑고, 만지면 빛나고, 누르면 깊어지고, 높이면 날아오르고, 닫으면 품위 있고, 열치면 호방하고, 풀어놓으면 실번하고 분방하게 된다. 쇠에서 금을 달구어 내듯, 썩은 상처에서 새 살을 만들 듯한다. 평이하되 천박하지 않고, 기이하되 괴팍하지 않고, 사물을 읊되 설명에 그치지 않고, 서술하되 聲律을 어기지 않는다. 화려하되 이치를 어기지 않고, 논의하되 고루하지 않게 한다. 비유하되 사물의 이치에 맞게 하고, 用事를 하되 드러나지 않게 한다. 작품에 품격이 드러나느니 어우러져 틈이 없어야 한다. 氣骨은 詩에 드러나고, 넓어서 거침이 없느니 이렇게 되면 詩의 경지에 이르렀다 할 수 있다. 漢魏 이래 일가를 이룬 시인들은 이를 깨달아 지킨 자들이다. 그렇지 못하면 漢을 따르고, 魏를 좇고, 六朝의 옷을 입고, 唐의 말을 하고, 蘇陳의 수레를 타고 달린다 해도 추악한 꼴을 보일 뿐이니, 詩道를 크게 그르친 것이다.

(원문생략. 필자 역)

詩辨은 詩創作論을 전개한 문학평론이다. 문학이란 당대의 사회, 문화, 역사, 풍토, 지리가 어우러져 형상화된 결정체이기 때문에 시대성을 갖게 마련이고, 이것이 시가 갖추어야 할 바탕이다. 그러므로 모든 시대의 시는 거기에 맞는 나름대로의 문학적 방도와 가치를 가지고 있다. 당대의 상황에 따라서 여기에 맞는 적합한 시를 쓰면 그것이 곧 훌륭한 시이다. 그러므로 시대를 벗어나 先代의 시풍을 본받으려 한다든지, 모방하려는 것은 올바른 詩道가 아니라는 것이다. 이러한 관점은 옛것은 고귀하고 지금의 것은 천박하다고 생각하여 맹목적으로 古詩를 모범삼고, 모의하고, 표절을 부끄러워하지 않는 擬古主義, 復古主義에 대한 비판이다. 간혹 모의하는 경우가 있다 해도 모의로 그치는 것이 아니라 모의를 통해서 새로운 自己流의 詩風을 창조하기 위한 방법, 과정이라고 하여 모의를 부분적으로 인정하지만 궁극적으로는 創意가 가장 중요한 詩의 正道라고 역설하고 있다. 먼저 주제의식인 意를 세우고 다음에 詩語를 운용해야 한다고 한 것은 이규보가 말했던 '먼저 意를 세우고 언어 구사는 다음이다.'와 같은 先意論의 원리를 말한 것이다. 詩道는 화려한 수사기교에 있는 것이 아니라 주제의식을 표현하는 것이 더 중요하다는 말이다. '쇠를 단련하여 금을 뽑아내고, 상처에서 새 살을 돋아나게 하라'는 말은 시를 쓰는 일이 각고의 노력과 시련과 고통을 요구한다는 것과 그런 후에야 더 좋은 작품이 나올 수 있다는 사실을 비유적으로 나타낸 것이다. '사물을 읊되 설명에 그치지 않고, 서술하되 聲律을 어기지 않는다.'는 시에서 사물을 묘사할 때는 直敍보다는 비유와 함축적 표현을 하라는 말이고, 사건을 서술할 때도 산문과는 달리 押韻과 平仄의 규칙에 맞아야 한다는 말이다. '화려하되 이치를 어기지 않고, 논의하되 고루하지 않게 한다.'는 지나친 수사기교를 부리거나 이치와 논리에 치우쳐 시의 審美的 意境과 창의적 感性을 해치지 말라는 뜻이다. '비유를 하되 사물의 이치에 맞게 하고, 用事를 하되 드러나지 않게 한다.'는 비유적인 수사를 하되 사물의 이치에 어긋나지 않게 하고, 故事典故를 사용하되 내 것으로 만들어서 자연스럽게 하라는 것이다. 시대를 망각하고 漢, 魏, 六朝, 唐, 宋詩를 典範으로 삼아 모의에 급급해 한다면 아무리 模擬를 잘 한다 해도 현실과는 전혀 맞지 않는 造花에 불과하여 결국은 흉내내기에 그칠 것이다. 시는 그 시대를 충실히 반영하는 것이므로 그 시대를 특징지을 수 있어야 하므로 의고주의, 복고주의는 현실을 버리고 허상을 좇는 것과 같다. 이것은 참다운 詩道를 망치는 아주 잘못된 짓이라고 하였다.

비교적 조리 있고 명쾌하게 詩창작론을 펴고 있지만 많은 부분이 '평이하되 천박하지 않게, 기이하되 괴팍하지 않게'와 같이 상반된 조건을 한꺼번에 갖추라는 요구는 평론문으로는 분석력과 논리력이 명쾌하지 못하다는 생각이다. 그런데 이렇게 포괄적이고 애매모호한 논리는 漢文學 평론의 일반적인 특징이요, 단점이라서 허균의 경우도 예외가 아니다.

文說

객이 말하기를; 지금 선생을 고문의 대가라고 하오. 그러나 내가 보기에 넓고 크기는 하나 常語가 많고, 글이 순조롭기는 하나 읽어보면 속이 다 드러나오. 글이 높거나 낮거나 막힘이 없으니 고문이라는 게 이런 것이오?

내가 말하기를; 그게 바로 古文이란 것이오. 그대는 虞夏의 典謨, 商의 訓, 周의 三誓, 洪範에서 고문의 지극함을 보지 않았소? 또한 날카롭고, 사납고, 험악한 말들이 교묘함을 자랑하는 글을 보지 않았소? 공자가 말하기를 '글은 전달할 뿐이다.' 하였듯이 예부터 글이란 위 아래의 情이 통하고, 道를 실어 전할 수 있으면 족한 것이오. 그러므로 明白正大하고 切實分明하여 읽는 이가 그 뜻을 쉽게 알게 하는 것이 글의 본분이오. 三代 六經 성인의 글과 老子 諸子百家의 글이 모두 도를 전하고 있으니 그 글이 알기 쉽고 품격이 있었소. 훗날에 文과 道가 분리되어 글이 까다롭고 괴팍해지고 교묘한 재주만을 내세우니 이는 문의 재앙이지 발전이 아니었소. 내 재주 없으나 이를 싫어하여 소통과 평범을 소중히 하오.

객이 말하기를; 그렇지 않소. 〈左傳〉〈莊子〉〈史記〉〈漢書〉 및 韓愈, 柳宗元, 歐陽脩, 蘇軾을 보지않았소? 거기에 常語가 있소? 더구나 선생의 글에는 典故도 없고, 도도하고 방만하니 자만에 빠진 것이 아니오?

내가 말하기를; 그들의 글에 어찌 常語가 없다 하시오? 내가 보기에는 비록 간략한 듯, 엉성한 듯, 싫은 듯, 분방한 듯, 기괴한 듯하지만 당시에는 常語로서 품위 있고 진실하였으니 쇠를 다듬어 금을 만들었다 할 것이오. 훗날에 지금의 글을 본다면 지금 우리가 前代의 글을 보는 것보다 더 낫다고 할 것 같소? 더구나 크고 넓은 것은 뜻을 넓히자는 것이요, 典故를 사용하지 않는 것은 나의 글을 쓰자는 것이지 어찌 자만일 리 있겠소? 그대는 先代의 글을 잘 보시오. 〈左傳〉은 좌전이요, 〈莊子〉는 장자요, 司馬遷은 사마천, 班固는 반고, 柳宗元, 歐陽脩, 蘇軾은 소식일 뿐 서로 답습하지 않았으면서도 나름대로 일가를 이루었소. 내가 원하는 바라는 것이 이것을 배우는 것이오. 나는 다른 사람을 흉내내었다는 말 듣는 것을 부끄러워 하오.

객이 이르기를; 선생의 글이 평이할 뿐이니 어떻게 古法을 구할 것이오?

대답하기를; 마땅히 篇法, 章法, 字法에서 구할 것이오. 篇法에는 意가 직설적으로 서술된 것이 있고, 얽히고 설킨 것도 있고, 정감이 넘치는 것이 있고, 냉철히 전개된 글이 있고, 복잡하고 번거로우면서도 규율이 서 있는 글도 있소. 章法에는 중복되면서도 가지런한 것이 있고, 복잡하면서도 어지럽지 않은 것이 있고, 끊긴 듯하면서도 전후가 연결된 것이 있소. 긴 듯하면서도 짧은 것이 있고, 말을 다하지 못한 듯한 것도 있소. 字法에는 올라간 곳, 돌아간 곳, 숨은 곳, 수습하는 곳, 겹쳐지되 어지럽지 않은 곳, 강하되 억지가 아닌 곳, 이끌되 힘들이지 않은 곳, 열고 닫는 곳, 呼應을 이루는 곳이 있소. 字가 빛나지 않으면 句가 아름답지 않고, 章이 바르지 않으면 意가 서지 못하니, 이 둘이 갖춰져야 온전한 篇을 이룰 수 있소. 나의 文은 이것을 깨달은 것뿐이고, 古文이란 것도 이것일 뿐이오. 지금 유식하다 하는 자도 이 이치를 알지 못하는데 하물며 무지한 자이리오?

객이 말하기를; 훌륭하십니다. 제가 미처 알지 못하였습니다.

(원문생략. 필자 역)

앞의 詩辨이 詩評論이라면 文說은 文章評論이어서 이 두 편을 통해서 운, 산문에 걸쳐 허균 문학평론의 대략을 조망할 수 있다. 특히 문설은 대화체로써 논리를 전개해 나가는 특이한 형식을 하고 있다. 常語라면 우선 '일상적인 언어'라는 뜻이지만 여기에서는 특별한 典故나 함축, 상징, 비유, 수식이 없는 當代의 평이한 언어를 뜻한다. 여기에서 '당대의 언어'라고 언급한 것은 상어가 절대적 개념이 아니라 시대에 따라 달라지는 상대적이라는 의미이다. 다시 말하면 시대에 관계없이 소통이 용이하면 常語이고, 그것이 곧 좋은 글의 기준이 된다는 것이다. 孔子가 말한 대로 글을 쓰는 목적은 '뜻이 통하면 족하다. – 文辭達而已矣' 즉, '소통'에 있으므로 글의 성패는 소통에 달려 있고, 소통을 위해서는 당연히 상어를 사용해야 한다. 그런데도 상어를 천박하게 생각하고, 古語를 애써 존중하는 당대의 擬古主義, 古文主義의 맹목적, 현학적인 文風을 비판하는 것으로 文說을 시작하고 있다. 글이 평범하고 이해하기 쉬워 의도가 훤히 드러나는 글을 천박하다고 생각하는 客은 당대의 현학적인 수사주의 文風을 대변하는 인물이다. 이에 대하여 허균은 上代의 夏, 商, 周 문장을 가장 모범적인 문장으로 꼽았는데 그 기준이란 까다로운 수식이나 현학적인 典故가 없이 질박한 문장이라는 것이다. 그 뒤에 나온 문장들은 교묘한 수사기교를 부려 이해하기 어려운 글이어야 글의 품격이 높아진다고 생각하는 현학주의적인 병폐에 빠져 난해한 문장이 되었는데 우선 난해하다는 것만으로도 좋은 문장이 될 수 없다는 것이다. 그러나 난해하기로 말하면 아무래도 후대보다는 전대의 三代의 문장이 더할 것이지만, 그것은 일부러 난해하게 쓴 것이 아니라 當代의 常語를 사용한 것이었을 뿐이다. 다만 지금에 이르러 古語가 되어 난해하게 되었을 뿐이어서 후대에 의도적으로 꾸며서 난해하게 만든 것과는 사정이 다르다는 것이다. 그러므로 허균이 말하는 상어란 상대적인 개념으로, 當代에 上下의 뜻을 쉽사리 전할 수 있는 글의 소통성에 그 기준이 있었다고 해야 할 것이다. 그런데 '도를 실어 전해야 한다(載其道而傳)'라고 한 것은 허균의 성향으로 보아 선뜻 이해가 되지 않는 장면이다. 이것이 그가 그렇게 비판해마지않던 성리학의 載道文學論과 구분이 되지 않는다면 스스로 자가당착에 빠지는 것이기 때문이다. 그리고 '明白正大하고 切實分明'한 것은 좋았지만 결코 쉽지않은 내용인 '三代六經 성인의 글과 老子 諸子百家의 글' 모두가 소통의 조건을 갖추었는지에 대해서는 장담하기 어려운 일이다. 그러나 이러한 고문들이 상대적으로 후대의 古文보다는 더 常語의 정신을 담고 있다고 보는 것이 그의 의도가 아닌가 한다. 그리고 '道를 실어 전하고 있으니 그 글이 알기 쉽고 품격이 있었소.'라고 한 것으로 보아 성리학의 載道文學論과는 다른 '도를 전달하는 傳道文學' 정도로 보는 것이 허균의 의중이라는 생각이다. 載道文學의 道가 관념적이라면 孔孟의 道는 실천적이라는 점에서 차이가 있고, 許筠은 후자의 입장에서 道를 말한 것으로 보아야 할 것이다. 그렇더라도 이러한 장면은 기본적으로 古文主義에서 벗어나기 어려워 그의 反고문주의와는 상당한 모순을 피하기 어려울 듯하다. 그러나 그 외에 老子, 諸子百家의 글을 모범문장으로 내세운 것은 역시 허균다운 면모가 확실하다. 당대의 유가 입장에서는 諸子百家는 물론 老子도 철저히 배격되었던 사실을 〈東文選序〉에서 이미 확인한 바 있다. 노자는 孔子시대에 이미 유가와 대척적이었으며, 墨子를 비롯한 제자백가들은 孟子시대에 유가에 강력히 맞서던 터라 전통적으로 유가의 공격 대상이었다. 더구나 성리학이 지배하던 조선시대에는 이들은 도를 해치는 사문난적(斯文亂賊)으로 낙인 찍혀 철저히 배격되었다. 그럼에도 불구하고 이들을 서슴없이 문장의 모범으로 표방한 것은 당대에는 물론 그 후대에도 좀처럼 그 유례를 찾아볼 수 없는 그만의 면모가 발휘된 것이다. 그러나 '文과 道'가 분리된 훗날의 현상에 대해서 부정적으로 본 것은 생각의 여지가 있어보인다. 文과 道를 하나로 본다면 얼핏 당대의 '文은 道를 위해서 존재한다'는 道學文學觀과 구분이 되지 않는 면이 있어 그의 지론과 상충된 것으로 볼 수 있기 때문이다. 그러나 이 道文一致論은 글은 현실을 바탕으로 내용과 사상이 평이한 常語로 소통될 수 있어야 한다는 원칙을 강조한 것으로 보아야 할 것이다. 그래서 글이 까다롭고 괴팍해지고 교묘한 재주만을 내세우는 지금의 文風은 재앙이지, 자랑할 것이 못된다고 비판한 것이다. 〈左傳〉〈莊子〉〈史記〉〈漢書〉 및 韓愈, 柳宗元, 歐陽脩, 蘇軾 등에 대해서는 일단 긍정적인 입장으로 보고 있다. 그러나 이들에 대해서 허균이 전적으로 典範으로 삼았다면 그도 평범한 고문주의자에서 벗어날 수 없는 일이고, 그렇다면 그의 문학개혁론과 실학문학은 한계가 분명해진다. 그러나 허균의 의도는 그들의 문장을 그대로 답습하라는 것이 아니라 당대의 현실에 입각하여 당대의 常語를 구사했던 그 '소통의 정신'을 본받으라는 것으로 생각된다. 이들은 당대를 垂範할만한 가치가 있고, 나름대로의 가치를 충분히 가지고 있으므로 존중되어야 한다. 그러나 그것은 당대에 한정된 가치일 뿐, 절대적인 수범이 될 수 없다는 것이다. 문장은 지금에 맞는 지금의 가치와 언어를 사용해야 한다는 것이 그의 지론이다. 그러므로 옛날의 모범이라 하여 무조건 모방하는 것을 부끄러워한다고 하였다. 客이 글에 典故가 없다고 지적하고 나선 것은 작자가 그의 입을 통하여 당대 문장의 현학적 수사주의에서 비롯된 不通의 병폐를 반어적으로 비판한 장면이다.

앞의 常語에 대한 부분이 글의 어휘적인 차원의 形態論에 가깝다면, 다음의 古法에 대한 부분은 글의 텍스트 차원의 統辭論에 가깝다. 篇法은 글의 작품단위 차원의 문장론에 해당한다. '직설적 서술'이란 설명적인 글이요, '얽히고 설킨'이란 논쟁적인 글이요, '정감이 넘치는 것'이란 감성적인 글이요, '냉철히 전개된 글'이란 논리적인 글이요, '복잡하고 번거로우면서도 규율이 서 있는 글'이란 난이도가 높은 論辨的인 글에 해당하는 것으로 생각한다. 이렇게 생각하면 이는 지금의 장르론에 근접한 수준이 아닌가 한다. 章法은 글의 단락 차원의 범위에 가깝다고 생각한다. '중복되면서도 가지런한 글'이란 글이 겹치더라도 질서를 유지해야 함을 말한 것이고, '복잡하면서도 어지럽지 않은 것'이란 변론을 하되 주제에서 벗어나지 않아야 하고, '끊긴 듯하면서도 전후가 연결된 것'이란 단락의 서로 긴밀한 관계를 유지해야 하고, '긴 듯하면서도 짧은 것'이란 글의 간결과 부연의 효용을 말하는 것이고, '말을 다하지 못한듯한' 것이란 표현의 압축, 생략, 여운의 효과를 살려야 한다는 뜻으로 이해된다. 그렇다면 이는 글의 수사론에 가까운 것이 아닌가 한다. 字法은 語句 내지 문장 차원에 가깝다고 생각한다. '올라간 곳, 돌아간 곳, 숨은 곳, 수습하는 곳, 겹쳐지되 어지럽지 않은 곳, 강하되 억지가 아닌 곳, 이끌되 힘들이지 않은 곳, 열고 닫는 곳, 呼應을 이루는 곳'이란 단어, 어구, 문장들의 연결, 접속 차원의 문장작법 설명으로 보인다. 字가 빛나지 않으면 句가 아름답지 않고, 章이 바르지 않으면 意가 서지 못하니, 이 둘이 갖춰져야 온전한 篇을 이룰 수 있다는 말은 字法, 章法, 篇法이 문장이 모여 단락을 이루고, 단락이 모여 텍스트를 이룬다는, 부분이 잘 되면 전체가 잘 된다는 구조주의 관계로 문장을 파악하여 설명한 것으로 보인다. 이러한 이치를 깨달아서 常語를 구사하는 것이 고금에 통하는 文道라는 것이다. 이러한 이치를 알지 못하고 흉내내기와 현학적 수사주의에 매몰된 당대의 잘못된 文風을 비판하고 있는 것이다.

허균을 실학문학자로 인정하는 문제와 관계없이 후대의 개혁적인 문인들과 비교해 보면 그가 가지고 있는 국문학사적 가치와 의의를 가릴 수 있다. 문장의 고문주의를 표방한 古文四大家 중에서 張維는 陽明學에 관심을 가져 反朱子學에 나선 것은 당대로서는 개혁적인 문학평론가로서 의미를 가지고 있다. 그는 당대의 문학을 주도한 위치에 있으면서도 성리학의 道學文學論에서 벗어나 문학의 독립성과 예술성을 주장했으며, 과도한 수사주의와 모의와 표절을 비판하고, 常語사용을 권장하였다는 점에서 주목할 만한 문인이었다. 그러나 고문사대가의 핵심인물로 擬古主義 古文主義에서 크게 벗어날 수 없었다는 점이 허균을 따르지 못하는 한계이다. 金萬重도 주자학의 문학론이 대세였던 시대에 이에 이의를 제기한 脫朱子論, 중국에 대한 사대주의를 지양하고 민족주의적인 정신을 강조한 反華夷論, 비평문학의 가치를 주장한 批評獨自論, 문학의 예술성을 강조한 文學審美論 등을 주창한 점에서 주목할만한 문인이었다. 특히 國字文學의 가치를 인정하여 漢文學을 '앵무새 문학'이라고 규정한 것은 허균도 따르지 못할 발언이었다. 松江의 歌辭를 극찬한 것은 문학의 주체성을 인식했던 가치로 매겨야 할 것이다. 그를 실학문인으로 말하는 일은 별로 없지만 그 개혁문학론은 충분히 그럴만한 가치가 있다는 생각이다. 다만 그 이론적 체계나 실천적인 면에서 허균에 미치지 못하였다. 朴趾源은 실학문인의 대표적 인물로 인정되었으니 그 개혁성에 대해서는 더 말할 나위 없다. 그는 이른바 實事求是學派의 우두머리로 문학 이외에서도 두각을 나타낸 점이 충분히 인정된다. 그러나 문학적인 영역에서는 허균과 같은 개혁의식과 실학적 근대의식 체계를 따르지 못한다는 생각이다. 이는 그도 역시 封建主義의 사고에서 자유롭지 못했기 때문이다. 그에 적극 동조한 이른바 북학파 문인들도 이러한 한계가 더욱 뚜렷하여 실학문인이라는 평가가 무색할 정도이다. 丁若鏞은 실학의 집대성자라는 평가를 받는 문인이므로 개혁적 근대의식이 허균을 비롯한 앞의 문인들을 능가해야 하지만 앞에서 논의된 바와 같이 의고주의, 봉건주의에서 벗어나지 못하여 그 실학정신에서 실제로는 허균은 물론 장유, 김만중, 박지원에도 미치지 못하는 면이 있다.

이렇게 보면 그동안에 이루어졌던 실학문학에 대한 개념과 규정, 평가들에 대해서 신중한 재고와 검토가 있어야 하는 것이 아닌가 한다. 실학자라고 평가된 문인들 중에서 가장 높이 인정된 茶山이 실제로는 실학에 필요한 개혁성과 근대의식이 가장 부족했으며, 실학자로 평가되지 않았던 谿谷, 西浦가 실제로는 개혁적인 문학론을 주창했다. 허균은 시대적으로 가장 앞서 있으면서도 실학적 의지와 체계가 가장 철저했다면 그동안의 국문학사에서 실학문학과 허균에 대한 평가는 재고되어야 한다는 생각이다. 그리고 실학이라는 명분과 연결시키기는 어렵지만 국문학사 발전이라는 관점에서는 이규보를 허균과 대등한 위치에 놓아야 한다는 생각이다.

그런 의미에서 이규보와 허균을 비교해보면 국문학 평론의 흐름이 한층 명료해질 것이다. 이들을 국문학 평론의 핵심적인 문인으로 평가하는 것은 많은 부분에서 뚜렷한 공통점을 찾을 수 있기 때문이다. 먼저 기존의 文風에 대한 비판과 저항정신이 투철했다는 점이다. 그 비판의 대상은 기존의 修辭主義와 模擬主義였다. 이는 시대를 가리지 않은 한문학의 뿌리 깊은 전통이었기 때문에 이규보이건 허균이건 피할 수 없는 문학적 부담이었다. 이 부담은 그들이 불세출의 개혁적이고 창의적인 文豪였던 만큼이나 크게 작용했다. 국문학사에서 특정작가를 지목하여 우열을 논의한다는 것이 무리이겠지만 다양한 장르에 걸쳐 고르게 활약한 점과, 국문학사의 흐름에 영향을 끼친 정도에 기준을 맞춘다면 이 둘을 꼽아야 할 것이다. 실제로 이들은 자신들의 천재성에 대하여 자부와 긍지가 대단하여 이를 가감 없이 드러내는데 주저하지 않았다. 이들이 내세운 개혁의 요체는 문학의 현실반영과 創意였는데 이는 기존의 道學文學論과 擬古主義, 用事論, 換骨奪胎論에 대한 비판이었다. 그래서 이규보는 그 대안으로 新意論을, 허균은 常語論을 내세웠다. 신의론과 상어론은 문학의 목적성이나 格調보다는 개성적, 실용적인 소통성을 강조한 것이다. 그리고 도학문학자들이 내세운 封

建的이고 획일적인 敎化主義보다는 인간의 진실한 性情을 자유롭게 표현할 수 있어야 한다고 했다. 진실한 性情은 天賦의 氣에서 나오고, 이것에 의해서 글의 意境 - 주제의식, 가치관 - 이 서고, 文의 우열이 결정된다고 하였다. 이것이 허균이 말한 天機論, 玄造論이다. 이는 모든 문학은 인간 본연의 천부적인, 인간다운 모습을 드러내야 한다고 주장한 것이다. 그래서 이들은 天然의 자유분방한 낭만적 정서가 넘치는 글을 주저하지 않았는데 이러한 태도는 당시로서는 경멸과 경계의 대상이 되기 십상이었다. 당대에 처한 그들의 처지가 이러했기 때문에 문학개혁론은 실제로는 가시적인 효과를 거두지 못했다. 특히 허균의 경우에는 그 개혁론이 오히려 폄하 · 경계 · 탄압은 물론, 심지어는 자신이 횡액을 당한 원인이 되기도 하였다. 천재적인 재능을 가지고 있으면서도 뜻을 펴지 못하였고, 당대의 현실과 문풍에 대한 비판의식과 불만은 작품에서 反語的 사고나 논리로 굴절되어 나타날 수밖에 없었다. 그래서 두 문인의 작품을 보면 反語, 逆說的 성향이 두드러진다. 둘 사이는 4백 년 가까운 시대적인 격차가 있지만 막상 그들의 문학작품을 읽어보면 그러한 시대적 차이를 느끼기 어려울 정도로 유사점이 많은 것은 이러한 공통적인 문학의식과 문학적 역량이 작용했기 때문일 것이다.

이러한 공통점은 이들의 문학적 성향이 닮았기 때문이겠지만 생존 시대의 격차는 차이가 없을 수 없었다. 특히 허균이 처한 시대는 문학적으로 더 열악한 상황이었다. 이규보의 시대는 아직 佛家사상을 비롯한 전통적인 문학사상과 비교적 유연했던 유가의 문학사상이 균형을 이루고 있었지만 허균의 시대에는 극단적인 道學文學이 전횡하던 시대였으므로 그 개혁의 부담으로 비판의 강도가 상대적으로 훨씬 클 수밖에 없었다. 게다가 허균 특유의 반항아적 기질과 현실참여적 의지가 강하게 표출되어 그에 따른 역풍과 탄압과 고충이 더 심각하였다. 그래서 이규보는 당대에 문단의 중심인물로 활동하였으며, 원만한 처세로 순탄한 삶을 누렸지만 허균은 문학적으로나 宦路에서나 처세에서 매우 불우하였다. 당대에 反道學文學의 입장에 있었다는 것은 곧 反性理學, 反擬古主義, 反復古主義는 물론, 反體制主義者였음을 말하는 것이다. 특히 반체제적인 성향은 이규보에서는 찾아 볼 수 없는 허균만의 특수한 개혁적 의지요, 부담이었다. 그래서 그의 개혁론은 훨씬 강력하고 과격하였으며, 때로는 무모하기까지 하였다. '남녀의 정은 하늘에 있거늘 성인의 가르침으로 얽매는구나. 성인의 가르침을 거스르더라도 하늘로부터 받은 천성은 어길 수 없다.' (男女情欲天 分別倫紀

聖人之敎也 寧違於聖人 不敢違天稟之本性也)라고 한 것은 개인적인 차원에서는 반윤리적 사고에 그치겠지만, 반사회적인 차원에 이르면 이러한 사고는 곧 사회혁명론에까지 확산되기에 이른다. '천하에 무서운 것은 백성이다. 백성은 물, 불, 맹수보다 더 무섭다. 통치자가 되어서 함부로 가까이하고 가혹하게 하니 어쩌자는 것인가?' (天下之所可畏者唯民而已 民可畏有甚於水火虎豹 在上者方且狎馴而虐使之 抑獨何哉)라고 한 것은 그가 문학개혁론자에 그치는 것이 아니라 사회개혁론자였음을 보여주는 장면이다. 이러한 면모는 이규보에서는 찾아 볼 수 없는 것이어서 그의 가치를 달리 평가해야 할 것이다. 무엇보다도 反體制主義的 성향과 반항적 기질, 독선적인 태도와 처세술로는 개혁은 물론, 그 자신의 안위마저 보장받을 수 없게 하였다. '내 천성이 거칠어서 세상에 부합하지 못하니 많은 사람들이 배척한다.'(性疎誕不與世合 時之人郡罵而衆斥之)라고 고백한 것을 보면 자신의 문제점도 스스로 깨닫고 있었던 것 같다. 이러한 결과로 그의 개혁론은 설 자리가 없었으며, 그 영향력도 적극적으로 평가하기 어렵다. 그러나 그가 주창한 天機論, 玄造論은 이규보의 시론에 비하여 더 개성적, 내면적, 심미적인 시 세계를 표방한 것으로 문학의 독립성을 역설한 것으로 평가해야 할 것이다. '나는 唐詩, 宋詩로 불리기보다는 許詩라고 불리기를 바란다'라는 말은 茶山이 말한 '나는 조선인으로 기꺼이 조선시를 쓰노라'(我是朝鮮人 甘作朝鮮詩)라고 한 것과는 비교할 수 없는, 한층 강도 높은 독창성과 주체성을 내세운 것으로 그 문학사적인 의의를 같이 말할 수 없다. 허균이 말한 '許詩'란 그의 전체적인 가치관, 문학관을 말한 것이지만 다산이 말한 '朝鮮詩'란 우리 시에 우리의 시어를 쓰자는 詩語에 한정된 의미이기 때문에 그 문학사적 범위가 같지 않다.

사정이 이러함에도 불구하고 – 일부에서의 긍적적 평가가 있기는 하지만 – 허균은 아직도 그에 상응하는 평가를 받지 못하고 있다는 생각이다. 이를 그의 능력이나 책임으로만 돌리기보다는 시대부적응적 삶과 사회체제적인 한계에서 원인을 찾아야 할 것이다. 그러나 오늘날의 관점으로는 그의 시대부적응은 오히려 개혁정신의 결과였고, 사회체제적인 문제는 그가 개혁을 부르짖지 않을 수 없었던 당위성을 입증하는 것으로 생각한다. 그렇다면 허균은 문학, 사회의 개혁가로 인정되어야 하며, 그것은 미래지향에서 나온 근대의식이며, 그렇다면 그 누구도 따르기 어려운 實學文人이요, 實學者로 인정해야 할 것이다. 그럴 수 있다면 허균이 갖는 국문학사적 위치는 훨씬 높이 평가되어야 한다. 기존의 문학사에 순응하기보다는 저항하고 개혁하는 것이 문학사의 발전에 더 큰 공헌을 하는 것이라고 한다면 적어도 평론에 있어서만큼은 허균은 이규보를 능가한다는 생각이다.

평론은 제5의 장르로 최근에야 비로소 형성된 후발의 장르 체계이다. 그리고 그것은 당연히 서구문학 중심의 개념으로 이루어졌다. 따라서 우리의 전통적인 평론의 개념이나 본질과는 같을 수 없다는 인식을 하는 것이 중요하다. 문식성이 높았던 우리의 평론은 서구보다 앞서 형성되었기 때문에 지금의 평론개념이나 본질과는 적지 않은 차이가 있을 수밖에 없다. 무엇보다도 전통적으로 우리가 문학을 바라보는 관점이 보다 목적적이고 이념적이었다는 점이 배려되어야 할 것이다. 문학을 통해서 정치적인 교화를 하고, 인격을 도야하고, 신분상승을 이룰 수 있었다는 점은 문학을 통해서 심미적인 예술성을 추구하던 서구와는 다른 사정이었다. 그렇기 때문에 우리의 문학과 평론은 훨씬 광범위한 본질과 개념을 포괄하고 있다. 그리고 이 점이 또한 우리의 평론을 체계적이고 논리적이지 못하다거나 후진적이라고 생각하는 이유이기도 하다. 그러나 이러한 사실을 인정하거나 부정하려는 자세보다는 우리의 시대와 사정이 서구와는 달랐다는 사정을 정당하게 인식하는 일이 더 중요하다. 그러므로 우리의 평론을 우리의 기준과 관점으로 본질과 개념을 지정하고 논의하는 방식에 주저하지 말아야 한다.

이렇게 생각한다면 우리의 평론문학의 대상과 범위는 훨씬 넓어지고, 역사도 깊어져야 한다. 그러한 형편에서 이규보와 허균에 한정되어진 이 논의는 그만큼 제한적일 수밖에 없을 것이다. 그러나 이 글의 목적이 본격적인 평론 연구가 아니었기 때문에 우리 문학의 평론을 대표하기에 충분한 두 사람을 중심으로 논의하는 것으로 대신하였다. 이러한 한계에서도 우리의 평론문학의 대강을 살필 수 있었다고 생각한다. 그만큼 이 두 인물은 국문학의 평론사에 획기적인 업적을 남긴 탁월한 평론가요, 작가였다. 그리고 그 업적은 비록 당대 문학을 실제로 바꾸지는 못했지만 모순을 비판하고 개혁을 부르짖었다는 사실을 더 중요하게 평가해야 한다. 역사의 발전은 순응보다는 변화와 개혁에서 이루어졌다는 점을 생각하면 이들이 이루어낸 평론사적 업적은 국문학사에 각별히 기록되어야 할 것이다.

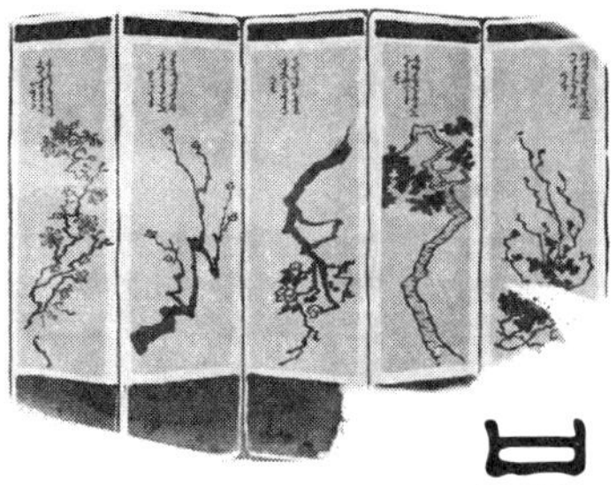

부록

부 록

어학에 대해서는 문외한이지만 국문학과 국어교육을 가르치다보니 이와 관련되는 이야기를 하지 않을 수 없어 논문 세 편을 덧붙였다.

국문학에서 한문, 한자의 문식성을 강조하던 처지로서 국어교육적인 입장에서는 이 문제를 앞으로 어떻게 대처해 나갈 것인가를 생각하지 않을 수 없었다. 이 문제는 우리 언어정책에 있어 가장 중요한 사안이었기 때문에 건국 이래 진지한 논의가 있었지만 아직도 정상적인 방향을 잡고 있지 못한 실정이다. 그동안 한글전용론과 한문교육론이 첨예한 대립을 벌여왔지만 결국은 이도저도 아닌 채 손을 놓고 표류하고 있는 형편이다. 국가의 미래를 결정하는 가장 중요한 문제를 수수방관하고 있는 것은 국민으로서 누구도 그 책임에서 벗어날 수 없다는 생각을 가져야 한다. 특히 정책입안자와 국어교육의 일선에 서 있는 사람들은 이에 대한 특별한 각성이 필요하다. 이에 대한 필자의 견해를 짤막한 논문으로 피력하였다. 이는 국문학 연구와도 관련이 있다고 생각하여 여기에 붙였다.

국어에서 차지하는 한자어의 중요성을 모르는 사람은 없다. 그러면서도 한자어 교육은 차갑게 외면당하고 있다. 신세대의 한자어 문식력이 고갈되다보니 일상언어에서마저 소통력이 현저하게 떨어지고 있다. 한자어는 여전히 존재하는데 그에 대한 문식력은 현저히 떨어져 소통력은 고사하고 문화계승력에 의문을 갖게 한다. 한자어를 한자의 의미도 모르고 단순한 음성기호로 소통하다 보면 머지않아 풀 수 없는 암호로 변할 것이고, 당장 일상생활에서 모국어를 바르게 말하고 적을 수도 없게 되었다. 이는 국어를 갈고 다듬어야 할 민족역사적인 의무를 하지 않는 것이다. 한자어에 대한 의식과 지식이 없어 벌어지고 있는 국어의 일그러진 모습을 다 말할 수 없어 여기에서는 우선 발음과 정서법에 관련되는 몇 가지를 한자어에 한정해서 간단히 논의한다. 이러한 논의를 통하여 국어를 좀더 바르게 적고, 말할 수 있다는 믿음을 가져야 한다. 한자어는 국어 어휘의 대부분을 차지하고 있고, 한자어에 대한 우리 언중들의 의식, 잠재의식은 국어의 진행에 아직도 적지 않는 영향력을 가지고 있다. 이것을 재확인하는 것은 국어의 발전에 도움을 줄 수 있을 것이고, 당연히 국문학과도 관련이 있는 일이다. 물론 국어를 갈고 다듬는 일은 한자만이 아니라 기타 서구어에서도 마찬가지이니 이에 대한 각별한 의지가 필요하다. 이제는 한자어보다 이것이 더 큰 국어의 걸림돌이 될 것이라는 위기의식을 가져야 한다.

한자어가 우리 국어에서 차지하는 비중이 크다보니 어휘에서도 한자어계 귀화어가 많다. 이것을 밝히는 일은 국어의 올바른 어원을 밝히는데 있어 매우 중요한 의미가 있다. 그래서 이에 대한 연구는 상당한 연구성과를 확보하고 있다. 그런데 조선후기부터 들어오기 시작한 새로운 音價의 중국어는 舊音의 한자어와는 발음이 달라 한자어로 의식되지 않았다. 이러한 한자어는 당대의 문사들에게 표준어로 인정받지 못하여 문헌에 오르지 못한 경우가 많다. 그래서 그 정착과정을 증빙하기 어렵다. 그러나 일반 언중들에게는 口語로써 수용되어 실제의 언어생활에 자리잡게 되었다. 그 결과로 문헌에서는 찾아내기 어렵지만 구어에서는 사용되기에 이르렀다. 구어에서 주로 사용되었다는 것은 그 어휘의 가변성을 더 크게 하였고, 외국어라는 의식이 빠르게 없어졌다는 것은 그 어휘의 귀화를 더 재촉한 결과를 가져왔다. 그래서 지금에 와서는 그 어원을 밝혀내기 어렵게 되었고, 이는 국어 어원연구의 난제가 되고 있는 것이다. 비록 구음에 의한 한자어보다는 그 양에서 비교되기 어렵지만 여기에 착안하지 않으면 新音에 의한 귀화어는 점점 풀기 어려운 언어적 장애가 될 수밖에 없는 일이니 이에 대한 관심이 필요하다.

1. 國語와 우리말

'국어순화' 또는 '우리말 가꾸기'라는 명제는 그동안 끊임없이 제기되었던 것으로 여기에 공감하지 않을 사람은 별로 없을 것이다. 그러나 근래의 우리 언어생활 실태를 보면 이렇게 당연한 명제들이 점차 그 의미를 상실해가고 있다는 생각을 실감하지 않을 수 없다. 우리의 무분별한 언어정책으로 인하여 우리말은 이러한 기본 명제의 본령에서 점점 멀어져 가고 있는 실정이어서 이제는 '우리말 가꾸기'라는 목표를 내세우기보다 차라리 '우리말 지키기'라는 말이 좀 더 현실적인 문제가 되어가고 있다. 갈수록 심각해지는 외국어 · 외래어들을 비롯한 정체불명의 언어들이 판을 치고 있는 현실에서 우리말을 순화하고 가꾼다는 일은 별로 실현성이 없어 보인다. 그래서 '가꾸기'보다는 '지키기'가 훨씬 절실하고, 절박한 사안이라는 위기의식에서 이 문제를 제기하는 것이다.

'우리말 지키기'라는 명제는 매우 광범위한 문제이므로 여기서는 편의상 '어휘'문제로 한정하여 논의하고자 한다. 음운이나 통사의 문제는 언어 규범의 지속성이 강하여서 일시적인 언어 정책이나 언어교육의 영향이 쉽게 미칠 수 있는 것이 아니라 본고에서의 관심은 어휘문제로 초점을 맞추는 것이다. 언어의 변화는 어휘에서 가장 심하고, 시대의 상황에 민감하게 반응하므로 우리말을 가꾸고 지킨다는 의미는 주로 여기에 집중되어 있다고 할 것이다. 그리고 이러한 어휘의 변인들은 국내적인 요인과 국외적인 요인이 있겠는데 우리에 있어서는 주로 후자에 걸쳐 있는 문제가 중요하게 작용하기 때문에 여기에 논의를 모으려 한다.

언어, 특히 문자언어인 경우 역사적으로 중국의 漢字가 우리의 그것에 선행되었기에 일찌이 우리의 어휘에 큰 영향을 주었다는 것은 주지의 사실이다. 현재 우리말의 어휘 중에서 대개 7할 이상이 漢字語系라는 사실은 우리 언어에 대한 대처가 어떠해야 하는가를 여실히 보여주는 것이다. 또한 근대에 급속도로 밀려온 서구 문화는 필연적으로 어휘방면에서 우리말에 커다란 변인으로 작용하였다. 아직 구체적으로 조사된 자료는 없었으나 영어, 일본어를 포함한 서구의 어휘가 현대 우리말 어휘에서 차지하는 비중은 한자어 못지않게 심각한 지경에 이르고 있다. 외국어 · 외래어 어휘에 찌들어서 신음하고 있는 우리말의 실정에 비추어볼 때 우선 '우리말 지키기'라는 소극적이지만 현실적인 목표에 착수하는 것이 급선무라고 생각한다.

본고의 제목, '國語'와 '우리말'의 구분은 '우리말 지키기'의 상징적 의미를 갖는다. 구태여 '國語'를 외래어로 규정하자는 뜻보다는 우리 언어생활에서 '우리말'이라는 고유어로 대체하려는 노력이 '우리말 지키기'의 출발이라고 생각하는 것이다. 그러나 이러한 주장에 대하여 적지 않은 이의가 있을 것으로 생각되어 우선 이의 당위성을 밝히는 데 주력할 것이다. 다음으로 한자어휘의 고유어화 실천방안을 유형별로 나누어 마련하고, 끝으로 고유어화 대상이 되는 서구어휘를 유형별로 분석해 보고, 이를 토대로 대안을 제시하고자 한다.

1) 고유어화에 대하여

우리말을 지키기 위한 실천방안으로 우선 가능한 한 한자 어휘를 포함한 외래어·외국어를 고유어로 정착시키는 노력이 절실하다. 여기에는 이미 정착된 어휘들은 물론이고 새로이 생성되고 유입되는 외래어휘들도 포함된다. 과거에는 한자 어휘와 일본 어휘가 우리 고유어를 쫓아냈듯이 오늘날 분별 없이 들어오는 서구 어휘는 우리 언어생활에서 점차 고유어를 잠식해가고 있다. 한번 잊혀진 고유어는 좀처럼 우리 언어생활에서 다시 살아나기 어렵다. 규모를 자랑하는 우리말 사전에 올라있는 고유어들이 실제 언어생활에서 얼마나 활용되고 있는지를 확인해 본다면 그것들이 대부분 이미 死語가 되어있다는 사실에서 그 심각성을 알 수 있다.

문제의 심각성은 이에 그치는 것이 아니다. 새로운 서구문화는 필연적으로 새로운 어휘를 동반하기 마련인데 이에 대한 고유어가 없으므로 당연히 외래어휘가 차지할 수밖에 없는 것이 현실이다. 이러한 실정을 자연스러운 '문화의 흐름'이라든지, 필연적인 '세계화'라는, 이른바 '보편주의' '거시적 세계관'의 일환이라고 자랑한다면 나름대로 명분이 서는 일이다. 그리고 사정이 그렇다면 그동안 간단없이 외쳐왔던 '우리말 가꾸기' '국어순화'는 물론 본 연구의 관심사항인 '우리말 지키기'는 자칫 수구적인 지역주의나 국수주의라는 지탄을 면하기 어렵다. 이는 '보편주의' '세계화'라는 시대의 요구에 역행하는 태도이기 때문이다. 민족, 국가의 역사관과 교육관이 그러하고, 언어정책이나 국어 교육관이 그렇다면 여기에서의 논의는 아무런 의미도 없을 것이다. 그러나 구태여 강조하지 않더라도 인간과 언어, 국가·민족과 국어의 필연적인 관계를 부정할 수 없다든지, 우리 민족·국가가 독자적인 사회구성체를 유지해야 한다는 전제가 정당하다면 결코 우리의 언어현실을 이대로 방치해서는 안 된다. 그리고 여기에 공감하면서도 우리말을 지키려는 의지를 가지고 있지 않다면 오늘을 사는 세대로서 역사적인 책임을 져야 마땅하다.

사정이 이러함에도 불구하고 입버릇이 되어버린 '국어순화'라는 명제가 구호로만 언급될 뿐, 실제의 우리 언어생활에서는 잊힌 실정이다. 이따금 간헐적으로 '한글전용론'과 '한자교육론'이 다툼을 벌이고 있는 정도가 고작 우리 언어에 대한 관심의 전부인 것 같다. 분명 이는 당면한 중요한 과제이지만 서구어 어휘에 대한 대처방안도 이에 못지않게 중요한 사안이다. 한자 어휘에 찢기고, 서구 어휘에 할퀸 지금의 우리말에서 무슨 정체성을 어떻게 찾을 수 있을 것인가? 그리고 이 문제는 정체성의 문제에 그치는 것이 아니라 후손에게 감당하기 어려운 문화적 장애를 남겨준다는 데에도 심각성이 있다.

사실 한글전용론이나 한자교육론의 대립은 선조들이 우리에게 물려준 문화적 장애에서 비롯된 문제이다. 당연히 한글전용론이 지당한 주장이겠으나 전폭적인 지지를 얻지 못하여 여전히 논란을 거듭하고 있는 실정이다. 우리의 선조들이 별다른 의식 없이 한자 어휘를 사용하여 우리의 고유어를 스스로 쫓아낸 결과로 이제는 우리 언어생활에서 한자 없이는 원만한 의사소통을 할 수 없는 지경에 이르렀기 때문이다. 의사소통을 원활히 할 수 없다는 것은 언어생활의 본질적이고 치명적인 문제이다. 그리고 이러한 장애는 후대로 갈수록 더욱 심각해질 수밖에 없다. 그나마 얕은 한자 세대마저 우리의 언어생활에서 사라져버린다면 한자표기 없이 한글로만 적혀진 지금의 모든 한자어휘의 한글은 후손에게는 필경 아무런 소통수단이 될 수 없는 암호에 불과하게 될 것이다. 일련의 19세기에 기록된 문헌에서 한자표기 없이 한글로만 되어진 내용들은 지금에 와서는 해독조차 어려워 심각한 문화장애가 되어 있다는 점으로도 이를 증명하기에 충분하다. 이러한 정황은 불과 백 년 남짓한 시대적인 거리에서 빚어진 문화적 참상이다. 게다가 서구 어휘의 문제까지 더하여지고, 언어의 변화가 더욱 심해지는 현대어의 속성으로 비추어 볼 때 이와 같은 문제를 방치한 채 앞으로 백 년 뒤 후손들이 겪어야 할 언어장애를 걱정하지 않는다면 오늘을 사는 사회구성원으로서 매우 부끄러운 일이다.

결국 이러한 문제들을 해결하기 위해서는 무엇보다도 우리말의 고유어화가 이루어져야 한다. 그리고 이는 단순한 모양새 갖추기를 넘어 명실상부한 언문일치의 성취에 그 의의가 있다. 외래문자를 사용하면서 외래어휘를 구축할 수 없고, 외래어휘를 사용하면서 외래문자를 사용하지 않을 수 없다. 만약 이를 어긴다면 당장 언어소통에 장애가 될 수밖에 없을 것이다. 한자 어휘를 그대로 두고서 한글전용을 주장하는 것은 이러한 아주 기본적인 이치마저 도외시한 결과이다. 참으로 한글전용의 꿈을 이루려 한다면 우선 한자어휘를 우리말로 바꾸어 의사소통의 장애를 제거해야 한다는 사실을 알아야 한다.

이러한 이치는 서구어휘에 대해서도 동일하게 적용된다. 그 어휘를 원어로 적든, 한글로 적든 장기적으로 한자어휘와 동일하게 문화의 장애가 될 것임은 자명하다. 당연히 이들을 시급히 우리말로 바꾸어 표기하는데 힘을 기울여야 한다. 이를 게을리 한다면 한자어휘 같이 해결하기 어려운 언어장애가 될 것이 분명하니, 서구 어휘가 우리 언어생활에서 더 이상 굳어지기 전에 서둘러 고유어화해야 한다. 이를 위해서 지금까지 언어생활에서 사용되고 있는 고유어를 힘써 지키는 것은 당연한 일이고, 그동안 한자어, 일본어, 서구어의 유입으로 버려졌던 고유어를 찾아 복구 대체하며, 나아가서 새로운 어휘가 필요할 때에는 최대한 고유어로 정착시키는 노력을 기울여야 한다. 그럼으로 해서 우리의 언어소통을 원활히 하고, 후손에게 우리의 정체성과 문화를 원만히 계승시킬 수 있으며, 진정한 언문일치를 이룰 수 있을 것이다.

이렇듯 고유어화 사업은 그 명분이 분명함에도 불구하고 이러한 인위적인 실천 방안은 시행에 있어 적지 않은 비판과 불평에 부딪혀 왔고, 앞으로도 별로 달라지지 않을 것 같다. 우선 시행단계에서 일시적이나마 언어의 소통성을 혼란시킬 가능성이 있으며, 언어의 일반적인 속성과 원리에 부합되지 않을 수도 있을 것이다. 이러한 염려들은 우리말의 고유어화에 심각한 걸림돌이 되고 있는데 대략 다음과 같은 문제점을 가지고 있다.

첫째, 언어에 대한 역사의식의 결여이다. 주지하다시피 언어는 인류역사와 공존한다. 역사는 과거, 현재보다는 미래를 전제할 때 참된 가치가 있다. 언어를 대처하는데 있어 과거에 집착한다거나, 현재에 국한하는 태도는 바람직하지 않다. 선조들의 유산이라 해서 막연하게 집착한다든지, 당장 실용에 불편을 느낀다 해서 개선을 포기하는 것은 역사의식의 결여에서 비롯된다. 보다 발전된 미래를 위해서는 현재의 다소간의 불편을 감수할 수 있는 역사의식이 필요하다. 눈앞의 작은 편의나 불편에 의해서 언어 정책이 좌우되어서는 안 된다. 수천 년에 걸쳐 이루어진 한자 어휘라는 이유에서 아예 손을 댈 수 없다는 논리는 우리말 속의 한자 어휘를 단시일 내에 척결하자는 주장과 같이 옳지 않다. 그러한 관점에서 한자어휘의 고유어화 사업은 시급히 착수되어야 하지만 현실적으로 일시에 한자를 고유어화하여 언문일치의 꿈을 실현할 수는 없는 문제이다. 수천 년 동안 이루어진 한자가 어찌 수 년, 수 십 년의 인위적인 노력으로 청산될 수 있겠는가? 언어의 사회성으로 볼 때 무리 없는 언어소통을 위해서는 한자의 역사가 오래인 만큼 인내심을 가지고 적어도 백 년을 불사하는 지속적인 노력이 필요하다. 이러한 역사적인 각오 없이 주창되어진 그동안의 한글전용론이나 한자교육론은 단견, 편견이라는 지적을 면하기 어렵다. 최소한 한글전용론은 고유어화의 노력이 선행되어야 하고, 한자교육론은 시대적인 한정이 마련되었어야 실효를 거둘 수 있을 것이다. 그러한 노력이 없었던 주장과 언어정책들은 역사의식의 결여에서 비롯된 것이고, 결과적으로 우리말 지키기에 걸림돌을 면치 못했다.

둘째, 고유어에 대한 편견과 경시 풍조이다. 구태여 사대주의라는 멍에를 씌우지 않더라도 외래어휘를 중시하고, 우리 고유어를 경시해온 풍조는 비판받아 마땅하다. 지금까지도 한자어휘는 정중한 높임말에, 고유어는 가벼운 문체와 낮춤말로 인식되고 통용되는 실정은 이러한 발상이 얼마나 뿌리 깊은 것인가를 증명해주는 것이다. 우리말 경시 풍조는 한자어휘에 그치는 것이 아니라 서구어휘에서도 마찬가지로 만연해 있다. 마땅한 우리 어휘가 없는 경우는 그렇다 치더라도 엄연히 우리말이 있는데도 불구하고 이를 제쳐두고 서구어휘를 즐겨 사용하는 것은 그것이 우리말보다 훨씬 품위있고, 자기를 과시할 수 있다고 믿고 있기 때문이다. 이를 타파할 획기적인 발상의 전환 없이는 우리말을 지켜낼 수 없다.

셋째, 경제적 표현욕구이다. 한자어휘는 구조적으로 우리말에 비해서 음절이 적게 소용되고 우리말과 달리 완전한 뜻글자이므로 의미를 집약적으로 담을 수 있다. 최소의 음절로 최대의 의미를 담을 수 있다면 언어의 경제적 원리에 부응할 수 있다. 한자어휘에 이러한 장점이 있다면 구태여 이들을 고유어로 바꾸려는 노력을 할 필요가 없다고 생각하는 것이 요즈음 세태이다. 그러나 한자의 경제성은 한자를 터득한 소수의 언중만이 얻을 수 있는 혜택이다. 오늘날의 언어 성향으로 보아 한자를 습득할 수 없는 후대의 언중들은 이러한 언어의 경제성이 오히려 언어의 소통을 가로막는 장애물이 될 것임에 틀림없다. 한자로 표기되지 않은 한자어휘는 소통되기도 어려울뿐더러 불원간에 결국 암호에 불과하게 될 것임을 오늘날에도 어렵지 않게 목도할 수 있다. 그렇다면 지금은 다소 불편하고 어색하더라도 이들을 고유어로 바꾸는 작업을 게을리 해서는 안 된다. 의미의 혼란을 감수하면서까지 표현의 경제성을 추구하는 것은 옳지 않다.

넷째, 잘못된 고유어화 작업 방법이다. 설령 기본적으로 고유어화의 당위성을 인정하는 사람이라도 그것의 진행이 순조롭지 못했을 때 이에 동참하려 하지 않는다. 근래에 이 작업을 시도한 바가 없지 않았지만 실효를 거둘 수 없었던 가장 큰 이유는 외래어휘에 대한 고유어를 찾아내는데 지나치게 원어의 字義에 얽매였기 때문이다. 물론 한 언어를 다른 언어로 바꿀 때에는 原義가 충실하게 옮겨져야 바람직할 것이나 어떠한 언어를 막론하고 본질적으로 본래의 의미를 그대로 온전히 다른 말로 옮기기는 거의 불가능하다. 각 언어마다 언중의 속성과 문화가 다르기 마련이므로 한 언어가 다른 문화의 언중에 옮겨졌을 때에는 의미의 간극이 생길 수밖에 없기 때문이다. 그러므로 원래 완벽한 번역이란 있을 수 없다는 것이 상식이다. 외래어휘를 우리말로 바꾸는 작업은 일종의 번역이다. 그렇다면 완벽하고 세련된 고유어만을 요구하고 기대해서는 안 된다. 처음에는 다소의 부자연스러움과 불편함이 있더라도 얼마간의 적응기를 기다려 새로운 의미의 환경에 적응할 수 있을 때까지 인내하는 언어정책과 언중의 노력이 필요하다. 그리고 어차피 원의를 온전히 옮기기가 불가능한 것이라면 구태여 축자적인 방법을 고집할 이유가 없다. 어휘는 글자의 조합으로 이루어지지만 일단 조합된 어휘의 의미는 더 이상 단순한 낱자 의미의 합에 그치지 않는다. 어휘는 낱자의 결합과정에서 본래의 낱자 의미 외에 상황맥락적인 새로운 의미가 역동적이고 지속적으로 작용하기 마련이다. 그런데 낱자에 얽매여 이렇게 다양한 양상을 보이는 의미를 놓치는 대체어는 올바른 번역이 아닐뿐더러 언중들로부터 공인 받을 수도 없다. '번역은 제2의 창작'이란 말은 비단 문학에만 한정되지 않는다. 고유어를 마련한다는 일은 어휘의 창조에 해당하는 위대하고 어려운 작업이다. 이를 위하여 역사적 사명의식을 갖고 끊임없이 고심참담하는 노력 없이는 성공할 수 없다. 과거의 잘못된 고유어화 작업을 빌미 삼아 이 사업을 본질적으로 부정하고 포기하는 주장은 옳지 않다.

굳이 북한의 사례를 들 것 없이 근래 이 사업 성공의 가능성을 보여준 것이 바로 대학가에서 생성되는 일련의 고유어들이다. 대학생이라는 특별한 사회적 위치를 자랑할 만하고, 그것도 세련되고 지성적인 느낌을 줄 것 같은 '써클' '클럽'이라는 서구어를 아무런 지각없이 즐겨 사용했던 시절이 있었다. 여기에 그에 대한 대체어로 '동아리'라는 새로운 우리말을 찾아낸 일은 참으로 기특하고 다행스러운 일이다. 이전에 기껏 '俱樂部' '단체' '모임'이라고 단순 번역하던 것과 비교할 때 얼마나 우리말의 풍부한 아름다움과 넘치는 의미를 담고 있는가? '新入生'이라는 한자어휘를 천부적인 우리말이라고 생각하며 자연스럽게 사용하던 말을 '새내기'라는 완벽한 우리 고유어로 대체한 그들의 능력에 감탄을 금할 수 없다. 신세대에겐 '出征式' '發隊式'같은 한자어휘의 어원은 이미 상당한 짐으로 작용하고 있는 실정에서 '해오름식'이라는 우리말을 고안해 낸 것은 아무리 생각해보아도 경탄스러운 일이다. '출정' '발대'를 직역하여 어색하고 부자연스러운 억지 우리말을 만들기보다는 본래 字義와는 약간 거리가 있기는 하지만 '가장 장엄하고 힘찬 출발'이라는 의미를 담기에는 '해오름'이라는 고유어가 훨씬 더 역동적이고 아름답다. 별 불편 없이 사용되는 '오전' '오후'라는 말도 '이른날' '늦은날'로 대체하고 있는데 비록 음절수가 늘었다는 흠은 있겠지만 이에 해당하는 逐字的인 대체어를 찾기 어려워 할 때 이러한 창조적인 우리말의 발견은 참으로 소중하다. 당장 의사소통에는 '오전' '오후'가 더 경제적이고 익숙할지 모르지만 장기적인 안목으로 우리말 지키기에는 '이른날' '늦은날'을 선택하는 노력을 아껴서는 안 된다.

직역의 수준에서 벗어나지 못한 과거의 편협한 고유어화 작업이나 번역의 태도에 신선한 자극을 주는 이러한 사례들이 앞으로 우리말 지키기 사업에 주는 교훈은 매우 크다. 그리고 그들의 창조적인 우리말의 마련은 단순한 우리말 지키기에 그치는 것이 아니라, 그로 인하여 민족의 정체성이나 국가관을 스스로 확고히 할 수 있었다는 점에서 그 노력은 더욱 값진 것이다. 아직 배우는 과정에 있는 대학생들이 이처럼 훌륭하게 고유어화 사업, 민족 정통성 확립을 위하여 노력하고 있는데 전문가나 언어정책 입안자들이 권익만 누리면서 마냥 손을 놓고 있는 현실은 참으로 안타깝고 부끄러운 일이다.

2) 漢字語의 고유어화에 대하여

먼저 한자어휘를 고유어로 바꾸는 구체적인 실천 방안을 몇 가지 유형으로 제시하고자 한다. 이것은 논지 전개의 편의를 위하여 필자의 단편적인 소견을 거칠게 들어본 것에 불과한 것임을 밝혀둔다.

(1) 逐字型

이 유형은 가장 일반적이고 기본적인 고유어화 방법으로서 지금까지 시도되었던 고유어화 사업은 주로 이 방법에 의존하고 있었다. 原義를 가장 잘 보존할 수 있고 비교적 손쉽게 옮길 수 있다는 장점이 있다.

과거에 고유어화 작업을 전개했을 때 '여학교'를 '계집 배움터'라고 옮긴 것은 '계집'이라는 말에 분명 문제가 있었지만 '비행기'를 '날틀'로 한 것은 지금 생각해보아도 아주 적절하였다고 생각한다. 원의가 그대로 살아 있으면서, 간편하고 알기 쉬운 조어방법이며 음절도 원어보다 줄어 경제성의 원리에도 맞는다. 이렇게 훌륭한 고유어가 정착되지 못한 것은 같이 제시되었던 어색한 다른 고유어에 휩쓸려 버렸기 때문으로 생각된다. 이런 까닭으로 햇볕을 보지 못한 소중한 고유어들이 어찌 이뿐이겠는가? 이들을 찾아 다시 제시한다면 충분히 성공할 수 있으리라 믿는다.

별 불편 없이 무심코 쓰는 말이지만 今日, 今年, 來日, 來年, 昨日, 昨年을 '오늘, 올해, 다음날, 다음해, 어제, 지난해'로 바꾸어야 우리 언어사회에서 한자 문제를 해결할 수 있다. 石油도 다소 어색하기는 하겠지만 아예 '돌기름'이라고 해야 할 당위성이 여기에 있다. 日氣豫報 日氣解說도 '날씨풀이'로 군치는 것이 보다 미래지향적이다. '독립'을 '홀로서기'라고 한 것도 한자의 의미를 그대로 옮긴 것인데 근래 새롭게 우리 언어생활에서 정착되어가고 있어 반가운 일이다. 原義의 손상도 없고, 손쉬운 조어법이라는 장점을 갖고 있다. 특기할 일은 두 음절이 늘어 네 음절이 되어 경제성의 원칙에 어긋나는데도 불구하고 언중들의 지지를 받고 있다는 점인데 고유어화 작업에 시사하는 바가 크다. 비상한 노력으로 좋은 어휘를 만들어 낼 수 있다면 언중들의 지지를 얼마든지 얻을 수 있다는 확신을 가져야 한다. 그러므로 마땅한 대체어가 없다는 생각보다 그것을 찾아내지 못하는 게으름과 무능을 탓해야 한다. 외래어휘를 우리말로 바꾸는데 있어 전제되는 원칙들에 너무 얽매일 필요는 없다는 생각을 하게 된다. 한자어휘를 우리말로 바꾸는데 대해 부정적인 주장의 이유 중의 하나는 그것의 비경제성인데 '홀로서기'는 이러한 고정관념을 깰 수 있다는 가능성을 보여주고 있다는 데에 주목할 필요가 있다.

'補助人' '奉仕者' '協助者'라는 말을 '도우미'라고 옮긴 것은 칭찬할 만하다. 이 고유어는 88올림픽 때 나온 것으로 기억되는데 당장에 언중들의 호응을 받아 한자어를 제치고 정착에 성공하였다. 원의를 충분히 보존하고 있다고 할 수는 없지만 그것을 대체하는데 문제가 없고 '돕다'라는 어간에 원어에는 없는 '이'라는 접사를 덧붙여 형태의 변화를 꾀함은 물론 한자어휘에서 느낄 수 없는 음성상의 아름다움까지 갖추었다. 이러한 사례는 우리의 노력에 따라서 고유어화 사업은 얼마든지 성공할 수 있음을 증명하고 있다. 막무가내 고유어화 불가론이나 불필요론을 내세우기 앞서 이에 대한 노력을 얼마나 기울였던가를 깊이 반성해야 할 것이다.

(2) 意味型

축자형의 고유어화 방법은 비교적 간단하고 원의를 보존할 수 있다는 장점을 가지고 있지만 그 직선적이고 평면적인 의미의 대체로는 유기체적인 언어를 효과적으로 수행하는데 한계가 있다. 언어는 장기간에 걸쳐 사회의 언중들이 이루어 놓은 문화의 소산물이어서 일단 형성된 언어를 인위적으로 바꾸는 일은 매우 어렵다. 일단 정착한 어휘에는 당대 언중의 사고와 정서와 감각에 길들여지고 그 문화가 녹아있으므로 그것을 다른 것으로 대체하는 데 대하여 언중은 우선 거부감을 가지게 마련이다. 그러므로 우리말을 가꾸고 지키는데 있어 이러한 거부감을 최소화하는 노력이 따라야 한다. 유기체요, 생명체요, 역동적인 언어를 기계적이고 물리적인 방법으로 다루는 것은 본질적으로 옳지 않다. 평면적인 逐字型 고유어화 방법은 이러한 점에서 한계가 있다. 이는 문장이나 문학작품을 직역하는 데서 오는 부자연스러움이나 어색함과 같은 이치이다. 과거에 시도되었던 일련의 고유어화 사업이 성공할 수 없었던 가장 큰 이유가 바로 여기에 있었던 것이다. 따라서 축자적인 방법보다는 좀더 유연하고 적응력 있는 우리말 고유어화 방법을 강구해야 할 것인데 그 중의 하나가 意味型 방법이다. 의미형이란 본질적으로 축자형과 크게 다르지 않으나 축자형이 낱글자의 뜻만 좇아 단순 연결하는 데 그친다면, 이것은 어휘 전체의 話用的인 의미를 살펴 우리말로 대체한다는 면에서 차이가 있다. 낱글자의 의미보다는 어휘 구조체의 맥락을 중시함으로써 축자형이 갖는 평면적, 단편적, 직선적, 경직성에서 벗어날 수 있다는 것이 장점이다.

자연환경의 파괴로 수질오염이 심각하여 지하수 개발이 성행되던 시기에 生水, 鑛泉水라는 어휘가 새로 통용되기 시작하였다. 여기에는 '땅 속에서 끌어올린 오염되지 않은 깨끗한 물'이라는 상당히 많은 뜻을 가지고 있기 때문에 상당 기간 동안 한자어휘로 사용되었다. 그러나 鑛泉水는 아무래도 불편하다고 생각하였는지 슬그머니 生水가 대신하더니 언제부터인가 '먹는 물'로 불리게 되었다. 고유어화 사업의 관점에서 보면 매우 고마운 일이 아닐 수 없는 일이다. 그것도 답답하게 '살아 있는 물'이라는 식의 축자형을 탈피한 점이 더 반갑다. 그러나 정작 '먹는 물'이 썩 자연스럽게 들리지 않는다. 간단히 말하여 우리는 물은 '먹는다'라고 하지 않고 '마신다.'라고 하기 때문이다. 어법에 충실하려면 마땅히 '마시는 물'이라고 해야 할 것이다. 물론 음절이 늘어났다는 불편이 염려되었음 직하다. 그렇다고 하여 음절 하나 차이 때문에 어법을 어겨가면서까지 '먹는 물'이라고 한 것은 용납되기 어렵다. 이럴 경우 좀더 융통성 있는 고유어 조어법을 연구해 볼 필요가 있다. '마시는물'의 음절을 과감하게 줄여 '맛물'이라고 해봄직하지 않은가? '는'이라는 보조 형태소를 생략하고 '마시'라는 어간을 축약하면 '맛'이 되어 쉽게 '맛물'이 된다. 염려하던 음절도 줄어 경제성의 원리에 맞고 단순히 '마신다'라는 본래 의미 외에 '맛'이라는 미각적인 뜻까지 가질 수 있다면 원래의 生水, 鑛泉水의 의미마저 아우를 수 있다는 것이 자랑이다.

지금은 자연스럽게 '갓길'이라는 고유어를 쓰고 있지만 처음에는 '路肩'이라는 희한한 일본식 한자어를 사용하다가 지적을 자주 받자 얼마 후에는 '길 어깨'라고 해괴하게 옮겨 웃음거리가 되었었다. 필자가 당시 왜 '갓길'이라고 하지 않을까라는 잠깐의 의문을 가졌다가 곧 잊었었는데 언중들이 '갓길'이라는 적절한 고유어를 찾는데 십년 이상이 걸린 것을 보면 우리 언어 정책의 방향과 역할이 어떠해야 하는가를 깊이 생각하게 하는 장면이다.

(3) 機能型

축자형이나 의미형의 고유어 대체 방안은 정도의 차이는 있지만 기본적으로 字義

를 따르려는 원리에 있어서는 같다. 원의를 유지할 수 있다는 것은 어휘의 대체에 있어 가장 다행스러운 일이기는 하지만 낱자의 뜻에 지나치게 의존하다보면 경색을 면하기 어려운 경우가 있다. 이럴 경우 낱글자를 잠시 떠나 그 사물의 기능에 착안하여 고유어로 대체하는 방법이 있다. 본래 기능에 따라 붙여진 낱말이 적지 않으므로 이 방법도 원의에 얼마든지 충실할 수 있다.

원래 屋上이라는 말은 '집의 위'라는 공간적 위치 개념이었던 것을 건축 양식이라는 의미로 전용한 일본식 한자어휘이다. 그러나 실제로 통용되는 옥상의 의미는 '전통양식의 지붕은 따로 덮지 않고 천장 위를 평평하게 처리하여 공간 활용의 효율을 높인 것'으로 단순이 축자형으로 '집 위'라고 옮기거나, 의미형으로 '지붕 위'라고 해서는 그 의미를 대신할 수 없다. 그것이 전통적인 지붕 위에 일정한 기능을 더하여 처리하였다면 그 기능적인 면에 착안하여 '덧지붕'이라고 할 만하다. 다시 말하면 지붕을 하나 더 씌웠다는 의미이다. 또 다른 면에서 보면 지붕 씌울 것을 생략하고 그냥 덮어버렸으니 그 형태에 착안하여 '민지붕'이라는 말도 생각해봄 직하다. 중국의 경우를 보면 이것을 '晾臺'라고 옮겼는데 이는 '햇볕에 물건을 말리는 장소'라는 의미로 원의를 과감히 생략하고 전적으로 기능적인 면에 의존하여 번역한 것이다. 비록 원의가 일부 손상되기는 하였지만 '屋上'이라고 하여 원의를 왜곡시키거나 '집위'라고 하여 화용적인 의미를 살리지 못하는 것보다는 한결 낫다고 생각한다. 이렇게 함으로써 불완전했던 屋上이라는 한자어휘를 자연스럽게 퇴출시킬 수 있고, 화용적인 의미에 부합하여 성공적인 고유어화 사업을 수행할 수 있을 것이다.

眼鏡이란 한자 어휘는 마땅한 고유어를 마련하기 쉽지 않지만 그것의 기능을 세분하여 고유어화에 성공한 사례는 좋은 본보기가 된다. 근시안을 위한 '졸보기', 원시안을 위한 '돋보기', 도수 없는 '맞보기'같은 고유어는 그 기능에 착안하여 우리 언어생활에서 떼치기 어려운 한자어휘를 쫓아낸 장한 말들이다. 노력하기 따라서 이와 같이 훌륭한 성과를 거두고 있음에도 불구하고 정작 안경이란 한자 어휘를 대책 없이 그대로 답습하고 있으니 안타까운 일이다. 아마도 이를 축자의 원리로만 궁리하다보니 '눈거울'이라는 이상한 말에 부딪혀 적용하기 어려웠던 것 같다. 그러나 조금만 발상을 바꿔보면 앞의 고유어들에서 유추하여 얼핏 '눈보기'를 떠올릴 수도 있을 것이고, 목걸이, 귀걸이에서 유추한 '눈걸이'가 다소 부자연스럽기도 하겠지만 안경이라는 한자어를 무작정 방치하는 것보다는 나을 것이다.

(4) 音聲象徵型

고유어화 사업의 가능성을 가장 잘 보여주는 사례가 동물, 식물의 이름들이다. 특히 동,식물도감을 펼쳐보면 일일이 지적할 것 없이 그 철저한 우리말 이름들에 대하여 놀랄 것이다. 더욱이 알려지지 않았던 種이 발견되어 새로운 이름이 필요했을 때 애써 우리말로 命名한 학자들의 자세는 이 땅의 언어 종사자들이 본보기로 삼아야 한다. 그와 같은 열정으로 노력을 기울인다면 우리말 지키기는 훨씬 수월해질 것이다. 이렇듯 엄연한 성공사례는 노력하기 따라서는 모든 분야에서 얼마든지 우리말을 훌륭하게 지킬 수 있다는 확신을 주기에 충분하다. 그럼에도 불구하고 그 핵심에 서 있는 언어 당사자들은 여기에 별 관심이 없는 듯하여 안타깝다.

동식물학계에서 보여준 훌륭한 모범 사례 중의 하나가 음성상징어들을 잘 활용했다는 것이다. 특히 동물들의 이름에서 자주 찾아볼 수 있는데 그 소리를 흉내낸 말로써 이름을 삼는 방법으로 지나치게 감각에 의존했다는 흠은 있더라도 그 특유의 손쉽고 능률적인 조어법은 고유어화 사업에 모범이 된다. 뻐꾸기, 맹꽁이, 왜가리 등은 새삼스러운 일이고, 주걱같은 부리로 물 속을 헤저으면서 먹이를 찾는 모습을 흉내낸 '저어새'라는 말에 경탄을 금할 수 없다. '子規' '不如歸'라는 이름으로 품격을 유지하려는 것보다 '접동새' '소쩍새'라고 하면 단순히 고유어로 대체했다는 목적 외에 우리 민족의 절실한 정서까지 담을 수 있다는 의의까지 거둘 수 있어 좋다.

음성 상징형은 비단 동식물 이름에 한정되는 방법은 아니다. 벌써 한 시대를 지난 일이긴 하지만 우리들은 아직 '삐삐'를 기억한다. '음성호출기'보다 얼마나 훌륭히 의사소통의 기능을 수행하였는가? 아직도 '휴대폰' '핸드폰'이라는 이상한 이름의 대체어를 찾지 못하는 형편에서 생각할 때 참으로 소중한 어휘가 아닐 수 없다. 일상생활의 필수품이 되어버린 프레온 가스를 이용한 액체분사기를 어렵게 부르지 말고 '칙칙이'라고 한다면 손쉽게 해결되어질 일이다. '빨갱이'는 단순한 음성상징어는 아니지만 유사한 방법으로 단시일 내에 성공적으로 정착된 고유어이다. 녹색의 이미지를 담은 '푸르미'는 고유어로써 환경친화적인 부수입까지 톡톡히 거두고 있는 사례이다.

(5) 古語 · 方言型

애써 새로운 고유어를 만들어내는 일보다 손쉬운 방법이 잊혀진 고어를 찾아내는 것과 사투리를 활용하는 방법이다. 이런 말들은 이미 언중으로부터 검증을 받았었다는 것만으로도 그 활용가치가 충분한 문화유산이다. 그것이 구시대의 유물이라든지, 편벽된 지역의 저품위의 언어라는 이유로 무시되어서는 안 된다. 많은 고어나 방언들은 그 자체의 언어적인 결격사유 때문에 잊혀지거나 방치된 것이 아니라 언중의 시대적인 외래어휘 선호추세에 밀려난 경우가 많다. 오늘날 범람하는 외래어휘를 고유어로 대체하는 사업의 명분이 정당하다면 그 외래어휘에 의해 밀려난 고유어를 찾아 복구하는 작업은 지극히 당연한 일이다. 물론 고어나 사투리를 무조건 원형대로 답습하자는 것은 아니다. 이들을 시대 상황에 맞게 적절히 재활용한다면 새로이 어휘를 만들어내는 수고를 덜어줄 수 있을 것이요, 외래어휘를 무작정 사용하는 몰지각을 면할 수 있을 것이다. 이 방법이 성공하기 위해서는 무엇보다도 모국어와 사투리에 대한 인식의 전환이 절실하다. 사투리는 장기적으로 당연히 표준어로 다듬어져야 하지만 잊혀진 고유어가 살아 숨쉬는 모국어의 보고임을 잊어서는 안 된다.

竝立을 '갈서다' '갈서기'라고 옮기는 것은 지금의 언어 사회에서는 소통성이 없지만 중세에는 통용되던 말이고, 그 조어방법의 원리도 이와 같으므로 다시 살려 씀직하다. 잊혀진 고어의 재발굴이 가장 바람직한 고유어 방안이라는 주장은 전혀 새로운 이야기가 아니다. 모자를 '머리덮개' '위뚜껑'이라고 어색한 억지를 부리기보다는 '고깔'이 훨씬 자연스러울 것 같다. 이것이 이미 오늘날의 모자와는 의미 차이가 있다는 문제를 간과할 수 없지만 모자와 동일한 의미로 적용시키는 노력을 한다면 충분히 원의를 살릴 수 있을 것이다. 물론 언중들이 선뜻 받아들이기 어려운 면이 있는 것도 사실이지만 마땅한 고유어가 없어 이 작업을 포기한다든지, 억지 우리말을 강요하는 것보다는 훨씬 나을 것이다.

'농사짓다'를 '여름짓다'를 찾아 쓴다면 더 아름다운 말이 될 것이다. 階段을 선조들은 '버텅'이라고 하였음을 기억해야 한다. 便所를 '편소'로 읽는 만용보다는 '뒷간'이라는 고유어를 스스럼없이 사용하는 긍지가 더 중요하다. 內衣로 품위를 유지하려고 애쓰기보다는 '속곳'이라고 떳떳하게 말할 수 있어야 우리말을 지켜낼 수 있다. '謀陷하다'라는 한자어를 기억하려고 노력한다든지 어려운 한자는 아예 제쳐두는 편의주의

보다는 '갈붙이다'라는 말에서 우리말의 아름다움을 느낄 수 있어야 한다. 나아가서 아주 자연스럽게 사용되는 말이지만 山, 江도 '뫼' '가람'으로 바꾸어 쓰는 성의가 있어야 문화의 발전에 이바지할 수 있다. '扶助하다'라는 말보다는 '일물다'[19]가 훨씬 정겹게 느껴진다. '疲困하다' '어렵다' '벅차다' '모자라다'라는 의미를 뭉뚱그려 '대간하다'[20]라는 한 말로 대신할 수 있다면 얼마나 효과적이고 고마운 일인가?

(6) 類推型

이는 논리적인 용어라기보다는 사물의 성격이나 본질에 착안하여 새로운 고유어를 창안해 내는 방법을 일컫는 것으로 직역보다는 의역의 원리라고 할 수 있을 것이다. 앞에서 제시된 방법에 비할 때 원의에 충실하지 못하다는 문제는 있지만 축자역에서 오는 각박함이나 부자연스러움을 줄일 수 있고, 보다 풍부한 고유어를 창출해낼 수 있다는 이점이 있다. 앞에서 언급했던 신세대들의 뛰어난 고유어들이 대개 이에 해당한다.

고속도로를 빨리 달릴 수 있다는 뜻을 살려 '바람길' '번개길'이라고 한다면 '빠른길'이라는 축자역보다는 세련된 것이라서 좋을성 싶다. 燈을 반디불이에서 유추하여 '반디'라고 할 수 있다면 電燈은 '번개반디'로 대체할 수 있을 것이며, 螢光燈은 '반디반'으로 유추가 가능할 것이다. 그렇다면 가로등보다는 '길반디'가 좋아 보인다. '라디오'를 '소리틀'이라고 해서 안 될 것 없다면 '에어컨'을 언제까지 방치하기보다는 '오슬틀'이라고 해봄직하다. 일본어 '이지메'를 '집단괴롭힘'이라고 어색하게 옮겨 쓰는 일에 대해 아무런 반응을 보이지 않은 것이 우리 언어종사자들의 현주소이다. 얼핏 '떼부림'이 훨씬 자연스러워 보다 쉽게 고유어로 정착될 수 있을 것 같다.

첨단기계문명의 발달로 電子 電氣라는 접두어를 달고 있는 단어들이 점점 늘어가고 있어 이들을 그냥 방치해서는 안 된다. 그 의미의 한 부분인 '빠르다'라는 속성을 살려 유추한다면 '살'이라는 말로 대체 가능할 것 같다. 電氣밥솥은 '살밥솥'이 좋을 것 같고, 電子計算器는 '살셈틀' 전기면도기는 '살털깎이'라고 한다면 처음에는 어색하고 부자연스럽겠지만 이것이 우리말을 가꾸고 지키는 길이라는 언중의 역사적 의식이 필요하다.

19) 충청남도 서부, 서산, 태안 지역의 방언.

20) 충청남도, 전라북도 지역의 방언

3) 서구어휘의 고유어화에 대하여

오늘날 외래어휘의 문제는 영어를 비롯한 서구어에서 더욱 심각하다. 중세시대에 한자어휘가 기세를 올렸듯이 오늘날에는 서구어휘가 여과 없이 마구 우리말을 잠식해 들어오고 있다. 이들은 우리말에 비해 문화적 우월의식을 동반했기에 단시일 내에 우리 어휘를 대체하게 되었다. 우리말 지키기에 있어 우리에게 가장 필요한 정신자세는 외래어휘에 대한 막연한 동경의식을 버리는 일이다. 우리 것은 저속하고 외래어휘는 품격 있다는 의식을 고치지 않는다면 불원간에 서구 어휘는 한자 어휘와 더불어 우리말을 여지없이 짓밟아버리고 필경 우리 언어를 고사시키고 말 것이다. 기존의 한자 어휘를 고유어로 환원시키는 데에 드는 오늘날의 수고를 후손들에게 물려주지 않으려면 지금이라도 하루 빨리 우리말로 대체하는 작업에 착수해야 한다. 그리고 무제한으로 들어오는 서구어휘를 아예 처음부터 우리말로 바꾸어 쓰는 적극성을 보여야 한다. 언어란 사회성을 갖기 때문에 한번 정착한 어휘를 고치기란 여간 어려운 일이 아니다. 서구어휘를 안이하게 한자어로 대체하는 데 그치기보다는 아예 고유어로 바로 옮겨야 이러한 수고를 줄일 수 있다. 대체한 한자어휘는 결국 고유어로 다시 바꿔야 하기 때문이다.

그런 의미에서 Inter-change를 근래에 '나들목'이라고 대체한 것은 높이 평가되어야 할 성공사례이다. 고속도로망이 확충되면서 늘어나는 이 시설을 한 때 입체교차로라고 한자로 옮긴 것과 비교해 보면 우리의 외국어에 대한 자세에 대해 시사하는 바가 크다. Calculator를 안이하게 '전자계산기'라고 옮기지 말고 바로 '셈틀'이라고 한다면 훗날의 이중고를 막을 수 있다. 핸드폰이라는 영어도 아닌 정체불명의 이상한 말들도 서둘러 청산해야 한다. 그렇다고 해서 '휴대폰'이란 어렵고도 해괴한 말로 이를 대체할 수는 없다. 原語인 Cellular-phone을 충실히 번역하여 '세포망전화'라고 하는 것은 더 괴상하다. 핸드폰을 살리되 좀더 유추하여 고유어를 살리면 '손전화'까지 생각할 수 있을 것이다. 그러나 더 의욕을 낸다면 전화라는 한자어까지 '말틀'이라고 대체할 수 있는 적극적 사고가 필요하다. '손말틀'이나 '들말틀"이란 말이 처음에는 어색하고 소통에 다소 지장이 있을지 몰라도 민족의 장기적인 차원에서 생각한다면 이는 반드시 수행해야 할 과업이다.

영어를 우리말로 대체하는 데 있어 Toll-gate를 '料金所'라고 옮긴 것은 우리말을 지키는 데 오히려 역행하는 사례이다. 우선 고유어가 아닌 한자어로 옮긴 것은 매우 비능률적이고 안이한 자세이다. 차라리 손쉽게 '돈내는 곳'만도 못하다는 생각이다. 어색한 것 같아도 따지고 보면 글자 한 자 차이가 있을 뿐이다. 단 한 음절의 차이 때문에 고유어를 포기하고 한자어를 고집하는 태도는 참으로 이해하기 힘들다. 또 하나의 문제는 '料金所'라는 말이 비통사적이라는 데에 있다. 어법에 맞으려면 차라리 '料金計算所'라고 해야 옳다. 얼핏 보아도 '料金所'라는 말에는 '돈을 내는 곳'이라는 원래 의미에 '내는'이라는 행위가 나타나 있지 않다. 물론 언어가 어법에 꼭 맞아야 한다는 철칙은 없지만 기본적으로 그것에 충실하려는 자세는 갖고 있어야 한다. 어휘를 처음 만들 때부터 어법을 어기면서 관용적으로, 예외규정으로 양해 받으려는 자세는 바람직하지 못하다. 간단히 말하여 '所'라는 말은 행위가 있어야 비로소 접사로서 기능할 수 있는 의존명사이다. '計算所'는 관형어와 연결되어 문제가 없지만 '요금소'는 명사에 직접 연결되어 통사적이지 못하여 어색한 말이다. '세무소'는 '세금을 내는 곳'이라서 문제가 없지만 '세금소'는 같은 이치로 부당한 말이기 때문에 일찍이 있을 수 없었다. '保健所'는 되지만 '健康所'란 말로 대신할 수 없는 일도 마찬가지이다. 정상적인 어법을 어겨가면서까지 한자를 고집하기보다는 차라리 '돈내는 곳'이 나을 것이고, 그것이 불편하다면 차라리 原義와 약간의 차이가 있더라도 '돈냄'이라 해도 화용에는 지장이 없을 것이다.

이를 위하여 우리말에 사용되는 서구 어휘의 정착 정도를 다음과 같이 셋으로 구분하여 대처할 수 있을 것이다.

(1) 驅逐型

구축형이란 기존의 우리 어휘를 쫓아내고 새로 뿌리내리는 새로운 서구 어휘를 말하는 것으로 가장 경계해야 할 대상이다. 적절한 우리말이 없어 부득이 외래어휘를 차용하는 것은 제쳐두고서라도 애써 고유어화 사업을 벌이는 형편에 엄연히 정상적인 기능을 하던 우리말을 막무가내 내쫓는 언어 행태는 하루 빨리 없애야 할 악습이다.

지금도 우리는 '운동'이라는 우리말보다는 '스포츠'란 서구어휘가 더 귀에 익숙해져 가는 과정에 있다. 물론 현대의 화용적 의미로 보아 '운동'과 '스포츠'의 경우에 따라서 약간의 차이를 두고 있는 경우가 없는 바는 아니지만 구태여 외래어휘까지 동원해가면서 복수표준어를 인정할 필요도 없을 것이고, 추이로 보아 '스포츠'가 '운동'을 구축할 가능성이 크다면 이대로 방치해서는 안 될 것이다. 물리적인 운동의 개념을 '스포츠'가 대신하고 '운동'은 정신적인 개념으로 남기는 방안도 받아들이기 어렵다. 거기에는 어느새 '캠페인'이라는 외래어휘가 가장 정확한 말인 것처럼 자리하고 있고, 이른바 '운동권'이라는 이념운동에서도 '이데올로기'라는 외래어휘가 활개를 치고 있으니 '운동'이란 말은 외래어휘에 포위당한 형국으로 결국 우리 언어생활에서 구축당할 것이다. '면담' '상담'이라는 말보다는 '인터뷰' '카운셀링'이라는 외래어가 더 자연스럽게 들리는 것도 마찬가지이다. 面談, 相談도 언젠가는 고유어로 바꾸어야 할 대상인 형편에 오히려 서구어휘를 들여와 문화적인 부담을 주는 일은 지각없는 짓이다. 외국어에 능숙하다는 개인적인 이유로 서구어휘가 우리말보다 더 소통성이 높다고 생각하는 개인주의적 이기주의자들하고는 더불어 민족의 장래를 논의할 수 없다. 그들은 우리말을 온통 한자어 투성이로 만들어 엄청난 문화적 재난을 남긴 우리 선조들과 다름이 없는 무책임한 사람들이다.

자본주의 경제자유경쟁의 사회가 되면서 새로이 자리 잡은 말 중에 '이벤트'라는 말도 간과하기 어렵다. 이 말은 '행사'로 충분히 소통되던 말이다. 이러한 사례는 일일이 지적할 수 없도록 많다. '후원자 - 스폰서', '사회자 - MC', '최고경영자 - CEO', '응원단-써포터스', '소동 - 해프닝', '새소식 - 뉴스', '여행 - 투어', '연주회 - 콘서트', '독창회 - 리사이틀' … 이러한 추세는 사회적 문화적 풍조를 이루어 더욱 거세어질 것이고, 필경은 '현대판 이두'에 이르게 될 것이다. 영어권의 세계지배가 영원히 지속된다는 보장이 없다면 우리들은 또 어떠한 언어적 재앙을 만들고, 우리 후손들은 또 어떤 언어적 장애에 시달리게 될지를 생각하면 참으로 안타까운 일이다.

(2) 新生型

선진 서구문물이 막대한 물량으로 쏟아져 들어오는 형편에 우리 문화의 언어적 공백을 서구의 새로운 어휘들이 대신하여 정착하고 있는 것은 당연한 일이다. 이러한 필연적인 필요에 의해서 정착한 서구 어휘들을 신생형이라 구분하였다. 그 사물에 해당하는 우리말이 없었기 때문에 새로운 외래어휘를 사용하는 것에 대하여 구태여 거부감을 가질 필요가 없다는 주장은 무리가 없어 보인다. 설령 고유어를 고집하더라도 '컴퓨터' '블랙홀' '나노' 같은 문명어 · 전문어들은 고유어로 쉽게 옮겨지는 말들이 아니다. 그렇다고 하여 무작정 서구어휘를 사용하는 것에 만족하고 대체어를 궁리하지 않는다면 문화의 독자성과 정통성을 망각하는 안일한 자세이다. 서구의 음악 전문용어들을 고유어로 바꾸어 불편 없이 사용하는 음악계의 선구자들을 본받아야 한다. 象이란 한자어에 만족했다면 어떻게 '코끼리'란 아름답고 뜻 있는 우리말이 나올 수 있었겠는가? '써클'을 '동아리'라는 고유어로 바꾼 오리 젊은이들의 정신을 살려야 한다. 물밀듯 들어오는 서구 문명어휘를 훌륭히 대체한 근대 일본인들의 활동은 적어도 한자문화권에서는 빛나는 업적으로 평가되어야 한다. 지금도 중국인들은 서구의 문명어휘를 그대로 받아들이는 일이 매우 드물다. 설령 부자연스럽고 어색하더라도 어떻게 해서든지 자국어로 바꾸려는 그들의 노력을 배워야 한다. 현재 진행 중에 있는 신생형의 외래어휘가 아직 굳은 뿌리를 내리기 전에 서둘러 우리말을 마련하는 지혜가 필요하고 그 시기는 빠를수록 좋다. 신생형의 외래어휘라 해서 당장의 편리만을 생각한 채 무관심하게 방치해서는 안 된다. 많은 노력이 요구되고 다소의 무리가 따르더라도 이들을 최소화하는 작업은 민족의 정통성과 문화를 창조하는 커다란 실천에 해당한다.

(3) 固着型

신생형과 본질은 같지만 해당하는 우리말을 마련하지 못한 채 유입된 지 오래되어 거의 이질감마저 느끼지 못하는 경우를 말한다. '라디오' '에어컨' '쇼' '데이트' 'TV' '비닐하우스' '오페라' 등 헤아리기 어렵다. 이미 우리 생활에 깊숙이 들어와서 외래어휘라는 인식조차 할 수 없으니 적어도 당분간 모든 언중의 의사소통에는 거의 지장이 없다는 점에서도 분명 다른 유형과는 차이가 있다. 성급한 학자들은 이들을 토착화된 말로 간주하고 있는 판에 이를 구태여 고유어로 바꾸기를 주장하는 측은 국수주의로 매도되기 십상이다. 언어의 효용성에 집착하여 의사소통을 능사로 하는 언어관으로 생각하면 이러한 외래어휘를 고유어화하자는 주장은 분명 무리가 있어 보인다.

그러나 발상을 조금 달리하여 일반 언어가 아닌 '국어'라는 차원에서 생각해보면 거기에는 언어의 일반적인 성격, 원리 이상의 의미가 있다. 국어에는 언어의 보편성을 뛰어 넘는 특수성이 있으니 그것은 그 민족적, 국가적인 고유성, 정체성이 직결되어 있다는 것이다. 이 점을 소홀히 한다면 그것은 단순한 일반언어를 다룰 수 있을 뿐, 국어라는 민족적인 범위에 걸치는 문제를 포기하는 것과 다를 바 없다. 이러한 관점에서 결코 쉽지 않은 작업임에 틀림없겠으나 이 유형의 서구어휘들을 고유어화 대상에서 제외해서는 안 될 것이다. 고착형이 된 외래어휘의 실상을 보고, 신생형 구축형의 문제를 깊이 생각해 보아야 한다. 왜냐하면 머지 않아 그들도 필경 고착형이 될 것이고, 그렇게 되면 언어적인 주체성을 찾기가 더욱 어려워질 것이기 때문이다.

그동안 간헐적으로 시도되었던 고유어화 사업은 본질적인 오류라기보다는 방법상의 '조건적 실패'였기 때문에 기왕의 잘못된 결과에 얽매어 이 작업을 포기해서는 안 된다. 이의 실행에는 현실 여건상 여러가지 어려운 문제가 쌓여있는 것이 사실이지만 민족적이고 역사적인 의의를 가지고 있는 중대한 과제이므로 모든 장애를 극복하려는 치열하고도 끈질긴 의지가 필요하다. '언어발전 과정에서 피할 수 없는 추세' '언어의 순리를 무시한 부자연스러운 역행'이라는 그럴듯한 이유로 민족언어 보존의 당위성을 부정하면서 허물어져가는 우리의 언어를 더 이상 방치해서는 안 된다. 민족, 국가의 정체성은 섣부른 세계주의의 이념으로 대체될 수 없다. 편의적이고 고식적인 관점으로 인하여 민족적 시대명분을 저버린다면 역사의 책임을 회피했다는 후세의 비판을 면치 못할 것이다. 이러한 정황에서 현실적 대책 없이 주장되는 '한글 전용론'과 마찬가지로 '漢字教育論'도 반성이 필요하다. 한자교육론은 어디까지나 언문일치를 이루기 위한 제한적이고 한시적인 범위 내에서 필요한 것임을 잊어서는 안 된다. 만약 한자교육론이 우리 언어생활에 한자어휘를 더 증가시킨다든지, 한자어휘를 고유어로 대체하려는 의지를 약화시키는 역할을 하고, 나아가 漢文교육에까지 논의가 확대된다면 우리말 지키기에 장애가 될 뿐이다. 물론 서구어휘도 동일한 사안이다.

만족할 수는 없지만 북한에서 이루어졌던 성과들을 보면 우리에게 시사하는 바가 많다. 북한이 기울인 고유어화에 대한 노력을 국수주의라 싸잡아 체제비판으로 삼고, 난무하는 외래어에 고유어를 상실해가는 우리의 언어정책을 진보적인 세계화로 정당화해서는 안 된다. 적어도 민족, 국가, 국어의 정신이라는 차원에서 생각한다면 우리가 북한에 대해서 선도적인 위치에 있다고 자부할 수 없다. 북한의 고유어화 작업을 비웃고 평가절하기에 앞서 우리의 허약한 역사의식을 냉철히 반성해야 한다.

우리말 지키기를 위한 고유어화 사업의 구체적인 방안을 거칠게 제시하여 보았다. 한자어나 영어를 고유어로 대체하는 데 있어 타당성이나 용인성이 결여된 부분도 있을 것이다. 그러나 이러한 제한적이고 국부적인 이유로 대의명분을 잃는다면 우리의 언어는 점점 생명력을 잃을 것이고, 당연히 우리 민족의 미래는 보장받을 수 없다. 이러한 일들을 하기 위해서는 국가적인 차원에서 전담기구를 설치하여 운영해야 한다. 적어도 국어에 관한 사업은 국가 전체에 걸치는 역사적인 문제이기 때문이다. 이를 수행하기 위해서는 체제구축과 인력확보의 확충이 시급하다. 이 사업에 종사할 수 있는 자질을 갖추기 위해서는 고유어는 물론 한자어, 일본어, 서구어 등에 대한 전문적인 지식을 필요로 한다. 뿐만 아니라 사회문화 전반에 걸쳐 충분한 이해가 있어야 할 것이다. 민족적이고 역사적인 차원에서 이 사업이 추진될 수 있다면 인적자원 확보는 그리 어렵지 않을 것이다. 대학 연구소를 비롯한 각종 교육기관에 널리 퍼져있는 언어 전문가, 국어교육 종사자들을 체계적으로 활용할 수 있을 것이다.

새로운 어휘생성에 가장 큰 영향을 미치는 것은 이른바 대중매체인 것이 현실이라면 그들이 전문적인 과정 없이 자의적으로 사용하는 외래어휘를 사전에 통제하고 조절해야 할 전담기구가 있어야 함은 지극히 당연한 일이다. 우리말을 지키는 일은 국토를 지켜야 하는 일 못지않게 중요한 일이다. 우리의 경제규모나 예산집행으로 볼 때 재정적인 문제로 이에 대한 이의를 제기하는 것은 핑계에 불과하다. 이를 통해서 기존의 외래어휘의 대체어를 마련하는 동시에 새로이 들어오는 외래어휘를 수습하고 정리하여 적절한 고유어를 고안하여 전파함으로써 이들이 무질서하게 언중에게 파급되는 것을 사전에 막아야 한다. 교육이 국가의 일정한 계획에 의하여 이루어져야 한다는 사실이 틀림없다면 국어교육도 당연히 국가차원의 의도적인 시행이 있어야 함은 지극히 당연한 일이다. 문제는 어떻게 공감대를 형성하여 그들을 이 사업에 동참시킬 수 있느냐에 달려 있다. 이를 위해서는 무엇보다도 언어일반 이론에 그치는 보편적이고 편의적인 사고를 국어라는 민족적인 역사인식으로의 전환이 절실하다. 그리하여 각급학교 교육과정을 물론이거니와 각종 사회 · 언론 · 통신 · 매체를 비롯한 국민의 일상 언어생활에서 이 성과들이 실천될 수 있도록 하는 구체적이고 장기적인 방안들이 정부차원에서 강구, 시행되어야 마땅하다.

2. 漢字語 의식이 국어 음운변화에 미치는 영향

최근의 언어교육 이론이 의사소통론 일변도로 흐르고 있는 것이 사실이지만 국어교육이 소통교육으로 소임을 다할 수는 없는 일이다. 만약 국어교육이 언어교육 이론을 그대로 맹종한다면 그것은 일반적인 언어교육일 뿐, 우리가 필요로 하는 국어교육은 아니다. 언어교육과는 달리 국어교육이 맡아야 할 주요한 일 중의 하나는 민족정신을 지켜내야 하는 것이다. 그런데 급격한 서구화와 세계화의 물결 속에서 이 소중한 국어교육 정신이 심하게 흔들리고 있는 현실은 매우 안타까운 일이다.

우리가 지켜내야 할 것 중의 또 하나가 국어의 정체성이다. 국어의 정체성은 우리의 정체성을 확립한다는 의미에서 곧 민족의 정체성과 상통한다. 그리고 그것을 계승 전승시켜야 한다는 점에서 국어의 체계질서 유지가 중요한 과제이다. 언어의 속성이 자의적이고, 유동적이고, 현실적용적인 것은 틀림없지만 그것을 적절히 통제 운용하는 질서가 따르지 않으면 민족정신과 정체성 전체가 위험하게 된다. 그래서 효용성만 내세우는 소통론도 좋지만 원칙을 준수하는 형식론도 병행하면서 적절한 균형을 유지해야 한다.

그런데 우리는 점차 원칙보다는 효용 일변도로 치닫는 사회에서 살고 있다. 그런 가운데에서 문법이 무시되는 데에서부터 시작하여 언어의 질서의식이 무너지고, 국어의 정체성이 흔들리고, 결국에는 민족정신 전체가 위협받는 지경에 이르게 되었다. 이러한 지적을 부정할 자신이 없다면 마땅히 비상한 각성과 노력이 필요함은 물론이다.

그에 대한 노력으로 민족정신, 국어의 정체성 확립의 기운이 일고 있는 일은 환영할만한 일이나 한글의 순수혈통주의를 내세운 나머지 한글전용론이나 한자폐지론에 몰두하는 것은 자칫 소뿔 고치려다가 소를 잡는 것처럼 어리석은 일이 될 수 있다. 혹시라도 그 원인이 단지 한자가 배우기 어려운 비능률성에만 있었다면 작은 이익만을 추구하다가 전체를 잃어버리는 결과를 초래할 수 있다.

수천 년 동안 우리의 언어와 문학의 주역이었던 한자, 한문을 일시에 퇴출시킬 수 있다고 생각하는 발상은 어떠한 명분에서라도 용납될 수도 없고, 현실적으로 가능하지도 않다. 만약 이를 강행한다면 우리의 언어, 문학의 전통은 단절될 것이며, 지금의 문화마저도 소통이 되지 않을 것이다. 한문, 한자를 우리 언어생활에서 제거하기 위해서라도 당장은 기본적인 보존책이 있어야 하고, 단계적인 유예기간을 두어야 한다. 큰 것을 얻기 위해서는 작은 것을 양보할 줄 아는, 일보 전진을 위한 이보 후퇴의 지혜가 필요한 시점이다. 수천 년의 언어문화를 대체하려면 적어도 수백 년의 노력을 불사하는 인내의 정신이 필요하다는 사실을 알아야 한다.

그런 관점으로 국어 속의 한문, 한자 문제를 생각해야 한다. 목전의 좁은 안목으로 성급하게 이 문제에 대처한다면 국어 자체가 위험해진다. 漢文 문제는 그만두고서라도 漢字 문제만큼은 외국어라는 인식으로 대처해서는 안 된다. 그것은 이미 우리 언어의 절반 이상을 차지하고 있기 때문에 이에 대한 포기는 국어 절반 이상을 포기하는 것이나 다름없다는 인식을 해야 한다. 국어의 정상적인 교육을 위해서는 역설적이지만 한자교육을 중단할 수 없다. 그리고 그것이 피할 수 없는 운명이라면 한자교육, 좀더 정확히 말하면 한자어 교육을 게을리 해서는 안 된다.

漢字語라는 말은 '漢字로 이루어진 국어'라는 의미를 가지고 있다. 그것이 국어에서 차지하는 비중이 적지 않은 만큼 한자어 교육은 매우 중요한 문제이다. 그러나 한 자리에서 그 모든 것을 논의할 수 없을 만큼 큰 문제이기 때문에 여기서는 한자어의 발음에 한정해서 생각해보고자 한다. 이에 대해서는 당연히 이미 마련한 지침이 있어왔지만 그 중에는 다소간의 오해나 미비한 부분이 있었고, 더구나 근래 漢字의 文識力이 점차 약해지면서 漢字語 音價에 혼선을 겪는 과정에 있다. 이러한 사정은 漢字 교육 전반에 걸치는 문제로서 시급히 다잡아야 할 문제이다. 물론 언어는 진화되는 것이므로 변화를 자연스럽게 용인해야 한다는 관점도 있지만 동시에 일정한 질서를 유지하고, 통제하는 것도 중요한 언어정책이요, 언어교육의 대상이다. 여기서는 후자의 입장에서 올바른 漢字語 교육이 될 수 있도록 하는 데 도움이 되고자 한다.

외국어가 우리 언어에 들어왔을 경우 言衆들은 의도적으로 그 본음을 충실히 지키려는 노력을 하게 된다. 외국어의 音價를 우리 문자로 정확히 적는다는 것은 매우 어려운 일이지만 고유어가 아니라는 특수의식과, 原義에 접근하려는 보편의식이 같이 작용하여 그러한 노력을 기울였던 것으로 생각된다. 세종대왕이 〈東國正韻〉을 편찬하고 東國正韻式 표기법을 제정한 것도 當代의 중국 한자 현실음에 최대한 가깝게 하려는 노력이었다. 이러한 노력은 예나 지금이나 마찬가지여서 지금도 외국어, 외래어 표기법의 제일 원칙은 原音을 충실히 지키는 것이니 이는 하나의 보편적인 언어현상이다.

이러한 외래어 구분의식은 그것을 말하고, 적을 때에 고유어와는 다른 과정을 거치게 한다. 고유어의 경우에는 특정한 의도 없이 자연현상에 따라 언어생활이 수행되지만 외래어인 경우에는 심리적, 생리적인 긴장을 일으켜 최대한 원형을 보존하려는 노력을 하게 된다. 예를 들면 서구어의 경우, 본래의 음가를 최대한 유지하려는 노력과 함께, 우리 고유어의 규칙인 頭音法則을 지키지 않는다든지, 母音調和의 원칙을 잘 깨는 일 등이다. 이러한 노력은 우리의 언어생활에서 외래어와 고유어를 오랫동안 분리시키는 작용을 한다. 이러한 분리의식 현상은 양자를 분명히 구분해 주는 기능이 있어 어휘연구에 긍정적인 효과를 주기도 한다.

그러나 일단 우리 언어에 편입된 외래어가 오랜 세월을 거치는 동안 言衆들의 기억에서 외래어라는 의식이 흐려지면 고유어의 자연스러운 음운의 현상을 따르게 된다. 예를 들면 남포, 담배, 고구마, 피리, 처마, 붓 등은 일찍이 유입된 외래어들인데 시간이 경과됨에 따라 외래어 원음의식이 잊혀져 고유어 형태로 정착한 것이다. 이렇게 되면 그것들은 완전히 고유어화 되어 귀화하게 되는 것이다. 이러한 원리는 결과적으로 우리의 언어생활을 풍부하게 하는 공이 크지만 언어연구, 특히 어원연구에 있어서는 그 어원을 밝히기 어려워 많은 부담을 주는 것도 사실이다. 그리고 이러한 부담은 아직 귀화의 과정에 있는 서구어보다는 이미 정착한 지 오래인 한자어의 경우가 훨씬 심각하다. 이에 대하여 특별한 관심을 가져야 할 이유이다.

한자어의 경우 그 전입의 역사가 긴 만큼, 우리의 언어생활에 미친 영향이 크다. 특히 어휘에 있어서는 양적으로도 고유어를 능가할 정도이다. 한자가 들어온 이래 한자어 어휘가 고유어를 대체해 나가는 현상이 최소한 20세기까지 지속적으로 진행되었기 때문이다. 이러한 한자어휘들은 외래어라는 의식이 있는 한 서구어와 마찬가지로 고유어와는 구분하려는 언어현상을 보이고 있는데 이에 착안한다면 국어연구에 일정한 도움을 줄 수 있을 것이다.

이 연구는 이러한 한자어의 국어현상에 착안하여 진행하되 子音同化에 초점을 맞추어 고찰하고자 한다. 자음동화는 국어에서 매우 폭 넓게 일어나는 보편적인 음운현상이다. 발음을 보다 편리하게 하려는 언중들의 자연스러운 욕구에서 비롯된다. 그러므로 고유어이건 한자어이건 그 예외가 아니다. 자음동화는 자음과 자음이 이어질 때 주로 일어나는데 두 자음이 이어질 때 선행음이 무성음인 경우 후행자음은 규칙적으로 자음동화를 일으켜 경음화가 되어 문제가 되지 않지만 先行音이 유성음일 때에는 자음동화는 매우 유동적이어서 일정한 원칙을 세우기가 어렵다. 그래서 편의상 隨意的子音同化라고 처리하고 있는데 이렇게 애매한 처리는 국어의 음운이나 표기의 질서를 혼란하게 하는 요소 중의 하나로서 이에 대한 개선의 노력이 필요하다.

그런데 고유어일 경우에는 이러한 혼란을 막을 방도가 잘 보이지 않으나 한자어일 경우에는 어느 정도 정리가 가능하다는 생각이 이 연구의 실마리이다. 한자어가 상대적으로 어원을 잘 보존하고 있기 때문에 단어의 형태적 진행과정을 파악하는 데 유리할 수 있다는 생각이다. 그럴 수 있다면 지금 진행되고 있는 漢字音의 음운, 표기의 혼란을 줄이는 데 유용할 것이다. 그리고 그것은 고유어인 경우와 어떠한 차이를 보이고 있는가도 관심사인데 이러한 관찰은 국어의 음운현상을 밝히는 데 일정한 기여를 할 수 있을 것으로 기대한다. 여기에 착안한다면 漢字音은 물론 고유어 연구, 특히 語源탐구에 상당한 도움을 얻을 수 있을 것으로 기대한다.

이러한 작업을 여기에서는 자음동화에 관련되는 문제, 자음동화와 활음조의 문제, 부사어접미사 '-이, -히'에 관련되는 문제 등으로 나누어 관찰하고자 한다.

1) 자음동화

두 자음이 이어질 때 후행음의 첫소리가 선행음의 영향을 받아 다른 소리로 바뀌는 현상이 子音同化인데 고유어는 물론 漢字어의 경우도 모두 이에 해당한다. 자음동화는 국어에서 보편적으로 일어나는 음운현상으로 이미 체계적으로 정리되었으므로 이에 대한 재론의 필요가 없다. 다만 그 중에서도 선행음의 끝소리가 무성음 K, P, T일 경우 이어지는 자음은 본래의 보통음이 경음으로 발음된다는 것이 가장 중요한 자음동화 현상이다. 그러나 그렇지 않은 조건에서는 자음동화의 현상이 매우 불규칙적이어서 표준 발음의 커다란 숙제거리로 남아있다. 즉 선행음의 끝소리가 유성음이거나 0일 때 후행음의 동화현상이 일정치 않은데 이를 규칙적으로 설명할 방법이 없다는 것이다. 그래서 정상적인 자음동화와 구분하여 隨意的同化로 처리하고 있는 형편이다.

그런데 수의적동화일 경우 漢字語는 고유어와 다른 음운변화를 보이고 있어 주의할 필요가 있다. 수의적이라서 일정한 음운변화 체계를 세우기 어려울 때 고유어와는 달리 한자어는 어느 정도의 규칙성을 세울 수 있다는 점이 자랑이다. 먼저 자음동화 현상이 일어나는 조건인 두 음이 이어질 때 선행음이 무성음이 아니라면 원칙적으로 경음화현상이 일어나지 않는다는 것이다. 이는 고유어와는 다른 한자어에서만 해당하는 특징이어서 주목할 필요가 있다.

① 敵軍-將軍-장꾼 獨立軍-日軍-일꾼 國道-使道-사또
② 屈折-屈服 實際-實記
③ 架子-가짜 孔子-공짜 窮氣-궁끼 邪氣-사끼

①에서 보다시피 선행음이 무성음인 경우, 敵軍 獨立軍 國道처럼 이어지는 漢字音은 규칙적으로 경음화가 일어나지만 그렇지 않은 경우, 將軍 日(本)軍 使道에서는 음운의 변화가 없다. 이를 예시된 고유어인 장꾼 일꾼 사또의 경우와 비교해보면 분명한 차이가 드러난다. 將軍과 '장군'은 우리 음운체계로 말하면 전혀 다를 바 없다. 그런데도 漢字어인 將軍은 그대로 '장군'이고, 고유어인 장군(장사하는 사람)은 '장꾼'으로 변화된 것은 漢字어와 고유어가 다른 음운변화를 거친다는 사실을 입증하는 것이다. 특히 '使道'와 '사또'(고을의 首長)는 본래 의미상 동일한 단어이지만 서로 다른 음운의 변화를 보이는데 '使道'는 한자라서 원음을 유지하려는 의식이 작용한 것이고, '사또'에서는 본래 한자어였다는 사실을 망각하고 고유어라는 생각으로 긴장을 풀어 소리나는 대로 발음하는 것이다. 그러니 그 차이는 오로지 漢字어와 고유어라는 의식에 있다.

그런데 ②의 屈折은 선행자음이 유성음인 'ㄹ'임에도 경음화되어 '굴쩔'로 발음되는 것은 같은 조건인 屈服이 '굴복'으로 발음되는 경우와 달라서 의문이다. 다음의 예인 實際가 '실쩨'로 경음화되고 實記가 '실기'라는 보통음으로 발음되는 것도 마찬가지이다. 그런데 'ㄹ'이 우리 음운체계로는 유성음이지만 중국어로서는 'L'음으로서 무성음에 해당한다. 實際와 屈折은 중국음의 무성음에 충실하여 발음하려는 의식으로 인하여 후행자음을 경음화 시킨 결과로 생각된다. 이러한 예로는 節度, 切上, 失志, 日常 三一節등 무수히 많으니 규칙적인 자음동화로 규정해도 좋다. 그러나 같은 조건에서도 屈服, 實記는 경음이 일어나지 않아 의문이다. 앞의 日軍도 마찬가지이고, 一氣 失機, 節氣 列强 등 그 예를 다 들 수 없다. 같은 음운조건에서 경음이 되고, 보통음이 되는 까닭을 설명할 합당한 방법이 없어 고민이다. 짐작컨대 이는 일종의 음운혼란 현상으로 P, T, K인 경우에는 중국음이나 우리 음이 같은 무성음이기 때문에 규칙적으로 경음화가 일어난다. 그러나 L인 경우에는 중국음은 무성음이지만 우리 음은 유성음이므로 이행과정에서 우리 음의 영향을 받아 원음의식이 약해져 일부에서 일관성을 잃은 결과로 생각된다. 어쨌든 우리와 다른 중국의 음운현상까지 그대로 받아들인 이러한 사례는 우리가 漢字어에 대한 구분의식이 얼마나 철저했는지를 입증하는 사례이다.

③의 架子, 孔子는 선행음이 유성음으로 자음동화가 일어나지 않는다는 원칙에 충실한 경우이다. 그러나 동일한 음운조건에서 '가짜, 공짜'로 경음화 현상이 발생하는데 이는 본래 이것의 漢字어가 '假字' '空字'였던 것을 言衆들이 의식하지 못하고 방심하여 그 본래의 音價를 잊어버리고 고유어와 같은 음운현상을 보이고 있는 것이다. 그 다음의 窮氣, 邪氣의 경우는 그 발음이 매우 미묘하다. 窮氣, 邪氣를 한자로 적었을 때에는 각각 '궁기' '사기'로 읽지만 애초부터 우리 글자인 '궁기' '사기'로 적으면 대개는 '궁끼' '사끼'로 읽는다. 다시 말하면 한자로 의식하면 유성음의 일반적인 한자어의 발음원칙을 지켜 소리의 변화가 없지만 외국어라는 의식이 없어지면 고유어와 같이 경음화 현상이 일어나는 것이다. 이는 음운조건과는 관계없는 의식적, 심리적 요인이 작용한 결과이다. 이와 유사한 경우로 경기도 水原에 餠店이라는 驛名이 있는데 이를 '병점'이라고 읽는 사람이 있고, 또는 '병쩜'이라고 읽는 사람이 있다. '점'은 본래 한자인 店의 발음이고, '쩜'은 자음동화로 경음으로 바뀐 것이 틀림없다. 그러나 한자음인 앞 음절의 끝음이 유성음이므로 원칙적으로 경음의 조건이 아니므로 보통음으로 읽어야 맞다. 그렇다면 점을 경음으로 발음하는 것은 옳지않다. 그런데 재미있는 일은 본음으로 발음하는 사람은 대개 나이가 지긋한 세대이고, 경음으로 발음하는 사람들은 젊은 세대들이라는 것이다. 다시 말하면 餠店이라는 한자어로 의식하면 원음인 '병점'으로 읽고, 그렇지 않으면 '병쩜'으로 읽는 것이다. 좀더 생각해 보면 한자세대들은 餠店이라는 한자어를 의식하기 때문에 그 뜻까지 인식한 결과이고, 한자를 모르는 사람들은 그러한 구분의식이 없기 때문에 고유어와 같이 거침없이 경음으로 발음

하는 것이다. 이는 음운의 변화가 그 문법적 자질 요인만이 아니라 언중의 심리적 요인도 관련된다는 사실을 입증하는 것이다. 이른바 수의적 자음동화란 바로 그런 심리적 요인에서 비롯되는 현상이다. 漢字어일 경우, 수의적 자음동화인 조건에서는 한자의 본음을 살려야 한다는 구분의식이 작용하여 자음동화가 일어나지 않는다는 원칙을 세울 수 있다.

위 고유어 중 후행음 '장꾼, 사또, 공짜, 사끼'는 본래 한자음이었던 軍, 道, 字, 氣가 경음화 된 것으로 볼 수 있다. 그러나 선행자음이 한결같이 유성음이었기 때문에 본래 경음화 조건이 아니었다. 그럼에도 불구하고 경음화가 일어나는 것을 보면 이들이 원래 漢字어가 아니었거나, 언중들이 이것이 한자어라는 의식을 하지 못하기 때문일 것이다. 그러나 어차피 고유어에서 이들의 어원을 찾기 어렵다면 漢字어로 인정하고 논의하는 것이 옳다. 그렇다면 여기에서 일어나는 경음화 현상은 앞에서 세운 원칙에 어긋나는 것이라서 세심한 관찰이 필요하다. 좀더 생각해 보면 이러한 예외적인 현상이 또한 적지 않다. 이제 그 몇 가지 사례를 들어 본다.

調의 본래 음은 '조'이지만 앞 음절에 이어질 때는 조건 없이 '쪼'로 발음된다. 앞 음절이 무성음이나 ㄴ일 때는[21] 자음접변으로 자연스럽게 설명될 수 있으나 유성음일 때에도 한자어에서 경음화현상이 일어나는 것은 일반적인 현상이 아니라서 특별한 설명이 필요하다.

① 格調 雜調 律調

② 長調 宮調 商調 短調 散調 是非調 新派調 徵(치)調 羽調

③ 英祖 映照 相助 先祖 山鳥

①은 선행음이 무성음이므로 정상적인 子音同化로 硬音化현상이 자연스럽게 일어난다. 그러나 ②의 경우는 앞 자음의 받침이 유성음인 隨意的子音同化 조건이어서 음의 변화가 없어야 앞에서 세운 한자음의 발음원칙에 맞지만 예와 같이 일률적으로

21) 'ㄹ'은 유성음이기 때문에 우리 음운으로는 수의적 자음접변의 조건이지만 漢字음운체계로서는 入聲이어서 k p t와 함께 무성음에 속하여 제한적으로 자음접변 조건에 해당하는 것으로 간주해야 한다. 중세 漢字어 표기법 중의 하나인 以影補來와 같은 표기법이 그 대표적인 사례이다.

경음화현상이 일어나고 있다. 그렇다면 이는 隨意的 변화라기보다는 어느 정도 규칙성을 가지고 있다고 해야 한다. 그러나 漢字음의 경우 자음동화가 일어나지 않는다는 원칙에 맞지 않는 것이다. 그러므로 이러한 예외적인 현상을 보이는 이유를 선행음의 조건과 관련지을 수 없어 보인다. 위 예의 선행음의 조건에서 어떠한 일반적인 규칙성도 찾을 수 없기 때문이다. 그렇다면 이것은 일반적인 한자음의 자음동화의 원리를 벗어난 것이어서 선행음과 관계없이 그 원인을 후행음인 調 스스로에서 찾을 수밖에 없다. ③과 같은 예를 생각하면 이는 오로지 후행음 調, 자신의 문제임이 틀림없다.

이로 미루어 보건대 음운의 변화가 단순히 그 자신의 음운적 조건에서만 일어나는 것이 아니라 그 의미적 자질과도 깊은 관련이 있을 것이라는 가능성을 상정할만하다. 그러면 후행음인 調가 갖는 의미적 자질은 무엇인가를 생각해 볼 필요가 있다. 調가 선행음으로서 동사적인 의미로 쓰였을 때에는 한자 본음인 '조'로 발음되지만 후행음 調는 '노래가락'이라는 접사적 의미로 한정된다. 이 경우 문법적으로 선행하는 語基에 종속되어 독립적인 기능을 잃고 그 의미적 역할이 축소되는 것이다. 이러한 문법적, 의미적 자질의 변화가 음운의 변화를 불러와 본래의 음가를 잃고 '쪼'로 발음되는 것이다. 그렇다면 이는 일반적인 자음동화 원리로는 설명이 되지 않는다. 또한 이는 음운적 자질 요인과도 또 다른 문제여서 관심이 필요하다.

중국어의 경우는 발음 위치의 조건에 관계없이 調가 '조절하다'라는 동사로 쓰이면 'TIAO'로 읽고, '가락'이라는 명사로 쓰였으면 'DIAO'로 읽어 음운으로 의미 구별을 한다. 이는 음운현상의 원리가 아니라 단어의 기능 형태상의 문제이므로 본질적인 접근법이 다른 셈이다. 기왕에 調가 음운론과 관계없이 단독적인 의미적 형질에 의해서 경음으로 발음된다면 여기에서의 후행음인 調는 이러한 발음원리를 적용해서 모두 '쪼'로 발음해야 옳을 것이다. 예를 들면 時調의 調는 가락이라는 뜻이므로 始祖와는 달리 '시쪼'로 읽어야 옳다.[22] 그러므로 위 ②의 예들은 모두 경음으로 발음해야 할 것이다. 그래야 그 발음은 물론 그 의미도 충분히 살려 전달될 수 있다. 일부의 사전이나 실제의 언어생활에서 調의 발음에 대한 혼란현상은 한자어 의식이 흐려진 결과

---

22) 時調를 '시조'가 아니라 '시쪼'로 읽어야 옳다는 주장이 있다. 주된 근거는 調가 가락을 의미한다는 데에 있고, 그것의 音價는 본래 '쪼'라는 것이다. 자음동화에 의한 경음화가 아니라고 본 점에 있어서는 본 연구의 관점과 같아 타당한 주장이라고 생각한다.

이지 바람직한 한자어 발음은 아닐 것이다. 특히 時調의 경우는 '시조'와 '시쪼'가 단순한 발음의 차이로 그치는 것이 아니라 장르 본질에 관련되는 것이므로 신중히 생각해야 할 문제이다.

價의 음은 보통음인 '가'이지만 마찬가지로 선행음이 있을 때는 경음화가 일어난다.

① 特價 編輯價 物價

② 廉價 時價 折半價 高價 代價

③ 金哥 童歌 專門家 高架 大家

①은 정상적인 자음동화가 일어나는 경우이다. ②에서는 유성음 뒤에서 자음동화가 일어날 조건이 아니지만 價는 일률적으로 경음화가 일어나고 있다. 같은 音價인 ③과 같이 漢字어의 특성대로 경음화가 일어나지 않는 경우와 비교해 보았을 때 이는 완전히 다른 모습이다. 이 파격의 원인도 위의 調와 마찬가지로 價 자신이 가지고 있는 의미적 자질에서 찾아야 할 것이다. 價가 선행음인 경우에는 價格, 價値처럼 본음인 '가'를 유지하지만 후행음인 경우엔 음운조건과 관계없이 先行하는 語基에 의하여 의미에 일정한 한정을 받아 본래의 음가를 잃고 '까'가 되는 것이다. 高價와 高架는 같은 음운조건이지만 價의 의미자질에 의하여 경음화 되는 것이다. 그러므로 이것 역시 음운동화가 아니다.

字도 마찬가지 경우이다.

① 國字 集字 日字

② 星字 善字 艷字 洙字

③ 聖者 先資 放恣 艷姿 原子

①은 으레 자음동화가 일어나는 경우이고, ③은 漢字어의 특성상 본래의 음이 유지되는 경우로서 지극히 정상적인 현상이다. 그러나 ②는 수의적 조건이지만 일률적으로 경음화가 일어나고 있다. 字가 글자라는 독립적 의미를 가질 때에는 본래의 음을 유지하지만 후행음이 되어서 특정한 글자를 지정할 때는 그 의미적 기능이 축소되어

본래의 음가를 상실하는 것이다. 앞에서 말했던 '공짜' '가짜'도 여기에 포함되는 경우이고 '괴짜' '타짜'도 怪字, 打字의 한자에서 비롯된 발음이다. 語基가 고유어인 '글자'도 '글짜'로 발음하는 것은 字를 한자로 의식하기 때문이다. 같은 조건인 '날자'의 경우는 표기마저도 '날짜'로 표준어로 정하고 있으니 한자어 의식이 매우 투철함을 보여주는 사례이다. 이것 역시 음의 동화가 아니라 字 자신의 의미적 자질에서 그 원인을 찾을 수밖에 없을 것이다.

科의 본음은 '과'이지만 선행음이 있을 때 경음화현상이 일어난다.

① 學科　雜科　生物科

② 國文科　環境科　耳科　大科　理科

③ 效果　通過　鰥寡　梨果　罪過

①은 정상적인 자음동화가 일어나는 경우이고, ③은 漢字어의 특성상 음운의 변화가 일어나지 않는다. 그러나 ②는 ③과 같은 음운조건이면서도 科는 일률적으로 경음화가 일어난다. 역시 科자에 한정된 특수 현상이다. 만약 이것이 선행음으로 가면 科目, 科長과 같이 본음을 유지한다. 科目에서와 文科에서의 '科'의 의미영역이 같지 않다는 사실을 발음으로써 보여주는 것이다. 語基에 의존한 科 역시 의미적 자질이 약화되었기 때문이다. 최근에 학교에서 學科事務室을 '꽈사무실'로 발음하는 경우를 자주 보는데 이는 정상적인 음운현상이 아니기 때문에 논외로 한다.

이와 음이 같은 課도 같은 경우이다.

① 政策課　編輯課　動物課

② 學生課　板金課　營繕課　研究課

①은 정상적인 자음동화의 조건이다. ②는 科에서 보았듯이 音價가 같은 다른 漢字일 경우는 경음화가 일어나지 않지만 오로지 課인 경우에 한정하여 수의적 조건임에도 불구하고 음운의 변화가 일어난다. 역시 앞의 경우와 같다.

다음과 같은 경우는 또 다른 음운의 변화를 보이고 있어 주의가 필요하다.

數의 본음은 '수'이지만 선행음이 있을 때 자주 경음화현상이 일어난다.

① 樓閣數　集合數　實數

② 分數　函數　素數　因數　對應數　戶數

③ 噴水　領收　罪囚　湖水

④ 英數　代數　虛數

①은 정상적인 자음동화 현상을 보이고 있다. ②는 隨意的 조건임에도 불구하고 일률적으로 경음화현상이 일어나고 있다. ③과 비교해 보면 선행음과 관계없이 數 자신이 경음화적 자질을 가지고 있음을 알 수 있다. 그런데 ④는 같은 數이면서 경음화 현상이 일정치 않은데 이들은 대체로 경음화 현상이 일어나지 않는 것 같다. ②와 동일한 조건이면서 다른 음운현상을 보이고 있는 것은 하나의 의문이다. 영어와 수학을 일컫는 英數는 분명히 경음화가 일어나지 않고, 代數와 虛數는 다소 유동적인 것 같다. 생각건대 英數의 數와 나머지 數는 의미상 약간의 차이가 있다. 英數에서는 數가 선행음인 英語와 의미적 자질이 대등한 數學이라는 과목의 머리글자를 따서 줄인 합성어로 의미적 독립성이 강하여 본래의 音價를 유지하고 있는 것이다. 代數, 虛數가 ②와 같은 數字, 數値의 의미라면 영수와는 달리 의미적 독립성이 약하여 본래의 음가를 유지하기 어렵게 된다. 그렇다면 代數, 虛數는 ②와 동일한 음운적, 의미적 자질이므로 경음화를 따라 '대쑤' '허쑤'로 읽어야 발음의 원리에 맞다는 생각이다. 특히 虛數는 實數와 대칭적인 어휘래서 더 그렇다. 그러나 代數의 數가 단순한 수치의 뜻이 아니라 '대신하는 數'라면 본음인 數를 유지할 수도 있을 것이다. 이는 그 한자의 의미자질이 아주 섬세하게 발음에 반영된다는 사실을 입증하는 경우이다. 이러한 섬세하게 반응하는 경음화 현상을 거칠어지는 사회의 언어적 반응이라고 쉽게 단정하기보다는 언중들의 잠재의식 속에 남아 있는 漢字어 의식에서 착상하는 것이 보다 합리적이라고 본다. 동시에 이러한 발음의 혼란은 한자어 의식이 흐려지는 과정에 있는 현실을 반영한 것이다.

法의 경우도 이와 유사한 면모를 보이고 있다.

① 國法　合法　律法

② 刑法　憲法　禁法　稅法　便法

③ 方法　求法　文法

①은 정상적인 자음동화의 현상을 보이고 있다. ②는 수의적인 조건에서 일률적으로 경음화 현상이 일어나고 있어 역시 선행음과 관계없이 法字 스스로가 硬音的 자질을 가지고 있다는 생각이다. 의미적으로 앞 글자에 예속되어 접사화 되어 독립성을 잃어 제 음가마저 상실한 것이다. 그런데 ③의 경우는 같은 조건이면서 경음화가 일어나지 않는 것은 나름대로 독립적 의미를 보존하고 있기 때문이다. 그런 가운데에서 '문법'은 표준음인 '문법'과는 달리 현실적으로 경음인 '문뻡'으로 발음하는 경우가 더 많은 것 같다. 그러나 方法은 예외 없이 예사소리인 '방법'으로 발음한다. 方法과 文法의 차이가 무엇인지를 생각해보면 어느 음운으로 발음하는 것이 옳은지 판단이 가능할 것이라는 생각이다.

文法의 '法'이 선행음 '文'의 의미적 요소에 종속된 '문장의 秩序, 規律'이라는 의미일 때, 方法의 '法'은 이와 달리 '모범삼다, 본받다'라는 뜻으로 상대적으로 의미의 독립성이 강하다. 그래서 文法은 독립성이 손상되어 '문뻡'으로 경음화가 되고, 方法은 독립성을 유지하여 '방법'으로 원음을 지킨다. '문법'의 원음을 지키는 경우는 '법'의 독립적 의미자질을 지켜내려는 의식이 작동한 것이다. 求法에서의 '法'도 '불교의 진리'라는 별개의 의미로 '求'에 대해서 의미의 독립적인 성격이 강하기 때문에 본음을 유지한다. 만약에 '不法'이라면 선행음에 의미적 종속관계가 되어 자음동화가 되어 '불뻡'으로 발음하게 되는 것이다. 그렇다면 文法을 된소리로 발음하는 경우는 '글의 규칙'이라는 의식의 표현이고, 보통음으로 발음하는 경우는 '글의 모범'이라는 의미를 잠재적으로 의식하고 있다는 반증으로 생각된다. 어느 것이 옳고 그르다는 판단은 쉽게 할 일이 아니지만 마땅한 이유를 마련하지 못한 채 '文法'의 경음화를 인정하지 않는 方法은 엄밀한 文法정신이 아니라는 생각이다.

이러한 현상은 발음이 음운적 요인에 의해서만 결정되는 것이 아니라 의미적, 심리적 요인에 의해서도 간섭을 받는다는 사실을 말하는 것으로 음운연구에 있어서 유의해야 할 일이다. 한자음이 동화현상을 보이는 것은 언중들의 한자 의식이 흐려져 가는 반증일 수도 있다. 따라서 文法을 '문뻡'으로 발음하는 추세를 단순하게 '거칠어지는 언중들의 언어습관'으로 단정하는 관점은 재고되어야 한다는 생각이다. 발음을 어떻게 하느냐는 그 글자의 의미와 기능을 어떻게 받아들이는가에 의해서 결정되는 것이다. 그러므로 '문법'과 '문뻡'중에서 무엇을 표준발음으로 인정하는가의 문제는 그것의 문법적 의미와 기능을 살핀 후 결정해야 할 문제이다. 이러한 사실은 漢字어 의식이 우리 국어현상에 얼마나 뿌리 깊이 작용하고 있는지 단적으로 보여주는 것으로서 漢字語교육이 국어문화에서 갖는 의미가 매우 중요함을 입증하는 것이기도 하다.

氣의 경우도 이와 유사하다.

① 合氣　客氣　下血氣

② 神氣　狂氣　産氣　詐欺氣　窮氣

③ 名妓　珍奇　禁忌　妙技　計算機

④ 血氣　陰氣　陽氣　虛氣　稚氣

①은 정상적인 자음동화의 조건이다. 下血氣란 부인병 중에 하혈의 기미가 있다는 뜻이다. ③의 경우 음운의 변화가 없는데, 동일한 조건에서 ②는 경음화가 일률적으로 이루어지고 있으니 이는 선행음과 관계없이 氣 스스로의 硬音的 자질에 의한 것임을 알 수 있다. ②와 ③의 '기'는 漢字가 각기 다르고, 유독 氣자에서 경음화가 일어나고 있다. 한편 ④는 ②와 같은 조건과 글자인데도 경음화가 일어나지 않는다. 더구나 ④의 血氣는 ①의 下血氣와 다를 바 없는 음운조건인데도 그와는 다른 음운현상을 보이고 있다. 같은 氣이지만 ①의 合氣와 ④는 '氣運'이라는 독립적 의미자질이어서 漢字어의 일반적인 음운관례를 따르고 있고, 下血氣의 氣는 氣運이라는 독립적 자질을 잃고 '기미'라는 의미로 축소되어 경음화가 되고 있다. ②의 경우도 그 의미가 '기운'의 독립적 의미를 잃고 '성격적 기질'을 뜻하는 '기미' '끼'에 그치기 때문에 그 의미적 자질이 ①이나 ④와 같지 않다. 언중들이 가지고 있는 漢字어 의식이 동일한 음운조건에서도 이토록 각기 다른 발음을 하도록 만드는 것이다.

權은 좀더 다양한 현상을 보이고 있다.

① 特權　執權　自律權

② 人權　公權　棄權　利權

③ 全仁權　丁一權　金永權

④ 銀行券　發券　入場券　颱風圈　制度圈　影響圈　跆拳

⑤ 一卷　三卷　五卷　空拳　鐵拳　醉拳

①은 정상적인 자음동화의 경우이다. ②는 수의적 조건임에도 불구하고 선행음과 관계없이 경음화가 일어나므로 '權' 자신이 경음적 음운자질을 가지고 있다고 해야 한다. 그런데 ③은 동일한 조건임에도 음운의 변화가 없다. 이는 그 의미가 전과 같지 않기 때문이다. ②는 의미의 독립성이 약한 반면에 ③은 인명으로서 그 의미적 독립성이 강하여 선행음과 분명히 구분하려는 의식이 작용하기 때문이다. 그런데 ④의 경우를 보면 漢字음 '권'은 선행음이 있을 때에 ②의 權과 같이 자주 경음화가 일어나 漢字음의 일반적인 관행을 벗어나고 있다. 그렇다면 이들 券, 圈, 拳도 ②와 마찬가지로 스스로의 경음적 자질을 가지고 있다고 보아야 한다. 이들도 독립적 의미를 갖지 못하고 선행어에 의존하는 문법적 한계가 있기 때문에 본래의 음가를 잃고 있다.

그러나 ⑤의 경우는 음운의 변화가 없다. 卷은 ④와 동일한 조건이면서 보통음으로 남아있는 이유는 책이라는 독립적인 의미를 확보하기 때문이라고 생각한다. ④, ⑤와 동일한 의미적 자질인 拳도 그 음운의 변화는 혼란스럽다. 跆拳은 '태꿘'이고 空拳은 '공권'인데 둘 사이의 차이점이 무엇인지 분명치 않다. 구태여 차이를 찾는다면 鐵拳 空拳 醉拳의 拳이 '주먹'이라는 뜻에 그치는데 跆拳은 단순한 주먹이 아니라 武術의 명칭이라는 포괄적인 의미를 갖고 있다는 데에 차이가 있을 것이다. 만약 跆拳의 어원을 고유어인 '택견'에서 찾는다면 이는 音譯語 또는 번역어이므로 여기에서 말하는 한자음과 관계가 없는 것이 된다.

그런 가운데 영화제목인 '醉拳'을 경음으로 발음하는 경우를 많이 보는데 태권과 같이 하나의 무술차원으로 생각한다면 경음이 옳을 것이고, '취한 주먹, 손' 정도로 생각한다면 '권'이 옳을 것이다. 이러한 예들은 의미적 자질이 발음에 중요하게 작용한다는 사실을 입증하는 것인데 언중들이 생각보다 한자어 의식이 매우 강했었다는 것을 알 수 있다. 동시에 발음의 혼란은 이러한 분별의식이 흐려진다는 의미이니 앞으로의 언어정책에서 깊이 생각해 보아야 할 문제이다.

이와 같이 漢字어인 경우 선행음이 유성음일 때 후행음에서 원칙적으로 자음동화가 일어나지 않는다는 원칙이 있음에도 불구하고 때에 따라서 경음화현상이 불규칙하게 일어난다. 이러한 현상을 수의적 자음동화라 하여 처리하고 있으나 漢字어인 경우 제한적이기는 하지만 경음화 현상에 대하여 어느 정도 규칙을 세울 수 있을 듯하다. 위의 예와 같이 ②항에서 후행음이 경음화 현상이 일어나는 이유는 ①, ③항과 다르다. ①은 정상적인 자음동화현상이요, ③은 수의적인 조건에서 漢字어 의식에 의하여 경음화가 일어나지 않는 경우이다. 수의적 조건이면서 경음화가 일어나는 ②는 선행음의 음운적 영향보다는 그 자신의 의미적 자질에 의해서 경음이 된다고 판단된다.

이제 이를 바탕으로 특정 漢字어 자신의 형태적 의미적 자질로 하여 자음동화의 원칙에서 벗어나는 현상을 규명하기 위해 위의 사실을 정리하면 대개 다음과 같다.

첫째, 형태적으로 의존성이 강하다는 점이다. 위 예의 각 ②항의 경우 의미적 자질로 보아서 후행음이 선행음에 대하여 의미적 독립성이 약하다는 공통점을 가지고 있다.

둘째, 기능적으로 고착성이 짙다는 점이다. 선행 형태소에 대하여 의미적 자질이 제한된 의미로 굳어져 사용될 경우에 경음화가 일어나는 경향이 있다.

셋째, 경음화가 일어나는 부분은 단어의 끝 한 글자라는 공통점이 있다.

이러한 점들을 종합해 보면 이들은 결국 독립성과 의미성이 약한 接尾辭적인 성격이 강하다는 사실이다. 특히 '氣'는 이미 고유어화 되어 '기질, 개성'을 뜻하는 '끼'의 어원으로 보여져 그 접미사적 성격을 입증하고 있다. 나머지 글자들도 의미적 독립성이 선행어에 상대적으로 약하므로 정도의 차이는 있지만 그러한 의존적인 자질을 가지고 있는 것이다.

이러한 점들은 선행음과 관계없이 그 글자가 가지고 있는 독자적인 형태적, 의미적 자질이다. 그러므로 수의적 조건에서 일어나고 있는 경음화 현상은 단순한 자음동화라고 하기보다는 단독적인 음운현상으로 보아야 할 경우가 더 많다고 해야 할 것이다. 그리고 先行音과의 음운적 관계 외에도 先行語와의 의미적 결속구조와도 깊은 관계가 있다는 판단이다. 그렇다면 수의적 조건에서 경음화가 일어나는 데에는 음운적 원인은 물론, 의미적 원인, 그리고 심리적 원인들이 같이 작용한 결과라고 보아야 한다. 앞으로 이에 관하여 학계에서 보다 많은 관심이 있기를 바란다.

그렇더라도 한자의 의미자질에 의한 독자적 경음화현상이 한자음 자음동화 현상

전체의 원칙을 덮을 수 있는 것은 아니다. 그것은 어디까지나 전체적인 자음동화의 예외현상일 뿐, 대부분의 경우 한자음은 자신의 동화원칙을 충실히 지켜내고 있다.

2) 자음동화와 활음조

그런데 漢字어 後行音을 발음하고 표기하는데 있어 또 다른 문제가 있어 주의를 기울일 필요가 있다. 자음동화와 관계없이 후행음의 첫소리가 'ㅇ' 일 때 발음의 혼란이 일어난다. 漢字음의 본음으로 발음되는 경우도 있고, 우리 음으로, 혹은 음운첨가 현상이 일어나는 경우가 있어 다잡기 어렵다.

死六臣의 우리말 표기는 '사육신'으로 하고, 발음은 '사륙신'으로 하는 경우가 많다. 여기에서 'ㄹ'이 덧붙는 현상을 음운이 첨가된 滑音調로 설명하는 경우가 있다. 이의 타당성을 검증하기 위해서 유사한 조건인 生六臣을 예로 생각해 본다. 그런데 生六臣의 발음에도 혼란이 있다. '생육신' '생뉵신' 중 어느 것이 옳은 발음인지 판단하기 어렵다. 전자는 후행음의 단독작용이고, 후자는 ㅇ + ㄹ 이 자음동화 되어 'ㄴ'으로 나타난 것이다. 여기에서 ㄹ이 개재되는 것은 六의 漢字 본음인 '륙' – 후행음이므로 두음법칙을 적용할 필요가 없다 – 을 지켜낸 것으로서 漢字음을 밝혀 적는다는 원칙을 지킨 것이다. 다시 '사륙신'이 활음조에 의한 것인가를 검증하기 위해서 死二臣, 生五臣 – 이런 말은 실제로 없지만 – 을 가정해 보자. 이 경우 누구나 예외없이 '사이신' '생오신'으로 발음할 것이다. 그렇다면 앞의 死六臣과 같은 음운조건에서 활음조 현상 – 사리신 – 이나 자음동화 현상 – 생노신 – 이 일어나지 않는 것이 의문이다. 그런데 二, 五의 본음은 '이' '오'이고, 六의 본음은 '륙'이었던 점을 생각하면 의문이 풀릴 것이다. 十六, 二十六, 三十六을 발음해보면 '심뉵' '이심뉵' '삼심뉵'이다. 이 후행음은 선행음과 관계없이 '六'의 본음인 '륙'이 선행음의 영향을 받아서 '뉵'이 된 것이다. 다시 말하면 이는 흔히 말하는 대로 'ㅂ'과 'ㄹ'이 부딪쳐 상호동화된 것은 맞지만 상호동화가 일어나기 전에 한자의 본음이 먼저 작동한 것이지 'ㄹ'음의 첨가가 아니라는 것이다. 그러므로 '사륙신'은 활음조가 아니라 자신의 漢字 본음을 의식하여 발음한 결과라고 해야 옳다. 따라서 '사육신'으로 읽는 것은 漢字어 발음원칙에 어긋나는 것이다. 마찬가지 원리로 生六臣도 '생육신'이 아니라 자음동화된 '생뉵신'으로 발음하고 '생륙신'으로 적어야 원칙에 충실한 것이다. 만약에 '육'을 고집한다면 이는 억지로 두음법칙을 적용하는 것과 마찬가지이다. 설령 '先六臣, 後六臣'을 가정하더라도 '선륙신'을 거쳐 자음동화된 '선뉵신', '후륙신'이라고 발음하고 적어야 옳다. '上陸 – 상륙 – 상뉵, 着陸 – 착륙 – 착뉵'과 비교해 보면 더욱 확실해진다. 여기에서 '뉵'은 '륙'이라는 漢字 본음이 자음접변에 의해서 바뀐 것이다. '離陸 – 이륙, 大陸 – 대륙'을 보면 그 본음이 확실하게 드러난다. 이 경우 당연히 '륙'은 활음조가 아닌 본음의식의 발로이다. 그러고 보면 국어 표기에 있어서도 '사육신' '생육신'은 한자 발음의 원칙을 어긴 것으로 재고가 필요하다. 漢字음 표기원칙을 맞게 적용한다면 '사륙신' '생륙신'이 이치에 합당하다.

이와 관련되는 문제로 육이오, 십이육의 발음의 혼란이 있다. 융니오 – 유기오, 시비육 – 시비륙 중 어느 것이 옳은가를 판단하는 데에 이 원리는 유용하다. 6.25의 2는 漢字 본음이 '이'이므로 자음접변의 조건이 아니기 때문에 '유기오'로 발음하는 것이 옳다. 10.26은 六의 漢字음이 '륙'이므로 '시비륙'으로 발음하는 것이 맞다. 같은 음운조건인 '敎育, 生育'에 음운이 첨가되지 않고, '豚肉, 牛肉'도 마찬가지 사례로 이것과의 차별을 입증하기에 충분하다. '育, 肉' 본래의 음가가 '육'이기 때문에 그대로 발음하는 것이다. 微粒子 – 미립자가 활음조가 아닌 것은 光粒子 – 광립자가 입증하고, 手榴彈 – 수류탄이 漢字 원음 표기인 것은 銃榴彈 – 총류탄이 입증한다. 이들은 한자어 원음표기 원칙에 해당할 뿐이다. 이로 미루어보건대 破廉恥 – 파렴치는 활음조가 아니라 '廉'의 漢字원음 '렴'의 표기이고, 같은 이치로 沒廉恥는 '몰염치'가 아니라 '몰렴치'로 읽고, 적어야 옳다는 말이 성립된다. 다만 현행 국어 표기에서는 이를 인정하지 않고 있는데 이는 한자어 의식이 흐려진 결과이지 漢字어 표기 원리에 맞은 것이 아니다.

이런 이치라면 登龍門을 '등용문'으로 읽기보다는 '등농문'으로 읽고, 등룡문으로 적어야 漢字음표기 원리에 맞다. 青龍도 마찬가지라서 '청용'이 아니라 자음접변이 일어난 '청농'으로 읽고, '청룡'으로 적어야 漢字음 표기원칙에 맞다. 비슷한 예로 李夢龍을 이몽룡으로 적고, 이몽농으로 읽어야 맞다. 이몽용은 漢字원음 의식이 없어진 혼란현상이다. 雙龍도 쌍룡으로 적고, 쌍농으로 읽어야 맞다. '주식회사 쌍용'은 표기법과 관계없이 회사의 私的인 표기에 불과하니 언급의 대상이 아니다. 그러나 국가를 대표할 만한 큰 회사가 국어의 표기법을 어겨가면서까지 회사의 이름으로 내거는 일은 바람직한 일이 아니다. 天安市 雙龍洞에 있는 학교는 당연히 '쌍룡'고등학교로 표기해야 할 것임에도 불구하고 '쌍용'고등학교라고 적는 일은 국어교육을 해야 할 교육기관이 일개 회사 이름의 영향을 받은 것 같아 부끄러운 생각이 든다. 忠烈王은 충렬왕으로, 야구선수 宣銅烈은 선동렬, 猩紅熱은 성홍열로 적어야 漢字원음 표기원칙에 맞다. 烈과 熱은 한자 본음이 같지 않기 때문이다. 그러나 小龍은 '소룡'으로 읽고, 적어야 하는데 이것은 당연히 활음조 현상이 아니라 漢字어 원음의식이 드러난 것이다. '處容歌'는 활음조 현상이 일어날 충분한 조건이지만 '처룡가'가 아니라 그대로 소리나는 것은 漢字원음 원칙을 지킨 것이다.

妙齡을 묘령으로 읽고 적는 것은 역시 한자 본음을 적은 것이지만 武寧王 – 무령왕, 保寧市 – 보령시, 會寧 – 회령 등으로 읽고 적는데 이야말로 활음조 현상으로밖에 설명할 수 없다. '寧'의 漢字 본음이 '령'이 아니라 '녕'이기 때문이다. 원래 무녕왕, 보녕시, 회녕으로 읽어야 漢字음 밝혀적기의 원칙에 맞는 것이다. 安寧 – 안녕은 활음조 조건이 아니기 때문에 원음을 지켜 이를 입증한다. 그러고 보면 漢字음에서 활음조현상이 일어나는 일은 매우 드물다고 할 수 있는데 이것도 漢字음에 대한 본음의식이 강하게 작용한 결과라고 생각한다.

3) 부사어 접미사 '–이, –히'

漢字어 의식이 국어의 표기에 영향을 미치는 경우를 더 생각해 보면 同音疊語로 부사를 이룰 때 접사로서 '-히'를 선택한다는 것이다. 부사를 만드는 접사 '-이, -히'의 선택은 국어표기법에서 명확하게 처리하기 어려운 난제 중의 하나이다. 규정상 '소리나는 대로 적는다'고 하지만 音價가 그리 분명한 차이가 있는 것도 아니고, 특히 선행음운이 유성음일 경우 더욱 구별하기 어렵다. 이럴 때 漢字어일 경우 '이'가 아닌 '히'를 취하는 일관성을 가지고 있다는 사실은 규칙을 설정하는 데에 있어서 다행스러운 일이다.

辛辣히 多幸히 徹底히 率直히 懇切히 閑暇히 鞏固히 確實히 明確히 名實共히

일일이 예를 다 들을 필요도 없이 선행음의 조건과 관계없이 漢字어인 경우 일률

적으로 접미사 '히'를 붙인다. 이는 매우 보편적인 현상이지만 고유어가 '이'와 '히'를 隨意的으로 선택하는 것과 분명한 차이가 있어 유용한 일이다. 그러나 여기에서는 漢字語 同音疊語에 한정해서 살피고자 한다.

① 徐徐히 漫漫히 屢屢히 黙黙히 散散히 滔滔히 漠漠히 斑斑히 紛紛히 順順히 兀兀히 隱隱히 潺潺히 薰薰히 忽忽히 當當히 生生히 細細히 坦坦히 平平히 綿綿히 僅僅히 急急히

* 間間이 番番이
단단히 든든히 튼튼히

② 뿔뿔이 감감이 끗끗이 축축이 골골이 길길이 발발이 갈갈이 일일이[23]
샅샅이 낱낱이 몫몫이 겹겹이 집집이 곳곳이 시시콜콜이[24]

* 쓸쓸히 쏠쏠히 번번히
똑똑히 톡톡히 섭섭히 꼼꼼히 답답히 촉촉히

漢字 文識力이 약해지면서 이런 말들을 漢字어로 인식하는 언중이 줄어들고 있지만 ①의 예들이 일률적으로 '이'가 아닌 '히'를 취하고 있는 것을 보면 아직 이들에 대한 漢字語 의식이 살아있음을 입증하는 것이다. ②의 고유어들이 한결같이 '이'를 취하고 있는 것과 비교하면 그러한 사실이 분명해진다. 물론 이 중에는 '히'의 규칙성이 약화되는 과정에 있는 말도 있겠지만 이는 표기원리의 혼란에서 빚어지는 일이다. 그러므로 漢字語인 경우 '히'로 적는다는 원칙을 유지하는 것이 혼란을 줄이는 방법일

23) '일일이'는 두 가지 의미가 있는 말이다. 하나는 고유어 '일마다'로서 아무 문제가 없다. 그리고 '이'가 주격조사라면 이 문제와 상관 없는 일이다. 그러나 어근을 한자어 '一一, -하나 하나'로 본다면 한자어 원칙에 따라 '히'로 적어야 옳다. 규정에는 '이'하나만 인정하고 있지만 후자의 의미라면 이와 구분하여 '히'로 적어야 할 것이다. 역시 한자어의식이 약해진 결과로 보여진다.

24) '시시콜콜이'가 고유어이므로 이렇게 적는 것은 당연하다. 그러나 같은 조어법인 '事事件件'은 한자어 어근이므로 '사사건건히'로 적어야 옳다. '正正堂堂히' '明明白白히' 를 생각하면 알 일이다. '句句節節이'로 적으면 주격조사이기 때문에 이 문제와 상관 없는 일이다.

수 있다. 동시에 '히'로 인식되는 단어일 경우 그것은 漢字語일 가능성이 높다고 보아도 좋을 것이다. '천천히(찬찬히), 섭섭히, 튼튼히(탄탄히)' 등은 어간의 어원을 단정하기 어렵다. 그러나 이들이 '히'를 취하는 것으로 보아서 어근이 漢字語에서 비롯되었을 가능성을 배제할 수 없다. 장담할 수 없지만 천천히는 遷遷, 섭섭히는 懾懾, 탄탄히는 團團과 관련이 있다면 그럴 수 있다. 그 중에 '단단하다'의 어원을 한자에서 찾을 수 있다면 문제가 풀릴지도 모른다. 원래 한자어 '團團'은 '사물이 한곳에 몰려 집중되어 있다'라는 의미로 쓰여졌었는데, 여기에 고유어 접사 '하다'가 붙어서 만들어졌다면 국어에서 지금의 '굳고 세다'라는 의미로 사용되었음 직하다. 이로 미루어 생각하건대 '든든'과 '튼튼'은 '단단'의 단순한 음운변이일 수 있으니 같은 어근으로 볼 수도 있을 것이다. 團團의 중국음은 'TUANTUAN'인데 만약 이것을 '튼튼'과 관련지을 수 있다면 이 또한 한자어의 원음의식이 깊이 숨어있는 흔적일 수 있다.

그런데 *를 보면 적잖은 단어들이 이러한 원칙을 어기고 있어 문제가 된다. '間間이, 番番이'는 분명히 語根이 한자인데 '-이'를 맞는 것으로 하고 있다. 마땅히 '-히'로 써야 원리에 맞다고 생각한다. '단단히, 든든히, 튼튼히'는 어근이 고유어라고 했을 때에 당연히 '-이'로 써야 맞을 것이나 거꾸로 '-히'를 맞춤법에 맞는 것으로 규정하고 있다. 그것의 어원이 한자어에서 왔다는 흔적이 아니라면 역시 원리에 맞지 않는 것으로 앞의 경우와 마찬가지로 표기의 혼란이 아닌가 한다.

②는 고유어를 어근으로 하고 있는 동음첩어인데 보다시피 한자어와는 달리 접사 '-이'를 취하는 일관성을 보이고 있다. 그런데 ②의 *는 고유어 표기의 원칙인 '-이'를 쓰지 않고 '-히'를 쓰고 있어 의문이다. 더구나 그 사례도 훨씬 많아서 더욱 혼란스럽다. 그런데 '쓸쓸히'의 바탕은 한자 '瑟 - 쓸쓸하다'일 가능성이 매우 짙다. 원래 '가을바람이 선선하게 분다'라는 의미였던 것이 '蕭瑟하게'를 거쳐 그렇게 의미가 전이되었다고 해도 별 무리가 없으리라 생각한다. 그렇다면 '쏠쏠히'도 음운변이로 보아서 한자어 표기원리에 맞추어 '-히'로 적는 것을 이해할 수 있을 것이다. '번번히 - 얼굴이 번지르르하다' 역시 고유어라면 문제가 된다. 그러나 그 유래를 한자 '斑斑 - 무늬나 겉모양이 잘 어울려 보기에 좋음'에서 찾을 수 있다면 '번번히' '반반히' 모두 한자어 표기원칙에 맞는 것이 된다. 아래 나머지 예들은 한자어일 가능성이 거의 없는데 모두 '-히'를 쓰고 있어 설명하기 어렵다. 그러나 이들은 '이'로 발음하는 것이 더 자연

스러워 실제로 '히'로 발음된다고 보기 어려운 것들이다. 아마도 현행 표기 규정의 혼란이 아닌가 해서 이러한 예를 근거로 해서 본제의 漢字語 原音表記 意識의 존재를 부정할 수는 없을 것이다.

이 밖에 '맞當히' 같은 경우도 '히'를 유지하고 있는데, 이는 '조용히'가 '從容'이라는 漢字語에서 유래한다는 잠재의식이 남아있는 원리와 같다고 생각된다. '마땅히'는 고유어로 보이나 '히'를 취하고 있다. '맞'은 고유어이지만 '당'이 한자어 '當'에서 유래한다는 잠재의식의 발로라고 한다면 한자어의 원음의식이 매우 강하게 반영되고 있다는 생각이다. 이러한 원리를 적용한다면 국어에서 한자어의 어원탐색이나 올바른 발음, 표기에 보다 발전적인 기준을 제시할 수 있을 것이다.

이상 국어현상에서 고유어와는 다른 음운현상을 보이는 한자어의 경우를 자음동화를 중심으로 살펴보았다. 제한적이기는 하지만 우리 언어생활에서 아직 한자어 의식이 건재함을 확인하였다는 의미를 내세우고 싶다. 그러나 일단 한자어라는 의식이 흐려지면 이를 고유어로 인식하여 지금까지 지켜오던 외래어 구분의식이 사라져 고유어와 같은 자연스러운 음운변천의 과정을 밟게 된다. '후레자식, 호로아들'은 한자어 '胡虜'에서 시작하여 原義를 잊고 자연변화한 것이다. 가까이로는 군대에서 사용하는 큰 밥통을 '식깡'이라고 하는 것은 食罐이라는 한자어를 의식하지 못하여 생긴 말로 생각된다. 감자는 甘藷, 고삐는 鼻轡, 손뼉은 手壁, 바랑은 鉢囊, 저승은 此生, 처마는 簷下, 상투는 上頭, 보리수는 菩提樹, 배꼽은 배腹이라는 한자어에서 비롯한 말들인데 시간이 흐름에 따라 언중이 한자어라는 의식을 하지 못하여 완전히 귀화한 말들로 판단된다. -쟁이, -꾼도 匠이, 軍에서 나온 한자어의 변형형태이다.

이러한 사례들을 일일이 들기 어렵고, 이러한 추세는 앞으로 더욱 심해질 것이다. 언중들의 漢字 文識力이 급속히 떨어지면서 한자어 의식도 점차 흐려질 것이기 때문이다. 이렇게 되면 고유어와 혼효현상이 일어나 구분의식이 없어져 자연스러운 음운현상으로 진행되어 토착화의 과정을 밟게 된다. 그 과정에서 변화의 규칙성과 정체성을 잃게 되면 그 변화의 원리와 어원을 추적하게 어렵게 되고, 결과적으로 話行의 혼란과 연구의 곤란을 초래하게 되는 것이다. 이러한 혼란은 변화, 성장하는 언어의 특성상 어쩔 수 없는 현상이기는 하지만 언어의 질서유지와 창조창달과 계승을 위해서는 서둘러 그 인과관계를 밝힐 필요가 있는데 이 연구도 그러한 노력의 하나이다.

지금까지 우리 언중이 가지고 있는 한자어 의식이 작용하여 국어의 발음이나 표기에 영향을 준 현상에 대하여 원칙적인 차원에서 논의하였다. 이러한 규정이 있음에도 불구하고 실제 한자어 발음이나 표기에 있어서는 잘 지켜지지 않는 경우가 있다. 위에서 논의된 隨意的 子音同化에서의 일탈현상은 아직 한자어 의식이 살아있다는 반증이기도 하지만, 한편으로는 한자어가 오랜 시간을 거치는 동안 고유어와 섞이면서 필연적으로 그 자신의 한자어적 자질을 잃고 동화되는 과정을 보여주는 것이기도 하다. 이들은 고유어와는 다른 양상을 보이고 있어 한자어의 특수성을 확인할 필요가 있다. 그것은 국어학계나 한문학계에 같이 관련되기도 하고, 상호보완 연구의 의미가 있어 각별한 연구의의가 있다 하겠다.

한자어인 경우 先行音이 무성음일 때 규칙적으로 경음화 현상이 일어나는데 이는 고유어와 다를 바 없으므로 논의할 것이 없다. 그러나 선행음이 유성음일 때에는 자음동화가 일어나지 않는데 이는 한자어 본음을 밝혀 적는다는 외래어적인 구분의식이 강하게 작용하기 때문이다. 이는 고유어와는 다른 한자어의 특수한 사정으로 관심을 가져할 사안이다. 또 한자어가 단어의 끝음절이 되어 접미사의 구실을 할 때 선행음과 관계없이 경음화가 일어나는데 이는 그 자신의 의미적, 형태적 자질의 약화에 의해서 일어난 변화이다. 이는 자음동화와는 다른 원리이므로 다른 관점으로 정리되어야 한다. 이 부분에 있어서는 실제의 국어생활에서 다소간의 혼란이 빚어지고 있는데 올바른 언어교육을 위해서 체계적인 합의가 필요한 시점이다.

자음동화의 조건인 경우, 활음조 현상과 다소의 혼동이 있는 듯하다. 이 경우 대개는 활음조라기보다는 자음동화인 경우가 많다. 그리고 자음동화일 경우 한자어의 音價나 표기에 있어 한자어의 本音을 밝혀 적는다는 원칙에 혼란을 주는 경우가 적지 않아 주의가 필요하다. 당연히 마련되어진 국어정서법을 준수해야 할 일이다. 그렇지 않으면 국어교육이나 한자교육에 혼선을 빚을 수 있기 때문이다. 이러한 현상은 시간이 흐를수록 악화될 것이기 때문에 바로 잡는 노력이 시급히 요구된다.

부사형 접미사 '-이, -히'가 붙어 이루어지는 파생어 중에 한자어인 경우 '히'를 선택하는 일관성을 보이고 있는 것도 흥미 있는 일이다. 고유어의 경우 '이'와 '히'가 수의적으로 붙는데 이는 국어맞춤법 규정에서 어려움을 겪는 부분이다. 둘 다 같은 의미로, 소리 나는 대로 적는다는 원칙을 적용하고 있으나 실제에서는 듣기에 音價가 비슷하여 잘 구분이 되지 않기 때문이다. 그러나 한자어인 경우는 일률적으로 '히'를 취하는 현상은 국어표기에 일정한 규칙성을 부여할 수 있다는 의미를 갖는다. 이러한 어휘는 국어 어원을 한자에서 찾을 수 있는 근거가 되기도 한다.

漢字의 문식력이 약해지면서 한자의 발음이나 표기도 혼란을 면할 수 없게 되었다. 이러한 현상은 앞으로 더욱 심해질 것이고, 이것은 곧 우리 국어교육의 부담으로 남는다. 사태가 더 악화되기 전에 서둘러 문제를 해석하고, 정리하고, 대책을 세워야 한다. 당연히 한자교육은 그 자신의 문제에 그치는 것이 아니라 올바른 국어생활을 위해서도 필요하다.

漢字 文識力이 약해지면서 국어 전반에 걸쳐 바람직하지 못한 현상이 빚어지고 있다. 언어는 본래 사회의 약속이므로 자연스러운 변화에 순응해야 하는 면도 있지만 같은 이유로 해서 질서와 규제를 해야 하기도 하는 양면성을 가지고 있다. 후자의 관점에서 몇 가지를 지적하고자 한다.

妻家집 驛前앞 같은 말을 대범하게 쓰는 경우는 그렇다 치더라도 家와 집, 前과 앞은 같은 뜻으로 중복어이니 엄밀히 말해서 정상이 아니다. '臨終을 지키다'(다른 사람의 죽음을 지켜보다), '伸寃을 풀다'(원한을 풀다)는 의미의 중복이라서 맞는 말이 아니다. 臨이 곧 '지키다'이고 伸이 곧 '펴다'이기 때문에 '죽음을 맞다' 혹은 '臨終을 하다'로, '원을 풀다' 혹은 '신원을 하다'라고 해야 옳다. 흔히 마굿간, 기찻간처럼 사이시옷을 사용하기도 하는데, 이것도 한자어이므로 마찬가지이다. '찻잔'에서 사이시옷을 의심할 사람이 별로 없겠지만 사실을 알고 보면 이 말은 원래 '茶盞'이기 때문에 한자어에는 사이ㅅ을 개입시키지 않는다는 표기원칙에 맞는 것은 아니다. 이러한 혼란현상은 한자어 의식의 혼란에서 자유롭지 못하다는 반증이다. 앞으로 우리의 언어생활에서 한자어 의식이 사라진다면 비슷한 상황에서 얼마든지 이러한 현상이 일어날 수 있으니 유의할 일이다.

이러한 혼란은 지금도 지속되고 있고, 한자의 문식력이 급속도로 약화되고 있으므로 앞으로 더 심화될 전망이다. 國際教育院이란 교육기관 간판이 떳떳하게 최고지식기관인 대학에 걸려있다. 漢字라고 해서 문법을 무시해도 좋다는 법은 없다. 국제교육원을 문법구조로 풀어보면 목적어+술어여야 한다. 즉 '국제를 교육한다.'로 풀어야 하는데 과연 그런 곳인가? 문법적으로는 가능할 수 있어도 의미, 화용상으로는 매우 어색한 말이다. 국제관계라든지, 국제경제와 같은 구체적인 상황을 곁들여야 비로소 떳떳한 목적어가 될 수 있다. 예를 들면 국제무역교육원, 국제문화교육원, 국제언어교육원 등의 구조의미를 담고 있어야 가능한 말이다. 그렇지 않으면 국제교육원이 '국제적인 교육원'이라고 해야 되는데 그런 의도가 아닌 것이 문제이다. 이는 한자에 대한 문식력이 부족해서 빚어진 결과이다.

의사소통론의 시대에, 세계화의 시대, 한자무용론이 대두되는 시대에 한자어의 발음을 문제삼아 시시콜콜이 따져드는 태도 자체가 시대에 뒤떨어진 행위일지도 모른다. 그래서 설령 한자어의 발음이나 어법이 부정확하더라도 당장 우리의 언어소통에는 별 지장이 없다고 생각하는 사람들이 적지 않다. 그러나 그렇게 생각하는 것은 민족정신, 국어의 정체성, 국어의 질서체계를 뿌리부터 흔드는 위험한 생각임은 물론, 국어의 문화적 계승을 단절시키고, 심지어는 지금의 의사소통성마저도 원활하게 하지 못할 수 있다. 일반언어 교육론과 국어교육론을 동일시해서는 안 된다. 국어교육은 민족정신과 정체성 확립이라는 역사의식에 기반하지 않으면 안 된다. 그러자면 국어에 일정한 질서체계를 갖춰야 한다. 그 질서체계를 통하여 이러한 역사적 사명을 수행할 수 있다. 그러므로 국어의 문법은 여전히 중요한 질서체계로 존중되어야 한다.

그런 의미에서 한자어 발음이나 어법이 중요하지 않다든지, 국어의 아주 사소한 부분으로 소홀히 되어서는 안 된다. 국어에서 한자어 어휘가 차지하는 비중이 큰 만큼 한자어 발음의 혼란은 국어 전체에 미치는 영향이 적지 않다. 漢字의 文識力이 점차 약화되어가는 시점에서 한자의 발음을 다잡아 가는 것은 곧 국어교육을 바로잡아 가는 것과 연결된다는 의식이 필요하다. 지금도 한자어 어휘가 성행하고, 생성되어가는 과정에서 한자에 대한 무관심이나 무지는 국어질서체계를 어지럽히게 될 것이라는 점을 인식하는 게 중요하다.

3. 중국 普通話 新音에 의한 漢字語系 歸化語 탐구

귀화어라고 하면 여러가지 의미를 갖겠지만 여기서는 대체로 '외국어가 우리 언어생활에 들어와 오랜 시간 사용되어 지금에 와서는 우리 언중들이 외국어란 인식을 하지 못할 정도로 정착한 말들'이란 의미로 규정하고자 한다. 이러한 말들은 우리 언어생활에 완전히 녹아들어 대개는 본래의 그 음가, 형태와 의미가 달라져 있기 마련이어서 이를 어원학적으로 접근하는 데 있어 각별한 주의를 기울여야 한다. 이러한 귀화어는 시간이 갈수록 그 원형에서 멀어져 고유어화하는 속성이 있으므로 연구의 어려움이 더할 수밖에 없다. 그러므로 하루라도 서둘러 그 내력을 밝히지 않으면 끝내 풀 수 없는 문제로 남아있을 수밖에 없다.

결국 이것도 어원연구에 해당하겠는데 모든 어원연구는 위험한 작업일 수 있다는 사실을 인정해야 한다. 아무리 많은 증거와 논리적인 입증도 긴 역사의 時空을 거슬러 올라가는 과정에서 오류를 범할 가능성은 언제든지 도사리고 있기 때문이다. 언어라는 것이 본질적으로 恣意的인 성격이 있어 우리가 생각하는 대로 규칙적이고 합리적으로만 변화하는 것이 아니다. 그럼에도 불구하고 어원연구는 기본적으로 과학적이고, 합리적, 실증적인 방법을 추구하기 마련인데 이것만으로는 돌발적이고, 자의적일 수 있는 어휘형성 과정을 온전히 설명할 수 없다. 이미 정착된 언어는 물론, 심지어 지금 우리 언어사회에서 생성되어 진행되어가고 있는 어휘의 어원마저 뚜렷이 밝혀내지 못하는 경우가 있다. 특히 유행어, 은어, 속어, 합성어, 관용어 등 전파성이 강한 경우에 있어서 더 그렇다. 이러한 현상은 어휘의 형성이 규칙성과 합리성을 벗어나 어느 정도 자의적일 수 있음을 시사하는 것이라고 생각된다.

어원연구의 어려움을 보여주는 사례가 있다. 지금 널리 쓰이는 말 중에 '짝퉁'이라는 것이 있다. 얼핏 생각하기에 이 말이 유행하기 시작한 지 삼십 년이 채 안 되는 것 같은데 이미 우리 생활 깊이 들어와 있는 일상적인 말이 되었다. 그런데 그 어원이 무엇인지 명확히 설명할 사람이 드문 것 같다. 불과 삼십 년도 안 된 어휘의 내력을 밝힐 수 없다면 어떻게 수백 년, 수천 년 된 어원을 탐색할 수 있겠는가? 이렇게 생각하면 어원연구는 하루라도 빨리 서둘러야 할 일이다. 그런 의미에서 '짝퉁'이란 말이 생길 때 필자의 기억을 더듬어 추정해 보면 대개 다음과 같다. 그때도 가짜상품이 판을 치고 있었다. 온통 가짜가 난무하여 정신을 차리지 못하다 보니 가짜를 장난스럽게 거꾸로 하여 어느 사이에 '짜가'가 되어버렸다. 당시에 유행하던 노래 가사에 '짜가가 판친다'가 큰 인기를 끌었다. 지금도 그렇지만 당시에 가장 많은 가짜 명품 중에 '베네똥, 루이비똥'이 있었다. '가짜 베네똥, 루이비똥'이 희화화 되어 '짜가베네

뚱'이 되고, '짜가'가 줄어서 '짝'이 되었다. 이것이 다시 익명화, 상징화 과정을 거치다 보니 '짝뚱'이 다시 짝뚱이 되고, 다시 짝퉁이 된 것이 아닌가 한다.

그렇다고 하여 오래된 어원연구를 이렇게 임의적으로 설명할 수는 없는 일이고 보면 이는 참으로 위험하고 어려운 연구분야가 아닐 수 없다. 어쩌면 어원연구라는 것은 확정된 진실을 밝힌다기보다는 가능성과 개연성만을 제시하는 데에서 만족해야 할지도 모른다. 다른 지역의 언어와 달리 수천 년을 모색해야 하는 한자어계 어휘 탐구는 그 위험성이 훨씬 더하다. 더구나 마땅한 근거를 찾기 어려운 경우는 더욱 문제가 크다. 그럼에도 불구하고 이 작업을 포기할 수 없는 것은 이를 통해서 독자들의 질정을 받아 의문을 풀고, 이러한 연구방법을 제시하여 그 가능성을 타진해 보고자 하는 의욕이 앞섰기 때문이다.

우리 언어에 가장 영향을 많이 준 언어는 漢字語임에 틀림없다. 우리 어휘 중 한자어계가 차지하는 비중을 아무리 줄여도 절반 이상이라고 한다. 짧게는 천여 년, 길게는 이천여 년 동안 한자어가 우리 언어생활에 영향력을 불려왔으니 어쩔 수 없는 결과이다. 이는 우리 언어연구에서 한자어계 어휘가 차지하는 비중이 막중하다는 증거이며, 우리 어원을 연구하는데 있어 그 방향을 명시해 주는 것이기도 하다. 그래서 한자어계 언어에 대해서는 그간에 많은 연구가 있어 왔고, 특히 한자어계 귀화어에 대해서도 여러 차례 정리된 바 있다.

이러한 연구들은 원형에서 아주 멀어진 한자어휘들을 전문가의 각별한 노력에 의하여 이루어진 값진 성과였다. 다만 대개 직관적으로 그 어휘가 발음상 한자어임을 짐작할 수 있는 것들에 한정된 것이었다. 우리 고유어와 한자어는 音價에 많은 차이가 있어 쉽사리 구분이 되기 때문에 비교적 그 작업이 용이했고, 밝혀진 귀화어들도 여기에 해당하는 경우가 많았다. 그러나 우리가 받아들인 한자어의 音價가 고정된 것이 아니라 시대마다 각기 다른 다양한 중국의 한자음을 받아들였기 때문에 한자어계 어휘의 어원을 밝히는 일이 실제로 그리 쉬운 일만은 아니다. 광대한 면적과 다양한 민족들이 갈마들며 중국을 지배했기 때문에 같은 漢字에 대해서도 그 音價가 시대마다 같지 않았다. 북방인들이 지배하면 북방음이, 남방인이 주도하면 남방음이 지배언어로 등장하였고, 그 지배민족에 따라 그때마다 한자어의 표준발음 음가는 달라질 수밖에 없었다. 이렇게 각기 다른 중국의 음가체계를 수시로 받아들인 결과로 우리 언어에서 시대마다 다른 한자 음가를 형성하게 되었고, 당연히 그 음가의 原音을 그대로 발음하고 적는 데에도 한계가 따르기도 했다. 그리고 일단 정착된 한자음도 시대의 변천에 따라 우리의 발음구조로 적응하면서 원음과 멀어질 수밖에 없었다. 게다가 오늘날의 중국 보통화의 기반이 되는 북방음계의 북경어가 한자음의 표준이 되면서부터 새로운 어휘를 중심으로 하여 과거와 다른 새로운 음가로 정착하게 되었고, 그 결과로 우리의 한자어 음가체계는 상당한 혼란을 피할 수 없게 되었다. 이러한 혼란은 중국의 사정에 따라 일어나게 되었고, 가까운 예로는 중국 명나라와 淸나라의 건국이 그 전환점이 되고 있다.

〈東國正韻〉의 편찬은 이러한 한자음가의 혼란을 실감하고, 이를 明나라의 표준발음으로 바로 잡으려는 노력이었으며, 이른바 '동국정운식표기'라는 것도 당시의 明의 한자음가를 최대한 충실히 적으려는 시도였다. 세종대왕의 이러한 노력에도 불구하고 당시 우리 언어지배계층이나 언중들은 기존의 발음체계와 전혀 다른 중국의 새로운 한자 원음에 여간해서 적응하기 어려웠다. '동국정운식표기'가 불과 몇십 년을 버티지 못하고 사라진 것은 이러한 사정을 말해주는 것이었다. 더구나 淸나라 이후의 북경음은 과거 우리가 받아들였던 唐, 宋, 明音과 또 다른 발음구조나 체계였기 때문에 수용에 어려움이 더욱 컸을 것이다. 그래서 세종대왕의 적극적인 노력에도 불구하고 대부분의 한자음은 과거의 익숙했던 舊音價체계로 회귀하였다. 그래서 오늘날의 대부분의 한자음이 중국 普通話의 音價나, 〈東國正韻〉에서 추구한 음가보다는 그 이전에 자리 잡고 있었던 唐音, 宋音에 머무르게 되었던 것이다.

그러나 청나라가 영향력을 행사하면서부터 한자어 음가는 새로 들어온 어휘를 중심으로 하여 새로운 당대의 普通話 音價로 정착하게 되는 것도 있는데 이것들이 일정한 시간을 거쳐 귀화어가 되었다. 그런데 보통화 음가에 의한 귀화어들은 과거의 한자어 음가와 다른 것이었고, 보통화에 익숙하지 못했던 우리 언중들에게는 그것이 한자어였었다는 사실조차 의식하지 못하게 되었던 것들이다. 외국어가 새로 들어왔을 때 그것이 외국어라는 사실을 인지한다면 원형대로 말하고 적으려는 노력을 하지만 그렇지 않으면 편의성만을 생각하게 되어 원형을 의식하지 않고 말하고 적기 마련이다. 결과적으로 이러한 일련의 어휘들은 본래 한자어 귀화어이면서도 통상적인 한자어 음가와도 같지 않아 한자어로 인식되는 일도 드물게 되었다. 그리고 우리 언중들이 중국의 보통화 음가에 대해서는 생소하여 오늘날에 와서는 이를 전혀 인식하지 못하여 이 방면의 어원연구에 적잖은 어려움이 있다.

본 연구는 이러한 어휘를 대상으로 한다. 이에 대해서는 우리 학계에서 아직 착안하지 못한 듯하다. 그동안 이루어진 한자어계 귀화어 연구가 주로 唐音, 宋音 중심으로 관찰되었기 때문에 普通話音으로 형성된 어휘에까지 이르지 못하였던 한계를 넘을 수 있다는 점에서 나름대로의 의의를 찾을 수 있지 않을까 한다. 그리고 한자어 어원연구에 있어 보통화에 대한 고려 없이 唐音의 관점에 한정되어 논의되었기 때문에 부분적으로 오류와 불찰이 있었던 것도 사실이다. 元 이후 北京지역이 北方人들에 의하여 중국의 중심지가 되고, 특히 清 이후로는 우리 언어에 유입된 한자어의 音價는 이전과 다른 중국 현대 普通話의 영향을 받지 않을 수 없게 되었다. 기존에 정착된 어휘의 음가는 쉽사리 바뀌지 않았겠지만 적어도 새로 유입되거나 형성된 한자어 어휘는 보통화 음가로 자리 잡았을 것으로 추정한다면 이러한 귀화어가 적지 않을 것이다. 다만 당대의 언중들은, 특히 지배계층에서는 清에 대한 저항의식이 강하여 그들의 보통화 어휘나 발음에 대하여 거부감을 가지고 있었기 때문에 舊音에 의한 한자어에 비하여 그 수량이 적다. 그리고 당대의 口語인 白話에 대한 경시 풍조는 이를 일상생활, 특히 문헌에 수용하는 것을 꺼려했다. 그래서 대개는 구어체에서 제한적으로 수용되었다. 그래서 실제로 여기에 해당하는 어휘가 많지 않고, 증빙할 수 있는 문헌의 기록도 찾기 어려운 것이 연구의 한계이다. 게다가 예나 지금이나 우리 언중들이 중국의 보통화 음가를 잘 알지 못하여 이러한 귀화어를 쉽게 의식하지 못하는 어려움이 있다. 그러나 이는 결국 우리가 풀어야 할 과제이므로 앞으로 여기에 좀더 관심을 기울여야 한다.

주지하다시피 우리의 한자음은 대부분 唐, 宋音을 따르고 있다. 그리고 기존 대부분의 한자어 어휘연구는 여기에 한정된 경우가 많았다. 이렇게 관점의 제한이 크다 보니 어원변화의 유추 과정에서 합리적으로 설명되지 않은 부분이 많았다. 그때마다 불합리한 이유를 대거나, 무슨 '隨意的 변화' '개별적 변화' 등과 같은 궁색한 방법으로 설명해온 적이 있었다. 그러나 모든 한자어 어휘가 唐, 宋音으로만 이루어진 것은 아니다. 특히 청나라 이후로는 북경음이 우리 언어에 영향력을 행사하여 舊音과는 다른 별도의 음가체계에 의한 한자어 어휘를 형성하여 온 것이 사실이다. 한자어계 어휘를 연구하는 데 있어 이에 대한 착안은 그동안의 많은 문제점을 해결하는 데 한 역할을 할 수 있으리라 믿는다. 본 연구에서는 근래의 北京音과 구음인 唐, 宋音과는 音價에서 많은 차이가 있다는 사실을 전제로 하고, 구음에 의한 귀화어는 이미 많은 연구가 있었으므로 논외로 한다. 여기에서는 근래의 북경음에 의한 귀화어에 한정하여 그 대상으로 한다. 앞으로 논의의 편의를 위해서 기존의 한자음을 舊音, 북경의 普通話音을 新音이라 약칭하여 적기로 한다.

본 연구는 기존에 이루어진 성과를 바탕으로 진행된다. 따라서 이미 귀화어로 논의되어진 어휘들은 연구대상에서 일단 제외시키고 새로 발견된 것에 한정하였다. 다만 기존의 연구 중에서 필자의 관점으로 보아 개선의 여지가 있다면 부분적으로 언급할 것이다. 한자어계 귀화어라도 그 음가가 오로지 新音에 의한 것이라는 확신이 서지 않는다면 제외하였다. 또 일부의 어휘들은 新音과 舊音의 음가가 비슷하여 여기에 포함시킬 확신이 서지 않는 것도 역시 제외시켰다. 예를 들면 櫛比 - 즐비, 送葬 - 송장시체, 津 - 진, 汁 - 즙, 革俑 - 제웅 등은 신음이나 구음이 흡사하여 구분하기 어려우므로 여기에 포함시키지 않았다. 그러나 파생다음절어일 경우 語根, 語基를 중심으로 관찰하여 어미, 조사 중의 일부 음가가 新音과 같지 않더라도 여기에 포함시켰다.

1) 바자

대, 갈대, 싸리, 수수깡 등을 엮어 이어서 무엇을 가리기 위한 용도로 쓰인 것을 말한다. 이것으로 울타리를 만들었을 때 '울바자' 또는 '바자울'이라고 한다. 바자를 한자로 '笆子'로 적는데(朝鮮館譯語) 원래의 한자음이 '파'이므로 '바자'는 舊音의 한자어음이 아님을 알 수 있다. 여기에서 '파'가 오늘날의 '바'로 바뀐 것을 그저 우연한 일이거나 단순히 발음을 쉽게 하기 위한 것이라고 설명하는 것은 지나치게 안이하다. 그보다는 新音의 음가가 작용한 것으로 보아야 할 것이다. 笆의 新音이 'BA - 바'이므로 원래 한자의 舊音이었던 '파'를 버리고 新音으로 바꾼 것으로 보는 것이 더 합리적인 해석이다. 실제로 '바조'(訓蒙字會), '바주'(朝鮮館譯語, 老乞大諺解)로 보아서 우리 언어생활에 新音 진출의 역사가 짧지 않았음을 문헌에서 확인할 수 있다. 그리고 '바자'의 '자'는 접사이므로 가까운 다른 말에 따라 닮아가는 유추현상에 의하여 원음에 관계없이 그대로 남은 것으로 생각된다. 예를 들면 帽子, 倚子, 卓子 등과 같은 경우를 따른 것으로 본다. 여기에서의 '子'는 본래의 의미를 잃고 접사화 된 것이므로 신음을 따르지 않고 구음으로 발음하였다. 접사에까지 본음을 밝힐 필요가 없다는 의식이 작용했을 것이다.

또 하나의 경우를 생각할 수 있는데, 현대 白話語에 이와 동의어로 '芭柵'이란 말이 있는데 이것의 舊音은 '파책'이지만 新音價는 'BA－ZHA'로서 우리 '바자'와 음이 흡사하여 그 어원으로 추정할 수 있다. 다만 이를 한글로 구태여 적는다면 '빠짜'에 가깝기는 하지만 정착하는 과정에서 발음의 편리를 위하여 '바자'로 된 것 아닌가 한다. 그렇다면 '바자'라는 말은 완전한 보통화 어휘로서 귀화된 말이라고도 할 수 있다.

이와 관련하여 싸릿대를 엮어서 지게 위에 얹어 물건을 담을 수 있게 한 바구니를 '바작'이라고 하는 데에 관심을 가질 필요가 있다. 이를 '발채'라고도 하는데 사전에도 올라있는 말이다. 이 '바작'의 어원을 아직 찾지 못했다면 이를 '芭柵'으로 추정해봄직하다. 이것의 新音 'BA－ZHA－빠짜'를 수용하는 과정에서 '바자'로 적었고, 뒤 음절어 '자'를 구음인 '작'으로 절충한 것이 아닌가 생각한다. 또는 된소리 '짜'를 보통음으로 바꾸는 과정에서 기역을 더하였을 개연성이 있다. 柵－책이 본래 받침이 있는 입성이었으므로 舊音의 관습상 그렇게 정착된 것으로 생각된다. 구음에서 한자음 入聲인 'k, p, t, l' 등은 현대 중국의 新音에서 사라진지 오래였지만 아직도 舊音이 남아 있는 중국의 남방 방언에서는 여전히 이를 사용하고 있다. 이러한 습관이 '짜'라는 경음을 만나 入聲의식이 잠재적으로 발동되어 기역이 더하여진 것으로 볼 수도 있다. '발채'라는 고유어를 '바자'라는 漢字新音이 밀어냈고, '울타리'라는 고유어와 '울바자'라는 漢字新音이 같이 쓰이고 있는 것으로 보면 그 어원이 밝혀진 셈이다.

2) 회화나무

회화나무의 이름이 왜 그런지, 어디에서 유래한 말인지 알기 어렵다. 특히 '회화'가 무슨 뜻인지 마땅히 설명할 방법이 없다. 〈訓蒙字會〉에 '회홧괴 槐'로 되어있고, 〈救急簡易方〉에 '회화나못곳 槐花'로 되어 있는 것으로 보아 '회화'는 구음의 한자음인 槐－괴가 아님을 알 수 있다. 회화나무는 또 홰나무라고도 하는데 '홰'가 '회화'의 축약형이라고 한다면 이것 역시 구음이 아니다. 그리고 이들의 음가와 이 나무의 속성과 어떤 관련도 찾기 어렵다는 점에서 어원의 탐색이 쉽지 않다. 그렇다면 고유어라고 하면 될 것 같지만 그 역시 무슨 뜻인지 밝힐 방법이 없어 한계에 부딪히게 된다.

그런데 槐의 新音이 'HUAI - 후아이', 花는 'HUA - 후아'로써 '회화'와 약간의 차이는 있지만 음가의 유사로 보아 그 원형으로 생각해 봄직하다. 新音이 정착하는 과정에서 언중들이 발음의 편의를 도모하여 음의 탈락과 축약과정까지 거치면서 'HUAI HUA - 후아이후아'가 '회화'로 변하고, 이것이 다시 '홰'가 되었을 개연성이 충분히 있어 보인다. 혹은 'HUAI - 후아이'가 음의 축약으로 '홰'가 된 것으로 설명한다면 더욱 간단해질 것이다.

실제로 활엽교목인 회화나무의 속성과 그 명칭의 음가의 관계를 어떠한 의미로도 연결시킬 수 없는 것이 사실이라면 일단 고유어일 가능성은 매우 적다고 보아야 한다. '회화'가 고유어도 아니고 한자음도 아니라면 가장 음가가 비슷한 한자의 新音으로 그 어원을 잡아보는 것도 좋을 것이다.

3) 피마자

이에 대해서는 이미 한자어계 귀화어로 논의된 적이 있었지만 '비'가 '피'가 되는 과정에 대한 합당한 설명이 결여되었기에 보충하고자 한다.

〈訓蒙字會〉에 '피마ᄌᆞ 비蓖' 혹은 '萆麻子'라고 쓰듯이 지금의 우리 한자음으로 하면 '비마자'라고 해야 하겠지만 중세에 이미 '피마자'라고 한 것으로 보아 단순히 한자어 舊音을 따른 것은 아님을 알 수 있다. 혹시 그냥 막연히 격음화를 일으켜 '비'가 '피'로 바뀌었다고 한다면 진지한 어원연구의 자세가 아니다.

萆, 蓖의 중국의 원래 음가는 좀 복잡해서 '피'와 (蒲歷切 - 피 - 說文解字, 集韻) '삐'가 (賓彌切 - 삐 - 集韻) 통용되었던 듯한데. 먼저 '賓彌切 - 삐'를 받아들여 '비마자'로 정착되었던 것을 나중에 新音이 들어오면서 새로운 음가인 '蒲歷切 - 피'를 받아 들여 '피마자'로 바뀐 것으로 설명이 가능해 보인다. 나머지 부분 '麻子'에서 '麻'는 新, 舊音이 '마'로 같으니 시비의 대상이 아니고, '子'는 접사로서 우리 의식 없이 한자음을 그대로 따른 경우이다. 결국 '피'만이 新音을 따른 귀화어에 포함시키는 것이 옳다고 생각한다.

피리도 고유어 같지만 이미 귀화어로 밝혀진 말이다. 그런데 '피리 - 觱篥'의 한자음이 '필율'인 것으로 보아 피리가 단순한 舊音에 의한 귀화어가 아님을 알 수 있다. 우선 篥의 구음 '률'을 '리'로 읽은 것은 보통화의 新音(力質切 - 리)을 그대로 따른 것이다. 觱은 원래 舊音 '卑吉切 - 삐'(廣韻)로 우리 음으로는 '삘'에 가깝다. 그런데 여기에서 'ㄹ'을 탈락시켜 '삐'라고 한 것을 보면 역시 舊音인 '삘'을 버리고 新音을 택한 것이다. 그러므로 '피리'에 대한 어원탐색은 새로운 관점이 더해져야 할 것이다.

그런데 '비'가 '피'가 되는 원리를 설명하는 과정에서 일종의 유추현상이 작용한 것으로 보여지기도 한다. '비마자'가 '피마자', '비리'가 '피리', 牝馬 - '빈마'가 '피마'가 되는 사례가 발견되는데 '비'가 '피'로 변하는 공통점으로 보아 유추현상으로도 설명이 가능할 것이다. 牝馬에서 '牝'의 구음은 '빈'이지만 신음을 따랐다면 '핀'이어야 한다. 그런데 '핀'이 다시 '피'가 되는 것은 신음에 다시 유추현상이 곁들여진 것으로 추정할 수 있을 것이다. 즉, 원래 신음인 '핀'이 '피'마자, '피'리 등을 닮아서 'ㄴ'을 탈락시킨 것으로 추정된다. 결국 이것들도 보통화 음가의 영향이 틀림없으니 신음에 의한 귀화어로 보아야 할 것이다.

舊音에 대한 新音의 특징 중의 하나는 입성이 없어졌다는 점이다. 중세에 이미 입성에 해당하는 한자어의 받침이 탈락하는 경우를 자주 보게 된다. 木棉 - 목면이 무명으로, 鉢囊 - 발랑이 바랑, 燭 - 촉이 초, 木果 - 목과가 모과, 十王 - 십왕이 시왕, 六月 - 육월이 유월, 褥 - 욕이 요가 되는 현상을 발음의 편리 도모라는 자생적인 음운변화로 설명하는 방식을 전적으로 부정하는 것은 아니지만 그것으로만 충분하게 설명되는 것은 아니다. 고유어일 경우 그럴 개연성이 있지만 한자어일 경우 원음에 충실하려는 의식이 강하게 작용하였으므로 이러한 설명으로는 충분치 않다. 그렇기로 말하면 입성 한자음의 받침은 모두 없어져야 옳다. 발음의 편리성의 원리로 생각하더라도 단음절어인 燭 - 초, 褥 - 요의 경우 이어지는 음가가 없기 때문에 이를 기역의 탈락으로만 설명하기 어렵다. 이럴 경우 이들을 단도직입적으로 음운의 탈락이라고 강변하기보다는 舊音인 '燭 - 촉', '褥 - 욕'이 新音인 'CHU - 추' 'RU - 루'영향을 받아 '초', '요'로 절충하여 정착하였다고 설명하는 것이 보다 합리적이라고 생각한다. 구음인 '촉'이 신음의 영향으로 입성이 제거되어 '초'가 남게 되었고, '욕'도 신음의 영향으로 입성이 제거되어 신음인 '요'가 남게 된 것이니, 이는 新音과 舊音의 절충된 형태로 보여진다.

나머지 무명, 바랑, 모과, 시왕 등도 같은 원리로 설명할 수 있다.

4) 단지

단지의 중세 표기는 〈訓蒙字會〉에 '단디 罐'으로 되어 있다. '단디'와 罐과는 아무런 음가의 닮음이 없어 단지가 고유어로 생각되기 쉽다. 그러나 이미 우리는 罐과 유사한 기능을 가진 술병을 '壜-담'이라고 적고 있었다. 그리고 보통화에서 술병 '壜子'를 'TAN-ZI 탄즈'라 하는데 이것이 '단지'와 음가가 아주 흡사해서 우연으로 돌릴 수 없다. 그리고 접사인 '子'를 '자'라 하지 않고 '지'라 한 것은 '피마자'나 '의자'와 같이 한자어 음을 그대로 적는 경우와 다른데 이는 직접 新音인 'ZI'를 따른 특이한 형태로 보여진다.

훈몽자회 표기 '단디'의 '디'가 단지의 '지'가 된 것을 고유어로 보고 구개음화로 설명할 수도 있겠지만 그렇게 되면 '단'을 설명할 방법이 없다. 그래서 '단'을 壜의 신음으로 보고, 역시 新音인 'ZI'를 東國正韻式 표기 -'ㅈ'을 'ㄷ'으로 표기- 에 의하여 먼저 '디'로 적었고, 이것이 후에 다시 新音으로 회귀한 것으로 보는 것이 보다 합리적이다. 단지는 중국에서 원래 '술병'이라는 뜻이었으나 우리나라에 와서 의미확대 되어 중세에 이미 '罐'이라는 의미로 사용되어 있고, 지금은 배가 좀 나온 크고 작은 질그릇을 통칭하게 되었다고 생각한다.

5) 장꽝

'장광, 장꽝, 장꾸방'은 장독대의 방언으로 사전에 실려 있는 말이다. 그러나 고문헌의 용례를 찾아보기 어려워 그 어원을 짐작하기가 쉽지 않다. 그런데 '장을 담는 옹기'라는 뜻으로 '醬缸'이라는 한자어가 사전에 올라 있다. 그러나 다소 생소하고 한자음도 '장항'이라서 장꽝과는 거리가 있어 보인다. 그런데 醬缸의 신음은 'JIANG-GANG'이라서 우연으로 돌리기 어렵다. 新音인 '쟝깡'이 발음의 편리를 위해서 '장꽝' '장광'으로 정착하였을 가능성이 높아 보인다.

혹은 醬罐의 신음 'JIANG-GUAN 쟝꾸안'으로 상정해 볼 수도 있다. '쟝'이 단모음화 해서 '장'이 되고, '꾸안'이 축약과 음의 互轉을 거친다면 '꽝'이 될 개연성은 충분하다. 본래 醬을 담아 두는 큰 질그릇을 뜻하는 말이 장독대로 의미확대 되어 수용된 경우라고 생각된다. 다만 고문헌에서 그 용례를 찾기 어렵다거나, 방언으로만 올라있는 것으로 보아 이는 특정 지역에서 비교적 후대에 정착된 新音의 귀화어라고 판단된다. 이를 유추해 보건대 군대에서 사용하는 큰 밥통을 가리키는 食罐이 '식깡', 수숫대가 마른 蜀黍秆이 '수수깡', 罐筒이 '깡통' 등으로 설명되는 원리와 유사하다.

이와 관련하여 '만땅' '만땅꼬'라는 말을 생각해 볼 수 있다. 이 말은 사전에 올라있지 않은 속어이다. 물 같은 것을 그릇에 가득 채운다는 뜻으로, 흔히 자동차 운전수들이 기름을 가득 채우라는 의미로 사용한다. 음가나 용도로 보아 고유어는 아닌성싶어 한자어인 '滿櫖庫'를 상정해 볼 수 있다. 櫖庫는 물건을 수용할 수 있는 용기를 뜻하고, 滿은 '가득차다'라는 뜻이니 의미상 충분히 가능한 일이다. 滿櫖庫의 新音이 'MANDANGKU－만땅쿠'인데, '滿'은 新, 舊音이 같아서 문제가 안 되고, '櫖'은 新音이고, '庫'의 신음이 '쿠'인데 '꼬'로 발음하는 것은 구음인 '고'를 의식하여 新音과 절충한 결과로 생각된다. 일본식 발음의 영향도 있었으리라고 생각되기도 한다. 그렇다면 '만땅' '만땅꼬'의 어원은 보통화 신음이 정착한 말이라고 추정할 수 있다.

6) 인두

옷을 다리는 데 쓰는 인두는 본래 한자음이 '熨斗－울두'인 것으로 보아 인두는 단순한 한자음이 아니다. 그런데 熨斗의 보통화 신음은 'YUN－DOU 윈도우'이니 인두와 그 음가가 매우 흡사하여 우연으로 돌릴 수 없다. 이는 신음인 '윈도우'에서 음을 축약, 탈락시켜 발음의 편의를 도모하다 보니 '인두'로 정착한 것으로 보아 틀림없을 것이다. 〈雅言覺非〉에 이미 '인도'가 사용되어 이를 입증하고 있는데 '도'가 '두'가 되는 것은 음의 이화나 유추로 손쉽게 설명할 수 있다.

7) 숭어

숭어도 이미 한자어 귀화어로 논의된 적이 있으나 이를 보충하고자 한다. 〈朝鮮語辭典〉에서 숭어를 '秀魚'라고 적고 있고, 그래서 '수어'에서 '숭어'로 정착한 것으로 간단히 설명하고 있다. 그렇다면 이것은 舊音에 의한 귀화어인 셈이다. 그런데 〈訓蒙字會〉에는 '俗呼梭魚'라고 적고 있어 그 어원을 '梭魚'로 다르게 잡고 있다. 우리가 '秀魚'라는 한자말을 만들어 사용했던 것이라면 간단한 문제이겠지만, 만약에 숭어의 본래 한자어가 秀魚가 아니라 '梭魚'였다면 그 어원을 간단히 舊音의 한자어로 돌릴 수 없게 된다.

그런데 이 한자어의 근원지인 중국의 문헌에서도 숭어를 '秀魚'라고 쓰지 않고 '梭魚'라고 적고 있다. 숭어의 생김새가 그렇게 빼어나게(秀) 잘생긴 고기가 아니라면 그 머리의 모습이 '베를 짜는 북'인 梭를 을 많이 닮았다는 데에서 원래 숭어는 梭魚였을 것이라는 생각이다. 그렇다면 '秀魚'는 훗날에 꾸며진 말일 가능성이 많고, 이는 어원 탐색을 어지럽히는 잘못이다.

그러므로 여기서는 그 어원을 '梭魚'로 간주하고 논의하고자 한다. 숭어는 본래 '梭魚－사어'이므로 음가로 보아 '숭어'와는 거리가 있어 보인다. 그런데 梭魚의 보통화 신음은 'SUO－YU'이고, 중세의 표기는 〈四聲通解〉에 '슈어－梭魚'라고 하였고, 정확한 新音으로는 '쑤어－위'이다. 여기에서 음의 간이화로 '어'가 탈락되고, '위'는 舊音을 유추하여 '어'로 바꾸어 '쑤어'가 된 다음에, 다른 고기 이름의 형태를 유추하여 'ㅇ'을 첨가하면 '숭어'가 되는 과정으로 설명이 가능해 보인다. 결국 新音인 '쑤어위'가 탈락과 축약이란 좀더 복잡한 과정을 거쳐 정착된 것으로 보아야 보다 합리적인 어원탐색이 될 것이다. 숭어는 鮒魚가 붕어가 되고, 鯉魚가 잉어로, 古道魚가 고등어, 沙魚가 상어가 되는 단순과정을 거친 舊音 한자어 귀화어와는 다른 과정으로 설명해야 옳다는 생각이다.

8) 좨주

古職制 명칭에 學文界의 首長을 祭酒라 적고, 우리 음으로는 '좨주'라 하였으니 '博士祭酒－박사좨주' 가 그 예이다. 그저 단순히 제사의 주관자인 祭主와 제사에 쓰이는 술 祭酒와 구분하기 위한 수단이었다면 대수롭지 않은 일이겠지만 이러한 현상은 우리의 경우뿐만 아니라 중국에서도 만찬가지여서 이들의 음가를 구분하여 적었음에 유의해야 한다.

祭가 제사인 경우는 新音 음가가 'JI－지'이지만 官職名일 때는 'ZHAI－자이'로 달리 발음했으니 '좨'의 음은 이것의 축약에 가까워 그 연원관계를 짐작케 한다. 결국 '좨'라는 音은 한자어의 舊音이거나 우리 고유의 음가가 아니고, 보통화의 新音 'ZHAI'가 음의 축약과 첨가를 거쳐 정착한 귀화어로 보여진다.

9) 판

승부를 겨루는 한 도막을 '판'이라 한다. 고문헌에서 '판 局'으로 기록된 것을 흔히 보는데 한자와 음이 전혀 달라 얼핏 한자어와 관계가 없어 보인다. 그러나 〈訓蒙字會〉에 '碁局也俗呼碁盤 – 碁局을 민간에서 碁盤이라고도 했다.' 이라 하였으니 局과 盤은 동의어인 셈이다. 그리고 盤의 구음은 '반'이지만 新音은 'PAN'이니 '판'은 원래 장기나 바둑의 '局 – 판'에서 유래하여 오늘날과 같이 '승부를 겨루는 場'이라는 의미로 확대된 것이다. 그리고 우리는 한자어 古音인 '반' 대신에 新音인 '판'을 택한 것이니 이는 普通話 新音에서 정착한 귀화어라고 해야 할 것이다.

10) 징

농악기의 하나인 징을 고문헌에서 찾아보기 쉽지 않아 그 어원을 밝히는데 어려움이 있다. 얼핏 그 소리를 흉내낸 의성어로 생각해 봄직도 하지만 안이한 태도가 아닐까 한다. 한자어에서 어원을 모색해 볼 때 여기에 해당하는 것으로 중국의 악기인 鉦, 錚과 金을 생각해 볼 수 있다. 이미 鉦, 錚을 징의 어원으로 잡은 연구가 있지만 鉦의 한자음인 '정'과 錚의 한자음인 '쟁'은 우선 음가에서 징과는 차이가 있고, '정'과 '쟁'이 '징'으로 변화된 타당성을 마련하기 쉽지 않다. 鉦, 錚의 新音은 'ZHENG'이라서 舊音보다는 징에 가깝지만 보다 정밀한 검증이 필요하다.

이들과 마찬가지로 '金'도 중국 전통악기의 일종인데 그 모양이 鉦, 錚보다 우리의 징과 아주 닮았고, 新音의 음가도 'JIN'으로 징과 흡사하다는 점에서 보다 유력한 어원으로 생각된다. 한자어 구음의 '금'에서 '징'을 연상하기는 어려울 것이나 新音인 'JIN'에서 '징'으로의 변화는 어렵지 않게 추정할 수 있다. 'ㄴ'이 받침에서 'ㅇ'으로 바뀌는 경우는 아주 흔히 볼 수 있다는 점에서도 그 개연성은 충분하다는 생각이다.

11) 상투

상투는 이미 한자어 上頭에서 온 귀화어라는 연구가 있었다. 그러나 한자음이 '상두'이고 보면 간단히 舊音의 한자어계 귀화어라고 보기 어렵다. 마땅히 '두'가 '투'가 되는 과정이 설명되어야 하겠지만 이에 대한 언급이 소략하여 재검토가 필요하다.

이에 대한 기록으로 가장 오래 된 문헌인 〈訓蒙字會〉에서 '髻 - 샹투 계'라 하였으니 일찍이 '샹투'라는 말이 '상두'에 앞서 쓰여졌음을 알 수 있다. 그러므로 상투를 '상두'에서 격음화를 거쳐 음운변화를 일으켜 바뀐 말이라고 설명하는 방식은 수용하기 어렵다. 설령 '상두'가 먼저 자리 잡았다고 해도 그것이 '상투'가 된 것을 마땅한 음운현상으로 설명할 방법이 없어 보인다. 上頭의 新音 'SHANG-TOU - 샹토우'가 발음의 편리에 따라 단모음화(샹→상)와 음의 탈락(토우→투)의 과정을 거쳐 '상투'로 정착된 것으로 보는 것이 더 설득력이 있어 보인다. 결국 상투는 보통화 新音이 정착한 귀화어라고 해야 옳을 것이다.

12) 창자

창자도 이미 한자어계 귀화어로 밝혀져 있다. 〈訓蒙字會〉에 '腸 - 애 댱'이라 하였으니 '장'이란 한자 舊音을 취한 사실을 확인 할 수 있는 것이다. 그러나 바로 이어 나온 〈新增類合〉에는 '腸 창ᄌᆞ 댱'이라 하였으니 腸을 '댱'으로 읽기 전에 이미 '챵ᄌᆞ'라는 말이 먼저 정착하고 있었음을 입증하는 것이다. 그런데 기존의 연구에서는 댱ᄌᆞ〉쟝ᄌᆞ〉챵자〉창자라고 설명하고 있다. '댱'이 '쟝'으로 변하는 것은 일반적인 설명방법이지만 '쟝'이 '챵'이 되는 것을 막연히 격음화로 설명하는 방법은 쉽게 납득하기 어렵다. 격음화가 일어날 조건을 마련하기 어렵기 때문이다. 일찍이 '창ᄌᆞ 댱'이라고 했다면 '창자'라는 말이 '댱ᄌᆞ'라는 말보다 앞서서 더 보편적으로 쓰였다고 할 수 있는데 그렇다면 위와 같은 설명은 아예 성립할 수조차 없다.

여기서 腸의 新音이 'CHANG - 창'이라는 데 착안한다면 문제는 쉽게 풀릴 수 있다. 중국 韻書 〈集韻〉에 의하면 腸의 중국음은 '知良切 - 쟝' 혹은 '仲良切 - 챵'인데, 전자의 新音은 'ZHANG - 짱'이고, 동사적인 용법으로 쓰였다. 후자의 新音은 'CHANG - 창'이며 명사적인 용법에 사용되었다. 우리 언어의 구조로 보아서 腸을 동사적 용법으로 사용할 필요가 없다면 당대 우리 언중이 자연스럽게 명사 용법으로 후자를 먼저 받아들였을 것이다. 이를 바탕으로 추정하건대 '창자'를 '댱즈'를 거쳐 음운변화를 거쳐 생성되었다고 설명하는 방법은 순서가 뒤바뀐 혐의가 있다. 그보다는 애초에 腸의 명사적 용법인 新音 'CHANG – 창'을 직접 받아들인 귀화어라고 하는 것이 옳을 것이다. '子'는 통상 접미사를 舊音으로 유지시키는 유추현상으로 설명하면 충분할 것이다.

13) 인(癮)

상처의 뿌리가 깊어지거나 고치기 어렵게 습관화 된 것을 흔히 '인이 박히다'라고 한다. 이 때의 '인'을 한자어 癮이 발음의 편의를 위한 음운변화라고 한다면 단순한 한자음에서 귀화한 말이라고 해도 좋을 것이다.

그렇다 하더라도 '은'이 '인'으로 변화된 것은 좀더 합리적인 이유로 설명할 필요가 있다. 癮의 신음은 'IN'인데 이것이 작용하여 '은'이 쉽사리 '인'으로 바뀌었을 것이라는 생각이다. 만약 '은'이 전설모음화로 하여 '인'이 되었다고 하는 자생적 어원 변천을 주장한다면 恩, 銀, 隱 등도 역시 그러한 변화를 일으켰어야 옳다. 그러나 '인'만 특이하게 이러한 변화를 거친 것을 일반적인 음운현상으로 쉽게 설명할 수 없을 듯하다. 그러므로 이 음운의 변화를 외래적인 요인으로 잡아서 한자어의 新音인 'IN'이 선택적으로 작용한 경우로 보는 것이 보다 합리적인 설명이다.

14) 양탄자

洋毯子를 '양탄자'라고 하는 것은 순수한 한자어음을 따른 것이 아니다. '洋'이야 접두사이니 논의에서 제외하고서라도 毯의 음가는 '담'이기 때문이다. '담자'가 '탄자'가 된 과정을 '담즈 – 단자 – 탄자'라고 설명하지만 이것은 'ㅁ'이 'ㄴ'으로 되는 것과 '단'이 '탄'으로 바뀌는 것에 대하여 마땅한 이유를 마련하고 있지 못하다. 그리고 '담즈'는 오늘날의 '담요'라는 의미로 양탄자와도 같지 않기 때문에 이를 양탄자의 어원으로 직결시키기도 어렵다.

이럴 때 毯子의 新音이 'TAN-ZI – 탄즈'라는 사실은 양탄자의 어원탐구에 매우 유용하다. '洋'은 당연히 '서양의' '새로운'이라는 뜻으로 우리의 자생적인 접두어이다. 이는 중국어에서도 마찬가지로 흔히 나타나는 조어법이고, 중국의 舊音, 新音이 모두 '양'이므로 어원을 따지는데 아무런 문제가 없다. '탄'은 毯의 新音 'TAN'을 그대로 적은 것이라면 간단히 해결된다. '자'는 접사인 子의 한자음을 유추하여 적은 매우 보편적인 조어방법으로 新音이라고 할 수 없다. 그렇다면 양탄자의 어원은 접사인 '양'과 '자'를 빼고도 중국 新音기원설이 성립될 수 있다.

15) 양푼

양푼은 사전에 '춤이 낮고 아가리가 넓고 바닥은 상대적으로 적은 둥근 놋그릇'이라고 되어있다. 같은 모양으로 크기가 작은 것은 흔히 국그릇으로 쓰던 '반병두리'라고 한다. '양'을 洋이라는 접두사로 보면 – 洋銀, 洋琴, 洋傘, 洋服, 洋동이 – 단어의 생성이 그리 오래된 것 같지 않다. 실제로 옛날에는 놋으로 그렇게 큰 그릇을 대중적으로 사용하기 어려웠을 것이다. 그래서 서민들은 주로 나무를 깎아서 사용했다. 그것을 용도나 크기에 따라서 '함박'이나 '널배기'(충청도 방언)라고 했다. 그것은 재료가 통나무라는 공통점이 있으니, 놋으로 만든 양푼이 서민생활의 도구로 사용된 내력이나 그 어휘의 생성이 그리 오래지 않았음을 알 수 있다.

그런데 '푼'의 형태소를 설명하기가 어렵다. '널배기'가 서민생활에 널리 사용되던 木器로서 '넓 + 배기' – 뚝배기 – 의 구조를 갖는 고유어임은 확실한데, 그것과 같은 모양을 하고 재료가 다른 양푼의 '洋'에 연결된 '푼'은 고유어로 풀 근거를 찾을 수 없다. 그 재료가 목기인 '널배기'와 달리 신소재로 되어있고, '洋'이 '새로운'이라는 접두사인 점, 그 단어 형성이 오래지 않았을 것이라는 점을 고려하면 '푼'을 구태여 고유어에 한정할 필요는 없다는 생각이다.

여기에서 한자음을 참고할 필요가 있다. 그러한 관점에서 그 모양이나 용도가 양푼과 같은 중국의 '盆'을 간과할 수 없다. 이것은 우리의 양푼보다는 훨씬 광범위하고 다양한 용도에 쓰이는 그릇을 말하는데 그 재료에 제한이 없다는 점에서도 놋그릇에 한정된 우리말 양푼과 다르다. 국어사전에는 양푼이 '놋그릇'이라고 되어있지만 실제

언어생활에서는 알미늄이나 금속제품으로 된 것도 보통 양픈이라고 하는 것을 보면 놋그릇으로 규정한 것은 정확한 것이 아닐 수도 있다. 그렇다면 '양'은 '盆' 앞에 붙은 접두사로 보는 것이 좋을 듯하다. 원래 나무, 瓷器 등으로 만들어진 '盆'을 사용하다가 놋쇠, 알미늄 등의 신소재로 된 그릇을 서양의 '洋'이라는 접두사를 붙여 양픈으로 불렀을 것이라고 생각한다.

盆의 新音 'PEN－펀'이 '픈'으로 변한 것은 발음의 편리를 좇은 자연스러운 현상으로 설명이 가능하다. 양픈의 '픈'은 新音인 '펀'과 舊音인 '분'을 교묘하게 접합시킨 결과라고도 생각된다. '픈'은 신소재의 문명어라는 의식에서 신음의 첫소리인 'P'를 취하고, 우리의 표준한자음의 구음인 '분'의 끝소리를 절충한 것으로 추정할 수 있지 않을까 한다.

의미나 한자음이 비슷한 盤의 신음 'PAN'을 이의 어원으로 같이 상정해 볼 수도 있다. 그러나 중국에서 이것은 춤이 매우 낮고, 위 아래 크기가 비슷해 양픈과는 전혀 다른 그릇이라 연결시키기에 무리가 있다.

16) 오랑캐

오랑캐의 어원에 대한 연구와 관심은 적지 않았다. 고유어로 생각할 사람들도 많겠지만 마땅한 대안을 찾기 어렵다. 그래서 그 어원을 개의 이름인 五囊狗, 혹은 五閬犬과 같은 舊音의 한자어로 잡은 경우가 있으나 그 의미에도 거리가 있고, 발음의 차이도 커서 수용하기 어렵다. 중국 문헌 기록상 신빙성이 있어보이는 것은 兀良合, 兀良哈, 烏梁海 등인데 그 의미는 중국에서 중국 북부지방의 몽고족, 혹은 돌궐족의 일파를 야만시하여 불렀던 이름이다. 우리가 사용하는 '오랑캐'의 의미와 매우 가까워 그 어원으로 추정이 가능하다. 그러나 그 한자음이 '兀良合－올량합' '兀良哈－올량하' '烏梁海－오량해'이므로 오랑캐와는 그 音價에 거리가 있어 그동안 별로 주목을 받지 못했다.

그러나 兀良哈의 新音 음가는 'WU-LIANG-HA－우량하', 烏梁海의 음가는 'WU-LIANG-HAI－우량하이'임에 유의해야 한다. 이는 '오랑캐'와는 분명 音價에 차이가 있는 것이 사실이지만 음의 변화를 살피면 충분히 연관성이 있어 보인다. 'WU'가 '오'가 되는 것은 음의 異化로 설명이 가능하고, LIANG이 '랑'이 되는 것은 단모음화로 합리화 될 수 있다. 'HA'가 '캐'가 되는 것은 간단치 않지만 신음의 'HA'는 엄밀히 말하여 우리 음의 '하'보다는 훨씬 강한 유기음으로서 '카'에 가까운 음이다. 그래서 당대의 우리 언중은 원래의 음인 '카'로 인식했을 것이고. 이것에 음의 유추에 따라 'I'가 덧붙어 '캐'가 된 것으로 생각된다. 만약 어원을 烏梁海로 잡는다면 '카이'가 '캐'로 축약되는 원리는 더욱 간단히 입증된다.

오랑캐가 야만족, 침략자, 약탈자의 의미로 쓰인 것은 우리나 중국이나 마찬가지였다. 다만 중국 문헌에 나오는 兀良哈, 烏梁海는 북방 몽고족의 미개한 침략자를 지칭한 것이었고, 우리의 오랑캐는 북쪽의 여진족의 야만스러운 침탈자들이라는 데에 차이가 있을 뿐이었다. 오랑캐가 우리말에서만 쓰이던 말이 아니라 烏梁海라고 중국에서도 사용된 말이었다면 이는 중국에서 건너온 한자음일 가능성이 충분하고, 그것도 新音에 의한 귀화어라고 단정해도 좋을 것이다.

근래에 와서 '공산오랑캐'란 말을 썼지만 원래 오랑캐란 漢族들이 몽고족을 멸시하여 일컫던 말이고, 그것을 우리가 북쪽에 있던 여진족을 야만시하여 일컫는 의미로 바꾸어 받아들여 정착시킨 말로 보여진다. 그러니 원래 오랑캐에는 中原의 漢族은 포함되지 않았던 것이다. 여진족이 한족을 누르고 淸을 건국해서도 한 동안 우리는 明을 大國으로 불렀고, 淸을 오랑캐라 구분하여 불렀던 역사적 사실을 보면 이러한 사실을 알 수 있다. 또한 일본을 적대시하면서도 오랑캐라 부르지는 않은 것도 이러한 사실을 입증하는 것이다.

17) 수수깡

수수나 옥수수가 普通話 新音이 정착한 귀화어라는 사실은 이미 밝혀진 바 있다. 오래 전부터 주요한 우리의 식량이었던 이것들의 명칭이 구음을 유지하지 않고 신음을 취한 것이 의문이기는 하지만 이에 대하여 이의를 제기하기 어려울 정도로 분명하다. 수수가 얼핏 우리 고유어로 생각되기 쉽지만 우리 고문헌에서 찾기 어렵고, 한자어로는 '蜀黍'이다. 구음을 취했다면 '촉서'와 같은 음가였어야 옳을 것이나 '수수'가 된 것을 보면 다른 이유가 있음이 틀림없다. '蜀黍'의 新音은 'SHU-SHU – 슈슈'이고,

중국 '蜀지역의 黍'라는 뜻으로 '기장'으로 부르는 黍와 같지 않다. 우리의 '수수'와 동일어이니 '슈슈'가 단모음화하여 '수수'가 되었다는 추정은 조금도 무리가 없다. 다만 黍를 '수'라 하지 않고 기장이라고 한 것은 이러한 원리로 설명되지 않는다. 옥수수는 新音 '수수'에 구음 한자어인 접사 '玉'이 붙어 이루어진 말이니 이는 완전한 新音 귀화어는 아닌 셈이다.

그런데 수수깡에서 '깡'이 문제이다. '깡'의 발음이 漢字 같지 않아서 그런지 이를 고유어로 설명하는 경우가 있는데 선뜻 받아들이기 어렵다. 과자 이름인 '새우깡'의 내력을 아이의 옹아리에서 따왔다고 하는 말도 있지만 그것은 개인사정이라서 학문적으로 가치있는 말은 아니다. '깡'이 그렇게 새로 생긴 말도 아니다.

이미 밝혀진 대로 '수수'의 어원을 한자어 新音으로 인정하고 '수수깡'과 같이 생각해 볼 때에 한자어인 '蜀黍秆' '高粱秆' '麻秆'이라는 낱말에 주목해야 한다. 이는 '옥수숫대' '수수깡' '삼대'라는 말로 '秆'은 중국어로 수수나 옥수수, 삼 같이 가늘고 긴 식물의 줄기를 가리키는 말이다. 그런데 '秆 - 간'의 新音은 'GAN - 깐'이라서 예사롭지 않다. 'ㄴ'과 'ㅇ'은 음의 互轉으로 '깐'과 '깡'은 얼마든지 넘나들 수 있다면 '수수깡'이란 말은 그대로 보통화의 新音과 다르지 않다. 삼의 줄기를 삼깡이라고 하지않지만 수수의 줄기는 '수수깡'이 틀림없고, '옥수숫대' '옥수수깡'이란 말은 같이 쓰이는 것을 보면 '깡'의 어원을 '秆'의 新音으로 잡는데 무리가 없어 보인다.

이와 관련하여 '식깡'이라는 말이 연상된다. 이는 軍에서 알미늄이나 쇠붙이로 만들어진 커다란 밥통을 가리키는 俗語로서, 원래 한자어 구음인 '食罐 - 식관'에서 온 말이다. 食은 '밥'이요, 罐은 '항아리, 솥'이니 이는 '밥을 담는 큰 그릇, 통'인 것이다. 그렇다면 '식깡'의 '식'은 食의 구음을 그대로 쓴 것이고, '깡'은 罐의 變音임에 틀림없다. 罐의 舊音 '관'을 직접 '깡'으로 속음화시켰다고 할 수도 있겠지만 罐의 新音이 'GUAN - 꽌'이라면 '꽌'이 音의 탈락과 互轉으로 해서 '깡'으로 변음된 내력을 설명할 수 있을 것이다. 따라서 '식깡'이라는 말도 '수수깡'의 어원형성과 같은 원리로 탐색할 수 있다.

'깡'이 語頭에 와서 이루어진 말 중에 '깡패' '깡통' '깡술' 등이 있다. '깡술'은 '안주 없이 마시는 술'이라는 뜻이라면 한자어인 '强, 剛'의 舊音을 취한 것으로 쉽게 풀이할 수 있을 것이다. '깡패'는 'gang 牌'로 설명한 것이 재미있으나 '牌'는 '패거리'라고 해야 더 옳다. 또 '깡통'을 'can 筩'으로 풀이하고 있는데 이에 대해선 좀더 신중한 검토가 필요하다. '깡패'는 'gang'이라는 중심의미에 '패'라는 접사가 덧붙어서 이루어진 말이므로 그 중심의미인 'gang'을 어원으로 잡는 것이 옳다. 그러나 '깡통'은 '통'이 중심의미이고, '깡'은 정체가 확실하지 않은 접사에 불과하여 '깡패'와 조어 원리가 같지 않다. 그것이 'can'이라면 이미 그것으로 '깡통'이라는 의미가 충분하여 '통'이 다시 붙게 되면 의미의 중복이 되는 어색한 말이 된다. 虛辭인 영어가 實辭인 한자어의 앞에서 붙어서 단어가 형성되었다는 설명은 아무래도 궁색해 보인다. 이럴 때 '깡'을 앞서 말한 罐의 新音으로 잡으면 자연스럽게 '깡통'의 어원을 마련할 수 있게 된다. 罐筩이 원래 '양철로 만든 筒'이란 두개의 실사로 이루어진 말이었는데 우리가 罐의 新音인 'GUAN - 꽌'을 '깡'으로 변음시켜 쓰다보니 귀화하는 과정에서 그 의미를 잃은 것으로 생각한다. 美軍이 들어오면서부터 깡통이 흔해지다 보니 허드레 물건이 되었고, 전쟁 후에는 굶주림에 지쳐 그것마저 귀하다 보니 절망과 自嘲的인 의식이 작용하여 '깡통'이라는 말이 내용이 충실치 못한 사물을 가리키는 접두어로 의미가 바뀌어 쓰이게도 되었다.

이와 관련하여 생각할 수 있는 것은 고려속요 청산별곡에 '강술을 비조라'라는 구절이다. '강술'을 한자인 '强'으로 풀이하여 '깡술'과 관련시키는 경우가 있는데 杜康이라는 중국의 전설적인 술의 명인이 담은 술을 杜康酒라고 한 데에서 비롯된 말일 수도 있다. 그렇다면 '강술을 비조라'를 '독한 술'이라고 해석하기보다는 '좋은 술' 銘酒로 풀이하는 것이 옳을 수 있다. '깡술'과 '銘酒'는 미묘한 차이가 있어서 전자는 자포자기적인 분위기가 되고, 후자는 풍류의 분위기를 자아낸다.

18) 짜장면

짜장면인지 자장면인지 표준말을 두고 논란이 많다. 지금까지 논란의 핵심은 현실음을 존중할 것인지 이상음을 존중할 것인지에 있는 것 같다. 그러나 이 말의 어원을 바로 이해한다면 이러한 고민은 불필요한 것이었다는 생각이다.

문제의 짜장면이 우리의 독자적인 음식이라는 말과 관계없이 일찍이 중국에 있었던 음식이었으니 우선 우리의 고유어일 수 없다. 짜장면은 한자의 炸醬麵에서 유래한 말이고, 이것의 舊音은 '작장면'이다. 그런데 '작'이 '자' '짜'가 된 것은 구음이 아니라 신음을 받아들였기 때문이다. 그러므로 '자'이건 '짜'이건 이것이 신음이 정착한 것이 틀림없고, 이것이 외래어인지 귀화어인지는 다음의 문제이다. 그러나 우리나라의 짜장면이 19세기 말, 중국 이주민들로부터 시작되었다면 그리 오래 된 말은 아닐 것이고, 이러한 어원의 설명에 이의가 별로 없다면 아직 귀화어가 아니라 외래어 정도에 있지 않을까 한다. 그런 의미에서 이것은 귀화어를 대상으로 하는 본제에서 벗어날 수도 있다. 그러나 이에 대한 혼란이 있는 상황을 생각해 보면 이미 귀화어의 지경에 이른 면도 있어 여기에서 다룰 수가 있을 것이다.

우선 짜장면의 표준말의 기준은 외래어 표기 원칙을 적용하면 될 것이다. 외래어 표기 원칙의 핵심은 원음에 충실하는 것이다. 그러므로 문제는 '자'와 '짜' 중에서 무엇이 원음에 가까운가에 달려있다. 炸의 신음은 'ZHA'로서 우리 음으로는 '짜'에 더 가깝다. 기본적으로 중국의 신음에 'ㄱ, ㄷ, ㅂ, ㅅ, ㅈ'는 모두 그것의 경음인 'ㄲ, ㄸ, ㅃ, ㅆ, ㅉ'으로 발음한다. 만약에 외래어 표기에 경음으로 표기하지 않는다는 원칙을 지키려면 많은 중국어의 원음을 적을 수 없게 되므로 본말이 뒤바뀌게 된다. 아무튼 '자장면'은 구음도, 현실음도, 이상음도 아니므로 올바른 국어도, 외래어 표기라고도 할 수 없는 것이다. 그럼에도 불구하고 우리들은 지금까지 '자장면'을 표준말로 고수해 왔고, 최근에야 속음으로 내쳐졌던 '짜장면'이 현실음으로 양해받을 수 있었다. 그러나 사실을 알고 보면 이는 완전히 주객이 전도된 경우이다. 우리는 맛있는 짜장면을 먹으면서 억지로 숨을 죽여가면서 '자－장면'이라고 억제의 미덕을 발휘해야 했다. 그러나 그럴 필요 없이 마음 놓고 나오는 대로 '짜장면'이라고 말하고 적어야 할 것이다. 그것이 원음을 존중하는 외래어표기 원칙에 충실한 것이다. 한 걸음 더 나아가 구차하게 복수표준어로 놓아둘 게 아니라 과감하게 '자장면'을 퇴출시켜도 좋다는 생각이다.

달걀을 얇게 펴서 부친 것을 '지단'이라고 하는데 사전에 올라있어 귀화단계에 이른 것 같다. 한자로는 鷄蛋－계단이라고 적고 있다면 구음이 아님을 알 수 있다. 그런데 달걀인 鷄蛋의 신음이 'JI-Dan－지단'이라면 역시 신음에 의한 단어임이 분명하다. 다만 그 의미만은 '달걀'에서 '달걀부침'으로 바뀌었다.

이와 관련하여 짜장면처럼 표준말로 인정되거나 귀화어라고는 할 수 없지만 실제 언어생활에서 자주 쓰이고 잘 알려진 중국음식 이름 중에 깐풍기, 라조기 등이 있다. 이는 당연히 우리말이 아니라 한자어 乾烹鷄, 辣椒鷄이다. 舊音으로 읽으면 당연히 '건팽계', '랄초계'라고 해야 하겠지만 그렇지 않은 것을 보면 다른 사정이 있는 것이다. 乾의 신음은 GAN－깐, 烹의 신음은 PENG－펑, 鷄의 신음은 JI－지이다. 그렇다면 지금 우리가 쓰고 있는 깐풍기의 어원임을 알 수 있다. 다만 PENG을 '풍'으로, JI를 '기'로 적었을 뿐이다. '펑'이 '풍'으로 된 이유는 설명하기 어렵지만 '지'를 '기'로 적은 이유는 '지'의 산동 사투리가 '기'이기 때문이다. 우리나라의 화교들이 산동 사람들이기 때문에 일어난 현상이다. 다음으로 辣의 신음은 '라', 椒의 신음은 '지아오', 鷄는 앞과 같다. '지아오'를 '조'라고 적은 것은 음을 쉽게 하기 위하여 한 글자로 축약시켰기 때문이다. 이들은 新音 그대로는 아니지만 '랄초계'와는 전혀 다른 발음이기 때문에 신음에 의한 단어라고 해야 할 것이다. 중국 고량주를 '빼갈'이라고 하는데 이것도 실제 우리 언어생활에서 많이 쓰는 말이다. 이것의 한자는 '白乾兒－백건아'이고 보면 구음이 아니다. 그런데 이것의 신음은 'BAI-GAR 빠이갈'이니 '빠이갈'이 축약되어서 빼갈이 되었음을 알 수 있다. 간혹 '배갈' '백알'이라고 하기도 하지만 원음을 존중한다는 외국어 표기 원칙에 맞지 않은 표기이다. 짜장면을 자장면으로 적었던 시행착오를 다시 범할지도 모르기 때문에 생각해 두어야 할 일이다.

이러한 소득이 중국의 신음에 유의했기에 가능했다면 이러한 방법론이 단순히 어원을 밝히는 데에 그치는 것이 아닐 수 있다. 표준말이 아니라서 논외의 문제일지 모르지만 우리가 흔히 쓰는 말 중에 '짱꿰'라는 것이 있다. 중국인을 지칭하는 말로 그리 존중의 뜻은 없는 말로 통한다. 이것의 어원은 '掌櫃的－장궤적'이다. 掌은 '관리, 관장한다'는 뜻이고, 櫃는 '돈궤, 돈상자'이고, 的은 '～하는 사람'이라는 일종의 인칭대명사로 쓰이는 말이다. 쉽게 말하면 부자, 사장이라는 말이니 이 말은 원래 중국인을 존중하는 말이다. 그런데 이렇게 좋은 뜻이었던 말이 '짱꿰'로 변하여 비칭이 된 까닭은 이것이 신음이었기 때문이다. 본래 중국의 신음은 '掌－ZHANG' '櫃－GUI' '的－DE' 즉 '장꿰이더'였던 것을 서툴고 편리한 대로 말하다보니 '짱꿰'가 되었던 것이나. 그리고 그때 짜장면 장사를 하며 악착같이 돈을 벌었던 중국 이주민에 대한 감정이 개재되어 발음과 의미가 변질된 것이다.

19) ～탕

흔히 어떤 일을 수행하는데 있어 차례, 回數를 뜻하는 단위 의존명사로 '-탕'이란 말을 자주 쓴다. '한 탕', '두 탕'하면 한 차례, 두 차례 일을 한다는 뜻이다. 또 '한탕주의'라는 말을 쓰는데 이 '탕'의 어원을 생각해 보건대 고유어 같다는 생각이 일감이지만 막상 마땅한 고유어를 마련하기 어렵다. '한바탕'이란 말을 생각해 보면 연결이 됨직도 하지만 '바탕'이 '일터, 마당'이라는 뜻이고 보면 의미에서 많은 차이가 있어 보인다. 그리고 '탕'은 일반적으로 부정적인 일인 경우에 쓰는 경우가 많다는 것도 그렇다. 게다가 고문헌에서 그 용례를 찾아내기도 어렵고 보면 간단한 문제가 아니다. 한자에서 의미상 이와 관련되는 말을 찾아보면 '趟'이 있지만 구음가로 '쟁'이라서'탕'을 관련짓기 어렵다.

그런데 '趟'의 보통화 신음이 바로 'TANG－탕'이고, 그 뜻도 '뛰다, 밟아가다, ～번' 등으로 이와 부합된다. 비록 문헌에서 용례를 찾기 어려워 쉽게 단정짓기는 어렵지만 '～탕'이 엄연히 차례, 回數라는 의미로 쓰이는 속어에 가까운 말이라면 비교적 후대에 보통화의 新音이 정착한 귀화어일 것이라고 생각해도 좋을 것이다.

20) ～빵

끈을 어깨에 걸쳐 짐이나 물건을 쉽사리 질 수 있게 하는 것을 멜빵이라 한다. 사전에는 '짐을 어깨에 걸어매는 줄' '바지나 치마를 흘러내리지 않게 어깨에 걸치는 끈'이라고 되어있다. 동의어로 '질빵' '걸빵'이 더 있지만 그 외에는 그 용례를 찾기 어렵고, 고문헌에도 잘 발견되지 않아 근원을 알기 어려운 말이다. 물론 먹는 빵도 아니고, 그렇다고 막연히 고유어로 잡기도 미심쩍다.

이러한 형편에서 한자 '綁'은 매우 관심이 가는 대목이다. 이는 끈으로 물건을 얽어매는 행위를 뜻한다는 데에서 그렇다. 舊音 한자음은 '방'이지만 新音으로는 'BANG－빵'으로 이들은 우리의 '-빵'과 의미, 음운, 형태에서 매우 유사하다. 만약에 '-빵'이 '綁'의 신음을 받아들인 것이라고 전제한다면 멜빵은 아주 자연스럽게 풀이될 수 있다. 고유어 '메다'의 관형형에 綁의 신음이 덧붙여진 말이라면 '끈으로 묶어서(綁) 어깨에 메는' 기구가 되는 것이다. 질빵은 '끈으로 묶어서 등에 지다'이고, 걸빵은 '끈으로 묶어서 어깨에 걸다'가 된다. 다만 원래 중국어로는 동사였던 것이 합성과정에서 명사로 정착되었을 뿐이다. 다만 앞의 '～탕'과 같이 그 용례가 매우 한정된 것으로 보아 그 정착이 오래지 않았을 것으로 생각된다.

綁과 같이 '~빵'의 어원으로 생각되는 것에 絆이 있다. 뜻은 綁과 비슷하나 끈으로 얽어맨다라는 동사적인 성격이 강하다. 신음으로는 'BAN-빤'인데 이것이 빵으로 바뀌었을 가능성이 있다. '빵'과 '빤'은 음의 호전현상으로 충분히 설명이 가능하고, 한자어의 특성상 명사와 동사의 품사전성은 늘 있을 수 있는 일이다. 그러나 종아리를 묶어내는 脚絆은 '멜빵'과 같이 '각빵'으로 변하지 않은 것을 보면 언어의 변화는 역시 隨意的인 요소가 있다는 생각이다. 脚絆은 '다리' 와 '끈'의 합성어이기 때문에 '반'이 쉽사리 '빵'이 되기 어려웠을 것이다.

한자어가 우리 언어와 접촉한 역사가 길었던 만큼 우리 언어에 가장 큰 영향을 주었고, 그에 따라 한자어계의 귀화어도 우리 언어생활에서 가장 많은 부분을 차지하고 있다는 것은 당연한 일이다. 그래서 이에 대한 연구와 성과가 적지 않았다. 그러나 그것들은 대부분 舊音 한자어에 한정된 연구였다는 것이 아쉬웠다. 그러나 실제로는 우리 언어에 침투한 한자어들은 舊音에 고정된 음가에 의한 것이 아니라 시대마다 그에 따른 다른 중국의 현지 한자음에 의하여 형성되었다. 그럼에도 불구하고 모든 한자어계 단어들을 오로지 唐, 宋의 구음에 한정되어 관찰하다 보니 때로는 그 설명 방식이 부자연스럽기도 하였고, 오류도 범하게 되었다. 그리고 더 심각한 문제는 당연히 한자어계 귀화어이면서도 구음과 다른 新音으로 건너온 단어에 대해서는 언중들은 물론, 전문학자들까지도 그것이 귀화어라는 사실을 의식조차 할 수 없었다는 것이다.

특히 淸나라 이후의 북경어를 중심으로 한 普通話의 新音이 영향을 미치기 시작한 근대 이후에는 더 많은 신음의 한자어계 어휘들이 유입되었지만 이 부분에 대하여서는 매우 소홀히 다루어왔다. 그 어휘들이 우리 언어생활에 많은 영향을 미쳤으나 보통화의 新音에 어두웠던 우리 언중들은 그 단어들이 귀화하는 과정에서 그 어원을 의식할 수 없었던 것이다. 그 결과로 여기에 속하는 적지 않은 어휘들의 어원이 해결되지 못하고 있는 실정이다. 본 연구는 이 신음에 의하여 이루어진 귀화어에 대하여 관심을 가져야 할 필요성을 강조하였다는 데에 더 큰 의의가 있다.

여기에 거론된 어휘들은 새로운 것도 있지만 일부는 이미 연구되어진 결과에 약간의 이견을 제시한 것에 그친 것들도 있다. 그리고 모든 어원연구가 그렇듯이 여기에 언급되는 필자의 주장이 모두 옳다고 생각하지는 않는다. 어원연구라는 것이 본래 불확실적인 속성을 가지고 있는데다가 필자의 능력의 한계 또한 분명하기 때문이다. 무엇보다도 어원연구로는 연구자세가 지나치게 안이하고, 그 검증과정이나 방증자료 구비가 아주 거칠고 소략하다는 사실도 충분히 알고 있다. 경우에 따라서는 타당성이나 개연성이 결여되고, 무리한 독단도 개재되었을 것이다. 그러나 우리의 어원연구에 있어서, 특히 한자어계에 있어서 이와 같은 방법의 시도는 매우 중요한 의미를 갖고 있다고 생각한다. 한자어의 舊音으로만은 한자어계 어원연구의 한계가 분명하기 때문이다. 이 한계를 뛰어넘기 위해서는 新音에 대한 관심이 절실히 요구된다. 비록 필자 능력의 한계로 여기에서 논의한 어휘는 얼마 안 되지만 보다 역량 있는 전문가들이 여기에 착안한다면 커다란 성과를 거둘 수 있을 것으로 믿는다.